APCL
休闲书系

20世纪
西方休闲研究精要

庞学铨 主编

ZHEJIANG UNIVERSITY PRESS
浙江大学出版社

图书在版编目（CIP）数据

20世纪西方休闲研究精要 / 庞学铨主编 . —杭州：
浙江大学出版社，2021.2
ISBN 978-7-308-21049-2

Ⅰ.① 2··· Ⅱ.①庞··· Ⅲ.①闲暇社会学—研究—西
方国家 Ⅳ.① C913.3

中国版本图书馆 CIP 数据核字（2021）第 016833 号

20 世纪西方休闲研究精要

庞学铨　主编

责任编辑	王志毅	
文字编辑	焦巾原	
责任校对	张培洁	
装帧设计	宽　堂	
出版发行	浙江大学出版社	
	（杭州天目山路 148 号 邮政编码 310007）	
	（网址：http:// www.zjupress.com）	
排　版	北京大有艺彩图文设计有限公司	
印　刷	浙江印刷集团有限公司	
开　本	710mm × 1000mm　1/16	
印　张	31	
字　数	625 千	
版印次	2021 年 2 月第 1 版　2021 年 2 月第 1 次印刷	
书　号	ISBN 978-7-308-21049-2	
定　价	98.00 元	

前　言

　　当我们在思考休闲研究如何深入或试图建构休闲学理论时，首先必须了解的是我们的前人和同时代人在这个领域的研究已经有了什么样的成果，知道他们曾经去过哪里、现在何处、未来将要去哪里。这里说的前人和同时代人，当然包括中国的和西方的。西方思想史上论及休闲问题的最早可以上溯至古希腊时期的亚里士多德，晚期希腊哲学罗马时期的哲学家们对休闲生活有相对更为集中的讨论。本书所选录编辑的，主要是 20 世纪下半叶以来西方现当代学者们在休闲研究领域的各种理论和观点，其中多数是北美学者，也涉及少数欧洲学者，为简便起见，故将本书称作《20 世纪西方休闲研究精要》。资料来源于近年国内翻译出版的一些重要著作和国外原版文献。选录的内容自然不能说是很全面，特别是欧洲休闲研究的成果相对较少，有待进一步补充，但大体上反映了 20 个世纪中叶以来西方休闲研究的基本状况和主要观点。为了方便读者阅读与获取相关内容，本书分为十三个专题，列为十三章，按照所涉及的内容，各章又按若干层次进行编排，各层次内容的区分并非绝对的，而是相互关联的；每章前面有一个简短引言，扼要提示本章的主要内容；对所选录的文本，又用若干标题来显示其主体内容或层次结构，各章和各层次的标题均为编者所加。希望本书能使对休闲学有兴趣的读者了解到西方休闲研究已取得的基本成就，以及尚存在的主要问题，为进一步拓展休闲研究的可能方向和空间提供有益的启发。

　　从本书所选录编辑的内容可以看出，休闲涉及的广泛领域和休闲研究的跨学科特征，使休闲研究者可以从不同的视角进行审察，可以从不同的学科介入研究。这种状况，一方面，有力地促进了休闲研究的发展。西方休闲学者们自然而方便地将休闲研究与其他领域和学科相连接，呈现出文献丰富、观点各异、方法多样的状态，表现了休闲及休闲研究的多样性特征；与此同时，讨论和阐述了休闲学的一些基本而重要的范畴，内容涉及广泛的学科领域，为建构休闲学的话语体系做出了重要贡献。另一方面，也出现了一些制约休闲研究持续深入发展的问题，例如研究质量与研究项目、出版物、讨论会等数量不相适应；依赖实证主义和经验主义方法，使休闲研究基本上停留在社会学和心理学的范围；注重休闲的社会、经济、文化的效益与价值，对休闲之于个体与人类生存生活的存在论意义关注不够；注意到相关学科与休闲的关系，忽视了对休闲本身的系统研究；休闲研究领域分散化、内容碎片化与方法多样化，使人们对建立连贯一致的休闲学理论体系方面所取得的进展感到失望；休闲学科还没有像其他学科那样，在对象定义、理论观点和研究方法等重要问题上达成基本共识，作为学科的研究范式并未完全成形；等等。这也是我对迄今为止西方休闲研究状况的基本评估。西方休闲研究所取得的成就与存在的问题同时也促使我们思考：在与中国传统休闲文化和现实状况结合的休闲研究和休闲学理论的建构上，该学科的根基是什么？它的恰当方向在哪里？我们应该和可能做些什么？

感谢下列参加本书资料摘录与文献翻译的休闲学博士后、博士和硕士研究生：李一、赵玉强、彭菲、程翔、来晓维、叶设玲、贝力、汪振汉、杨文默、武晓玮、周雨、郑明、陈美爱、楼秀文。我在使用他们摘录或翻译的资料时，除了按编写本书的设计方案选择和编排相关内容外，为了全书体例统一、逻辑连贯和表述顺畅，对所有摘录的中文版译著中存有的明显错误，如不恰当的表述、术语错误乃至误译等做了必要的修改，核对了全部页码，并对遗漏或错误的页码做了补充或改正。在此还要感谢所选录的中文版文献的作者、译者和出版社，以及外文版文献的作者和出版机构，感谢浙大出版社北京启真馆的编辑对本书的出版所付出的辛劳。

庞学铨
于西子湖畔浙江大学
2018 年 6 月 28 日

目 录
Contents

◎ 第一章　现代休闲研究的兴起 / 1

◎ 第二章　休闲概念的多样性 / 27

◎ 第三章　休闲的价值与功能 / 67

◎ 第四章　休闲教育问题 / 103

◎ 第五章　休闲与相关学科 / 141

◎ 第六章　休闲与文化问题 / 213

◎ 第七章　休闲与生活问题 / 247

◎ 第八章　休闲与社群问题 / 277

◎ 第九章　休闲制约问题 / 317

◎ 第十章　休闲与政府作用问题 / 355

◎ 第十一章　休闲研究方法问题 / 385

◎ 第十二章　休闲研究现状思考 / 403

◎ 第十三章　未来休闲发展展望 / 443

第一章

现代休闲研究的兴起

【简短引言】

在西方，休闲现象早已有了，但现代意义的休闲则是与18世纪末工业化的出现直接相关的；人们也早已关注休闲问题了，但作为现代意义的休闲研究则开始于20世纪上半叶，至中叶时进入发展期。休闲的观念、内容、方式与所体现的价值随着时代的变化而变化，休闲研究在西方国家的兴起有着现实的多样的原因，同时也经历了各不相同的变化和过程。但无论怎样，现代休闲研究的兴起是社会、经济、技术发展的必然结果，是人们共同的生活需求与社会需求的直接反映。

一、休闲随时代变化而变化

（一）工业化后休闲具有了合理性

在历史上至少一万年的时间里，每种新的文明与它之前的文明相比都没有多大的不同。人民及其统治者关心的主要都是如何能丰衣足食、维持国内秩序和对抗敌人。这些因素支配着人类，只有一小部分人能享受到美好的东西，而这些美好的东西也为数甚少。

然后人类进入了机器的时代。机器让人们能以较少的体力创造出更多的物质财富，让更多的人有了更多的业余时间、更多的梦想和愿望，而这最终导致了一些新的问题。

在今天西方的民主国家，比以前任何时代都多的人拥有了更多的自由时间。未来的考验可能是人们如何创造性地、有意义地使用这些自由时间而不感到厌倦。很多人可能会有比他们所期望的要多得多的时间，甚至可能会多到让他们不知所措。

工作者的数目可能会超过工作职位的数目，大量的自由支配时间将成为新的社会和政治问题的根源。社会将需要有一些新的目标来取代现在人们广泛接受的目标（如充分就业等），人们得对工作、休闲、丰饶、稀缺、酬劳、计划、教育、普遍福利等做出新的定义。[1]

（二）现代社会休闲发展的原因

至于休闲时间为什么会有所增加，从现代社会看，大致有如下理由：

（1）物质产品由于技术的应用而不断丰富。近半个世纪以来，物质产品增长率通常保持年递增二至三个百分点，这意味着，如果物质生活水平保持不变，那么工人的休闲潜力就在增长。

（2）为减轻家庭劳动强度而设计的家用设备的出现。家用设备减轻了人们的家庭劳动强度，给人们留下了更多的生活空闲，这意味着达到同样的生活水平所需要的时间会缩短，人们可以拥有更多的时间去休闲。然而，基于这个原因，人们有时也会渴望更高的生活水准。

（3）教堂或家庭之类的社会机构对个体生活各个方面的规范和约束趋于弱化。事实上，这种变化使个体在进行行为选择时更加谨慎了。在宗教信仰方面，人们对自身与外在世界之间关系的基本看法发生了改变；世俗宗教的影响在 20 世纪的削弱使人们的自由意志比以往得到更充分的实现，而基于宗教教条的行为准则已经没有几条还能适用于今天的社会。

（4）对享乐态度的转变。现代社会看起来已经成了一个追逐快乐的社会。清教徒心中对于享乐的抵触，基督教徒心中对原罪的信仰，已逐渐失去了原有的意义。人们越来越不需要借助工作或是苦难来证明自己生活的意义了。

（5）个人受教育水平的持续提高。对休闲活动的认可通常有赖于眼界的开阔。比如，一个人在接触到小说之前，也许并不认为读小说是一件乐事。普通人受教育程度的提高，使兴趣扩展到多种多样的活动上。这些活动使人们有更大的兴趣去休闲，并从休闲中获得更多的乐趣。

（6）各行业体力劳动强度的降低。在以前的社会里，工作常会使人精疲力竭。那时的娱乐或休闲除了作为休息、放松的代名词，便再无其他含义。疲惫不堪的工作使人们不再有心情去体味生活、享受生活。而今天，相当多的工作对人的体力支出要求已低到了极点。于是，个人得以满怀充沛的精力，去尽情享受各类丰富多彩的休闲活动。

（7）可自由支配的收入日趋增加。尽管有些休闲活动并不需要参与者付出金钱，然而，大多数休闲活动是要花钱的。近 30 年来，由于可供自由支配的收入增加了，人们在休闲方面的花销也在相应地增长，有能力参与的休闲方式也在日趋多样化。不过，这种收入增长的趋势至少在目前对很多人来说有所停滞，尤其是年轻一代，他们的休闲选择重新受到了工资水平的限制。

（8）工作条件的极大改善。同 20 世纪相比，很多工种如今有了更舒适的工作环境和更为人道的工作条件。这种变化一方面归因于工会在争取雇员权利方面所取得的进展；另一方面也是因为很多工种的性质已发生了变化，许多原先由人来完成的脏活和有危险的工作，现在可以用机器来完成。

（9）妇女和弱势群体选择机会的增加。过去几十年中，妇女和弱势群体在休闲方面所享有的机会在迅速增加。这并不意味着机会不均的严峻问题已不复存在，只是表明形势有了变化。仅仅在几十年以前，许多公共娱乐设施还有以法律的形式规定的种种限制，妇女在家庭以外参加休闲活动受到苛刻的限制，对于残疾人，也没有一个能够帮助他们满足休闲需求的社会保障制度。[2]

现代性与／或后现代性

从历史来说，现代性开始于启蒙时期初期，启蒙时期是从传统社会向工业社会转变的标志。也就是说，履行（乡村的）社区价值观和习俗、等级和地位的倾向逐渐被进步的、平等的、具有契约精神的城市价值观倾向所取代。现代性的倾向聚焦于以科学和技术的成就来促使社会进步，并在不同的社会领域，如建筑、文学、哲学、经济、艺术和音乐等方面进行改革。理性、逻辑、认知和进步的信念，团结和和谐被认为是系统地构建现实和增强人类能力的基本的概念性工具。这种经验主义的认识论方法是因权威、权力和真理的来源从教会、政治和大学处转移而形成的。

尽管对于"后现代"一词还存在学术争论，一些学者认为应该重新定义这个词，但"后现代"主要阐释的是一种在二战之后开始的文化趋向和进程，并被认为是对现代性的一种"激进的断裂"。这种断裂的原因在于，对认识多元论的宣扬为探索和知晓现实的多种方式提供了空间，包括对直觉和精神性，以及对人类的感觉和幻想的重视。它批判意识形态和系统，并承认人类知识、理解和可能性的有限性。后现代思想中真理、权力和权威的来源不是普遍真理，因为"不再有一个我们的观念可以简单回应的不变的客观事实"，来源变得更分散、更不值得信任。

利奥塔（Lyotard）提出后现代性应被理解为是对现代性的重写。它不应被视为一个新的历史时期，因为它是现代性的一部分，反过来说，现代性也不是一个历史时期而是一种思考模式。然而，关于现代主义和后现代主义的哲学争论并没有结束。为了走出争议，学者们使用了诸如"晚期现代性""后现代性""超现代性""超级现代性"等称呼。另外一些学者区分了不同类型的后现代性，它们被认为是"后现代文化"（关注局部性、异质性和差异性）或"后现代情境"（与晚期资本主义消费文化相关，并关注成功和个人愉悦）。利奥塔关于后现代性的观点基本上是一种非常有意义的思考模式，因为现代性自身"促进了拒斥现代性的文化运动，不论它们是怀旧的，甚至反动的，或者是先锋的"。

总之，现代性和后现代性作为关于现实和生活的思考模式目前是共存的。甚至一个完全现代的人也有可能有着后现代的思考。底线在于后现代思想纠正了现代性思想的那些太紧张、太理性、不真实，以及由此而来的"危险"之所在。

休闲、现代性与／或后现代性

一些休闲学者，也是政治社会学家，调查了休闲在现代主义和后现代主义思想框架中的位置。例如罗杰克（Rojek）认为休闲在现代主义语境中是一种旨在增进人类幸福和自我实现的现象，但也隐藏了会使社会碎片化和无序化的体验。他将休闲的这两种相互矛盾的影响与现代性1和现代性2联系起来。现代性1代表的是基于对"科学的和谐与优势"的强调而实现的对自然和社会的控制。结果是由于受到来自宗教、国家主义、家庭、公民身份和官僚主义的不同形式的管理，人类的能力、时间和空间被置于重重压力之下。现代性 2 强调"变化、不稳定、去分化和变质"，以及事物的无序化。罗杰克强调持续的变化是现代性的主要特征，它会让人类关系变得混乱和凌乱。他肯定在现代性语境中一种结构性的持续附属于休闲，也就是界限，即自由和控制之间界限的观念。他认为界限与人们在周围世界中的持续过程和非持续过程中获得的体验相关。

在提到后现代性时，罗杰克赞同鲍曼（Bauman）的分析，从后现代性起源于现代性的失败说起，例如，拒绝休闲决定空闲时间是原真性显著标志的观念。后现代思想是对现代性休闲观念的批判性纠正，现代休闲观认为休闲是生活的一个独立部分，能够实现自我和提高生活满意度；休闲是获得正常和通常体验的愉悦和满足的方式；休闲是一种线性方式，并与人类生活全部平行；工作和休闲是分离的，人可以被归类为休闲提供者和休闲消费者。后现代主义则打开了研究休闲的新可能性，将我们置于综合时代的、胜利的自我之上，而通向解放了的普遍主体之乌托邦。

布莱克肖（Blackshaw）追随鲍曼的观点，认为休闲是流动性的。随着现代性倾向开始转变成后现代性倾向，休闲的观点也发生了变化。将休闲定义为"流动的"，社会关系的流动性和流畅性、运动性和移动性，以及脆弱性和易破碎性成为关注焦点。更普遍的是，它强调了事物本质的透明度和短暂性，这一点是现代性在其形成的框架中一直想要巩固和修复的。它超越了人类在社会世界中位置的形成，也超越了静态的以及在恰当的有机的情景性中看待自己内心的人。布莱克肖特别关注人类在"流动的"现代性语境中对意义和原真性的追求，因为它是基于自由和对社会主体的探索。在这个意义上，休闲可以被看作是意义的"促进者"和个人自由的主要内容。休闲是动态的和流动的，不仅仅因为它是多模态语境下的示例，即它是过程本身而不是一件事物。他认为，休闲已经变成了一种诠释学的练习，它不再以"好的或坏的方面……工作与休闲的对立，严肃休闲与日常休闲的对立，作为自由的休闲与作为制约的休闲"来定义。休闲的本质在于对愉悦、幸福和自由的追求，它的意义已经深化为对"让未知变已知"的要求——在这种追求中休闲的秘密被揭示出来。在这个意义上，休闲可以被解释为一种信仰的联系，因为有意识地选择一个人自己的休闲实践是基于某种感觉，这种感觉相信休闲实践是"神圣的"，参与休闲实践是一种宗教的功能。这种信仰的实践应被理解为现代生活的中心特征，以"反射式的个性化"为特点。这种特点在今天尤其重要，因为"后现代想象"为个人提供了大量制造意义的可能，并以其自身的本真性来面对坚实的本体论或一个宏大理论的缺乏。

斯普拉克伦（Spracklen）借鉴了哈贝马斯（Habermas）的著作，认同罗杰克和布莱克肖关于今日使用的休闲已经变成一个流动性角色的认同和意向性的主要内容，但是他也深信流动性本质上由于"本体论的和经验主义的框架"而被固化了。这种工具主义的框架导致了休闲的商品化，这一点反过来也反映了"个人认知和公共话语权的缺失"。因此，哈贝马斯认为后现代倾向是一种新保守主义，并想要复兴现代主义的参照系，因为它有解放的倾向。休闲作为为个人提供意义和目的的空间，形式和活动已经不那么有用了。挑战解决休闲悖论是斯普拉克伦努力追求的，休闲悖论是指它一方面是工具主义的，另一方面又与个人选择相关。他挑战了后现代休闲理论，通过尝试将关于人类选择以及休闲的工具性交际本质的不同观点调和起来。为了逃离这种悖论，"一位真理的客观仲裁者是必需的"。他发现这个维度可以替代个人所讲述的"未来休闲故事"，因为它们在特殊的时间和地点反映了休闲的意义和目的。

现代性被新的流动性的观点和视角取代了（斯普拉克伦偏好于将之视为后期现代性），但是他确定了现今的休闲与历史上其他时期休闲的相似性以及普遍意义上的休闲内容：个人选择与制约。在他看来，普遍的休闲哲学"最终是与主题和认同联系在一起的"，因为"休闲使我们成为人"。

可替代的现代性理论

有相当一部分社会学家在思考现代性和后现代性的基础，他们的观点是值得深思的。例如，吉登斯（Gidens）关注现代性的多维本质、模式和逻辑，而贝克（Beck）提出了关于现代社会带给公民的风险的警告。瑞泽尔（Ritzer）认为（高度）理性是现代性最本质的特征，而哈贝马斯则认为现代性是一项还未完成的事业，而理性是其绝对中心。最后，鲍曼——关于这个主题的一位最重要的理论家——认为（官僚政治的）理性是犹太人毁灭的前提。他将现代性看作是大量违规行为和一种虚假的意识，并在"本身道德问题"中选择了一个后现代性的参照系。伦理应当引导人性走出现代性的虚假意识。

然而这些学者中没有人发展出一种可替代的现代性理论。荷兰社会学家昆尼曼（Kunneman）很接近了，他认为后现代主义思维是一种"成功的失败"，并提出了"第二后现代主义"的参照系。一方面，后现代主义带来了强有力的概念资源以批判不证自明的和明显天真的权力形式，而这一点具有普遍意义。它也提供了一个以多样性为荣的空间并尊重差异性，且促进了同一层次的认识论和道德水平的繁荣发展。另一方面，后现代主义作为政治转型的因素是不成功的。它实际上并没有与技术、自然科学、统治和管理的话语体系进行对话，除了对它们进行远距离的批判外。它未能成功任命一个政治行动者，这个政治行动者可以在呼吁批判现代主义思维的同时实现伦理和道德的价值。昆尼曼展望了一种"第二后现代主义"，将之表述为一种规范的专业化的政治背景，并把它看作现代社会发展的一个过渡阶段，面临着统治、管理和专业行为水平的新的复杂形式。"第二后现代主义"也与个人需求和欲望的一种内在的、有关存在的复杂性相关，这种复杂性被自由、自助和个人自我发展的理想所掩盖。同一视域的道德有助于承认这些内在矛盾和与他人的人际关系。它不仅从专业水平上，还从组织水平上开辟了（道德）互动的人道形式的可能性，并使在使用现代性带来的有意义的技术知识和富有同情心的接受人类生活的脆弱性与突发性之间，有实现富有成效的流动性的可能。

德国社会学家罗萨（Rosa）有意识地尝试建立一种新的现代性理论。他对"疾奔的现代性"，也被称作"社会加速"或"高速社会"，进行了社会理论分析，主要关注秩序的转变。罗萨坚定地拒绝了只支持分裂和实验的后现代性方法，也没有兴趣去尝试构建一个系统的批判理论。后现代主义的自我理解作为一种会导致解放的思维方式，是天真的和自我欺骗的。它主要认可"高速社会的结构性需要"，此外，其支离破碎的自我尤其取决于加速而非自助的道德选择。

罗萨和肖伊尔曼（Scheuerman）认为，现代性的四个核心进程——个人主义化、区域化、理性化和差异化，都与速度的紧张密切相关。因为罗萨声称现代化本质上是基于社会的加速，他用了三个论据来巩固他的论点，即"个人以及人群是以临时或过程的形式存在于其本质中的"；现代性的四个维度都以社会加速为基础反映了"单一逻辑"；社会中意义深远的、基础的转变只能从时间性的角度去理解。他将这些转变定义为一种基于（定性的）速度变化的社会"革命"，更特别的是，"生活客观节奏的量化提高似乎导致了对时间的主观体验的定性转变"。社会"革命"变成了机械的、技术的加速（在交通工具、交流和生产的层面上），社会变化的加速（在文化知识、社会机构与个人关系层面上）和日常生活节奏的加速（尽管存在极速进步导致自由时间增加的期望）的证据。社会加速因此对人类生活的心理、文化、政治、生态和伦理方面都产生了深远的影响，并改变了人类在时间和空间内基础存在的本质。它不是将人类进一步推入历史，反而会导致被罗萨称为"狂热的停滞"的情况，一切都是流动的、动态的，但同时没有任何事情发生本质的改变。

因此，现代性的思维框架，就是要有意地将"固定"的机构转变为流动的和动态的机构，这种情况创建了一种惯性状态，一种历史和生活的非暂时性，引发了正在发生的历史转型的方向迷失，而政治也似乎无法进行指导和控制。为了理解现今的时代思潮，罗萨认为，人们应该研究社会的临时性结果（与时间的关系），因为时间是"系统的"规则的主要内容，这种"系统的"规则已经转变为生活和时间的文化取向。[3]

（三）20 世纪美国的休闲状况

新世纪目睹了许多变化。生活和工作条件得到改善，更严格和更诚实的监督被用到娱乐的地方，城市公园系统的增长很快为户外活动提供了更多的机会。娱乐成为 20 世纪改革城市生活弊端的社会运动之主要关注点，而且即将到来的一场革命对商业领域的娱乐有不可估量的作用，尽管它在当时很难被认可，但这是过去一个世纪对大都市的需要的回应。

社会被小部分有钱的团体所代表。他们参加精心化装的舞会，在包厢里看歌剧，在新乡村俱乐部打猎或打马球，有闲暇时间来享受网球和高尔夫等体育运动。受过大学教育的人群参加足球比赛的比例相当大，但仍然没有大到与总人口的增长相适应。不过，从更广泛的意义上说，这个社会对娱乐的发展产生了巨大的影响，因为它将民主所试图遵循的标准设置为最佳。

在富裕时代，社会活动得到了巨大的推广。纽约和芝加哥的百万富翁的奢侈舞会、快艇比赛和马球比赛、教练在新港游行等，非常容易且生动形象地被写入了国家的新闻。全世界都知道在这个圈子里发生了什么，且他们经常要出去做同样的事情。中产阶级雄心勃勃地去参与活动，社会将这些活动看成是批准时尚的印章。

虽然这常常意味着一种虚饰，但也鼓励着多种形式娱乐的健康成长。社会赞助的戏剧和歌剧、体育和户外活动，至少在一定程度上抵消了豪华和奢侈娱乐在社会中的影响。

休闲主要是工业化的一个副产品，而不是任何有意识的设计。随着机械化程度的提高，工作时间的减少几乎是自动发生的。整个西方世界普遍如此，美国尤其面临着这样一个环境，而不只是理论上的。

虽然仍有许多例外，但 1920 年，一天 8 小时工作制在全美国正式生效。1925年的生产数据显示，男性和女性每周的平均劳动时间不超过 48 小时。商店和办公室职员更普遍采用星期六半天休假和每年一至两周的假期。增加就业的需求使得劳动时间进一步减少，一周 40 小时的工作时间几乎成为一般规律。美国《全国产业复兴法案》实际上砍掉了完整的一天的工作，甚至把通过进一步立法维护更短的劳动时长当成了国家的目标。

其他时代和其他国家的人，都不曾有过类似于生活在 20 世纪中叶的美国人的休闲时间、可支配收入或休闲选择。科学和机器以数以百计的新形式重塑传统模式。这毫无疑问地使人们在失去许多东西的同时也得到了很多。工人们——工厂的工作人员、水管工、服务员、银行职员、农场速记员、店主、地铁警卫、磨坊工人、服装工人、办公室男孩、卡车司机——发现曾经被少数特权所专享的无数乐趣和娱乐成了触手可及的东西。民主进入了娱乐范围，它使普通人实现了休闲与享受，所以虽然美国人可能并非总是将休闲的优势发挥到最好，但至少学会了玩。[4]

（四）休闲与国家发展状况相适应

当前，巴西和朝鲜等情况各异的国家正步入工业化阶段，而北美的工业化在很大程度上已接近尾声。当今世界正面临着多层次的革命，这将使休闲的含义、性质及应用产生根本性的变化。这些变化将使休闲服务领域内的各个行业面临两种选择：要么进行自我更新，要么走向消亡。

现代国家（modern nation）与发展中国家的差异还表现在不同的人口特征上。与发展中国家相比，现代国家中生活在郊区的人口偏多；它们的文化也越来越不同于单一的青年文化、大众文化或通俗文化；特权阶层在现代国家中得到的是好的工作而不是更多的休闲；此外，这些国家中的大部分成年妇女也已经参加了社会劳动。

世界上新建立的"国家"不断增多，其中大部分是并非真正具有民族意义的国家（nation-states）。它们面临着人口、冲突、环境挑战等巨大问题，与生活在现代国家中的人一样，这些国家的人所面临的根本问题是无知。

另外，人类对工业技术的认识能力与预先评测能力总是远远地落后于工业技术本身的变化。如今这些变化对我们的理解力乃至我们的想象力都提出了挑战。

面对这些挑战，世界上大部分人变得更加行色匆匆、内心更加压抑。然而也正是这些挑战使休闲变得更为重要。我们不必向美国公众声明休闲是多么重要的事。一次次的调查表明，虽然他们未必清楚休闲对社会的重要性，但是他们相信休闲是不容忽视的。此外，人们只是觉得休闲挺重要，却没有认识到休闲与健康之间的联系。因此，休闲服务可能仍被看作是"愉悦性"的服务，而不是必不可少的健康服务。休闲资源质量与经济发展之间的联系也仅仅处在一个逐渐被公众认知的过程中。我们对于在现世中需要做些什么、应该拥有什么以及未来世界将会怎样有着种种遐想，而这些遐想与我们身边正在发生的事实之间的差距却越来越大。新的技术正在改变我们的工作和休闲，甚至改变我们的身份。

如果真要想象世界上发生的事情，我们首先要一反常态，不能再理所当然地认为每天睁开眼睛看到的总是一成不变的事物。远古时期，人类穴居的祖先所遭遇的变化常常是突发性的，例如一头食人兽的出现。为应付这一变化，他们会即刻采取行动——出击或逃离。当今世界的变化不断增多且常常让人难以察觉。从电脑在日常生活中的全面渗透，到有毒核废料的堆积以及美国乃至世界种族构成的改变，这些不断增加的变化似乎不像从前那样突兀，然而，它们作为一个整体代表着多层次的革命，这些革命不仅将再创造休闲服务的各个方面，而且还将重塑人类生活本身。[5]

二、现代休闲研究的兴起

（一）现代休闲研究开始于 20 世纪上半叶

虽然凡勃伦（Veblen）是最先意识到休闲消费的模式变化和意义与 20 世纪上半叶西方不断增长的富裕精英阶层有关的社会学家，但是直到第二次世界大战后，休闲（在现代西方）才开始与文化认同的建设联系在一起。一些学者指出，年轻人用他们的休闲生活和空间来创造、替代另一种反文化认同。斯坦利·帕克（Stanley Parker）注意到休闲消费者的出现和在快速流变的社会中人们做出的选择。罗伯茨（Roberts）认为，越来越多的人关注西方后工业化时代的休闲会带来休闲政策、公共部门管理和私营休闲产业的建立。其他社会学家和哲学家开始探讨自动化、计算机和全球化带来的工作方式的改变将使个人拥有更多的自由时间和对休闲活动产生更多的需求。罗杰克认为这是一个休闲社会的论题，他强烈批判将休闲价值视为自由和自由时间的天真的乌托邦式看法。他将这一理论与20世纪下半叶美国实证主义休闲科学联系起来，并恰当地指出，乐观地假设更多的自由时间和因此更有价值的休闲，将是西方现代性的善果，它并没有考虑西方社会的变化会通向自由和无限的休闲的乌托邦世界。此外，我们对于像史密格（Smigel）所理解的休闲社会的休闲必然有道德目的这一问题还不清楚。[6]

（二）现代休闲研究兴起的原因

近年来，休闲问题被越来越多地推到社会的前端，有两个主要的原因。第一，休闲时间不断增加，且似乎注定在不久的将来会更快速地增长。第二，城市文明和机械设备的发展，如汽车、电影和广播，打乱了传统休闲活动和个人对自己业余时间的控制，因此休闲问题就成为引人注目的社会问题。

除了经济萧条带来的大量被动休闲外，在经济繁荣的时候，休闲带来的工作周和工作日的不断缩短也得到了关注。劳工领导人展现的图表（图表略）显示，到1840年人们每周的工作时间已从过去的84个小时降到了50个小时，1930年则更少。从那时起每天10小时的工作时间，至少在理论上已经被人们接受。此外，超过三分之一的人口，包括儿童在内，在醒着的时候，有40%到50%的时间是闲暇时间。占人口5%的家庭主妇，随着技术革命的发展，从长时间的做苦差事的角色中解放出来了，不仅每个家庭的儿童数量减少了，而且母亲的教育和抚养责任很大程度上是由社会承担着。家庭生活的便利（天然气、电力、供水和下水道）以及简化的准备食品和制作服装的方法大大减少了数以百万计妇女的劳动时间。[7]

传统上说，将休闲问题推向前端的主要有四种力量：工作时间的缩短、自动化、提前退休和更长的寿命。在这些背景下，休闲问题被视为自由时间问题，休闲的概念也被置于工作的对立面。因此，我们倾向于从工作也从休闲角度去考察一个人。[8]

产生这一现象的最重要的原因是什么呢？不管休闲意味着假期、休息、娱乐、周末、散步、进行体育活动、看展览、喝咖啡、聊天、旅行、看电视、去剧院、听音乐、跳舞、参加成人教育、赌博、玩卡牌游戏，还是药物娱乐等，我认为所有这些现象都基于相同的社会需求，人们需要自主地娱乐自己，享受以前被公司、家庭和社会或政治机构的活动所征用的部分时间。[9]

人口爆炸

可能除了核战争的威胁之外，再没有什么话题能像人口爆炸的问题一样，在全世界都频繁地出现在各种书刊中。从人类诞生到公元 1830 年，世界人口才攀升到 10 亿。在接下来的一个世纪，人口就翻了一番。再 30 年后，世界人口达到了 30 亿。（当时）许多专家预测到 2000 年人口将达到 60 亿。

人口增长只是导致人口过密的因素之一。美国人口的增长速度虽然快，但至少在过去几年中并没预计的那么快。事实上，近年来美国的人口出生率在下降。然而美国最大的城市地区的人口却以极快的速度增长。当然，世界人口也在持续飙升。

我们生活的星球已十分拥挤了，而解决这一问题的前景并不乐观，我们的处境很有讽刺意味；遗传学家、医学家和环境分析专家都告诉我们人口过密会导致令人不快的结果，我们放弃较大的空间挤在一起的结果只会使得我们更加分裂，而不是更加团结。理斯曼（Riesman）在《孤独的人群》一书中论证的就是这个观点。还有什么比大城市中的生活更加非人化呢？但大部分人正是生活在大城市或正在形成的超大城市中。与成千上万的人一起乘车上班，却将自己的面孔隐藏在报纸后面。如果有一部 300 马力的车，不少人不是用这车来更好地和朋友交往而是用它来跟朋友疏离。邻人们比邻而居却多年互相间基本上不说话，偶尔说一点也只是为了打发时间或是相互抱怨。导致人口过密的因素也使得个人感觉是自足的。然而尽管美国家庭可能很自足，但要说它在治安方面很独立，甚至说它在物质需求上能维持自己的独立，那都是不成立的。

逼仄的生存空间

生存空间一直都是一个问题，尤其是在人口密度大的国家。如果看整个世界的生存空间至少也得说是很有限的。全球三分之二的表面由海洋覆盖，极地冰山、冻土地带、山陵、沙漠和雨林将人类的生存空间降到仅占地球表面积的八分之一。生存空间的匮乏、城市化的风险和强迫休闲等问题是紧密联系的。

人们挤在一起时会出现一些不好的情况。生存空间的不足会削弱各个民族的力量。人口的大幅度增长也增加了对游憩空间，尤其是户外活动空间的需求。现在人口仍是从乡村迁往城市和郊区。在大都市地区人们略有一点迁回中心城市的趋势，尤其是老年市民和一些中年人。城市振兴的举措有望能加快这一进程。

城市化

伴随着上述趋势，美国人口的重新分配也在继续，导致了一个高度城市化的社会。这个社会从五大湖区至东海岸，沿北大西洋海岸至佛罗里达，环墨西哥海湾向西南延伸到加利福尼亚，再沿太平洋海岸向北，直到加拿大的不列颠哥伦比亚，形成了一个新月形的人口稠密带。接下来，随着新的能源能为我们提供足够的能量将海水淡化后引入现在贫瘠的地区，使这些地区变得多产、充满吸引力、非常适合居住时，可能将出现第二次大的人口迁移。

现今，75%的美国人居住在城镇和郊区。在有些州，90%的人口居住在5%的土地上这一趋势将会继续下去。哪里有最稠密的人口，有最庞大的工业和生产能力，有最为发达的生活条件，哪里就会有最多的强迫性休闲。此外，据耶鲁大学的佩恩（Payne）博士说，20世纪西方最主要的疾病（传染病、心脏病、肺癌和精神病）从根本上说可能主要都是城市病。

城市化还给我们平静的心灵带来一个很大的威胁，那就是一方面不断有人涌入城市，另一方面我们又苦苦寻求缓解孤独的方法却无济于事。我们既需要私人空间，也需要与人相处——不过得是关心我们的人。城市化不仅培育出大批汲汲于功名的人、喜欢逢场作戏的人和抹杀个性的人，也培育出喜欢噪音的人。对他们来说，忍受一会儿的沉默跟忍受一个小时的雷鸣一样难受。

我们必须设法让自然环境与人造环境更好地融合。人与自然之间，城市与乡村之间必须形成一种共生关系。长久以来人们都试图通过城市里的公园将乡间生活搬到城市。但人类交通对空间的要求已在令人难以置信地大量压缩游憩用的露天场所，而且这不只发生在城市里，也发生在城郊，公园的地盘让位给了高速公路、学校、消防站、军械库、邮局和停车场。单是州际公路的建设项目可能就占用了200万英亩的公园用地。底特律、圣迭戈、洛杉矶、布法罗、休斯敦、纳什维尔、辛辛那提、堪萨斯城，还有其他许多较小的城市就这样失掉了很多公园用地。

户外游憩面临的危机

我们不仅需要更多的自然资源，还应该保护现有的资源。完满的人生所需的土地和水是不应该被浪费的。那绿草如茵的牧场、绵延起伏的山丘、蔚蓝的海水、挺拔的树木和永恒不变的星辰是我们与宇宙进行交流的圣殿，户外休闲资源的保护面临着危机；这危机虽悄然无声，却已迫在眉睫！

希望随着城市化的进一步发展，未来的城市设计将会把人们对空气、阳光和空间的需求置于比机器（包括汽车）的运作更需优先考虑的位置：随着人口的进一步增长和拥挤程度的进一步加重，人们会更重视沉思、私密、独处的机会，更重视减轻让我们不断忙碌的压力。简言之，人们会更重视闲适的时间。

城市化和机器是一对亲密的伙伴。它们共同满足了人类的需求，但同时也摧毁着人类。托起喷气式飞机机翼的空气是被毒化和污染的空气。我们该如何评估一条海岸线或是一条溪流的价值呢？我们是否正在失去欣赏森林河流和黄昏日落的能力？……我们既然能建造用于上下班的高速交通工具（具有讽刺意味的是这些高速交通工具在交通高峰时会变成低速交通工具），为什么就不能建造高速通道，将千百万人快速地运往郊区的公园和露天场所呢？如果我们找不到建露天网球场的空间，为何不把它建到屋顶上呢？如果我们没有地方用来建露天场所，让人们呼吸新鲜空气和晒太阳，那为何不能建一些悬在水面上方的休闲场所呢？大都市里肯定有成千上万的人从来没见过日出，也无法见到日出，因为即使他们能很早起床，他们的视线也被砖墙和钢筋混凝土挡住了。城市不应挡住自然，不应挡住很多人从自然中获得休闲的快乐。

群居的代价

看看四周，如果你觉得缺了什么的话，很可能缺的是隐私。我们在其他方面都很富足，但却在不断地失去一种抽象却至关重要的东西：独处。我们已经高度地投入有"组织的共处"中，并已危害到共处的反面——独处的权利。享受孤独也是很惬意的事，只要不是被迫终生独处。

诚然我们都是相互依存的群居动物。但如果大家的生活、工作和玩耍总是搅在一起，那么，实际上会导致相互间的疏远。

让更长的生命活得有意义

人口的变化跟另一因素密切相关，那就是医学的进步，这一因素对休闲也有重大影响。21 世纪以来，人类的平均寿命大为延长的很重要的一个原因是婴儿死亡率的下降。现在人们更健康更长寿了。但是，统计学意义上的寿命延长与人们的社会存在的延长之间有巨大的差异。在延长人的寿命方面我们已经取得巨大的成就，但在如何使人们多出来的那部分时间更有创造力、更有价值的问题上，我们却没能做得更好。我们在医学上取得了很多进展，能更好地促进人们的健康，更好地预防和救治人们的疾病，在身体康复方面也成果非凡。为了维持生命并使它更强而有力，我们推行各种医疗保健计划来促进和维持人们强健的体魄，对疾病、伤残无工作能力、行为失调和智障等问题进行研究、治疗和康复，以期将其伤害降至最低。寿命的延长加上工作时间的缩短，都使对自由时间的考虑变得非常重要。要对付时间的无情，也许最好的武器就是保有一颗年轻的心。玩耍是儿童生活的中心，这绝非巧合。儿童的玩耍与成人愉悦地度过闲暇时间之间即使有差别，差别也不会太大。

明智地利用公共资源

既然大多数美国人都有了休闲，那休闲就已进入了公共领域（public domain）。公共领域最早的意思是公有地，而休闲确实也对我们的公有地产生了前所未有的影响。

"公共领域"的定义是在人们的头脑中形成的，所以人们也有必要在头脑里问一下这些问题：公共领域的目的是什么？为何不让它为人服务呢？对于休闲、公共领域和其他任何事物，除了考虑其对人的用处之外，我们是否还应从别的角度关注它们？我们可能会考虑到土地和水资源对人类生存和发展的重要性。现在人们广泛使用"生态学"一词，这个词指的是研究生物有机体与其环境间关系的科学。但对这个词我们应该有更好的理解，不仅是肉体的生存，而且我们的世界观、精神和心灵的平静都跟自然环境紧密交织在一起。在遗传因素上我们只能接受自己所获得的东西。但人类有能力改造环境，而且往往能做到按自己的意愿去改造它。但人类与环境的对抗要到何时为止呢？[10]

世界人口老龄化正在空前加剧。据预测，全世界 65 岁及以上老人的比例将从 2010 年的 7.7% 迅速上升到 2050 年的 16.1%，增长速度超过 2 倍（2005 年联合国秘书处经济和社会事务部人口分部）。欧洲将经历最剧烈的老龄化，估计从 2000 年到 2050 年老龄化人口将增长 12.9%……

人口老龄化很大程度上归因于不断降低的生育率和预期寿命的延长。全球平均预期寿命明显增长，从 20 世纪 50 年代初的 46.6 岁增长到 21 世纪初期的 65.4 岁（2005 年联合国秘书处经济和社会事务部人口分部），从 2030 年到 2035 年，全世界人口预期寿命将持续增长到 72.2 岁，至 21 世纪中叶将达到 75.1 岁。虽然全世界范围内人口预期寿命不一样，但所有各大洲的人口预期寿命却都在延长。越是发达的地区，预期寿命延长得越快，从 2005 年至 2010 年的 76.2 岁，将上升到 2045 年至 2050 年的 82.1 岁。

鉴于老龄人口的急速增长，毋庸置疑，全世界许多地区的决策者们将会把他们的注意力聚焦在人口老龄化对社会和经济发展的影响上。联合国在关于老年人综合项目和由国际老人医学协会制定的老年人优先政策的联合研究中，重点关注了必须要对不同社会、不同文化、不同经济条件下老龄化过程中意义和体验的变化有更全面理解的问题，并确定了有关健康老龄化和生活质量的决定性因素，以确保所有老年人能安度晚年。一些有意义的活动，如体育锻炼、娱乐、休闲或一些产出性的活动等已被研究人员和年长者确认为他们老年生活中的积极体验，是实现"成功老龄化"、提高晚年生活质量的重要因素。正如凯利（Kelly）指出的，与任何其他生活体验相比，休闲可能对于生活质量更加重要。[11]

三、西方休闲研究的发展

（一）西方休闲观念的历史演变

在罗马帝国时期，（至少在一个方面）罗马人和雅典人一样，都没有认真考虑过劳动的问题。最早的希腊诗人——荷马和赫西俄德认为劳动毫无内在价值。荷马曾认为，诸神不喜欢人并将他们贬为苦役；而赫西俄德则认为，农夫不得不在田间劳动，因为他们要借此摆脱饥饿和对他人的从属地位。和"劳作是因为诅咒"的意思不同，希腊词语中表达"劳动"的词"ponos"含有可悲的意思。

希腊哲学家赞同诗人的上述观点。正如柏拉图和亚里士多德明确表示过的那样，解决问题的唯一办法就是让占人口大多数的奴隶为全社会提供生活必需品和物质财富，这样，占人口小部分的"公民"就可以有时间来从事艺术和科学、政治和政府管理、哲学和休闲活动。罗马人则持有一种略微温和的立场，但也是仅此而已。农活和经商都是可以被接受的工作，但接受的主要原因却是，它可以使人较早且有尊严地引退到一种宁静的田园生活中去。[12]

希腊语中的"闲暇"（休闲）（skhole）后来演变为英语中的"学校"（school）一词，而短语"文学艺术"中的"liberal"一词的原始意义是：从我们的无知和错误中摆脱出来（我们也许偏好这种无知，但也会从中得到教训）。知识总是同自由相关，自由又总是同休闲相关。如果休闲包括自由选择，那么，知识则要求我们去聪明地选择。在各处大学的校门上都这样写着："你将懂得真理，真理将使你自由。"[13]

消费对休闲的合理化

在历史上，出于各种各样的理由，休闲有时受人怀疑，有时又被合理化。自 16 世纪初的宗教改革运动，尤其是 18 世纪末的工业资本主义出现以来，休闲或至少是作为自由时间的合理性的基础，一直不是因它为众多的工人带来利益而存在的，而是因它对工业资本主义制度的作用而存在的。

甚至在今天，一方面，良善的、建立在对人幸福的考虑之上的休闲动机的确存在；但另一方面，产业工人的娱乐合理化的基础依然是较少的旷工现象、较低的雇员更换率、工人们越来越高的工作积极性和生产能力。当家庭和社会共同体面临重重包围时，公司的野餐会和集体游戏活动就会产生出家庭和共同体的感觉。

但是，工业主义以另一种几乎是相反的方式使得休闲合理化了。由于有利于生产，休闲一直是合理的，但现在它也由于有利于消费而成为合理的了。消费就是花钱并消费时间。正如理斯曼所指出的，事实上，消费已经成为为数众多的人的主要选择，在这些人中，既包括青少年也包括成年人，他们除了进商店、逛商业中心和集市一条街以外，根本不知道空闲时间里应该干些什么。如果没有夜生活和周末，娱乐业将会崩溃，如果没有假期，旅游业将会衰落。实际上，是休闲而不是劳动使得工业资本主义走向成熟。在这里，休闲的新的合理性展现出来了。在这样的经济状态中，失业的麻烦不是由于失去了生产性的劳动，而是因为失业者没有更多的钱去消费。现代的经济问题不是没有生产能力，而是缺乏足以保持每个人进行生产的消费能力。

浪漫主义休闲观的终结

工人阶级和具有清教思想的精英的出现，导致了关于人及其生活中休闲所占地位的浪漫观念的终结。浪漫主义哲学假定：本性在生命中处于支配地位，如果允许自由发挥作用的话，那么，人的天赋能力和动机将引导自己达到自我完善。人的自然状态是善和幸福，而幸福来自善。浪漫主义者认为，对于人的天性来说，正确的东西可以被"直观"地加以理解。如果循着一个人的本能而行事的话，那么个人和社会在总体上将受益。只有文明的束缚才会阻止个人的完善。在反对文明之恶的战争中，休闲起了特殊的作用。

休闲提供的不是一条愤世嫉俗的现代意义上的逃避之路，而是一条回归之路，即返回到健康、平衡的天性上来，返回到一种崇高而和谐的状态上来。在这种状态下，每个人都会真正地成为自我并因此而变得更美好和更幸福。我们是在这些术语本身的意义上来理解"更好"这个词的。

必须努力得到休闲，只有在休闲中，天性才能够如此展现。[14]

（二）西方休闲研究的历史

历史角度

以经验为依据所进行的研究只是 20 世纪的现象。作为正式的学识领域，1960年以前几乎没有任何系统的研究。美国娱乐研究的一个转折点是 1962 年完成的户外休闲资源审查委员会（ORRRC）的报告。该报告在提醒人们关注户外娱乐和更广泛的社会问题方面，发挥了积极的作用。根据德赖弗（Driver）的观点，ORRRC报告与格拉齐亚（Grazia）1962 年所撰写的《时间、工作与休闲》（*Of Time, Work and Leisure*）一书标志着娱乐和休闲研究的开端。1970 年，国际社会学学会将休闲作为其研究网络之一。在美国，《休闲研究期刊》（*Journal of Leisure Research*）于 1969 年创刊，《休闲科学》（*Leisure Sciences*）始创于 1979 年。《旅游业研究年鉴》（*Annals of Tourism Research*）始创于 1973 年。加拿大的刊物，包括《应用娱乐研究杂志》（*Journal of Applied Recreation Research*）（现改名为《休闲》[*Leisure/ Loisir*]）和《休闲与社会》（*Loisir et Societe*）分别于 1976 年和 1978 年创刊。在英国，《休闲研究》（*Leisure Studies*）于 1981 年问世。还有许多有关休闲、娱乐、旅游和玩乐的刊物，如澳大利亚-新西兰的《娱乐研究年鉴》（*Annals of Recreation Research*），其问世则更晚。

德赖弗归纳了美国休闲研究历史发展的各阶段，同其他国家的有许多类似之处。从 20 世纪 70 年代中期开始的 10 年主要集中于提供各种观点，出现了大量各种各样的理论，如奇克森特米哈伊（Csikzentmihalyi）的"畅"（"flow"）理论（1975 年）

和艾泽欧－阿荷拉（Iso-Ahola）在 20 世纪八九十年代继续发展的社会心理学。20 世纪 80 年代，人们对于娱乐与休闲的产出及其效益取得了一定的共识，这促进了研究方法的更新和发展，不再局限于传统的实证主义自然科学方法（如解释性质量研究法）。20 世纪 90 年代的研究跟"效益"的研究有关，但把注意力集中在营销研究和生活质量等问题上。到 20 世纪末 21 世纪初，休闲、娱乐、旅游和玩乐的后现代环境使得研究的范围更多、更经常地同它们的"结果"和"含义"联系在一起。

在不到 50 年里，休闲研究从布赖特比尔（Brightbill）、纳什（Nash）和帕克等西方研究学者所表达的一种基于直觉、在了解情况之后做出的判断，和霍兰德（Hollander）社会哲学的知识状态，发展为基于描述和记录行为的社会经验主义，后来又进一步转变成试图解释行为的基础结构的社会分析。在 20 世纪 90 年代及 21 世纪初，休闲研究与大多数其他学科一样，出现了一个包括在社会分析方法中的崭新焦点。它带来了一门建构在后结构主义和后现代主义周围的科学，为更深刻地认识休闲及其环境和社会构成敞开了大门。

当代观点

北美学者和欧洲学者之间在休闲研究的方式上存在某种紧张关系。按照默顿（Merton）的描述，一方面是怀有思想观念且尚未被世俗事实所污染的理论家，另一方面则是手持问卷和铅笔寻求乍看似乎毫无意义的统计资料的社会研究人员。两者的差异显而易见。英国休闲研究和北美休闲科学的区别有时被描绘成思想观念与统计数字之间的区别。在 21 世纪，提出研究方法的区别源于数据与思想观念之间的差异或偶尔发现与非偶尔发现之间的差异是有辩证意义的。然而卡普兰（Kaplan）认为，研究不可能是纯粹经验性的，理论也并非纯粹出自构思。如果休闲研究要提供发展所需的知识体系，理论和研究就必须相结合。

休闲从业人员、研究人员和其他有关人士不只需要知其然，更需要知其所以然。没有理论，娱乐和休闲活动的种种结果看上去就会十分空洞，缺乏重点和方向。罗杰克解释道："休闲理论给材料带来结构，没有理论，材料就杂乱无章。"理论无法避免，因为最执着的经验主义者也必须对数据的真实性和事实的性质做出判断，即使是悄然和非本能地这样做。休闲科学、休闲研究和实践领域明显缺乏理论，研究人员已经把这一情况记录在案。今天，这一自我反省过程应该也确实在继续。

在分析美国主要休闲和娱乐研究刊物时，亨德森（Henderson）等得出结论说，理论正在为研究提供基础，社会分析和社会经验两者都在得到利用。然而他们也注意到，该领域的多样化并没有在大部分研究报告中反映出来。杰克逊（Jackson）也得出结论说，北美研究人员和研究刊物出版人员只涵盖不大的个人群体。这些发现的含义是，应该让更多的人加入到理论队伍中来。从积极的方面来说，研究方法的广度和深度以及连接各种方法和使用混合型方法的趋势值得注意。基于实据的理论方法也为认识休闲研究的环境提供了途径，不管其主题是什么。

亨德森等人的结论是美国的休闲研究似乎逐渐朝着将功能主义和结构主义与后现代主义和后结构主义方法相结合的方向前进。休闲理论内容复杂，不太可能在将来简化。研究人员正在寻找新的方式解释相关数据，含蓄地或明确地承认休闲对于提高个人和社区生活质量的帮助。休闲跟环境密不可分的观念以及理论过去对人们认识休闲行为的帮助极为有限的观点，正在为一些"老"问题提供新答案。

任何理论都不可能绝对完整和全面，这一认识正在为更广泛地探索研究和教育的结构模块打开大门。根据凯利的观点，通过提出所有知识都是相对于不断变化的社会、文化和历史环境，而且在社会环境下任何事物都不是永恒的观念，后结构主义的主题可能会改革社会科学。休闲研究人员既要评估规律也要认识变化。他进一步注意到"概括性的提法和词汇掩盖了一切知识的相对性"。因此，解释性框架构建于有限的立场，具有相对性，与社会关系密切，并一直处于理论发展的过程中。凯利的结论是"因而，理论不是永恒的定律，而是对解释不断进行反省的过程"。[15]

（三）美国休闲研究的演进

在这里，我*将追溯历史上对科学知识的改进。在这个关于艺术状态演变的讨论中，我关注的是科学休闲研究的作用，因为比起那些更有哲学意义的作品，这些影响可以被更好地追踪。但这样的方向并不是贬低我们对知识的哲学贡献，我认为这与我在这里为科学研究的结果所提供的影响的时间顺序是一致的。此外，这篇文章的相关内容也很好地描绘了哲学对我们知识状态的贡献。

1960 年之前

在 1960 年之前，休闲的任何一个子领域都没有被系统地研究过，不过有一些社会学方面的研究；一些关于户外消遣者对生物物理环境影响的调查；一些基本相同的或通过统计来估算休闲对经济领域产生乘数效应的研究；少量利用估算方法对分散游憩区休闲的研究。这一结论得到了户外休闲资源审查委员会出版（1962）的审查报告摘要和文献综述第 27 卷的支持，该综述列出了在 20 世纪 50 年代末进行审查之前的几项实证研究。更广泛地说，《休闲研究期刊》直到 20 世纪 60 年代末期才出版。因此，1960 年的休闲知识状态主要是基于哲学著作、休闲专业人士（特别是管理者）的经验，以及直觉；很少有实证支持的休闲理论。

---

* 全书正文中类似"我"之类的人称表述，皆指此部分摘录内容所属原书或原文的作者。这里为了忠实原文，不做特别修改。

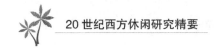

1960 年—1964 年

由于二战结束后娱乐性活动，尤其是户外娱乐活动的迅速增加，美国国会于 1958 年成立了户外休闲资源审查委员会（ORRRC）。ORRRC 审查报告的摘要和文献综述第 27 卷的其他报告对所有休闲研究的近期前景产生了深远影响。这些资料中有许多是面向研究的，并代表了许多学科的全国知名学者的系统和深入的评价，特别是社会学和经济学方面的。虽然研究的重点是户外娱乐，但这一概念广泛地涵盖了城市公园和开放空间的使用，因此户外休闲资源审查委员会并没有将其注意力仅仅局限于内陆的娱乐活动，例如该委员会在其报告摘要中指出，"公园和其他休闲区仅仅是答案的一部分。最重要的娱乐活动是人们在日常生活中发现的那种"。正因为如此，ORRRC 报告将全国的注意力集中在美国所有娱乐的状态上。

ORRRC 的报告也促使了国会在 1962 年设立了户外休闲局，并于 1965 年通过了《土地和水资源保护基金法案》。该法案允许联邦、州和地方（县和市）的公园和娱乐机构根据需要（根据国家综合户外娱乐计划，即 SCORPs，确定的需求和用品）申请政府拨款。许多（如果不是最多的话）SCORPs 都是通过咨询与大学相关的休闲科学家来完成的。这些机会激发了人们的兴趣，并加快了户外休闲研究的开展。更重要的是，从宏观的角度来看，休闲科学家的研究成果帮助激发了其他休闲领域的研究，因为休闲研究是一个应用领域，它解决了许多其他领域的常见问题。因此，随着时间的推移，社会学、心理学、社会心理学、地理学等等基础学科的理论和方法取得了同样的进展，它们有时更广泛地被应用于户外休闲，也已经在其他领域得到运用，比如社区娱乐节目、治疗性娱乐、旅游等等，不一而足。反过来，其他领域的理论和方法也被应用到户外娱乐领域。无论是室外的还是室内的（也就是说，不管是远足还是打网球），基本的休闲行为都是一样的。因此，在关于动机、感知的经济和其他价值观、冲突、性别和种族差异、承载能力以及有效的金融实践的需求等基本问题上，无论什么类型的娱乐活动都是一样的。因此，在 20 世纪 60 年代中期，SCORPs 刺激了户外休闲研究，对休闲研究的其他领域产生了乘数效应，反之亦然。

葛拉齐亚 1962 出版的开创性著作《时间、工作与休闲》，以及 20 世纪 60 年代早期发表的其他有影响力的文章，引起了人们对休闲和休闲研究的兴趣。大约在这段时间，在休闲研究领域提供课程和学位的大学和学院的数量也有了惊人的增长。应该重申的是，其中一个主要的原因是参加娱乐活动的人数迅速增加。综上所述，到 1965 年，不仅休闲研究的数量呈指数型增长，而且调查范围也在迅速扩大，包括新的学科。因此，1960 年至 1964 年可以称为休闲科学鉴定时期。

1965 年—1969 年

在 20 世纪 60 年代后期，经济影响和社会学研究的数量有所增加。更重要的是，这一时期标志着休闲研究领域出现了新的学科和方向。经济学家开始更系统地研究所谓的"非市场（不定价）服务的经济价值"，例如公开提供的娱乐机会，从而促使条件评估方法和旅行成本分析方法得以发展。科学研究开始评估身体活动对心血管的益处，这一研究开始于研究不同类型的工作对身体状况的要求。这一时期接近尾声的时候，尽管应用研究的注意力都集中在娱乐活动的机会上，但人们对休闲的心理和社会心理维度的兴趣迅速扩大。这促进了对"娱乐体验机会"概念的广泛吸纳，并刺激了更多关于休闲动机的研究。人类学家和政治学家在休闲方面也产生了更强大、更广泛的兴趣。伴随而来的是休闲学课程的持续扩展。1965年至1969年反映了休闲研究的集约化和多样化。

20世纪70年代

20世纪70年代的休闲研究是60年代开始的趋势之继续、强化和发展，社会科学研究缓慢地得到了更多的信任，所有社会科学学科的理论和方法都得到了相当大的提高：70年代早期，许多社会学家和心理学家的观点出现了转变，他们曾经怀疑研究是否可以有效地预测态度和实际行为之间的关系。在实验娱乐经济学中，较为复杂的设计得到了成功的开发和应用。从字面上看，心理学和社会心理学的研究很多涉及了休闲偏好、意义、动机和行为方面，其中一个例子就是奇克森特米哈伊的"畅"概念。这些研究在20世纪80年代得到了改进，尤其有影响的是市场研究的理论和方法的应用提供了更好的顾客导向。关于锻炼对心血管或其他身体器官的好处的研究被传播开了，这改变了公众对休闲活动好处的看法，促使更多的人开始跑步和慢跑。人们对旅游业作为一个独立的调查领域的兴趣迅速增长，该领域几种新的期刊得以创建。在运动心理学领域，工作有了很大的扩展，也有一些人在努力定义玩耍在儿童发展中所扮演的角色。休闲研究的学术项目继续扩大，越来越多的教育机构在这些领域设立硕士和博士学位。70年代开始的许多研究领域和子研究领域都在80年代得到了继续发展和壮大。这些领域的研究结果对新改进的娱乐管理系统的发展和在八九十年代发展并实施的工具产生了实质性的影响。20世纪70年代可以被称为休闲研究的快速扩张时期。也许我应该在这里更明确地说明，研究成果的主要应用是通过刺激更多的研究来进一步推进艺术的状态。这种刺激不仅扩展了现有的休闲附属领域的艺术状态，而且还帮助创造了新的专业化领域，同时也促使其他学科的科学家开始进行休闲研究。

20世纪80年代

20世纪80年代反映了与70年代相同的基本趋势和模式，但在所有调查领域进行的研究都有数量级的差异。这10年的特点是，由于从理论上更健全的研究设计的应用和改进方法的使用中发现了积极的结果，科学家们更加专业化，更加自信和自我肯定了。更大的专门化通过关注以下问题得到证实：

（1）在娱乐参与模式中，休闲在培养和维持种族及其他亚文化价值与身份，以及造成跨文化差异方面的作用。

（2）对特殊场所的场所感和心理依恋。

（3）畅爽的概念。

（4）休闲与人类精神性。

（5）娱乐和休闲制约的主题。

（6）注意力集中在休闲活动中的有益影响。

（7）关心残疾人和其他弱势或身体不受欢迎的人。

（8）休闲行为的心理生理方面的增长，特别是其对于精神以及身体健康的好处，后者被研究记录得更彻底，同锻炼带来的心血管好处一样。

（9）在旅游领域发展的细分专业，如生态旅游。

（10）对休闲及相关概念界定的改正与更好定义。

（11）合并娱乐与相关领域的调查，比如野生动植物的人类维度，这不仅解决了狩猎的娱乐方面问题，也调查和了解了野生动植物的类型。

（12）性别差异。

（13）营销研究，大大超过休闲服务的"销售"概念。

这一时期见证了新的休闲相关期刊的诞生和新学科的参与。应用和发展出了更好的理论，研究方法得到了改进。定量研究有了更多的定性研究做补充。在这 10 年中，人们对知识的状态做出了巨大的贡献，这可以称为"成熟的 10 年"。

20 世纪 90 年代

20 世纪 90 年代，在休闲研究中我没有发现如在六七十年代时那样多的变化，但 80 年代的高质量研究仍在继续，对知识状况的专业化和实质性贡献仍在继续。一些显著的变化是，人们开始更多地关注休闲的精神层面，产生了越来越多的关于地点感的研究，而且关于经济影响的研究也得以复苏。尤其重要的是休闲科学家的取向发生了改变，特别是与从业者密切合作的科学家的取向。市场研究的理论和方法的扩展应用大大增强了这种客户导向。此外，娱乐和旅游的不断融合，丰富了这一领域，部分原因是旅游业需要以顾客为导向，而其中的一些已经影响到过去对旅游业抱有偏见的其他娱乐专业人士。休闲科学家现在也意识到了所有公园和娱乐机构所面临的财政紧缩状况，这表明有关服务供给的财务方面的研究在增加。

同样重要的是，公众对生活质量维度的广泛定位，提高了他们对个人选择的敏感度，从而促进或阻碍了他们生活中所期望的质量方面的满足。而所谓"生活质量"的选择则是那些与锻炼、良好的营养、压力管理、避免滥用药物等有关的选择。一般来说，公众对生活选择如何影响个人健康和幸福，包括其他休闲活动的影响更为敏感。这种内省使得公园和娱乐管理者更关心全面的质量管理，这反过来又激发了大量的研究来关注什么是高质量的娱乐机会。

　　社会的这些和其他变化共同促使公众要求更多地参与到娱乐资源分配和管理决策中，其结果是相当大地影响了对休闲研究的重新定位，从 1969 年《国家环境政策法》提倡的公众参与概念转变为涉及所有客户的合作伙伴关系的概念，例如现在有更多的研究已致力于与休闲相关的公共政策的形成和实施。此外，人们更关心公共机构的效率和责任，这也刺激了新型的研究和研究方法的产生，例如，休闲科学家之间及他们与其他社会服务从业者之间的合作，快速增长的对休闲作用进行的多学科研究，关于预防高危青年所造成的社会问题的研究等。与此相关的是，越来越多的休闲科学家愿意面向实践，并与从业者合作，以便使他们的研究成果得以应用。也有许多论述涉及工业化社会的未来方向和休闲在其中所扮演的角色的问题。总之，20 世纪 90 年代的休闲研究继续迅速地向前推进与发展着。

结论

　　前面的提纲相当令人信服地说明了 1960 年到现在的休闲研究已取得了巨大的进步。从科学的角度来看，我们基本上是在短时间内从一种基于直觉和明智判断的知识状态转变到一种基于科学和广泛的专题覆盖的状况。这是不小的成就。当然，关于休闲的不同方面还有很多东西要学习。[16]

（四）英国休闲研究的兴起

　　18 世纪末和 19 世纪初是英国发生深刻经济变革的时期，当时，英国从农业社会演变为一个有着深远的社会、经济和政治影响的工业化国家。正如下文所述，这对休闲有着巨大影响，结果是使此前已有的休闲活动变得面目全非。其变化的强度是如此之大，以至于人们都说现代的休闲概念是"19 世纪工业化的产物"。

　　……

　　尽管当时休闲的性质和准确含义有可能与今天的休闲概念有所不同，但是毫无疑问，娱乐与玩耍也是工业化以前人们生活中的明显特征。在 16 世纪和 17 世纪，当清教徒的影响力逐渐变得强大时，大众化娱乐就在很大程度上受到了抑制，好在这些时期持续的时间都不长，到 1660 年君主制恢复时，这些限制因素就被消除了。当然，在 18 世纪的大部分时间里似乎也有很多休闲活动。事实上，临近工业革命前夕的那段时间有时也被人称作"快乐的英格兰"。[17]

　　城市化和工业化的生活对休闲活动有多方面影响。它将人们与农村社会隔离开来，从而使人们不可能再沉湎于传统的休闲娱乐方式。它带来了一个沉闷的、拥挤不堪的和被污染了的新环境，当然这个新的环境最终也会带来新的休闲方式。但是，最重要的一点就是工厂制度对休闲活动有着深刻的影响。事实上，有人说，我们现在对休闲的认识在很大程度上是来自对与之有关的工作制度的理解。

工业革命在创造了大量的城市工人阶级的同时，还创造了大量的中产阶级。传统社会的主要特征是拥有大量的农业劳动力和少量的地主阶层。在18世纪末期，中产阶级佃农和商人大大增加，但是，制造业的发展不仅创造了规模庞大的中产阶级工厂主，而且创造了持续增多的中产阶级专业人员，比如律师、银行家和股票经纪人等，他们是使资本主义经济车轮向前滚动不可缺少的力量。这些群体对工作和城市如何运作有着自己独特的价值观，他们的看法和态度直接或间接地影响着休闲活动的模式和休闲的发展。[18]

我们已经看到由于不断壮大的中产阶级所持的价值观和态度的转变，大量的大众休闲活动在19世纪初要么被大大地减少了，要么被彻底地取消了。在此过程中，起作用的、与休闲活动关系更为密切的另一种价值观被称为理性消遣运动。从某种层面上来看，该运动仅仅是替代那些逐渐消亡的大众休闲方式。人们认为，如果要将人们的注意力从酒吧和交易会中转移开，就有必要向他们提供其他的选择，况且，当原先的大众休闲活动被取消后，很明显这个空白也需要填补。但理性消遣的含义远比这丰富。理性消遣被看作是一种社会控制的工具，是将中产阶级的价值观延伸到工人阶级这一过程的有机组成部分，是用知识、自我提高和健康等更持久的高雅休闲替代那些仅有瞬间快乐的娱乐方式。正如贝利（Bailey）所说，"改进后的消遣方式是用中产阶级的社会价值观对工人阶级进行教育的重要工具"。但是，此种消遣方式仍然影响着城市大众的福利。[19]

工作时间很长而假日减少，这是19世纪前几十年的特征，但19世纪中期则是一个重要转折点的开始。多数工人的周工作时间开始减少，英国政府于1871年颁布了《银行假日法案》，该法案标志着其对休闲重要性的认识，于是越来越多的工人开始享受年假。

闲暇时间的增加是由多方面因素促成的，比如改革和工人运动；那些对政府稳定构成威胁的因素被消除；政府和雇主都逐渐认识到休闲的必要性（他们可能接受了这一点，即给予工人更多的闲暇时间反而能更有效地提高他们的劳动生产率）等。在谈到19世纪后半期人们逐渐获得了越来越多的闲暇时间这一问题时，很多文献都强调了约翰·卢伯克爵士（Sir John Lubbock）在1871年提出的《银行假日法案》的重要性。

19世纪后半期，不仅休闲时间有了增加，而且工业化的发展所带来的财富增加也逐渐惠及工人阶级，虽然数量有限，但毕竟人们的实际收入有所增加。1860年至1875年，工人阶级的实际收入（扣除物价上涨因素后的收入）增长了40%；1875年至1900年，其实际收入在上述基础上又增长了50%。这也许是相当多的工人们有史以来第一次有了可自由支配的收入，而且这笔收入可以用于休闲消费，这也就促使大量的休闲活动开始进入普通家庭的消费能力范围，甚至一些原先仅限于名流阶层消费的休闲活动也在此列。[20]

工业革命的主要特征之一就是技术的极大进步。除本章已提到的一般影响外，技术的发展对休闲活动有很多更直接的作用。最明显的影响之一是交通的极大改善：首先是铁路的扩张；其次是20世纪汽车的发展。交通的改善极大地方便了人们到遥远的地方进行休闲活动。比如，铁路对海边度假地的开发有着深刻的影响，因为铁路网络把所有的主要城市、城镇与海岸线连接起来，加上19世纪70年代廉价的短途旅行的引进，铁路将成千上万的游客运送到日趋完善的度假胜地进行"一日游"或让更多的人进行多日度假。

在19世纪后期对休闲活动有着重大影响的另一个因素就是刚刚建立的地方政府，而且这一因素至今仍然起着重要的作用。从19世纪40年代起至今已有很多的相关立法授权地方政府可以为提供大量的休闲设施而收取地方税费。首先，这是理性消遣运动的重要组成部分，这样就可以为改善教育和强身健体的消遣活动提供设施，于是"就可以直接和商业化的休闲活动相抗衡，努力将劳工阶层从酒吧中吸引到图书馆里去"。上文已提到由于1845年、1846年和1850年的相关立法，博物馆、图书馆和公共浴池等得以建立。另外，当时已有渠道可以为兴建开放的空间项目融集公共资金，在19世纪70年代，很多城市都已建有公立公园。起初，大多数都是由那些因工业化而发财的维多利亚时代的慈善家们捐资兴建的，大约在1870年以后，更多的是由地方议会兴建的。

除了休闲的全面发展，个人财富的增加也使休闲有了一些新的和特殊的发展。其中一个重要的发展是以家庭为中心的休闲活动的凸显。当时不断增加的、人们可以消费得起的家具和电器已将家庭生活变得更加舒适，电视机的广泛拥有也使得家庭的吸引力可以与电影院和酒吧的吸引力相抗衡。而且当时人们自己动手对住宅进行改造和装修也是一种风尚，不过这与休闲有多大程度的联系还值得商榷。另外，财富的增加带来了轿车拥有量的极大增长，这对休闲，特别是乡村休闲消遣的发展意义深远。1967年，英国私家汽车的拥有量达到45%。英国旅行协会和基勒大学的一项调查显示，89%的车主将汽车使用在娱乐的用途上。人们不再受制于有限的交通系统的束缚，当他们想要外出并想要携带相当数量的设施时，依然能够去任何他们想要去的地方，这反过来又刺激了大量的积极的休闲活动方式的发展。财富的增长、假日的增加和交通的改善，对国际旅游的发展影响巨大，自20世纪60年代起，国际旅游的发展已经成为不可阻挡的潮流。

除了时间和金钱增长这些明显的因素外，在20世纪60年代对休闲发展起主导影响作用的还有其他一些因素。其中之一就是对待自由的方式和人们态度的极大改变。20世纪60年代是一个对那些历史久远的社会制度进行猛烈抨击的时代。尽管这些制度在塑造人们的观念和道德方面起过重要作用，但教堂、政府、家庭、法律以及与道德和中规中矩的行为有关的观念等无一幸免，都受到了严峻的挑战，这对休闲活动的发展产生了巨大影响。最为明显的就是青年文化的迅速发展、"青少年现象"的出现以及性自由呼声的高涨。[21]

注　释:

1　［美］查尔斯·K.布赖特比尔、托尼·A.莫布莱著:《休闲教育的当代价值》，陈发兵、刘耳、蒋书婉译，北京：中国经济出版社，2009年，第4页。

2　［美］杰弗瑞·戈比著:《你生命中的休闲》，康筝译，田松校译，昆明：云南人民出版社，2000年，第28—29页。

3　Johan Bouwer and Marco van Leeuwen, *Philosophy of Leisure: Foundations of the Good life,* New York: Routledge, 2017, pp. 28-34.

4　Foster Rhea Dulles, *A History of Recreation* (2nd edition), New York: Meredithd Publishing Company, 1965, pp. 229-397.

5　［美］杰杰瑞·戈比著:《21世纪的休闲与休闲服务》，张春波、陈定家、刘风华译，马惠娣校译，昆明：云南人民出版社，2000年，第2—4页。

6　Karl Spracklen, *Constructing Leisure: Historical and Philosophical Debates*, Basingstoke: Palgrave Macmillan, 2011, pp.175-176.

7　George A. Lundberg, Mirra Komarovsky and Mary Alice Mcinerny, *Leisure: A Suburban Study,* New York: Agathon Press INC., 1969, pp. 4-5.

8　John Neulinger, *The Psychology of Leisure: Research Approaches to the Study of Leisure,* Springfield, IL: Charles Thomas Publishers, 1974, p. 143.

9　Joffre Dumazedier, *Sociology of Leisure*, Amsterdam, Holland: Elsevier Scientific, 1974, p. 40.

10　［美］查尔斯·K.布赖特比尔、托尼·A.莫布莱著:《休闲教育的当代价值》，第16—20页。

11　［加］埃德加·杰克逊编:《休闲与生活质量——休闲对社会、经济和文化发展的影响》，刘慧梅、刘晓杰译，钱炜校，杭州：浙江大学出版社，2006年，第144页。

12　［美］托马斯·古德里、杰弗瑞·戈比著:《人类思想史中的休闲》，成素梅、马慧娣、季斌、冯世梅译，昆明：云南人民出版社，2000年，第39—40页。

13　同上书，第47—48页。

14　同上书，第118—119页。

15　［加］埃德加·杰克逊编:《休闲与生活质量——休闲对社会、经济和文化发展的影响》，第95—97页。

16　Driver, "Recognizing and Celebrating Progress in Leisure Studies"，in Edgar L. Jackson and Thomas L. Burton, eds., *Leisure Studies Prospects for the Twenty-first Century*, State College, Pa.: Venture Pub, 1999, pp. 524-527.

17　［英］克里斯·布尔、杰恩·胡思、迈克·韦德著:《休闲研究引论》，田里、董建新等译，昆明：云南大学出版社，2006年，第2页。

18　同上书，第4—5页。

19　同上书，第7页。

20　同上书，第9—11页。

21　同上书，第13—17页。

第二章

休闲概念的多样性

【简短引言】

休闲理论研究首先涉及休闲概念的界定。古代希腊罗马时代将休闲看作通向好／善的生活的必要条件，拥有生活智慧和德性生活的第一原则，脱离强制状态、实现幸福生活的练习与表达，认为休闲是一切事情环绕的中心，休闲本身就是一种宁静和平的生活。近现代西方工业化的形成和发展，凸显了休闲与工作的对立，并引发了对现代休闲问题及休闲概念的广泛关注与讨论，由此出现了多角度的休闲概念界定，诸如从自由角度、存在角度、时间角度、体验角度、活动角度等，从而形成了多样化的休闲定义。也有一些研究者反对将休闲与工作截然分开或从某个单一角度定义休闲的观点与方法。这些研究和观点为我们呈现了休闲概念的丰富内容及其与工作、生活的多重关系。

然而，正如一些西方学者指出的那样，从跨文化的视域看，这类定义主要建立在对西方文化认知的基础上，因而是有局限性的。这也为我们进一步深入探讨这一问题提示了新的可能方向，留下了新的可能空间。

一、从哲学视角理解休闲

（一）亚里士多德："为了闲暇而忙碌"

古希腊人有句俗谚："我们忙碌是为了能有休闲。"｜"忙碌"（to be unleisurely）一词，在希腊人的用语中，不仅指日常生活中特别辛苦的工作，也泛指日常一般的工作。希腊文"a-skole"（忙碌）是否定词，正如拉丁文"negotium"（忙碌）也是否定词，是指没有空闲的意思。

亚里士多德这句话和他在《政治学》一书中讲过的类似话语，真正所指的不外是休闲才是一切事情环绕的中心。这句话的上下文似乎显示出：这是一个不言自明的事实。因此，我们只能这样推测：古希腊人根本不可能了解我们现代人"为工作而工作"的格言。而古希腊人的休闲观念也无法为我们轻易而直接地了解，这也是极为明显的事。

或许有人会对此提出异议："亚里士多德和我们现代人有何干系？古代的文明成就固然值得钦佩，可是为什么我们就得对它感到有所亏欠？"

我们可以举其中最重要的一点来回答：西方基督宗教对默观生活的看法，与亚里士多德的休闲观念有很密切的关系。我们也可观察到，这就是"artes liberales"（本意为自由人之学艺，可译为文艺或人文学科）和"artes serviles"（本意为奴隶之技艺，可译为工艺）之间区别的根源所在。或许有人会进一步反驳说，这种差别只有历史学家会感兴趣。我们或可这样答复：每个人至少会与这两者之一沾上关系，事实上，我们都会认为星期天、假期并不宜"拼命工作"（servile work）。试想在今日，谁会认为"奴隶般的工作"与"文艺"本是孪生的语词，就好像关节的耦合一样，缺了其中的哪一面，都无法了解另一面了呢？如果不对与"文艺"相关的意义加以界定，几乎就无法精确地思考"劳力工作"的含义。[2]

（二）希腊人构思休闲的方式

亚里士多德曾给出过一个相当于休闲的大致描述，然后他补充说，"换言之，这是从劳动的必要性中解脱出来的自由"，这乍一看似乎类似于现代的自由时间了。这些差异，虽然主要是单词间的细微差异，却反映出了不同的世界。我们可以注意到，自由时间强调时间；它留出一个单元的时间可以不工作。而在亚里士多德的定义中，时间不占关键地位，休闲是一种环境或状态，一种脱离强制工作的状态。[3]

争论最多的是古希腊人构思休闲的方式。他们首先将休闲发展成为一个积极的观念，认为它是达成生活目的，过上好的生活的必要条件。好的生活就是一生追求智慧、德性和休闲，而休闲是寻找生活智慧，或是拥有有价值和有德性的生活方式、导向愉悦的第一原则。柏拉图和亚里士多德对休闲的讨论最受休闲学者的关注，接下来对他们的观点做简要阐述。

柏拉图认为人类的目标就是要发现真理，而通向"好的生活"的关键在于那些寻找意义的对话。这需要花时间去想、去沉思、去研究和发展自身。他将追求这些活动的时间叫作"休闲"，并认为这些活动本身就是幸福的组成部分。此外，柏拉图还提出，要过上"好的生活"，最好的方式就是游戏以及将生活献给神。在人类生活的目标和游戏之间、在游戏和神圣性对日常生活的影响之间存在一种道德联系。游戏是实现社会目的，即自我转化、变成一个成人和一个好的公民的一种手段。这意味着儿童的游戏是直接影响其成为合格公民的，游戏可以磨炼性格，达成自我提升。就如游戏对于教育儿童来说是重要的，休闲对于教育成人来说也是重要的。"成人的游戏"由哲理思考、公共辩论、体育竞技和音乐组成。总的来说，柏拉图的休闲概念本质上相当于道德活动的"好"，如体育竞技、知识探究，与阴影之下混乱而不道德的世界形成对照。过上好的生活可归结为做出正确的选择和做正确的事情。

亚里士多德的休闲观念围绕着对善/好的生活的追求，这种善/好的生活能带来快乐、人类繁荣和幸福。为了享受快乐生活所能带来的愉悦，人们应当从工作和其他义务中脱离出来。生活从根本上是为了参与演讲、音乐、友谊、体育和公民权，工作给这样的生活带来了严重的制约和局限。这些活动与儿童的游戏是不同的。亚里士多德认为工作是休闲的对立面，且从词源学上来看工作是非休闲的。休闲是参与德性活动的第一原则。好的生活产生了美德，以及高尚的智力成果、见解和智慧。他认为人类幸福是因卓越的理智而得到加强的，因为它包含了神的沉思。工作没有这样的内涵，因为它将人从文化和政治参与中转移出来，因而没有沉思的潜力，也没有获得知识的途径。总结起来说，亚里士多德认为休闲与最重要最优秀的人类生活的表达相关，有从工作中脱离出来的自由，也有去练习和发展自身最重要的人类特性的自由。休闲能带来主观的愉悦和客观的幸福。[4]

古希腊人是第一批哲学家，也是第一批把他们关于休闲和其他方面的想法记录下来的人（或者说至少是现存作品中的第一批）。不同的希腊城邦用不同方式来定义归属、决策、分权和青年教育，其中包括传统休闲和运动。例如在斯巴达，精英阶层的男孩要离开自己的家庭，通过公共培养而成为勇士。他们在严格管制的运动和锻炼中成长，完成军事训练。而在雅典等其他城市，精英阶层的男孩在智者和哲学家的指导下培养思考和学习的艺术。正确的生活方式，是城邦繁荣的最好社会组织形式，这对柏拉图来说至关重要。在《理想国》中，他的导师苏格拉底讨论了哲学王统治下的乌托邦共和国的文化和结构。柏拉图通过《理想国》呈现了他的理想形式：工作不仅仅是为了表达一个完美的城邦；它更是一个理想共和国的展现，而它的完美形式只能在我们每天残缺的世界和感觉的现实中得以部分反映。由于性别是从宇宙的神性统一故事中分离出来的，因此在柏拉图的理想国中男女平等。理想国也明确规定了不同阶层的休闲活动：哲学王的教育和训练；自由人正式的工具化休闲，如游戏；较低阶层的工作之余的自由时间。理想国中的休闲反映了柏拉图的休闲哲学——运动和知识等追求"适当"的休闲美德，与之相对的是混沌邪恶的阴暗世界。

亚里士多德的哲学最终与他的导师柏拉图的分道扬镳。亚里士多德相信生活的美好，而不是空想。他认为好的生活可以通过仔细观察和论证而发现——这一归纳推理体现在他所有现存著作中。他也自然相信自己的生活就是最好生活方式的公平写照。这与柏拉图对好的休闲和运动的观点相近：仪式运动和游戏，音乐和戏剧，城市广场的友好辩论和倾听诵读诗书。但他的休闲观点来源于对雅典与其他社会文化和政治生活的比较。亚里士多德相信当地传统和休闲实践的神圣性与自然性在于休闲黏合社区所体现的价值，以及精英挑选特定休闲形式实践的自由。

伊壁鸠鲁学派追随伊壁鸠鲁的哲学著作，认为美好的生活可以通过文化和知识品味的培养而得以享受。人们对伊壁鸠鲁学派的刻板印象是嗜爱美酒和食物的美食家，虽然这是他们的原有形象，也的确和他们的真实形象有些相似。一些伊壁鸠鲁学派认为品位能够逐渐培养。然而，大多数伊壁鸠鲁学派的人认为有足够的理由让我们去探索文化和精神生活的界限，并建立适当的方式享受生活中的一切，这就意味着，比如理解音乐中的均衡和声以更好地享受声音，或者采用适当方法训练强壮的身体来赢得摔跤。虽然不像柏拉图学派和亚里士多德学派那样影响深远，但在伊壁鸠鲁学派的影响下，有教养的希腊和罗马异教徒将日常休闲和文化习惯视为文雅的品位和文明。

斯多葛派是希腊和罗马时期最流行的哲学流派。其信奉者相信节制、沉思和理性分离能够带来美好的生活。他们对罗马统治阶层产生强大的影响。马可·奥勒留皇帝在他的《沉思录》中，支持斯多葛派节制、适度、宽容和智慧的美德。这些美德也是美好生活和善者的标志。奥勒留与其曾经的斯多葛派导师佛朗多之间的信件，得以幸存并流传下来，其内容反映了斯多葛派哲学在日常生活、政治和文化中的践行。在这些信件和他的《沉思录》中，奥勒留探讨了休闲实践的适度性，如玩骰子的愚蠢、赌博的愚昧、过量饮酒和性交的危害。他也对平民观看游戏感到厌倦，作为一个政治家，奥勒留承认工具休闲的强权力量，但是作为一个哲学家和美学家，他厌恶血腥杀戮和非理性。对他来说，最好的休闲是沉思在自己的世界中，阅读好的哲学和历史学著作，为治理国家养精蓄锐。

随着基督教的兴起和罗马帝国的衰落，古典时代的哲学学派在西欧没能延传下来。基督教神学家认为以往异教徒失控和罪恶的休闲追求愚蠢至极，并使基督教与不道德的休闲活动划清界限。如圣奥古斯丁认为，异教徒的休闲活动是罪恶的，并建议基督徒过上祈祷和沉思的生活。在拜占庭帝国，查士丁尼大帝编纂法典以减少性爱和其他休闲的自由。哲学则通过僧侣和卡西奥多罗斯这样的收藏家，从西方收集、抄写手稿而得以延续。在东方，异教哲学学院的关闭使得个人哲学观点和著作流传到波斯地区，这些书成为伊斯兰世界遗产的一部分。其中，亚里士多德的少量著作成为希腊哲学的幸存范例，穆斯林哲学家对这些作品进行注释，但直到中世纪经院哲学亚里士多德哲学复兴时期，才有了哲学学科的系统发展。[5]

（三）古代的休闲定义也有多种

休闲的理想主要通过柏拉图、亚里士多德的著作和伊壁鸠鲁走进罗马。大多数罗马作家在提出休闲问题时都会用到 otium（闲暇）和 negotium（忙碌）。休闲吸引着他们；征服的方式、组织和建筑使他们认为，即使是在罗马帝国，自己也无法摆脱希腊文化的遗产。塞涅卡第一次给出了理想的现实考量，他几乎独自一人在罗马制定了准则。西塞罗是在这个问题上最典型的罗马作家，他几乎从不离开 otium/negotium 的轨道。一个人可以很忙，忙于军队、商业或国家事务，然后去休息，恢复自己；老年本身就是一种平和的、应该从忙个不停的 negotium 中得到休息的状态；亚里士多德就不会把这种休息称为休闲。[6]

如果我们回到古代去寻求休闲的定义，会发现它的意义并非只有一种。当奥勒留谈到休闲的时候，他所指的并非是"休闲"，而是"能力"（如他所说的"Thou hast leisure to check arrogance"中的"leisure"就是作"能力"理解的）。乍一看，我们容易假定同一基本词的名词、形容词和副词的意思相同，但事实并非如此。按照韦伯词典的定义，"leisure"作为名词，意为"自由的、未被占据的时间"，但作为副词或形容词则意为"不紧不慢地"或"闲适的"。一个人拥有闲暇，并不能说明他对闲暇的利用是明智的。[7]

（四）哲学意义上的休闲

休闲的意义显然与本体论有关，我们可以用形而上学的观点来问：什么是运动或什么是休闲？这就变成了我们问的是休闲或运动的目的是什么。答案是它们具有伦理或道德上的功能或作用，这二者之间虽然相关却常被混淆。如边沁（Bentham）在《道德与立法原则导论》一书中试图理解理性、开明方式下的社会规则，并发展了他著名的功利主义道德理论。功利主义是一种哲学的统计和测量。但边沁对良好（阅读）和败坏（酗酒）的社会有着强烈的自由感，因此，功利主义的一致理论假设是，选择和行为都有好坏之分，并可以通过实证测量。而测量与目的有关——为什么行动？谁从中受益？对社会有纯收益么？所以我们会问：休闲是为了什么？谁从休闲中获益？（这种休闲）对社会有纯收益么？[8]

哲学化休闲——哲学视角下的休闲——提供了一种在世界上生存的方式，一种回复人类交往危机的方式。哲学化休闲是对内在自我的丰富，是人类灵魂的滋养物。休闲与娱乐是不同的。娱乐、放松和消遣，是对无空闲的生活的短暂打断，让人们从忙碌的生活中脱离出来，而哲学化休闲是以本体性来定义的，关乎存在方式。尽管这些概念是相反的，但两者都需要培养和满足人类的体验。[9]

无论休闲的概念是什么，休闲的本质特征似乎与存在本质或成为人有关，它关乎对人类来说十分重要的东西。[10]

休闲是我们自愿从事的所有活动的总和（如上所述的意志/自由意志），使我们的生活更美好、更有趣、更美丽，通过活动、艺术、运动、志愿工作等来激发幸福感。[11]

（学生）对休闲含义的争论反映了休闲理论和休闲研究领域的成长与发展。学生讨论的结果包括三种休闲的本体：当用选择来定义休闲时，休闲是一种与其他生活建构（例如工作）相对的自由选择；休闲是一种结构制约的选择（或别无选择）；休闲是所有结构瓦解下的完全自由的选择。这三种本体论直接关系到休闲学研究的三种重要认识论，且与休闲研究的文化思想史密切相关：自由主义休闲理论；社会结构再生产和权力关系不平等的结构主义休闲理论；后现代休闲理论（以及后现代休闲的后结构主义理论）。随着休闲研究的发展，其认识论关注点也随着主流社会学关于结构和（后）现代的普遍争论而发生改变。休闲的主体地位也随之变化，以至于后马克思主义的休闲研究范式不再是一个连贯的论题，休闲学的核心研究也不一致。休闲学的核心研究，作为一个有意义、思想和专业的追求，面临着不确定的未来。葛兰西学派的权威理论对 20 年来休闲学科理论发展起了很大的推动作用，而如今这个 20 多年前主导学科的假设也理所当然地受到后现代主义和后现代性的挑战。许多休闲学者放弃了对发展休闲持续理论研究的尝试，而退回到专业化的体育、旅游或文化研究中去。[12]

二、从自由角度定义休闲

（一）杰弗瑞·戈比（Geoffrey Godbey）的休闲定义

休闲是从文化环境和物质环境的外在压力中解脱出来的一种相对自由的生活，它使个体能够以自己所喜爱的、本能地感到有价值的方式，在内心之爱的驱动下行动，并为信仰提供一个基础。[13]

纽林格（Neulinger）将感知自由（perceived freedom）定义为人们从事自己想做的事情时的一种状态。选择这样做是否是真心的、形而上的自由或者仅仅是现象学的自由（在这种情况下可能是虚幻的）并不重要。正如纽林格观点中所隐含的，一旦人们承认休闲实践的定义部分是与体验、体验的意义和感觉相关，那么关于休闲中自由的探讨就会成为区分真正的自由和感觉的自由的讨论。表面上看，休闲是一种以活动为中心并且参与者有某种预期体验的实践活动，或许"感觉到自由"的概念是主要的，并且在绝大多数情况下，这种自由是"足够的自由"。有自由选择活动的想法，或者选择活动的愉悦感，在绝大多数情况下，应该就是休闲中的自由，这个自由不需要贯穿形而上学的、不确定的自由，也不需要成为纯粹的精神的形而上的自由，但是这些休闲活动可以帮助人们感知自由，从这个意义上说，一个人可以是现象学上的自由。[14]

（二）休闲的自由有多种含义

自由是一种行动而非一种状态，是一定情境下进行有意义活动的可能性；这种自由可能会因接受任意限定的终极性，或是由于创造行为受到抑制而被否定。

休闲，在存在隐喻中，是指情境中的自由之现实化。

任何定义休闲的方法都包含一定的决定和自由的要素。然而，自由对于采取不同方法去研究休闲的人来说有着不同的含义。关注体验的心理学家认为，自由是摆脱压力的感觉；结构社会学家则认为，自由是指社会体系中具有一定社会经济地位的人不受约束的程度。在这两种方法中，自由都是指休闲者在休闲过程中或某种条件下所处的状态。但人们忽略的是现实的行动或决定的过程。

　　我们假设，休闲包括某种参与行动或活动的决定。虽然选择不一定是绝对的和无条件的，但至少人们可以选择不去做什么，或选择其他时间来做。体验模式恰恰缺乏这一选择层面。休闲变成了一种状态而非行动，变成了一种感知的状况而非过程。

　　此外，自由还被定义为无拘无束的感觉，而不是行动的可能性；被理解为一种被动的摆脱，而不是主动的行动。如果将休闲单纯定义为一种精神状态，那么，自由就被削弱为一种感觉，而非一种现实的状态或可能性。而在存在模式中，自由则会成为一种行动状态，甚至是对那种可能性的实施。存在主义所强调的是决定和行动，而非情景及状态。[15]

　　休闲的经典概念之一来自古希腊"skhole"的观念，其中已经包含了自由和约束之间不那么细微的平衡，即包含了在所有具有或声称具有选择自由的情形中建立起来的或多或少明确的规范性。毕竟，"skhole"意味着一种状态，一个人摆脱日常义务，通过不同方式的工作被感觉到的幸福，即用模拟想象的活动占据自己、磨炼技能来帮助实现身心合一。这种压力的存在，无论是否是自我强加的，只要是利用非工作时间来发展自己，也即是要防止闲暇时间成为无所事事，便意味着接受生命中的不自由。

　　当然，类似的观念重新出现在更多的以严肃休闲的形式讨论休闲及其用途的现代文章中。从事严肃休闲往往意味着从事高度标准化和结构化的活动，因为善于做某事的想法意味着投入所需的时间和精力去实践（从而对自己的可用时间提出要求），并以适当的方式执行相关行为（比如，通过演奏一种乐器来演奏真正的音乐）。从这两方面看，从事严肃休闲意味着屈服于大量的不自由。[16]

三、从时间角度定义休闲

（一）作为闲暇时间的休闲

　　从时间角度来考察休闲的含义，通常是指生活中的这样一些时候——在这些时候，我们拥有相对多的自由，可以做想要做的事。亚里士多德称之为可用的时间（available time）。这种时间有时可能会被认为有副作用，凡勃伦在19世纪末就曾哀叹新生的有闲阶层把时间花费在不创造任何价值的活动上。另一类从时间角度对休闲的理解是"在生存问题解决以后剩下来的时间"。

　　卡普兰（Kaplan）发现，如果把休闲定义为"自由时间"，我们的社会中就存在四种不同形态的自由时间:"富有者持久而自愿的闲暇,失业者临时而无奈的空闲,雇员们定期而自愿的休假和伤残者长期的休养,以及老年人自愿的退休。"失业的老年人和残疾人的自由时间又完全是另一个样子。你可以看出,这些各不相同的"自由时间",对于它们的拥有者来说是多么的不同。假日与退休之间有着根本的差异。[17]

若是把休闲看作一段不受外在约束的或说是自由支配的闲暇时间,我们可以把人的生活区分为三种用途不同的时间:生存时间(existence time)、维生时间(subsistence time)和闲暇时间(free time)。生存时间,指的是一个人维持身体机能的运转所花费的时间,即人们要花时间来吃饭、睡觉、打理或装扮自己。维生时间,是第二种用途的时间,它要被人们用在工作上,或者说是要用在维持生计的奔波上,要用以满足物质的和精神的需要。人们必须要通过工作来维持生计,以此来满足物质和精神方面的生活需要。最后一种就是闲暇时间了。人们通常把它看作是一种没有任何外在强制因素干扰的时间,在这些时间里,人们可以随其所愿去做自己喜欢的事。[18]

对社会大众而言,休闲最好的定义是与时间相关的:休闲是超出谋生需要之外的时间,可以做选择的时间、自由支配的时间,或受强制之感最弱的时间。

休闲也是机遇。如果没有机遇,也就无所谓自主选择或自由。如果没有时间,也就无所谓机遇,因为时间乃是休闲的主要特征。由此看来,态度有关我们把什么视作工作和如何进行休闲,正如态度跟我们认为休闲的价值何在密切相关一样。但休闲不能与时间分开,正如身体不适不能与疼痛分开一样。要想很好地培养和维持最完美的享受与满足,那需要我们从工作和休闲中都获得自我满足。柏拉图说生命中三种最有价值之物——正义、美与真理——都无法定义,休闲也可能如此。但是尝试下定义也无不可。根据韦伯词典,休闲(leisure)是自由的、未被占据的时间,在这些时间里,人们可以放开地休息或从事游憩活动。这并非即是古人之所谓休闲,但是如果我们必须在古代与现代的休闲概念之间做选择的话,选择现代概念可能更为明智,因为词典的定义是基于当代的语言学和用法的。当然,20 世纪 70 年代早期对休闲又出现了一些其他的定义。[19]

研究休闲问题的文献就休闲与时间之间的关系涉及很多不同的角度。我们经常将休闲活动与工作之余的空闲时间联系起来,而工作时间指的是为了获得利益或仅仅是为了赚钱而花费掉的时间。这是一种非常宽泛的定义方法,因为工作之余的大多数时间即该定义中的部分用于休闲的时间,将会被其他很多活动所占用。比如,大量的时间将被花费在睡眠和个人卫生方面。社会学家倾向于将休闲时间看成扣除工作和处理生活杂务必需时间之后剩余的时间。因此,休闲时间指的是可以自由支配的时间,即当尽完所有应尽的义务之后可自由选择和随意支配的时间。[20]

（二）休闲概念与自由时间的关系

一个人可以非常肤浅地说休闲等于自由时间，以及在自由时间内做的事情。当然在一些语言中，如荷兰语和德语，用来表示"休闲"的这个词实际上就被翻译为"自由时间"（vrijetijd/Freizeit）。然而，尽管"休闲"和"自由时间"是相关的概念，但是它们并不是完全相同的。休闲哲学背后的想法（正如本书中探讨的）是使用"自由时间"描述"休闲"是低估了其中蕴含的重要的概念深度。

这里有几种方法可以证明"休闲"不等于"自由时间"。其中之一是关注"自由时间"的"时间"方面，声称休闲不仅仅表示区别于"工作"的一个活动范畴。从社会经济学角度来看，自由时间及其相关活动和经济基础设施，确实可以被看作我们日常生活的一部分，但是本书的核心要求之一是，休闲也是一个包含相当多含义的更深刻的概念，如现象学意义的自由时间内的行为，休闲实践所能具有的潜在积极影响。[21]

工作之余的自由时间和自由未必等同于休闲，也不一定与休闲有关。一个人可能有大量的自由时间但不一定休闲：他拼命工作（不是休闲地或在休闲），也急于在空闲时间里找事情做；或者他可能在工作中获得休闲（我要回去工作，只有那样才能从节奏中得到一些释放）等。休闲不能被视为工作完成后的奖赏、职业生涯（即使是工作）的间歇或隐退，或是无薪时间。同样我们也要注意到，人们也可以在工作的同时从中解脱出来，如当一个人工作的时候机械地忘掉工作的苛刻，还注意到其他的事情（可能更令人愉快）。

休闲是（1）在不受强迫下如何自主地做一些事情（"自己掌握节奏""不是与时间赛跑""不是与时间打仗"），（2）任何活动都有使人享受的特性。这种活动在根本上动摇了工作、游戏和消遣的架构（建设性的和／或创造性的）……三者以何种顺序排列取决于参与其中的环境和个性。

可能我们不会像想象中的那样，手头有那么多的自由时间。情况可能是我们拥有越多的省时机器，就越迫切地找时间做我们想做的事情和充实自己。我们制造出越多的产品，就越要花更多的时间来使用、保养它们，我们需求的满足也越无止境。因为我们能做得更多，我们就有更多的事情要做；因为有更多的事情要做，我们就不得不做得更多；因为我们能做更多事情，我们就变得为它们所驱使。谁能抵制用空前增长的方式来支配执行、行动和实现的诱惑？随着可用方法的大幅度增加，我们的机遇、选择和行动几乎开始无限地扩大。"所有事物"的领域向我们敞开——除了事情本身外没有任何特殊性，你所面对的仅是你想做什么。这让我们既看到具有挑战性的自由能够做更多事情，也会让我们更多地考虑到这样做可能产生的影响。

因此，"休闲"不是"无事可做"的问题。人们的基本问题最终将是：有太多的琐碎事情（他能做的）要做（可能无聊和／或身体上和精神上不堪重负），并不断埋头于其中，以免最后与生活中重要的事情相冲突；有太多重要的事情要做，内心却不想专注地去做，是因为感到任何所做之事都是琐碎、无关紧要和没有结果的（"那又怎样呢，一切都是毫无意义、矫揉造作的"），人们用无意义来掩盖他们一切徒劳无功的焦躁，这是他们唯一乐此不疲的生活之道。[22]

休闲，不是不工作的那几个小时，也不是周末、假期的那几个月或退休的那几年。休闲这个概念无关于时间——这个被认为是按均匀节奏流逝的事物，它们之中有的是自由的，有的不是，但是所有都是在变化的。事实上，现代短语中"休闲时间"严格来说是矛盾的。休闲对于时间来说并没有形容作用。休闲是一种逃离日常必须完成的事务的状态，休闲的行为也必须是那些出于个人原因才去做的。理想状态或者事实上，这些行为都很少和工业社会的要求相符合。

我们看到在工业社会生活中，人们丢失的不单单是空间，还有时间。比起空间上的变化，时间上的变化更加难以察觉。但是这些变化是很重要的。人们被给予了变化后的时间，变化后的日历，还有变化后的世界观。现代的时间观念一定是要抓紧，但是你越抓紧，休闲时间就越会藏起来。它只会在没有"猎犬"的叫声时才会显现它的身影。如果你要追逐时间，那你必须要放弃休闲的想法。要把自由时间变成休闲的黄金，首先必须是没有时间的计划。[23]

四、从存在角度定义休闲

（一）休闲是一种存在 - 成为状态

如果把休闲定义为一种生存状态（state of existence），那它就如亚里士多德所言，是一种"不需要考虑生存问题的心无羁绊"（absence of the necessity of being occupied）的状态。这种状态也被认为是"冥想的状态"。于是，休闲常被用作形容词，表达人们从容、宁静、忘却时光流逝的状态。作为存在状态的休闲还同宗教庆典有关。[24]

在回答"什么是休闲"这个问题时，我们放弃单一的线性参数，将从不同的层面进行探索。从本质上讲，休闲应当被理解为一种"成为状态"（state of becoming），这种状态更多地是指一种取向，所以我们不应简单地以时间、空间、形式与结果来定义它。[25]

葛拉齐亚在他颇具影响力的休闲论著中提出，休闲是一种"存在状态"（state of being），是一种虽然短暂但却现实的个人存在状态。后文的分析基于这样一种信念，即休闲最好被理解为一种"成为状态"，也就是说，休闲并不仅仅是当前的现实，而是动态的；它包含许多面向未来的因素，而不仅仅是现存的形式、情境和意义。因此，应该通过其行为取向而不应以时空、形式或结果来对休闲加以界定。这样，任何一个过于静态的模式都应加入一些对人的存在及其情境的动态分析。至少在某种意义上，休闲既是"成为的状态"，也是"存在的状态"。[26]

这一切对休闲理解来说意味着什么呢？首先，休闲不能简化为任何单纯的动机、满足、取向或其他某种确定的要素，休闲是可能性的感知世界中的行动。其次，理解任何人类行为的要素在于决定，在复杂的感知世界中选择行动、行使自由，才创造了现实的休闲。休闲存在于行动而非时间与空间之中，休闲以行动为其存在的前提。再次，对这种行动的分析需要对感知世界的信息进行处理，所以，研究就应包括对行动的可能性所处环境的考察，因为行动正是在这一环境中被决定并实行的。……休闲的存在主义特性并不要求每个决定都是全新的，并不要求与以往那些对行动的可能性及后果的理解相脱离。最后，无论形式如何统一，行动及其环境总是行动者的人为构造，是一整套达成共识的行为预期。达成共识以及定义环境的过程，也是行动的一部分。[27]

随着时间的推移，休闲概念一直被定义、表达、保存和改变。第一章已经说明了休闲的不同历史表征，它是一个完整的循环，从古希腊哲学家提倡的休闲理想开始，即休闲蕴含美好生活和人类幸福的中心，到现代的休闲观点为止，即作为一种积极的科学，现代休闲观点认为休闲对人类的繁荣和幸福起着重要的作用。人们注意到，各种各样的休闲观念似乎都与"成为人或成为人的本质"有关。成为人或成为人的本质，反过来，与关于什么是（人）生命的本质的本体论问题有关。这个问题的可能答案包括自然的、生物的陈述，比如"生命是一个动态更新的过程"，"所有的生命都是细胞的"，"生命是基于 DNA 系统的"；心理－生物的观点，如它与"精神活动的能力例如知觉和思想"有关；或哲学的描述，如"生命是生命物质或事物的特征属性"，或者"生命可以被看作一种我们以不同的方式旅行所见的风景"。[28]

（二）休闲是一种以经验为基础的创造

我们要研究的问题是处于各种社会情境中的休闲。然而我们并不能臆断，在某一固定的社会环境中果真存在某种不变的东西，而它的名字就叫"休闲"。其实，休闲是一种构造，它以经验为基础，由无数次经验的交流组合而成。休闲是一种在构造过程中被体验到的现象，但同时又具备使其在交流中能够保持自身特性的要素。[29]

以发展的眼光理解休闲需要我们选取双重视角。休闲本身是一种后天习得的行为、态度和意义。我们通过体验和选择的经历渐渐社会化并学会了休闲。社会化是指获取知识、态度、技能、交流及理解能力，从而有效地扮演社会角色的过程；而休闲社会化则首先是学习如何成为休闲者。

然而，除此之外还有休闲中的社会化。休闲时段中的体验比这段时间本身更为重要。休闲活动与时段是一个成为的过程，我们在其中学习、发展和行动，同时努力唤起环境及其他参与者的反应。这种学习既是积极的又是消极的。休闲之中的社会化也许会使我们变得更强壮有力，也许会使我们产生恐惧或抑郁的心理从而阻碍了自己的发展。以往，社会学家总是乐于钻研进入休闲的社会化，而教育家和发展心理学家则勤于研究休闲之中的社会化。[30]

（三）休闲的过程性

当人们基本的行为就是与他人打交道的时候，社会交往本身就成了休闲。休闲交往的或然因素可以被定义为休闲的非严肃性，即休闲的结果不会对建制角色产生负面影响。

休闲不是没有变化的一整段时间之内的活动，不是单一的一种态度、行为、决定或认同。休闲可能出现于各种任务明确的工作间歇或某一特定的时间与地点之中。然而，无论是哪种情况，休闲都有自身的过程——盼望、开始、发展、结束及回忆，无论是长时间的复杂活动还是短暂的一幕，休闲的发生都是过程性的。

当休闲发生于社会交往中时，这种过程性最为明显。休闲是一种个人体验和一种精神状态，但这并不是休闲的全部。精神状态是发生于某一行动的环境之中的——无论那种行动是实在的还是想象出来的。休闲也是一种决定，但决定导致的是一个有着起始、发展和结束的行动。正如"游戏"这个词让人联想到，这种持续时间或长或短的行动中包括了开放性和存在主义创造性的层面。在休闲中，即使当全部的注意力只集中于体验本身时，个人的发展与认同也只是休闲结果的一部分。休闲不只是行动，它也是意义。对个人来说，由于在环境中学到了某些关于自我的东西，休闲就有可能既体现出瞬时的意义，也体现出持久的意义。对于任何有意义的活动的积极投入都是"成为"、认识及创造自我的过程。[31]

（在辩证隐喻中）休闲既有存在主义层面，又有社会层面的过程，有时两者还会互相冲突。休闲不是排斥性的或 A 或 B：决定或存在状态，直接体验或个人发展，放松或投入，陶醉或创造，分离或参与，偶然或必然；休闲是行动，也是行动的环境，它具备文化属性又创造"未然"，它既是发展性的，又建立共同体。有时，在某一特定的决定或场景中，某一种层面会占主导地位。

从辩证的角度看，休闲不是各种因素的大杂烩，而是努力在社会结构中维护存在主义因素的斗争过程。或者说，它可能需要一次决定性的行动以在冲突或竞争中发展亲密关系。关于一次休闲活动（或场景）的形式及意义的社会共识，并不排除超出这种共识的活动。我们经常在结构环境中努力维持自主，在僵化的期望中寻求创造，并努力从角色与关系重叠的社会空间中脱身。无论是理论表达还是实际完成，休闲都是一个辩证的过程。[32]

生活就是"成为"，是一个过程。只要追求自由还没有让位给故步自封，那就永远会有创造。生活是处于重重发展与社会矛盾困境中的行动。生活可能被异化，可能出现孤独或受到共同体的支持，但生活的旅途只知道一个终极目标，那就是向着未来延伸。

在人类生活中，休闲并不占据特殊的位置。无论文化如何定义它，休闲都不仅仅是工作以外的或多余的时间，休闲也不仅仅是摆脱所有要求后得到的自由，休闲是以存在与成为为目标的自由——为了自我，也为了社会。[33]

五、从心理学角度定义休闲

（一）作为直接体验的休闲

定义休闲最恰当的方法也许是把它作为一种体验。把休闲作为一种体验而非具体的活动或特定的时间，这跟人们对自己日常生活中休闲的看法是一致的，当别人间接提及我们的休闲时，大多数人都会想到自己日常生活中的经历与发生的事，对人们来说，一段特定的经历，其质量及其性质的重要性会使他们感觉到休闲的意义。20世纪下半叶，对休闲进行理论研究的学者提出：有必要把休闲作为一种体验来研究。"经典的"理论家如葛拉齐亚与皮柏（Pieper）把休闲视为一种"精神状态"或"存在的状态"。例如，皮柏把休闲说成"以一种态度或沉思对生活做的颂赞"，"一种无为的态度，或内在的宁静，或沉默"。这些对休闲的经典定义，可以追溯到古希腊哲学家，特别是亚里士多德与柏拉图的思想。

心理学理论也隐含了把休闲视作一种体验的观点。有的作者认为马斯洛（Maslow）的"自我实现"（只有在其他基本的人类需要得到满足后才能达到的一种高峰状态）与休闲是等同的。另有一些研究休闲理论的人认为，奇克森特米哈伊的"畅"概念可以用作定义休闲的一个好方法。

不论他们用的是什么术语（"畅"、自我实现，还是精神状态），大多数研究休闲理论的人都赞同的一点是：休闲可以是一种主观体验。这种定义并不是说消遣与休闲活动的参与无关紧要，也不是说我们不必对休闲活动进行研究。一个人参与的活动类型、其活动的物质环境与社会背景结合在一起，构成了一个"空间"；这个人是在此"空间"中，将自己所处的情境定义为休闲体验的。[34]

休闲可以作为直接体验来研究。从这种体验中可能提炼出某些使休闲成其为休闲的因素。两种最易识别的因素是自由感（a sense of freedom）以及内在（而非外在的）结果。[35]

休闲作为直接体验不仅仅是感知。事实上，精神状态包括接收感官感知，再将其形成某种印象的信息处理过程。而形成的印象其实只选取了整个感知中的某些方面。而且，思维是根据以往的经验来处理这些印象的。精神状态至少是这样一个感知—形成印象—选取的过程。在大多数情况下，处理之后会过渡到评价，即根据意义态度将经验分门别类，按照某些模式，这样的评价还包括采取行动的倾向性。这样，精神状态就不仅仅是一种被动的接受刺激的活动，而且是一种处理与评价的活动。[36]

休闲有多种含义，但总的说来主要是指自由时间、消遣活动、有意义的体验或这三种因素的融合。

自由时间是传统上工业化社会对休闲的定义，它指的是一个人生活中自己可以支配，可以用于自己想干的事的时段。休闲就是除去需要用于工作和日常生计活动后余下的时间。"时间"加上"休闲"作定语，成为"休闲时间"，是用于描述一个人可以自由地选择活动的时段。

活动指自由时间内从事的消遣活动。在这个意义上，"消遣"与"休闲"在使用上通常是可以互换的。人们积极参与的一些活动，如运动、文化活动、义务工作之类，都可以算作休闲。

自由选择被视为休闲很重要的一个前提，认为休闲体验是具有某种意义的经历已成为休闲的一种常见的定义。从这种基于体验的定义看，一个人具体从事什么活动及何时从事此项活动并不重要，重要的是这个人对这段经历的感受如何。体验反映的是一种主观的看法，重视的是休闲的质的方面。这种定义中最重要的标准，通常是一个人在一件事上是否能有选择，以及这件事在他内心产生的效果如何，这些都能在一个人对自己所做之事的态度上反映出来。

我们认为，对"休闲"这一较难把握的概念，最好的定义是把它视作在一定的时间内，以一定的活动为背景而产生的一种体验。把休闲看作一种体验能避免把工作时间与非工作时间截然分开，也避免了活动分类的问题。这种定义正是大多数男性或是女性对休闲的看法，而且在直观上与我们日常生活的经验是一致的。

若干研究者都试图确定休闲体验所包含的成分，这些成分包括自由选择（或不受外在的限制）、内在动力、乐趣、放松、角色互动、个人的投入及自我表达。对于这些我们将在第四章中做进一步的探讨。尽管不同的研究者提出了多种不同的因素，但有一个因素是一切有关休闲的模式所共有的，即自由或自由选择的感觉。很多模式中还把这一点作为休闲的主要成分。

自由，至少是某种形式的自由，是休闲体验中最为基本的。但光是自由恐不足以对休闲给出一个完整的定义，或者说不足以把休闲跟其他类型的体验区分开来。自由既有"不受限制"的含义，也有"自由行事"的含义。一个人的休闲是他不受责任的限制，从而能自由地选择做什么。通过放松、沉思消遣活动，让人体验到自由、选择、乐趣或愉快的感觉。[37]

　　休闲属于本能的领域，或者说，起码属于我们所定义的直觉领域。当人们认为休闲属于这个领域时，它直接与内心的、自然的、本能的、不可压抑的和非理性的爱结合在一起。我们爱做这件事，而这种爱最终是不可解释的，而这种不可解释的原因是它是非理性的。我们认为接受它们是正确的和美好的。我们不再需要理由，因为我们在这样做的时候内心充满信心。[38]

（二）作为一种精神状态的休闲

　　将休闲理解为人的一种精神状态可谓是近来更广为人们所接受的一种休闲定义方式。基于对休闲的这样一种理解，可以说，人们生活中的一切行为活动都有可能成为休闲活动。实际上，我们会发现这样一种有趣的现象，绝大多数休闲体验都是在非常偶然的一些社会场景下获得的。也就是说，休闲体验常常会在你并不是那么郑重其事地同他人、同具体或抽象的事物接触时，甚至也就是在简短的自我对话当中萌生出来的。……把休闲理解为一种精神状态，其关键在于要认识和了解到体验休闲的感觉需要具备怎样的前提或条件。换言之，人们要获得休闲体验，其在精神状态上需要具备哪些条件？研究表明，如果一个人想要体验到休闲的感觉，他就必须要具备三个重要的变量因素：能感觉到自己是自由自在的；能感觉到自己是有能力胜任的；能感觉到自己拥有一种内在的动力。[39]

　　休闲也被定义为一种心态。很多心理学家用"感知到的"自由或是"驾驭自我的内在力量"来表达他们所理解的休闲。他们想要强调的休闲感的真正含义是：不论外部环境如何，一个人都会相信，他是自由的，是他在控制局面，而不是被环境控制。心理学家纽林格认为："休闲感有且只有一个判断依据，那便是感觉到自由。只要一种行为是自由的、无拘无束的、不受压抑的，那它就是休闲的。去休闲，意味着作为一个自由的主体，由自己选择，投身于某一项活动之中。"[40]

　　休闲是一种心灵的敏锐感受态度，也是一种默观的态度，而且它不仅是指时机，也是指专注于整体创造活动的能力。

　　此外，休闲也会带来某种快乐，那是一种来自体认宇宙奥秘和体认自身无法了解此一奥秘的快乐，这种快乐也是来自一种深刻的信心，因此我们乐于让事情顺其自然；这也就是诗人科纳德·魏斯（Konard Weiss）所说的："对生活及历史的残破不全仍具有信心。"在其日记的同一个地方，他以追求真理的狂热提到荣格（Jung）那种异常严谨的风格和思想——荣格似乎真的让人觉得他冷漠而且无所畏惧地要揭露事情的奥秘，然后将其清楚地剖析展示出来，供人检视。他对秩序井然的爱好"当然是与爱好沉思的相反，然而其中却含有某种无用的成分，亦即隐藏在思想极度精确中的白费心力——这与真正的懒散是不同的，那是让世界和事情自然发展，并给予它们时间……"

休闲并不是那些积极干预者的心态，而是那些对一切事情抱持开放态度者的心态；它不属于那些紧抓不放、舍不得割舍的人，而属于那些放得开、自由自在惯了的人，就像一个人能睡得着觉一样，因为只有"心情放松"，才可能睡得着。失眠和无能力休闲在某种特别的意义上的确是彼此相关的，而一个在休闲中的人和一个熟睡者并没有什么不同。古希腊的晦涩哲学家赫拉克利特观察到那些沉睡者同时也是"世上事务的积极参与者"。当我们让自己的心神凝视一朵含苞待放的玫瑰或是一个嬉戏的孩童，或是与作为劳苦的工作理念相比，休闲（第二种意义）在其特性上表现为一种沉思的"庆祝"态度，而所谓庆祝，乃是本文的中心意义所在。如上所述，一个人只有里外一致，并且与世界保持和谐，才可能有休闲。这些都是休闲的"前提"，因为休闲是一种肯定。懒散，则正好相反，它根植于对这两种肯定的疏忽。

换言之，休闲并不是静止不动，它并不等于平静与平安，也不是内在的平静和平安，虽然有一种在爱情对话中的静默可与之相比。诗人荷尔德林（Hölderlin）的未完遗稿《休闲》（"Die Muße"）一诗中也表达了同样的意念，诗中他将自己比喻为一棵矗立于平静草地上的可爱榆树，同时生活的欢乐围绕在他的四周，像藤蔓一样将他团团围住：

> 我矗立于平静的原野，
> 有如一株可爱的榆树，
> 又如葡萄的蔓藤和成串的葡萄，
> 和生活甜蜜的欢笑一样地围绕着我。[41]

六、休闲是生活的一部分

（一）休闲是不同类型的活动

从社会活动的角度定义休闲，会扩展这个概念的内涵，使之包括"一系列在尽到职业、家庭与社会职责之后，让自由意志得以尽情发挥的事情，它可以是休息，可以是自娱，可以是非功利性的增长知识、提高技能，也可以是对社团活动的主动参与"。一旦以这种方式把休闲定义为某种活动，我们便能很快找出一些典型的休闲活动，尽管对于参与者而言，没有任何一项活动可以永远起到休闲的作用。[42]

休闲是由具有某些特性的一些特定的活动构成的，其所包含的那些特性，使它们同人们生活中的其他一些活动区别开来。……这些活动，可以通过不同的形式，有组织地加以展开，其组织形式包括：组织比赛、自愿参加、培训班、俱乐部、重大活动、工作坊、兴趣小组以及延伸服务等。[43]

这种方法将休闲看作是从事与日常需求无关，处于职业、家庭和社会义务之外的活动，纯粹出于自愿的选择。这明显与把休闲定位成时间的方法相关，只是侧重点在于所从事活动的性质上。将休闲看成活动的定义方法试图解决人们空闲时在做什么这一问题。[44]

（二）休闲是生活的一部分

如果换一个角度，把休闲看成是学习和服务社会的机会，而不是强加给我们的一大堆时间，不是浅薄的寻欢作乐、轻浮之举、躁动和毫无目标的活动，那么更容易把休闲视作符合我们愿望的东西来接受。事实上，世界上没有强制性快乐，同样也没有所谓的大众休闲（mass leisure）。我们可以将休闲视为生活的一部分，它最大限度地使人们从一个被管制的、循规蹈矩的世界中解脱出来，为我们提供机会，去追求自我表现，追求智力与身心的全面发展，追求千姿百态的美。

如果仅仅将休闲看作工作中的短暂休息，也不能实现休闲的全部潜能。实际上休闲可以给我们一个机会让我们形成一种全新的工作观，把工作视作提高别人和自己生活质量的一种富有成效的努力，并乐在其中，而不是把工作视作为获取经济报酬而干的活。我们将在最后一章中讨论如何能做到这一点。但迄今为止，休闲一直是文化的底蕴，超越了功利和以金钱为回报的世界。它给个人永恒的机遇，使人们可以克服自身内在的匮乏，努力以自身的能力去实现自我发展；尽管其努力的结果不一定就是成功。休闲为自我评价和自我发现提供了无尽的可能。没有人可以预测我们的命运，但无论我们在经济政治教育，以及医疗卫生和科学等方面取得多少进步，这些进步的结果如何，在极大程度上将取决于我们如何利用休闲。[45]

我们会进行一种第三阶活动，这种活动不同于生产工作，有别于社会责任，但为两者都带来了新的问题，并且在我们的社会文化中构成了一个革命性的元素。

社会工作学家，尤其是弗里德曼（Friedmann）首先指出爱好和流行风尚等因素的重要性。但是爱好可以是任何东西，也可以什么都不是。它包括无用的活动和有价值的活动，无论对社会、文化和个人而言是积极的还是消极的。收集雪茄烟用套环是一种爱好，是一项力学研究。踢足球，去健身房，喜好漫画或者莎士比亚的戏剧，这些都是爱好。

但如果再进一步，我们可能会进入一个双重陷阱，两种对立的诱惑可能会在我们得出结构化的定义之前束缚这一既年轻又复杂的现实。19 世纪杰出的理论家们都或多或少地意识到了休闲的来临，但没有人预料到这种模糊性。他们都掉进了唯智主义的错误之中。对于马克思而言，休闲意味着"人类发展的空间"；对于蒲鲁东（Proudhon）而言，"休闲是自由支配的时间"；对于孔德（Comte）而言，休闲是开发"大众天文学"的机会。最后，恩格斯将工作时间的减少称为"给予足够的空闲时间来参与他们感兴趣的公共社交活动"。很显然这一带有普及教育色彩的关于休闲的定义至今仍然在苏联盛行。在法国，一种面向"永久教育"特定趋势反映了一个类似的概念。

相反，大多数美国社会学家则侧重分析各种形式的娱乐需要。许多学者倾向于将休闲限定为"自由追求的、无偿的活动，并且能够带来即时的满足感"。艾琳·里佩尔（Aline Ripert）发表了一篇评论文章，概述了 1958 年以前美国社会学对于休闲的各种定义。直到最近，戴维·理斯曼、R. J. 哈维格斯特（R. J. Havighurst）以及 H. 威伦斯基（H. Wilensky）等研究人员才将休闲的复杂性作为日常生活的所有决定因素的一部分进行分析。在法国，我们仍然只是有限的认识到这一点，随意并且模糊，最可悲的例子就是家庭预算中最常见的"杂物"项。

如果你翻看利特雷（Littre）的著作，你会发现"休闲是下班后任由人们支配的时间"，这是哈茨费尔（M. Hatzfel）和达梅斯特泰（J. Darmsteter）给出的定义，在 1957 年后被社会学家们再次提起。直到 1930 年，奥格（Auge）在他的字典中添加了一个新的含义："人们可以在正常工作以外自由选择的娱乐或职业。"利特雷所说的"时间"已经演变为"娱乐和职业"，奥格不再说将休闲放在"职业"之后，而是放在"日常工作"之后。

这一用词上的变化，虽然很微小，但是说明了习惯的变化；在我们的认知里，关于休闲在普通人群的生活中所起的作用已经产生了意义深远的转变。1953 年在工人和受薪雇员中进行了一个详尽的调查，研究休闲对他们而言意味着什么，这一调查研究促进了对休闲定义的改进。尽管大多数人仍然将休闲定义为"时间"，但已经有超过 1/4 的人将之定义为一种"活动"，并且不再有人将其定义为一种"状态"。事实上，在北部、南部、东部和西部城市以及巴黎随机采访的 819 人，均采用与日常生活中关心和关切的事物相反的方向来定义休闲，奥格将这些关心和关切定义为"日常工作"。这些日常关切的事物主要可以从三个方面进行描述："单调、重复的日常任务""日常琐事""必需品和义务"——最后一个方面使用的频繁程度几乎相当于其他两个方面的总和。

在这种类别划分下，60% 的受访者强调了他们的工作义务的原始性，尽管另外 40% 的受访者给出了不同的答案，例如家庭和社会义务，但是我们不能停留在这里去分析这些答案的差异。目前我们只能简单地给出一些毫无争议的休闲的概念：

- 工作；
- 补充工作或偶尔的零工；
- 家务活（家务劳动、严格的功利性的动物护理、杂项家务和园艺）；

- 日常护理（吃饭、洗澡、穿衣和睡觉）；
- 家庭仪式和社会或宗教仪式，义务（拜访、周年纪念、政治会议、教会职责）；
- 必要的研究（学习圈、学校或专业考试）。

我们可以看到，仅仅将休闲定义为有酬职业的反义词是多么的荒谬和危险，如果经济学家和社会学家都如此定义休闲，那么很明显他们是受到了过度理论化的"三个八"公式的诱惑，即8小时工作、8小时睡眠和8小时休闲。简单地说，现代休闲的定义不仅仅是与个人工作相反，而且与所有的普通必需品和义务的存在相反，并且必须牢记的是，拥有并进行休闲的人应将其视为所有元素交织并存的日常生活中辩证存在的一部分。就其本身而言，休闲并不意味着什么；对休闲的描述就像亨利·瓦隆（Henri Wallon）对玩耍的描述一样，而玩耍从某种程度上来讲也是休闲的一部分："玩耍也许是对纪律和任务的打破，而这些任务和纪律是因为人们需要生活必需品以及人们所处的状态而施加到人们身上的，但它们又不是这些需要的对立面，而是预示着这些需要。"[46]

各项研究结果共同发现了下面这些参与休闲的因素：

- 欣赏大自然，从现代文明中获得解脱；
- 逃离日常的生活和责任；
- 体育锻炼；
- 创造性的发挥；
- 放松；
- 社会交往；
- 有机会遇到不同的人；
- 结识异性；
- 家庭活动；
- 社会承认与社会地位；
- 社会权力；
- 利他主义；
- 寻求刺激；
- 发挥个人潜力，提高个人修养并得到某种反馈；
- 成就、挑战、竞争；
- 消磨时间、避免无聊；
- 求知性的审美活动。[47]

（三）休闲是一种生活艺术

伦理可以被看作是一套道德原则或价值观，是由个人或团体所追求的。它是一种指导哲学或一种具有道德重要性的意识。伦理是指一个结果、一个目的或一个主要的目标。一种休闲伦理——通常与职业伦理相比较——将休闲本身作为一个价值基础，一种终极的好东西，它应该追求自己的利益。更具体地说，休闲伦理与人们所参与的作为实现个人成就的主要手段的休闲、消遣、游戏和娱乐等活动有关，与工作态度无关，即与"新教工作伦理"无关。帕尔（Parr）认为，休闲的价值与这一事实有关，即它是"完满的人类生活的一个基本要素"，它"没有别的目的，只与人类存在的整体相同一，与人存在的整体重新联系"。过完满的人类生活，隐含着与过一种美好的生活相关，正如亚里士多德所说的那样，这种生活是由参与或享有休闲来保证的。因此，伦理和休闲在本质上是紧密联系在一起的，存在于它们与美好生活、与幸福的关系中。作为一种指导哲学或具有道德重要性的意识，休闲伦理可以被看作"生活艺术"的同义词。两者都聚焦于一种存在方式及成为人类，用布莱克肖的术语来说，就是聚焦于一个自治的、真实的生活和一种道德的生存方式。生活的艺术已经成为西方道德的一种新的重要形式。

生活的艺术，从哲学上，可以简单地描述为学会与自己及世界，以生活向着与个人道德一致的方向变得更有意义和美好的方式打交道。在让生活成为艺术作品的过程中，正如"艺术"一词所暗示的，主旨是拥有一种美好的生活，学习属于这种艺术形式的技能，使生活变得美好。在历史上，学者们反思了"我该如何生活"这一问题。古希腊人在实践智慧中找到了答案，例如自我认识（苏格拉底）、代表绝对善的道德教育（柏拉图）、美德伦理学（亚里士多德）、享乐主义（伊壁鸠鲁）和一种与普遍理性有关的自治（斯多葛派学者）。美好的生活需要自我认识，另一种方向和更好的习惯，应该——根据古希腊人——和朋友一起锻炼。在古典生活艺术中表达的基本道德原则被视为自我关心，而这反过来又包含了一种存在的伦理学和美学。[48]

（四）休闲定义的多样性

休闲在本质上和概念上都是一个难以把握的现象。作为人类生活的一方面，休闲的重要性和中心位置在各种文化之间、个人之间都存在重大差异。对于一些人来说，休闲本身就是一个目的，它是许多人所向往的、"真正的生活"的最高表现形式，其根源可追溯到希腊哲学。相反，在另外一些人看来，休闲代表懒惰、闲散和时间的浪费。对其他一些人来说，休闲以及与之相关的概念，诸如闲暇、娱乐、周末、度假是实现目的的一种手段；一种每日、每周或每年给自己身体、精神和情感充电的方式，能提高自己的工作效率。也有些人觉得休闲跟自己没关系。他们是典型的工作狂，他们获取工资的那份工作是他们最主要的驱动力，也是他们获得认同和自尊的源泉。此外，也许一些北美人或其他"西方"旁观者会觉得不可思议的是：

有些语言中没有"休闲"这个词。这些在个人身上表现出来的观念的分歧表现了各种文化内部以及不同文化之间休闲概念和含义的多样化。[49]

在"现实"世界里，认识、推动和管理休闲的最终成败取决于对于休闲的两个方面——作为一种现象和作为一个概念——的认识：首先，休闲本身的复杂性，其"内部"构成及联系；其次，休闲与生活质量其他范畴和公共政策的相互关系。

理解休闲，制定恰当的管理实践、规划和政策，这些都部分依赖于对休闲作为一种现象和一个概念，以及对通常在休闲研究中分散的各方面（如时间的使用、参加、动机、制约、益处等）的内在联系的认识和管理。研究社会、经济、文化范畴对休闲的影响不可避免地在一定程度上涉及三大范畴的相互交叠，因而要求做出较为主观的决定，规定每一范畴应该包括的内容，同时意味着这部分内容要从其他范畴中排除。与此同时，有必要划分休闲的方方面面，以便让它们在学术上和经验上可管理和在实践中可操作。[50]

什么是"休闲"？休闲是一种像苹果一样的产品，还是像美发一样的服务呢？如果它和苹果或美发没什么区别，那么经济学家就能像分析苹果市场或美发市场那样轻松地分析休闲市场了。而"休闲产品"的价格、生产或消费的数量，就可以从消费这些产品中获得满足的人们，以及通过提供这些产品以获得利润（或其他各种经营目标）的企业之间的互动关系中一览无余。

或者说休闲的确是一种过程？对于世界各国大部分"为了谋生而工作"的芸芸众生而言，休闲既不是什么工作，也不是在工作时间应该做的事。更贴切的解释是，经济学家应该根据人们努力工作挣钱养家和休闲娱乐之间的取舍抉择，以及如何享受这段休闲时光的方式，对休闲进行分析。

在实际生活中，任何一种对休闲经济的分析都应该立足于这些解释之上，并应该意识到每一种解释都有其各自的错综复杂和令人费解的地方。并不是所有的"休闲产品"都会让使用者付出金钱的代价，例如乡村漫步、海滩日光浴、在花园翻土等。因此，对这些"产品"的需求分析同对苹果或美发等涉及金钱的需求分析迥然不同。而且，并不是所有人都在工作，有的人退休了，有的人失业了。这些人在休闲时并不是在和工作时间做取舍，同上述过程的分析并不完全吻合。

众所周知，休闲不是一个简单的经济变量：如果是，就不值得用一整本书来专门讲述了！除了那些"工作狂"外，所有正在享用休闲时光、对休闲做评价的人都明白这个道理！然而，无论如何，休闲的概念都是难以明确定义的。[51]

托可尔岑（Torkildsen）在《休闲与游憩管理》这本内容涉及面很广的书中针对休闲提出了一个实用的框架。他在该书有关休闲的章节提出了一个可以在此处应用、容易识别但有一定交叉重叠的五种方法。

（1）休闲是时间

休闲是不为金钱工作的时间；

休闲是个人完成所有其他活动后的剩余时间；

休闲是个人基于判断和选择而花费的时间。

（2）休闲是活动

休闲是从事某种或剧烈或相对消极的非每日必需的特定活动；

休闲是在被动、感性、主动、创造性参与四个层面上的活动。

（3）休闲是一种状态

休闲是一种安静、沉思、高贵的状态；

休闲是一种沉思的心情；

休闲是个人脱离日常基本需要想法的自由心态。

（4）休闲是"全方位"概念

休闲是所有关于放松、娱乐、个人发展的概念；

休闲是与文化相连的精神思想状态。

（5）休闲是生活方式

休闲是拥有自由和有价值生活的想法。[52]

卡普兰简要描述了下列几种休闲的概念。

我们将休闲定义为自由支配的时间：工作及其他为维持自身生计或生存的基本需要所必需的活动之外的时间。这一定量模型将工作视为社会生活的主旋律。尽管人们不一定都赞同工作伦理，但是我们都意识到，自工业革命以来，工作伦理在当今社会中占据了一个强势的支配地位。问题是，如果并非所有的自由时间都是休闲的话，工作性质的活动会混入自由时间的活动，这就给我们的定义带来了困难。

认为休闲具有治疗功能的定义将休闲看成了一种社会工具，或是进行社会控制的手段。休闲提供了一种机遇，让我们可以通过公共事业机构来满足穷人和缺衣少食者的需要。它为患者、残疾人和缺衣少食者提供了一个基础，让他们可以实现自己的社交需求和自主发展。这一模型已被广泛用来满足美国中产阶级的需要。

从制度的角度对休闲做的定义试图在行为与价值观的模式上将休闲与宗教、婚姻、教育或政治等领域区分开来。卡普兰提出可以用辩证的过程来定义休闲的不同类型：运动与静止的休闲；自由与纪律；孤独与交际；游憩与自我成长。

从认识论角度对休闲做的定义将休闲活动及其意义视为假设性和解析性的，是一种审美地看待世界的方法。休闲以审视和改造世界的方式来重复和肯定世界。[53]

有一种女性主义批判方法对那些描述妇女体验（包括休闲）的定义进行了分析。许多休闲研究者都发现，因为个体总是构造出他们自己的、个人性质的定义，所以休闲概念的建构是非常主观化的。研究者试图描述这个未有定论的概念，这种做法使得人们普遍同意这样一种说法：休闲的重要性将直接与个人的生活内容联系起来。通常来说，当人们讨论休闲概念时，总是会将它和日常生活相关联的时间、活动及其体验结合起来。

威尔灵（Wearing）曾指出，对于妇女来说，和时间相关的休闲并不是一个有用的概念，因为，许多妇女并不认为，她们应该或有时间来进行休闲。休闲的时间含义通常建立在工作和休闲的区分之上。对于妇女来说，工作和休闲的区分并不是很明显的；因为，许多妇女即便在家的时候也在"工作"。除非妇女成为受薪者，否则很难将她们的时间分割为工作和休闲。在理解某些妇女的休闲行为时，时间也许会成为一个要素，因为，无论在感知或事实上，它确实并不存在。然而，除非人们在女性生活的其他背景下来考虑时间因素，否则它将不会成为一个非常有用的概念。

正如我们在本书第七章[*]中所讨论的那样，把休闲定义为活动的做法也有其缺陷。在该章中，我们说到，休闲研究中所使用的"典型"活动清单并没有囊括妇女们通常所认为的活动类型，例如看望朋友或一个人静静地洗一个泡沫浴。没有一种活动会永远成为休闲活动，因为，几乎所有活动都会在某种条件下成为一种"义务"。格雷戈里（Gregory）指出，妇女休闲的独特性在于，她们的时间和活动体现出一种高度的"片断性"，并且，在她们那儿，休闲和工作总是同时进行的。对于妇女来说，家庭即便不是一个首要的工作场所，但毕竟也是"一个"工作场所，所以，没有人会对休息和工作的那种纠缠在一起的特征感到有多么奇怪。

当我们把休闲定义为一种活动时，研究者们往往不能向人们揭示出一些背景性的东西。举例来说，妇女也许会像男人一样游泳，但当人们考察妇女游泳的环境时，他们可能会发现，这些妇女同时还在照看着孩子，而且，她们不像男人那样是为了图快乐而去游泳的。此外，布莱克肖发现，比起男人来说，女人更有可能在同一时间从事多项活动。通常，这是两项活动：一边熨衣服一边看电视，或者，一边和街坊谈话一边照看孩子，在这样的双重活动中，既有休闲的因素，也有工作的因素。

我们在第四章说过，人们显然可以选择他们的活动，但是，是这种"体验"的性质而不是活动本身才能够使这种活动成为休闲。围绕着妇女休闲活动的意义及相应的界定，我们发现了如此多的矛盾和对立，以至于对休闲"活动"的研究，只能在理解妇女生活中的休闲角色时发挥一定程度的作用。将休闲作为一种富有意义的体验的概念化做法为理解女性休闲提供了最为有效的工具，但是，确定休闲体验的性质要比确定时间或活动参与程度困难得多。正如贝拉（Bella）所认为的那样，对于许多女性来说，观察者所以为的"休闲"其实大部分是需要付出努力去完成的工作。例如，一个传统家庭的野外宿营可能对整个家庭来说是休闲，但是，这项活动却要求"妈妈"做很多事情。只有根据感受，人们才可以判断出一些活动究竟是不是休闲。迪克西（Dixey）指出，为了理解女性休闲，我们必须着手分析女性的社会角色。许多妇女在那些或许被认作是休闲的生活中发现了意义。

---

[*] 全书正文中类似"本书第七章"之类的表述，皆指此部分摘录内容所属的原书的第几章。这里为了保证原书表述的流畅性，保留原貌，不做特别修改。

在经验的框架内，时间和活动的因素不能被忽略；对休闲体验的意义的关注为我们提供了一个将这两方面因素结合起来的背景性框架。此外，基于体验和意义的休闲讨论能够帮助我们阐明女性生活的其他方面内容。[54]

个人经历和社会影响会通过个人对休闲的主观定义来影响休闲行为，同时休闲行为又会影响个人经历和社会影响，而这种影响又可能会引起个人主观定义的变化。[55]

从理论角度看，个体对休闲的主观定义由过去的经历和社会影响所决定。尽管这暗示出主观定义是特定个体、特定环境和特定时间的，但大多数人对休闲的感知还是存在几个相同的维度。最为重要的一个维度便是感知自由。另外，内在动机（如成就感）、"终极"目标取向以及闲暇时间的活动与工作呈低关联度都与人们对休闲的感知呈正向相关。[56]

七、西方休闲定义的问题

（一）西方休闲定义的局限性

休闲的定义是有问题的。在西方社会，受犹太教－基督教传统和新教的职业道德的影响，人们通常认为休闲是工作之余及履行了其他应尽职责后的闲暇时间。

从跨文化角度来看，休闲的定义更成问题。我们对非西方文化中休闲如何定义、认知和评价了解甚少。

北美以及某种程度上在西欧、澳大利亚和新西兰地区的休闲研究已经取得了一定的发展。这些地区休闲研究的典型方法是从以下三个角度（其中之一、二或三）出发的：（1）作为时间的度量（完成工作和其他义务后的自由时间）；（2）作为活动的总括（人们在自由支配时间里选择做的活动）；（3）从休闲的意义出发（人们如何定义、体验和评价休闲，休闲在他们生活中所扮演的角色，休闲的重要性或者说休闲能否作为一个生活质量的表达方式）。

在西方社会和西方休闲研究中，对休闲意义的定义也包含了目标和感觉到自由的概念。在世界其他地方，这些概念的相关性还有待确定。

以上三种休闲定义的重点：（1）随时间和地理的变化而变化；（2）随着休闲领域研究的发展，休闲的定义也与许多相关学科的影响有一定的关联（如经济学、社会学、心理学）；（3）休闲的定义有一点"赶时髦"。不过，所有三种定义和研究方法仍然具有形成概念、方便操作（学术研究）和实际应用（政策、规划和管理）的价值。

休闲在人们生活中和在政策与规划中，既可被视为手段，也可被视为途径和目的。

若将休闲视为一种"目的"，从事休闲所花费的时间和活动可以是文化的深度表现，是生活中寻找放松、幸福和自我满足的最重要的一部分。作为"手段"，休闲可以成为在个人和集体层面实现其他目标，如身体和精神健康、经济生存、福利和发展、环境质量等目标的途径。

休闲作为目的本身的重要意义，在众多国家——如果不是在世界所有国家——的政策里时常遭到遗忘、否定、忽视和轻视。在许多个人身上也是如此，他们往往只关注物质的追求和消费。

休闲作为一种实现其他经济和社会目标的价值也同样遭受忽视、低估和争议。

对经济发展、经济增长、商品和服务的生产与消费的广泛关注，伴随着人们较多地——如果不是完全地——以物质来衡量"成功"，导致休闲作为目的和手段两个方面均被低估。而且这也导致了休闲的商品化，也就是说，人们常把休闲定义或体验为在自由时间里购买的物品和享受的服务。

要理解休闲，并制定恰当的管理实践、规划和政策部分取决于对休闲复杂性的认识：对休闲作为一种现象和一个概念，以及通常在休闲研究中分散的各方面的内在联系的认识。例如，无论在个人还是群体层面上，成功地理解休闲取决于理解相关的因素，诸如认知、态度、动机、制约和机会等。以上每一项在休闲研究中也有专门的讨论。与此同时，有必要主观地划分休闲的方方面面，以便在学术上和经验上进行管理和操作。

同样，要理解和管理休闲，必须认识休闲和其他社会、经济、文化、政治，及环境问题和政策的相互关系。这就意味着某一地区的政策将不可避免地影响休闲；同时，这些政策也被用来实现与休闲相关的目标。相反，休闲有关的行为、管理、规划和政策能被用作间接工具来实现政策目标，诸如经济发展、健康和康乐、社会问题（如犯罪），以及环境管理。[57]

（二）识别休闲的特征与标准

自由的特征：休闲是自由选择结果。这可能是对自由和休闲的不准确认识，它排除了蕴含在休闲之内的义务。休闲是从一定数量和某些种类的义务中脱离出来的自由。

无功利的特征：从根本上说，休闲与工作不同，不像家务，没有功利（赚钱）目的，不带有意识形态或任何劝服，不像政治或文化的义务。虽然休闲是由物质和社会决定的，是由专业、教育、家庭、社会精神文化和社会政治制度综合决定的，但在休闲中，游戏、体育、艺术、知识或社会活动不涉及任何社会服务的目的。

快乐的特征：几乎在所有的实证调查中，休闲的特点是以寻找一种满足的状态为目的。其本质上是享乐的。显然幸福并不局限于休闲，它可能与基本的社会职责共存。快乐不是社会活动的自动结果。然而追求幸福或快乐是现代社会休闲的基本特征。

个性化的特征：对于社会的主要责任来说，所有休闲所表达出来的重要作用都源于个体考虑的需求。（1）它给人们提供了从身体或精神紧张中跳出来的可能性，这样可以调整人自身的生物节律，使其恢复休闲的状态；（2）它给人们提供了一个使自己免于天天重复无聊的工作、摆脱频繁的任务之机会，在真实或想象的开放中进行那些社会或允许或禁止的娱乐；（3）它给人们提供了一个逃避日常和刻板印象与释放自我和实现创造力的机会。[58]

休闲是否被视为一个活动或一个被动的状态，有四个区分的标准。首先，休闲在一个相对较高的水平上，它的原始动力是个人自身的成就感，而不是社会和经济秩序的强制。其次，休闲必须具备相对永久有趣的能力。这意味着休闲包含某种特质和建议。再次，休闲是人们尽可能自由参与的活动或状态，而不是在生活中有意识地强加给我们的状态。最后，休闲如果有不利于身体、心理和社会福祉的可能情形，至少应该具有兼容性。[59]

休闲的主要维度是自由，或者说得更具体一些，是感知的自由。通过这一点我们只是想表达一个状态，即一个人感觉到他所做的事是因为他想要做而做的。我们不需要一个关于自由的哲学定义。每个人都知道不得不去做一件事与想要去做一件事之间的区别，无论这种感觉是真正的自由还是自由的假象，正如莱科特（Lecott）近来说明的那样。即使是假象也有真实的后果，自由的假象导致的重要结果就是休闲。

休闲有且仅有一个重要标准，即感知自由的状况。任何自由地实行、没有约束或强制的活动都可能被认为是休闲。休闲意味着作为一个自由人出于自己的选择参与一项活动。

虽然定义了休闲的基本特征，但它不能表示休闲体验质量的变化。必须追加两个额外的点：一是感觉到自由并非是一件孤注一掷的事情，而有一个度，从这个意义上来说，休闲意味着感知的自由连续的理想状态。二是至少有两个维度在区分不同类型的休闲时是有用的，即活动的动机（从外在到内在）和活动的目的（从工具性的到决定性的）。这些维度被认为是连续性的，但是为了说明目的，我们应该对其分别对待。[60]

除感觉到自由之外，休闲的定义至少还有三个潜在维度，它们是内在－外在动机、目标取向和工作关联度。[61]

北美从事休闲研究的先驱伦德伯格（Lundberg）和他的合作者对判断令人满意的休闲活动提供了这样一些标准：

● 在比较高的程度上，休闲应体现出个人自身的原动力和自我完善的特征，而不带有社会和经济秩序的强迫性；

● 休闲必须能使人对某一类事物保持相对持久的兴趣。休闲应该尽可能地包括我们生活中出现的各种活动或状态；

● 休闲起码也应该与身心健康和社会利益相容，即便不是对它们有所裨益。[62]

（三）作为文化基础的闲暇特征

从古代眼光看，懒惰（acedia）和闲暇的共通之处可说极少，许多时候懒惰只是"非闲暇"（Un-Muße）的一种先决条件，然后才是真正成为"缺乏闲暇"（Mußelosigkeit）。我们可以这样说，当一个人和自己成为一体，和自己互相协调一致之时，就是闲暇。"acedia"的意思则是：人和自己的不协调。如此看来，懒惰和缺乏闲暇可说互为表里，是一体的两面，而闲暇正是此两者的否定。闲暇因而是一种精神现象（我们必须抓住这个前提，以便和与之相近的一些概念如"工作中休息"、"休闲"、"周末"及"度假"等等有所区别，简而言之，闲暇是一种灵魂状态！）——闲暇正是"工作者"这个意象的真正对比，而这适巧也可用来反面说明前述三个"工作者"的主要特征：工作是一种活动，工作是一种卖力以及工作是一种社会功能。

首先，对抗工作那种全然活动性质的观念的，就是闲暇的"不活动"观念，这种观念强调一种内在的无所忧虑，一种平静，一种沉默，一种顺其自然的无为状态。

闲暇的沉默状态可以说是一种接受现实世界的必要形式，人唯有沉默才能聆听，不能沉默的人则是什么都听不到。我们这里所说的沉默（Schweigen）指的并非迟钝的不出声或是什么反应都没有的哑然无声，这是一种对应现实世界的精神力量，非言语所能形容，只能意会，不能言传，闲暇因而是一种投入真实世界，听闻、观看及沉思默想等能力的表现。

更进一步看，闲暇同时也是一种无法言传的愉悦状态，并由此认识这个世界的神秘性格，带给盲目信仰以某种信心，让事情顺其自然发展。在闲暇身上我们会看到"对于形成历史的生命与本质的片片断断之信任"。这是从诗人康拉德·怀斯（Konrad Weiß）的日记中所引用的一句话，而这句话正好也说中了小说家恩斯特·云格尔（Ernst Jünger）真正的思考和写作风格。这位小说家的思考和写作风格充满对真理和公众事物的狂热想望，他深入事物之中加以探索，去猎取事物的奥秘并加以仔细审视一番，其仔细程度正如同用显微镜去观察事物之最微末部分，真可说是巨细靡遗——此即怀斯对云格尔在思考和写作风格方面的观察，他继而将此种风格归纳为"沉思默想的反面，甚至是一种懒惰，然而此种懒惰方式却又能将自己推向一个细腻精确的水平……这与一般真正的懒惰则又十分不同，此种懒惰方式不慌不忙悠游于时间之中，举凡人世的一切，包括上帝、整个世界及所有事物，不论好坏，皆无声无息顺其自然，任其去来"。闲暇的态度不是干预，而是自我开放，不是攫取，而是释放，把自己释放出去，达到忘情的地步，好比安然入眠的境界（人唯有全然释放自己，才可能真正安然入睡）。……同样道理，我们对于许多伟大的真知灼见的获得，往往正是处在闲暇之时。在我们的灵魂静静开放的此时此刻，就在这短暂的片刻之中，我们掌握了理解"整个世界及其最深邃之本质"的契机，这样的时刻稍纵即逝，这之后如想重新寻回这个美妙时刻，恐怕就有待付出努力的"工作"了。

其次，对照工作那种全然卖力意象的，则是闲暇"不工作"的观物姿态。德文里有一个不容易说明的字眼"Feierabend"（收工），似乎可用来形容"不工作者"（der Feiemde）心中的愉悦情绪，而这正好可用来说明闲暇意义的核心所在。闲暇之所以成为可能，其前提必须是人不仅要能和自己和谐相处（懒惰基本上已经否定了这种和谐），同时必须和整个世界及其所代表的意义互相符合一致。闲暇是一种肯定的状态，这和"不活动"不一样，也不同于静止不动，当然也不是一种内在静止状态，这好比一对情侣谈话之间的静默时刻，什么话都不必说，两人却能融而为一。诗人荷尔德林在其《闲暇》一诗中曾这样写道："……我站在宁静的草地上／好像一棵可爱的榆树，也好像挂在藤架上的葡萄／生命的甜蜜游戏围绕在我身旁。"《圣经》上也这样记载着，在收工之后，"上帝看到他所做的一切，他觉得非常好"（《创世记》第一章第 31 节）。可见闲暇包含了人的内省行为，他看到了他在现实世界的工作完成之后，感到心满意足。

然而，肯定的至高形式则是来自节日的庆祝活动，根据宗教历史学家卡尔·凯雷尼（Karl Kerenyi）的说法，他认为节日庆典本身即结合了"休憩、生命强度及沉思默想等三者为一体"。节日的庆祝活动其意义是：对世界基本意义的肯定并与之符合一致，同时透过特殊而有别于日常生活例行公事的方式，努力去完成个人在这个世界上所代表的自我身份。

节日的庆祝活动可以说正是闲暇的起源，也是闲暇最内在且是最核心的根源，正是由于此一特性，才更加衬托了闲暇的"不卖力"特质，以及说明了为什么闲暇会是卖力和劳碌之反面的理由。

再次，如果说工作是一种社会功能之表现，那么闲暇的观念与这种意象显然也是互相对立的。首先是"工作中休息"（Arbeitspause）这个简单的概念可能是一个小时或是一个星期，甚至更长——这可以说是我们日常工作生活中必不可少的一个部分，早已列在一般工作历程之中，其无非就是为了工作的理由而存在，其存在目的乃是"为新的工作提供新的力量"，好比"复原"这一观念所说的，人从工作中借短暂休息恢复精力，其终目的还是要再度投入工作。

……我们现在必须澄清的是，闲暇并不是为了工作而存在，一个正在工作中的人不管如何努力从其中得到多少新的力量，借以重新投入工作，闲暇从来不会是为工作而存在。在我们看来，闲暇也许可以提供给进一步工作所需的体能恢复或使心灵复原某种新的动力，但是闲暇的意义并非由此而得到证明。

闲暇和默观一样，都是属于比"劳动的生活"更高层次的生活（虽说"劳动的生活"就某种意义而言才是真正的"人性"），不过这种层次我们倒是不能加以混淆，比如我们说，睡前祈祷会比较好入睡是事实，但不会有人因此而认定祈祷是较好入睡的唯一方法。同样道理，假若闲暇真能带给我们新的动力，那么我们如果单单只是为了获得体能的恢复而去追求闲暇，我们肯定会得不到所想要的结果，因为体能的恢复必须是从深沉的睡眠而来的。

最后，闲暇也不是经由社会上执行工作功能的人，以尽量避免麻烦或不要有所疏忽，来证明其存在的必要。闲暇的肯定必须取决于执行工作功能的人是否合乎人性。此即意味着，人不可局限于他狭隘的工作功能所塑成的局部世界之中，他必须能够以更为宽广的眼光去看待整个世界，然后借此实现自己并将自己导向一种整体性的存在。[63] 闲暇所代表的可以说是一个非功利性质，但却是最符合人性的世界，而其最根深蒂固的根源乃是节庆中的崇拜活动，其所赖以支撑的一切莫不是由此而来。[64]

（四）体验：区分休闲与非休闲的主要维度

研究者用了不同的方法试图对休闲体验做经验性描述。在大多数研究中，这样的描述就是确定休闲的主要维度或参数。纽林格提出，休闲体验是由两个基本的维度——自由与内在动力相结合而产生的。在纽林格的模式中，将休闲与非休闲区分开来的最主要的维度是从"感觉到自由"到"感觉到受限"的连续统。在此连续统中"感觉到自由"的一端，一项活动的参与者体验到的是休闲的心理状态；而参与者感觉到的限制越多，就越趋向于另一端，即"感觉到受限"的心理状态。同样，动机这个维度也是对休闲与非休闲状态都可以加以限定的。在这个模型中，"感觉到自由"与内在动机的存在，意味着"纯休闲"，而外在动机的存在，则意味着"休闲与工作"的结合。艾泽欧－阿荷拉用经验研究对纽林格的休闲模型进行验证，发现在人们用来区分休闲与非休闲的主观心理状态的因素中"感觉到自由"是最关键的决定因素。他还发现动机也影响到人们是否将一个情景定义为休闲，但相对而言影响要弱一些，且比较缺乏一致性。

曼内尔（Mannel）与布雷德利（Bradley）做的另一项研究，是试图在实验室的环境中形成休闲体验。这项研究的理论根据是奇克森特米哈伊的"畅"的概念。虽然曼内尔与布雷德利这项研究所用的方法与理论框架不同于艾泽欧－阿荷拉所用的，但他们也发现：感觉之自由与否是影响休闲体验的一个重要因素。

　　另有一些关于休闲的含义与界定的经验研究，用的是定量与实证理论的方法。这些研究允许并鼓励受访者用自己的话来描述休闲与休闲活动，而不是回答一组预先设定的问题。肖（Shaw）、比亚莱斯基（Bialeschki）和亨德森（Henderon）、弗莱辛格（Freysinger）和萨姆代尔（Samdahl）的访谈式研究都对日常生活中休闲经验的意义进行了探索，并研究了哪些因素能影响人们将一特定的情境视作休闲。冈特夫妇（Gunter）根据调查者就自己印象深刻的休闲经历写成的文章，用实证方法对休闲的不同维度进行了研究。

　　所有这些研究都发现，自由选择是休闲体验的关键因素，且揭示出休闲的其他重要因素，或者说重要维度。这些因素包括：对活动的喜爱（上述五项研究全揭示了这一点）、放松、内在的动机和无须对活动加以评价、投入的感觉、自我表达，及想要脱离或逃离程序化的日常生活的愿望。

　　基于这些及其他研究，可以说自由选择与不受限制是休闲体验核心的、基本的方面。然而，自由选择不等于休闲。"感觉到自由"是休闲的必要条件，但不是充分条件。换言之，休闲不仅意味着没有限制，而且还有一个积极、正面的维度。这一积极的维度可以是对活动的喜爱（即有正面的情感）、归属感（即与他人有正面的关系）或自主性行动（即正面的自决）；这超越了单纯的不受限制，而在休闲体验的构建中纳入了积极的决定。

　　这样，休闲中正面的维度应该包括积极地寻找自己喜爱的和有内在动力要去从事的活动，还有对能表达、构建与重新构建自我的活动的感情投入。"自我"包括对一种特定的休闲的参与，同时能积极地表现自己，并对这种自我表现有一种良好的感觉。[65]

（五）游戏和娱乐是休闲的核心要素

　　如果我们并不力图给休闲以全面而终极的定义，那么是否可能识别界定这一现象的各个层面？首先，在界定休闲时，某种自由概念似乎很普遍。这里的自由并不必然是毫无约束的开放，其实，休闲的自由是一种成为状态的自由，是在生活规范内做决定的自由空间。至少，休闲是在摆脱义务责任的同时对具有自身意义和目的的活动的选择。

　　这种自足的意义与目的是休闲的第二个层面。只有构成休闲的某些核心要素在其本来的意义上被实施时，休闲才成为可能，它并不屈从于任何外在的强制性要求。由此可见，休闲具有某种含义的统一性。因此，它是一种可能被确定和研究的现象。

　　本书后面各章会频频出现"游戏"（play）这个词。"游戏"常用来表示作为行动的休闲，也就是在某一活动或时段内所发生的，并且具有其初始意义的活动。但是，游戏同时也包含强调自发性因素的休闲活动和范围确定的轻松意义领域。此外，

"娱乐"（recreation）指的则是有组织的、有益于个人及社会的休闲活动。自我满足、即兴自发的游戏与有组织有目的的娱乐正好是相对照的两种休闲形式。

后面各章也会进一步考察休闲中更具体的因素。诸如，休闲是填补空虚的一段时间吗？休闲是个体知觉所能解释的一种简单或复杂的体验（experience）吗？休闲是否既是感性的又是理性的，既是想象的又是物质的？是否既是社会的又是个人的，既是文化的又是创造性的？休闲究竟是一种意义还是一种行为？休闲虽然往往带有民族的特性，但它是否也具有一些超越文化的内容？休闲是个人色彩浓一些，还是政治因素多一些？个人对休闲体验所做的非工具性的个体认知能否成为社会需要的工具？

我们立论的基础是：任何单一的含义或层面似乎都难以尽述休闲这一大标题下的所有内容。任何单一的取向或情境也必然使我们难以理解所有其他的含义与情境。甚至单一的一种辩证研究也可能过于片面，或是过于中庸。即使我们以开放的态度对待还未完全定形的休闲研究，我们也有可能远离具体确定的情境而偏向自由的维度。[66]

八、休闲与工作的关系

（一）休闲与工作的关系难分难解

工作是空闲时间的反义词，但却不能作为休闲的反义词。休闲和空闲时间是两个截然不同的概念，但我们却习惯于把它们等同起来。人人都会有空闲时间，但并非人人都能拥有休闲。空闲时间是一种人人拥有的并可以实现的观念，而休闲却并非是每个人都可以真正达到的人生状态，因为，休闲不仅是一种观念，更是一种理想。空闲时间只是计算时间的一种方式，而休闲则涉及存在状态和人类生存的环境。对于这种状态和环境而言，很少有人去渴望它们，更没有多少人体验过它们。[67]

"闲散"（idleness）一词原本的含义，根本与"休闲"不同，它却与使人无法休闲的内在先决条件比较接近：它可以说是休闲的完全缺乏或与休闲正好相反。只有当一个人内外一致时，当他接受他自己时，他才可能有休闲，而另一方面，懒散却是拒绝接纳自己。闲散和无能休闲是彼此相关的。休闲既不是懒散，也不是无能休闲。

我们必须清楚了解，休闲乃是一种心智上和精神上的态度——它并不只是外在因素的结果，它也不是闲暇时刻、假日、周末或假期的必然结果。它首先乃是一种心态，是心灵的一种状态。下面我们从三个角度来分析"工作"的概念：

工作可分为作为活动的工作、作为劳力的工作和作为一种社会功能的工作；可是休闲的意义与这三个角度的每一项"工作"的理念都正好相反。

与作为活动的工作理念相比，休闲（首先）意味着一种非活动的、内心平静的、沉默的态度；它的意义不是"忙碌"，而是让事情发生（顺其自然）。

休闲是一种缄默，这种缄默是掌握实在的先决条件：只有缄默者才听得到，而那些不保持缄默者则听不到。在这里所谓的缄默并不是"哑口无言"或"寂静无声"；它的意思比较接近于心灵"答复"世界实在的能力不受干扰的状态。[68]

这对看似不可磨灭的关系在休闲关系中经历了相当大的争论，以至于现在很容易被理解为一组概念上的对联。人们曾经过于简化地对待休闲与工作之间的关系，认为前者指的是剩余范畴，或是后者的相反回应。休闲是人们在晚上或周末不工作时所做的事情，或是象征着人们对工作不满的抵制。这种观点意味着休闲是表面上个人私有的，与公共、社会和监管的工作相对的自由。

正如我在《休闲研究辞典》（*Routledge Handbook of Leisure Studies*）中（2009年）解释的那样，帕克在 20 世纪七八十年代早期写道，虽然工作只占据了人生的一部分，他们的休闲活动无疑受到与工作方式有关的不同因素制约。在一起工作的人们不仅处于相同的时间和地点，还要将注意力集中在共同的对象或活动上，这就意味着他们也共享同样的工作体验，不管是积极的、消极的还是中性的。由此帕克得出结论，对大多数人来说，对工作做出的反应及其权力主导对其他方面，如阶级和性别的影响，塑造了他们的休闲。这说明休闲不能简单地被理解为对特殊工作形式的反应，有必要将它看作是普遍的工作体验的特殊本质和条件。

帕克通过研究得出工作与休闲之间的关系，并将其分为三类：相反模式（如那些处于吃苦卖力和危险岗位上的人，设法通过与同事的酗酒和赌博，来逃离工作的艰难困苦）；中性模式（重复的日常工作会使人们在工作中变得冷漠无情，这也能从人们单调被动的休闲活动中反映出来）；扩展模式（那些高度投入工作，并从中得到很多工作满足的人，更会将与工作有关的社交网络和活动延伸扩展到他们的休闲时间中）。

虽然这类研究对理解现代社会工作与休闲那难解难分的关系，以及任何适当的休闲理论是如何将工作考虑进去的非常重要，但也遭到了无数的批评。首先，工作与休闲这组概念有很多例外，最显而易见的是失业（尤其是很多妇女），失业者的休闲体验通常是碎片化的和不可预测的。其次，这就导致了工作与休闲之间的第二个问题，即它忽视了家在多大程度上对妇女来讲是工作场所（如家务劳动、家庭作业）——尽管它并没被社会如此认识到。再次，工作与休闲这对概念较少关注人们在休闲时间里做什么，而是将休闲视为工作的剩余，这样它过度地用实用主义来理解休闲。诚然，与帕克的观点相反，如今很多人会辩称，正是休闲而非工作，与他们是谁和他们的身份认同联系在一起。

最后，很多学者咄咄逼人地争论道，在资本主义秩序主导的工作导向的社会里，就高度商品化和出售给消费者更多商品来满足需要而言，休闲本身已经变得实用主义。斯莱特（Slayter）宣称，以这种方式，休闲最终在意识形态上被当作工作、责任、义务的自由领域而兜售给我们……它成为交换所有"自由"和"快乐"的交易的一部分——它争取到了驯服的工人和公民。正如我们将在本书第四章看到的那样，近期发展的理论方法表明，曾经社会对工作伦理的管控如今已变得松弛，它已经被消费审美所取代。卢瑟福（Rutherford）支持这一观点，认为关于"我怎样才能变好"的宗教焦虑如今已变成世俗的"我怎样才能快乐"。

此外，越来越多的证据表明随着所谓的后福特主义的工作形式的巩固，即大规模、集中的工业（福特主义）工作方式让位给更灵活、更分散的劳动工作形式，工作和休闲之间的差异再度减小。例如，波德尔（Poder）的研究指出，越来越多的人并不那么重视他们的休闲时间，而是用类似对待消费的想法和感受方式来思考工作。换言之，工作不只是有个工作岗位，它应该是令人兴奋的、刺激的、充满挑战性的、使我们快乐的。其结果之一就是工作（像休闲一样）发展出了审美意义，这不仅意味着我们的就业经历越来越个性化，而不易与他人分享，而且由此使得我们不太可能共同应对在工作场所中出现的不满情绪。[69]

在更有限的意义上，休闲是一种态度、一种精神状态、一个用来调整状态的愉快过程。休闲在这种主观意义上总是依赖个人的气质、教育和前期的活动。娱乐活动就是将一个作为繁重劳动力的人转变为另一个人。

同一个人在不同的时间，对于相同的活动可以当作在劳动也可以当作在放松。我们也不可能在公开活动的基础上客观地定义工作，因为工作经常在很大程度上与休闲元素交织在一起。然而，从多种目的看，我们发现对活动进行这样广泛的分类是有用的。[70]

应该明确的一点是，我们即将确立的理论不允许休闲或工作以另一方的阙如作为自身的定义。休闲包括自身范围之内的体验、个人发展、存在主义决定以及互动交往过程，但这一切并不能与工作截然分开。[71]

甚至休闲的体验也可能与工作体验难以分辨，有一种模式可能会说明这一点。休闲活动本身可能产生享受，这种享受在行为者全身心投入活动中时最为强烈，即达到"畅"的状态，而且，在这种沉醉中可以体验到被称为狂喜的高度兴奋。如果有谁认为这种高强度兴奋只存在于非工具性活动中，那他就错了。但我们可以说，脱离"必需"的制约可以帮助我们全身心地投入创造活动中来。

我们可能将过多的注意力给予了对休闲的界定，给予了将休闲与生活的其他领域（尤其是工作）区分开来的努力。一个更为根本的问题是，在那些摆脱必需后的相对自由的时间、空间里究竟发生了什么？我们应当如何更接近那种体验？但即使这样，人们也是只关注休闲的体验以及工作的产品。另外，休闲通常被看作个人活动，而工作则是一种群体的建设活动。詹姆斯·汉斯（James Hans）似乎主张一种更为统一的方法。为什么要提到休闲中的快乐、创造中的狂喜和工作中的满足感？难道将美、真、和谐、优雅、快乐甚至狂喜看作人类行为的因素不是更精确吗？而且，"超静止"（ex-static）的活动是面向变化与新奇的，它在某种意义上是创造，因此也就是生产。狂喜不仅指沉醉于活动中，而且还是一种情感状态，在"有什么事发生时"最可能出现这种情感状态。这里的"什么事"是指一种创造性行动，这时，便会有某种新鲜的、有意义的结果从我们的行动中产生。

将各种材料聚拢在一起以完成某种形式的创造，这不就是和谐或优雅吗？感知到这种优雅不就是美吗？至于这种创造是物质的还是精神的，这并不重要。创造的场合是家、工厂还是工作间？这也不重要。重要的是，一个行为者或一个行为者群体完成了一项创造行为，伴随而来的是表达自我的自由和狂喜的情感。[72]

（二）区分休闲与工作的主要因素

工作和休闲之间的差别的确很微妙。工作通常是劳作，它是人们的职业、行业或专业，是大多数人必须借以维持生存的责任或任务，是我们谋生的手段。区别工作和我们在自由时间里做的事的关键因素是我们对二者的态度。工作的内在特征就是强迫性，反过来，休闲则是以行为的资源性和非强迫性为特征，绝不是任务或责任。[73]

在我们提到的种种概念中，必须加上"畅"。正如心理学家奇克森特米哈伊所定义的那样，"畅"是一种可以在"工作"或者"休闲"时产生的最佳体验。与"休闲"或"游戏"的某些概念一样，"畅"也是一种以自身为目的的活动。它是自足的（由自身定义的）。奇克森特米哈伊对"畅"体验有如下描述：它是"……一种感觉，当一个人的技能能够在一个有预定目标、有规则约束并且能够让行为者清楚地知道自己做得如何之好的行为系统（action system）中充分地应付随时到来的挑战时，就会产生这种感觉。这时，注意力高度集中，没有心思注意与此无关的事，也不考虑别的问题。自我意识消失，甚至意识不到时间的存在。能让人获得这种体验的活动实在是让人陶醉，人们总想做这件事，不需要别的原因，也根本不考虑这件事会产生什么后果，即使有困难、有危险，人们也不在乎"。

在获得"畅"的体验时，挑战的难度与个体自身的技能水平是一致的。如果难度远远超出了个体的能力范围，个体就会产生焦虑。而当难度远远低于个体的技能水平时，个体又会产生厌倦。这就好比说，芝加哥公牛队要同你们班打一场比赛，当你们班上的同学感到焦虑的时候，公牛队队员则觉得无聊。在这种情况下，孩子们会交换队员，组成一支新的队，以平衡挑战之间的巨大差异——"哈利和约翰给你们，我们要迈克尔·乔丹"，或者给一个队制定刁难的规则（比如让他们都穿上厚重的衣服）。

许多休闲（和工作）体验并不具备"畅"的潜力。那些不需要什么技能的事情，比如看电视或其他快乐的活动，既不对人提出挑战，也不给人提供运用技能的机会。这种活动显然是不能让人满意的。由此，我们可以从"畅"的角度来评价，什么是好的休闲，什么是不好的休闲。"畅"从根本上说是意义的创造，要做到这一点，需要完全的投入，不论是爬山，做外科手术，还是吹喇叭，都是如此。[74]

　　人们越来越清醒地认识到，满意的工作与满意的休闲活动之间有许多共同之处。这些共同之处，就是"畅"的感觉。

　　为维持既往所得并使自己不断增加心理承受能力，人们参加一些宠辱及身的活动是很有必要的。挑战，常让朋友成异己；技艺，能使陌路成至交。成年人在工作时所经历的"畅"比在消遣时多两倍。在人们进行休闲活动时，最高境界的"畅"常常出现在那些积极的活动中，如唱歌、打保龄球、骑自行车、在地下室的车床上造把椅子、写写小说等等。儿童们喜欢"畅"，但机遇与才能的失谐，会越来越严重地扼杀孩子们对复杂事物的好奇心。当他们知道厌倦与烦恼是家庭、学校乃至社会中普遍存在的法则之后，儿童们就丧失了探索新事物的热情、兴趣和愿望；他们对身边许多活动的机会视而不见，尽管被动的娱乐活动不会带来快乐，但儿童们仍把它当作打发时光的唯一的消遣手段。

　　在休闲活动中人们所花费外在能量的多少与人们的快乐程度成反比。人们在营造环境时所花费的力气越少，在娱乐活动中得到的快乐就越多。奇克森特米哈伊也报道了在不同休闲活动中人们所感觉的快乐程度和所消耗的外在能量间的这种反比关系（对妇女来说尤其显著），换句话说，在休闲活动中，人们从周围环境中索取得越少，他们得到的快乐就越多。[75]

　　今天的工作概念包括了劳动报酬。一个人可能喜欢工作，但他需要每周支付的薪金。如果人们自愿进入工作状态，那这个工作一定具有游戏和娱乐的特征。如果人们厌恶工作，那这个工作一定是苦差事。

　　从历史上看，工作与游戏——这里指成人的娱乐活动——并没有显著区别。某一天某个人去钓鱼是因为他饿了，而第二天或许就是因为他想钓鱼了。在童年早期，一切都是游戏。年幼的孩子跟随自己的动机并满足他自己的兴趣，因为他很少受到强迫。对他来说将一篮子各种玩具倒在客厅地板上也是游戏。自然的动机促使他去分类和尝试。但是，这些玩具迟早要放回篮子里，这最后一步并不是出于孩子自己的动机，因此必须要有一些令孩子感到满意的结果，通常是妈妈的表扬："做得好，你真是个好帮手，没有你我就不行。"于是把东西收拾好变成了一件令人满意的事情——这大部分是因为可以从完成这件任务中获得补偿。

　　另一个可以说明工作－游戏概念的例子是有两个男孩想要在后院建造一个网球场。得到允许后他们必须开始着手这项任务。这是他们想做的。他们想要打网球。但这个动机并不存在于劳动中，而存在于最后的结果。如果动机存在于他们付出的努力中，那他们会继续建造网球场，自愿付出辛勤劳动并获得快乐，因为这是他们的最终目标。这是工作。如果这种动机是被迫的，男孩们并不想打网球，那么这就是件苦差事。当建造网球场的工作结束，网竖起来了，孩子们打了第一场比赛——这是游戏。

厌恶工作的历史背景很容易理解。生活是严峻的，日子很长，很多人嗷嗷待哺。干旱、洪水和火灾曾经离得很近。饥荒和毁灭很常见。人们试图驾驭自然要素和资源的努力常常徒劳无功。工作似乎是苦差事，它被憎恶，它剥夺了人类的自由，但人类梦想着更美好的日子。

苦差事的概念来自"太多基础工作"。并非真的讨厌工作而是讨厌工作的数量。儿童喜欢跟着父母工作是因为他们能感觉自己是工作的一部分，或者能感到自己是重要的。[76]

如果休闲是这样的创造活动，那它和工作有什么区别？难道在工作中就不可能行动、创造、享乐并发现个人的成长吗？回答当然是"能"。只有一个因素可以将休闲与工作区分开来，但它并不明确，以至于两者之间的界限也很模糊，这就是个人以及社会层次上的"必需"因素。对于个人来说，之所以去休闲主要并不是为了满足自己或社会的需求，而是为休闲而休闲，不一定要有什么结果或产品。倘若摆脱了"非做不可"的必需而处于相对的自由中，事情可就大不一样了！正是这种外在要求的空缺，将游戏，即开放与新奇的可能性注入了休闲。[77]

注 释:

1 这实际上是亚里士多德的话。原文整段内容如下："幸福存在于闲暇之中，我们是为了闲暇而忙碌，为了和平而战斗。各种实践德性的活动在政治活动和战争行为中，有关这一类的实践就不能说是闲暇的。战争行为完全不能闲暇，政治活动也不闲暇。在政治活动之外，所寻求的是权势和荣誉以及自身和公民的幸福。不过这和政治活动是两回事，显然是被当作另外的东西来追求的。如若政治行动和军事行动以辉煌和伟大而取胜，而它们是无闲暇的，并不是由于它们自身而选择，而是为了追求某一目的，那么，理智的活动则需要闲暇，它是思辨活动。它在自身之外别无目的可追求，它有着本己的快乐，它有着人可能有的自足、闲暇、孜孜不倦，还有一些其他与至福有关的属性，也显然与这种活动有关。如若一个人能终生都这样生活，这就是人所能得到的完满幸福，因为在幸福之中是没有不完全的。"（《尼各马可伦理学》，第 117b5—117b6 页。参见苗力田主编：《亚里士多德全集》（第 8 卷），北京：中国人民大学出版社，1992 年，第 227 页。

2 ［德］约瑟夫·皮柏著：《节庆、休闲与文化》，黄藿译，北京：生活·读书·新知三联书店，1991年，第 93 页。

3 Sebastian de Grazia, *Of Time, Work and Leisure*, New York: The Twentieth Century Fund, 1962, p. 13.

4 Johan Bouwer and Marco van Leeuwen, *Philosophy of Leisure: Foundations of the Good life,* London: Routledge, 2017, pp. 16-17.

5 Karl Spracklen, *Constructing Leisure: Historical and Philosophical Debates*, Basingstoke: Palgrave Macmillan, 2011, pp.19-22.

6 Sebastian de Grazia, *Of Time, Work and Leisure*, pp. 21-22.

7　查尔斯·K. 布赖特比尔、托尼·A. 莫布莱著:《休闲教育的当代价值》,陈发兵、刘耳、蒋书婉译,北京:中国经济出版社,2009 年,第 6 页。

8　Karl Spracklen, *Constructing Leisure: Historical and Philosophical Debates*, p. 19.

9　Johan Bouwer and Marco van Leeuwen, *Philosophy of Leisure: Foundations of the Good Life,* p. 14.

10　Ibid., p. 25.

11　Ibid., p. 57.

12　Karl Spracklen, *The Meaning and Purpose of Leisure: Habermas and Leisure at the End of Modernity,* Basingstoke: Palgrave Macmillan, 2009, pp. 13-14.

13　［美］杰弗瑞·戈比著:《你生命中的休闲》,康筝译,田松校译,昆明:云南人民出版社,2000 年,第 14 页。

14　Johan Bouwer and Marco van Leeuwen, *Philosophy of Leisure: Foundations of the Good life,* p. 50.

15　［美］约翰·凯利著:《走向自由——休闲社会学新论》,赵冉译,季斌校译,昆明:云南人民出版社,2000 年,第 51 页。

16　Johan Bouwer and Marco van Leeuwen, *Philosophy of Leisure: Foundations of the Good life,* pp. 46-47.

17　［美］杰弗瑞·戈比著:《你生命中的休闲》,第 4—5 页。

18　［美］克里斯多夫·爱丁顿、陈彼得著:《休闲:一种转变的力量》,李一译,杭州:浙江大学出版社,2009 年,第 5 页。

19　［美］查尔斯·K. 布赖特比尔、托尼·A. 莫布莱著:《休闲教育的当代价值》,第 5 页。

20　［英］克里斯·布尔、杰恩·胡思、迈克·韦德著:《休闲研究引论》,田里、董建新等译,昆明:云南大学出版社,2006 年,第 28 页。

21　Johan Bouwer and Marco van Leeuwen, *Philosophy of Leisure: Foundations of the Good life,* p.41.

22　Angeles, "Leisure: Opportunity or Opiate?" *Business Quarterly*, 1965, 30(4): pp. 10-25.

23　Sebastian de Grazia, *Of Time, Work and Leisure*, p. 329.

24　［美］杰弗瑞·戈比著:《你生命中的休闲》,第 6 页。

25　［美］约翰·凯利著:《走向自由——休闲社会学新论》,第 1—2 页。

26　同上书,第 22 页。

27　同上书,第 58 页。

28　Johan Bouwer and Marco van Leeuwen, *Philosophy of Leisure: Foundations of the Good life,* p. 95.

29　［美］约翰·凯利著:《走向自由——休闲社会学新论》,第 58—59 页。

30　同上书,第 74 页。

31　同上书,第 139—140 页。

32　同上书,第 278 页。

33　同上书,第 283 页。

34　［美］卡拉·亨德森等著:《女性休闲——女性主义的视角》,刘耳等译,昆明:云南人民出版社,2000 年,第 121—122 页。

35　［美］约翰·凯利著:《走向自由——休闲社会学新论》,第 24 页。

36　同上书,第 40—41 页。

37　［美］卡拉·亨德森等著:《女性休闲——女性主义的视角》,第 23 页。

38　［美］托马斯·古德尔、杰弗瑞·戈比著:《人类思想史中的休闲》,成素梅、马慧娣、季斌、冯世梅译,昆明:云南人民出版社,2000 年,第 260—261 页。

39　［美］克里斯多夫·爱丁顿、陈彼得著:《休闲:一种转变的力量》,第 7 页。

40　［美］杰弗瑞·戈比著:《你生命中的休闲》,第 6 页。

41　［德］约瑟夫·皮柏著:《节庆、休闲与文化》,第 117—118 页。

42　［美］杰弗瑞·戈比著:《你生命中的休闲》,第 5—6 页。

43　［美］克里斯多夫·爱丁顿、陈彼得著:《休闲:一种转变的力量》,第 6 页。

44 ［英］克里斯・布尔、杰恩・胡思、迈克・韦德著：《休闲研究引论》，第 30 页。

45 ［美］查尔斯・K. 布赖特比尔、托尼・A. 莫布莱著：《休闲教育的当代价值》，第 7 页。

46 Joffre Dumazedier, *Toward a Society of Leisure*, New York: Free Press, 1967, pp. 11-14.

47 ［美］约翰・凯利著：《走向自由——休闲社会学新论》，第 28 页。

48 Johan Bouwer and Marco van Leeuwen, *Philosophy of Leisure: Foundations of the Good life*, p. 109.

49 ［加］埃德加・杰克逊编：《休闲与生活质量——休闲对社会、经济和文化发展的影响》，刘慧梅、刘晓杰译，钱炜校，杭州：浙江大学出版社，2006 年，第 27—28 页。

50 同上书，第 28—29 页。

51 ［英］伊安・威尔逊著：《休闲经济学》，方颖译，北京：机械工业出版社，2009 年，第 3 页。

52 ［英］苏珊・霍纳、约翰・斯瓦布鲁克著：《全球视角下的休闲市场营销》，罗兹柏等译，重庆：重庆大学出版社，2012 年，第 16 页。

53 ［美］查尔斯・K. 布赖特比尔、托尼・A. 莫布莱著：《休闲教育的当代价值》，第 9 页。

54 ［美］卡拉・亨德森等著：《女性休闲——女性主义的视角》，第 258—259 页。

55 ［美］艾泽欧－阿荷拉著：《休闲社会心理学》，谢彦君等译，北京：中国旅游出版社，2010 年，第 181 页。

56 同上书，第 197 页。

57 ［加］埃德加・杰克逊编：《休闲与生活质量——休闲对社会、经济和文化发展的影响》，第 12—13 页。

58 Joffre Dumazedier, *Sociology of Leisure*, Amsterdam, Holland: Elsevier Scientific, 1974, pp. 73-76.

59 George A. Lundberg, Mirra Komarovsky and Mary Alice Mcinerny, *Leisure: A Suburban Study,* New York: Agathon Press INC., 1969, p. 19.

60 John Neulinger, *The Psychology of Leisure: Research Approaches to the Study of Leisure,* Springfield, IL: Charles Thomas Publishers, 1974, p. 15.

61 ［美］艾泽欧－阿荷拉著：《休闲社会心理学》，第 183 页。

62 ［美］托马斯・古德尔、杰弗瑞・戈比著：《人类思想史中的休闲》，第 250 页。

63 ［德］约瑟夫・皮柏著：《闲暇：文化的基础》，刘森尧译，北京：新星出版社，2005 年，第 40—46 页。

64 同上书，第 69 页。

65 ［美］卡拉・亨德森等著：《女性休闲——女性主义的视角》，第 122—124 页。

66 ［美］约翰・凯利著：《走向自由——休闲社会学新论》，第 20—21 页。

67 Sebastian de Grazia, *Of Time, Work and Leisure*, pp. 8-9.

68 ［德］约瑟夫・皮柏著：《节庆、休闲与文化》，第 116 页。

69 Tony Blackshaw, *Leisure,* London: Routledge, 2010, pp. 6-8.

70 George A. Lundberg, Mirra Komarovsky and Mary Alice McInerny, *Leisure: A Suburban Study,* p. 2.

71 ［美］约翰・凯利著：《走向自由——休闲社会学新论》，第 173 页。

72 同上书，第 260—261 页。

73 ［美］查尔斯・K. 布赖特比尔、托尼・A. 莫布莱著：《休闲教育的当代价值》，第 71 页。

74 ［美］杰弗瑞・戈比著：《你生命中的休闲》，第 21—23 页。

75 ［美］杰弗瑞・戈比著：《21 世纪的休闲与休闲服务》，张春波、陈定家、刘风华译，马惠娣校译，昆明：云南人民出版社，2000 年，第 201—202 页。

76 Jay B. Nash, *Philosophy of Recreation and Leisure*, Dubuque, Iowa: W. C. Brown Company Publishers, 1970, pp. 91-93.

77 ［美］约翰・凯利著：《走向自由——休闲社会学新论》，第 260 页。

第三章

休闲的价值与功能

【简短引言】

　　休闲价值是休闲学的一个重要理论问题，西方不少学者一直关注和重视对这个问题的思考。这类思考一般体现在三个层面：一是休闲对社会的价值。休闲能够改变社会生产和消费的结构，改善社会服务质量、提高服务水平，有利于社区发展，可以促进社会经济的增长；二是休闲给不同群体带来的益处。休闲能提高家庭生活质量，促进青少年的成长和康乐，有助于老年人心理健康和提高生活满意度，休闲能让不同群体的生活更美好；三是休闲对个体自身的发展具有重要作用。休闲是生活的重要方面，促进人的身心健康，实现个人的社会认同和自我认同，使人产生行动的内在动力。有的学者关注休闲所蕴含的创造价值和文化意义，认为休闲敞开了探索的大门，能够推动人们体验和追求生活中的各种变化。也有的学者认为，以经济标准和实际效用来衡量"成功"的观念和做法，造成了一些人对休闲活动及其价值的忽视，甚至忽视了自己生活中的休闲需要。

　　总的看来，这些思考与研究大多着眼于休闲对人对社会可能具有的益处。对休闲价值的思考，还可能有另外的途径和方式吗？

一、要认识休闲的价值和功能

（一）人们还没有认识到休闲的价值

　　有证据表明人们基本上没有认识到休闲的重要意义。休闲作为手段和目的，它广义的社会和政治意义，很大程度上被其他学科、政府部门、政策制定者和大众所忽略。对经济发展和增长、对产品和服务的生产和消费的关注，以及非常高的（如果不是绝对的话）以经济标准来衡量"成功"的做法，都造成了对休闲这样一种手段和目的的忽视。

　　当休闲的重要性得到认可时，它常常被"简化为"个人的经历或行为。休闲在个人、社会群体、社区，以及国际社会生活中，有一种创造性和建设性的潜力，这种信念是休闲教育的基石。这也是需要大众支持提倡的基石。……教育和大众支持在各个层面上都是需要的，既是为了传播休闲作为提高生活质量的重要性和批判性思维的必要性，也是为了传播对休闲与生活质量问题的重新认识。从休闲更广泛的文化含义来对问题加以重新认识，将会提高休闲研究作为一个学术领域的可视度，也会促进休闲学者和从业人士参与到社会变革和政策制定的更广泛的讨论中。

　　……

　　不管是局部地区还是全球范围内，休闲规划和政策的成功实施，都最终取决于对休闲作为文化含义，休闲对个人生活、对社会／全球不平等和机遇的含义的更深理解。[1]

人们往往注意不到休闲的益处。社会倾向于不重视休闲的价值，要么认为休闲可有可无，要么认为它是对努力工作的一种报酬，要么干脆认为休闲是浪费时间。因此，人们有时不太注意自己的休闲需要，意识不到参加休闲活动能得到多种益处。但是，休闲活动对女性的生活能产生重要的积极影响，这在健康、社会关系、个人及社会等不同的方面都有所表现。[2]

（二）休闲的基本功能

然而休闲确实发挥着作用，首先也是最重要的是，休闲是解放和快乐——1953年问卷调查的受访者是这么回答的。他们的答案可分为三类，在我们看来能够对应休闲的三个主要功能：放松、娱乐和个人发展。

放松能够使人从疲劳中恢复过来；休闲能够修复日常压力造成的身体和神经紧张，尤其是工作带来的压力。确实是这样，工作所需的体力正越来越少，但不能忽略的一个事实是，生产节奏、产业格局的复杂性，以及城市中心到工作地点的长远距离——这些都增加了人们对休息和安静的需求，以及对闲散和漫无目的的小消遣的需求。行业高管和高层人员尤为需要这种需求，根据比塞（Bize）博士的调查，85% 的行业高管和高层人员都声称过度劳累。对于休闲所具有的疗养功能的关注应当用以促进对工人阶层的疲劳研究，而迄今为止，在法国对工人的疲劳研究仍然仅限于对工作的简单观察。梅斯（Metz）博士已经进行了相关的社会医学研究，以探索工作节奏与休闲节奏之间的关系。越来越多的此类研究呼吁工作心理学专家与休闲心理社会学专家之间的合作。

娱乐是休闲的第二个功能。如果放松能够使人们从疲劳中恢复过来，那么娱乐能够使人们摆脱厌倦。弗里德曼一次次地指出零散任务的单调性对工人人格的可悲影响。列斐伏尔（Lefebvre）分析了现代人之间的疏远，这种疏远会使人产生失落感以及脱离日常气氛的冲动。这种脱离可能是采取在任何领域都是违反司法或道德法律的形式，因此表现了社会的病态元素。或者，走向相反的方向，它可能成为一个平衡，一种社会所需的纪律和约束下的承受方式。这可能伴随着对补偿性生活的追求，或是逃避到一个不同的世界，事实上有时是直接反抗日常生活。如果逃避是现实的，它可能会导致位置或速度或风格（旅游、游戏、体育）的改变；此外，它可能走向幻想和投影（电影、戏剧、小说）的方向，即诉诸虚构的生活，用于满足像霍夫曼（Hoffmann）和陀思妥耶夫斯基（Dostoevski）所谓的人们的自我想象。
……

最后，我们谈一谈休闲的人格发展的功能。休闲可以将个人从日常的自发思想和行为中解放出来。一方面，它允许更广泛、更有序的社会参与；另一方面，它为人们开创新的可能性，供人们自愿与他人共同进行休闲、文化和社会团体活动。它为追求自发性的技能发展提供了时间，人们在学校中获得了这些技能，它甚至可能促进个人生活闲暇时新的自发学习方式的形成，从而诱发一种全新的创作态度。进而，个人从普通的义务中释放出来，有时间自由地从新的个人和社会生活方式中选择并培养新的个人素养。休闲的这一个性发展功能，与常见的简单娱乐不同，总体而言对大众文化尤为重要。

休闲的三个功能是相互依存的，即使处于对立地位时也是紧密联系的。它们在不同程度上存在于每个人的生活中，没有例外。它们可能共存或一个紧接另一个并共同处于同一个单一的休闲情况下，它们可能依次发挥作用或同时发挥作用，通常它们会紧密地相互重叠以至于难以区分。实际上，三个功能中的任何一个功能与其说是占据更主要地位不如说是更普遍存在。

休闲是一种活动——脱离工作、家庭和社会的义务——个人能够随意选择，或者是为了放松和消遣，或者是为了扩展知识和自发性的社会参与，以及创造性能力的自由实践。[3]

二、休闲对社会各方面都具有价值

（一）休闲的多方面影响

休闲被视为工作和其他义务之外的自主行为。它提供机会，使人们做出有意义的选择，使人们参加具体的活动，并带来益处，从而对人们的身体、心理、精神健康和康乐产生积极的影响。

休闲并非自动会对健康和康乐有益。休闲选择和活动可能会有中性或负面效应，还可能会产生一些取代有益于健康和康乐的行为。

运动型休闲对身体健康的益处在科学文献中已经有了很好的记载。其他形式的休闲对心理健康和康乐的益处正在被认识。这些益处的论据有的非常确凿，有的纯属猜测，程度不一。

……

趣味性和愉悦性休闲体验不仅可以提高当前的生活质量，而且日积月累，能促进长期的心理健康。

休闲有助于促进身份的形成和发展。有证据显示，在某些情况下休闲也可能有助于个人心理成长。

正在出现的一些证据表明，休闲能提高应对能力，促进个人成长，以应付日常生活烦恼和负面生活事件，包括残疾和疾病在内。

参与休闲会对生活的其他领域（诸如工作、家庭和人际关系）产生积极影响，从而有益于健康和康乐。但是，有些类型的休闲也会对这些领域的质量产生负面影响。

一直以来都是西方研究人员在研究健康、康乐和休闲。现在世界其他地方的人们也开始寻找证据。跨文化分析开始强调休闲在不同文化背景下的不同意义及其对健康和康乐的影响。[4] 使用休闲（包括事业、退休和疾病导致的强迫休闲）的方式能对社会结构产生巨大影响，由此又会对个人、家庭、国家和国际共同体产生巨大影响。

游憩式休闲有助于增强个性发展和社会福利。

在生活所有的方面都要尊重个人的尊严自主和自决，尤其是使用休闲的方式，这是至关重要的。

人类和平不能仅限于开展对话和停止敌视，而要要求人们更好地理解各国民族的文化和他们遭逢的不利条件、抱持的希望和思想。它不仅要求缔结和平条约，也要求培育人类精神。休闲领域内的专业人员有很多机会可以为发展和稳定国际关系做贡献。

天下一家的概念就是尊重个体尊严和一切人的平等。如果不能让一切人有完全的人权，这个概念就没有任何意义。以领导休闲业的发展为职业的人必须围绕人权的原则来建构其理想、目标、政策和功能。[5]

休闲在个人层面的益处包括：快乐、幸福、满足感、休息、放松、自由自在、自尊和自我实现、解脱、宣泄、感怀往昔、自我反思、探究发现、求知、成长和发展、冷静沉思、心灵自觉、提升鉴赏水平、缓解压力、增强体质、社会融合、强化文化认同和文化自觉、愉悦心情，等等。

休闲在社会文化层面的益处包括：增进社区凝聚力、文化认同和文化自觉，提升家庭这一生活单元的生活品质、化解冲突，促进社区和公民参与、减少社会病态现象，以及推动民主、包容、社会正义、平等、公平和道德准则等一系列有助于社会和谐的社会文化价值观念的形成。此外，社区还会通过休闲的发展来提升其在社会意义和物质环境意义上的宜居度。

休闲在经济层面的益处通常会集中展现在财富的增值、劳动生产率的提高以及休闲产业领域就业的增加等方面。

休闲的环境价值在于其对生态环境的保持和保护。生态保护旨在形成一种人类与环境之间的平衡与和谐的关系状态，从而提高可持续发展的能力。[6]

（二）休闲在经济生活中的地位越来越重要

所有迹象表明，为休闲而进行的各类生产活动和服务活动正日益成为社会经济繁荣的重要因素。比方说，在很多大城市中，各类休闲活动的开展已经成为经济活动得以运行的基本条件。尽管从历史上看，城市的产生和发展主要依赖制造加工业的繁荣，可是如今的城市经济模式已经发生转变，越来越依赖休闲活动的兴旺发展了。不论是在制造行业还是在服务行业，都已经发生了相当程度的非中心化现象（decentralization）——几乎所有地方都能制造几乎所有的东西。随着城市工业基础的瓦解，城市经济的良性循环在很大程度上越来越依赖于各种休闲要求的实现。这种休闲服务的发展随处可见，表现在对城市滨水地区的商业性开发利用，以及对商场设施、民俗文化、旅游观光、体育竞技、娱乐设施、餐饮服务等方面更高的重视、更激烈的竞争，还有对历史名胜古迹的开发和利用。节日和各类庆典场合的商业倾销，各类非职业技能培训式的成人教育，以及高雅艺术的蓬勃发展，所有这一切无不反映出城市经济模式在向休闲化转变。

休闲活动在地区性的经济发展中也起着重要作用。至今，要想吸引有远见的企业家在某一地区投资建厂，光有发展完备的工业区和可观的市场收益已经远远不够了。对于许多企业来说，是否将企业向某一地区扩展或迁移，在很大程度上取决于企业所赖以兴盛的雇员群体是否满意那里的社区生活服务水平。这就是人们经常提到的"生活质量"（quality of life）问题。然而，如果你仔细研究一下标志生活质量的各项指标，你会发现大部分都是同休闲有关的（比如公园绿地、艺术场馆、体育设施、娱乐场所、社区宁静程度、自然环境状况等）。一个社区拥有并建设这些，对于它今后的经济繁荣起着关键性的作用。基于这些认识，很多社区都把它们的娱乐设施、公园绿地和休闲服务看作经济投资的一部分。[7]

休闲对经济日趋重要的影响源于 19 世纪商业化的加快，然而该行业真正发展成为具有重要影响的行业是其后的 150 年间。在 20 世纪，服务业，包括休闲业在内，已经取代了在经济中曾经起支配作用的制造业部门；并且，在 20 世纪最后 20 多年里，休闲业已经成为服务业中最重要的部门。休闲花掉了人们可自由支配收入中相当大比例的金钱，形形色色的休闲业也雇用了大量的劳动者，其中一些大公司专门生产休闲产品、提供专业服务。休闲如今已变成一笔大生意，无论地区经济或是国家经济都可能要依靠它的持续增长。而且，不同形式的休闲业，尤其是旅游业，将在发展地区经济中作为一种促进经济衰退地区再次复苏的方法而扮演重要角色。[8]

（在英国）如果说休闲支出占整个家庭支出中相对大的份额的话，那这些消费的总额将是一个非常巨大的数目。在 20 世纪末，消费者在各种不同形式的休闲活动中花费了将近 1130 亿英镑，其中有 360 亿英镑源自住所，770 亿英镑花在住所外，而且这两个部分的花费还在增长。当然，并非所有的支出都发生在英国本土，有些产品和服务是在海外购买并在当地消费的，比如到国外的度假开支。然而，也有许多种类的休闲产品和服务给英国带来了 125 亿英镑的收入。不管这个数据准不准确，花在休闲上的巨大数目是显而易见的。这显然也支持了许多行业的发展，这些行业的发展又提供了大量的劳动就业机会。[9]

旅游业的发展是全球化过程中的一部分，这个过程所涉及的市场、贸易、劳动关系、文化等都融入全球，因为联系它们的组织形式都有全球化的特征。相应地，民族国家的影响力下降，而跨国公司和国际组织力量和影响力却在不断增强。国际旅游业便是一个显著的例子，少数几个大公司控制着旅游市场的巨大份额，所拥有的酒店遍及全世界，并把航空公司和旅行社纳入他们的业务范围。而且，不论旅游者到世界上什么地方旅游，他们都可以住进同一风格的酒店、品尝同样的食物、享受同样的酒店服务。在世界上最主要的度假胜地和旅游城市，人们甚至可以发现相似的商店和其他休闲设施，例如麦当劳和必胜客等；加利福尼亚的迪士尼世界被复制到了美国的佛罗里达、法国的巴黎和日本的东京。

然而休闲业的全球化不仅仅只与旅游有关，它还涉及其他的休闲形式。比如，体育运动成为全球性的现象便是受到了世界传媒系统的影响，尤其是电视，使得商品、服务、个人以至企业资本能够便捷地传递到世界上的每个地方。[10]

作为促进地区经济再次发展的有效工具，休闲业对经济的这种巨大影响是最近才被发现的。……最早提出用旅游业来复兴城市经济的是 20 世纪 70 年代末期的北美，巴尔的摩（Baltimore）是经常被提及的城市。旅游业不仅被看作一个极具增长力和创造就业机会的产业，还能在改善环境方面发挥积极影响。旅游业能够帮助城市复兴：通过旅游业创造收入和工作岗位，随着旅游业的进一步发展，新的基础设施将创造更好的城市环境，这不仅能吸引更多的旅游者，改善了当地的设施和环境，也使当地居民受益，还把这一新形象展示给潜在的投资者。[11]

有关发展中国家休闲与经济发展的现有研究都将旅游业当作经济发展的一种来源看待，而在发达国家，重点是将旅游业、体育和艺术／文化当作城市复兴的工具。

大量国际旅游往来在发达国家之间发生，但是从发达国家到发展中国家旅游的游客比例日益增长。其实，旅游可为东道国提供出口收入，这一般被认为是对经济发展有利的。然而，研究却发现了这一现象的消极方面，例如：

（1）旅游业发展会创造大量无须技能、报酬低且通常季节性强的工作，但由于缺乏培训和经验，当地人无法获得技术要求和报酬都更高的工作。当然，与现存报酬更低的工作或者根本没有工作相比，无须技能、报酬低且通常季节性强的工作还是可以胜出，但当地经济发展的范围会非常有限；

（2）投资，以及与之相关的所有权、控制和利润，一般都属于非本地的——甚至是国外的——个人或企业，这也限制了地方经济发展的收益；

（3）将劳动力从传统职业吸引到旅游业，会损害现有农村和海洋经济的发展；

（4）管理机制的缺乏和／或腐败会非常严重地破坏环境。

当然，这些问题并非为旅游发展或发展中国家所特有。即便存在这些问题，旅游发展一般还是收益大于成本。[12]

（数据显示了英国休闲行业对英国经济的重要性）实际上以下两个原因说明休闲行业的重要性远远不止这些：

（1）在某些区域／地区，休闲行业是主要的雇主，例如，英国的德文郡和康沃尔郡，旅游业就是主要雇主。而该行业的健康发展显然对该区域／地区的经济产生非常重要的影响。

（2）休闲行业所带来的影响不但表现为其在 GDP 或就业中所占的比例，而且也表现为催生出一系列附带产品和服务的需求。例如，旅游业为本地农产品和本地区的制造业创造了重要的市场。空中旅行以及与休闲市场有关的所有交通运输都带动了燃料的大量消费。观赏性体育以及对体育活动的参与使足球衣、网球拍等相关产品的需求大量激增。

如果我们从总需求（AD）和总供给（AS）相互作用的角度来分析宏观经济的运行，显然，无论是直接分析还是间接分析，英国休闲行业的产出在 AS 中都占有巨大比例，而对于休闲产品的需求构成了 AD 的重要组成部分。因此，任何休闲产品需求的变化，都将对一国的就业水平和失业水平、通货膨胀率、经济增长率和国际收支平衡这四种宏观经济政策变量造成影响，并会直接影响休闲行业。以下两个案例或许能够帮助我们更好地理解这些影响因素。

案例 1

2001 年 9 月纽约世贸中心发生了恐怖袭击事件，其后果之一就是增加了消费者和潜在消费者空中旅行的风险。全球旅游业因此出现明显衰退。该事件的发生在微观上给航空业带来了严重影响，并在宏观上使许多国家的经济明显陷入通货紧缩的局面。由于 AD 的降低使旅游需求减少，因此经济学家预测未来将会出现失业率提高、通货膨胀率降低、经济增长减缓、出口减少的情况。

案例 2

2002 年夏天在曼彻斯特举行的英联邦运动会给宏观经济的各个方面带来了极大的好处。运动会的举行需要设施的投资，这直接增加了西北部地区乃至整个英国的供给潜力。这部分需求的增加使全国的产量和就业率的提高明显超过以往水平。[13]

（三）休闲对社区发展的积极影响

近来关于这个话题（指休闲对社区带来益处——编者注）的论著有两个相关的

观点。第一个观点认为"休闲"是"社区"集体生活的内在部分，"社区"是享受休闲、创造休闲的重要环境。这激起了休闲学者们对"休闲"和"社区"两者如何发生交叉的议题普遍产生兴趣。第二个观点更加具体：把休闲作为工具（如通过社区层面的政策干预），用以对付地方性的社会问题。这种方法在英国尤其明显，英国政府长期以来都赞同利用休闲（尤其是体育）来缓和居民区之间的社会问题。从小范围来看，澳大利亚、加拿大和美国也在执行相似的政策。有目的的休闲被认为是解决犯罪、反社会行为、逃避教育、工作等问题适用的策略。尤其是在年轻人中，这种方法有利于社区的发展。[14]

分析艺术、文化活动对社区的影响和体育极为相似。居茨科（Guetzkow）在2002 年题为《艺术如何影响社区》的论文中考察了探讨艺术作用的文献，指出这些文献中出现的多种概念、理论和方法论问题。他指出艺术是如何"被人们认为是解决一切问题的灵丹妙药"：人们宣称艺术能够在社区层面上给予居民区新的活力，促进经济繁荣，刺激社会资本的产生，实现重要社区目标。很多机制能产生这样的影响，如作为艺术家直接介入，观众参与，或者艺术家、艺术团体机构的参与。居茨科从麦卡锡（McCarthy）2002 年的论文中发现了三种广义的社区收益形式：经济形式、文化形式（如确立社区特色、身价，鼓励积极的社区准则，如多样性、宽容）以及社会形式（将人们聚在一起，邀请他们参与，使他们和组织联系起来，以增加社会资本）。居民区及青少年犯罪现象的减少也被视为艺术给社区带来的一项益处。[15]

三、休闲对不同群体的益处

（一）休闲提高家庭生活质量

对休闲和"完整家庭"经历所进行的实证研究为我们描绘了一幅混合性图像。我们可从中得出若干结论：

● 休闲是家庭生活中的要素，应该与获得报酬的工作及家务活动并列。它是一种具有自身特点和实质意义的、必不可少的经历范畴；

● 实证显示，休闲对家庭和睦、改善感情生活质量都有积极的作用；

● 家庭休闲并不自动地带来愉快。尽管人们常常把休闲和"享受""自由"联系在一起，家庭休闲既有其自身要求，又有一定的制约作用。不是每个成员都能平等地感受到家庭休闲的积极结果。[16]

一些研究集中关注休闲对父母和子女之间关系所起的作用，这些研究表明休闲是父母培养孩子们按照他们的价值观成长的一个主要领域。苏珊·肖（Susan Shaw）和道森（Dawson）曾用"目的性休闲"这个概念来阐释父母有意识（即有目的）地把休闲活动作为有利于发挥家庭功能的方式及实现他们追求的目标和带给孩子们良好效果的过程。他们认为，以这种方式进行的休闲反映了北美社会流行的为人父母、养育子女的思想观念。邓恩（Dunn）等人对父母观念和儿童课外活动之间关系的研究也得出了相似的发现：在父母看来，休闲活动有利于孩子在道德、个性和社交能力等方面的发展。

关于休闲对父母和孩子之间关系的影响的研究显示：

● 父母和子女之间的交流环境，许多是由休闲创造的。

● 很多父母利用休闲向孩子传递自己希望给他们灌输的价值观。他们的办法是引导孩子参与他们认为与这一目的相符合的活动。

● 对于非常住父母来说，休闲是促进和孩子交流特别重要的环境。

对女性休闲和家庭关系的研究表明：

● 家庭义务是许多女性休闲的最大制约。

● 强烈的"照料伦理"抑制女性，使她们不可能把自己的欲望置于家庭之上。

● 虽然重视家庭休闲，女性把个人休闲界定为拥有自己的时间。

对休闲和父亲养育子女的研究显示：

● 休闲是父亲和孩子互动的主要环境。其占据男性和孩子在一起的大部分时间，比占据母亲的时间多。

● 通过休闲，现今"参与式"父亲养育子女的观念强化了父亲和孩子们的联系。

● 父亲养育子女的义务制约了他们获得个人休闲。

与家庭休闲的某些其他方面相比，尽管没有那么多考察夫妻休闲的研究，但是数据已足以显示：

● 做父母的义务很大程度上制约了夫妻共享休闲的时间。

● 这些制约存在着重要的观念因素，反映了现今家长必须把孩子的需求放在首位的思想观念。

● 帮助孩子们得到"合适"的休闲机会，越来越成为家长义务中的一个重要组成部分。

关于异性伙伴对男女各方休闲的影响的研究表明：

● 女性在伙伴关系中获得个人休闲有着特殊的困难；尽管她们珍视休闲作为表达"自我"的机会，女性仍然难以表达对休闲的权利要求。

● 和女性相比，男性更有可能享受个人休闲，而且这种权利意识也更强烈。

家庭与休闲研究结论

前面所回顾的研究确认了休闲在家庭生活中的重要地位。休闲在父母和孩子的互动中尤其重要，同时对父母的夫妻关系也有重要作用。由于对家庭各个成员生活都有所帮助，能够维系家庭成员的关系，给予他们共同的经历，培养"全家"意识，因此人们给予积极的休闲经历很高的评价。

家庭环境下的休闲不是完全没有问题。家庭成员可能好不容易才获得充足的休闲时间，也可能无法培育维系家庭单元的关系。面对以孩子为中心的父母责任观念，父母们也许不会把自己的休闲需求放在首位，休闲也可能会成为性别不平等再生的领域。对休闲的制约和不满可能源于家庭生活潜在的紧张局面，并恶化这种局面。休闲非固定的结构和不稳定的特质给变通亲密关系的感情形势带来不利的环境。

休闲在家庭互动中的中心作用表明休闲对于家庭成员感情健康非常重要。因此，"投资"家庭休闲的政策也许效果卓越。但是，决策者难以用直接有利于休闲的方法介入家庭生活。虽然直接提供给孩子玩耍条件也许很重要，但家庭生活最可能受益于保持工作、生活平衡的有效措施以及支持福利的各种制度。这样，家庭便能充分利用休闲。[17]

（二）休闲对女性群体的益处

对健康的益处

参与休闲活动对身体的益处是显而易见的。积极活动身体的消遣有助于预防心血管病及其他多种疾病，如某些类型的癌症、呼吸系统与循环系统疾病等。体育活动有助于保持身体的强壮和敏捷，特别是能使老年妇女长期维持活动的能力，不至于依赖于别人。

对社会关系的益处

研究者一般是从婚姻与家庭的角度来讨论休闲对社会关系的益处。在休闲研究中较为一致的一项发现是，相对于不在一起从事休闲活动的夫妻，在一起从事这类活动的夫妻对自己婚姻的满意度较高。此外，较多独自进行个人的休闲活动跟对婚姻的满意程度呈负相关，这种负相关在女性身上尤为明显，因为跟男性相比，女性在更大程度上把休闲视作家庭成员间进行沟通、密切联系和培养感情的方式。但这里关键的因素可能是休闲中交往的质量而非休闲时间的数量。

有着亲密关系的两个人共同进行休闲活动有一定的益处，但这可能并不意味着理想的亲密关系应该是所有的休闲活动都由有关系的两人一起进行。比亚莱斯基、皮尔斯（Pearce）与艾略特（Elliot）所做的一项研究显示，同性恋的母亲非常珍惜家庭的休闲活动、二人在一起的时光及跟孩子在一起的时光。但这些研究者也认识到，女性在自己的休闲生活中也需要有一定的独立性，需要给自己留下一些时间。女性与男性所面对的挑战，都是如何在自己的生活与和亲密伙伴的关系之间，以及在交往性休闲与独立、自主的休闲之间找到一个理想的平衡，因为独立、自主的休闲也能带来一些益处。

对个人的益处

休闲对女性的身体与社会关系的益处是很重要的，但它对女性个人的益处更值得强调。在我们的社会中，做家务活的女性地位低，"粉领"职业的薪水也低，所以女性的工作（包括带酬与不带酬的工作）的价值是受到贬低的。在这样一个社会中，休闲能给女性提供一些她们在生活的其他方面无法得到的报偿。休闲活动能使女性感到有一种个人的认同感：一个女性可以作为篮球运动员、户外探险家、艺术家、棒球发烧友、烧菜能手、爵士乐喜好者而确立自己的形象，并从中获得自信与自尊。

休闲对个人有益处，这意味着个人能够成长，能够获得正面的发展，并对自己的生活做出有益的安排。可能相对说来人们在这个领域比在生活的其他领域更容易产生一些变化。尽管如本书第七章中将会讨论到的，女性在是否能拥有休闲上得面对各种限制，但从事一种新的休闲活动能给大多数女性以极大的满足与乐趣。而且更重要的是，这能使她们感觉到自己至少能控制自己生活的一个方面。通过自主与自决的休闲活动（不管是学冲浪，是操纵因特网，还是从其他的事务中腾出时间来读读小说），女性能从中获得一种独立、自主和赋权的感觉。

对社会的益处

休闲还有一种益处，可以视为既是个人性的也是社会性的，这就是休闲对于改变性别角色和改进女性在社会中的总体地位所能起的作用。对休闲的参与能从多个方面影响到社会构建性别角色的方式。首先，女性个人有时能通过休闲活动抗拒和挑战传统的性别角色。当一个女性开始从事一种"非传统的"活动（如打英式橄榄球或吹大号等），从而显示自己健壮、有力量、有独立性时，她的行动本身就是对传统关于女性气质看法的挑战，不管她是否有意识地要进行这样的挑战。例如，威尔灵对青春期后期自我认同性的研究就描述了女青年如何通过参加体育运动而对性别的成见进行抵抗。

女性个人对传统的性别成见进行挑战的第二种方式是给自己留下一些时间，以表明自己也有休闲的权利。例如，有年幼孩子的母亲可以寻求独立自主的休闲。如果她们能拥有一些个人的时间，这事实本身就是对传统的要母亲完全献身于家庭这种观念的一种挑战，虽说她们可能不会说自己是做了这样的挑战。

通过休闲实现社会变革的第三种方式是休闲导致女性个人的赋权，而这种赋权的感觉又影响到女性生活的其他方面。也就是说，女性在休闲中体会到的自决，会鼓励她们去挑战自己在工作或求学中受到的各种不公平待遇。

以上讨论说明：休闲能产生多方面的益处。一般说来，研究者主要是研究休闲对个人的益处与对家庭成员间交往的益处，以及休闲能以什么方式提高个人生活的质量。休闲对社区的益处也很重要，但容易被忽视。事实上，个人获得的益处能以各种方式扩展开来，成为对社会的益处；这又证明了女性主义的一个口号："个人层面的东西也是政治层面的东西。"[18]

（三）休闲对青少年的益处

玩耍与娱乐的重要性

大量关于儿童发展的社会科学研究证明了玩耍和娱乐对所有青少年的益处，以及对其发展的重要性。这些益处对于艰难环境中的儿童和青少年特别有用，对其他年轻人也一样。事实上，玩耍和娱乐的重要性远远不止这些。

如前所述，参与玩耍和娱乐活动可能有助于乱世中的儿童和青少年重获常态的感觉。参与活动或许会带来安全感，可以帮助儿童和青少年克服他们遇到的困难。因此，参加游戏可能还有治疗功效。尼伯斯（Niepoth）、埃尔南德斯（Hernandez）、莱斯伯格（Rysberg）评述了有关玩耍对处于各种困境中孩子的治疗作用的研究，这些孩子中有无家可归的、遭到暴力侵害的、受虐待的、受性骚扰的，或者家长是瘾君子的。总的来说，这项研究指出了玩耍的益处。[19]

考察促进儿童学习的因素实际上就是寻找游戏最主要的特征。游戏对于儿童成长和发展都必不可少，因为玩游戏不仅能帮助孩子提高技能，也能使他们变得更机警，动作激烈的游戏能锻炼他们的机敏性。

要有所发现，人们必须寻找、搜索和探索。在游戏的世界中，人们经验的范围大为扩展。探索是孩童体验新鲜经历的方式，因为在无所顾忌的游戏中，孩子们可以尽情探索，游戏能发展儿童基本的认知能力，让他们释放身体的紧张，并培养他们进行体验的习惯。好奇心是一切学习的动力。

除非有什么心理障碍或残疾，所有的孩子都想要长大，这种渴望激励孩子们在游戏中效仿成人做事。学习做事是孩子们通过游戏实现其权力意志之一例。另一个例子是幻想和梦想。游戏可以将人生与梦想融合在一起。同样重要的是孩子们在游戏中装作能面对一切凶险并战胜它们，同时却保持自己的安全状态。有梦想也很重要，这不仅对孩童如此，对成人也一样。我们无须在希望和现实中二择一，二者都是我们需要的。随着一个人的成熟，建设性的指导可将他的梦想引向现实。如果要让梦想发挥最佳的作用，也必须将它引向现实。当然，如果梦想被现实彻底取代或是希望之门被完全关闭，就出问题了。游戏不仅能为学习所必需的想象力留下充足的空间，而且当一个孩子通过游戏学习和成长时，他的推理能力同时也在增长。推理能力会对想象力加以束缚——有时束缚得太多了！

游戏还有能增强我们的理解力，给予指导以及帮助我们学习的特点。这些特点包括竞技能让我们学会的东西，通过游戏的方式获得补偿的机会，游戏者在特定的游戏中需要学会的特定的角色，通过大块肌肉的运动获得身体的发育和协调性，以及玩好游戏所需的注意力集中。注意力集中需要人们学会一些技巧，努力记忆，并使用自己的判断。许多游戏还需要游戏者有灵活性和主动精神。在游戏中我们可以发现并培养具有久远的教育意义的兴趣，这些兴趣将在我们日后的工作生活和社会服务中得到延续，往往会持续终生。在集体游戏中，人们将发现合作的机会，而且集体利益会超越个人的强烈冲动。如果这种心态、理解力、兴趣和技能可以扩展到生活的其他方面，那么游戏和游憩在某种程度上就为培养社会性的学习和控制提供了空间。在游戏中习得的行为举止越多，就越能理解在人生早期就被定型的性格是由游戏塑造的道理。游戏越来越多地被作为诊断神智失常者，尤其是年轻的神智失常者的工具。

孩子的游戏似乎对其早期的自我概念有巨大的影响。孩子发现自己可以跑动跳跃、爬树或是哼歌。"我能做"成为他向自我实现和自尊迈出的一大步。有观点认为，孩子在游戏中通过感官表现来体验跑动、声音、视觉等的时候，他们的大脑里就建立起了抽象思维能力，由此构成了对知识的印象。孩子们一直通过这种方式获取知识。除了这些事实之外，儿童在游戏中还用身体语言来表现自己大脑中的想法，用自己的沟通能力来分享各自的游戏体验。将游戏与学习过程联系起来是很容易的。

如前所述已经有许多学者尝试解释游戏为何是必要的。保罗·豪恩博士（Paul Haun）在这方面提出了一些解释。他认为人的中枢神经系统极大地依赖于感官输入（通过我们的感官系统获得的信息），这种依赖与年龄无关。在豪恩看来心理紧张不仅跟内心有关，也跟环境有关。心理病学将感官输入分为与自我协调（ego-syntonic）（自我认为可以接受的）和与自我不协调（ego-dystonic）（自我感到厌恶的）。豪恩将生活活动分为三类：后勤（睡眠、衣着、饮食、梳妆打扮等）、工作和游憩。他认为，虽说也有例外，但对很多人来说工作是与自我不协调的。如果没有别的原因，个人习惯、自豪感和其他诸多压力也容易造成这种不协调。而游戏和游憩是与自我协调的，因为它们不是被强迫的，也不是义务，而是自愿和令人愉快的。他认为我们各方面机能的正常运行涉及在与自我协调和与自我不协调的感官输入之间的平衡。人类的平衡、学习，当然还有动机这三者之间的联系是显而易见的。

游戏和休闲还没有被确定为一种适应机制，但许多教育与行为模式的研究都指出其重要地位，他们在促成我们的幸福生活中扮演着重要的角色，有着积极的影响。[20]

（四）休闲对老年人的益处

虽然有关休闲及其对晚年生活作用的研究刚开始不久，但是理论和实证上都有证据表明休闲对抵抗晚年生活陈旧形象的潜在作用，尤其是能抵制老龄化消极形象主题。迄今为止大多数实证研究都集中于体育锻炼、运动、参与社区的活动和产出性活动上（比如志愿活动）。一些初步证据显示老年人利用休闲来使自己远离和挑战老年期生活消极主题。休闲为老龄化提供新的含义，并成为构建老龄化新主题的途径。……威尔灵认为，休闲作为一种抵制老龄化的策略非常重要，因为休闲强调老年人能力的继续，而不是强调他们再不能做什么，因而证明了每一老年人都具有的潜力。休闲可以给身体、精神和社会活动的继续参与提供平台，因而能赋予老年人力量。或者休闲可能单单提供一个空间，让老年人"成为"他们自己。[21]

来自世界各国不断增加的证据充分显示：在人的整个生命周期，直至进入老年都保持参与式生活方式与晚年的认知康乐有密切联系。研究特别强调身体、认知和社会活动方面的参与对认知健康和功能的影响。在无痴呆的老人的抽样中，更频繁参加激发性活动者能提高认知功能、减缓认知能力衰退、降低老人老年痴呆发病率。[22]

一些发达国家的研究表明，休闲活动模式和一些心理康乐的测量之间存在关联。参加休闲活动的老年人感到更幸福和更满足，自我报告中有更积极的情感和心理状态，对他们的生活也会更加满意；同时悲痛、焦虑、沮丧、消极情感在降低。和参与活动时间的长短相比，休闲参与的频率或休闲活动的参与范围（休闲项目和休闲多样性）跟心理康乐测量指标的关系显得更加密切。由于参与的动机不同、活动的满意度不同和活动所带给他们的意义具有差异，不同的活动可能会使老年人产生不同的收益。[23]

参加休闲活动可以带来从照料义务中解脱的机会，帮助照料伙伴恢复精力，使他们感觉更能控制局势，维持一种超越照料角色的身份，以及加强社会支持网络。同样，西尔弗斯坦（Silverstein）和帕克 2002 年在一项对瑞典老年人长达 10 年的纵向调查中，发现休闲活动参与的变化对老年人生活质量的回顾性评估影响明显。参与活动种类较多的老年人与那些参与活动类别较少的老年人相比更可能自述他们的生活质量提高了。在那些历经重大生活事件，如丧偶、身体机能衰退或与家人联络较少的老年人身上，这一结果尤其突显。作者们的结论是："保持心态平衡或扩大个人活动范围有着重要的作用，能延缓由身体机能衰减、丧偶、家庭关系疏远造成的负面心理效果。"总体来看，这些调查显示，即使面对晚年的挑战和失落，能够维持有意义的活动或参与其他令人满意的替代活动的老年人要比那些不得不放弃活动又没能找到满意的、有价值的替代活动的老年人更能良好地应付生活中的变化。今后的研究应该考查老年人如何适应晚年面对的各种变化，以及各种休闲活动在帮助他们适应的过程中所能发挥的作用。[24]

四、休闲与个体自身的发展

（一）休闲使人可以更多地了解自己

在人类休闲的演变中，我们看到了人类最高层次的需求，理解了什么是衡量人类进步的标准，休闲的重要意义最终才得到彰显。休闲是一种自我超越的状态，因为，正是在休闲中，人性在潜在的转变中体现出了对人的自我完善的引导作用（不论人们是多么缺乏自我意识）[25]。

也许一个成年人最明显的标志之一，是能够像孩子一样地生活和玩耍，当然，这一结论将使许多成年人感到惊讶。其实，这种观点并不是新的发现，而只不过是一项重新发现。一个世纪以来的观察和思索为我们提供的无数事实表明，人需要游戏，这是千真万确的真理。[26]

休闲之所以与其他活动不同，是因为它可以使我们更多地了解自己，可以孕育仁善、欢乐与安宁。[27]

休闲是展示人自己价值的重要舞台，因为，在休闲时一个人是在一个几乎无限的序列中做出选择的。我们或是通过自己的想象力进行创造，或是把他人的行为作为自己的参考标准而加以模仿。

卡普兰在 1960 年发表的《美国休闲：一个社会调查》（*Leisure in America :A Social Inquiry*）中指出，如果一个"好的生活"概念尚未形成，那么，我们将不可能理智地决定什么是好的休闲。他还进一步告诫我们说，自由选择涉及价值标准的问题，于是，可能遇到这样的风险，即我们可能会将一个外在价值观强加给别人，而不是允许他们积极地去发展自己的价值体系。也许我们可以认为，这种强加的外在价值标准将限制人们的休闲潜力。从个人的角度来看，在休闲中发现有价值的东西其实也就是发现自己所认为的重要的东西。如果情况的确如此，那么我们就可以回答在前面所提出的问题：比起某些休闲活动，有另外一些休闲活动要更好一些。但是，究竟哪一些休闲更好，每个人将做出自己的判断和选择。[28]

真正的休闲超越了功能的范围，超越了能被客观性标准所判断的领域。无论如何，外因和内心并非总是相符合的。一个人作为参加者（而不是观察者），必须是自己所做活动的价值和结果的决定者。例如，一个人可能看上去好像是在跑步，但实际上，他正在做礼拜。因此，只有在个人的层次上，才能回答某些休闲活动可能比另外一些休闲活动更好的问题。只有当一个人在爱的驱使下行动的时候，才能对活动做出判断。一种休闲活动之所以要比另一种休闲活动更好，是因为这种活动达到了让一个人热爱它的程度。[29]

休闲不仅仅是自由时间，尽管它是一种有用的资源。重要的是我们的选择，而它不仅仅是逃离。失去目标的自由会具有毁灭性的力量；如果它真的可以带来什么的话，那么，这也完全是偶然的，因为它并不体现出任何积极的人的目的。休闲如果真要成其为休闲的话，它就要将人的目的体现于其中。所以，我们应该相信休闲，因为唯有在休闲中，人类的目的方能得以实现。[30]

在闲暇之中——唯有在闲暇之中，不是在别处——人性才得以拯救并加以保存，除此之外，我们看到"纯粹的人性"一再被忽略和置之不顾。要达到闲暇的境界并非依赖极端的努力，而是某种"引开"（entruckung）的行为（但是这种"引开"的行为却要比极端的积极努力还困难。这主要是因为它不容易主宰，全然的努力状况比放松和超然的状况更容易企及，即使放松和超然不必付出什么努力。这听起来似乎有些矛盾，但事实却是如此，闲暇是一种人性的状况，同时也是超人的状况）。

闲暇的能力和沉浸在存有之中默想的天赋以及在庆典中提升自己的精神能力一样，能够超越工作世界的束缚，进而触及超人的、赋予生命的力量，让我们能够以重生的崭新姿态再次投入忙碌的工作世界。[31]

（二）休闲使人产生行动的内在动力

休闲作为成长的重要环境的一个缘由是休闲提供最大的机会，使人们对自己的行动有内在的兴趣和动力。在闲暇时，青少年可能会选择个人爱好和自己喜欢的伙伴（如同龄人、家人、重要的大人）一起从事喜爱的活动，从而给自己的生活带来意义和满足；也就是说，休闲与自主和个人爱好有关。自主的感觉，伴随休闲中的其他常有的感觉，如能干、技能发展和与他人社交为内在动机提供了基础。这一点很重要，因为内在动机是与个人健康发展、发挥最佳人力功能相连的。与这一理念相关的一大理论视角是自我决定理论，后者一直以来是关于青少年成长和青少年与休闲的实证研究的基础。

认识自主对于青年和休闲的重要性还有另外一个原因。相当数量的研究显示，从跨文化角度看，如果青少年参与活动是因为他们感觉"受控制"或者"做事出于服从"，那么结果会是负面的。比如，在俄罗斯、中国和美国的抽样调查中，在青年由于外来因素推动而参与活动时，他们的良好感觉会是低水平的。此外，在受控制的环境下，青年可能经历厌倦或焦虑，会参与危险行为，如滥用毒品，以及／或者经历不适应和中途辍学。这项研究对于青少年休闲服务的供应商和父母亲都有意义。

有组织（精心安排）的活动（有时被称为高产出活动）能带来促进成长的好处。其中一部分原因在于它们一般都：

- 有目标和／或有创造性，适合表现；
- 需要纪律和专注；
- 提供挑战，需要面对；

- 涉及同他人的合作和互动；
- 培养技能，增强能力；
- 需要恒心、专注和连续性长期参与。

另一方面，没有组织、非正规和被动的活动常常要么"没有结果"（就是说，不能促进成长），要么和危险行为挂钩。没有组织的活动一般不能给青年带来那种有组织活动固有的机会。……

但是，还存在另外一种看法。有些人主张，没有组织的时间对于健康成长和自我表现非常重要。美国心理学家埃尔金斯（Elkins）长期关心所谓的孩子"负担太重"。他引用埃伦萨夫特（Ehrensaft）的话说"美国中产阶级的儿童时间安排太紧，他们几乎没有'没事'的时间。他们没有时间利用自己的资源和创造性。创造性是凭想象做出东西来，需要时间才能实现"。埃尔金斯的结论是时间安排太紧的儿童更有可能心理压力沉重，不大可能参与诸如自然的、富有创造性的玩耍等重要的童年活动。[32]

（三）休闲有利于解除孤独感

现代人似乎被焦虑笼罩。这里面的原因有多种。核战争的威胁、大众传媒对疾病与事故报道所构成的狂轰滥炸、地位意识强烈的社会对个人形象的强调、将来会拥有自己所不想要（或要了自己会有罪感）的时间，这些可能都是造成现代人的挫折感与焦虑感的原因。再加上孤独感与无聊感，我们就很容易理解个人问题与休闲之间的关系了。这颇具讽刺性，因为休闲应该是自我修身养性最好的机会。[33]

五、休闲具有创造功能

（一）休闲成为推动和实现转变的中介

生命过程本身就是一个不断转变的历程。在日常的工作、娱乐乃至于居家生活之中，我们每天都会迎来经受转变的机缘。甚至可以这样说，人只要活着，他就要不断地去历经各种各样的转变。据此，我们可以直白而明确地做出断言：每个人都要走过由生而死的生命历程。此间，其所要经历的，不单单是"身体之变"（transformed physically），而且还包括"精神之变"（transformed spiritually）。

我们可以将"转变"看成是一个变化的过程。个人要变化、社区以及国家（社会）要变化，整个世界也要变化。可以说，变化是恒常的和无时不在的，而且也是要持续进行下去的。人在变化之中，可能会成为牺牲品，也可能会成为变化过程的主宰。

……

无论是转变（transformation）还是改变（change），都意味着要担当起自己的职责，要以某种方式来影响转变的过程。从某种意义上讲，转变过程可能会是一个自然发生的过程，也可能会是一个被人为引导的过程。

人们都可以"重塑"（re-make）自己，可以改变自己的思考方式和行为方式。社区的自我转变表现在它们可以为居民创造和提供各种休闲条件和其他生活设施，使人们所处的生活环境之品质得到提升，从而能够让社区居民的生活质量不断得以丰富和提高，更好地持续下去。同样，对于国家来讲，它们也可以在时间和空间两个维度上不断拓展人的生存空间，从而改善和优化人的生存环境和条件，由此来实现国家层面的"自我更新"（re-invent）。[34]

休闲本身蕴含着无穷无尽的变化之可能。休闲，是个人兴趣爱好的一种展现，常常可以反映出更为深层的社会文化价值观念。无论是对个人、社区还是对国家而言，休闲都为其追求美好的生活拓展出了广阔的可能性空间。在人们的生活中，休闲就如同一眼汩汩流淌的清泉，不断地给人们带来富于创意的生活视点。休闲，也因此而成为推动和实现转变的一种绝佳的中介要素。正是在休闲之中，人们赢得了各种各样的机会，去发现，去探索，去提出各种新的思想和观点，从而使自己能够更好地应对转变之需要。[35]

休闲能够推动和帮助人们体验和追求生活中的各种变化。所谓"被改变"（to be transformed）意味着一个人行将变化、改变甚至转向一种特定的"外显形态"，由此，个人、社区乃至社会整体也改变其性质、功能、基本架构、外显形态及相关条件。……就其实质性的意义而言，进入转变的过程之中，也就意味着个人、社区和整个社会都已经在经历某种变化、改变和转向了。[36]

休闲所蕴含的那些特性与品质成为一种强有力的促成转变的要素。……在体验休闲所需具备的前提或条件当中包含着一种可明确意识到的自由自在之感，即一个人能够自由自主地去探知、去尝试或是去"重塑自己"（remake one's self）。这一过程本身也就和转变的过程贯通了起来。如果人们没有机会去追求那些个人感兴趣的活动和体验，他们就不可能去进行自我探究，也就没机会去获取新的知识、技能以及新的态度和看法，转变也就无从实现。人们置身于一个越来越需要面对各种变化的世界当中，其在生活中，就必须要有时间并且有条件来进行自我反思、自我更新和自我发现。

……

就休闲来说，它既是转变的机制，同时也是转变的过程。休闲作为一种转变的过程，意味着休闲是一种可以给人们的生活营造出变化条件的机制。毕竟，在人们为了提升自己的生活品质或改善自己的生活状况而去推动自己的生活发生转变之时，其所带来的结果则是，人们由此便具备了一定的可能条件，可以形成一种富有品质和内涵的休闲生活方式了。[37]

（二）休闲的创造价值

人们有两种基本的需要——一种与生存相关，另一种与个性相关。游憩主要是与人的个性或者发展需要相关，尽管它也与我们的生存需要有一定的联系。游憩不能被作为一个替代品。只有当基本的生存需要被满足以后，游憩才真正变得有意义。

游憩的基本的目的是保持或者使成年人重获生活的童趣。它帮助成年人保持孩童般不竭的好奇心，保持对生活的热情，保持对新的探险的乐趣，保持创造事物的骄傲，保持协作的乐趣，保持他的想象力以及学习的欲望。

游憩是与工作相伴的、作为我们生活中的若干基本活动中的一种。伴随着工作的特征的改变，游憩的意义也在变化。发明、科学和技术以及它们对亿万人的工作性质的改变，对于闲暇和游憩在给人们提供实现其创造性和获得满足的机会以及渠道方面，都已经产生了巨大的影响。

因此，为了理解游憩的意义和它的潜力，我们必须首先理解我们所生活于其中的社会，因为，游憩若不是我们的社会以及经济文化的产物的话，它将什么也不是。

对于不同的人，游憩具有不同的意义，对同一个人在不同的时间它也是不一样的。但是，不管人们对于游憩的选择是怎样的，对于个体来说，它都是在满足人们的某种内在需求。而游憩的活动仅仅是一种途径或渠道，人们借之以到达自己的目的地，即一种满足感和成就感。将人们的闲暇中的一部分用来为其他人做一些事情，这其实是游憩的最高形式之一。

尽管游憩主要是一种休闲活动，仍然有一些幸运儿，他们的谋生方式在一定程度上就是他们的游憩。……但是，工作与游憩的一个基本的区分是，工作是必需的而游憩是自愿的。那些伴有社会服务意识的职业最有可能具有某些游憩的价值。因此很多游憩的领导者从他们的工作中找到了很多游憩的乐趣。[38]

我们应当把休闲与创造力结合起来看。休闲是谋求和创造"尚未"（not yet）（包括对自我的发展）开放的空间。创造活动的目的既在于创造的对象，也在于创造者本身潜力的实现。

从审美的角度来看，"游戏"可能是创造性的、辩证的活动。游戏可以创造新事物，同时仍存在于物质世界之内；游戏具备自身意义，而这种意义在某种程度上又是根本的。而且，这种游戏之所以成为自我创造的舞台，正是因为它完全与其过程和物质媒介融为一体。

休闲也是社会中的一种庆典场所，这些庆典是社会凝聚的仪式。但这种游戏性的再创造同时也反映了现有社会秩序的薄弱，并提供了对它进行批判的可能。

为了"成为人"，我们既需要自由，也需要社会。"成为"既有存在主义的层面，也有社会的因素。人本主义理论的主题是：我们在创造性和解放性的活动中成为人。这种活动是"超静止"（ex-static）的，它将"尚未"发展为"存在"。

自古希腊起，休闲的作用就得到了认可，它是探索真理必不可少的条件。休闲为探索和发展提供了空间，为"成为人"以及为他人创造"成为人"的机会提供了空间。

寻求本身就意味着现在的"存在"是不完善的。人性不是给定的，而是一个目标；它也不是终结的，而是一个过程。存在的本质在于存在就是成为。

......

从个人层面讲，休闲就是"成为的自由"。休闲包括对自我的创造，也包括其他关系或物质方面的创造。休闲离不开艺术，离不开创造新的声音、形状或交流方式。休闲也曾被定义为一种进行冥想的可能性、一种思想创造和意识状态。在这个意义上，休闲是创造的环境，是面向未来的可能性。[39]

生活以及休闲的目的不仅是自我表达，也是自我创造，生活本身就是创造活动。审美原则可能会帮助人们引导存在主义达到"成为"，同时，社会制度的结构将被重建并为这种实现人性的活动提供环境。这种环境之一就是休闲，即个人和公众活动的开放空间，这种空间之所以重要，恰恰是因为它超越了必需。

"成为人"意味着：

● 摆脱必需后的自由；

● 超越意识，获得人性的本真；

● 采取决定性的、有方向的行动以实现人性；

● 探索和谐与美的原则，引导行动的能量；

● 承认生活理性、感性、物质与精神层面的统一；

● 与他人一起行动，使生活内容充满朝气并促进自由与自我创造；

● 谋求"成为人"，不是按什么精确的样板，而是在行动中发展共同体，树立完整自我，培养美和爱的能力。

那么，从人本主义的角度看，休闲就不仅仅是一种个人意识状态或社会条件，它是一个可能进行创造的整体环境。它摆脱了必然性，却并不与有助于实现人类生存的生产分离；它是美学，但不仅限于狭义的艺术；它是自由，但并不远离他人，而是益于他人；它是改造世界的开放空间，却不诉诸破坏的手段，休闲也是这种环境中的创造活动；它既有"成为"过程中的风险，又有助于至少部分地实现行为者的人性。[40]

休闲是一种社会文化的创造和再创造。在文化环境中，休闲是相对开放的。它是情境自由和社会空间。并非所有的休闲都是存在主义式的创造，但总有那种为了创造"尚未"的自由，如果不能完全实现，至少也具有完成的可能性。

休闲是辩证的，因为自由，所以必要；因为直接，所以能创造价值；因为独立自主，所以富于创造性。在创造的辩证中，休闲是超越环境的行动，是允许行动的环境。它是"做"与"成为"。这种行动-结构辩证的社会存在主义是一个将休闲及生活所有领域中的存在与成为统一起来的隐喻。[41]

休闲的相对开放性及其后果的非严肃性为超越那些既定的行为方式与意义提供了场所。这种方式的行为可能促成艺术中的创造、运动中的高超技能以及交谈中的幽默。正是形式与结果的开放性在行动过程中对行为本身进行了创造和再创造。在休闲的游戏中我们可能尝试新奇与偶然，可能进行创造，实现"未然"。[42]

无论作为环境还是可能性，休闲都是存在的自由。休闲是自决行为的环境，是情境自由的可能性。这个环境本身并不是休闲的实现，也不仅仅是一种社会或政治的安排。相反，它是可能进行决定性行动的社会文化环境，是以自身为目的，进行创造、发展和"调整认同"以及探索与建立共同体的机会。[43]

（从存在主义层面看）休闲就是行动，它不仅是感觉，而且是决定和行动。休闲不仅反映某些符号和场景的文化意义，而且每当做出真实决定、进行实际行动的时候，意义就会被创造出来。在"扮演"的过程中，至少会有一点点新奇的种子。行动的显性后果可能只限于活动内部，但隐性的后果却可能打破界限，对活动以外的领域发生作用。[44]

（三）休闲通过诱导实现共同创造

诱导是生成的推论：新知识的建构。但是，它涉及假设、临时的知识。这意味着在日常推理的层面上，采取最明确的形式。这个过程是这样的：从对观察到的少量现象的有限的知识开始，通过看似连贯但可能不完全证实的假设（基于之前的诱导推论），我们得到了一个应该始终保持开放，以进行修订的临时的解释／预测。

这正是基于休闲的规划以实现预期未来的开放。构成休闲体验核心的共同创造过程增加了这种不稳定，因为这是一个旨在产生积极的体验的不断反复和交流的过程。基于休闲过程的共同创建的结果，比如，在一个"有问题"的社区里，在一个年长者和新居民见面并庆祝他们社区的节日之后，社区的气氛得到改善，并实现了更好的社会控制。这是出现在不确定的开端的新事物，而且这个结果也经常被修改：这个社区的"故事线"是开放式的。因此，休闲政策制定者或活动组织者的预测和设计过程的逻辑形式是诱导性的。

由此产生的认识论结构是社会建构主义的产物。在认识论中，社会建构主义是一种以对科学的（实证主义）观点固有的客观性为重点的观点（这是基于一种理想化的自然科学）。理想的情况是，科学家作为一个独立的观察者来运作，他登记和分析对象和过程，并生成有关世界的事实的陈述。从某种程度上说，对于像物理这样的精确科学来说，这是一个站得住脚的位置。然而，社会建构主义者认为，与人打交道，包括他们的情感和选择，通常是一种主观性和主体间性的实践。在大多数正常的社会环境中，人们在互动、讨论和谈判时，共同创造想法和决定，从而在面对实际问题时寻求妥协。

麦克纳米（McNamee）指出，在社会背景下，人们的共同创造能力也延伸到了科学领域。她支持一项涉及一个共同创造的转变过程的研究方法：研究者和被采访者依赖于他们各自的社会文化背景和行为环境而生活在一起。他们共同回答了一个特别的问题。

同样，我们也希望提出，来自休闲活动的任何新的状态（如提高幸福感）、情况（如新的友谊和合作形式）或洞见（如关于自己的认同、喜好和愿望），都可以是社会建构。当然，休闲常常是一种社会的、基本的共同创造的过程。然而，这并不意味着一切都是主观的，没有什么是真实的或固定的，一切都有待于协商（这将是后现代相对主义的一种极端形式）。一个极端的社会建构主义者声称，没有任何解释、判断或理论是固定的，一切都易受人为因素的影响，这是不正确的。事实上，社会建构现实的重要方面可能是本体论上的，但它们都是认识论的目标。

瑟尔（Searle）提供了一个例子——金钱。钱在本体论上是主观的（"我们"创造了这些金属和纸张的属性和相关的规则），但在认识论上是客观的（一旦它在那里，我们希望使用它，我们没有下意识地决定这么做，而进入了一种社会契约，但没有人特别地提出，我们是受到约束的：我们必须遵守规则，在这个问题上没有多少选择）。

作为一个物种或文化/语言群体，我们共同创造了特殊的类别、概念和实践，在这种意义上，这些范畴、概念和过程并不是决定性的和不可避免的真理。然而，这些共同创造过程往往不容易在个人层面上重新谈判。这意味着"现实"社会建设的回旋余地是有限的。这对我们的分析是有帮助的，因为这为主观或准客观的伦理规范在休闲情境中的应用创造了形而上的空间；前面我们讨论过休闲的一种特殊（也就是基于幸福和生活艺术）的道德品质。我们希望我们的建议是比纯主观的、仅仅适用于当地的观点强一些。因此，休闲政策的制定者或活动组织者的预测和设计过程的认识论特征是一种适度的社会建构主义。

在可以转向这个过程的（未加工的）模型之前，我们必须做出一些关于休闲的理想主义应用的具有社会建构主义特征的额外的评论。一个重要的方面是，到目前为止所讨论的休闲参与是群体动力学的一个过程：共同创造意义的社会建构主义过程涉及许多谈判和道德价值同步的实例。这也暗示了一定程度的道德相对主义：在一个共同创造（考虑到休闲环境，在团队中共同创建）的价值体系中实现期望结果的诱导过程，限制了社会系统的发展。这就产生了一种道义上的动态（它必须如此，因为这符合我们最深的价值观，或因为它是最有趣，或提供了最有意义的经验），但这一动态取决于语境、群体构成，以及休闲活动的组织方式所提供的经验和叙事框架。

此外，利用休闲来尝试解决实际的社会问题，是将软决定因素引入到实际系统中，例如专注于嬉闹、意义、愉快的经历、社交互动等。社会、共同创造的维度尤其意味着在这些休闲的使用中，实际问题被重新界定为道德问题，因为共同创造是一个价值驱动的谈判过程。正如巴特（Bate）和罗伯特（Robert）在为健康环境而共同创造经验设计理念的案例一样，理性是与（具体的）道德直觉相辅相成的。这是一个共同创造过程的结果，休闲实践中的一种特殊的交流方式，之所以选择休闲是因为它"感觉很好"，是因为它能带来愉悦的团体氛围或社会奖励。对大多数参与者来说，参与这些休闲活动的主要原因是它们拥有这些积极的感觉和具有相关的有意义的经历的潜力。[45]

（四）休闲的创造意义能提高生活质量

因为"寻找意义是生活的基本动力"，而找到生活的意义又是幸福和积极康乐必不可缺的，所以了解人们如何通过休闲获得意义是休闲研究的一个重要部分。人们也认识到，这种了解对休闲在提高个人和社区的生活质量上有着重要意义。

从休闲中体验到的积极情绪和康乐

休闲创造的意义似乎主要来源于追求休闲所获得的积极情绪和康乐。福尔克曼（Folkman）、莫斯科维茨（Moskowitz）和哈奇森（Hutchinson）也强调，人们能够在日常事务和活动（如社会休闲、精神休闲）中发现积极价值，拥有积极体验，找到积极意义。例如，如前所述，福尔克曼、莫斯科维茨和哈奇森、姚（Yau）和帕克对中国香港的老年人的研究强调了太极拳的"沉思效果"，及其对增进感情和心理康乐的作用（如认知功能、对生活的控制）。此外，龚（Gong）和杨（Yang）提出，对许多中国人而言，促进心神安宁是休闲的关键部分（如山野远足、拜谒寺庙、喝茶和饮酒），并与对生活意义的理解息息相关。里斯纳（Ritsner）等人对患有精神分裂和心情紊乱的犹太裔和阿拉伯裔以色列人的研究显示，休闲是促进质量的主要因素之一，休闲时间参加的活动与忧郁和精神压抑存在显著负相关。就积极情绪而言，弗雷德里克森（Frederickson）提出，"积极情绪来源于找到积极意义"。图加德（Tugade）和弗里德里克森的研究支持这一观点，并提供证据说明通过在消极压抑的环境里找到积极意义，积极的情绪体验在某种程度上可以帮助人们控制情绪。这在使人们找到积极意义的同时也具有治疗功能，例如从忧郁心情和压抑中恢复、增进健康和康乐。事实上，弗里德里克森的"扩大和构建"积极情绪理论就是建筑在

"积极情绪是最佳康乐的标志"这一观点上 。曼内尔在《休闲的社会影响——健康、康乐与休闲》一文中提出休闲在促进快乐、积极情绪和康乐的方面的作用，而威廉姆斯（Williams）的文章则证明接触大自然有助于康乐。

通过找到生活中的积极意义，人们似乎能够保持积极认同和自尊。大量例子表明，休闲能帮助不同文化背景中的人们加强自我与社会认同，而自我与社会认同又与促进自尊密切相关。例如，谈到夏威夷、阿拉斯加和澳大利亚的原住民时，萨尔兹曼（Salzman）和哈洛伦（Halloran）描述了参与音乐、艺术、工艺、文学和传统典礼和节庆等活动如何能够加强他们的认同、激起自豪感和自尊心，并获得文化复苏和意义。穆尔（Moore）和科斯科（Cosco）在阿根廷的研究证明，小家庭、大家庭以及社区组织机构在为来自低收入家庭的儿童提供玩耍和文化活动的空间、丰富他们的文化认同和克服边缘化的生活条件（即贫困）中发挥着关键作用。帕特森（Patterson）也指出严肃休闲（诸如业余爱好、嗜好和志愿行为）能促进世界各地残疾人自敬和自尊，促进其在社区内更大地被接受和融入社会，从而改善他们的生活质量。一般而言，自尊是与个人如何自我评价相关的一种意识。根据休伊特（Hewitt）的观点，自尊是文化的一部分，"自尊的语言将根深蒂固的文化议题变成个人术语"。事实上，休闲对个人和群体认同的贡献是本次休闲共识研讨会的共同主题。

社会、文化联系与和谐

通过休闲创造意义的另外一个重要机制似乎与人际和社区环境下社会、文化联系与环境和谐有关。一系列与文化有关的例子显示，通过休闲建立的社会和环境关系有助于创造生活意义，提高生活质量。例如，不同文化背景中除了家庭纽带起中心作用外，王（Wang）和斯特林格（Stringer）描述道教对许多中国人的生活（包括休闲）有深刻的影响。人们推崇亲近大自然、整体康乐、艺术、文学、文化节庆和精神信仰旅游（即拜谒道观）。此外，夏尔马（Sharma）指出在瑜伽中维持身体、心灵和精神的和谐是体验"真正自我"的关键，而达莫达兰（Damodaran）等在印度孟买的研究发现参加瑜伽和生活质量之间存在重要关联。鲍迈斯特（Baumeister）和福斯（Vohs）认为"（生活）意义的精髓在于联系"，而洛佩斯（Lopez）等人提出"看到事务、事件和关系之间可能存在的联系"对于实现生活的意义极为要紧 。里夫（Ryff）和辛格尔（Singer）强调，同他人保持高质量的联系是"跨文化和跨时代的高质量生活的核心"。纳格拉（Nagla）将第三世界农村大家族共同进餐描述为"休闲的集体仪式"。苔丝·凯（Tess Kay）讨论的"家庭、社区和休闲"同这一主题相关，而威廉姆斯强调休闲与环境的内在联系。再者，福克斯（Karen Fox）的文章探讨了在原住民中一个"整体心灵，身体－精神－自然的互联视角"和"精神、生态和社区流程"的重要性。

寻求有意义的生活：意义的主要需求

在回顾几个学术领域的大量文献的基础上，鲍迈斯特得出结论：意义的四大需求有助于寻求有意义的生活。第一需求是目的。这一需求涉及现在与未来的联系，其关键要素是目标和满足。第二需求是价值。"能够赋予生活某种善良和正义感并能证明某些行动的正确性"。第三需求是功效感。"相信人人都能做出贡献"，相信能控制自己的生活和控制自己。最后一个需求是自我价值的基础。无论个人或群体，"大多数人寻找理由来相信自己是善良和有价值的人"。强调文化确实能提供多样和强有力的方式，来满足对意义的需求和帮助人们对有意义生活的追求。正如一些文献中提到的，休闲看来的确能以文化上有意义的方式提供满足所有这些需求的机会。例如，洛佩斯等人和麦克唐纳（McDonald）等强调原住民在寻求生活意义过程中精神信仰所扮演的中心作用，因为精神信仰引导他们确信生活的目的和价值，并发现自我价值和对生活的控制。哈拉达（Harada）指出，为了寻求满足人文价值和改善生活质量的愿望，许多日本人越来越承认休闲是他们生活中最重要的方面之一。

创造生活意义的益处：降低负面影响、强化积极影响

根据鲍迈斯特和福斯的观点，有意义的生活的力量"不只在于能够减少痛苦"；创造生活意义的强大力量，在于既可以"降低负面影响，又强化积极影响"。事实上，创造意义同幸福、满足和其他积极康乐的形式密不可分，而有意义的生活本身就是一种非常积极的结果。如上述文献所示，在不同文化背景下，休闲起到一种应付生活困难和产生积极结果的作用。这两种观点密切相关。例如，沙鲁布－凯沃尔基安（Shalhoub-Kevorkian）发现尽管历经丧子痛苦，巴勒斯坦烈士母亲"并没有崩溃"而是成为"安全网的积极创造者"。她们在陪伴其他妇女时表现出力量，通过参与歌唱、聚会、祈祷、诵读诗歌和写作等活动，处处显现出关爱、支持、保护和希望。梁（Leung）等人通过对中国台湾的老年人生活质量的分析研究，认为休闲成为提高生活质量的关键因素。跳舞、唱卡拉OK、打太极拳和绘画等休闲活动已经成为展示他们活力的一种方式。

人的力量和韧性：通向创造意义和增强生活质量的途径

以上讨论以及大量文献证明，休闲的另一个关键方面是能够显示和利用人们个人、集体或文化的力量来应付生活的挑战。例如，萨尔兹曼和哈洛伦以及威尔灵指出，尽管殖民体系历史上压迫、影响着世界各地的原住民，但是他们正在通过参与土著音乐和舞蹈、艺术和工艺、讲故事、文学、传统仪式，以及使用幽默和笑声重新获得文化和精神的复苏与意义。洛佩斯等认为，认识"个人和文化群体的多种力量"以及"评价优质生活的多种意义"能够鼓励"实现个人和群体能力的最大化"。显然，有必要通过承认"独特的差异、力量和历史"认识到人类多样性和广泛应付种族、民族和文化的问题，因为文化因素强有力地影响生活意义和优质生活的线索。正如钱（Chin）所提醒的那样，每个人都具有独特的文化，既独立于整个大社会，又与之密切相连。人的力量和韧性作为通向创造意义和增强生活质量途径的中心作用符合里夫和辛格尔的论点：

> 对于高质量、有意义和丰富经历的生活的界定，并不只是没有负面体验和负面情感；而是要看如何应付挑战，克服困难……人们常常在直面软弱、不安或痛苦时发现最深层的人生意义和联系。通过加深自我了解和有意义的行动，人们可以丰富社会纽带，提高个人效率……

里夫和辛格尔同时提出，"生活质量的核心组成部分之一乃是过一种'参与性生活'"，即通过利用人的力量应付生活的挑战。正如本次休闲共识研讨会的许多观点所证实的那样，休闲似乎是一种必不可少的促进剂，它起着"途径"的作用，以力量为基础，创造生活意义，提高生活质量。例如，正如前面姚和帕克所描述的，作为中国武术的一种形式，太极拳提供通过沉思以培养内心的平静和力量的机会，帮助应对生活中的各种挑战。同时，马拉法（Marafa）和杨在香港的研究提供证据说明，休闲能起到一个重要的缓冲作用，在非典等健康恐怖的情形下抵御心理压力……

终身学习和人类发展

休闲对终身学习和人类发展的贡献是与前面各文化背景相关的另一关键主题。例如，阿穆萨（Amusa）等人强调休闲教育对博茨瓦纳年轻人的重要性，包括利用休闲（如原住民的游戏、娱乐和体育）作为一种发展工具，及其在加强他们文化认同和生活质量方面的贡献。据世界休闲组织有关休闲教育和社区发展的立场声明，人们认为，休闲机会"有助于学习"，"休闲是从文化内部发展社区最为宝贵的组成部分"；为有意义的终身休闲（包括严肃休闲）提供机会，"实现自我、定义自我、决定自我，并为社区生活质量的提高做出贡献"。

……

（休闲）有助于创造意义和提高生活质量的主要途径或机制包括：（1）从休闲中体验到积极情绪和康乐；（2）从休闲中获得积极认同和自尊；（3）通过休闲增强文化联系，创造社会和谐；（4）休闲对终身学习和人类发展的贡献。[46]

（五）休闲向探索敞开大门

休闲中潜在地蕴涵着许多学习的机会。无论如何，心灵的享受属于快乐的王国。

学习不必总是艰辛、沉闷和枯燥乏味的，并非仅限于解题，也并非如古典学者所倡导的那样，仅限于熟知古人所说的话和所写之文。这些方面的学习当然可以是令人愉悦的过程，但除了这些，我们还可以发挥自己的想象力，还可以在自由时间中做自己喜欢的事而从中学到很多东西。这里几乎不需要考虑教育的价值及其功利性的应用。这就是为什么我们很难区分各种类型的成人教育和成人游憩活动，搞不清究竟哪个是学习，哪个是游戏。[47]

　　如果说学习普遍都有一个特征的话，那就是它的程度并非稳定不变的，它的范围极为宽广。这一特性使得闲暇时间可以作为学习民主式生活和新技能的机会，也成为实现教育其他的目的——包括更好地理解我们生活的世界——的机会。

　　一切科学都是教育中发展迅速的一部分。休闲向探索敞开大门，而探索则是科学的起点，成千上万的业余天文学家、气象学家、电子学爱好者常常沉醉于自由时间中的科学探索。科学本身就是一条在休闲中学习的开放的渠道。而且，在休闲中我们无须为科学而放弃冒险。国际象棋和业余天文观察也是科学，潜水、洞穴探险和其他游憩活动则将科学活动、冒险活动和体验完美结合在一起。

　　休闲为学习提供了许多机会，这包括：

　　（1）以非语言的形式进行交流。灵巧的手和舞动的双足有它们自己的语言。休闲还可以促进其他方式的交流，这一点只要看看无线电爱好者或社区讨论会就明白了。

　　（2）宽容和增进了解。在游戏场所和音乐会大厅里，人们很容易消除偏见，忽视社会地位的差异。

　　（3）使我们保持平衡的心理。阅读一本精彩的小说可以使人忘却现代生活中的压力。

　　（4）提高观察力。在休闲中我们可以随心所欲，因为休闲能激发我们的热情。一个业余高尔夫球手会全神贯注地观察职业选手的击球。

　　（5）加深记忆。我们似乎更容易记住愉快的经历。

　　（6）让思想与体验相结合。对自然界的奇迹有所耳闻是一回事，而生活在自然之中是另一回事。以较原始的方式进行野营时就会发现这一点。

　　（7）增强体质，在此基础上享受丰富多彩的人生并强化我们的推理能力。

　　闲暇时间的合理利用是真正的教育，它本身就是人存在的理由。要想以苏格拉底希望的那样通过教育来了解我们自己、了解其他人做过和正在做的事，通过推理论证来审视他人的成就，将其牢记在大脑里，并从中获益，我们必须有自己的体验。教育的核心就是自我实现，而自我实现是通过行动，通过生活经历来达到的。[48]

（六）休闲作为一种有益的环境

　　此处"环境"的定义包括自然区块、海岸线、海洋、江河、城区和整个生态系统。

休闲和环境有六个主要原则：

（1）环境质量，包括人工的和天然的，对休闲、娱乐和旅游的质量有巨大的根本作用，可以提高生活的质量。休闲、娱乐和旅游以及文化服务直接有益于人的全面康乐，尤其有益于健康和社会关系。

（2）休闲、娱乐和旅游对营造亲环境（pro-environment）的态度、价值观、伦理和行为有作用。

（3）作为经济、政治的正当理由和社会组织，休闲、娱乐和旅游是保护自然、历史和文化资源以及自然景观的重要基础。

（4）利用休闲、娱乐和旅游机会来提高生活的质量，促生了对生态系统的文化、休闲、娱乐和旅游服务的需求，也支持和提供生态系统服务，并规范那些降低服务质量的生态系统服务。

（5）有些休闲、娱乐和旅游活动的参与质量更依赖于环境的质量，同样，有些活动的参与对环境的影响更加良性。

（6）很难概括哪些活动更加依赖环境和／或对环境的影响更加良性；但是，具体的影响（包括积极和消极的）往往因社会和空间层面的差异而不同。[49]

我已经提供实据，表明休闲既能够成为积极成长和康乐的环境，也能够成为危险的环境。与此同时，在许多国家和地区，休闲越来越被视为预防危险和减少伤害的重要途径。在西班牙休闲被视为既是一个问题也是一个答案。譬如，第四次全国调查报告（1977）的导言声称"毫无疑问，提供良好的国家服务来刺激创造性和娱乐性的休闲是预防青少年冲突的最佳措施之一"。

在中国的台湾，休闲也被看作预防危险的一种环境。但是，在那里，和休闲相关的是过分强调学习成绩而引起的心理压力……

被动、非参与性休闲和危险行为的关系可能在各文化中都一样，差异不大。瓦若尼（Vazsonyi）等人的结论是，根据他们对美国、荷兰、匈牙利和瑞士青年平时活动和偏差行为的调查，青年度过时间的"方式极为相似"。虽然偏差行为的程度略有差别，但在每种抽样中，偏差总是与和同龄人在一起有关；一人独处、和家人在一起或在社区中度过时光则与偏差没有关系。关于南非的研究案例也告诉我们，非正规的日常活动同偏差有关，是因为经历了淡漠和乏味。

西方文化在过去20年中提出预防危险和减少伤害的概念，把它作为应对有问题行为的首选方式。其指导思想是预防要比治理（如毒瘾和自杀企图）更为可取。有证据表明，在某些非西方文化里，这种方式被认为可行。譬如，针对马来西亚青年游荡问题的全国调查结果，政府制定了"青年伙伴"计划，提供替代性活动，将青少年导向健康和富有建设性的娱乐活动。我们在南非的工作也是基于这样的观点。

但是，为了使预防危险和减少伤害的努力产生效果，至少两个重要因素必须到位：休闲教育和参与休闲的机会。[50]

六、休闲的社会建制功能

休闲至少可以被理解为一种准社会建制。从功能角度来看，只有当休闲为社会的存在提供了某些必需的东西时，这种说法才有可能成立。在那种将社会体系看作是由各个互补的建制共同组成的联合体的社会学范式中，每个社会建制都被认为具备保证社会体系存在的基本功能。[51]

在一个大众社会中，休闲至少可以成为许多人的第二认同。上千人在一个重大的比赛日戴着他们自己球队的徽章；一个工业团体的保龄球队衬衫在其他场合也可以穿起来；某种帽子标志着某些人拥有某种牌子的机动休闲车；跑鞋代表了对跑步的喜爱；随身带上飞机的不再是与工作有关的行李，而是运动器械；人们穿着表明身份的运动服走进超市等等。所有这些小小的举动都是在告诉世界：一个人不仅仅是数字或经济机器中一个由计算机识别的无名的齿轮，渐渐地这些"我是某某"的标志与象征都与休闲相关了。……休闲在其决定、风格及取向上是存在主义的。然而，在后天习得的形式、意义及对自我的影响上，休闲又是社会的。就在这一点上，我们将分析的焦点从存在移向社会，以个人、社会及角色认同的概念作为过渡的中介。所有这些都仍然存在于生命历程的框架中，正是在这个框架中，一系列不同的角色先后登场，为我们提供了一个个不断学习、再学习"我们是谁"，以及"我们可以成为谁"的环境。[52]

将休闲看作一种社会建制，是为了强调它具备必要的功能，而不是要将其与经济、政府及家庭等同起来。如果休闲被定义为在相对自由的情况下所选择的活动，那么休闲的功能就依赖于社会对这种休闲行为的需要。在没有预定结果与目标的情况下创造游戏与联系，对于社会存在的意义来说绝不是边缘性的。

从个人的角度来看，休闲也许是我们所知道的生活的根本。正如我们已经说过的那样，休闲对于表达、发展及共同体来说都具有中心作用。它在时间与意义上都与整个社会结构交织在一起。然而，从社会的角度来看，休闲的目的就其本身而言却不是根本性的。家庭关系并不一定需要休闲（虽然我们总是把休闲当作表达家庭关系的场所）。开创性思考与创造可以发生在许多环境中。事实上，一些休闲浪漫主义者认为，对休闲的朝圣态度并不从时空及意义上把休闲与个人及社会生活的整体区分开来。如果真是这样，那么，那些能迅速识别出学校是社会建制的人就不大可能会认为休闲也是一种社会建制。相反，休闲会被看作建制系统内部的一个层面或内容。

这就意味着，休闲仍然可以被看作是偏离主流的，是从属性的。一般的休闲社会学模式以两个步骤为基础：首先，休闲从属于基本的社会建制结构与功能；其次，在分析休闲时，最好能使它处于与其他社会建制的关系之中。休闲在经济中是有自己的位置的，但一般是作为生产性工作间歇的休息。休闲有利于家庭的巩固，提供了进行冥想与宗教活动的时间，为表达与发展提供一个游戏的环境，对社会价值进行象征性的表达，也许还能成为与学校教育相关的学习场所。然而从这个角度看，休闲就是指它与建制结构之间的关系。[53]

休闲的两大基本建制关系（或环境）是经济与家庭。分析中我们把经济建制结构叫作工作（work），而把与一组重要的、稳定的关系联系在一起的建制称作家庭（family）。当然，也许称为"经济角色"与"亲密角色与关系"更确切一些。许多经济角色并不包括生产（它代表真正的工作）的层面；许多重要的亲密关系未必是亲属关系，并非所有的家都是家庭。

其实，相当多的就业未能提供或几乎使人完全不能产生真正的工作感——通过持久的努力而对社会有所贡献的感觉。这样的就业会把工作与创造感隔离开来，而且，他们也无法对自己参与的环境有任何控制。这种就业没有工作感，没有付出有价值、有意义的劳动的成就感。[54]

由于认识到了问题的复杂性和多层面性，我们便不能忽略以下几个因素：

（1）无论在经济还是休闲领域里，个人都已在相同的文化背景下得到了社会化并带有后天习得的价值取向、认知过程、交往风格以及自我概念。在行动方面也有文化及建制学习带来的影响。

（2）某些结构因素必然会影响到其他领域。目前，休闲的时间表是依据工作时间表而定的。另外，工作的地点以及体力、脑力要求都会影响休闲的倾向。

（3）休闲的经济来源要取决于经济地位。而且，有几种经济角色会有相互的休闲期望——无论是在厂门口的酒吧、名人乡村俱乐部，还是在社区服务性组织里。

（4）随着在一个领域内发展起来的技能、自我定义、交流方式及交往风格又被运用于另一个领域，不同领域之间的相互性就会加强。一些认知变量也可能发展于一个领域，而被应用于另一个领域。[55]

关于休闲与家庭的关系，建制模式至少包括三个内容：

（1）家庭活动本身就是重要的休闲形式。（2）家庭角色的普遍性使家庭角色预期成为核心家庭成员大部分决定的中心层面，对时间、收入、交通、居住空间及精力等资源的分配，通常要考虑到其他家庭成员的情况。另外，与作为伴侣、父母与子女相关的角色预期会极大地影响着家庭休闲，有人甚至认为，连最基本的自由都不能达到。与家庭休闲相关的休闲中既有表达也有义务的因素。（3）亲密关系不仅是休闲的环境，也是休闲的目的。基本关系（家庭及其他关系）的表达与发展是人们在休闲中寻求的主要结果。[56]

休闲与其说是各种各样的活动，不如说是一个交往的环境。这一环境中的某些活动显然是工具性的——目的在于发展亲密的关系。在休闲的空间中，人们可以有相对多的自由以便将注意力集中在关系与体验上。这样看来，休闲就不是适于做

"一切事情"的环境——它有其自身的特点与侧重，即利于促成亲密关系的建立与表达。[57]

事实上，文化是休闲的环境——也是其他任何东西的环境。毕竟，休闲是一种后天习得的行为。它在总体上说来是种族性的，各个不同文化或亚文化的休闲形式与取向都不尽相同。同时，文化又是休闲的材料，是休闲体验得以诞生的地方。休闲发生于一个建制化的社会系统中。建制的角色序列对休闲的环境、机会、资源及取向来讲都十分重要，而且，这一建制系统中的相对地位也会影响人们对哪些休闲是可行的或者适合的产生不同的看法。在一个高度等级化的社会中，休闲的风格会因回报分配、资源、机会及期望的不同而不同。

在我们的社会行为中至少存在着相对的自由，我们不仅仅是建制决定因素中的木偶。虽然建制角色定义决定了我们的行为，但我们在观看角色中的自己时总会有些不同，而且，休闲总在一定程度上与其他角色相分离。无论工作、家庭的角色多么普遍和强大，我们在棒球场或制陶课上的表演至少会稍有不同。[58]

七、休闲可能的负面价值

还需说明，正如前面已经提到的，休闲除了产生许多积极效果之外，休闲也存在潜在的阴暗面。虽然某些负面的休闲形式（如滥用药物、上瘾或高风险活动）的结果主要涉及个体参与者（和他或她的家庭、直接认识的朋友），但其他形式休闲的后果不仅可能导致剥削和伤害，而且还可能强化社会和思想意识层面上的不平等。例如，有不少类型的负面休闲实践形式，其中一个非常普遍的形式便是依靠和／或强化"性"剥削。有一些剥削形式更为明显，如卖淫、儿童淫秽和性旅游，还有一些形式不太明显和不太为人所认识，如暴力、低级下流的电子游戏，描写对妇女和儿童性剥削的电影和电视节目。

休闲实践可能会带来的其他危害包括强化种族主义，重新产生对种族、人种和其他少数群体成员的负面看法。如果休闲导致分裂和不平等的话，即使表面上似乎是没有危害的、以社区为基础的休闲机会也能对社区关系产生消极影响。文化剥削也是一个潜在的问题。这一问题的产生是由于对文化产品制造成见和进行营销。与此同时，强势文化产品的大批量生产，会威胁少数群体的文化认同。例如，福克斯在她文章中强调，在原住民生活中应用以欧洲为中心的休闲概念可能对其他休闲传统造成伤害，而这种伤害是与更大的政治和权力关系连在一起的。[59]

休闲能通过下列方式产生消极影响：

- 休闲中可能产生冲突，并有可能产生风险和消极影响；
- 不是所有人都感受到休闲的益处，比如乏味和压力；
- 个人和集体的需求、不同性别、利益团体、人种、种族和阶层间存在矛盾；
- 休闲也可能强化现有的模式化观念、不平等和社会分化；
- 休闲可能以被剥削的方式商业化，而导致消极后果。[60]

注　释：

1　［加］埃德加·杰克逊编：《休闲与生活质量——休闲对社会、经济和文化发展的影响》，刘慧梅、刘晓杰译，钱炜校，杭州：浙江大学出版社，2009 年，第 4—5 页。

2　［美］卡拉·亨德森等著：《女性休闲——女性主义的视角》，刘耳等译，昆明：云南人民出版社，2000 年，第 140—142 页。

3　Joffre Dumazedier, *Toward a Society of Leisure*, New York: Free Press, 1967, pp. 14-17.

4　［加］埃德加·杰克逊编：《休闲与生活质量——休闲对社会、经济和文化发展的影响》，第 16 页。

5　［美］查尔斯·K. 布赖特比尔、托尼·A. 莫布莱著：《休闲教育的当代价值》，陈发兵、刘耳、蒋书婉译，北京：中国经济出版社，2009 年，第 96—97 页。

6　［美］克里斯多夫·爱丁顿、陈彼得著：《休闲：一种转变的力量》，李一译，杭州：浙江大学出版社，2009 年，第 50 页。

7　［美］杰弗瑞·戈比著：《你生命中的休闲》，康等译，田松校译，昆明：云南人民出版社，2000 年，第 160—161 页。

8　［英］克里斯·布尔、杰恩·胡思、迈克·韦德著：《休闲研究引论》，田里、董建新等译，昆明：云南大学出版社，2006 年，第 99 页。

9　同上书，第 101 页。

10　同上书，第 108 页。

11　同上书，第 111 页。

12　［加］埃德加·杰克逊编：《休闲与生活质量——休闲对社会、经济和文化发展的影响》，第 193—194 页。

13　［英］伊安·威尔逊著：《休闲经济学》，方颖译，北京：机械工业出版社，2009 年，第 7 页。

14　［加］埃德加·杰克逊编：《休闲与生活质量——休闲对社会、经济和文化发展的影响》，第 174—175 页。

15　同上书，第 177—178 页。

16　同上书，第 168 页。

17　同上书，第 168—174 页。

18　［美］卡拉·亨德森等著：《女性休闲——女性主义的视角》，第 140—142 页。

19　［美］彼得·威特、琳达·凯德威尔著：《娱乐与青少年发展》，刘慧梅、孙喆译，杭州：浙江大学出版社，2009 年，第 54—55 页。

20　［美］查尔斯·K. 布赖特比尔、托尼·A. 莫布莱著：《休闲教育的当代价值》，第 33—34 页。

21　［加］埃德加·杰克逊编：《休闲与生活质量——休闲对社会、经济和文化发展的影响》，第 148 页。

22　同上书，第 150 页。

23　同上书，第 152 页。

24　同上书，第 155 页。

25　［美］托马斯·古德尔、杰弗瑞·戈比著：《人类思想史中的休闲》，成素梅、马慧娣、季斌、冯世梅译，昆明：云南人民出版社，2000 年，第 1 页。

26　同上书，第 179 页。

27　同上书，第 204 页。

28　同上书，第 245—246 页。

29　同上书，第 261 页。

30　同上书，第 282 页。

31　［德］约瑟夫·皮柏著：《闲暇：文化的基础》，刘森尧译，北京：新星出版社，2005 年，第 47 页。

32　［加］埃德加·杰克逊编：《休闲与生活质量——休闲对社会、经济和文化发展的影响》，第 125—129 页。

33　［美］查尔斯·K. 布赖特比尔、托尼·A. 莫布莱著：《休闲教育的当代价值》，第 109 页。

34　［美］克里斯多夫·爱丁顿、陈彼得著：《休闲：一种转变的力量》，第 14—15 页。

35　同上书，序言。

36　同上书，第 2 页。

37　同上书，第 9 页。

38　Charles Edward Doell, Gerald B. Fitzgerald and Theodore P. Bank, *A Brief History of Parks and Recreation in the United States,* Chicago, IL: The Athletiec Institute, 1954, pp. 127-128

39　［美］约翰·凯利著：《走向自由——休闲社会学新论》，第 242—245 页。

40　同上书，第 265 页。

41　同上书，第 268—269 页。

42　同上书，第 273 页。

43　同上书，第 281 页。

44　同上书，第 275 页。

45　Johan Bouwer and Marco van Leeuwen, *Philosophy of Leisure: Foundations of the Good life,* New York: Routledge, 2017, pp. 209-214.

46　［加］埃德加·杰克逊编：《休闲与生活质量——休闲对社会、经济和文化发展的影响》，第 49—54 页。

47　［美］查尔斯·K. 布赖特比尔、托尼·A. 莫布莱著：《休闲教育的当代价值》，第 35 页。

48　同上书，第 35—37 页。

49　［加］埃德加·杰克逊编：《休闲与生活质量——休闲对社会、经济和文化发展的影响》，第 8—9 页。

50　同上书，第 136—137 页

51　［美］约翰·凯利著：《走向自由——休闲社会学新论》，第 123 页。

52　同上书，第 135—136 页。

53　同上书，第 165—167 页。

54　同上书，第 173—175 页。

55　同上书，第 179—180 页。

56　同上书，第 183 页。

57　同上书，第 188 页。

58　同上书，第 196—197 页。

59　［加］埃德加·杰克逊编：《休闲与生活质量——休闲对社会、经济和文化发展的影响》，第 65—66 页。

60　同上书，第 6 页。

第四章

休闲教育问题

【简短引言】

休闲教育与休闲活动相生相伴。早在古希腊，亚里士多德等哲人就已把休闲教育看成是个人受教育的一种基本形式。在现代，当休闲越来越成为人们生活的重要组成部分时，休闲教育的重要性也为人们所逐渐认识。通常认为，休闲教育是培养、传授与休闲相关的技能、知识和态度的专业或业余教育，其主要目标和独特作用是使人们能够明智地认识休闲、有效地利用休闲来满足自身和社会的需求，提高个人、群体、社区和整个社会的生活质量。休闲与教育密切相关、彼此交织。休闲教育是教育改革的前沿问题之一，应成为教育体系的组成部分，学校对休闲教育负有重要责任，未来学校应设置和开展休闲专业教育，建立一套休闲教育的概念，为以休闲为中心的生活做准备。尽管休闲教育的重要性和潜力显而易见，但它在西方大多数国家中至今没有成为正规教育的一部分。在我国，民国时期曾开展过比较广泛的休闲教育研究，也有过相关实践；而当下，休闲教育在学校的教育视野中基本消失了。学会休闲，是生活的题中应有之义，是人生的必修课程。休闲教育需要全社会的努力。

一、休闲教育概观

（一）休闲教育的兴起

以休闲为中心的社会是一柄双刃剑，它可以斩断千百年来横亘在艰辛生活与幸福生活之间的障碍，也同样可以割开束缚着受不公正待遇的人身上的绳索，使得报复和暴力行为泛滥，撼动我们宪法的根基。时间能激起受压迫的人的愤怒、不信任和绝望，这在他们有着大量空闲时间时尤其容易发生。在美国，非白人的人口增长率比白人要高，而黑人的失业率比白人要高。虽说强迫休闲将降临到所有人身上，但它在美国少数民族那里发生得更快。……光有法院的判决、法律的执行、住房无歧视与公共设施无歧视的规定和让少数民族有投票权是不够的。为他们提供机遇是问题的核心所在，相应地还应让他们受到教育。

一个人如果没有工作，感到自己不为社会所需要，那他即使有点个人爱好也抵消不了他的苦恼。没有工作的少数民族更难适应强迫休闲，这不仅是因为他们享受不到从事有用的有酬工作所能获得的报偿与自尊，还因为他们所受的教育也远不及他人；而教育是让人们获得美好生活的一个基础。如果一个人获得的教育落后一百年，从而获得的机遇也晚了一百年，那么他就会惊奇地发现，他读完书后与他所受教育相匹配的工作回报早已不复存在。[1]

休闲教育的概念并不是现在才有。亚里士多德、柏拉图、苏格拉底等哲人已经把休闲教育看成是个人受教育的一种基本形式。然而，当休闲越来越成为现代人生活的一个重要组成部分时，人们逐渐认识到有效利用休闲时间的重要性。我们需要职业技术培训以提高工作效率；同样，休闲技能培训对于休闲来说也是十分有益的。

彼特森（Peterson）和冈恩（Gunn）把休闲教育定义为广义的服务，重点是培养和传授各种与休闲相关的技能、态度和知识。休闲教育的核心任务是培养相关技能和知识，使受教育者能够有效地利用休闲来满足社会和自身的需求。掌握休闲技能的人能够通过休闲活动更好地实现自我与社会的融合。休闲教育的有效开展能够提高个人、当地社区以及整个社会的生活质量。蒙迪（Mundy）和奥德姆（Odum）已经认识到这点，他们把休闲教育定义为一个全面发展过程，在这个过程中个人可以认识自我、理解休闲本身以及休闲对于自身生活方式及社会结构的关系。[2]

休闲教育不是一个新的概念。希腊人认为，休闲与教育错综复杂地交织在一起。拉丁语"skhole"的基本意思是"用于学习的休息时间"，这个词和英语里的"学校"（school）和"学者"（skholar）有关。"skhole"的言外之意是"自由地选择"参与到休闲生活中去。古希腊学者参与休闲活动（包括人文学科的，如戏剧和辩论）是为了取得人生多个领域里的个人成就，如提高肢体的表现力、获取知识，以及高谈阔论。在大自然中和健身房里，"skhole"对身体的、精神的和认知的健康都很重要。

今天，人们认为休闲教育就表现为现代版的"skhole"。所以可以从几个方面来看待现代的休闲教育。学者道格拉斯·克莱伯（Douglas Kleiber）从 20 世纪 70 年代初期就开始研究休闲教育。他坚持认为，出现于休闲中的非正式教育和人体发展紧密相连，这主要是因为其内在动机的关联。他还提出，休闲教育分为三种形式：寓教于休闲、为休闲而教，以及为休闲教育进行的训练，也称通过教育了解休闲。

休闲教育的每一种形式都重要，每一种都可以为青少年带来积极的发展。但是，各种各样的形式都交织在一起，享有共同的基础。所有的休闲教育的一个基本原则就是，休闲是自由选择的活动，可以促使并提高个人的成长、转变和发展。负责任的行为是关键的部分。让我们进一步看看休闲教育的每一种形式。

寓教于休闲

寓教于休闲的基本前提是一个人通过参与休闲活动了解自己和周围的世界。因此，我们在休闲"中"学习。这类休闲教育倾向于非正式、个人化，和在自然环境里存在的"skhole"更为贴近。

今天，休闲存在的任何一类环境（并不一定是自然环境）都是休闲教育的情境。因此，比如说参加激流皮划艇运动，一个年轻人也许就可以了解之前并未意识到的他所具备的个人能力，他还可能了解到人们在 19 世纪经常驾着木筏穿越急流。或者，如果一个年轻人和他的父母参观了巴黎的一家艺术博物馆，他可能就可以了解文艺复兴时期艺术和宗教的联系，抑或会灵感涌动而用艺术语言来表达自己。在这些例子中，休闲都是教育的情境。

为休闲而教育

第二种审视休闲教育的方式是为休闲而教育。在这种教育形式下，青少年要有所准备，通过完善技能（如学会下棋）、获取知识（如知道公交路线从而能顺利到达娱乐中心，学会如何克服无聊情绪）以及态度发展（如衡量休闲的价值，懂得参与适当休闲活动的好处）来参与休闲活动。那些教青少年活动或休闲技巧（如足球、陶艺）的正式活动是为休闲而教育的例子，且通常由公园、娱乐部门和基督教青年会、基督教女青年会等非营利性机构提供。当然，家长、其他成年人和他们的同龄人也教他们一些活动技巧。这在很多方面和健身房里的学习过程是类似的——学习休闲技巧，是为了能够完全投身于自己选择的休闲活动中去。

为休闲而教育同样是正式活动的一部分，这种正式活动的设计是为了教会青少年如何让个人觉得有意义并以负责的方法来使用他们的休闲时间。这种形式的休闲教育倾向于以课程为基础，这种课程的设计是为了教会青少年设定自我目标、减少无聊情绪、提高主动性、增强责任感以及做出决定。不少娱乐治疗活动和一些以学校为基础的活动目前都提供这种形式的休闲教育。

为休闲教育进行的训练

休闲教育的最后一个方法是与高等教育联系，也是大家现在所接受的教育形式。那就是，通过了解休闲，你可以走出去参加特定形式的休闲教育或者所提供的娱乐服务。在世界范围内，有许多高等教育的专业预备课程将休闲和娱乐设置成一门学科。

尽管人们都会认为大学是对提供休闲服务感兴趣者的培训基地，但是娱乐和公园部门、基督教青年会或基督教女青年会、社区娱乐中心，同样也提供这种教育。夏令营的负责人培训活动也是另一种休闲教育的形式。

另一个例子是家长项目，目的是教会家长如何管理、支持和促进孩子的休闲教育。譬如，一家佛蒙特的社区中心经营的一个系列活动："晚上和父母一起出去"。这个活动的中心目的是教育家长们如何抚养子女，且多数主体直接或间接地与使用空闲时间有关。因此，"创造有效的限度（效果还不错！）第一和第二部分"处理的是如何在暑假里和青少年沟通并给他们设置限度，这个时期青少年一般想晚睡晚起，和朋友们出去闲逛。这个系列里的另一个活动是"如何帮助你的孩子做出理性决定"。

这项创新的"晚上和父母一起出去"活动的重要性在于，它使越来越多的家长有兴趣学习积极的抚养方式，这样有助于孩子通过休闲得到发展。[3]

（二）休闲教育的主要目的与任务

何为健全的教育？对此问题并没有一致的看法。对何为休闲教育的问题也是如此。杜威（Dewey）将休闲教育称为"教育界持续面临着的两难困境"。我们认为休闲教育是要使人在休闲中感到满足并生活得有意义。

休闲对个人的贡献

对休闲教育一个著名的定义是：它是针对工作及其他维持生计的活动之外的目的的教育。休闲教育是让人们正式或非正式地学习利用自由支配时间以获得自我满足，并将个人才能发挥到极致从而使自由支配时间有助于提升人整体的生活质量。休闲教育从价值观、兴趣、欣赏力和技能开始包括各种休闲技能。它不光指明休闲的方式和时间，而且指明其原因。它主要的教育目的是让人们培养出博大的人格。顺其自然的休闲最令人愉悦，人们无须热烈追求它，而它却为人们提供了选择富有吸引力的生活态度和生活方式的机会。要想从休闲中收获最美的果实，我们必须调整自己，为此做好准备，必须热爱生活，找到我们之所需。孤独和心神不宁的人能在休闲中寻到宝藏，使生活变得可以忍受，有时还充满激情。对休闲创造性或游憩性的使用并非全与有精神追求的平静温和的生活相脱节。这样利用休闲不一定总是有条不紊，而是往往会令人情绪激昂，勇于探索。这需要投入也可能不需要。利用休闲绝不是刻板的、一成不变或枯燥无味的。它并不要求我们与巨人同行或使自己声名远扬。有更多的是让我们找到满足内心渴望的渠道，而非屈从于外在的压力。它绝不会让我们走向毁灭之路，也不会导致个人资源的丧失。如果我们做好了迎接它的准备，休闲就并非必然是种诅咒。

休闲教育有一小部分是为一些人提供一个渠道，让他们能以休闲为业致力于增加他人游憩的机会。但它更为重要的职能是帮助所有的人提高欣赏力，培养兴趣和技能，并改造环境，使人们能以创造性的、给自己带来满足的方式来利用自己的休闲，不论这休闲强制与否，也不论是否需要用到组织化的资源。如果一个人为休闲做了充分准备，那么他无须依赖于乡间俱乐部、公园或是保龄球馆来享受他的自由时间。

休闲教育让人们能有意识地选择自己的休闲活动，而非仅是顺随环境。它帮助个人发现自我，培育人们深刻的观察力。经过仔细计划和根据个人性格特点和能力进行的调整，休闲教育将有利于引导人们的学习和行为，使之能向社会最高层次和最持久的价值的方向发展。可以通过系统的方法——调适培训、教育社会组织和执行，来改善人们利用休闲的方式，而无须伤及人的个性自由或个人独特的价值系统。

与社会心理学一样，休闲教育的一部分就是要帮助人们理解自己和他人。社会心理学家希望社会互动和社会关系的某些准则会有利于促进包括休闲在内的社会生活的方方面面。

首先，休闲教育并不意味着要牺牲个人的自主权和自然天性。相反，休闲教育会使它们得到加强。如果对明智利用休闲缺乏计划和准备，很有可能会摧毁个性，因为它让个性在大众传媒的影响下泯灭。大众传媒的控制和目标也可能将人们引导向其他方向。

其次，休闲教育意识到并同时顾及在人生的不同阶段有不同的因素在影响人的个性。人生的每一阶段都有其自身的问题和缺陷，但它同样也有其亮点和独到之处。威尔·杜兰特（Will Durant）将它们列举如下（见表1）：[4]

表 1　人生不同阶段的特征

青年时期	中年时期	老年时期
本能	归纳	演绎
创新	习惯	习俗
发明	执行	阻碍
游戏	工作	休息
艺术	科学	宗教
想象力	智力	记忆
理论	知识	智慧
乐观	改良主义	悲观
激进	自由主义	保守
沉迷于未来	沉迷于现在	沉迷于过去
勇气	明智	怯懦
自由	纪律	权威
摇摆不定	稳定	停滞

为休闲、娱乐和旅游服务培训进行的专业教育通常被称为休闲教育，其重点在提高个人生活质量。世界休闲组织将休闲教育定义为主要学校课程：在教育的框架下，休闲教育的主要目标是通过明智地利用休闲时间，单独或一起开发和培养受教育者的身体、情绪、精神、心理和社会素质，从而帮助个人、家庭、社区及整个社会实现应有的生活质量和良好的身体健康。上述素质同国家的教育目标和文化遗产均相关。

世界休闲组织，在已故罗斯金（Ruskin）的领导下，也就下列议题表明该组织的立场：休闲教育和社区发展、具有特殊需要的人口、处于危险的青年、严肃休闲、随意户外运动、公平比赛、防止暴力以及健身和活动。所有声明都突出了一个共同点：充分利用休闲选择，赋予个人和社区以力量。

美国休闲与娱乐协会将休闲教育视为潜在的教育科目（如有关休闲的教育、教育为休闲、从教育到休闲）或教育环境（如通过休闲进行教育、在休闲期间进行教育、教育作为休闲）。后一种方式是指非正式或非正规的场合，诸如青年培训项目、夏令营、政府参与，并可能包括继续教育和成人教育。围绕休闲教育的哲学思想和研究主要集中在"教育为休闲"，虽然对于休闲教育的涵盖范围和在不同文化中的定义尚无统一看法。

有关休闲教育的新思维也已出现，例如，莱奥埃克斯（Lioueex）在讲述中国台湾地区休闲教育的需求时提出，经济的高度发达并不一定影响一个国家的休闲生活质量。因此，休闲教育不仅必要，而且是急需的。他又认为，休闲教育面临下列使命：界定休闲、鼓励研究、加强专业培训、为公民开发多样化的休闲节目、关注休闲的公平和公正、实现（所谓的）发展中国家的休闲目标。另外一个能表现对于休闲教育日益增长的兴趣的例子是世界休闲博览会。该博览会显示，中国致力于休闲业的发展，将其视为中国在全球地位中的一个重要因素。[5]

休闲的影响是多方面的。当我们考虑以休闲取代工作作为人日常生活的核心时，价值观的问题就被放在了突出的位置。价值观不仅是休闲的核心，也是宗教、教育与经济的根基。但将来价值观在强迫休闲和教育中受到的考验将最为严峻，正如它目前在日常的政治生活中受到的考验。罗利（Walter Raleigh）爵士曾说，一种事物的价值在于它能带来什么。休闲教育的主要任务就是帮助人们认清休闲能给他们带来什么。当然，这就跟拓展兴趣和欣赏力，以及弄清事物的价值所在联系起来了，而这些在很大程度上不仅依赖于机遇，也依赖于人们的动机、知识和技能……

按照目前的状况或可以实现的潜能，教育本身就既是一种机遇，也是一种动力，让我们能够以有意义的方式利用休闲。教育像宗教一样，是面向东方、引进光明和机遇的窗户。教育应该让我们能追求完整而非零碎的生活。不学不仅导致无知，更可怕的是导致错误的认识。关键的一点是，教育要像生活一样，必须有所变化。活到老，学到老。教育者可能认为，要教会学生如何生产最好的商品和提供最好的服务是一件很难的事，但比起在一个衣食无忧的年代教年轻人如何活得有意义、有目标、有满足感的任务来，那简直是小儿科。任何一位教师都无法知道自己的影响力从哪里开始，又在哪里结束。

教育者的任务不是将知识塞入学生的大脑，而是帮助他们开发自己的思维潜能。但是，要教学生如何拥有完满的人生，教育者自己首先得了解何为完满的人生。[6]

教育将我们引向了休闲。教育对休闲做出了重大贡献，可以要求休闲对它有所回报。休闲可以回报教育的恩惠，为教育的发展和繁荣提供更广泛的基础。如果这成为可能，那么我们应该重新简要地审视教育的本质和特征，并弄清相关的理论。

知识的价值

教育的目的首要是发现真理，其次是拓展人的个性。教育的另一目的应该是促进人类的幸福。

人类拥有的独特而超群的生物特征，尤其是适应性和交流性的机能，使人能够打开学习之门，而后又反过来进一步发展和完善这些人力资源。通过学习，人的先天反映系统能获得巨大的改进。

追求真理

人人天生都有对知识的渴求。我们通过感官获得知识。有能力的老师都知道，教育不是仅仅把信息送入人的脑海，而是还要发掘人的大脑潜能。人们渴望获得知识，并不断探寻知识。在这探寻的过程中，人类发展出了哲学、科学、艺术、人文科学和各种专业学科。我们总会得到一定回报——更好的鉴赏力、追求真理，有时还实际地获得真理。这里的代价是要将自己投入进去，不断发掘出新的问题，经受希望的破灭；但生命的神秘并不能阻止对知识的追求。神秘感吸引着我们去发掘和发现那些令人精神振奋的知识。自我发现是许多人追求的目标，而休闲给人类这一目标提供了更广阔的空间。[7]

物质进步

教育为我们展示了如何在科技日新月异的时代获得成果，这是它创造的奇迹。它在帮助我们获得物质满足、物质便利和奢侈品上发挥了最重要的作用，但它却远未教会我们理解完满人生由什么构成，理解为什么充满自我表达、创造力和服务社会的人生是最高层次的满足所必需的，以及我们为什么会在意这些问题。现在休闲可以让我们更进一步地理解完满的人生，因为它为我们提供了过完满人生的机会；反过来，完满的人生又包括为学习充电。[8]

休闲教育作为一个主题的历史相对较短，即使这一概念当年也曾引起古典希腊学者的讨论。了解休闲的定义是讨论休闲教育的前提。蒙迪和奥德姆的第一篇休闲教育论文为教育界人士提供了理论和实践的基础，帮助他们从学校教育中认识"休闲时代"。蒙迪20年后对论文进行修订，继续主张休闲教育应当作为学校课程的一部分。

1987年，弗拉格尼尔（Fragniere）应邀编辑了欧洲教育杂志的一期特刊"教育为休闲"（即不是"教育和休闲"、"教育作为休闲"或"休闲期间的教育"），强调休闲在人们生活中应该发挥不可或缺的作用。弗拉格尼尔通过三个方面阐明"教育为休闲"的论点：（1）休闲对人类状况的根本影响；（2）课程内容；（3）"教育为休闲"对于体制结构和政策的影响。他注意到，到20世纪80年代为止，教育是根据劳务市场的需求来预测的。随着人们预测"休闲社会"的到来，对于劳务的重视可能会比过去降低。科里恩（Corijn）同样提倡将休闲教育作为经济发展的补充。该期特刊还发表了与"教育为休闲"相对立的一些看法。比如，罗斯金特别强调学校作为休闲教育的传递机制。科里恩的结论是，"教育为休闲"不可能在学校里实现，因为"'教育为休闲'在眼下可能只是一种让人着迷的学术挑战；作为社会实践却被边缘化"。塞布姆（Theeboom）和博拉尔（Bollaert）（1987）认为，与学校相关的课外活动（社会文化活动，诸如体育、音乐、话剧等）很可能成为休闲教育的形式。他们把这一情况称为"适应功利性需要的"途径的一部分（即不直接寻求整合，而是寻求环境上的整合）。

多年以来，休闲教育的观念作为一个主题一直没有成为"社会实践"中的主题，虽然休闲教育仍然是讨论的议题，并应用于一些特殊的人群。与休闲相关的许多问题的解决，常常是建议进行"休闲教育"。这个词听上去有点老调重弹，因为建议太笼统。

帮助儿童、青年、成人做正确的休闲选择对于维护社会文明和上述人群的休闲享受都至关重要。从最积极的意义上所进行的休闲教育具有纠正社会问题的潜力（如果个人意识到并有机会参加有趣的休闲选择，他们可能不会去酗酒）。当然，休闲教育强调某些形式的休闲较另外一些更可取，由此，便突出了提倡休闲的意义。尽管休闲教育的重要性和潜力显而易见，但是它至今没有成为任何国家中正规教育的一部分。正如前面注意到的那样，休闲教育被用来干预特殊人群，但还没有被用来作为一种形式来"防止"普通人对休闲的错误选择。或许，休闲教育的新形式，比如通过科技手段，在未来会有更大潜力。不过，在目前，正规休闲教育，作为一主题，其实施还未能够以全面的方式出现，实用的模式很少存在。几乎没有研究记录说明休闲教育给个人、家庭或社区生活带来何种差别。[9]

教育只可能有一个主要目标——生活。因为工作和休闲都是生活的重要部分。我们不能期望任何机构来完成教育的全部任务，学校也不例外。个人兴趣和能力是无限的，而任何社会机构，包括学校在内的资源却是有限的。学校的任务肯定包括为学生提供一定的学习机制，以发现、维持和加强孩子们天性中的好奇心，激发学生的求知欲，为个人创造机会，让他们在自己的工作中最大限度地发挥自己的潜能。学校可以帮助学生认识工作和其他人的需要，批判性、建设性地表达自己的观点。最后，学校可以提供机会，帮助个人享受美好的事物，获得自信、自尊与平衡。[10]

（三）休闲教育的特殊作用

前提背景下，休闲教育并不意味着教人们某些技能、爱好、运动，或是他们能在空闲时间里参与的消遣活动；它也不是成人教育项目或者类似的别的东西。这种凭自己的实力实现的项目是很有价值的，它的意图不是以任何方式损害或诋毁他们。休闲教育意味着为了实现之前所定义的休闲的良好态度转向而付出有意识的、系统的努力。这是态度改变的尝试，是人们对休闲的感觉以及在休闲中行为的改变。[11]

休闲教育呼唤想象力

休闲和将休闲用于游憩潜藏着巨大的力量，其魅力之一便是能让日常生活不那么枯燥乏味。它们是对付不断重复老路的一剂良药。

教育要搞得真正地富于成效并非易事，这是一个事实。正规教育和系统化的学术成就要求人们在自律、重复和奉献上付出巨大的代价。人们在享受学习的火炬之光时，必然也会感受到它的灼热。而学校如果要教给学生明智利用休闲的艺术和技能，学习过程中同样难免会需要纪律，这正如讲授几何不能没有纪律一样。但这并不意味着学校不能以一种有趣的方式展示教学材料，或是以一种让学生参与其中的方式来激发和维持他们的兴趣，来加深他们的欣赏力和理解力。我们可以教孩子一首诗歌，让他记住并背诵它，甚至可以通过大量的努力让他理解这首诗；但要让孩子能欣赏这首诗，品出其中的韵味，并渴望了解更多的诗的话，就不是我们单方面能够做到的了，而必须是孩子发自内心的愿望。

任何一个农人都知道，想要有更好的收成，就必须把土地翻新。同样，如果要教给学生以休闲为中心的生活，就必须毫不迟疑地翻新课程设置中的某些部分，必要时还要尽量以不同的方式来讲解不同的人生价值观。未来的公民将生活在与今日社会不同的环境中，他的价值取向和为未来做的准备一定量来自主流的教育。这意味着要做好变革的准备，至少要翻新教育的一部分表层土。在一个人的价值不完全由他所创造的物品来衡量的社会中，人类的认识需要一种全新的氛围。如果教育者没有帮助学生为其丰富人生做好准备的决心，结果便是教育的不充分。我们需要充分的视野、能量、灵感和想象力，它们永远是人类最可靠的资产；这一点在未来会表现得更为充分。

谁来领头？

未来几代人为休闲做的准备有多充分，这在很大程度上将取决于他们的父母有什么样的价值观、思想和行为，以及能为子女提供什么样的机会。然而，这个任务也有一大部分将落在教育者、宗教领袖、社会团体工作人员和专业的休闲业人士的肩上。他们通常都是正直而富有奉献精神的人，他们的情感是相通的，有社会责任感，愿意服务于人们的需求。

……就我们所能确定的来看，教育者、宗教领袖、社会工作者和休闲业人士改变的速度最慢。他们沉浸在传统之中，顽固地抱着过去不放，过分地执拗于过去的一切。他们往往过长时间地执着于经过验证的、已被证明有效的东西，执着于程序化的、缺乏吸引力的可预见的事物。这种保守主义不能创造出良好的环境，不能给休闲教育打下坚实的基础。[12]

学习休闲应该以社会的最高价值为导向，不仅要对个人有益，同时也要对全体人类有益。当我们将其提高到这一层面时，休闲教育呼唤的就不仅是个人表达、创造力和成长，而更是自由、美德、全体人类的尊严以及权利、正义、仁爱和人道。

要在休闲教育中建立和保持崇高的目标，需要个人和社会的共同努力。睿智地休闲和做好休闲准备本身就是其存在的理由。人的渴望和能力只有无外在目的考虑地为自己和人类做了一些事时才能得到满足；任何外在的动机都会阻滞人类的精神和天赋。[13]

（四）现代休闲教育观念

试图让教育体制具有本应由雇主才有的功能，还会产生另外的问题，如单纯重视人的学历、任意制定标准和要求、鼓励职工的势利，等等。我们的学校为雇主提供的服务可能要比为学生提供的服务更好。虽然我们不愿意更多地对职业化倾向以及职业培训进行批评，但是，有一点至少必须指出：职业的培训是非常保守的。教育应该从未来的角度去开发智力和想象力，而不是使得人们去进行毫无创造性的工作，和现存的甚或过时的东西为伍。教育应该着眼于整个社会和遥远的未来，而不仅仅是局限于培养一些一毕业就急着找工作的人。在最好的情况下，技能训练是为当前所做的准备，而在有些时候，它仅仅是在为过去做准备；这种情况的出现部分是快速变化的结果，另外，部分是错误目标的结果。杜威的教育目标比所有那些改革者和哲学家的目标都高，或者说，比所有我们知道的那些人的目标更高：

> 因而，美国教育的问题不是向年轻人讲授职业规则和问题：没有人知道他们将来的职业是什么。问题在于，如何帮助他们了解这样一点：自己应该选择什么？如何在一个井然有序的国家中做一个好公民？如何成为人？

我们提倡把休闲的非职业培训作为教育的中心。休闲教育的好处在一定程度上可以通过分析职业教育的缺陷看出来。必须指出，教育所涉及的内容和职业市场是不甚相同的。我们注意到，指出职业培训的缺陷可能有点片面，但是，工商界和政府往往夸大这种片面性。他们用消费者和纳税人的钱来雇人制造有关教育和职业方面的信息而后把这些信息发布给我们。有说服力的论证说，工商界与政府并不喜欢让人们拥有真正的休闲，只希望我们把闲暇时间用于购买物品和他人的服务，或为政府纳税。

......

休闲教育的现代观念已有几十年的历史了。早在 1918 年，联邦教育局的一份报告就已经使它成为高中教育的一条"中心原则"。也许，这份报告的作者已经预见到享乐主义盛行的时期即将来临。要是没有 1929 年的股票行情大跌以及随后而来的 10 年大萧条、严重失业、需要救济者和贫民区的大量出现，休闲教育也许会获得更为迅速的发展，国家会专心于恢复经济并使人民重新走上工作岗位。经济刚刚从大萧条中复苏过来，第二次世界大战就爆发了。因此，直至 20 世纪 40 年代末，教育委员会的报告中所呼求的休闲教育的重要性才受到人们的关注。再次，休闲教育的目标和基本原理第一次在现代意义上通过高层次的机构表达出来。[14]

与酬劳性劳动（特别是那种既缺乏内在价值的也不能让人产生满足感的职业）的要求相对立的一面是，休闲教育能够在这种现代意义上去扮演这样一个角色：在使用我们称为休闲的自由时间的时候，提供一个较好的平衡，或许，还能考虑得更周密。在考虑休闲教育的时候，我们也许会希望走得更远；或许，我们不得不走得更远。

　　……

休闲总是与自由联系在一起的，而教育的目标则一直是使人们得到自由。与奴役性学科相反，人文学科的目的，正是要将人们从无知和非理性的激情与恐惧的束缚中解放出来；所以，不能做到这一点的教育就不能被称为休闲教育。[15]

有效的休闲教育包括以下要素：

（1）对特种游戏、工艺技能的认识

这可能是休闲教育最显而易见的方面，它促进个人参与休闲活动，是参与休闲活动的基本条件。比如，介绍保龄球技能的运用以及绘画时基本色彩的混合方法。

（2）对休闲机会的认识

休闲活动本质上与教育是联系在一起的。对休闲机会的认识是参与活动的重要影响因素。举一个简单的例子，如果你完全不知道某种休闲活动的存在，你可能永远不会参与到这一活动中来。

（3）对休闲限制的认识

要认识到个人休闲方式可能对社区产生的影响，因此要让个人选择社区容易接受的休闲方式。这并不意味着个人愿意自动接受社区对他的休闲活动方式进行的限制，但意味着他们明白自己所选择的休闲方式会产生什么样的后果。就像个人也许仍然会选择使用违禁药品，但他明白这样做的后果将是面临法院的起诉。

（4）对休闲文化的认识

休闲教育不仅让人们认识到休闲机会，同时认识到作为一个整体的休闲活动这一亚文化群的存在。很显然，教育使个人认识到休闲群体及其行为标准，使他们有能力识别并接受群体的亚文化，从而更容易参与到休闲活动中来。比如，参与马球、高尔夫球、投掷和足球运动的不同群体，他们的文化标准是不同的。[16]

　　教育有意或无意地培养了人们有效的休闲生活方式，同时其本身也许就是一种休闲方式。在历史上休闲课程和休闲活动是非常重要的。海伍德（Haywood）把没有强制性的教育看成是一种休闲活动，特别是可以把白天或晚上的自选课看成是一种休闲体验。

　　强制性教育的艺术、工艺课并不属于这里所讨论的休闲，因为学生没有权利选择是否参与。这就使得情况似乎比一开始要复杂得多，比如虽然一些活动属于必修课，但如果可以自由选择，学生仍然会把它作为一种休闲活动来参与。[17]

二、如何看待休闲教育

（一）休闲教育很有必要

　　一个社会对教育的需求程度能够反映社会成员处在怎样的人文环境和物质条件中。实行奴隶制的古希腊人认为，若想使自由人的生活免于沦为灾难，就一定要进行休闲人生的教育；我们的正规教育体制，不论是从教学方法还是从各门课程的实际应用来看，都是以工作为核心设计的。在十五六岁以前，学校是一个法律规定我们必须去的地方，我们在那里做学校"工作"。上大学通常是为了将来可以谋到一份职业（尽管离开的原因各不相同）。虽然休闲教育也是全国教育协会所设定的七项教育目标之一，但是直到最近，这一目标才开始付诸实现。[18]

　　在探讨休闲和教育的重要性时，大多数美国人采纳约翰·杜威的哲学思想。杜威称："或许在教育史上，最根深蒂固的对立面在于教育为有用的劳动做准备还是教育为休闲的生活做准备这两者之间。"我们认为，教育应该把生活的每个方面以终身学习的形式汇总起来，从而产生有意义的工作和有意义的休闲。休闲不应该和生活"分开"，它是生活的一部分。因此，休闲和教育无论以何种形式出现，应该为社会的公正和个人在社区中的生活做出贡献。[19]

对不假思索的批评者的反驳

　　有人认为，休闲是我们最私密的财富，需要别人来教自己如何利用休闲是不可思议的。真是如此吗？当城市最初提供有督导的游戏场所时，人们通常会问："教孩子们如何游戏，有必要吗？"马克·吐温很快给出了一个回答："别让孩子受到过多的课堂教育的干预。"课本、学校和老师固然重要，但经历和生活同样重要，也能教育孩子。在一些家长的眼里，凡是孩子感觉到有乐趣的东西都是"花边教育"，今天，个人正越来越多地被剥夺选择休闲方式的权利。这是因为个人能够拥有的机会都已经确立了稳定的地位，与令大众满意的媒体和社会的标志一致。人生如果没有学习，就不是真正的人生。社会以一种或另一种方式向人们传授关于一切事物的知识。人们甚至必须学关于过去的知识，如历史和考古学，更不用说是关于现在和未来的知识。新闻媒体中常报道一些新的发现和再发现。体面的行为，甚至偏见都需要教才能获得。正如福斯迪克（H. E. Fosdick）认为的，普遍休闲必将使学习的土壤更多普及。

进行休闲教育的另一个能令人信服的理由是，工作时间在不断减少，人们将被大量的闲暇时间包围，像是置身于众多镜子的包围中无法逃避面对我们自己。休闲的意义主要就在于如何利用它。"美国人必须迅速回答，休闲将走向何方？"休闲将是一个令人毛骨悚然的幽灵和社会永恒的危害，抑或将是一个不错的机会，让人们可以从事有用的创造性的活动。或者如本迪纳（Robert Bendiner）所说："整个教育系统必须赶快致力于培养全面发展的业余爱好者，否则教育将等于是在人们对时间需要得越来越少的情况下，给人们制造越来越多的时间。"关键问题是，我们想要什么样的社会和什么样的人？我们想要成为什么样的人？没有任何事实表明我们的社会已做好充分准备，能以对社会或对道德有益的方式利用休闲。事实是，除了用产品及服务的销售量来衡量，我们不太了解人们现在是如何利用其闲暇时间的，也不知道当人们有更广泛的选择时，他们将会对什么有兴趣。但我们正开始在科学研究的基础上来确定这方面的情况。

自我实现和自我沉湎

休闲教育是必不可少的，因为人类有抗拒"消磨时间"的天性。如果我们具备休闲能力，休闲活动将能帮助我们寻找人生的意义和目的。仅有富庶是很难帮助我们发现自我、实现自我的。尽管如此，人们还是常常错误地将生活的意义跟面包和黄油联系在一起。自我沉湎不能代替自我实现。

说到底，我们要从休闲中获得自我实现，最好的资源莫过于人。当然，这不能是呆板、漫无目的、漠不关心和安于现状的人，而是有冒险精神、体魄强健、心存关怀和勇于接受挑战的人！我们并不确定的人生目标是追求快乐。的确我们都想要健康、自由，希望自己是别人需要的人，是有用的人。我们希望找到自己在宇宙中的位置，发现自我。无论有何局限，大多数人都寻求自我的实现。如果休闲基本上被视为一种逃避现实的方式，那么它对学习、成长和满足所具有的潜能就受到了限制。

价格忽视了什么？

如果要评价休闲教育的重要性，我们必须学会以更开阔的视野和更长远的眼光来看，人们对休闲准备不足会导致什么样的远期后果。这并非易事，因为我们的天性是倾向于只看目前。日常生活的问题已经占去了我们太多的注意力，似乎根本没有时间去考虑未来。我们总是忘记重大的问题并非看起来那么遥远。今天就是昨天的未来。休闲教育的问题之所以复杂还因为我们并不清楚何为"好的生活"。好的生活有多种，无论如何，我们应该能从自己的生活方式中获得更好的结果。之后我们会看到如何安排我们的学习过程能获得更好的结果。

对休闲教育的必要性怎么强调都不为过。在我们看来，它仅次于提倡天下一家的必要性。不管冷战还是热战，凡是战争都会扭曲一切。关于休闲问题的困惑，不亚于关于民权、自动控制、人口过剩、环境问题，以及人力与自然资源保护等问题的困惑。[20]

知识信息、财富、经历和交流为人们开启了通向温文尔雅之门。能言善道、长于推理、随机应变、聪明智慧、泰然自若和谨慎判断日益成为美国国民的特征。但如果一个人过快地变得老于世故，或是尚未成年就变得如此，也会有点烦人，特别是如果其成长经历的某个阶段被越过或被过快地走过的话。

要为休闲做好准备，还有很远的路要走。但如果说目前这方面状况不佳的话我们有理由对未来怀抱希望，当然，得承认未来还是朦胧的。首先我们得防止人类命运前景的恶化，接下去还要去改善这前景。休闲降临得太快才使我们现今仅有模糊的反应。对目前的境况，我们要冷静地接受；但也要订出一些计划，以确保将来我们学会利用休闲而不是让休闲来利用我们。这些计划的核心就是学习，但这学习要更多地按照自然的法则而非人类的法律。就像遗传学家要学会如何将不理想的品质从人类身上消除一样，我们也需要学会如何将休闲的威胁最小化。这里的答案仍然是全体人类尊严的扩展，加上让所有的人都有无止境的学习机会；这里的学习不仅是为个人的利益，也是为全人类的，因为在一切生命有限的生物中人类承担着最高的责任；所幸的是人类也具有最强的能力和潜能。[21]

应该从人生早期着手为休闲做准备，在小学和中学的教学计划中应该完成大部分休闲教育。在美国我们曾毫不迟疑地将到一定年龄的教育定为义务教育。那么，为何在把休闲技能的传授定为义务教育的问题上我们就犹豫不决呢？诚然，休闲中让人们感到满意的东西是不能强加的。我们不能命令人们要快乐。参与游憩活动必须是自愿的。但在学校中要求进行休闲教育和在选择休闲时保持自由的必要性并不矛盾。

休闲的实质是如何利用时间。当一个人无所事事时，没有什么比时间更致命了。反过来，当有事可做时，又没有什么能像时间一样宝贵。时间是用来生活的。如果时间及生命是可以用钱购买的话每个人都会倾其所有，包括手中的黄金。但是时间和生命是不能买也不能延缓的。一个人的寿命可以延长，但不会消除。在游戏中，我们可以让时钟停下来，但在"生命的游戏"中却不能。

自我实现使得休闲成为永恒的时刻，这就是休闲教育如此必要的原因。

教育的一部分有很现实的目标，如为职业做准备。但纯粹的教育要超越这一目标，要帮助所有个人将其才能和潜质充分开发出来。毫无疑问，教育必须随不断变化的需求和环境而变。它的使命是增进理解。[22]

虽说休闲教育是所有学科和机构的责任，但是我们越来越需要有一批高素质的专业人士开发更广泛的积极利用休闲的机会，并帮助个人找到满意的利用休闲的方式，不论他们是否利用社会提供的资源。

作为一种生活方式，游憩式休闲不是一种孤立的存在，而是无可避免地与以各种面貌出现的教育联系在一起，与人类生态、良好的身心健康联系在一起，也与人类在精神、文化、经济和政治上的追求联系在一起。此外，任何一种旨在让青年男女在其领域内成为领导者的职业培训计划都必须反映这些关系，也必须将游憩行为与全体人类的需要及对生命的全面尊重联系起来。

社会极有可能变得越来越城市化，导致与休闲和游憩相关的拥挤、人口过剩及空间使用方面的问题。人们将会更加强调人类生态及自然环境是对城市化和科技发展之缺陷——这些缺陷倾向于钝化人类心灵的敏感——的反动。人们在休闲中也需要更多地考虑私人生活和独处的机会。

当代社会对生态问题的考虑将在休闲生活中占据重要的位置。人与其居住地跟环境、物质资源及由此产生的休闲的社会与文化模式之间的关系极为重要。

在跨学科基础上进行的研究将定位于人们的休闲行为及其所导致的结果。

当代大学生中的学生领袖——希望以后的学生领袖也如此——有着严肃的意向，愿意担负责任，愿意将其价值观前后一致地、人道地用于全体人类的事业。大多数学生希望那些经验丰富、接受过比他们多的教育的人——最好是他们的老师——不仅鼓励他们在课堂上有所发现，也鼓励他们在休闲中有所发现。

即使能提供一套完美的休闲教育课程，那也还不够。如何搞好休闲教育，答案不仅在于学生，也同样在于教师——在于教师的理想，在于教师启发学生灵感、向学生传授知识和激发学生兴趣的能力。

专业气氛的存在、师生间个人或集体的互动是进行完整的专业培训的关键。

培育休闲领域内专业人士的主要问题是如何培养一些才华横溢的年轻人，寄希望于他们走在这一行业的前沿。这些学生必须拥有或必须获得成为高素质领军人物所需的素质和能力。除非这一行业能提供最大的挑战，否则那些最具潜力的人将会另谋发展。次专业人员、技术员和志愿者也需要培训。

尽管培训对于从事休闲这一专业性行业非常重要，但不能认为其职业目标比让人们过人道的生活和成为开明的公民的目标还重要。[23]

（二）休闲教育需要全社会努力

休闲教育需要全社会的努力。我们有许多相当不错的以休闲活动和学习休闲技巧为目的的社区计划、服务项目和机遇。但这些还不够；社区必须帮助社区居民成为休闲教育的主人而非恶意批评者。争取提高生活质量之战的胜利必须在自由时间的战场上获得。我们主要的制度——家庭、学校和教会——必须起带头作用。但也必须有市民组织、共济会、爱国组织等的加入，还有企业管理者和工会的加入。街区团体必须在促进休闲上做很多工作，而公共与私有社会服务机构、房地产开发商和住房管理机构则应积极鼓励其工作。社区的广泛参与本身就是休闲教育的有效手段，它将使参与者的能量得到释放。[24]

三、休闲与教育的关系

（一）休闲与教育密切相关

休闲和教育之间的联系可以用一些广泛的方式加以定义。将教育与休闲相连的观点包括："教育为休闲""从教育到休闲""通过休闲进行教育""教育作为休闲""休闲期间进行的教育""关于休闲的教育"。它们所表达的意义有不同程度的类似，因为它们都集中探讨教育与休闲之间可能存在的关系。它们也代表不同的视角，突出了对于休闲行为认识的深度和广度。[25]

既然休闲教育作为正规教育和研究的主题尚属有限，人们对其他方式的教育进行了探索。在休闲期间进行的教育、通过休闲进行教育以及作为休闲的教育，这三者只是反映出休闲与教育之间的非正规联系。蒙迪会把这种做法称为自由放任，但其他专业人士可以主张，参加退修会、课余活动（如社会文化和体育项目）、社区娱乐节目和夏令营等，这些休闲活动本身都包含了教育的性质。有组织、有计划地进行体育运动、参观旅游景点或参与成人教育项目，在许多方面同样具有教育意义。[26]

学习包括观察、记忆、推理和体验。休闲在其中——尤其是在体验中——可以起到重要的作用。休闲是搞体育运动的时光，即发展我们的机械协调能力的时光；是人们更接近自然的时光；也是阅读和快乐地运用我们头脑的时光。在休闲问题上，我们不仅可以选择从理论上认识为何要休闲，而且还要进行如何休闲的实际练习。如果在重复性的学习过程中不时插入小段的休息、放松和变化，那么一边学习一边实际完成一些事会使我们更快得到更满意的结果，更长久地受益。这些就是休闲的主要目的。

教学必须考虑到学生的接受状态，即一个学习情景何时能让学生做出好的回应；必须意识到练习的必要性，因为应用能强化学到的知识，不用则会弱化它；必须认识到，学生做出令人满意的回应能拉近师生间的联系。多年来，美国教育界认为学生应该在进入初中或高中时才开始学外语，但现在我们看到许多 14 岁的孩子已经学了 8 年的法语而且效果非常好。能用于语言领域的学习方法也适用于其他领域的学习，同样还可以用于休闲社会。

每个人都渴望学习。最好的例子就是一个小孩会好奇地抓起他所能够到的所有物体——想弄明白他周围的世界到底给了他什么。可是一旦进入小学，他的好奇心就被扼杀了。确切地说，学习是要训练人们的思维，但并不一定要用那些让人精疲力竭的方法，那样会让人心生厌恶，感到索然无味。从孩童的游戏中就能发现这一点，因为游戏是一种生动的学习过程。学习应该创造良好的氛围，激起人们的好奇心，让人心胸开阔，有奉献精神，有理想和美感。

……

教育有多种类型：博雅教育、德育、体育、宗教教育、职业教育和专业教育。现在我们应该考虑另一种教育，那就是非职业教育或休闲教育。不同之处更多在于教育目的而非其内容，在于这种新的教育可以用来丰富人们的生活。

要决定我们需要什么样的教育，首先应该想清楚要塑造什么样的人。当然要塑造知识渊博、有责任心、能探寻真理并坦然面对真理的人，而且是能理解自己与人类命运紧密相连，能使自己变得更强的人。我们不是要去塑造自由的人吗？我们也要塑造完整的人，塑造能用开放的心灵去创造世界，时刻准备服务于社会的需要，有生存能力，但同时也愿意活出精彩的人。在当今的美国，每个人都可以随心所欲地购买到各种商品、用具和服务。在这样一个社会里，以物质主义为导向的教育达不到我们的目标。终身教育应该能唤起人们过完满生活的激情和对仁爱待人的执着。

也就是说，教育必须是人们充满智慧和理性地参与生活。这不是传统意义上的生活，而是现在和将来意义上的生活。不久前，父母送子女进大学是为了让他们以后不必做令人生厌的库房工作，并保证他们能挣到更多的钱。这样做也许是对的，但却是基于错误的理由。尽管金钱在当今社会的作用不容忽视，但许多父母内心更看重声望。在未来，为了获取较高的地位或生活得富裕而去求学的观念将是错误的。

一个民主国家的教育是面向所有人的，这在美国已成共识。除了少数头脑僵化的顽固分子和学术界一些假充内行的人以外，大家都接受了这一原则。我们也无须去宣扬民族主义的美德，因为它就存在于我们呼吸的空气中。我们的确用无数的时间和努力去说明这是一个完整的世界，在此世界里每个生命都有宝贵的价值，现在没有任何国家任何人能独立地生存——尽管这在过去是可能的。现在仍有人执意认为教育应该主要面向那些天资超常之人。而另一种观点认为，所有人都应该能在其潜在的或显见的天资和能力许可的范围内尽可能地享受教育，否则他们会感到不安。教育最伟大的目标之一就是培养人的自我实现的能力。但我们还需要让教师和学生都明白，在未来人们将不仅从工作中也将从休闲中去获得自我实现，甚至更多。教育最伟大的目标之一就是培养人的自我实现能力。但我们还需要让教师和学生都明白，在未来，人们将不仅从工作中，也将从休闲中去获得自我实现，甚至更多。

我们的教育方式需要改革。一成不变的教育不能称之为教育。每一代人都必须审视旧的教育方式，以期发展新的教育方式。教育的某些环节可能永远都应保留，人们精神的教育就是如此。但是我们也需要纳入与文明的发展极为重要的新因素。因此，这里重要的一是重新评估，二是创新。这并不是意味着要抛弃教育尤其是博雅教育中有价值的东西……

倡导休闲教育不是要放弃历史、哲学、科学、艺术和人文学，它们之间不是鱼与熊掌的关系。苏格拉底、莎士比亚和贝多芬的不朽之作仍将充实我们的人生，但一个哲学理念，一首十四行诗或一曲交响乐并不能代替一个现代浴室、越洋飞机或抗生素。伟大的经典之作确为我们的生活所必需，但它们却无法养活地球上 2/3 的人口，也不能消灭癌症。然而，如果我们不学会如何过完满的生活，那么，依靠现代医学技术延长了生命又有什么意义呢？

现在是我们该更多地关注价值的时候了。教育不能无视传统中的良知、道德准则、礼仪、诚实、勤奋和普遍价值。现在，教育还应关注休闲价值。

最后，教育应该以整个世界为教室，要有开放性。要在传统的学校中激发学术思想的发展，必须将不断学习的主要责任由学校转向个人，让整个世界成为学生的实验室，让整个人生阅历成为他的课本和老师。我们有足够的资源和时间来做这些。

休闲对学习的作用主要有两个方面，一是游戏和游憩可以作为学习的媒介，二是休闲可以作为学习的机会。[27]

从上面的分析中我们已经看出，休闲已经成为人类生活的重要组成部分。它不仅仅是生活的残余，而将越来越成为决定人生幸福的核心因素。不良的休闲嗜好不仅会伤害到我们的身体，甚至有可能会损害个体发展和成长的潜力。为避免这种消极的后果，人们应当为休闲活动做各方面的准备，就像人们需要为工作做准备一样。在工作中，"有技术的"人要比"没技术的"人更有希望感受到快乐，并获得成长。

换句话说，休闲需要有计划，需要获得某些技巧，而这样的一个过程是一个教育的过程。理想的休闲必须具有发展性，必须是一个能使人投入其中，不断学习，并有所改变的连续的过程。

创造性的生活意味着我们必须能够自娱自乐，不必依赖外界因素就能使自己得到娱乐。要做到这一点需要有意志力。这意味着我们必须变被动为主动。生活中的很多乐趣并不是与生俱来的，而是通过学习培养出来的。有爱好、有目标的人往往比没有爱好、没有目标的人更快乐。生活充实的人常常用自己的全部精力追求那些富有挑战性的目标，那些能给他们的生活以意义的目标。他们将会有所成就。他们在追求目标的过程中，也获得了所需的技能。按照奇克森特米哈伊的看法，这样便可以获得自我意识的和谐。

古雅典人有非常相似的观点，他们认为，自由人如果不想使自己的生活沦为灾难，就一定要接受休闲人生的教育。我们自己的正规教育体制，尽管一直以工作和必备的生存知识为核心内容，不过现在已经越来越重视休闲和休闲的作用了。弗雷德里克（Frederick）发现，美国公立学校的休闲（课余）活动发展至少历经了四个阶段。在殖民地时期克制的态度占上风，孩子们被要求专注于他们的学业。随着正统宗教的影响在美国各地被逐渐削弱，人们对孩子们组织自己的舞会和聚会等活动开始采取宽容的态度。到了 20 世纪初，各学校纷纷开辟场地，增加教员，开始为学生组织课外活动。这是第三个阶段。现阶段实际上是第三个阶段的延续和发展，并且更为正规：休闲课目同样设置了学分。这样一来，学生们可以选修表演、文学创作、音乐欣赏，或者在身体教育课程（physical education course）中学习一种体育活动。[28]

休闲活动本身对学习具有巨大的潜力，事实上很多休闲活动就包括学习的性质。特别是儿童时代的玩耍更具有学习的性质，并且会影响到人的一生。

我们使用休闲时间的方式对我们的智力发展有重大影响。

休闲活动对社会教育有重要作用。体育活动在人的性格塑造和道德教育过程中扮演重要角色，通常用于教育小孩如何竞争和如何服从规则。教育在这两方面的作用对一个人在社会上能否成功是非常关键的。这一认识非常重要，它使人们在这一过程中培养出好的品质。我们需要明确的是不鼓励参与者（特别是儿童）在休闲活动中培养过分竞争的意识以及死板地遵守规则，因此休闲教育需要慎重和小心。在各种各样的休闲活动中进行平衡需要有体育、智力和社交等方面技能，这种平衡有助于在人的一生中培养优秀的人格和社会交往经验。[29]

教育与休闲的结合可以是有意识或无意识的、正式的或非正式的。一旦把教育视为人一生的全过程，那么这一过程就超越了传统的正式教育，它包括人在一生中知识与技能的获取。因此，无论教育对休闲还是休闲对教育都具有深刻的影响。我们的很多兴趣爱好是在学习或是包含学习的过程中培养出来的。在促进休闲与教育结合的过程中，在支持个人有效使用教育与休闲设施以提高生活质量的过程中，家庭、教育机构、休闲供给商以及整个社区都将起到重要的作用。

休闲活动方式以及通过休闲进行教育或者把教育作为休闲的体验都是非常个性化的，其高度依赖于个人的感知以及对活动过程本身的体验。完整的相互补充的方法促成了教育与休闲的结合，它的好处只有个人或社会才能进行全面的评价。政府全力的政策与资金支持将促进这一综合方法的运用，从而让各方参与到这一进程中来。[30]

（二）休闲与教育简史

休闲的历史也是非正规教育的历史。广义言之，教育就是给予指示，向人类传送知识、发展技能和培养性格。同样，从理想主义角度，休闲的结果应该是学习、表达自我和体验欢乐。我一直主张，教育和休闲（即娱乐）在其最佳形态下应该是完全一致的。休闲的历史常常以讨论希腊哲学家开始，在工业化时代到来时出现明确的经验分界。然而，自从人类在地球上居住以来，休闲和教育的历史始终存在于各个文化中，再者，休闲不一定需要通过语言才能学会，而是一直包含在文化中。

……

所有宗教在其教诲中均强调休闲和娱乐因素。例如，犹太教强调"安息日"的概念，让身体休息。基督教徒强调人们采取正确行为的观念。伊斯兰教突出纪念的重要以及工作和嬉戏体验在道德法律范围内的重要性。古印度教教授轮回转世的价值以及一切行动的因果规律。道教集中关注人们所做一切事务（如休闲与工作）之间的相互依存属于道教。"即使休闲这个词并不为世上人人皆知，休闲存在于所有时间、地点和社会中。"

西方人通常把希腊哲学家最早就休闲进行的书面讨论视为贵族对于人类活动的理想。阿诺德（Arnold）注意到亚里士多德是阐述休闲、教育和工作关系的第一人，并且亚里士多德提出质疑，究竟教育的目的是发展文化还是使人们适应生活。在亚里士多德看来，休闲并不代表休息和娱乐，而是为了利用人的最高智力。阿诺德进一步提出，将休闲视为教育的观点是亚里士多德的一种观点，它涵盖了自由教育的含义。[31]

四、学校对休闲教育负有重要责任

（一）目前学校普遍缺失休闲教育

休闲活动不会在真空中发生。参与休闲活动需要时间，青年们手头的时间有限，需要做的其他事情却很多，如家庭作业、家务琐事和家庭义务等。要获得机会参与休闲活动必须和这些事情竞争。而这些事务似乎由于收入和文化不同而各异。例如，许多东亚／南亚国家和地区的青年都面对着一个高度机制化和竞争性的考试体系，这似乎给参与休闲活动形成了干扰。印度中产阶级的青年将他们三分之一的日常时间花费在与学校有关的活动上。同样，韩国城镇中产阶级青少年，据报告，一半时间花在与学校相关的活动上。在印度和韩国，据报道，休闲活动基本上属于被动型。花费在与学校相关的活动上的时间和消极情绪与行为内向直接相关。此外，较多参与休闲的青年报告自己对休闲参与的积极情绪，但同时也诉说自己有较多学业上的担忧，有的还出现学习成绩较差的情况。在日本青年中，情况类似，学校无论在重要性、时间方面都享有优先权，这都造成了负面后果和心理压力。

然而，就亚洲文化而言，休闲或闲暇时间相对学校时间的估量方式可能不能反映事实的真相。吴（Wu）等人思考为什么美国和中国台湾地区以及亚洲发达国家的青少年在时间的使用上会有差别。他们指出中国台湾地区青少年在学校里花费的时间要比美国和其他西方国家的青年多得多，但这并不一定确切地反映在这段时间里实际发生的情况之间的差别中。他们指出，中国台湾地区的政策规定40%的在校时间必须用于"休闲教育"，其中包括科技、健康、艺术、体育和家务技能。每天在校时间虽然比较长，却包含了放学后的活动项目，包括一般性休闲活动和发展友谊。

　　……

　　韩国是另外一个学校和休闲的关系值得注意的国家。由于政府20世纪90年代的政策转向由消费主义促成的新自由主义，韩国的教育体系历经重大变革。崔（Choi）指出，韩国学生为能进入名牌大学而进行激烈竞争、在沉重学业压力下苦不堪言的情景已经不复再见；取而代之的是，业余工作和休闲已经成为韩国青年的标志性形象。新一代青年的一个特点是对权威、大众文化和消费主义的某些反叛。对所有韩国青年，学业的成功已不再是憧憬未来的驱动力，虽然拿文凭仍然为文化所要求。崔的调查显示，在他采访的一群来自某非国立学校的年轻人中存在着一种对未来的不确定、不可测的感觉。他指出，在新近改革的学校体系中不成功的青年代表目前教育体制的失败，并导致阶级差别的加深。[32]

（二）学校进行休闲教育的独特意义

　　学校是最主要的教育机构，对休闲教育有着无可动摇的责任。年轻人在其身心被塑造成型的岁月里，都处于学校的管辖之下。学校的第一个任务是给个人以激励，它在休闲教育中承担的任务并非只按学期计。一种教育如果没有教会学生如何休闲，让学生具备担当全社会福祉的责任感，那么它就是不完整的。如果说在物资稀缺的社会中教育的目的——且不论此目的正确与否——是教人们辛勤劳作，那么在富足的社会中教育的目的就是人的全面发展。学校应该成为社区的心智家园，在这一点上它应该一刻也不松懈。[33]

　　学校目前主要就是一个儿童的机构。这一点就使它对休闲社区的意义重大。不仅孩子们形成了现代社会主要的有闲阶级，而且整个休闲运动主要起源于儿童福利运动。进一步来说，玩乐这一现象已经成为重大的理论讨论的主题，通常被认为是儿童的主要活动。清教徒对休闲和娱乐的限制最初是对孩子开放的。公立学校在过去50年里的巨大发展包括增加在其项目中对于玩乐的包容性。事实上，玩乐被认为在某些方面如果不是唯一正确的，也是主要的教育手段。

　　从休闲的角度来说学校的重要性体现为三个主要方面。首先，它因培养未来成年人的习惯和品味而重要。也就是说，学校是很重要的，因为它培养人们利用休闲的方式。其次，它是世界五分之一的人口，即孩子们，休闲和玩乐的剧场。最后，学校，特别是其休闲活动，为很大一部分社区提供了娱乐。[34]

（三）学校的休闲教育应成为教育改革的前沿

尽管有迹象表明这方面已有进展，也不时会有值得一提的项目，但学校的休闲教育总体上还没有起步。在休闲中学习和为休闲做准备是教育这一广阔海洋中一条尚未测清的航线，更不用说已有人在这条线上航行了。这方面应当成为教育改革的前沿。要让人们能充满激情地进行终身学习，教育得走出第一步。这其中需要做的，必须让有远见的教育者来做。当今的教育机构对现实世界和学生周围的环境不能漠然处之，否则它教给学生的东西就会很有限、很成问题。如果每个父母都能认识到休闲在孩子一生中的重要性，并能胜任对孩子进行休闲教育的工作，那么学校从事休闲教育的负担就不会如此沉重了。遗憾的是，许多家长并非如此。事实上许多家长与子女相处的时间甚至都不及他们自己小时候父母与他们相处的时间那么多。

学校要深入开展休闲教育免不了会受到一些人的批评。有的纳税人认为除了读、写、算这三项基础技能外，其他任何教育都是在浪费钱。如前所述，休闲教育是一个过程，或者说是教育的一种方式。它并非新的"内容"，而是教育目标、方式、范例的重新定位。在课程设置上，搞休闲教育和不搞休闲教育差异很微小，但结果却可能是巨大的。教育工作者将休闲引入一门课程时，会遭到一些误解，因为保守、传统和挑剔的人会将这视为对自己孩子们的"娇生惯养"。如果发生这种情况，那教育工作者就可以确信自己真是在搞休闲教育了。

诚然，教育工作者必须谨慎对待这一敏感而无前例可循的任务。应该由谁来确定何为良好的闲暇时间利用方式呢？我们需要实验和研究，需要建立规范和标准，但同时又永远都要记住，我们是在对个体的人进行教育，而不同人的兴趣、愿望和需要都是有差异的。如果我们仔细研究，还是可以对人们的休闲习惯和兴趣有更多的了解，在有限的范围内甚至可以相当准确地预测某些人在机遇来临时会采取何种行动。休闲教育并不意味着一个人去指示另一个人如何休闲，重点在于启蒙。

必须注意的是，休闲教育不能过于集中、过于强烈，否则学生会有不好的反应，可能会不明就里地进行抵制。人类就是执拗地不愿做许多他们应该做的事。一种好的休闲教育方式将有赖于能提供多样的选择和能产生一定程度的满足感。在学习过程中，这两方面都会互相促进，直到学生因为某些活动令自己感到满足而将其作为自己稳定的爱好。如果是不断地用各种活动对学生进行系统的轰炸，或是用过于老套的方式教他们的话，学生可能就会退缩了。[35]

（四）学校应该设置休闲教育课程

笔者认为"经济人"的概念应该被"心理人"的概念所替代，因为不能通过对经济的和物质的需要的过度满足来实现幸福。经验研究已经表明：金钱不能买来幸福。因为经济人不足以实现对于幸福的追求，并且因为我们的教育系统提倡的是经济人，因此，应该改变教育的目标以便使它们指向心理人的概念而不是经济人的概念。作为这个变化的一部分，休闲教育应该和有关内在报酬的工作的教育一道，作为学校课程不可或缺的一部分。[36]

专业教育通过有计划、有组织的方式向个人和团体提供技能和机会，帮助他们获得休闲、娱乐、旅游和玩耍的体验。美国游戏场协会成立于1906年，其成员——志愿者和志趣相同的市民——对于儿童游戏场所的安全的重要性具有共识。在美国，第一个培训个人如何教授和引导娱乐的正规大学课程开始于20世纪30年代。这些专业教程起初发展缓慢，直到60年代才在北美、欧洲、澳大利亚、新西兰等地迅猛发展，遍地开花。

……

虽然我将这类早期项目称为"专业教育"，休闲、娱乐和旅游三者的管理作为一种专业，一直处于不断发展的状态。塞索姆（Sessoms）就一个服务领域成为专业提出了必须符合的六个标准：与社会所关切的某一问题有关联（即专业人士相信，娱乐和休闲的机会对个人和社区生活质量具有价值）；组织专业社团与协会（如世界休闲组织、休闲研究协会、加拿大公园和娱乐协会）；职业道德准则；专业知识（即研究）；专业教育和培训；鉴定、认证和发放许可证书的专业标准。

根据以上标准，世界各地的专业化程度不尽相同。达斯廷（Dustin）和古德尔（Goodale）注意到，美国接受公园、娱乐和休闲研究的专业教育（即培训）的学生数量要多于世界其他地区的总和。专业标准诸如鉴定（如代理机构的实践和大学课程）和认证（如持有执照的公园和娱乐专业人员）是美国的主要途径。但是，在全世界，开发专业休闲教育项目的努力势头正在加快。在原先娱乐行业没有广泛专业培训的国家里，为个人提供高等教育机会的一个例子是荷兰瓦格宁根大学的"世界休闲组织卓越中心"（WICE）。[37]

（五）美国学校的休闲教育

我们已经说过，休闲教育存在于许多不同的情境中，包括正式的和非正式的。在美国，为了同时满足孩子和成年残疾人的需要，娱乐疗法主要使用正式的、以活动为基础的休闲教育。而以学校为基础的休闲教育活动的历史是不完整的。受希腊人启发，在学校里开展休闲教育这种想法曾对美国人杜威产生了重要的影响。1918

年，美国教育联合会的七项教育基准之一就是"教育人们有价值地使用休闲时间"。因此，在 1910 年至 1930 年，上千所学校建立了扩展的课外活动，包括体育运动、宣传活动、兴趣课堂以及社会和学术体验。

不幸的是，杜威的想法被极大地忽视了，然而，一些休闲和娱乐的专业性组织和学者对此仍存有兴趣。譬如，1966 年，布赖特比尔写了《为以休闲为中心的生活而教育》一书。后来，他进行了修订并于 1977 年和托尼·莫布莱（Tony A. Mowbray）一起撰写了新的版本。现在，让我们来看看一些以学校为基础的休闲教育活动，这些活动更为突出且曾经存在过或现在依旧存在。

"照亮的校舍"项目

最初以学校为基础的休闲教育的一种模式是"照亮的校舍"，意思是社区人员把学校作为有机会参与有组织的娱乐活动的场所。此项活动于 1911 年从威斯康星州的密尔沃基开始，此举减少了少年犯的增长和移民的涌入。他们喜欢体育运动、舞蹈、艺术和社交，但是没有地方去参加这些活动。这些行动为在其他地方诸如芝加哥、洛杉矶和密歇根等地实施"照亮的校舍"项目提供了动力。

该项目最近于 1989 年在得克萨斯得以发展。这是通过基督教青年会和一家为无家可归的儿童提供避难所的非传统型教育机构的共同努力，它们力图为青少年提供放学后从下午 3 点到晚上 9 点半的监管。

佛罗里达州立大学的广度和序列模型

佛罗里达州立大学的休闲研究学院和佛罗里达州教育部人事部门合作，于 20 世纪 70 年代开创了广度与序列模型（Scope and Sequence Model），此举响应了美国国家娱乐和公园协会（National Recreation and Park Association，NRPA）的专业性娱乐教育者（SPRE）对休闲教育逐渐增长的兴趣。广度与序列模型成立的基础是美国对休闲教育政策的公告以及包括一系列针对休闲教育目标的课程，这些休闲教育活动从托儿所到高中可以始终和其他课程（如阅读）融为一体。其中包括六大类：自我意识、休闲意识、态度、决策、社会交往技能和休闲活动技能。

美国国家娱乐和公园协会的"休闲教育提高项目"

另一个发生在 20 世纪 70 年代的行动同样响应了对休闲教育的兴趣，这就是美国国家娱乐和公园协会的"休闲教育提高项目"（LEAP）。这个项目发展了为从幼儿园到 12 年级的少儿开设的综合性课程。和广度与序列模型一样，这个项目是为了融入那个年级现存的课程而设计的。LEAP 为孩子们设定的具体目标如下：

认识到休闲作为自我满足和自我丰富的途径的作用；

了解一系列休闲时间中存在的机遇；

知道休闲时间现在和将要对社会产生的显著影响；

重视自然资源及其与可自由支配时间的关系；

根据不同休闲活动的不同特点做出决定。

除了以上所举的项目外，在学校开展的休闲教育并非连续发展形成的，且近来的财政紧缩又取消了不少课外的艺术和音乐活动。当我们在写作本书时，我们无法确定这种趋势是否已发生变化，但我们有信心在接下来的时间里以学校为基础的休闲教育活动会增多。让我们有信心的原因之一是，放学后的活动变得愈加突出。如果研究表明休闲教育可以带来有价值的教育目标（如防止退学、提高学习成绩），也能在其他行为领域（如违禁品滥用）减少风险，休闲教育活动就会在学校被认为是适当的。

尽管对休闲教育的兴趣曾引发一些有前途项目的发展，但是到目前为止很少有项目是建立在坚实的理论基础上的。同样，对休闲教育的广泛评价也非常有限。这是将休闲教育和有价值的教育及人的发展结果联系起来存在困难的主要原因。但是最近的一个休闲教育项目结果显示，它可以促进休闲行为，并且可以最终减少消极行为。在接下来的部分，我们会描述该项目的理论基础，然后讲述有关该项目本身的具体细节。

时间妙用：掌管自己的休闲时间

"时间妙用"：掌管自己的休闲时间是一种新兴的以学校为基础的休闲教育课程。这个项目帮助青少年在通过休闲娱乐对周身的环境做好准备的同时完全参与进去。"时间妙用"教会青少年以健康、积极的方式使用休闲时间，其方法之一是通过帮助青少年分析当前的休闲兴趣来发展未来的休闲兴趣。最初，"时间妙用"的开创是为了防止中学青少年滥用违禁品，是由美国国立卫生研究院国立药物滥用研究所资助的。但是，其他组织也可轻易采用"时间妙用"来防止其他问题行为，如肥胖症。"时间妙用"即使不用于一个预防型项目，也可作为一个针对青少年的休闲教育项目而独树一帜。

这个项目独特的一面是，它采取一种积极的方法而非关注问题本身的方法来进行预防。教师们被更多地要求采用既关注发展性问题（如发展的兴趣）又关注消极行为的方法。实施上，鉴于这些原因，"时间妙用"目前正在宾夕法尼亚州哈里斯堡的 6 年级学生身上实践。[38]

在讨论休闲态度的形成时，我们通常认为人的价值体系是植根于他早期的童年经验的，假设之后没有比童年更好的时间来建立基本的态度模型或使态度发生改变。如果此刻我们将家庭作为主要的社会化代表，则教育体制似乎依然是态度改变最好的潜在推动力。学校系统，包括托儿所教育在内，究竟在什么方面对发展人们通过休闲实现自我的这种态度有帮助呢？

首先要问的问题是，什么样的态度能让一个人通过休闲来界定自己？要得到这个答案，我们必须回到休闲的定义。何谓休闲？休闲意味着什么？休闲会有什么影响？让我们来看看这些问题。

何谓休闲？休闲即自由参与一项活动，不受到外在力量或内在动机的强迫。它涉及人们对自发行动的认识，自由地掌控自己，伴随着愉悦、悠闲和放松。人们参与一项活动是因为活动本身是令人满意的，且参与活动是为了活动本身，或者是为了完美达成最终目标。

休闲意味着什么？休闲以大量自由为先决条件。这包括了摆脱生存和存在需求的自由，包括远离社会压力、规范、从众力量的自由，也必须包括摆脱会摧毁人自主动机的内在精神压力的自由。休闲完全是一种成为自己的能力。难怪有人认为我们中的大多数人都不能够休闲。葛拉齐亚 1962 年发表了一个悲观的观点：

> 任何人都拥有自由时间，但不是每一个人都拥有休闲。自由时间是一个可实现的民主概念。休闲不是完全可实现的，因此一个理想并非仅仅是一个概念。……休闲是一种存在状态，是人减少欲望和成就的一种状态。

最近（1972 年）他写道："不是每个人都有休闲的气质。对大多数人来说，休闲缺乏足够的引导和目的性。休闲生活太艰难了，那些足够强健或是心理上足够安全去过休闲生活的人不是很多。"

葛拉齐亚受到了批判，有人认为他是反民主的，并且宣扬一种贵族知识分子精英的理念。也许他只是打开我们的视野让我们了解其实大多数人都还没有从心理上或智力上做好迎接休闲挑战的准备。此外，将休闲树立为一种理想，并不是人们所能掌控的。一个人只能为理想奋斗，却永远不能达成。重要的是，休闲是我们社会需要去奋斗的目标。

休闲的影响是什么？休闲会在很多方面对人产生影响，但我们认为关键的是对个人成长的影响。它能带来内在满足感，这种满足感来源于你做了真正想做的事情，你能去做想做的事情，且做得很好。休闲之所以意味着将事情做好，是因为在积极参与中获得的满足感是衡量成就的标准。

这听起来是不是有点自私？难道休闲意味着每个人都只关心自己的幸福，只"做他自己的事情"，从不关心别人吗？当然不是。休闲可以通过他人和全社会的认同而成为利他的，也可以通过分享一个人的目标而成为利他的。并且，只有能感受到内在价值的人才能利于自己也利于他人。此外，没有人能一直休闲。现实生活中有着生活和生存的需求，有没有人想做的家务要做。因此，工作总是生活的重要方面。但是，休闲必须消除多余的意义——在那些它做不到也不需要实现的功能之间。

现在我们已经很清楚休闲教育是一项多么艰巨的任务了。从最广泛的意义来说，休闲教育意味着教孩子成为自己，变得自主、自力更生，并懂得人情世故。这些是教育一再宣称的目标，也是在争取最佳心理健康状态。这种价值理念很难推广，因为在某种程度上，这些是与社会需求相反的，或者至少是和社会的"支撑物"——也就是所谓的建制——相反的。为了维持现状，城市公民会很容易被控制、影响和支配，会习惯于遵循和依赖，也具有一些独特的丧失休闲资格的特征。我们无法解决这类困境。要重视孩子们自主独立的思考和行动的能力，这一点在教育界是公认的。现代教育的趋势显然也是按这个方向在发展，我们尚未提出可行的建议。我们只能重申目标，重新强调这些目标的重要性，并赋予这个目标更新更大的意义。

特别值得强调的一方面是将从外在使用向内在奖励的这种转变作为教育的强化措施。这可能是休闲教育最纯粹的形式：学习想做的事情，不为了外在奖励，例如拍拍肩膀、口头表扬、好的排名、一块糖，或者一份高兴，而是为了特定活动所固有的内在满足感。再说一次，这并非是一个新想法，通过游戏学习可能是这种方法最广为人知的形式。然而，这里的重点是不同的。这种方法不仅要教会孩子们他们所学的，而且要逐渐让他们偏爱那些能给予内在回报的活动而不是那些不能给予内在回报的活动。

我们如何做到这一点？也许是通过为孩子提供更多参与此类活动的机会，也许是通过为孩子创造更多此类活动，需是通过积极的阻止和蔑视那些提供外在奖励的游戏。我们没有答案。但明确的是，在这个领域还需要做更多的研究。[39]

五、如何进行休闲教育

（一）休闲教育强调自我参与

从事休闲教育的人必须将自己的任务视作一系列审慎的步骤，按受教育者个人的需求、兴趣和能力量身定做。这将使参与者经历一个从学习技巧到积极参与，再到在个人与他人关系方面有高度自主决定能力的阶段。没有技巧就不可能做到这一点，否则就会失去洞察力，而只有有了洞察力，休闲才能获得完整的意义。这里，核心的目的必须是通过人的参与来激发自我表达。自我表达应该基本上是自发的。

40多年前，威尔·杜兰特（Will Durant）就提醒道：

……不能靠老师来教育你；他们能做的仅仅是通过教你时所犯的错误来教育他们自己。顺从自己的喜好，勇敢地按自己的好奇心去探寻，要表达自己，制造自己的和谐。幸福不是来自模仿与顺从，尽管聪明人会假装顺从，会用上百种礼貌的言行来遮掩自己的另类言行。说到底，教育如幸福一样，是个人化的，只能来自生活和我们自己。[40]

（二）休闲教育应发挥榜样的作用

聪明的人都知道榜样在劝导方面有着持久和强大的力量。机敏的教师和父母在向学生与子女传授知识和释放他们的智力和体力潜能、养成预期的行为时尤其如此。成功的领导者更重视榜样的作用，因为他没有教师的强制力和父母的权威。他们的受众不是被动的。

是休闲与游憩生活中的自由因素突出了榜样的作用。学习有点像是爱，无法看到的关爱不大可能起到滋养孩子的作用。同样，一个孩子要学会如何明智地利用闲暇时光，也需要能亲眼看到别人的示范。我们可以相信孩子会努力追求更好的东西，只要那东西能让他看到并在他力所能及的范围内。实际上，如何能寄希望于明天的公民会将闲暇时光用于更高尚、更令人满意的目的呢？蕴藏在每个孩子身上、使孩子首先要想追求美好事物的神圣的火花可能是最能给我们以希望的东西。

要解释榜样在教育中为何如此重要有些困难，这可能因为它与敦促人类学习的力量深深地交织在一起。人们像是有一种内在的感觉雷达——一种思想的电波，既能向外传递，同时又能接收，使得接受者能迅速而有穿透力地对信息及其发送者表示欢迎或拒绝。

榜样的力量是很强大的。如果父母想让孩子听从教导和训诫，就必须言行如一。正如父母的德行会体现在孩子的行为上，成人的休闲习惯也会反映在孩子身上。如果我们想让孩子欣赏古典音乐，就必须让他们听，并且让他们看到我们被音乐感动。如果想让孩子发展体育和身体协调技能，我们自己能展示一两种这方面技能将大有帮助。如果希望后代学会用手制造东西，最好是通过跟他们一起制作来达到这个目标。如果想要孩子爱护自然环境，我们必须将其置于自然之中，使其成为自然的一部分。

通过榜样来帮助学习、成长和丰富生活并非要孩子一味顺从，放弃个性，不许他们将自己不感兴趣的东西放到一边，也并非要他们只是心怀敬畏和盲从。[41]

如同其他方面的卓越一样，榜样的卓越是无须辩护的；它是自己最雄辩的辩护者。休闲技能的进步所体现出来的优点作用很大，因为经验表明，休闲技能好的人休闲更频繁，也更能坚持、更喜欢休闲。这里丝毫不是要贬低卓越的作用，但在休闲教育中，卓越的作用是有可能被夸大的。总有这样的可能：作为榜样的人的技能过于高超，以至于把学习者远远地抛在后面，使他们产生挫折感。高标准可能远远超过一些人的能力所及。虽然要注意到卓越在休闲教育中的魅力，但我们也要记住，父母并非一定是自己能到音乐会上演奏的钢琴师，才能帮助孩子对钢琴产生兴趣；父亲并非得有奥运会运动员的技能才能使女儿感到水上运动很有吸引力；母亲也不是一定得有奥本海默之才才能让儿子对科学产生兴趣。

如果休闲教育的目的是丰富总体文化并因此使个人变得更为高贵，我觉得也要注意常常被称为"花边"教育的东西，诸如学习如何写诗、学会如何举止高雅。任何能理解"天启"的人和将生活视为一个整体的人，都不会认同这样的观点：这些事情应该放置一边，而重要的是看谁能考入名牌大学。如果不加合理判断，一味强调高分之类，将可能成为一种障碍，会减少人们获得更完满人生的机会。此外，我们得考虑到加速年轻人成长进程中的危险因素，因为年轻人需要有时间和机会发现自我，而发现自我对完满的人生至关重要。完满的人生意味着年轻人必须发现全部而非仅是部分的自我。从行动者的角度看，在休闲运动中没有主要和次要之分，也不会有给银牌水平的表演颁发金奖，或者是给金牌水平的表现颁发银奖的情况；其唯一的回报是一种能带来深层满足的体验，这种体验常给人们带来内在的满足，人们既是给予者又是接受者。[42]

（三）应建立一套休闲教育概念

研究娱乐休闲的美国学者布赖特比尔提出，应该以休闲活动的参与为基础，建立起一套休闲教育概念。他希望人们不要从狭隘的、填鸭式的、以证书为目的的角度理解教育；应该从最本质的、最贴切的意义上理解教育——一种思考和学习的过程。布赖特比尔指出，如果我们想要休闲，应当先接受休闲教育。如果不能学会以一种整体性的、脱离低级趣味的、文明的、有创造性的方式来享受新型的休闲，布赖特比尔说，我们就根本不是在生活。当然这并不是说应当对休闲活动进行统一管理。重要的并不在于人们是否去公园、海滩或者图书馆，也不在于是否利用社会提供的有组织的资源，而在于人们是否能够创造性地用自己满意的方式来度过休闲时光，这才是问题的关键。

布赖特比尔指出，"休闲教育"（education for leisure）意味着，应当尽早让人参与家庭、学校和社区的休闲活动，帮助他们培养休闲技巧和休闲鉴赏力，以使人们越来越多的自由时间得到充分的利用。他强调，休闲教育是一个缓慢的、循序渐进的过程，需要传授一定的技巧并要练习这些技巧。休闲有助于实现了解世界、保持身心健康、欣赏并表现美的教育的目的。从这个意义上讲，休闲并不是对学习的艰辛的一种逃避，而是教育过程中富有活力的一个组成部分。布赖特比尔对休闲教育的可能性表示乐观，但同时他认为，"学校必须放弃传统的隔离政策，把休闲教育从课外活动的孤岛带回到正规课程的大陆上来"。

休闲教育家蒙迪和奥德姆在推动休闲教育方面一直发挥着重要的作用，她们用一系列肯定句和否定句来阐述休闲教育这个概论。虽然这些陈述不属于我们刚才提到的休闲教育中三个概念体系中的任何一个，但是可以看出其中对自我意识扩展

（consciousness-expanding）和价值明晰（value-clarification）等方面的强调。

休闲教育不是：

- 娱乐和娱乐服务的新名字；
- 把休闲内容仅仅当作事例在课堂上讲解；
- 娱乐场所和公园专项活动准备计划的简化压缩版；
- 企图用我们的休闲价值取向代替受教育者个人的休闲价值取向的活动；
- 以娱乐或娱乐职业的价值为核心；
- 宣讲评价休闲"好"或"坏"的标准；
- 仅仅为了让人参与更多的娱乐活动；
- 仅仅传授技巧和提供活动项目；
- 对工作伦理有计划的破坏；
- 向所有人鼓吹同一种休闲生活方式；
- 仅仅局限于美国的教育体制；
- 把学校的每一门课程都和休闲联系起来；
- 一门或一系列课程；
- 一门可以教授的课程；
- 仅仅去考虑休闲教育者该做什么而忽视了休闲服务从业人员。

休闲教育是：

- 一场使人能够通过休闲来改善自己生活质量的全面运动；
- 一个使人明确自己休闲价值观和休闲目的的过程；
- 一种使人们能够在休闲中提高自己生活质量的方法；
- 为了帮助人们自主地确定休闲在生活的位置；
- 为了从休闲的角度认识自己；
- 一种贯穿于从入幼儿园以前到退休以后的终身教育；
- 与人们休闲需求、休闲价值趋向和休闲能力有关的活动；
- 一种通过扩大人们的选择范围，使他们获得令人满意的、高质量的休闲体验的活动；
- 一个人们借此决定休闲行为的过程，根据其目标评判其行为的长期及短期结果的过程；
- 一场需要多种管理机制和服务体系共同发挥作用承担责任的运动。[43]

（四）休闲与业余爱好指导

业余爱好指导的功能很多，从有限的到整体的人生规划都涵盖在内。最简单的形式就是，业余爱好指导可以给出空闲时间做点什么的建议，提供有关娱乐设施和机会的信息。在深入一点的层面上，业余爱好指导能介入人们的生活兴趣并探索完成这种兴趣的方式。极端形式就是，它可以对人的构成进行全面分析并发展成建议，但这只有在对一个人的心理动机有彻底了解的情况下才能做到。

生活中会有特定一段时间与业余爱好指导特别相关。从某些方面来说，最重要的就是童年阶段，所有学前教育都可以看作是业余爱好指导。等到要选择职业的时候，休闲又成了关键问题。人不得不从工作和休闲中做出选择吗，或者能不能试图将两者结合起来？他能不能找到一份工作可以提供有意义的活动并发展成为潜在的生活目标？如果不能，那是不是在他意识到自己工作局限性的同时就应该有意识地在休闲中寻找和发现他自己？另一个重要的时间段就是退休后。人的工作实现了什么功能？既然人们拥有那么多空闲时间，那么休闲对人又意味着什么？我们不会忘记家庭主妇，她生活中关键的，也最重要的时间段就是当她的孩子离开家的时候。

除了生命中某些特定阶段，也有一些特定的情况需要业余爱好指导。我们之前提到了一系列特殊问题领域，如酗酒和嗑药，在任一问题领域中，都应该为那些受折磨的人提供专业的指导。从更广泛的意义上来说，所有心理治疗都应该是休闲咨询，因为拥有休闲的能力是所有治疗的最终目标。[44]

六、加强对青少年的休闲教育

（一）父母在孩子的休闲教育中扮演重要角色

如果个人对休闲教育负有责任，那么最大的义务当然落在父母身上。家是一个人的第一所学校和第一个游憩中心，父母是最初的教师和游憩领队。家庭事务是学习的基石，是文化遗产的缩影。值得庆幸的是，父母有很强的动力要将子女培养成能超过自己的人，也有很强的动力尽量多地为子女的成长提供机会。

父母在孩子的休闲教育中扮演的角色很重要，包括指导孩子在成长过程中进行游戏和游憩，帮助他们在合适的时间挑选合适的玩具和玩伴。这角色还意味着要将家庭转变成一个与家庭功能相符的游憩中心。这需要父母的耐心、理解和灵活度，再加上权威与关爱相济。它意味着要使孩子能接触到最好的休闲活动，并激发和奖励孩子养成良好的休闲习惯，就像培养他们良好的饮食、睡眠和工作习惯一样。指导的程度和方式当然还必须适合于孩子的特点。让孩子能跟兄弟姐妹一起体验游戏，再由父母来关心他们在家之外的游戏的场景、玩伴和所进行的休闲活动，这很重要。父母需要做的不仅是给予指导，也要对孩子如何支配其自由时间有所了解。最后，明智的父母不仅对孩子要敞开心扉，还要愿意倾听他们的想法，同时要认识到一个十几岁的孩子到某个时候会从童年时代向成年时代过渡。一个孩子如果一直停留在孩童时代，就不可能培养起成熟的个性。

家庭生活的质量，包括占据越来越重要地位的休闲，对我们在社会上求生存是至关重要的。公平地说，家里两代人间对彼此的兴趣及合作是双向的。当孩子能理解这一点时，就应该让他们明白这一点。父母并非总是对的，但也并非总是错的。[45]

（二）重视对儿童的休闲教育

有一种孩子的活动是几乎没有压力、恐惧和担心之类危险的，我们将之称为游戏。多年来，游戏一直被轻视，但是大部分科学研究显示，游戏是练习力量最好、最理性的形式，也就是体验。这一点的正确性在幼童身上体现得尤其明显，而在他们长大一些后在多数情况下也是正确的。游戏是在自身本性建议和引导下的活动。它因不同的发展能力而异，并且自由是以不涉及他人的发展为前提的。著名生物学家，约翰·霍普金斯大学的赫伯特·S.詹宁斯（Herbert S. Jennings）证明了游戏的价值。他说，比起其他任何活动，通过游戏孩子能学得更多，也发展得更好。在健康的外在环境下有多种多样的游戏机会毫无疑问是孩子们的主要需求。与没有游戏机会的孩子相比，有全部游戏机会的孩子在心理和生理发展上都表现出明显的优势。

值得注意的一点是，现在生理学的发展在于其发现了那些愉悦的、可以被统称为"快乐"的情感状态的巨大价值，以及焦虑、悲伤、担心、恐惧、痛苦，以及其他类似反面情绪状态的危害性。幸福快乐的状态下，人的发展不受阻碍并且蒸蒸日上，身体功能越来越和谐；而在以担心、恐惧和不高兴的相反情绪状态下，人总是阴暗的，并容易出错。

在游戏当中，孩子们需要一个机会去摸索和实验。他们天生具有动态动机，并渴望获得技能，他们应该被允许涉猎各种活动。卢瑟·伯班克（Luther Burbank）在很多年前就说明了这一点：每个孩子都应该拥有泥团、蚱蜢、水蝎、蝌蚪、青蛙、泥龟、接骨木果实、野草莓、橡子、栗子、可以攀爬的树、可以蹚水的小河、睡莲、土拨鼠、蝙蝠、蜜蜂、蝴蝶、各种宠物、干草地、松果、可以滚的石头、沙子、蛇、黑果木和大黄蜂；任何被剥夺了这些的孩子其实是被剥夺了最好的教育。

那么，游戏可能被定义为由自身动机而引发的行为。"想去做"是活动本身固有的，不需要大人给的压力，也不需要给予孩子参加活动的奖励。游戏是愉快的，孩子自愿进入游戏。孩子参与游戏，是出于本能的冲动，因此通过游戏而学习到的会继续成为童年教育的基础。

游戏事实上是孩子受教育的过程。从最佳健康状况和性格的总体角度来看，游戏必须归为童年最基本的需求之一。

游戏是一个关于童年体验的词，而娱乐是一个属于成人的词。大人们通过娱乐补充工作体验以使自己的生活完整。在高年龄人群中，游戏动机通过休闲活动来表达。[46]

（三）如何开展青少年的休闲教育

　　无聊的对立面是兴趣，对青少年的休闲教育不仅应强调如何避免无聊，还应强调如何开发兴趣。克莱伯提出，开发兴趣有一套逻辑严密的过程。下图1就展示了这一过程。

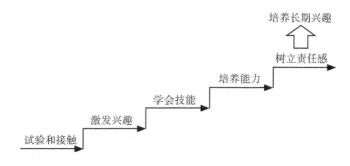

图1　长期兴趣的培养步骤

　　首先，试验和接触可以开发兴趣。

　　受内在动机激发或使外部形式动机内在化（即个人赞同），通过任意一种方法都能激发兴趣，这是休闲教育重要的一个原因，促进了对试验的渴望并可以接触和经历各种可能的且形式不同的休闲活动。

　　兴趣一旦得以开发，就能学会技能。

　　技能学会以后，就拥有了能力。

　　当一个人达到了一定水平能力时，他就会坚持参与休闲活动并将此作为长期追求。对一些人来说，这成为一种认真的休闲形式，就是说一个人完全被休闲活动吸引并倾注了可观的时间、精力和金钱于其中。

　　……

　　这套兴趣开发和参与过程有时被称为主动性。选择了偏爱的活动，以及克服了参与的限制时人们会产生主动性，这样就可以持续参与活动了。持续参与可以带来适当的挑战和技能发展，因此是开发个人能力与感情的极好方法。

　　但是，持续参与活动的能力常受到各种各样的限制和资源局限（如缺少耐力，缺少资金或社会支援）的挑战，这些限制和局限会消极地影响休闲的参与：阻碍参与休闲活动；减少参与的次数，降低参与的强度并缩短每次的时间，以及降低活动的质量或从活动中获得的满足感。因此，休闲教育应该应对参与活动的限制问题，如果可能的话还应帮助青少年学会开发克服限制的解决办法。[47]

如果列出年轻人应该发展和应该提供机会让他们发展的欣赏能力、兴趣和技能种类的话，应包括下列方面：

- 帮助发展强大的精神支柱；
- 强化有效交流和体现社会美德的能力；
- 帮助身体发育、运动和机械协调；
- 为安全和救生做出贡献（如游泳和驾驶）；
- 在形象艺术和造型艺术中发挥创造力；
- 深入研究文学；
- 贴近自然，尤其是户外生活；
- 创作音乐，至少能欣赏音乐；
- 提供机会可以让我们通过不同形式的戏剧来表达自我；
- 打开走向科学世界的大门；
- 鼓励为他人服务。[48]

教育必须以娱乐需求为根据来计划。如果上述几个前提是有效的，那么教育有责任让青少年做好享受休闲的准备。最好的方法之一就是在小学时期就高度发展各种技能的熟练程度。这种教育将是终身受用的，旨在通过熟练的成就而获得满足感的教育来引起青少年的兴趣。它将有助于个人的综合发展和群体的团结。

对于所学技能的应用应该贯穿整个生命。不仅体育老师要帮助人们在青少年时期发展技能，而且社会科学、精密科学、音乐、美术和工艺课教师也必须承担大量责任。体育技能在生命后期变得不那么重要了，但是音乐、科学和工业艺术技能却越来越重要。

只有一小部分年轻人利用高中教育为职业做准备，调整学校项目以培养更有意义的娱乐技能。生命教育的调整意味着做好充分享受生活的准备。完整的生活是熟练的生活的代名词。[49]

注　释：

1　［美］查尔斯·K. 布赖特比尔、托尼·A. 莫布莱著：《休闲教育的当代价值》，陈发兵、刘耳、蒋书婉译，北京：中国经济出版社，2009 年，第 23 页。

2　［英］克里斯·布尔、杰恩·胡思、迈克·韦德著：《休闲研究引论》，田里、董建新等译，昆明：云南大学出版社，2006 年，第 242 页。

3　［美］彼得·威特、琳达·凯德威尔著：《娱乐与青少年发展》，刘慧梅、孙喆译，杭州：浙江大学出版社，2009 年，第 147—149 页。

4　［美］查尔斯·K. 布赖特比尔、托尼·A. 莫布莱著：《休闲教育的当代价值》，第 61—63 页。

5　［加］埃德加·杰克逊编：《休闲与生活质量——休闲对社会、经济和文化发展的影响》，刘慧梅、刘晓杰译，钱炜校，杭州：浙江大学出版社，2006 年，第 91—92 页。

6　〔美〕查尔斯·K.布赖特比尔、托尼·A.莫布莱著:《休闲教育的当代价值》,第 24 页。

7　同上书,第 26—27 页。

8　同上书,第 28 页。

9　〔加〕埃德加·杰克逊编:《休闲与生活质量——休闲对社会、经济和文化发展的影响》,第 92—93 页。

10　〔美〕查尔斯·K.布赖特比尔、托尼·A.莫布莱著:《休闲教育的当代价值》,第 72—73 页。

11　John Neulinger, *The Psychology of Leisure: Research Approaches to the Study of Leisure*, Springfield, IL: Charles Thomas Publishers, 1974, p.157.

12　〔美〕查尔斯·K.布赖特比尔、托尼·A.莫布莱著:《休闲教育的当代价值》,第 105—106 页。

13　同上书,第 107 页。

14　〔美〕托马斯·古德尔、杰弗瑞·戈比著:《人类思想史中的休闲》,成素梅、马慧娣、季斌、冯世梅译,昆明:云南人民出版社,2000 年,第 170—172 页。

15　同上书,第 174—175 页。

16　〔英〕克里斯·布尔、杰恩·胡思、迈克·韦德著:《休闲研究引论》,第 243 页。

17　同上书,第 249 页。

18　〔美〕杰弗瑞·戈比著:《你生命中的休闲》,康筝译,田松校译,昆明:云南人民出版社,2000 年,第 299 页。

19　〔加〕埃德加·杰克逊编:《休闲与生活质量——休闲对社会、经济和文化发展的影响》,第 88 页。

20　〔美〕查尔斯·K.布赖特比尔、托尼·A.莫布莱著:《休闲教育的当代价值》,第 63—65 页。

21　同上书,第 60 页。

22　同上书,第 66 页。

23　同上书,第 97—98 页。

24　同上书,第 143 页。

25　〔加〕埃德加·杰克逊编:《休闲与生活质量——休闲对社会、经济和文化发展的影响》,第 88 页。

26　同上书,第 94 页。

27　〔美〕查尔斯·K.布赖特比尔、托尼·A.莫布莱著:《休闲教育的当代价值》,第 29—31 页。

28　〔美〕杰弗瑞·戈比著:《你生命中的休闲》,第 297—299 页。

29　〔英〕克里斯·布尔、杰恩·胡思、迈克·韦德著:《休闲研究引论》,第 251 页。

30　同上书,第 256 页。

31　〔加〕埃德加·杰克逊编:《休闲与生活质量——休闲对社会、经济和文化发展的影响》,第 89 页。

32　同上书,第 134—135 页。

33　〔美〕查尔斯·K.布赖特比尔、托尼·A.莫布莱著:《休闲教育的当代价值》,第 124 页。

34　George A. Lundberg, Mirra Komarovsky and Mary Alice Mcinerny, *Leisure: A Suburban Study*, New York: Agathon Press INC., 1969, p. 218.

35　〔美〕查尔斯·K.布赖特比尔、托尼·A.莫布莱著:《休闲教育的当代价值》,第 124—125 页。

36　〔美〕艾泽欧－阿荷拉著:《休闲社会心理学》,谢彦君等译,北京:中国旅游出版社,2010 年,第 391—392 页。

37　〔加〕埃德加·杰克逊编:《休闲与生活质量——休闲对社会、经济和文化发展的影响》,第 90—91 页。

38　〔美〕彼得·威特、琳达·凯德威尔著:《娱乐与青少年发展》,第 149—151 页。

39　John Neulinger, *The Psychology of Leisure: Research Approaches to the Study of Leisure*, pp. 158-160.

40　〔美〕查尔斯·K.布赖特比尔、托尼·A.莫布莱著:《休闲教育的当代价值》,第 109—110 页。

41　同上书,第 110—111 页。

42　同上书,第 112 页。

43　〔美〕杰弗瑞·戈比著:《你生命中的休闲》,第 299—302 页。

44　John Neulinger, *The Psychology of Leisure: Research Approaches to the Study of Leisure*, pp. 162-164.

45　〔美〕查尔斯·K.布赖特比尔、托尼·A.莫布莱著:《休闲教育的当代价值》,第 122 页。

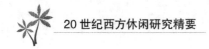

46 Jay B. Nash, *Philosophy of Recreation and Leisure*, Dubuque, Iowa: W. C. Brown Company Publishers, 1970, pp. 96-98.

47 ［美］彼得·威特、琳达·凯德威尔著:《娱乐与青少年发展》, 第 153—154 页。

48 ［美］查尔斯·K. 布赖特比尔、托尼·A. 莫布莱著:《休闲教育的当代价值》, 第 74 页。

49 Jay B. Nash, *Philosophy of Recreation and Leisure*, p. 204.

第五章

休闲与相关学科

【简短引言】

　　休闲涉及人们生活的各个领域，"休闲"概念具有广泛的包容性和交叉性，它与许多学科相关，也为许多学科从自身的视角、用相应的方法所研究。据现有资料，最早关注和研究休闲的是经济学家凡勃伦，他的《有闲阶级论：关于制度的经济研究》一书的出版距今已 109 年。20 世纪 50 年代成立的芝加哥休闲研究中心推动了对休闲的社会学研究，休闲社会学以及后来的存在主义社会学将休闲看作社会和文化转换总体趋势的一部分，关注休闲过程、群体意识、社会意义和政治影响，20 世纪 70 年代以前，它占据欧洲休闲研究的主导地位，至今仍是西方休闲研究的主流观念。20 世纪 60 年代至 70 年代形成和发展起来的休闲心理学和休闲社会心理学，试图从心理学视角理解休闲动机、行为、过程和影响，这种研究范式的主要推动力来自北美，英国的心理学家对此也做出了贡献。休闲的旅游管理学、体育学研究着重讨论休闲与旅游、运动的联系与区别问题。休闲的政治学研究注重休闲与公共政策的关系。休闲的地理学研究关注休闲与空间和环境问题、自然与人文现象的关系。休闲的历史与人类学研究则是以历史为基础，阐述休闲如何成为西方社会经济与文化发展不可分割的组成部分。还有发展理论的休闲分析从长远发展的角度考察休闲，认为休闲是一个持续一生的成为过程；建制理论的休闲分析以社会系统的功能结构为基础探讨休闲的角色与功能。有学者认为，应用伦理学在休闲领域比理论哲学对话更有价值，并与休闲产业中许多行业相关。

　　查阅国外文献索引，从哲学视角研究休闲的论著确实所见寥寥，而没有发现相当于我们所说的"休闲学导论"之类的教科书式著作。这也为我们留下了进一步思考的空间：有可能从哲学视角来系统讨论休闲问题进而构建一个自洽而系统的休闲学理论体系吗？

一、现象学的休闲欣赏与体验

　　我们可以在一个休闲的环境中提供一些关于这些想法[1]的小演示。这里有两个例子：第一个是关于主题公园的体验；第二个是关于一个有强烈叙事元素的休闲活动。

　　第一个例子，关于主题公园的体验，展示了认知和（基于身体的）情感之间强烈的相互联系，如果人为地将它们分开，就会产生困惑。回想一下与生成论有关的一个主要观点：这两者在现实中是不可分离的。

　　比涅（Bigne）等人调查了认知和情感在主题公园满意度中的作用。他们指出：

"传统上的满足感被认为是人的一种认知状态，受认知的影响，并具有相对的特征，也就是说，满意度是一种主观体验与先验基准的比较结果。"

在他们的分析中，提出了两种可供选择的解释方法。一种是情绪－认知方法，认为生物、感觉或认知活动产生一种情绪，这种体验是一种认知事件："访问者感受到的积极唤起会影响访问者对主题公园的感知（即不确定感）和愉悦感。"另一种方法是相反的，即认知－情感方法，它表明对人－环境关系的认知评价会引发一种情绪反应："不确定感会影响访问者的唤醒感，从而增强访问者的愉悦感。"比涅等人声称认知主义者的叙述在解释快乐对主题公园满意度和顾客忠诚度的影响方面略显成功。

然而，基于本章已介绍的生成论者的叙述，提出一个更全面的建议也是可能的。这种观点认为，具体的体验是一种唤醒感或满足感（或它们的否定），这些不需要以一种有意识的、"认知"的方式来处理：某些事情可能只是令你感到愉快，也可能会让你感到不快。询问主题公园的游客对公园的看法，然后基本上执行一个自我反省的过程：游客们需要在事后分析他们的非语言体验，然后将这些分析口头化，以便在采访中使用，或者量化这些质性经验，以便在调查中回答问题，由此产生的"快乐"或"不快乐"（以及两者之间的一切）的体验具有情感的、现象的和认知的维度，但这些维度不能像比涅等人提出的那样轻易地分离开来。要做到这一点，就需要付出努力：参与研究项目的受访者在做出合理的评估之前，需要先思考和解释自己。这是个很容易出错的过程。

除了在概念上存在问题的认知和情感分离之外，还有额外几个参数的变化，可能会对数据产生巨大的影响。其中有一个社会参数在起作用：一个被调查者的观点会受到他同伴的影响，尤其是在大多数主题公园游玩的共同活动中。此外，受访者和访问者之间的社交也会产生影响，例如，受访者是否愿意向访问者提供一个诚实的解释。

文化参数也可以是相关的，特别是在用故事来提高体验程度的主题公园里，比如迪士尼的卡通人物，或者荷兰主题公园"艾芙琳"的大量童话故事；对特定童话故事或人物的熟悉程度，决定了自然联想的各种组合，也决定了在这些公园里由人物和主题景点的接触所引发的体验的新奇性与特征。

认知参数的变化在这个意义上是不同的，正如上面所提到的，在不同的体验中，技巧的运用会有很大的不同。情感参数的不同之处在于，在对情感暗示的反应中，细微的差别可能会有相当大的差异，而情感反应的深度和特征也会有所不同。这些可能包括基本的偏好差异，例如，青少年可能更喜欢坐过山车，而青春期前的孩子可能更喜欢与卡通人物或童话人物的邂逅。[2]

二、休闲的社会学研究

（一）休闲的社会学研究开始于 20 世纪 20 年代

虽然探索休闲在社会生活中的角色和意义的开拓者工作可以追溯到 19 世纪末和 20 世纪初（例如，1899 年索尔斯坦·凡勃伦的《有闲阶级论》），但是真正系统的社会科学研究，尤其是社会学研究，则始于 20 世纪 20 年代末。社会学家把休闲看作一种社会现象加以调查，而不是道德的主题、社会改革的对象或者管理的主题。

……

社会学家继续致力于休闲的研究，20 世纪 50 年代芝加哥休闲研究中心的成立进一步催生了休闲现象的社会学研究。这项工作包括把休闲作为社会和文化转换总体趋势的一部分的研究、休闲和社会阶层的关系研究，以及休闲行为的社会文化意义研究。一些评论员指出休闲的社会学研究在 20 世纪 50 年代和 60 年代并没有达到令人鼓舞的预期高度，缺乏理论建立及与主流社会学之间的概念联系。

尽管如此，在某种程度上，社会学因其给予社会心理学更多的关注而形成了新的休闲兴趣，尤其是在那些主张符号互动论和基础理论视角的人中。像心理学家一样，社会学研究者通常对更加基础的社会心理现象感兴趣，比如社会角色、自我展示和社会化。但是这些研究为特定的休闲活动和个体小组的参与提供了丰富的细节。[3]

本书的核心主题，就是对现代社会进行经验和意识两方面的扩展，并以各种方式将之和现代大众休闲，特别是国际旅游及观光活动有机地结合在一起。一开始我打算研究旅游业及其变革，这两个东西对我来说形成了现代意识的两极，即要么愿意接受，甚至尊重，要么改革。当我在继续从事改革研究的时候，出于多方面的原因，必须使用旅游者的资料，因此本书还可以被看作是对现代社会结构分析的简要说明。[4]

如此，休闲社会学成了一个值得研究的领域。尽管这一领域相对来说还未得到发展，但将来一定会发展得很快，因为，我认为，这是一个工业社会转变为一个"后工业"或"现代"社会的必然结果。休闲活动正在替换现代社会的中心工作。20 世纪 60 年代的各种运动表明，这个崇拜工作的世界已经日薄西山。带有实验性质的社会组织形式不再像机械化时代和工会时代那样在工厂和办公室里出现了，相反，新的组织形式正从广泛的休闲活动中出现，例如穿 T 恤的群体、新的政治运动、社区生活安排、有组织的"退出传统社会"，等等。"生活方式"是表示工作和休闲的各种具体组合方式的集合名词，这一词语正在替换"职业"，并逐渐成为社会关系、社会地位和社会行为的基础。

不管在哪里，当工业社会转变为现代社会时，"工作"同时也被转变为游客好奇的目标。在当今社会的每一个角落，"劳动"和"生产"都被展示给观光客，游客被带到工厂、科学博物馆和工业博物馆进行参观。在这个发展中的世界里，一些重要的吸引物与它们原来的社会和宗教定义产生了分离，它们被看成是劳动创造出来的一种具有纪念碑性质的吸引物，如马克思说的，是"抽象的、无区别的劳动力"的吸引物。埃及金字塔就证明了这一点。参观这样的吸引物仍具有重要的价值，它体现出了一般劳动（work-in-general），虽然具体的工作过程以及劳动阶层已经被历史所淹没。

工业时代的社会学在多个方面存在偏见，人们的研究集中在工作上，而不是休闲上，集中在工人阶级上，而不是中产阶级上。对工业社会工作的必要性，现代性提出了质疑，并认为工作不仅要有经济回报，同时也要有其他的回报，而休闲活动也具有生产性。一些新型的商品，如自助工具箱、团队游、娱乐、工作－学习项目等，都反映了现代社会的断裂以及工作与休闲的相互替代，同时，新的社会结构也出现了，有待人们进行分析。工作与休闲的结合说明，有必要构建一门中产阶级休闲社会学，并与传统的工人阶级社会学合成一个整体。[5]

（二）社会学研究休闲的视角

分析一下社会学理论对休闲问题的研究角度，你就会发现很多作者持"二元论"或极端化的观点，这将社会学家分野为明显相互对立的两大争论的阵营。争论的焦点是休闲应该被看成是一种自由，还是应该被看成是一种控制，换句话说，就是人们做出行动选择的自由程度与他们受到社会制度的制约程度两种观点的对立。

功能派（functional）社会学家主要关注社会意见的统一和一致，他们使用机构类比的方法来说明社会是如何起作用的，社会被看成是一个系统，这个系统由很多不同的部分组成，每一部分对整个系统的顺利运转都有自己的作用。像家庭和教育系统等各种各样的机构都对将个人整合进社会起着作用，它们教会人们在不同的文化中进行合适的和可以接受的各种各样的行为模式。对什么是恰当的行为社会一般都有普遍的共识，用这种方法将个人的行为整合进社会是很重要的，从而确保了社会持续、顺利地运转。

与之相对的是马克思主义社会学家，他们将自己的学说建立在马克思理论的基础上，关注社会冲突而不是统一和一致。这种冲突，特别是阶级冲突被认为是社会结构的决定因素。社会的分化被认为是社会中权利关系的构造因素，在社会中一个阶级主导其他的阶级。在马克思的分析中，工人阶级即无产阶级受制于工业资产阶级；而研究种族和民族的女权主义理论家和作家们关注的是在一个社会中处于从属地位的妇女和各种少数民族，而社会又往往被认为是按照白人男性中产阶级的利益而建构的。新近的马克思主义者探讨"虚假需求"的概念，虚假需求通过狡猾的市场营销、商品化和促销活动引导处于从属地位的阶级，使其误以为他们需要那些让他们有了虚幻的幸福感的商品和服务，即马克思主义者们所称的"虚幻意识"。

互动学派虽然承认社会制约着个人、塑造着个人，但是他们也相信社会中存在着"创造性"行动的可能性。布卢姆（Bloom）更进一步强调说，重要的是要关注人们是如何通过与他人互动产生的含义来解释他们所置身于其中的社会的。各式各样的机构（家庭、学校等）被认为是由个体所组成的不同群体间的互动而产生的结果。个人受到这些机构影响的同时，也对身处其中的社会现状施加一定的影响。与韦伯（Weber）的社会行动理论相比，这种理论考虑到了个人行为的巨大力量，因为其更加关注个人与其所处的背景之间会产生互动关系这一本质特性。然而，对这一方法的批评是：尽管在直接接触的社会环境中个体有一定的自由空间，但是个人依然受到更加广阔的整个社会宏观结构的制约。

现在，对于这一问题的研究已经在一定的领域里展开，主要集中于研究个体摆脱或者反抗所处的社会强加给他们的各种规范和价值观的可能性。亚文化理论（subcultural theory）就是其中之一，它由对异常行为的研究演变而来。多数亚文化理论派生于结构分析理论，与结构分析理论一样，它聚焦于整个社会以及特定亚文化群落的规范、价值观和角色作用。例如，涂尔干（Durkheim）认为异常行为极有可能在"社会的反常状态"下发生，也就是说在社会规范不清楚或者不能够被理解的情况下发生；而默顿则认为异常行为的产生是由于个人背负较高期望而有压力，因为个人在社会中经常承受着通过特定的手段（这里指努力工作）达到一定明确的目标（如获得财富）的压力。不论在目标上还是手段上的失败都会引起这样或那样的异常行为。

正如前文对休闲定义的探讨，对很多人而言，参与休闲活动经常被看作是对常规生活的偏移、差异化甚或是逃避。尽管对休闲的选择很明显在一定程度上受到了社会组织结构的约束，但是参加正式或者非正式的休闲团体或者亚文化群体，为个体提供了变更或者逃遁大社会所强加的并且通常对人们起着约束作用的规范、价值观和角色分工等的可能。于是，就个人休闲选择的自由度而言，亚文化群体有可能提供更大的选择空间。[6]

心理学与社会学模型各自提供了一个框架，让我们可以把休闲理解为一种体验或一种社会过程，但单用心理学模式或单用社会学模式都不足以让我们对女性与休闲形成一个全面的观点，而这样的观点正是我们所需要的。人们（特别是女性）的实际生活不仅仅是个人的体验，也不仅仅是一种社会的建构，而是产生于二者的互动。因此，我们需要采用这样一个视角：一个女性是通过与别人的互动而形成自己的生活与休闲方式的，我们也需要对影响女性休闲的社会体制及体制化的性别歧视加以审视。

社会学的视角强调以社会的各种传统及社会体制为分析的基础。这种分析方法便于我们理解与休闲拥有相关的权力关系。社会学家研究的是休闲的文化意义，以及限制女性休闲的占有量与休闲形式的结构性因素，重点是如何改变女性在社会与经济领域的从属地位，从而使她们能拥有更多的休闲与更让她们满意的休闲方式。从这样的社会学视角来看，女性休闲之所以受到限制，最根本的原因在于社会对女性价值的贬低。

社会心理学是将个体的人置于与他人、群体及文化的关系中来研究其生活体验与行为。它研究的重点是个人力量与社会力量如何互动。社会心理学使我们看到：如果我们对女性所生长的社会文化环境没有一个认识，就谈不上对女性的认识。凯利特别指出，用社会心理学的方法去理解休闲包括两个方面：一是人在一生中的各个阶段扮演不同角色的社会背景；二是通过这些角色而形成的各种（如个人的与社会的）认同。个人认同是指一个人如何自我定义，社会认同则是由别人给他定义的。角色期望对社会与个人认同都有很大的影响，同时受这些认同的影响。例如，亨德森与艾伦（Allen）以实际例子说明，女性比男性更多地表现出"关心别人的品德"，这使她们的休闲活动往往是定向于与别人的关系。萨姆代尔用一些证据说明关系到女性与男性的休闲是在什么背景下发生时，性别社会化比生物性别起的作用更大。因此，休闲是在个人经历与场景性的、社会的影响下构建出来的。最能帮助我们理解女性休闲领域的成就与差距的，是将社会心理学与社会学相结合的视角。

女性在其生活的各个方面都应受到尊重。同时，我们必须促进渐进的与革命性的社会变革，使女性与男性能公平地享有权力和地位。要进行这样的变革，需要社会结构有重大的变化，如对劳力市场的改造和对女性工作价值的肯定；还需要重新建构性别关系和重新建构关于男性与女性形象的主导观念。社会结构与个人思想观念的变革代表了对女性休闲进行分析和理解的两个重要的方面。社会与个人的经历都有助于我们理解女性休闲领域的成就与差距。[7]

社会学家通过什么方式才能像科学家一样去处理休闲问题。为了方便讨论，我们要将一般休闲问题和特定休闲问题区分开。当然，事实上两个问题和两个范畴的关注点是有重叠的。

（关于一般休闲问题）科学家的第一个任务就是收集事实。在他试图着手去解释、修整和修改之前他必须尽可能准确地去描述是什么。从这个角度说，自由时间是休闲问题的重要组成部分，主要任务是获得散布在我们社会中的有效信息。虽然这是一个研究成果非常丰富的休闲领域（即通过计时研究），但由于可自由支配时间的增多，继续进行此类研究的需求比以往任何时候更大。改变工作模式的试验大量进行（每周四天工作制、公休假制度等），这也是主要生活方式的改变引起的。我们不仅需要知道自由时间分布的变化，心理学家尤其希望解决更加学科性质的共同变化。我们需要知道人们如何看待这些变化，他们的休闲态度是什么，以及他们涉及些什么。工作政策的变化是由政府或工业组织决定的，可能会受到相关人群的欢迎，也可能被认为是具有威胁性的和不可取的，这取决于人们对自由时间的态度。社会变革的阻力可能是来自人们完全没有意识到的动机。

对自由时间的恐惧可能甚至不意味着对自由时间的恐惧。这听起来似乎矛盾，但它确实是这样；这意味着那些期待更多自由时间的人（通过减少工作时间或者每周多休息一天）会发现他不是在花费作为自由人的时间，而是在做那些他宁愿不做的事情。因此，有了更多时间的丈夫可能会突然发现自己要负担以前一直设法避免的家务。或者妻子在有了自由时间后会回去做那些当职业为首位时放弃掉的任务。因此，获得人们在额外的自由时间内会期望做些什么的信息是必要的。

休闲与自由时间对于那些不参与典型工作的日常群体——如失业者、学生、家庭主妇和退休者——的意义还需要更多的研究。那些选择工作或者不工作的富人是什么态度？对每个群体来说，自由时间都可能呈现不同的问题，研究者的任务就是要鉴别这些问题。

让我们离开作为休闲问题的自由时间，去讨论关于"迷失自我"的研究该如何进行。我们假设职业在现代人生活中的重要性降低是自我认同丧失的一个主要原因。这种重要性的降低反映在用于工作和休闲活动的时间比例上。哈特利奇（Hartlage）的研究表明美国人 15.6% 的时间用于工作，而 34.8% 的时间用于休闲活动。那么，那些发现工作不能给他自我实现的机会而花费更多时间在休闲活动上的人关心哪些问题呢？

再说一次，首要任务是要确认相关事实，尤其是人们对职业和休闲功能的感受和期待。事实上研究者所扮演的角色会和下章要讨论的休闲价值的推进者重合。然而，要获得人们关于这些问题的有效发现，分析休闲、工作、职业意味着什么是必要的，这也是格林（Green）采取的方法。尽管人们不能决定如何使用单词，我们也要努力不将休闲作为工作的反义词，而应该是从事职业（即为了工资）的反义词。为了确定对休闲、工作和职业的有意义的态度，一定要向受访者讲清楚这些概念的区别，这是一项艰巨的任务，但是它可能让休闲成为一个更积极的概念，因为休闲不再是脱离工作而言的了。

最低收入保障问题与当前所关注的主题密切相关。如果不能区分职业和工作，则人们会担心这样一份收入会导致普遍的懒散。对"人们天生就想要工作"这一教条的不信任只是反映了人们不想要他所从事职业的感受。这是新教伦理的新包装吗？也许是，但目标不再是美化上帝，而是美化人。

另一种解决"迷失自我"问题的途径是直接处理自我界定问题。一个人的自我形象是什么决定的呢？什么是重要的，它又为什么是重要的？令人惊讶的是，在传统心理学著作中忽视了工作对于人自我概念的影响。例如，在维利（Wylie）的《自我概念》（*The Self Concept*）——号称是相关研究文献中的一项重要调查——一书中既没有提到工作也没有提到职业（也没提到休闲），尽管它非常详细，且目录就有四页。这种遗漏可能与心理学家倾向于认为人的自我概念是在童年早期确定的有关。不论什么原因,在这一领域非常需要做一些研究工作。

还有另一种解决这个问题的方法,就是从自我界定的角度去确认特殊休闲活动的意义。某些活动是与特定的自我形象相关的吗?当人知道自己要参与特定的休闲活动时,他是不是在期待被赋予某些特征?滑雪的男性会被认为是有男子气概的、大胆的和勇于冒险的吗?打网球的女性能被别人肯定地认为她就是时尚的、现代的、独立的和聪明的吗?事实上,这是不是有关于休闲活动的刻板印象呢?

相关研究表明,刻板印象是无处不在的,相对稳定且非常具体的。然而,这些研究中大多数只关注伦理的或是国家的刻板印象。目前有一项关于参加特定休闲活动者的刻板印象调查正在进行。刻板印象的知识对于业余爱好指导是有用的,可以帮助解释为什么有些人对自己在自由时间内做的事情不满意;对那些娱乐服务的规划者来说也是有用的。

休闲活动能力导致了自我概念的积极改变,这一事实得到了库克尔(Koocher)最近一项研究的实证支持。作者因对这一领域实证研究的匮乏深表遗憾而对基督教青年会夏令营的 65 个 7—15 岁的男孩进行了研究,发现游泳能力能形成更积极的自我形象。虽然这项研究不能表现长期的影响,但它演示了休闲活动对自我界定的潜在功能。[8]

(三)对休闲的结构功能性解释

对休闲的结构功能性解释强调的是社会经济地位的变量和休闲的功能,而此功能又是与人们的经济参与活动及社会体系的维持活动密切相关的。而且,这种方法关注休闲对于那些和工作、家庭有关的主要社会建制的贡献,关注休闲整合社区组织的凝聚力。根据这种理论,休闲在实际的操作中通常被定义为建制化工作时间表以外的剩余时间。与此不同,解释性方法则强调行为主体的价值观及其行为取向。行为者是基于自己的历史和个人角色来进行有意义的选择,而非依据结构的决定性要素进行选择。冲突理论则把资本主义社会的休闲模式定义为社会控制的工具,休闲是强迫劳动力继续工作的必要手段,而不是出于劳动者的个人旨趣——休闲是为了更好地工作……

任何肤浅的东拼西凑都无法构成一个休闲学的研究范式。不同方法的追随者即使在观察同一件事时也会看到不同的景象。从前面对休闲研究状况的分析可以看出,结构型的社会学模式充斥着想当然的预设,致使许多对这一学科的发展有重大意义的问题和方法都被忽略了。[9]

（四）社会学视角的包容性休闲

理论

这一节将阐述四种有助于理解包容的理论：交际理论（contact theory）、社会建构理论（social construction theory）、生态理论（ecological theory）和自我决定理论（self-determination theory）。其中的每一种理论都将有利于概括和预见未来有关心理、社会和环境现象的事物，这些事物都与包容性青少年娱乐服务相关。另外，这些理论都可能适用于大范围的包容性情形。

交际理论

交际理论认为，存在差异的人们之间互动的质量将影响改变对待彼此的态度。这套理论尤其认为，创造一个能积极交际与互动的环境可以减少偏见、成见和歧视。于是交际理论提出，改变一个集体对待另一个集体的认识或态度是可能的。尽管单靠交际不足以引起积极的态度变化，而且，交际也有可能是导致尴尬、愤恨和矛盾加剧的起源。

发生何种改变主要取决于交际发生的条件。罗佩（Roper）认为，交际的形式和发生的体验决定了交际的成败。例如，阿尔波特（Allport）指出，友好的情境将改善态度，而不利的情境会恶化态度。健全人和残疾人之间交际的缺乏易于增强彼此的消极认识。有助于促进态度积极改变的友好状况涉及以下的交际与交流方式：

- 建立平等地位，促进交流；
- 健全人与残疾人互惠；
- 亲身参加，而非偶尔为之，可以增进个人与个人之间的了解；
- 持续经久；
- 旨在实现共同而非个人的目标；
- 获得相关部门的大力支持。

交际理论指出，在搭建积极沟通的平台中，大家彼此没有孰轻孰重；这种交际必须持续进行；人人都能从接触体验中有所收获；大家都为同样的目标而努力。在包容性娱乐环境中，交际理论可应用于设计促进有意义的相互依靠的项目。为促进相互依靠，娱乐专业人士应该挑选一些让参加者彼此相互依靠以达成目标的活动（如大家共同绘制壁画）。在这样的情形下，这些健全与残疾青少年如何实现这个目标已经不重要了（如是用手来绘制，还是用系在手上的器具来绘制），重要的是人人都学会了尽其所能来创作这幅壁画。

基于交际理论，项目设计者还应帮助少男少女们在个人层面上互相了解。这需要创造一种可以交流兴趣、需求和忧虑的氛围。注重青少年分享共同兴趣也有助于增进个人之间的交际往来。例如，在一个白天的露营活动中，娱乐工作人员可以按照参加者的共同兴趣分组安排，比如，水上运动组、冒险活动组、美术组。

社会建构理论

社会建构理论追求解释人们创造知识，并将其视为现实的过程。这一理论认为人们通过社会的相互活动建立起"意义"，人们与社会相互活动有关的行为、客观事物和语言帮助人们创造意义。也就是说，某特定情境中的行为、客观事物和语言帮助人们理解"正在发生什么"，并认识当时的现实情形。比如说，如果青少年将某人使用轮椅与脑瘫患者联系起来以反映"参加活动的独立性"，那么对待轮椅的行为，与轮椅相关的事物和论及轮椅的语言都会反映出"独立"的意思。又如，在一门舞蹈课上，轮椅的使用可以被视为创造表达自由的手段，而不是一件某人被消极"束缚"在其上的物品。

情境是理解社会结构理论的一个重要组成部分，因为情境建立意义。在不同的情境中，联系相同行为、事物和语言的意义可能会有所改变……

社会建构理论同样解释了残疾的意义。"残疾"在这套理论中指的是社会认为的生理、心理、认知和情感上的伤害。在某些情况下，残疾可能有某种积极意义；然而，传统的"残疾"都与消极的意义相联系。例如，残疾青少年通常被认为无法达到社会的标准，这种标准倾向于强调外表的吸引力、相互关系中的互惠、能力和独立性。因为没有达到这些标准，残疾青少年被认为低人一等，处于劣势。有人总是陈腐地认为他们不能像健全人一样独立处事、取得成就、拥有与他人互惠的关系。

社会建构理论应用于包容性娱乐活动中的启示是，我们要推进与残疾相关的行为、事物和语言的积极认识，依次减少消极意义和成见。比如，娱乐专业人员可以为残疾人提供机会，去挑战那种他们不能参加高风险娱乐活动的观念（如激流漂筏、攀岩），活动中轮椅像是运动和冒险的工具，而不是什么限制。

生态理论

生态理论是基于人与环境互相联系的一种观点。就是说，在我们生活的系统之间存在着互惠和相互作用关系。系统可以被定义为：人们直接或间接互相作用的社会组织（如家庭、学校、宗教组织、社会）。布朗芬布伦纳（Bronfenbrenner）提出，人都是生活在一个复杂的网络中的，在这个网络中每个系统之内发生了某种改变，这种改变将不仅仅作用于那个系统，还会直接或间接地影响每个个体。此外，如果个体发生了变化，别的系统（如家庭）相应地会受到影响。例如，当《美国残疾人法案》（ADA）被写入联邦法律时，那种改变会影响到州政府、地方政府、社会、家庭和残疾人个人。反过来，如果残疾人个人要求完全被社会包容时，这将影响到家庭、地方社会、州政府系统和联邦政府系统。

生态理论提供了一种分析个人与环境之间错综复杂关系的框架。为建立这些互惠关系的模式，生态理论采用了如下四条基本假设：

● 人们在相互尊重、互惠互利、真诚和坦诚的基础上建立关系，能使其最大化地发展和相互依靠。

● 全面认识一个人，包括其能力、局限、兴趣、需求和所生活的环境，能找到满足需求和提供服务的关键和焦点。

● 将问题、局限、欠缺、范围和限制视为众多可变因素所致，而不是由单个因素引起——这种认识使个体局限的影响最小化。

● 设计规划环境，使其提供的支持最大，约束最少，这能使人们享有一个特定环境中的最佳相互依靠。

从生态理论采取的多维视角来研究包容残疾青少年过程中受到的限制，人们得到的启示是，娱乐专业人士在探究个人的适应需求时，应联系他们所处的社会和实际环境。例如，如果青少年在包容性娱乐场所表现出不适宜的行为，那么为了转变他们的行为，作为家庭、邻里、社会群体、同龄群体和社区的一分子，他们的影响也必须被加以考虑。

自我决定理论

在第七章中，自主行为被认为是休闲有助于人发挥健康职能的最为重要的方面之一。自主理论认为，一个人更健康和更快乐的状态莫过于他／她能行从心愿（即自己的行为自己掌控）。但是，这套理论比这样的表述要复杂些。自主理论也认为，如果一个人不能自己抉择，或选择不做抉择，那只要他首肯别人代做的抉择，或者他认为别人所做出的抉择、选择符合他的价值观，那么他也是自主的……

"自主"（autonomy）是另一个用于描述这种现象的词语。于是，影响选择或决定的外部因素或干扰被认为是与促进自主背道而驰的，除非那些外部影响被内化，或受到重视。正如我们在本书中已经讨论的那样，自主是一个内在激发行为，而外部激发行为常常产生淡漠与无聊。

包容性娱乐项目应该为年轻人提供多种休闲机会，这样他们能够做出一些适合其年龄和发展阶段的富有意义的抉择。为了给自主行为提供富有意义的机会，项目设计者应该了解青少年的需求和喜好。最好的方法就是多倾听年轻人的声音。促进沟通、征求参加者的意见和想法、答复他们的意见，等等，都是增强自主和赋权残疾青少年的重要方法。积极参加和亲自抉择能提高能力感，使人感到摆脱束缚，获得自由。

原则

我们评论了这四种理论，它们可以为如何建立成功的包容提供许多指导。基于我们从研究、理论和最佳实践中得到的认识，我们现在讨论五套原则，它们有助于指导娱乐专业人士提供有效的包容性项目。

原则1：理解包容受限制的多维性

包容性娱乐服务的第一条原则是关于包容受限制的多维性。所以，我们需要将问题、局限、欠缺、范围和限制看作是由众多因素而非单个因素所造成的结果。这就意味着娱乐专业人士必须从生态的角度去认识理解各种情况。特别是，对参加包容性娱乐的限制和局限的认识不应该仅仅集中于残疾青少年的特点，还要集中在项目的设计方式、建筑的建造方式、员工的培训方式等多方面。这一原则要求我们看到残疾之外的环境因素，例如，大众对包容项目所持的消极态度。因此，我们应该对同龄人、对所提供的娱乐项目、对娱乐设施和娱乐员工的态度进行深入分析，从而确保残疾青少年受到欢迎，感到参与其中。

……

原则 2：创造最佳环境

创造最佳环境以促进包容也是必要的。西尔威斯特（Sylvester）和他的同事们这样描述最佳环境：那是一种情形，在其中只有当证据表明残疾人需要做出改变以适应某个包容性娱乐场所时，参加者才做出适应性的调整。因此，我们提供"最少约束的环境"。这些环境能最大化地支持青少年参与包容娱乐活动，而无须过多依赖适应性调整，如果没有必要的话。

做出改变或调整以适应活动项目和服务的目的在于，给那些残疾参加者以获得最佳体验的机会，让进行的活动能积极地挑战他们的能力。第八章讨论过"畅"的概念。回忆一下，在最佳体验中，一个人的技能与挑战是相互耦合匹配的，产生一种积极的感受，从而避免产生焦虑或无聊。这是一个特别重要的概念，它意味着娱乐专业人士应该是"经验工程师"——他们要构建的环境与活动是能使健全和残疾青少年都能获得最佳的经历和体验。如果残疾人感到挑战太大、太吃力，或者健全人感到挑战太小、太乏味，这样的活动项目也就失去了包容性。对娱乐专业人士来说，这种"工程设计"的确是个挑战。这需要丰富的经验、与利益攸关者沟通、理解青少年的需要和愿望以及尝试。

有一种方法可帮助青少年达到最佳体验，就是确保适应性调整及改变是渐进的和个体化的，这些改变能让残疾青少年最佳地、积极地参与健全青少年的活动。个体化的改变意指：

- 根据青少年的能力和极限来做出调整；
- 只做必要的调整——不多，也不少；
- 调整和改变是暂时的，随着技能的提高，调整和改变也就不再需要了。

其目的是量力而行地做出改变与调整。一些可以考虑进行个体化调整的方面包括：材料、活动、规则、器材、技艺和指导方法等。比如，娱乐器材应该大一点，还是小一点；应该轻一点，还是重一点；是否需要用颜色标记；等等。随着人们学习与改变，他们的技能和知识也会改变，而最终使得改变不再有必要。随着参加者个人能力的提高，改变或调整可能会限制而不是便利其参加了。

在设计最佳环境时还有两个要考虑的因素：促进互相依靠、适应年龄。"互相依靠"意味着健全与残疾参加者之间的相互关系，以及工作人员之间的关系，他们合作完成任务，实现共同目标。先前我们列举了青少年一起创造壁画的事例，这是一个能极好说明培养相互依靠的事例。合作做出抉择并一起努力实现目标是十分激励人心又健康的活动。

"年龄适应"也是最佳环境的一个有机部分。与年龄适应的娱乐选择应该是参加与那个年龄群相符的典型的活动……

原则3：便利社会包容

创造令人满意的包容性娱乐体验不仅仅要保证设施的通达性、购买适宜的器材和修改政策。社会包容也是很重要的方面，它包括分享共同的体验、重视每一个人的参与，为参加活动提供支持。残疾青少年将社会包容描述成朋友的多少。社会包容是一种集体归属感，感觉人们重视你的参加，当你的技巧看起来与健全同伴不同时不会被讥笑。

社会包容极其重要，这是因为如果缺乏社会认同，包容性娱乐环境对人的约束作用远远胜过建筑和节目编排上的约束作用。……一些可变因素容易影响残疾青少年的社会包容。其一是残疾的严重程度。年轻人的残疾越严重，他/她就越不可能感到为人们所接受和容纳。此外，残疾的特点也会影响到社会包容。报告称，那些与常人相差越大的残疾青少年（如帕金森综合征患者）遇到的社会认同问题越大。

环境是另外一个影响社会包容的因素。环境包括场景、气氛、集体活力、活动样式等，它对决定社会认同有着根本的影响，还会影响人们是否敢冒着风险去打破陈规陋习和误解。缺乏对环境的熟悉、同工作或其他参加者交流太少、体育活动竞争太激烈，或是感到人们投以太多的怜悯和好奇——这些都会妨碍社会的认同和包容。……所以，娱乐服务提供者面临的挑战是如何创造一个环境，当参加者置身其中时，社会认同的程度不再是所参加的活动所涵盖的，而是促进互相作用的因素。

……

原则4：解决态度上的限制

态度是关于生活某一方面的信念，其中还如影随形地伴有个人情感。历史上，北美人对残疾人表现出许多不同的态度。例如，一些人认为残疾人是"可怜的东西"，你会可怜他们，但绝不会热望喜欢他们。有时候人们对残疾人是正反感情并存，仅仅是忍耐他们。而另一方面，一些残疾人被认为是英雄，是"尊敬的对象"，因为人们相信，残疾人能够生活下来必有超人之处。这些态度对包容化娱乐服务有极强的制约，这不仅因为它们极强地影响一个人的感受，还因为这些态度上的制约是很难改变的。

培训员工是解决态度制约的一个重要途径，也是包容过程中重要的一环。在过去10年里，各式各样的员工培训模式都是经专家经验验证并推荐的。培训工作主要解决成见和羞辱对残疾人娱乐产生的影响。包容培训工作的另一个主题是员工对残疾人的成见和歧视是怎样妨碍有效包容的……

根据联系理论，赫伯特（Herbert）发现结合培训开展与残疾人的联系可能是促进积极对待包容的最好方式。认识残疾的培训项目可以包括：理解残疾的特性、残疾模拟活动、阅读了解残疾人的难处和场所可准入性调查。鼓励相互依靠以提高健全与残疾青少年之间持久的联系也是一种改变态度的方法。

原则 5：提供机会，挑战"误解"

提供机会，挑战"误解"和陈腐之见，回击侮辱是包容性娱乐服务最后一项原则。这项原则是改变人们态度的一种有力手段，因而尤显重要。提供机会向同伴们展示残疾人的技艺与能力，这是回击对残疾人青少年的成见与侮辱的一种方法。只有通过这个过程，非残疾的同伴才不会只把他们当作残疾人来看待。

娱乐工作者的作用是挑战残疾青少年"误解"（即有关残疾青少年的荒诞说法）的关键。工作人员对待包容的态度和方式确定了挑战对残疾人认识的基调。迪文（Devine）报道称，当工作人员强调残疾参加者的能力，专注参加者之间的相似面，挑战成见时，包容性娱乐活动就成了联系健全和残疾青少年的一种力量。此外，当工作人员协助所有青少年包括残疾青少年时，人们在意残疾的程度会降低，而社会认同感也会更加明显。所有年轻人遇到挑战时都需要帮助，所有年轻人发展技能时都需要帮助。研究表明，设计活动体验，让工作人员、健全和残疾青少年都有机会接受挑战，亲历娱乐体验，这对于每个人都是积极有益的。

前面讨论的五项原则每一项都很重要，因为包容不会自己发生。包容残疾青少年的活动要求娱乐专业人员接受培训，具有技能，能精心设计活动过程。本章最后一部分向您提供一个促进包容的总体框架（见图 2），将所有部分糅合一体，构成一个"支持性娱乐包容"模式（Supportive Recreation Inclusion Model，SRI）。[10]

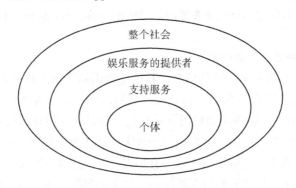

图 2 "SRI"模式的四个组成部分

"支持性娱乐包容"模式：服务框架

设计"支持性娱乐包容"模式旨在探询包容残疾和健全青少年娱乐活动的支持和限制因素。对模式中每一部分的分析都将克服限制与需求之间的罅隙，确定必要的支持服务。"SRI"模式有四个组成部分，或曰四个系统：（1）个体；（2）支持服务；（3）娱乐服务的提供者；（4）整个社会。

这个模式建立在生态理论的基础之上。这个模式的基本假设是：系统（如家庭、学校、娱乐部门）是相互连接的网络，彼此之间相互影响。"支持性包容娱乐"模式的基本思想是：当残疾人成为一个社会中活跃而重要的成员时，一个健康的社会就创立了。因此，如果残疾青少年能积极地参加社会娱乐活动、市民活动、公园活动，那么社会和残疾人都将受益匪浅。

这一模式的第二个前提是，与不积极参加社会生活的青少年相比，积极参加社会活动的残疾青少年：（1）会有更高的生活质量，因为他们不易感到被社会孤立；（2）会有更强的归属感；（3）会有更健康的生理和心理状态。

"支持性娱乐包容"模式让人思忖，限制、阻碍和局限等究竟是以什么方式影响包容的。例如，从模式中，我们显而易见限制和局限是多种因素所致，并设计多个系统。再例如，限制可能出现于系统中以下几个方面：社区（如缺乏交通）、娱乐机构（如缺乏员工培训）、支持系统（如缺乏父母支持），及个人（如缺乏休闲技能）。现在，我们来逐一分析模式中各个部分。

残疾人个人

"支持性娱乐包容"模式的基本核心在于满足残疾青少年参加包容性活动的兴趣和需要。因为个人的选择与偏好是主要关注的焦点，所以在确定、设计、优化和评估娱乐项目时，应该考虑他们的意见。娱乐专业人员的作用在于帮助匹配个人兴趣与社会机会，匹配个人选择与娱乐机会，评估包容与限制，并结合个人情况设计包容计划。尽管娱乐休闲专业人士凭借其经验，自己也能进行这一系列工作，但由于治疗休闲专家是经过专业训练，善于设计和评估个人计划，因而工作中可以向他们咨询。包容计划包括支持活动，如来往交通、帮助招生注册、辅助学生学习初步的娱乐技能等。娱乐专业人士应帮助包容计划的最初实施，与残疾人一起讨论计划的适应程度，并评估计划，做出可能的改进。

支持服务

娱乐专业人士也需要与那些形成青少年"支持系统"的重要人物（如家庭成员、朋友、照护人员）一起合作。了解青少年的"支持系统"有助于娱乐休闲专业人士更有效地满足青少年的需求。例如，在为一个患有自闭症的青少年设计拟定包容计划时，了解家庭和学校的行为安排计划、弄清朋友圈的构成、明了家庭和照护人对包容计划的态度等——这些都会有助于专业人士解决包容过程中出现的种种问题。

娱乐服务提供者

娱乐服务提供者是包容过程中一个重要的连接器。故此，专业人士应该分析娱乐休闲组织的理念、任务说明、管理过程、项目计划体系，以及资源构成。例如，了解员工进行适应调整的技能、他们对待包容的态度，以及他们对残疾特点的了解等，这些都对评估员工的能力和包容局限有所帮助。认识组织机构对待包容的态度十分有用，因为组织理念和态度会影响娱乐休闲专业人员的信念。

在分析了青少年的个人需求、社会支持、机构和工作人员的优势与弱势之后，制定的包容计划应包括如下内容：提供诸多活动，如培训员工学会如何进行适应性调整，以提高最佳体验；确保有一个志愿成为包容的同伴，以帮助参加项目的青少年；购买相适应的娱乐设备，以方便残疾青少年。"SRI"模式暗示娱乐专业人士应该帮助包容计划最初的实施，并且应该进行观察和随访，对计划做出评估和可能的修改。

整个社会

个人、他们的支持系统、娱乐组织是整个社会的一部分。社会代表了"支持性娱乐包容"模式的宏观体系，其中包括教育、政府、医疗、服务、交通和商业组织。这个社会的分析包括考察诸如人们对包容性的整体态度、普遍执行"ADA"法的水平、现有的实际接纳程度，以及支持包容的服务，等等。这些分析将告诉娱乐专业人士有关包容的潜在的约束和有利条件。

总而言之，迪文创造的"支持性娱乐包容"模式可作为一个框架，用于确定有关个人包容、支持体系、服务提供者和社会等的优势和局限。了解分析影响包容的体系，采取包容原则。这样做有助于提供限制最少、支持最大的环境，有助于授权青少年，以使他们相互依靠，在包容性娱乐环境里达到最佳状态。[11]

在过去 20 多年中，人们已经从多种角度探索过一般青少年参与娱乐活动的益处，但直到 10 年前，研究人员才开始认识到参加包容性娱乐活动的益处。研究总体上表明，参加包容性娱乐活动对健全和残疾青少年都有裨益。所有的青少年，包括残疾青少年，都能通过增加自主行为、发展友谊和培养适合社会的行为而受益良多。特别对残疾青少年而言，参加包容性娱乐活动能培养重要的生活技能（如适龄的社会技能）、提高机体的功能（如提高心血管功能）。参加包容性娱乐活动的另一个对残疾青少年特别有益处的地方是，包容性的娱乐环境摒除了有关他们的局限性的荒诞而老套的说法。

其他研究人员还发现了参与包容性娱乐活动的其他益处。研究人员（亨德森等）报道说，当残疾人在休闲活动中可以现身包容性娱乐活动时，他们表现出一种更高的选择自由。在一项有关残疾人的社会接受和休闲方式的研究中，研究人员发现他们参加包容性娱乐活动的频度、所获得的满意程度与感知的社会接受程度（包容性娱乐的重要部分）存在正相关关系。

在包容性项目实施的早期，一些"利益攸关者"（如父母、参加者、工作人员等）关心的是那些健全的青少年参加包容残疾人的娱乐活动是否会对他们的利益产生消极的影响。考察包容性娱乐活动情况的研究表明，认为会产生消极影响的这一观点是站不住脚的。例如，研究人员赫恩费尔特（Hornfeldt）等确认，由于参加了包容性的休闲活动，健全和残疾的青少年在交流沟通、身体健康和社交能力方面都有了提高。[12]

（四）如何选择休闲活动的价值模型（见图 3）

Infinity
无穷

Man's Use of Leisure Time
Participation Broadly Interpreted
人们利用休闲时间参与的广泛解释

根据工作模式，每个高于零点的活动都可能是好的，但是太多低层次活动会令人变得迟钝，最后导致个人和群体发展迟缓。

A little of each above Zero, depending on work patterns, may be good, but too many activities low on the scale are dulling, and in the end progress and development of the individual and the group are retarded.

The Maker of the Model 模型制作者

The Inventor　　发明家
The Painter　　画家
The Composer　作曲家

4　　Creative Participation 创造性参与

3　　Active Participation 主动参与
Copying the Model–Playing the Part　复制模型—扮演角色

2　　Emotional Participation 情感参与
A Person Moved in Appreciation　在欣赏中感动

1　　Entertainment 娱乐
Amusement 消遣
Escape from Monotony 逃离单调、无聊
Killing Time 消磨时间
Antidote to Boredom　无聊的解药

0　　Injury or Detriment to Self 自我伤害
Excesses 过度行为

0 以下　Acts Performed Against Society 反社会性行为
Delinquency 违法行为

Crime 犯罪行为

How Do You Rate?
你在哪里？

图 3　你在哪里

　　任何关于休闲活动的讨论，都会提到工作和休闲是对生存活动的补充，而宗教使人们的生活更有价值。关于人们如何选择休闲活动有一个广泛应用的价值模型。在 0 以下都是非社会性的或反社会性的行为，稍后就此展开讨论。

　　在 0 以上的休闲被分为 4 个层次来讨论：（1）旁观类型；（2）情感参与；（3）主动参与；（4）创造性参与。所有这些类型都被认为是娱乐的形式。

第一个层次，位于三角形的底部，这一区域大部分人都满足于保持现状，是一种被动的参与，被称作"旁观者"。有时作为一个旁观者有一定的价值所在，比如，可以充分娱乐以忘记疲劳。然而，总的来说，这些活动代表着那些重复的琐事，就如一个赛车手在他上车的地方下了车。这种对休闲的消极处理被认为是一种逃避。消遣好一些，娱乐又比消遣更好一些。最大的贡献者就是广播、电视、电影、廉价读物、庸俗杂志、漫画和飙车。这些被统称为"精神监狱"。在 0 点线上，人们只是消磨时间。"精神监狱"为人们的逃避机制提供了良好机会。人们可以暂时逃离现实，但是当旁观者回到生活的街道时，现实依然在那里。

离开模型的底部，我们必须考虑参与性。违法者当然也是参与者，只不过属于0 以下的区域。旁观者也是参与者，因为他支付了入场费。但是真正的参与并非是诸如此类的东西。在模型上方的三个层次中，参与被认为必须是积极的和创造性的。

一个人可能会因为另一个人的努力创作而进行情感参与。但当一些事情触及了你内心的感受，或者与一些有意义的体验相关联时，你就会接近它。当一个人表达他的感觉却不能表达他的需求时，他就只是一部分的"人"。你必须说："这就是我的意思。这是我想要说的。这是我想要做的。"

在有了这样一种参与经历后，一个人就会决心做点什么或者对现实会有更清晰的认识。你只是旁观者，但是感受到了事情的一部分。这会在看戏的观众中发生，比如在看《比利·伯德》的时候，当船长不得不做一个决定时你也许会看到你自己。你知道痛苦的经历。你知道做决定要以法律规制为基础，而当以法律规制为基础所做的决定与你自身的判断是相反的时，你会感到无力。

……

当你观看《苏格兰女王玛丽》或《圣女贞德》这类电影而发誓不要变得偏狭时，你是一名参与者。当你观看一场重要的网球比赛，读一本好书，看一场棒球赛，或是在编织和陶艺展览会中学习时，你是一名参与者，你会说："这对我来说是有意义的。"

一些人能通过音乐得到情感体验，另一些人则是通过绘画、书籍，或雕塑家的作品。每个人都根据他的体验和感觉选择相应的事物。一件事物对某些人来说是美味佳肴，对另一些人来说或许就是毒药。

当你将创造力融入你的作品传递给他人时，你是一名艺术家，也是一名参与者，就算他人没有感受到你的创造力，你也依然是一名艺术家。当你表达了你的渴望时你是一名创造者，尽管这些渴望只属于你自己。当你发现他人的创造与你的渴望相符，当夕阳、山间薄雾、花朵绽放，或是手的触摸都会将你带向你未曾实现的愿望时，你就是一名艺术家。丰富的体验是成为情感参与者的必要条件。

情感性参与之上是主动性参与。主动性参与是专业与薪资工作的产物，也或许是以业余爱好为基础。一个在舞台上表演《哈姆雷特》或者《麦克白》的伟大演员和书写它们的作者一样在创造角色。甚至篮球或棒球运动员也并非是这种游戏的创造者，他们只是尽他们的责任。歌唱家并非是写歌的人；裁缝也许不是为服装打版的人；制陶者也可能不是制作模型的人，但无论是谁在使用音乐或者模型，都与那些旁观的，以及被作品打动了心的参与者不同。

创造性参与位于休闲时间使用模型三角形的顶端。在这一层次上，人们制作模型、写书或戏剧，或者从他的经历和想象中创造一个模式。古往今来，在艺术、科学、哲学、发明和探索领域涌现出了许多伟大的创造者，如达·芬奇、哥伦布、施泰因梅茨（Steinmetz）、甘地和约翰·芬德利（John Findlay）等都是能够到达创造性参与层次的罕见灵魂。

当娱乐是追求上述三种层次中任意一种的时候，它将会是一种令人满意的体验。成为参与者的人将会变得警觉、积极，并善于接受。生活对这些人来说就像是一条大河，不断有支流汇入。在阿拉斯加，有一个部落相信，人每天醒来都是一个崭新的人。抹去昨天的成就和错误，开始新一天的生活。每种伟大体验之后也会这样——你会变成一个崭新的人。

消遣和娱乐是最难定义的。消遣，如游乐场这种类型的，毫无疑问位于模型的底端，适用于"旋转木马"（merry-go-round）式的逃生。此外，娱乐，如音乐喜剧类型的，可能有意义一些，尤其是当人们成为一个参与者的时候。当一个人在活动中能意识到一种体验或者一种表达，并仿佛能成为一部分的自己时，这个活动就具有意义。

就休闲时间的使用而论，人们应该认识到工作与休闲活动都源自游戏，都是为更全面的生活提供补充。如前所述，试图将生活分为两个部分只会更加混乱。任何一个生活艺术大师的工作与娱乐之间都不存在显著差别；或者也可以说，在他们看来，劳动和休闲、精神和身体、教育和娱乐之间没有什么差别。

世界需要一个整合的概念。没有工作的休闲是空虚的，没有休闲的工作是没有意义的。生活的所有阶段都整合为一件事情，也就是我们当前的任务。这在原始社会几乎已经完成了，但工业时代又将人分裂了。生活可以再次由有意义的活动统一起来。[13]

三、休闲的存在主义社会学研究

（一）存在主义社会学视角

如果我们将休闲理解为决定与行动，那就意味着休闲也是存在主义的。

存在主义社会学（existential sociology）的研究对象是富有情感、随时面临选择与决定的日常生活。……存在隐喻的根本是行动和自我定义的"我能够"，而不是一种本体论的"我是"。知识是作为行动（而非理解）被创造出来的。……（从存在主义的视角看）休闲是在一定情况下的决定、行动、过程以及创造。[14]

这一切对理解休闲来说意味着什么呢？首先，休闲不能简化为任何单纯的动机、满足、取向或其他某种确定的要素，休闲是可能性的感知世界中的行动。人类绝不是单层面的——理智或情感，精神或肉体，意愿或反思。其次，理解任何人类行为的要素在于决定，在复杂的感知世界中选择行动、行使自由，才创造了现实的休闲。休闲存在于行动而非时间与空间之中，休闲以行动为其存在的前提。再次，对这种行动的分析需要对感知世界的信息进行处理，所以，研究就应包括对行动的可能性所处环境的考察，因为行动正是在这一环境中被决定并实行的。为了评价这种行动的连贯性，获得感知及决定过程指数的具体方法也是必要的。休闲的存在主义特性并不要求每个决定都是全新的，并不要求与以往那些对行动的可能性及后果的理解相脱离。最后，无论形式如何统一，行动及其环境总是行动者的人为构造，是一整套达成共识的行为预期。达成共识以及定义环境的过程，也是行动的一部分。

我们要在对休闲的解释中吸收一些存在主义社会学家所强调的内容，但并不一定要把他们的东西全盘接收。决定，作为各种可能性中相对自由的选择，在休闲和游戏中是隐含的。我们会在后文讨论这种自由的局限性。然而，这些局限也并不回避情境决定（situated decision）的真实性。另外，对情绪及感觉的强调也是理解休闲的关键，同时也是理解那些导致休闲的决定的根本所在。休闲是日常生活的一部分。它处于社会互动的你来我往之中。它不仅仅是意义抽象、社会符号和决定模型中的理性评价变量，也不仅仅是一贯的生活方式或社会决定方式中的突出要素。

任何人想要解释任何社会现象，首先提出的问题都将是：这是什么？这一符号指的是什么？我们要研究的问题是处于各种社会情境中的休闲。然而我们并不能臆断，在某一固定的社会环境中果真存在某种不变的东西，而它的名字就叫"休闲"。其实，休闲是一种构造，它以经验为基础，由无数次经验的交流组合而成。休闲是一种在构造过程中被体验到的现象，但同时又具备使其在交流中能够保持自身特性的要素。

存在主义模式的贡献在于它强调体验即决定。另外，休闲并非是固定不变的"事物"（thing），休闲的定义也无法一次性地给出。相反，休闲（如其他任何社会活动一样）是在具体环境中构造出来的，其中有许多或然因素，需要不断重构以适应互动与交流的需要。

从这个角度来看，休闲是由多种不同的、可被识别与分析的要素共同构成的体验。然而，每一次休闲体验也是一次新的创造，它具备以下几个要素：

● 休闲是决定、状态和行动。决定并非外在于现象，而是现象特性的一部分。

● 休闲是创造，是决定与行动的产物。

● 休闲是过程，不是固定不变的，而是不断发展的，是在一定的时间与地点生成的。

● 休闲依情况而变，每个新的环境会构建每种新的休闲。

● 休闲是生产，其意义总是因其环境而再生，并未动用什么外在的资源。

● 休闲是行动，它全面而复杂，有自己的历史、情感、解释、阶段性发展及其最终目的。

任何一种存在主义模式，无论距标准的存在主义的基本路线多么远，在理解休闲时，也都坚持以上几种取向。休闲是在一定情形下的活动，有其各种不确定性、感情、解释以及将各种情形联系起来的主线。而且，正如休闲哲学史所展现的那样，这样一个存在主义主题是休闲行动的一部分。[15]

社会与个人认同是分析"我们在人生的发展中会变成什么样"的一种方式。我们现在的状态是在存在（existential）与情境（contextual）两种要素的社会辩证关系中发展而成的。

共同体（community）是人生发展的社会环境，但建立共同体也是一种存在主义的行动。共同体有可能是一种"我–您"关系。

休闲风格既会随人生历程的进展而变化，又包含一个共同的核心——可望亦可即的活动。

树立社会角色的同时，我们学会了社会认同（别人如何定义这些角色），也创造出自我定义的个人认同。

我们在休闲中探索、发展以及表达亲密关系，这种关系需要一定的自由来创造共同体。

这样，休闲就是创造与表达认同感的环境，就是既有延续性又有创新性的过程。休闲这种相对开放的社会空间可以促进变化与创新。[16]

所谓共同体，是指一组正在发展之中的关系，其中有相互的交往、交流、分担共同任务或分享有规律的活动，以及一段上述共同经历的历史。当这种共同体建立在更深、更持久的水平上时，就成为一种亲密关系（intimacy）。亲密关系是一种包含高度信任与共享的主要共同体。这里可以流露出自己的弱点，这里对可能的伤害与攻击全无设防。亲密也包括性的层面，但正如可以存在无爱的性一样，也存在不包括性的亲密。这种分析方法的第一假设就是：人是一种社会动物。人类的生物社会性预设了我们被他人生育，并与他人一起成长和发展。我们是在社会的环境中走向成熟。根本不存在可辨别的所谓"真正的自我"困在我们的机体中等候着被释放出来。相反，我们理解、交流有关"我们是什么"以及"我们可能是什么"等问题的方式，都是从别人那里学来的。在整个人生历程中，我们通过与别人的交往而不断"成为"——成为社会中的人。[17]

"我－您"关系是亲密关系的根本。亲密关系是最个体化的共同体。亲密关系与共同体都包含承诺、公认的关系条件以及持久性。共同体可能包括几个人承诺在一起参与某一特定的活动，而亲密关系则完全是个人的，仅限于两人世界或极小的圈子。亲密关系参与可能的活动的范围最广泛，因为这种关系最为普遍。婚姻的亲密关系既可表现在性生活里，也可表现在其他公开的交流中，甚至可以表现在关于财产分享与转让的法律活动中。亲密关系不一定只存在于家庭中，其他形式的亲密关系中也同样可以包含深层的分享与承诺，同样有对于自我与脆弱的真诚袒露。"我－您"关系的根本在于与他人分享生活，而非利用他人。分享中，各种不同的行为可以表达这种关系，分享范围越广，风险也越大，这种人与人的关系是多层面的，而性仅仅是其中一种可能的成分。

当我们探讨休闲在人类社会中的功能时，还要回到亲密关系共同体的概念上来。因为从这个角度看，休闲是表达与发展亲密关系与共同体的社会空间，是以发展主要关系为目的的自由。……我们是在社会中（尤其是在共同体中）了解到我们是谁。[18]

（二）社会存在主义视角

社会认同不仅仅是社会位置，它还包括他人如何看待及定义处于那些位置上的我们；因此，社会认同是后天学来的，它包括我们在为自己争取角色并定义社会认同的意义时，如何理解他人的反应。于是，这里就存在着社会认同与个人认同之间的辩证关系——别人如何定义我们，我们又如何定义自己。[19]

休闲的悖论在于，与其说它是"非 A 即 B"的关系，不如说它是"既 A 又 B"的关系。即使自由更多一点，也有自己的纪律；虽然强调的是体验，但也有持久的影响；即使是不当真的游戏，也还有结构和角色。自由、陶醉和自娱自乐只是相对而不是绝对的，但在所有这一切中，自我都在不断认识"我是谁"以及"我将来会成为什么样"。

我在这里给这种视角起一个名字，这个名字体现了休闲及其他所有社会行为的某种悖论。这种普遍的视角叫社会存在主义（social existentialism）。这种视角既关注行动的社会环境，又强调产生后果的个人决定。这种方法的中心是角色认同的概念。在角色认同中，即使是扮演最具规定性的角色，行为者也会表现出自己独特的个性与风格。在表演的过程中，行为者不断了解到别人如何定义自己，因而永远处于"成为"的动态中。[20]

四、休闲的心理学研究

（一）休闲研究的心理学模式

这种研究的对象是某种特定环境中的个人。这一模式常常是刺激－反应模式设计的变体。其前提是，环境的某些明显变化一定会导致行为的变化。实验设计确保每次只有一个因素发生变化，而控制其他因素使之保持不变；这样，无论是行为还是态度方面的结果在刺激改变前后都能得到测量。这样，环境就被假定为所有调查对象主要的决定因素。这种模式假定所有实验对象的信息处理过程基本相同，而将个别的不同仅仅视为"误差"。

关于儿童游戏的研究通常都基于这种模式。研究按照刺激的性质和复杂程度来考察游戏的灵活性、多样性、自发性、持久性以及对伙伴的偏爱程度，目标是要对影响游戏的各种因素加以确定。然而，这类研究大都从教育的角度出发，关注学习而忽略了自我表达。

使用这种方法的一项早期研究用假设的而非真实的情况来寻找休闲行为变化的来源。运用类似于考察敌意与焦虑的方法，将假设情境下的各种休闲方式（patterns of leisure）进行比较，认为休闲方式是先于反应方式（patterns of response）的要素。人们也为"选择取向说"找到了某些依据。在选择过程中，休闲被定义为自由的、不受责任约束的行为，选择的理由完全存在于行为者心理构成的范围内。然而，此项研究同时发现，行为者身外的环境因素也会影响行为者进行选择时的精神状态。无论是心理构成还是环境因素，都无法充分解释大部分矛盾。

社会心理学家纸上谈兵地研究休闲的态度因素（attitudinal factors）是难免的。如果刺激－反应方法的局限在于把大脑进行选择的过程当作不可知的"黑箱"的话，那么，下一步的工作显然就应寻找探索信息处理系统的方法。如果环境因素无法解释刺激－反应模式所预期的诸多矛盾，那么研究刺激的接收与使用过程是否能好一些呢？

从信息处理的角度看，态度是围绕某一活动或经历的特性而形成的。这些特性与人的信念与评价结合起来，形成人们对行为的态度。然而，特性本身却不足以预测决定，一些主观的意识规范（如信念以及价值观）会影响对行为的决定。因此，关于一项休闲活动的决定，是在对以往的经验材料进行处理和评估后做出的。这种模式将环境及行为同态度联系起来，联系的纽带就是接收刺激并对其进行认知和评估，并最终做出决定的思想过程。这样总体模式就成了：

$$环境 \rightarrow 态度 \rightarrow 行为$$

然而，菲什拜因（Fishbein）和艾森（Ajzen）将态度成分分解得更为具体详尽，并且加入了规范性信念和意愿：

这里焦点依然集中在个体行为者身上，因为个人是处理经验信息，进行阐释并采取行动的主体。然而，通过对认知和态度形成的分析，那个扰人的"黑箱"毕竟被撬开了一条缝隙。可接下来的问题是："怎样的态度才算是休闲的态度呢？"这个问题始终为休闲社会心理学家所关注。

定义休闲态度

纽林格早期的研究展示了一个包括三种态度层面的休闲模式。基本层面为"感知到的自由"。其他两种则为态度上的内在动机和终极（而非工具性的）目标。那么，休闲的特点就是和感知到的自由与对行动的渴望相联系的种种态度。人们只是渴望体验本身，而非什么体验以外的原因或目的。纽林格因此将休闲定义为一种"精神状态"，而非活动或时间；休闲既非环境，亦非行为，而是与之相伴随的态度；休闲不是依据其地点、内容或时间要素而定义的，而是指与这一切相关的精神状态。虽然这种精神状态必然处于一定的时间地点，而且必然是短暂的，但它却是使休闲状态与其他各种状态区别开来的要素。那么，要参加某一活动的决定，就是根据预期参加这一活动能得到的某种情神状态而做出的。这种状态几乎无处不在，因为，任何个人都可以不依赖自身以外的条件而进行感知。

休闲体验的特殊环境

芝加哥大学的奇克森特米哈伊发现，在某些情况下，休闲体验会得到强化。奇克森特米哈伊根据不同的活动情境，设计出不同的任务或具有挑战性的活动。任务如果过于繁难，就会令人焦虑；但如果任务过于简单，行为者又会感到厌烦；只有当任务的难易程度恰好与行为者的技能相匹配的时候，行为者才会全身心地投入，从而忘记了时间与周围环境的存在，至少在一段时间内完全"进入"了这种体验。奇克森特米哈伊发现，许多情况都可能促成这种状态，但他认为，某些具有挑战性的活动最可能提供这种使人陶醉的环境。

虽然人们仍旧注意行为者的态度以及个人的体验，心理学模式的第一要素却被重新请了回来。"以自身为目的的"（autotelic）活动包含了自由自在的心理状态，它完全是为了活动而活动；环境起到了吸引行为者的作用，但不是简单地刺激感官。复杂性的刺激因素呼应了早期儿童游戏研究的某些发现，奇克森特米哈伊将这种投入体验称作"畅"，这是介于焦虑感与厌烦感之间的最佳状态。而且，某些环境因素有助于培养这种体验。适当的难度即是其中一个因素。其他因素还包括结构因素（比如规章制度等），允许行为者专心于自己的活动，不必分心顾及什么是合适的、应被允许的行为。当目的与方式达成一致后，即可全身心地投入行动了。

这种模式的一种含义是：我们几乎可以在任何地方人为地创造出有利于"畅"的环境。问题并不在于我们是谈论工作还是休闲，而是在于行动的环境。因此，关于以自身为目的的活动的分析不足以构成休闲的定义，甚至不能算作休闲所独有的属性。环境条件不独属于任何物理或社会的情境。其实，体验是审美与喜悦、形式与自觉情感的特殊结合。这是一种行动与参与（engagement）的对称，它强化了体验，从而使相关的那段"参与时间和活动显得更有意义"。至少从理论上讲，休闲可以是体力或精神上的努力，或是与他人的密切交往，而这一切都会产生一种"社会交往上的畅"。

态度的持续性问题

如果"畅"只是瞬时的感觉，是由具体情境决定的精神状态，那么我们又如何能够通过与各种活动及环境相关的持续性态度来衡量休闲呢？答案之一是，这是一个有待研究的问题，一个值得研究的课题。例如，与具体活动、环境或友伴相关的那些直接状态会保持不变吗？与旗鼓相当的对手参加一项竞技性体育活动，其强度会因其他因素的不同而发生变化，还是保持不变？读书会因注意力集中的程度不同而大为不同吗？如果是这样，又是什么条件导致了这种变化呢？这些条件是环境的、情景的还是态度上的？

解决多变性问题的途径之一是做出定义。态度可以被定义为相对稳定的认知与评价因素。一方面，运用回忆式态度量级假设了相当高的稳定程度；另一方面，个人体验把所有活动（不论工作或是休闲）的情绪状态分为从兴奋到倦怠，或从着迷到厌烦，不一而足。事实上，即使在同一活动之内也会出现这种精神状态的变化，而且变化的可能性甚至比不同活动之间还要大一些。是否可能把鸡尾酒会的精神状态和阅读时的精神状态归为一类呢？是否可以从具备相似形式或环境的各种经历中抽象出一种普遍的休闲态度呢？如果休闲是一种精神状态，那它应当是随时变化的，而不会贯穿于行动或活动的整个过程之中。

心理学模式小结

心理学模式的三大要素是：环境（或曰刺激）、态度（或曰精神状态）与行为。通常的假设认为这三大要素是依次排列的——行为者接受刺激并进行处理、形成态度、导致行为。心理学家在对休闲现象加以研究和解释时，通常将注意力集中在行为者的态度或精神状态上。因为精神状态常常是复杂的，且包含有认知和评价的成分，因此，体验这个词也许比精神状态更能体现出精神过程及其环境依据这两方面的内容。体验是一种由个人通过经历和对经历的解释而产生的情境状态（situated condition）。正是这种由各个瞬时的精神状态依次排列起来而构成的体验，共同形成了持续的态度。[21]

（二）休闲心理学着重研究休闲动机

在人类行为的问题上，心理学家尚未发现有比动机更复杂更关键的问题。是什么促使我们想要以特定的方式行事，从而导致我们做某件事而不做某些事？这里的推动力、诱因和回报，人们只在有的时候看得清楚。

意志

托马斯·阿奎那（Thomas Aquinas）认为："一切人们自愿做的事情都可以简化为一个原则，即理性或意志。"意志栖身于态度之中，与知识不同。而正如保罗·豪恩博士所说，只有在其成为我们个性的一部分时，才能说我们有了态度，此时，将不易出现重大变化。

时间和人类对它的敏感将意志——从而也将动机——的因素带入了休闲之中。今后人类将更加意识到时间的存在，不管这是好还是不好。人类将被大量的时间包围，而寻找快乐地使用时间的方式则是保持自己不被时间淹没的最佳方法。自我形象对休闲来说至关重要，因为它与自尊紧密相连。一个认为自己在工作中扮演的角色无关紧要的人也许会在休闲中发现自己的重要；有时则反过来。

麦考尔（Raymond J. McCall）在这种自我表达中得出了两个与人类动机相关的基本结论：（1）人类动机的背后是其最大的倾向，即人不仅要维持生计，而且要拥有完满的人生，最大限度地取得丰富自我的成就。（2）人有追求最大可能这一理想的冲动，同时有动力和能力将这一抽象的理想具体化为一系列他认为是现实的、可实现的目标或价值。用已故的菲利普·莫瑞（Philip Murray）的话来说，动机正如砍价，只有一个主要原则，那就是尽量争取更多。

如果麦考尔的观点是对的，那么意志必须被诠释为超越物质主义之物。我们应该到哪里去寻求更丰富的经验、知识上的谦逊、对美的敏感和对情绪的有序调控呢？我们如何理解对观念的激动之情、不受束缚的想象力和创造性心灵的潜力和幸福呢？我们可能得抛弃许多传统的目标。明智的人不再向神祈求得到东西，而是求有事可做！

不言而喻，说人有思考和行动的动机，是假定了人与生俱来便具有思考和行为的能力，而且有足够的勇气，不仅敢于相信自我，还敢于相信通过自己的努力可以冲破最难逾越的障碍。

仅有天性的善良、让人变得高贵的愿望，或相信仅靠正义和善本身的运行就能自动获胜，那是不够的。我们还需要相信有能力做成不可能之事的人（如已故的温斯顿·丘吉尔那样），需要他们的能量和行动。

早期培训

我们不能等人们已将近走完人生之路时才去教他们如何生活。价值观和动机就像铁路上的那些辙叉一样，应该尽早将其启动。

如何在休闲教育中激发人们的动机，是有一些可靠的指导的：

（1）自由的选择是至关重要的。

（2）应该有易于理解的目标。

（3）在分享目标过程中，应该鼓励行为者自己独立思考。

（4）除非兴趣和动机被视为挑战，否则它们不大可能持久。

（5）应清晰地向行动者展现幸福的可能性。

（6）不向行动者解释可能需要付出的牺牲以及他在学习技能时开始应该受到的管束是无益的，即使有也不会多。

（7）不仅要诉诸行动者的理智，还要诉诸其情感，否则他会动机不足；如果没有动机，休闲教育将是一个幻影。

（8）应该靠启发和榜样的带动来推行休闲教育，而不是靠指示、施加压力。

（9）仅发展欣赏能力、学习技能并有机会使用它们是不够的。行动者必须知道这一切为何必要。对学生的启发和指导他们去体验是休闲教育的支柱。

游憩本身就是学习的强大动力。看孩子们游戏时，你会惊异于他们玩耍的严肃和韧性。在玩耍时，孩子不论做什么都是全身心投入的，被打断时则会恼怒不已。年轻人或成年人有时也是如此。

学校的老师如果能在课堂上激起孩童这种玩耍时的兴趣、努力和合作，其工作就会非常容易。应该让更多的老师研究一下游戏，并更多地关注埃利斯（M. J. Ellis）和其他研究者概括出来的理论。

意志得到最佳释放时，一个可靠的标志就是被热情唤起。威廉·詹姆斯（William James）曾说，每一种刺激都需要以某种动作发泄出来，以行动作为表达，就清楚地说明了这一点。在休闲中，我们对于渴望做的事，往往会满怀热情、迫不及待地去做。[22]

心理学家认为对技能的渴望是出于内在动机。从那些用于描述世代相传的欲望的词中我们能看出这一趋向，如好斗、获取、狩猎、采集、游牧、挣扎、出发、后退，当然还有游戏。欲望如何表达取决于孩子所生活的群体的社会习俗。

跑和跳是活动，但也是解决问题、思考、感觉，以及爱和恨的方式。所有这些反应都被认为是活动的一部分。当这成为公认的，那么显然教育就是一个活动体验

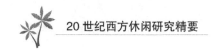

的过程。

没有一种教育理论有这样的观点，说学习是一件消极的事，或者知识可以灌输到空空的脑袋中，或者不需要练习就能掌握技能。当活动的定义被狭窄化，将阅读、思考、解决问题排除在外，这样的教育始终存在争议。[23]

休闲能给人们带来什么样的满足感？人们对旅游地的直觉是如何影响人们的旅行决定的？是什么驱动人们参与这种而非那种形式的休闲？人们与家庭和朋友之间的关系是如何影响其休闲行为的？这就是心理学和社会心理学所要解决的问题。

在讨论社会学研究时，我们曾提到拉波波特和凯利的研究从本质上来说是社会心理学研究，他们试图理解个人和其社会交往的潜在动机。

鉴于心理学对休闲研究所做的贡献，罗杰·英厄姆（Roger Ingham）把研究主体分为四类：动机和需要（为什么个人有这种行为）、满足感（某些特定的休闲行为和经历导致不同程度的满足感）、休闲心态（包括奇克森特米哈伊"畅"的概念）和休闲者概况（包括性别、年龄、个性、不同的文化）。这个领域的研究采用两种普通的方法，纽林格和奇克森特米哈伊的经验性方法与艾泽欧－阿荷拉的研究方法，后者的使用更为广泛，用于处理自述的动机、满意度和原因。英厄姆指出："目前大多数心理研究所依赖的是自述问卷调查数据……其他方法相对而言少之又少。这些方法包括个案的详细调查、直接的心理记录、开放性的自述、场地实验和在不同场所对行为进行仔细观察和分析。"

在其综述的第二部分，英厄姆赞扬凯利的心理学研究为未来提供了研究方向，凯利的研究把休闲作为个体培养其个性、风格和承担其社会角色的媒介。

在旅游学领域，皮尔斯和斯特林格把心理研究分为五种类型：生理和人类对环境的适应（时差和旅行者的健康问题）；认知（地图的使用和旅行者对旅行地的看法）；个体不同的方法（性格类型和旅游经历类型之间的关系，动机、心理图式和需要的关系）；社会心理学（包括个体内部、个体之间和群体心理过程）和环境研究（如拥护的心理感觉）。他们认为旅游心理学没有得到很好的发展，但是"尽管在旅游学方面缺乏更多的心理研究，地理学家、社会学家和休闲娱乐的研究者所做的大量工作从本质上而言是心理学方面的"。[24]

（三）从体验角度看休闲

休闲可以作为直接体验来研究。从这种体验中可能提炼出某些使休闲成其为休闲的因素。两种最易识别的因素是自由感以及内在（而非外在的）结果。[25]

"体验"是一个极难定义的基本术语。体验往往是指经历了一段时间或活动并对这段感知进行处理的过程；体验是个人对外部材料进行感知与同化的一种精神及情感过程。体验不是简单的感觉，而是一种行为以及对这一行为的解释性意识，是一种与当时的时间空间相联系的精神过程。

当我们将注意力集中在直接体验上时，我们仅关注具体的、有限的东西以及与当时情境直接相关的解释。重点在于个人的内在认知与解释过程，当然，这种认知与解释也是与过去或现在的环境相互作用的产物。体验是在与外部环境相关联的基础上发生的精神过程，是有外在所指的理解与感知。[26]

即使我们仅从单方面把休闲体验看作是个人的精神状态，它其实也不像许多模式所展示的那样简单。一旦引入了投入强度层面，随之而来的就可能是精神状态的多样性；而且，这种多样性可能与各种环境因素有关（如活动形式和社会环境）。环境影响态度，进而决定行为的原始模式仍然可以保留，只是精神状态要比那些未经区分的对自由与内在动机的感知复杂得多。

目前已总结出一些与休闲相关的可能的精神状态。虽然这些状态还不能成为休闲存在的定义性因素，但至少可以体现许多种休闲体验的特征。

有一种研究运用一系列量级来衡量休闲体验的各个层面。目前已定义出六种感知意义成分，它们是从直接体验中抽象概括而成的。

- 心理上的：自由感、享受、参与、挑战。
- 教育性的：智力挑战及获取知识。
- 社交性的：与他人的良好关系。
- 放松：从压力及疲劳中解脱。
- 生理性的：健康、健美、体重控制与康乐。
- 审美性的：对优秀作品及自然景色的反应。

但这样一份单子会把教育及生理因素与直接体验混同起来。这种方法的局限性在于，它是对休闲体验实际精神状态的高度抽象，其前提值得怀疑：一定存在一个众所周知的、叫作"休闲"的行为领域吗？然而，比尔德（Beard）和拉吉卜（Ragheb）却为识别可能的休闲特征提供了一个十分有用的框架。

另一份类似的清单立足于对这一领域的文献研究。在冈特的分析中，体验的特质更多地与本领域的传统文献相联系。这些可能的休闲特质包括以下几点。

- 选择：休闲选择包括选择接受参与某种活动时会有的限制和规则。但供选择的项目总是多种多样的。
- 自足：休闲的意义主要在其自身，具备自身意义的独立完整性。
- 高度投入与享受：活动应足以影响参与活动者，使其完全投入。
- 忘记时间流逝：一时意识不到时间的存在。一些人坚持认为，这才是最能体现休闲价值的状态。
- 奇妙幻想：与乏味的日常生活暂时脱离。休闲在某种程度上创造了一个独有的世界。
- 创造性：创造新事物的可能性。

- 自发性：自发的开放性的反应，而非受情境制约的规定性活动。
- 探索感、好奇心与冒险精神。[27]

（四）休闲心理学理解的休闲环境

在机会结构/目标导向这一模型中，环境被理解为"行动的背景"，它拥有能为特定活动提供背景的特征，如河流能为漂筏提供背景，积雪能为滑雪提供背景，道路能为步行提供背景。人们被视为理性的决策者，而不是适应模型中只能服从生物特性的俘虏。这一研究考察了人们在做决定、行动时，是怎样评价环境因素的。这十分符合人们在做环境和项目时有计划、有理性的传统。

环境特征从理论上说是可以互换的（即可替代的），甚至是可再生的，只要替换物提供一种相似的、可以满足目标特征的组合，这是存在于目标导向模型中的一种固有观念。心理反应（如对 LRT 目标的满足）（LRT，即休闲、游憩和旅游——引者注）被理解为取决于环境特征。支持这一模型的证据在一般的、相似的和可替代的服务中（对经验目标的满足）相对显得强而有力（如公共露天娱乐场），但将它应用到一些比较含糊的（如对环境的认知）或独特的（如了解一个历史遗址如万里长城）环境服务中去时，就会显得并不那么前后一贯。[28]

五、休闲的社会心理学研究

（一）什么是休闲社会心理学

社会心理学是对社会情境下个体的行为和体验的科学研究。休闲社会心理学将以几乎一样的休闲行为和体验的特定方式进行界定。活动问题证明，社会心理学异于其他类型的知识，包括其他社会科学和心理学领域，因为它关注社会情境对个体的影响。因此，休闲社会心理学是运用科学的方法研究社会情境下个体的休闲行为和休闲体验。

休闲社会心理学涉及科学研究。正如我们所论述的，理解如何思考、感觉和行为的方法有许多。我们可以从小说、电影、历史和哲学中得知人类的行为。社会科学的应用使得社会心理学有别于艺术的和人文主义的努力。它运用科学方法系统观察、描述和研究测量人。

休闲社会心理学聚焦个体。诸如人类学、经济学、政治学和社会学等其他许多学科也运用科学方法研究人类行为。所有这些学科和社会心理学一起被称为社会科学。他们在首要关注的人类行为上存在差异。分析的层次把社会心理学从其他社会科学中分离出来。例如，社会学根据国籍、种族、社会经济地位和其他社会因素进行归类。社会学家对人们如何合作更加感兴趣，例如小群体、组织、协会和作为整体的社会。社会心理学关注个体怎样运转并感知他们的社会世界：他们如何习得它；如何记得他们的体验；以及如何评价和评估它。

休闲社会心理学包括体验和行为研究。体验是一般术语，指的是个体的意识。个体的感知、感觉、学习或记忆，总而言之，他的体验经常能从行为中被推断出来。研究者也可以通过和人们交流发现体验，即人们告诉他们其所思所想。行为由个体的那些行为组合而成，该行为研究者能够看得到和观察到。然而，只有当研究者明白个体从事的含义时，才能达到对行为的全方位了解。因而，研究者将对外围观察者所界定的"客观地"和个体自身定义为"主观地"的休闲行为和休闲体验感兴趣。休闲本身面临着定义的挑战，休闲的界定尚未有被普遍接受的方式。休闲定义和休闲测量的不同取决于感兴趣的休闲议题或问题的本质。

严格意义上而言，休闲社会心理学既不是心理学也不是社会学的分支领域；它只是休闲研究本身的产物。[29]

休闲社会心理学可以被看作是一门考察个体在主观认为无约束的、自由的和空闲的一段时间内，其感受、认知（想法和信念）和行为是如何受他人的感受、认知与行为影响的学科，它是休闲研究的一门分支学科。[30]

（二）休闲社会心理学的兴起与发展

20世纪60年代晚期，为发展对休闲的理解，心理学，尤其是社会心理学的理论与研究方法的使用出现了稳定增长。

社会心理学家试图从心理学视角理解他人的真实的、想象的或隐含的存在如何影响个体的思想、情感和行为，这种方法被称为"心理学的社会心理学"，它区别于社会学的社会心理学，后者更多地关注群体过程、意识和政治影响，以及意义的社会建构。主流心理学的社会心理学已经且继续关注个体的感知或者社会环境的建构，承认个体会误解社会和物理的实在，无论对与否，这些感知都影响行为和体验。虽然过去25年现场研究方法备受欢迎，但心理学研究者仍广泛使用实验研究设计。

休闲研究者很少运用心理学的实验研究方法，然而和心理学领域的社会心理学方法相一致，研究者关注个体的休闲体验和休闲行为（即他的所作所感），以及影响这些行为和情感的因素。同时也与这一角度一致，研究人员对他人对休闲行为和休闲体验的影响感兴趣，这是基于他人影响通过个体差异和心理特质产生作用，并与之相互影响的观点。休闲也经得起清静和孤独，于是相对免于受到来自他人的直接影响，即使是带入这一情境的思想、感知、历史和寻求自由与快乐的动机也都是社会影响的产物。因此，休闲行为和休闲体验与人类行为的其他形式一样都被视为内部心理特质（例如感知、情感、感情、信仰、态度、需求和人格特征）与作为个体社会环境的一部分的情境影响（例如他人、群体准则、人工制品和媒介）的相互作用。虽然本书有着强烈的心理学定位架构，但数量持续增长的、从社会心理学视角进行的休闲研究也会被考察，以检验那些过程。

休闲的社会心理学研究的出现并不出人意料。许多休闲研究者致力于为与个体打交道的从业者提供知识，以提高其休闲参与和休闲满意度。起源于 20 世纪转折时期的"帮助"倾向是公园与娱乐运动的遗产，该运动很大程度上是为了响应工业化和城市化问题。休闲服务领域起源于早期的运动，现在仍旧担负着和个体一起解决个体制约和社会环境制约所导致的问题的责任。因此，存在着一种将个体休闲行为和体验理解为一种函数的实质性兴趣，它受到个体的需要、态度和人格的差异，以及他们在日常生活期间所面临的社会环境和情境的影响。此视角获得的知识不仅令提供者更加有效地经营并促进休闲服务和休闲资源，而且也提供了实际涉及那些为参与者提供某种体验的服务和资源的可能性。[31]

从 20 世纪 60 年代中期到 70 年代早期，应用社会心理学概念的研究开始出现在娱乐和休闲研究的文献中。发展和促进休闲社会心理学的研讨尝试出现在 20 世纪 70 年代。艾泽欧－阿荷拉在 1980 年的教科书《休闲与娱乐的社会心理学》（*The Social Psychology of Leisure and Recreation*）中通过识别与理解与休闲行为直接相关的主流社会心理学的理论和研究，进而促进休闲社会心理学的发展。这本应用广泛的书也证实，尽管在那时休闲社会心理学的研究数量少，但是许多有趣的问题值得研究，且有深入研究的潜力。

早期成果

休闲研究者在新兴兴趣的主题中特别关注休闲对个体的心理学影响，尤其是人格发展。艾泽欧－阿荷拉极力声称游戏和娱乐对孩子益处多多，因为他们促进公平感、决策能力、自我控制、韧性和主动性，同时游戏和娱乐也促进仁慈、友谊和宽容等社交技巧。然而，他指出，虽然休闲哲学家和作者过去承认这些作用，但是 20 世纪 70 年代以前理论和研究停滞不前……

成熟期

1969 年，休闲研究杂志的创刊对北美休闲社会心理学的发展起着重要的推动作用。虽然，该杂志并不全部以心理学为导向，但它的确为这一领域提供了出路。早期出版的休闲研究运用了这些社会心理学概念和方法，如态度、动机和满意度、团体行为、环境影响、社会化和交互主义。出版的许多研究也开始探索休闲测量的社会心理学策略。

在 20 世纪 70 年代，德莱弗和他的同事开始为户外娱乐动机的研究铺设更加系统的社会心理学基础。为了更好地了解人们为什么选择参与特定的活动，参与时他们所得到的奖赏和提高参与的体验品质的因素，人们提出了心理学方法，并将娱乐界定为"由娱乐参与而产生的体验"，休闲也在根本上被视为自由时间。

　　对休闲研究的社会心理学方法的系统发展的要求出现于 20 世纪 70 年代早期。德莱弗指出社会心理学的潜在贡献在于娱乐资源的经营。纽林格在《休闲心理学》（The Psychology of Leisure）一书中也指出心理学对于研究和理解休闲的重要性。如同德莱弗和他的同事一样，纽林格指出要想有效研究休闲内省本质，需要心理学上的理论、方法和工具。纽林格这本众所周知的书是休闲心理学的第一部著作，他的实质贡献在于列出了值得研究的重要主题的提纲。他也引起了研究者对各种各样的社会心理学理论和休闲研究相关研究领域的注意。例如，纽林格提出时间感知、厌倦、感觉剥夺、控制点、心态自由感和内在动机等社会心理学概念，可能会被证实对理解休闲有用。他也拥护休闲体验研究中的"个体－环境"交互理论和实验室实验的使用。在接下来的章节，你将会发现休闲研究者许多相关的建议和探索。

　　休闲心理学的许多研究和理论都是从社会心理学视角入手的。1978 年，第一届休闲心理学／社会心理学大会在佛罗里达州的迈阿密举行。该大会由艾泽欧－阿荷拉组织，作为与国家娱乐和公园协会相关的休闲研究座谈会的一部分。本次座谈会是如今休闲社会心理学领域研究者的主要会议。管理、人类发展、治疗性娱乐和社会学等其他会议也已经成为聚焦社会心理学创立而频繁报道的"心理学化"研究。正如我们前面指出的，艾泽欧－阿荷拉于 1980 年出版的《休闲与娱乐的社会心理学》是休闲社会心理学发展中的又一重大贡献。作为几代学生的介绍性著作，本书促进新兴领域的边缘定义，并为学生提供从社会心理学视角考察休闲的理念。

　　……

持续发展

　　有关休闲动机、休闲和休闲满意度的研究在户外娱乐领域得以持续，并延伸到许多种类的休闲行为上。廷斯利（Tinsley）和他的同事为休闲需求、休闲动机和他们系统测量的早期学说建立做出了贡献，此项工作仍旧与理解个体在变化多端的休闲情境下所体验的心理益处相关。创新研究方法和概念导致了休闲研究者从心理学视角界定、测量和理解休闲体验和状态，以及行为的能力提高……

　　最近 10 年性别这一主题也在许多社会科学领域日益获得更多的关注。休闲研究也不例外。当休闲受影响时，休闲与种族在社会文化和跨文化维度上的兴趣也日趋成熟。从社会心理学视角来看，年龄、性别和种族是个体差异的因素，伴随着人格，与环境影响相互作用影响着行为和体验。[32]

　　20 世纪 70 年代以前，社会学占据欧洲休闲研究的主导地位。但是 1979 年，英国的心理学家约翰·霍沃思（John Haworth）赞成更多地关注"休闲领域"作为活性剂创造"存在和未来"的个体作用。他似乎对过分强调习以为常的休闲行为表示反感。后来另一英国心理学家英厄姆在休闲研究的心理学贡献综述中指出，"休闲研究的主要心理学推动力来自美国"和"很少有英国心理学家公开表明这一兴趣"。但是某种程度上有所变化；心理学家迈克尔·艾格勒（Michael Argyle）在 1996 年出版了《休闲社会心理学》，以至于英国的社会学家更多地去关注休闲情境所产生的意义。

迄今，基于我们论述的休闲心理学和休闲社会心理学，所涉及的大部分亚领域早期贡献主要来自北美，还有少部分来自英国。此外休闲社会心理学再往前能达到何种程度？评判这一主题有若干方法。主流美国社会心理学的自身争论具有指导作用。

因为学者对个体行为的社会影响变得感兴趣，被称为西方社会心理学的美国"殖民化"始于半个世纪以前，第二次世界大战之后，其影响蔓延到其他许多国家。美国大量的研究几乎势不可当，而且所运用的主要理论和方法都带有美国色彩。美国境外作者在美国首要主导杂志刊登的论文比例在不断增长，他们影响心理学学科下的社会心理学的全球化。然而，最近在一定程度上研究不同地区或地点并形成反映其价值和传统的本土社会心理学兴趣在兴起。一些分析家指出，"非殖民化"已经发生，涉及实现美国和非美国视角杂交的结果。尽管该策略所导致的新的视角或理论并不明朗，但是北美之外的英国、欧洲和澳大利亚通过使用这些国家数据，为社会心理学相关环境做出了大量努力。

……

至于休闲社会心理学，目前并没有证据表明可选择的本土非西方休闲社会心理学的出现，心理学或社会学也如此。可是，传统尚未建立的其他国家的休闲心理学研究者对休闲社会心理学表现出一定的兴趣。[33]

（三）社会心理学界定和测量休闲的方法（见表 2）

何为休闲本质是争论最活跃的休闲研究之一。从社会心理学视角寻求理解休闲的沿革，在一定程度上是研究者努力把各种哲学的、历史学的和休闲常识理念转换成能够被界定、观察、测量和科学研究的社会心理学的建构方式。从社会心理学视角界定和定义休闲的方式也不是唯一的。不同的方法都有其自身的优势与不足。一些策略对研究者和从业者想回答的特定类型的问题更加有效，对他人而言不同的策略则更有帮助。[34]

社会心理学和其他社会科学学科关于个体行为和体验解释或者理论的发展和评估都建立在实证研究基础上。"实证"意味着研究建立在观察和需要运用不同策略或方法收集信息或数据的基础上。心理学和社会心理学理论需要运用心理学特性，比如人格特质、态度、价值和情感等等。然而，没有任何心理学特性是能够直接观察到的。它只能建立在我们所看到的个体行为上，也就是只能从他们所说和所做的基础上推断而来。[35]

表 2　社会心理学界定和测量休闲的研究方法[36]

现象类型	定义的观点	
	外部的	内部的
客观的	行为观察者方法	行为参与者方法
主观的	经验观察者方法	经验参与者方法
方法描述		
行为观察者方法：	**参与者的行为**被**研究者/观察者**界定为休闲或者非休闲，根据参与者从事的活动或者情境或者期间所嵌入的时间。	
经验观察者方法：	和事件相关的**体验、满意度**或**意义**被**研究者/观察者**界定为休闲或者非休闲。	
行为参与者方法：	**参与者的行为**被**参与者**界定为休闲或者非休闲，根据参与者从事的活动或者情境或者期间所嵌入的时间。	
经验参与者方法：	和事件相关的**体验、满意度**或意义被**参与者**界定为休闲或者非休闲。	

六、休闲的经济学研究

（一）休闲经济学的非传统特征

最早研究休闲的学者中就有经济学家。其中，最早研究休闲的经济学家是凡勃伦，其作品《有闲阶级论：关于制度的经济研究》于 1899 年出版。20 世纪下半叶，一部在休闲研究中具有开创性意义的作品是克劳森（Marion Clawson）和克尼奇（Jack Knetsch）合著的《户外娱乐经济学》（*The Economics of Outdoor Recreation*），1962 年出版。自那时起，从经济学的角度分析各种形式的休闲现象的研究出版物层出不穷。

经济学主要分为"微观经济学"和"宏观经济学"。微观经济学关注的是消费者行为和市场中向个人提供产品和服务的企业。宏观经济学关注的则是整个国家或地区的经济总量，包括就业和失业水平、通货膨胀率、国内生产总值的规模和增长。

当然，由于国家和地区经济是由众多个体消费者和企业及政府的经济活动组成的，宏观和微观分析领域是互相关联的。过去 50 年中，休闲经济学得到了不断发展，其学术研究主要关注的是微观经济学。这也许意味着，研究关注的主要是休闲产品和服务的市场，如唱片音乐、体育设备或餐馆就餐。然而，出于以下三个原因，情况并非完全如此。第一，休闲的主要领域，包括体育、艺术和户外娱乐等，并非由消费者支付生产总成本的"标准"市场服务组成：这些领域受到政府的广泛干预，包括对公共部门进行直接规定、给予补贴，有些情况下，甚至将上述休闲免费提供给参与者。第二，很多休闲市场都有与众不同的特征，因此很难以常规方法进行分析。例如，与一般经济分析中针对自由市场的进程不同，体育联盟需要在一个受管制的竞争框架内才能运转。休闲经济学具有非传统特性的第三个原因是，这种现象本质上是一定数量的时间。因此，休闲商品和服务的生产与消费受个人拥有的休闲时间的影响。由此，休闲经济学部分研究的是休闲时间的供求和价格与工作时间的供求和价格之间的关系。由于上述这些因素，在对休闲经济学进行分析时，需要对传统经济学理论进行调整，使其适合各种"非标准"市场的特点。[37]

关注整个休闲产业意义的研究为数极少：其中之一是英国谢菲尔德哈勒姆大学休闲产业研究中心进行的研究。该中心主要根据英国全国家庭支出调查，出版年报《休闲预测》。英国的另一份报告《度过时光：伦敦的休闲经济》收集了一个大都市区的开支和就业数据。

国际上尚未出版有关休闲经济学意义的比较数据，但一些国家已为此汇编了消费开支和政府开支方面的数据，具体参见本文的以下两部分。关于消费开支，已收集了 10 个国家的数据，因为这 10 个国家的数据都是现成的。关于政府开支，只有2 个国家的数据；而至于就业，则只有 1 个国家的数据。

大部分国家都定期进行消费开支调查，以此确定消费价格指数。这样的调查结果一般都包括一类或一类以上的休闲、娱乐或文化活动，这意味着休闲消费开支占总消费开支的 15%—20%。然而，更详细的分析表明，一些休闲开支项目通常归于其他项目之下，如住房（例如园艺或家庭娱乐开支）、交通（与休闲相关的旅行）或服饰（体育／休闲服装和鞋类）。当其中某些项目确定之后，休闲可占消费开支的25% 左右。然而，要分别确定所有相关项目是不可能的，因此，大部分休闲支出都是被低估的。[38]

（二）休闲经济学关注的主要领域

收入的增加是如何影响支出与行为的？有何理由每年把 1000 万英镑的资金投入剧院或活动中心？运动时间，如奥运会，对商业中的流通量和就业有什么影响？旅游、艺术或运动竞技有何重要作用？货币的交换率如何影响旅游的人数？这些都是从经济学角度研究休闲旅游时试图回答的问题。

经济学关注的是稀有资源在竞争中的分配，即关注一个社会的产出与产出分配，即谁得到了什么。在现代西方社会，休闲旅游产品和服务支出占总支出的20%—30%，因此休闲旅游经济学变得越来越重要。然而，大部分休闲经济学关注的是公共部分，而经济学关注的自由市场力量在这里却受到限制，或根本不起作用。在旅游研究中，经济学家主要依靠宏观经济学方法，宏观经济学把经济看作一个整体，关注经济输出水平、增长倍数、失业率、国际贸易等。

经济学在休闲方面的研究中心在公共部分，特别是乡村户外娱乐与艺术，这一领域关注的主要焦点之一是对公共娱乐土地和野外的娱乐价值、自然价值、审美价值或艺术设施进行经济评估。这些地方往往不需要门票，或门票是赞助的。因此与迪士尼这些商业化设施不同，研究者无法通过使用者是否愿意付钱来直接了解他们对设施的评价。由此而产生了大量的"成本－利润分析"研究，即衡量这些公用设施的社会总成本和总效益。

20世纪80年代当政府转向保守主义，并开始用批判的眼光审视国有企业以便削减支出和进行私有化时，该领域出现了有关"经济影响"的研究浪潮，经济学家致力于研究艺术或体育对经济所起的作用，总体的政治／经济环境刺激了定价对需求影响的研究。

休闲经济研究的另一个主要领域是职业运动经济学，职业运动对于经济学家来说是个非常独特而又诱人的行业，因为它具有竞争的本质，而这种竞争又有别于其他行业的竞争。

马丁（Martin）和梅森（Mason）以及运动行业研究中心和亨利预测中心等的预测工作更具有实际意义。作为休闲业的一项服务，他们对顾客在休闲产品和服务方面的消费进行常规预测，对需求进行预测一直是旅游研究的主要内容。在许多国家至少有一个机构提供国内及海外旅游预测，这些预测经常基于主要经济模型。就研究技术而言，经济学家曾经倾向于使用其他社会学家使用的方法，包括家庭访谈及实地访谈等，但现在他们倾向于更多利用政府收集的数据（如顾客的支出等）和采用回归分析等定量研究方法。[39]

人们一般认为，随着工资率的增加，劳动供给也会随之增加。但是事实并非如此。劳动和休闲是互相替代的关系。工资水平的变动会影响人们分配时间的决策。如果工资水平上升，人们很愿意延长工作时间。高工资是劳动者努力工作的激励因素，大多数公司意识到，如果要说服劳动者加班，就需要支付给他们高工资。获得更高工资的期望足以说服劳动者放弃一些休闲时间。他们会选择更长的劳动时间，这都是替代效应的作用。

然而，很多情况下还取决于人们对休闲的重视程度，如果工资水平上涨到足够高的程度，那么劳动者会偏爱更多的休闲时间而不是更多的收入。这就是收入效应，它表示在工资上涨到一定程度的情况下，劳动者会选择"购买"更多的休闲。[40]

（三）高产出休闲活动

活动有广泛的含义，包括有组织的活动，如体育运动或视觉、表演艺术，也包括"闲着"、闲逛，或是做白日梦。正如我们刚才讨论过的，活动发生于环境之中，因此活动的组成因素和环境的组成因素是相互影响的。并非所有的活动都是相等的，在产生健康的发展结果和积极影响方面，有些活动比其他活动更好。关注青少年发展的卡内基协会（1992）在一份关于青少年闲暇时间的风险和机会的报告中，使用了"高产出活动"这个词来指那些"更好"的活动。如图4列出的，这些活动特别指：

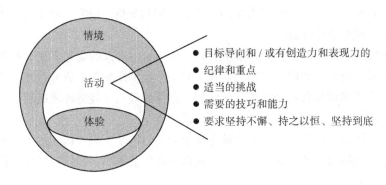

图 4　活　动

- 以目标为引导的，并 / 或在本质上是创造性的和表达性的；
- 要求严格记录和集中注意力；
- 提供克服困难的挑战；
- 培养技能并提高青少年的能力等级；
- 要求坚持、投入和持续的参与。

总的来说，具有以上特点的活动更容易产生对青少年最有利的经历并促进他们长期的健康和发展，尽管在有些例子中，高产出活动会与压力和焦虑联系在一起，并导致最终的厌倦情绪。我们刚刚讨论过的许多条件促进了另一个被奇克森特米哈伊（1990）称为"畅"的状况（见图 5）。

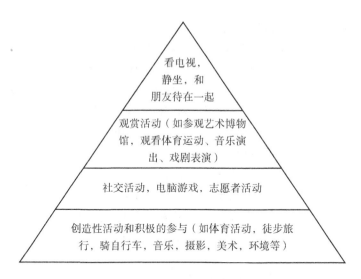

图5 高产出休闲活动的金字塔模型

究竟何为"高产出活动"？上图展示了一个"休闲娱乐金字塔"（与大家熟悉的"食物金字塔"相似）。这个金字塔显示，一个健康的"休闲娱乐食谱或节目单"应该建立在对个体的环境活跃和创造性的参与上。允许青少年掌握和建设自己经历的高产出活动，例如参加体育运动、在合唱团里演唱、在乐队奏乐或创造一个艺术项目，应该是一个青少年休闲"节目单"的基础。这些活动可以单独开展，也可以与其他活动一起进行，但是它们最有可能包含以上所确认的高产出活动的构成因素。

我们在这里需要特别提出一些发展结果。首先，这些高产出活动对青少年来说是更为自我决定和发自内在兴趣的。拉森（Larson）把自我决定与主动性联系在一起，他把主动性称为"青少年积极发展的核心品质"。主动性本质上意为青少年内在得到激励去参加活动并保持对活动的兴趣。主动性提高了自发的、自我产生的注意力，这种注意力不仅培养了内在兴趣和对有趣活动的坚持，也培养了青少年对自己生活的一种掌握和责任感。

第二个与高产出活动相关的发展结果是目标设定和未来眼光。高产出活动倾向于要求现实的目标设定。研究显示，在休闲娱乐环境中设定目标的青少年更有可能表达一种积极的未来眼光（即对自己未来的一个积极展望），这种未来眼光在青少年向成人的过渡期是关键性的。尽管我们在本书中花了大量精力讨论内在激励的重要性，我们在这里要指出一个细微的差异：以目标为导向的活动，有时称作确认激励，可能并不完全是内在激励的。意思是说，尽管这些活动在本质上是有趣的，但青少年参加活动时有某种目的或目标，而不仅仅是"确实很感兴趣"或"因为很好玩"。之前，我们把这些活动称作自我赞同的活动，它们也能促进健康的发展结果。

金字塔的下一个阶层包含了电脑和其他的游戏。它们与"创造性及参与性"的活动是紧密联系的，但是它们通常不具有和第一层活动同样程度的"高产出因素"。最近有一些有趣的电脑游戏要求青少年要积极参与体育活动，这是一个明显的好处。

我们把志愿服务业放在这个阶层，尽管从投身程度和位置本质来看，它可能更适合被归到第一阶层。休闲娱乐的机会为青少年培养了志愿服务的手段，并让他们与学校、社区和教会产生联系。"回报"和"使社区变得更好"不仅可以有力地促使青少年去尝试，而且可以促使他们产生个人成就感和一种更广泛的社区感，感到自己属于一个"比我更大"的范围。

当我们在金字塔上往上移的时候，活动变得越来越不具有参与性。观看体育运动或文化艺术活动，虽然令人激动并具有某种参与性，但并不像金字塔的前两个阶层一样，要求参与者完全投入或使用尽可能多的技能。做一个观众的挑战等级通常是最低的。另外，青少年应对挑战的能力和自身技能在一段时间以后也不见得有提高。

青少年一些最普通的休闲活动包括看电视、打电话聊天和（或）网络即时通信。在多数情况下，这些活动被认为是"低产出活动"。有趣的是，青少年选择看电视往往是因为他们没有别的事情可做。青少年反映，他们在看电视时感到无聊、无精打采，尽管在社交背景下看电视（与家人或朋友）比一个人看电视可以更好地促进青少年发展。我们也应当承认某些电视节目的教育价值，但是我们的观点是，一种以看电视为主的休闲生活方式是不健康的。

纯粹的闲荡是这个金字塔最没有发展效率的活动那一阶层。与同伴联系是生活中一个重要的社交方面，但是一味地闲荡和看电视并不能完全促进生活的意义和参与。

我们已经描述了一系列与参加活动有关的感觉。例如，高产出活动更多地与掌握能力的感觉和积极影响相联系，而低产出活动更倾向于产生无聊、消极的感觉。为了完全理解休闲娱乐促进青少年成长的方式，我们接下来将进一步来看一下休闲活动中的体验方面。[41]

七、休闲的政治学研究

尽管公共政策事物对休闲旅游而言非常重要，但许多年来对休闲旅游的研究往往忽视政治因素，20 世纪八九十年代才开始在这方面有了重要的突破，布拉默姆（Bramham）和亨利（Henry）、威尔逊（Wilson）、科尔特（Coalter）以及亨利等分别研究了公共政策与休闲的关系，里克特（Richter）研究了公共政策与旅游的关系。

最近对当地决策的政治影响进行的个案研究为这个领域做出了重要的贡献。休闲研究的重心在政治意识形态与休闲政策的关系上，而旅游研究的重心则更为实际，更多的是研究政治行为中旅行者的角色。通常休闲旅游政治领域的任何研究资料都倾向于利用历史记录，但是与最近的历史事件有关的往往把对事件经历者的采访作为补充材料。[42]

城市规划专家将游乐场地看作保护民主制度的一种重要的场合，因为在这里，来自不同生活背景的人们可以消除阶级的对立与竞争并相互协作。金门公园里的斯普雷克尔斯湖的小艇俱乐部可以融合不同年龄与阶级的人群，在一般的工作日，船长是资本家，而水手是"煤气工人"……但是当这两个人在带着他们的小船一起挤进斯普雷克尔斯湖时，他们都变成了神气活现的大男孩。这里没有贵族的骄傲或者作为一个富翁的欢乐，也没有作为一个服务生的苦恼。当然，这种阶级的融合并不会产生一种平均化，而是能将较低阶层的人们提升到中等或者更高阶层人们的品位与标准中。[43]

八、休闲的伦理学研究

（一）休闲与道德密切关联

伦理是指道德上的善与恶、对或错的行为。它研究道德价值、信仰、原则和理论。但从根本上说，伦理学只解决了一个问题："我们应该如何生活？"这一部分反映了伦理的本质、伦理学研究的方法以及（美好）人类生活的终极目的。[44]

因为休闲是"一个人选择应当如何生活的自由"，它需要在诸如"我应该做什么"，"我应该是什么人"以及"我应该成为什么人"这样的问题上进行伦理反思。卡普兰预计，这种与休闲的道德联系，将会使哲学在休闲话语中获得比当时（25年前）更重要的地位，但回过头来看，事实并非如此。在休闲领域，伦理学确实研究了道德困境，而哲学思考却一直停留在此。

应用伦理学在休闲领域比理论哲学对话更有价值，并与休闲产业中大量的行业联系在一起。下一节将通过对两个相对较大的休闲领域：娱乐和旅游中的道德规范进行阐述。在每一种案例下，都会提到几个例子，这些例子将通过一位休闲学者的哲学思考来得出结论。

首先，就娱乐与伦理学之间的对话而言，麦克纳米和布拉肯里奇（Brackenridge）构建了一个将哲学融入休闲研究的案例，为了反思休闲研究中的伦理范围，他们首先反思了这一联系。他们注意到，应用伦理学在学术界和社会的不同领域获得了发展，并且在休闲出版物中也获得了发展。他们把伦理学做了社会科学和道德哲学的区分。第一种情况下，性问题诸如性虐待和夜总会、妇女和农村贫困、行为不良、性别问题、旅游、体育等都被提及，但没有进行道德分析。第二种情况下，伦理作为道德哲学，二人确定了他们认为适合于休闲研究议程的主题。这些项目关注的是性骚扰和虐待、公平竞争和指导——所有这些都是在体育领域。伦理反思应该包括政策、行为和实践准则、组织者、教练、球员、服务交付和管理。5年后，麦克纳米在《休闲和户外娱乐百科全书》（*Encyclopedia of Leisure & Outdoor Recreation*）的伦理条目中，提到了休闲中的几个新兴领域。在他看来，在未来几年，这将需要进行伦理反思。这些分别是商业伦理、环境伦理、存在伦理、女权主义伦理、管理伦理和体育伦理。他奠定了坚实的理论基础，作为一个有思想的教育家，他耐心地论证了义务论、结果论和基于美德的理论对伦理决策的影响，尤其是在环境伦理领域里。麦克纳米主要关注休闲权利的问题，因为在最大限度地增加休闲机会的同时，个人和少数人的权利往往被忽视甚至被侵犯。

麦克莱恩（McLean）和约德（Yoder）提出娱乐和休闲服务不是出现在道德真空中的。这些服务不仅仅是快乐和有趣的，还必须考虑到员工对客户、同事、社会和自然的道德责任。他们关注诸如性骚扰、安全、检举、赌博、营销、自然环境、职业行为、道德规范、文化、旅游和治疗娱乐等主题，尤其关注在职业实践中可以用来解决道德困境的技术和过程。

亨德森将可持续发展与休闲的关系放大，像麦克纳米一样，解决过度消费对环境的负面影响和环境污染之间的干扰。她强调，一方面，从公正的角度看，人们拥有休闲权利，但同时在另一方面，人类对"人类的完整性和环境资源的保护"有普遍责任。休闲应该着眼于正义的原则，以有利于人们过上更好的生活，并制定支持这一原则的政策。对于亨德森来说，最大的挑战是公平和可持续性将"多样性与统一、自由与公共利益、个人生活方式、职业实践以及休闲学识的短期和长期目标"联系在了一起。

莱文（Leeuwen）为思考休闲和道德之间的关系提供了理论哲学的支持。关于这段关系的核心问题是"休闲时间允许我做什么"。在寻找"答案"时，他确定了休闲领域的原则，这些原则可以为个体做出正确的选择提供方向，或者当他们评估异常或不正常的休闲形式时。这些原则是有效的，它们都与经济和心理领域有关。经济领域关注利润最大化，往往是休闲活动的主要内容，而心理领域则与人们有意识地以一种有意义的方式实现自己选择自由的方式有关。这也与容忍他人选择的能力有关。莱文关注的是心理方面。制定或激发道德意识的两个因素是法律和个人责任。他把生活变成了一种道德意识和良好的休闲生活的场所。生活中有机会接触和冒险，可以促进自我发展。这都是为了在不同的生活实践中实现"趣味性"——休闲概念中的一种隐藏结构。例如，通过体育运动，人们可以学会如何竞争；如何发挥"公平竞争"和公正；如何合作和无私；如何珍惜健康的身体和健康的精神。

第二个要解决的问题是旅游业。卡斯塔尼达（Castaneda）指出，从 1960 年到 1980 年，旅游业要么被视为本质上是"好的"，要么被视为"本质上是坏的"。这一判断取决于旅游业对社会各方面的影响。当它提高了经济的潜力和生活质量，它被认为是"好的"；当它破坏了文化，滋生了犯罪，破坏了环境，传播疾病（艾滋病）时，它被认为是"坏的"。至少在 20 世纪 90 年代初，这些负面影响被归入"第三世界发展伦理"的标题；卡斯塔尼达认为，"好或坏"的概念不应该在这个领域的伦理反思中，因为将其作为向导可以归结为旅游业的道德化，这是一个相当单一的角色。它应该更重视旅游业的"道德化"，它既要考虑活动的利弊，也要考虑其受益人和受害者。

　　B. 拉夫洛克（B. Lovelock）和 K. M. 拉夫洛克（K. M. Lovelock）支持这个观点。他们还认为，旅游业的"冲击方式"是失败的，并倡导可持续的旅游业，这不仅仅是一个过程，这"不仅仅是影响或结果，而且比在法律和法规中更重要"。可持续旅游应该被认为是一种道德本身。这导致了界定能动的人的"义务、职责和责任"，同时也反映了"旅游计划、设计、实施、发展和管理"的伦理价值。此外，它还导致了不同的道德规范的建立，例如《旅游权利和旅游法典》（1985）和《全球旅游道德规范》（1999/2007）。

　　简单地说，商业伦理模式目前正在推动旅游业的伦理反思。它发生在不同的层面上。在反思道德与旅游之间的关系时，也要考虑到所有利益相关者、专业精神和良好行为的相关原则、员工与顾客、社会、环境和其他生命形式之间的相互作用。文献中提到的一些重要的实际问题，包括旅游业对贫困、人权、土著人民、腐败、定价、市场、气候、动物、儿童（性旅游和童工）、废物、狩猎、医疗旅游和残疾的影响。旅游业内部的伦理反思——除了对上述问题的应用伦理方法——主要聚焦于该领域企业的企业社会责任，更具体地说，是关于可持续旅游和环境伦理。这是由于当前全球对气候变化的紧迫感。然而，也有学者批评这种发展。例如，伯恩斯（Burns）在一个更哲学的层面上，在学术和专业实践中寻求一种道德方式，克服旅游产品（人、城市、风景、文物等）的工具价值。她的意思是，为了满足"顾客"的个人愉悦和需求，"产品"不应该以经济对象和商品的形式来销售，而应以其内在价值来营销。人、城市、风景、地方、文物和动物的价值都高于消费价值。对可持续旅游的反思应该与旅游伦理相辅。

　　韦尔滕（R. Welten）在当前片面关注环境和气候问题上也表达了类似的批评。可持续旅游的社会方面可能会被忽视。旅游现象的中心是旅游者自己。旅游部门无法回答"我什么时候是好游客"的问题。在这个世界上，只有游客才能解释他自己的态度、期望和行为，而这个世界并不是一个愿望清单，而是人类形成自己身份的舞台。韦尔滕把游客视为一个世界主义的人，用阿皮亚（Appiah）的话说，这是一个陌生人世界的道德准则。世界主义伦理的核心是热情好客，对自己的参照物和对陌生人的态度都是公正的一种心态或态度——通过对自己和他人开放，通过实现"我和他们"之间有意义的邂逅，世界主义者超越了令人尴尬的旅游目光，承认了旅游人为的道德标签"对经济有益的"和"以社区为基础的旅游"造成的对旅游的间接损害，并珍视自由的再分配。世界主义者能够超越一种在寻找"真实生活"时——在那儿，他人通常被看作是一个纯粹的客体——所体现的自由。通过热情好客，他人便有了另一副面容而不再被看作一个纯粹的客体。这些追求与后现代的"流动的休闲"概念有什么样的关系？布莱克肖对这种建构给出了自己解释，关于流动的休闲的伦理相对较少，但在他 2010 年出版的书中却有一些线索。例如，他提出："休闲本身不包括任何一种伦理规范，但当人们自由地参与休闲活动时，他们就会建立自己的伦理规范。"他还认为，关于休闲的价值陈述只有在有不同类别的休闲活动时才具有有效的概念性意义，这意味着"良好的规则"。这一定位似乎是向着在活动和互动中实现的好的方面发展的，而不是向着把美好的生活当作一种"存在方式"或一种"生成方式"的方向发展的。然而，尽管他并没有广泛地进行研究，但在他的"流动的休闲"范式中，又出现了另一种引导，引导人们反思伦理、休闲和后现代性之间的相互关系。这就是"生活艺术"的概念。布莱克肖认为生活艺术与"自我管理"有关；这是一种"个人关注"，描绘了一种"自主和真实的生活"，它从根本上负有"自我和他人的相互依存的责任"，构成了"存在的普遍道德模式"的基础。生活艺术为一个人成为"完整自我"提供了潜能。这关乎智慧，关乎休闲的本质。这就要求人们反思一种休闲伦理的基础，这一理论与"生活艺术"的概念有本质上的联系。[45]

（二）休闲作为道德的一面镜子

我们今天所了解的游憩（作者是指通常说的"休闲"——引者注）是我们的社会和经济发展的一个产物。它与休闲密切相关但并不等同于闲暇，闲暇同样是社会发展的产物。在早期的美国，人们期待几个小时的闲暇，后来是期待一天的闲暇，再到一个周末，再到假期——现在，退休后的老年人已经可以期待若干年的闲暇了。人们有各种方式利用他们的闲暇，不过主要是利用闲暇来追求他们在游憩方面的兴趣。并非所有的闲暇活动都是游憩，闲暇活动要成为游憩，必须道德上是良善的，精神与身体上都具有积极向上的意义，尊重他人，有自愿的动机，并且能提供愉快感与成就感。

......

对于游憩的一个描述性的定义是：游憩是人类的某种兴趣与寻求需求满足的自然表达，其主要发生于闲暇之中。今天，游憩已经是所有人类群体生活的一个部分了。正因为如此，无论是在战争还是在和平时期，无论是在生病还是在健康的时候，无论是在大萧条期还是在繁荣期，以及同样地在灾难和平静的时期，游憩都很兴盛。在美国，游憩已经发展到这样的程度了：在有组织的和非组织的层面上，它都是我们的信念、我们的个性、我们的民主程序、我们文化的发展以及我们作为一个民族的道德哲学的一面镜子。[46]

画家莫兰德（Morland）以一种更深层次的方式将生命和无生命的联系在一起，从而把这两种观点更进一步"融合"在一起。在德列兹（Deleuze）之后，她认为，无生命的生命不应该被认为是人类活动的"被动对象"，而应当被看作它自己拥有"能动能力"。生命被看作是"物质力量和流动"，它"成为影响和受影响的能力"——也与自然有关。两种形式的生命形式都是人类所设想的现实，并且使之成为本体论概念的一种方式，即生命本质上是关于"尝试不同类型的'生成过程'"。在这一思路中，"人的本质"或"人的生成过程"可以被看作一种动态的状态，或者是一种融合个人、社会、自然或环境的努力。（人类）生命从人类与这些领域的交互中产生，生命在这些领域中得到了形式，并在这些领域中由人类领导。这就提出了一些哲学问题，比如"这些互动的本质是什么？""生命是否有终极目的或意义，或特定的价值？""人类如何（尝试）实现生命的终结？"或者——正如第三章结尾所总结的——"个体如何揭示他们生活中'重要的东西'？"

几个世纪以来，学者们一直都在思考这些问题，从哲学的角度来看，这些问题都是道德问题，伦理与生命有关，在其他方面被定义为"生命研究"，生活的艺术，把生活描绘成"我们正在逐步构建一种艺术作品的材料"，对"人们应该如何生活"的关注，或寻求"我们应该如何生活的一种合理捍卫"。这与古希腊的主要哲学问题"怎样才能过美好的生活"产生了共鸣。这是柏拉图和亚里士多德所思考的主要问题。正如在第一章中所解释的那样，柏拉图认为，过一种美好的生活可以归结为，通过参与游戏来做出正确的选择，做正确的事情。对亚里士多德来说，伦理与理解人类生活有关。他提出，对美好生活的追求是通过参与或拥有休闲来保证的，这被认为是人类应该争取的最高理想。"美好生活"中的"美好"这个形容词从根本上是一种规范的概念，它与休闲有关。因此，理想的休闲与道德之间似乎是不可避免地紧密相连着的。[47]

宗教为法律压制娱乐提供了强大的道德制裁。在很长时间，娱乐在生活中毫无地位可言，宗教是这之中最重要的力量之一。但是在所有的殖民地都有一个基本事实：如果定居者没有把他们的全部精力投向他们的工作，他们无法生存。[48]

两个世纪后，一些清教徒发现自己处在同样的位置。他们也成为改革的政党，谴责教会的物欲，谴责教会支持的许多乐趣是罪恶的。他们也憎恨更富裕和悠闲的阶级的娱乐，出现很多他们不满的道德问题。这两个影响——精神上的改革和经济的嫉妒是永远不会分开的。它们都出现在十六七世纪，它们一直呈现于每一个最近的清教徒精神的表现上。[49]

清教主义未能根除早期美国人玩的自然欲望。它试图抑制人类的冲动，带来不可避免的反抗。然而它在新英格兰的文化中留下了深刻的烙印。因为当神职人员和法官产生的力量在降低，更多的自由思想产生时，只有一小部分遗留的不宽容还在逗留。北方殖民地总是比中南部殖民地在他们的娱乐方面受到更多的制约。

清教主义精神对我们的娱乐生活还有一个重要的影响。环境大大改变了，以至于我们关于休闲活动的想法也已经完全改变。三个世纪前，教会和国家把所有娱乐都看作是同样的"懒惰的邪恶"，对这种做法的怀疑现在已经让位于对各种健康的娱乐形式的积极鼓励和促进。[50]

九、休闲的历史与人类学研究

目前休闲与旅游的管理、态度和机构的历史根基是什么？从工业产生至今，休闲时间增加到何种程度？变化是如何受过去的行为及事件的影响的？在回答这些问题的同时，历史学家对休闲研究的发展产生了一定的影响，如赫伊津哈（Huizinga）的经典之作《游戏的人》在很大程度上具有历史学兴致，杨（Young）和维尔诺特（Willnott）合著的《对称性家庭》（*The Symmetrical Family*），还有克拉克（J. Clarke）和克里彻（Critcher）合著的《鬼推磨：资本主义英国的休闲》（*The Devil Makes Work: Leisure in Capitalist Britain*）也是以历史作为分析基础的。最近理论学家提出的休闲历史案例表明，休闲是如何成为西方资本主义社会经济与文化发展不可分割的一个部分的。实际上，20 世纪 80 年代的批评家对早期休闲研究的批评质疑是它是非历史性质的或至少它的历史观是幼稚的。

但是较完整的休闲史仍有待人们去撰写，除巴克丁（Bahktin）对中世纪"狂欢节"的概念做了简要研究外，现有的历史资料从古希腊直接跳跃到了欧洲工业革命时期。在英语文献中几乎没有研究欧洲及北美洲以外地区的历史资料。尽管人们很清楚大多数休闲形式，如音乐、舞蹈、艺术、运动、赌博和饮酒，都源于史前，但实际上没有资料提到公元前 1000 年这段时间。总之，尽管在萨林斯（Sahlins）所著的《石器时代经济学》（*Stone Age Economics*）中有丰富的与休闲或玩耍相关的资料，但休闲研究中忽视了人类学的研究。

大多数旅游学教材提供了旅行和旅游历史概况，旅游业可以追溯到古希腊与古罗马时期，和 17 世纪和 18 世纪欧洲"大旅行"的出现及温泉和旅游胜地的发展。在英国的历史研究资料中涉及社会学家关心的社会结构和社会变化的一些理论问题，而在美国，研究更为倾向于对案例的描述。

从历史的角度而言，人们对旅游人类学的关注使旅游业可追溯到古典时期之前，但旅游人类学同时还被认为是近代现象，它利用人类学的研究方法来研究旅游过程中产生的文化（经常是冲突性的）的关系。

虽然在回顾历史对休闲与旅游所做的贡献时，并不讨论研究方法，但事实上，历史分析的主要贡献之一是对诸如日记、官方记录、报告和新闻报道等第二手资料的利用。人类学的研究方法以人种学研究方法的形式贯穿"文化研究"的领域。[51]

十、休闲的地理学研究

居住地、可使用的休闲设施和休闲参与模式之间有什么样的关系？对不同风景的感觉和欣赏是如何影响休闲旅游行为的？一个地区是如何接纳和分配本地区居民的休闲和旅游的？人们是怎样利用户外休闲场所的？他们如何看待拥挤和堵塞问题？各种环境对参观者的吸引力有多大？这些都是休闲地理学与旅游学研究的问题。

地理学在休闲研究方面的贡献非常突出，他们的兴趣通常不仅局限于他们的研究领域。如爱丁堡大学的旅游与休闲研究小组隶属于该大学地理系，它处在各种技术模型的发展前沿，这些技术模型在本章社会学一节中有所讨论。社会学模型扩展为空间模型，目的是不仅能预测总体参与活动的水平，而且能预测前往特定地点的旅行水平。这项研究是基于对总体人口进行的访谈调查和对特定娱乐地使用者进行的调查。

当然，地理学家主要关注的是空间和环境问题，同样也关注大规模的自然与人文现象，诸如海滩、荒野和人类居住类型等，地理学的确有助于人们提高在休闲研究方面的洞察力。因此研究者对五花八门的休闲设施集中地进行了大量的研究，调查设施距使用者居住地的距离，并由此确立一个设施的服务范围。此类研究还包括了大量的对旅游地的研究。地理学家历来关注在"绿色地区"，如市区公园与国家公园，进行的旅游，但威廉斯的最新一份名为《户外休闲与都市环境》的资料表明，目前地理学家的兴趣范围覆盖了环境、家庭花园、道路、孩子的玩耍场地、公园及运动设施等。

当然，旅游在本质上是一种地理学现象，而且地理学也为此领域的研究做出了很大的贡献，涉及旅游模式和基于重力模型的模型、旅游／娱乐地的容量和地区发展等。

最近地理学家采用了后现代主义及后结构主义的观点，这一点在卡拉·艾奇逊（Cara Aitchison）等人所著的《休闲与旅游风景》（*Leisure and Tourism Landscapes*）

和戴维·克劳奇（David Crouch）主编的《休闲与旅游地理》（*Leisure/Tourism Geographies*）中得到了证实。这些研究与社会学研究领域交错重叠，同时弥补了休闲与旅游的差距。由于利用了社会学，这些研究标志着在该领域运用定量与定性研究方法的开始。

地理学家一直站在各种观察研究工作的最前沿，特别是他们在调查休闲资源的分配和利用时运用了航空图像，研究了休闲者使用零散地点，如公园，的休闲方式。地理学家还把生活方式与人口调查信息结合起来，基于同一社区的社会特性制作出"生活方式"，而这些特性与休闲方式有着密切的关系。同时还结合地理学和心理学原理，对"风景直觉"进行了大量的研究，风景直觉即人们对不同的风景产生兴趣的原因。[52]

十一、发展理论的休闲分析

发展理论是从更长远的角度来考察休闲。休闲是一个持续一生的成为过程。

个人与社会不断的、无可避免的变化是发展理论的基础。根本命题是关于成为的命题——无论是在决定性行动中，还是在人生历程不断变化的个人发展中。连续性是指个人在一生的旅途上总有某种始终如一的自我特性。变化总是基于自我（self）的，而自我已经成为可识别的存在（identifiable being）。同时，自我又永远在发展并成为不同于现在的自我。另外，处于同一阶段的人们，在许多发展的环境及主题方面是共同的，是具有共性的一群人。他们几乎在相同的年龄进入或走出生活的重要阶段，几乎同时经历了相同的历史事件。发展理论虽然也关注个人，却同时具有深刻的社会性和历史性。

就总体而言，当代社会的人生历程包括三个生物－社会（bio-social）阶段，即准备阶段、确立阶段和完成阶段。在准备阶段，年轻人的中心任务是学习和成长，为成人生活做准备；确立阶段的主要任务是对社会有所贡献，并能在社会系统中获取一席之地；在最后阶段（即完成阶段），人们已经看到了死亡的终点，生命的意义与传承在此时显得格外重要。生命被看作一个旅程，人们希望能找到某种意义和个性的延续，而不仅仅是一部人生经历的流水账。

以发展的眼光理解休闲需要我们选取双重视角。休闲本身是一种后天习得的行为、态度和意义。我们通过体验和选择的历史渐渐社会化而学会了休闲。社会化是指获取知识、态度、技能、交流及理解能力，从而有效地扮演社会角色的过程；而休闲社会化则首先是学习如何成为休闲者。

人们的角色会随着人生历程的进展而变化，休闲社会化的发展是与角色的更迭同步的。在确立阶段早期，休闲与配偶、父母等家庭角色，以及与带有相应社会预期的工作角色之间的关系都会有所变化。参与家庭活动的（尤其以巩固家庭关系和教育子女为目的）大都是年轻的父母；而那些在当地工作或做生意的人则被鼓励参加某种社区组织。人们甚至在选择朋友时也会考虑其社会位置及层次的可接受性。

随着社会预期与机遇环境的改变，个人也会随着年龄的增长而改变他们的价值体系和世界观。人们会在一生中采取不同的视角去判断什么是重要的、合适的以及令人满意的。同样的一群人，在学生时代追求某种东西，但等到长大成人并努力为社会所接受时，可能对那些东西就会唯恐避之不及。在不同的年龄，参加同样活动的风格也可能不同，原先认为合适的地点、服饰及同伴，后来却可能被认为会损坏一个人的社会形象。[53]

休闲是一种有意义的现象，但几十年来对其断断续续的研究一直处于学术边缘。社会科学一般都假定休闲是从属的、多余的，休闲通常被认作"成人完成所有要紧事以后所做的事"。而且，休闲总是被看作是其他社会因素（尤其是经济因素）作用的结果。发展理论的贡献之一就是把休闲引入理解当代生活的中心位置。[54]

十二、建制理论的休闲分析

建制理论（institutional theory）的基础是对社会系统的功能性分析。

传统的观点认为，休闲是功能性的和从属的，所以，相关的分析也都试图衡量来自其他角色与相关资源的决定因素。人们认为，无所不在的建制角色决定着休闲这一派生领域的形成。

经济角色与休闲有着各种复杂的关系。角色要求、资源分配以及时间表等结构层面会影响到休闲的目标与机会，工作与休闲中的学习与发展也存在着一定的相互性。

经济角色的异化在其他生活领域中会对个人及社会产生影响。经济角色是造成社会阶级差别及其伤害的基础。

家庭交往可以是休闲，而且常常是"核心休闲"的一部分。而且，家庭也是一个普遍的休闲社会场所。家庭的角色预期与资源分配反映出生命历程中的目标变化以及家庭结构的社会变化。

工作、家庭及休闲的历程互相交错、彼此联系。

在一个世俗化的社会里，宗教也可以被认作休闲——一种可以自由决定的活动，但不再是社会统一的根本。

休闲是带有种族色彩的，因为休闲必定是某一种文化的休闲，而且休闲也可以成为文化发展与表现的场景。

在一个制度化社会体系的角色序列中，休闲风格是在角色预期与决定的辩证关系中发展起来的。

休闲的存在主义层面所面临的否定是：休闲资源会由于不同的社会阶层方面的原因而受到限制，而且，社会只支持那种有用的休闲。[55]

休闲，果真像一些人提出的那样，是一种超越社会的真空体验，是与生命历程中的各种角色分离开来的吗？

抛弃一种过于简单的模式并不意味着用另一个简单的隐喻来代替它。相反，建制社会体系以多种方式表现为休闲选择、机会、意义及风格中的一个重要因素。

第一，建制角色的影响可以扩展到休闲场景中。这种场景或活动作为一个环境，让行为者用另外的方式表达社会关系。

第二，建制角色决定休闲结构的大致形状，工作时间表有其基本性，这决定着业余活动的数量、频率及持续时间。经济地位是决定用于休闲的经济资源的重要因素。家庭生活周期同时决定着休闲的社会伙伴及可能的约束。高度的"事业型"生活一般会将时间及其他资源优先分配到与工作有关的投资中去。

第三，社会系统不是静止不变的。建制组织及规范的变化可能增加或减少工作之余的时间。工作安排中更大的灵活性可能提供更长的整块时间去参加如旅行一类的休闲。倾向个人发展的价值观的转变可能使年轻的父母在工作或家务之余留更多的时间给自己。年龄的规范的变化，使老年人参加那些以前只有年轻人才参加的活动。收入分配的变化可影响到许多休闲资料市场。

第四，社会角色一般是相互的。对女人角色预期的变化也会影响对男人的角色预期。女人的角色预期中包含越来越多的经济要求会影响到男人的就业市场及其在家庭中的任务预期。角色往往通过与其他角色的关系来定义。如果退休后的常规生活更倾向于体现生产性价值，则承担养育孙辈任务的祖父母会越来越少。

第五，承认一个社会体系中经济的基本性，并不意味着一定要忽略可能导致社会变化的其他建制的力量。任何建制的变化都会影响到其他的建制，任何这样的变化都会对休闲产生影响。大范围的失业会影响到社会的各个侧面；家庭结构变化后，人们不再多生孩子，这会影响到劳务市场、休闲市场的建制化进程。

第六，人们否认休闲完全是由社会经济要素决定的，这并不意味着休闲就是完全独立的。西方文化中，成人的休闲与家庭密不可分。但并不是要以一种新的单方面决定论来替换旧有的决定论。虽然家庭与休闲一般会共同存在于非公开的社会空间里，也常会彼此影响，但毕竟两者还是有着各自的独立性与完整性。[56]

十三、休闲与旅游

（一）旅游与旅游者

什么是旅游？为什么人们敢于冒着旅行的不便和无常到一个他们几乎一无所知的地方？没有一个单一的理论能满意地解释所有旅行者的行为。不过，也存在几个大家共同接受的看法。可以把旅游解释为一种追求新奇的行为，解释为一种游戏，解释为一种对质朴的追求，解释为在陌生人中建立起来的关系，解释为一种开拓主义的表现形式，解释为对快乐的寻求（有时称之为旅游的 4S 理论——sun［阳光］；sand［海滩］；surf［海浪］和 sex［性］）。旅游的动机也可能是某些莫名其妙的幻想。康普顿（Crompton）的一项关于对度假动机的研究发现，度假的动机很多，包括逃离世俗的环境、对自我的探索和考验、放松、获取声誉、回归自然、加强亲情关系、社交、文化动机、寻求新奇，等等。当然，许多人并不是出于单一的动机外出旅游的。

正如我们所讨论的，旅游总是涉及一个比居住的地方更新奇的目的地。这种新奇性、独特性或是新鲜性常被看作一种具体的事物，一个"有吸引力"的因素——人们常这样说，我从没见过大峡谷；我从没经历过里约热内卢的狂欢；我从没去过肯塔基赛马会；我从没去过澳大利亚、阿拉斯加，还有诺特浆果园；我太想去了。根据这个理论，新奇是一个人决定是否旅行的关键性因素。从某种意义上说，所有的旅游者都在追寻新奇，只是程度大不相同。那些想追求最新奇事物的人，按照普洛格（Plog）的说法，具有冒险性，他们喜欢个人独自探险。这些人为数不多，也很少利用旅游业的服务设施。那些追求中等程度新奇的旅游者愿意去旅游设施发达、名声初起的地方。为了给他们提供服务，宾主关系（tourist/guest-host）的商业活动有了很大发展。最后，那些追求最小程度新奇的旅游者，常常跟随由旅行社全部代办的旅游团到那些已经很有名的地方去。他们食宿的旅馆和饭店与他们家乡的非常相似。[57]

旅游似乎和游戏的每一个特征都相对应，赫伊津哈发现了这一点，在第一章我们曾经讨论过。旅游也具有游戏的特征：在正常生活之外；受到时间和空间的限制；被一种神秘的氛围笼罩；绝对专注甚至让人觉得有点虚幻；存在一些非常危险的事情；有不确定的结果；可能促进某一社会群体的形成。莱特（Lett）就曾利用赫伊津哈的游戏特征考察加勒比海的游艇旅游业。正如我们在第六章所看到的，游戏中的人们可能出于不同的动机花钱，甚至要比在"正常生活"期间花费的还要多。因此，如果旅游被理解成游戏，我们会看到，做出消费决定的方式也将改变。[58]

旅游也被认为是陌生人之间的关系。马克利斯（Machlis）和伯奇（Burch）提出，最好把旅游理解成这样的关系："旅游是周期性地出现在现代社会日常生活中的一种紧张的、特别的情形——陌生人之间的关系序列。"根据这个思路，驱使我们去旅行的心理动机同驱使我们进行日常生活的动机是相同的，比如"贪婪、好奇、冒险和进取"。区别在于，我们认为理所当然的日常行为，"吃饭、睡觉、洗澡、聊天、观察、思想、性，等等"，对旅游者来说，就承担了比日常生活更大的意义，意义的大小取决于我们如何与陌生人建立关系。

最后，旅游也可以看作是回归自然的一种努力。近 50 年来，遍及大多数"现代"世界的旅游业的迅速增长，不仅和旅行价格的降低和大众交流的增多有关，也和现代生活的特征有关。麦坎内尔（MacCannell）说，现代生活是以高度发展的城市化、普及的教育、全面的医疗保障系统、符合经济原则的工作安排、地理上和经济上的流动性，以及民族国家的出现为特征的。同时，他认为，现代社会还有一种精神的特征，这种精神状态是在现代国家的公民中发展起来的，它把现代社会置于自己的过去的对立面，也把自己置于未发展国家的对立面。现代国家里的人民建立了一套与他们的祖先和落后国家的人民完全不同的信仰与意识形态。麦坎内尔相信，在众多休闲选择中，旅游特别适合于把个体与整个现代世界拉到一起。就如休闲已经代替了工作在社会结构中的中心地位，就如"文化"已经从每日的"工作"活动中被驱逐出去，新兴的现代意识开始关注于扩展其休闲体验并不断地寻找新奇，寻找现代生活的替代品。

旅游代表着对质朴、对真实的追求。麦坎内尔说，旅游者试图通过旅游来理解世界。要做到这一点，旅游者必须绕过那些仅仅是为了诱惑他们而设立的虚假的旅游点，找到那个地区的璞中之玉。如果他或她总也不能从"旅游陷阱"中找到本真的事物的话，一个旅游者该为此感到羞耻。一个人旅游的时间越长，他或她就越能明白什么是那个地方的真正的生活，就会躲开那些只求赢利的商业化地区。

因此，现代世界里的旅游就是一种对意义的追求——努力理解整个世界。这种想法似乎有些价值，不过很可能会遭到反驳，许多旅游者对这种宽泛的意义并没有兴趣。他们或许只是想找一个温暖的海滩或是到一个地方痛快地玩上一场。麦坎内尔的解释可能更适用于那些受过更高水平正式教育的人。而且还有一个问题，那就是什么是"本真"（authentic）？科恩（Cohen）等人指出，某些旅游区在它们被开发后似乎获得了一种本真的感觉。比如，我们可能逐渐地把迪士尼乐园看作"真实的东西"。[59]

"旅游者"一词在本书中有两层含义。首先，它指实际的旅游者，即观光客，他们主要是中产阶级，他们到世界的各个地方旅游，以寻求一种经历。我写本书的目的，就是要从社会学的角度来研究这群游客。但在此我也要声明，从一开始，我就打算写更多的东西。旅游者是指一个实际的人，或者说是一群游客。与此同时，"旅游者"一词还是一个用来描述一般现代人的最好的词。此时此刻，我也同样对这个词所隐含的社会学意义感兴趣。在我看来，我们对早期现代文明的理解应该从研究游客的内心世界开始。

我对自己的数据进行的分析越多，就越不可避免地得出以下结论：旅游吸引物是一种无计划的结构种类，现代意识或者"世界观"直接成就了这种分类，或者说，旅游吸引物完全类似于一种原始民族的宗教象征。[60]

很有意思的是，现代性战胜其他社会文化结构的最好标志，并不是非现代世界的消失，反而是非现代世界的人为保护和重构。非现代文化的特征从它们最初的背景中分离出来，成了现代的玩物，这体现于"自然主义"运动。最典型的现代社会的特征是对民俗音乐和医药的崇拜，如民俗装饰、礼仪、农民的服饰、早期美国的陈设等等，总之，前现代社会的许多东西都被置于博物馆中进行展示。美国前哨部队最近出现了一种带有自毁性质的重现游击战的活动。这些出现在现代社会里的已经消逝的形式，实际上是所谓现代世界"战胜"非现代世界后的战利品。这些非现代的元素，使得现代意识直观、具体地了解非现代性，并对之进行界定，而这一切是现代性做不到的。[61]

经仔细归纳研究，我们发现，观光是对社会差异化举行的一场仪式。观光是一种超越现代完整性的集体抗争，是一种企图克服现代性断裂的方式，是一种将破碎整合为一体的方式。当然，一切终将失败：纵使社会力图构建其完整性，最终还是无法避免社会的差异化。

中产阶级观光的经济之外的意义是容易理解的：正是这些中产阶级系统地搜遍整个地球以获取新的体验，再编织成关于其他族群及其他地域的博采众长的旅游出版物。国际中产阶级将全球差异化变成一种单一意识形态的努力，是与国际中产阶级将其他族群纳入自己的价值观、行业以及远期设计的能力相关的。中产阶级时下最受青睐，其原因即在于中产阶级具有超越意识的能力。笔者认为，旅游业是意识观念的一个基本要素。

旅游对社会的整合宛若对那些被取代的形式进行一次分门别类的目录编撰，这一说法是很正确的。现代世界的差异化与旅游景点在结构上的特征毫无二致：从自然、历史及文化环境中剥离出来的基本元素，恰好与那些被取代或被现代化了的东西和人物相拟合。差异化正好是旅游的看点。现代战舰停靠在"旧铁场"旁边；高耸入云的公寓建筑矗立在修复过的18世纪洋房附近；"老忠实"间歇喷泉周边放置着漂亮的座椅；所有的重要城市都有野生动物和奇异植物群；埃及方尖石碑竖立在伦敦、巴黎的繁华街口以及纽约中心公园。现代化同时把这些东西与它们所在的民族与地域分离开来，打破了这些族群的完整性，并把这些族群从传统的依附带入现代的世界，游客们在现代世界里可以努力发现或重新构筑某一文化遗产或某一社会标识物。

令人玩味的是，对现代社会里人际关系的真实性所产生的普遍担忧恰好与人们对旅游景点的真实性所产生的疑虑相对应。旅游宣传中充满了对游客及游客所目睹的东西的真实性的各种表述：这是典型的土著民宅；这里正是领袖倒下的地方；正是这支笔签署了该项法律；这是手迹原件；这是一根正宗的特林吉特鱼竿；这是荆棘皇冠上的一枚真实残片……事实上这种真实可能是相当不可靠的，这就像大夫把耳朵贴近垂危病人的胸膛诊断病情一样。[62]

（二）旅游建构了虚假生活

一个虚假的社会一定是一个在事后才可以看得清楚的社会。从旅游者的角度来看，在现代社会中他自己的日常生活就是虚假的，因为它已具有文化批评家所声称的一些负面特性。假如"上流社会"的生活建立在外来的、人为建造的景观之上的话，那么这种"上流社会"的生活也可能是虚假的。要想使个人感到"不自在"，最好的办法就是让他的高雅的经历建立在这些虚假的因素之上。一方面作为个体的人不断地进入新的、陌生的环境；另一方面他们又从别的文化中将景点移植过来，这种双向的流动使现代人发生异化，使他们感到不自在。虽然只有第一种流动一般被称为"旅游"，但是从本书角度来看，第二种流动的作用毫不逊色。

现代社会已经使虚假性变成制度化的内容，广泛的渗透于价值观和物质文化等各个社会领域。如果人人都消费得起，清教徒、自由主义者和势利之人就将其称为"俗不可耐"；如果太昂贵的话，则称之为"矫揉造作、虚张声势"。矫揉造作和俗不可耐这两种态度所带来的问题是，人们可能认为在某个地方——只是不在我们这里，也不是此时此刻，也许就在那个地方，在另一个国家，在另外一种生活方式下，在另外一个社会阶层中，也许存在着一个真正的本真的社会。美国的矫饰使得世界上其他地方显得更真实一些，而加州的矫饰使得美国的其他地方显得更真实一些。真实性的辩证关系就在于现代社会结构的全面发展，这一点明显地表现在人们对生态和边疆的关注，人们对赝品、虚假之物、俗不可耐、缺乏品味、炫耀、花哨庸俗以及华而不实等的批判和抨击上。就整个社会而言，人们就这些共同关心的问题达成一致意见，认为在某个未知的地方存在着真理和真实，我们应该尽力去找到它们并取其精华。[63]

（三）旅游吸引物

一个地点怎样才能对旅游者有吸引力？一个策略是创造吸引物。一些地方可能有充足的自然环境或者历史建筑。如果没有，人们总是可以创造出吸引物的。在整个现代度假历史中都发生过这样的事情。黑池观光塔就是受 100 多年前建的埃菲尔铁塔的启示而修建的。黑池当局注意到，埃菲尔铁塔吸引着络绎不绝的旅游者，他们希望复制这种景观。

欢乐海滩或者游乐场是另外一个最早出现的、很多人仿造并很有生命力的一种旅游吸引物。引起学术界极大关注的旅游吸引物是迪士尼乐园。现在有一种迪士尼文学。迪士尼乐园于1955年在加利福尼亚南部开业。接着佛罗里达的迪士尼世界于1971年开业；东京的迪士尼乐园于1983年开业；欧洲迪士尼乐园（位于巴黎东郊20英里处）于1992年开业。这些迪士尼乐园都取得了商业上的成功。他们是很少的一些作为旅游目的地的人造旅游吸引物中的一部分。其他主题公园、动物园、贵族的豪华故居和城堡吸引着度假中的一日游游客和旅游者。这些吸引物可能会增加度假目的地的吸引力，但是事实上只有迪士尼乐园从本身的角度变成了度假目的地。社会学家指出，迪士尼乐园颂扬一种特有的道德和政治秩序。他们赞扬美国生活方式，展示非政治化的世界观，为个人的成功喝彩，尤其是米老鼠这个小人物的成功，为人们提供一种逃避到奇妙的、无性别的幻觉世界的方式。迪士尼企业组织本身认真对待其社会使命，公司格外注意保护其展示的公众形象，这就提高了学术界对迪士尼的兴趣。瑞泽尔把迪士尼作为理性化的实例，但是迪士尼除了对迪士尼本身之外真的能够起示范作用吗？作为旅游吸引物，迪士尼是独一无二的，是无与伦比的。从吸引来自全世界的旅游者的角度，迪士尼乐园与世界上最具观赏性的瀑布和最深的峡谷并驾齐驱。

……

拉斯维加斯也有一个特殊的旅游吸引物，但是最近一些年其他城市也发现赌博可以吸引旅游者，并可以诱导旅游者留下一大笔钱后才离开。作为经济引擎，博彩业远比博物馆成功。2001年，黑池议会收到一项提议，建议修建一系列拉斯维加斯类型的博彩酒店。如果英国的博彩法能够放宽限制，使修建博彩酒店成为可能，如果这个计划在黑池实施，不在英国其他地方实施，黑池度假地就一定会恢复其过去的辉煌。如果越来越多的地方竭力效仿，博彩将不再是拉斯维加斯和蒙特卡洛这样的旅游目的地的特殊旅游吸引物。

另一种鼓动游客的方式是举办临时的旅游吸引项目，例如，体育赛事或者大型文化事件。这些活动总是希望促进当地经济的发展。公共资金要为此付出成本，但是通常都会有更多的钱流向当地。自然环境也可能成为极好的旅游吸引物。任何人造景观都无法和瑞士的阿尔卑斯山或者大峡谷相媲美。澳大利亚发现位于荒凉的、环境恶劣地区的艾尔斯巨石可能是其最好的单体旅游财富（甚至优于悉尼歌剧院），可以吸引更多的国际游客。[64]

在这里我想单独分析一种体验，我把它叫作文化体验。文化体验的资料是虚构的、理想化的，甚至是夸张的公共领域的社会生活模式，例如电影、小说、政治会谈、聊天、喜剧表演、展览会、仪式和大型活动。所有的旅游吸引物都是文化体验，它们必须按照一定顺序组合起来。第一个部分是在舞台、电影里出现的生活中的某个有代表性的方面。我把这个部分叫作模式，用这个词是为了表达一种具体化的观念，与"时装模特"这个词当中"时装"的用法非常相似。或者，正如戈夫曼（Goffman）所写的那样，"是为了某个事物的模式，而不是属于某个事物的模式"。文化体验的第二个方面是在模式基础之上的信仰或情感，它已经被改变、被创造、被增强了。我把这个部分叫作影响。壮观的汽车拉力赛是一种模式，它带给观众的震撼、选手穿戴的护目镜和工装裤上的汽车轮胎和汽油广告都是一种影响。著名的精神分析病史也是模式，每个人的分析都受到它们的影响。浴衣模特是一种模式，一个男子在现实生活中想要一个看起来"和模特一样"的女友是该模式的影响。[65]

闲暇是由文化体验构成的。闲暇和文化作为对工作和日常生活的一种暂时逃避而继续存在，它们主要包括度假、娱乐、游戏、玩耍和宗教仪式。这种针对日常活动进行的文化仪式的转移导致了工业社会的主要危机。[66]

（四）现代旅游应与自然相和谐

人类对自然的巨大热情从远古一直延续至今，这从狩猎、森林宿营、海边观日出等活动中可以窥见一斑。这说明人类能够并且很早就已经在竭尽全力地改造未知的森林和海洋，这是为了促进社会团结，而不是加强人与自然的对立。人类科学中的自然主义立场以及现代生命科学对自然的控制已经大大地减少了建构这种社会团结的重要资源。但是同时，现代旅游是人类大家庭团结一致的基础。现代旅游并不把自然作为一种与人相对立的力量，虽然有时我们必须联合起来与之抗争，自然是能够感动游客的源泉，是我们必须尽力去保护的对象。自然奇观之旅将自然这种能打动人的力量变成不同的体验，以保证每个人都能领略自己喜欢的风景。[67]

从某种意义上说，现代博物馆和公园是违背历史和非自然的。当然，这并不是说它们摧毁历史和破坏自然。恰恰相反，博物馆和公园都致力于保护历史和自然，但是在保护自然和历史的过程中，它们无意识地割裂了现代性与过去和自然的关系，并将现代性凌驾于其他两者之上。在这一过程中，现代并没有取其精髓，吸收自然和历史中的精神实质，而只是将过去和历史作为旅游吸引物来展示。[68]

（五）休闲与旅游产业

通常，适合于休闲的东西似乎都在更大范围内适合于旅游。旅游是规模最大并发展速度最快的休闲产业。如果分化是现代性的标志，那么就分化而言，旅游是最极端的现代。在现代社会中，工作和休闲是分化的，就旅游而言，这种分化是极端的。旅游者不但在地点上和时间上，从工作中分化出来，而且也从整个正常的日常生活中分化出来。旅游在全世界的富人所花费的金钱方面，在富国和穷国之间的不平衡流动方面都具有极端性。旅游在成为最具商业性的一个休闲产业方面也具有极端性。

旅游不具有100%的商业性。公共部门总是在起作用，但是通常只起支持作用。鉴于旅游的这些极端性，毫不奇怪，旅游是受到严厉批判的休闲产业之一。人们指责商业性旅游将不真实的旅游体验整体打包。人们还指责旅游降低了自然环境和文化环境的质量。一切事物和每个人，包括游客、被访者和动植物的栖息地，都被旅游业以商业理由所征服和贬损。我们将看到，这些批评至少含有一个核心真理。为什么会允许这些事情发生？答案很简单，所有的商业性企业都优先考虑利润。因此为什么允许商业这样成功地接管和扩大旅游业（违背其自己的标准）？这是本章的首要问题。我们将看到，唯一的似乎有道理的答案是商业部门可以提供人们真正需要的东西，如果让人们做选择，那么自愿性部门和国家提供的产品无法与之竞争。

今天旅游得到全世界公共部门的支持，这是产生另一个重要问题的原因。中央政府和更多的地方政府始终提供旅游基础设施，例如，公园、排水设施、花园、电力供应、开阔空间和其他旅游吸引物。直到目前为止，公共当局似乎一直通过纳税人的贡献来补偿自己的费用（尽管人们从来没停止过抱怨），因为纳税人的成本也从旅游者的消费中得到了补偿。（假定）政治作用保证政府花了"恰当"数量的钱。花钱太多或者太少都会导致人民抗议，也可能会失去选票，而不是简单的吹毛求疵。然而，最近这些年，随着旅游业的发展，事情变得更加复杂了。这个行业的竞争变得越来越激烈，更多的地区、乡镇、城市和国家，而不仅仅是有限的一些度假目的地，都加入了这个行业。有很多地方，那里主要为旅游者修建的基础设施仅仅使当地的经济部门和在旅游相关行业工作的人员受益。因此，为什么要让每个人都为修建基础设施买单呢？这些问题将在第八章探讨，因为当需要用公共资金来主办一次性的事件的时候，尤其是主办需要巨额资金的大型事件的时候，这些问题才会鲜明地显现出来。短期的事件可以轰动一时地推动入境旅游，但是超大型事件可能需要巨大的公共支出来修建相关的基础设施，例如体育馆。政府陷入了进退维谷的境地。他们要么被迫付出代价，要么放弃整个行业。[69]

（六）休闲与运动旅游

很难给体育下一个人人都满意的定义。其原因是这个定义要表明的不仅仅是体育与其他休闲活动的区别。这里存在社会责任的逃避。如果人们（社会的普通成员）认为某项活动是体育运动，就可以说它是体育活动。这就留出了一块"灰色区域"，人们对这个区域中的活动是否是体育运动持不同观点。但是，用这种方法回避体育的定义问题并不能使人满意。研究人员和专家能够说明为什么某些项目被包括在体育范围中。体育领域中的知识分子（撰写体育文章的人）和广泛的社会范围内可能会对体育的定义取得一致意见：一项活动如果能够通过 4 项测试就可以认为是体育运动。

第一，体育是通过某种形式的时间、地点和规则的组合，与生活的其他部分分离的，或者至少与生活中的重要部分分离的游戏活动。由于"只是游戏活动"，因此其结果实际上并不重要；以后事情也不重要。只有当参加者真的希望取胜时，体育才变得有兴趣、激动人心。为了保证胜利，人们期望参赛者按照比赛规则最大限度地发挥自己的能力。尽管没有较大的分歧，这种对参赛者的预期还是存在的。体育比赛的赢和输不应该影响参赛者的工作或者家庭生活。失败者可能会被"击垮"，但不会以住进医院而告终。

这个测试会引出一些问题。"战斗"有时会延续到运动场之外。有些人参加体育运动是有报酬的。对这些人，体育是他们的工作，他们的职业生涯取决于比赛的结果。或许我们可以说，体育运动基本上只是游戏，但是有时候可以是运动员的职业和壮观的场面，这种壮观的场面在实际比赛前、比赛后和比赛期间都会激起观众的激情。

第二，体育需要技巧。人们可以通过训练和实践提高自己的运动成绩。但是，靠运气取胜的游戏，例如，轮盘赌，不在其列。

第三，体育是精力旺盛的活动。轮盘赌不能通过这个测试。优秀运动员需要有耐力和自我努力，健身训练可以提高运动成绩。比赛结束时，竞争者可能会感到精疲力竭。这与非体育性消遣活动产生不同的需要。这个测试不仅仅排除博彩，还排除赛狗，可能还排除投镖游戏和斯诺克台球。

第四，体育具有竞争性。运动选手相互对抗进行比赛，或者进行计时赛或者按照其他标准进行比赛。其目标是获胜：击败对手或者达到目标（例如，高尔夫球的标准杆数）。这个测试将消遣性散步、滑雪和游泳从体育中分离出去。

人们对那些通过了上述 4 项测试而被认为是体育的活动不可能有不同意见，但是一些人会把那些没有通过一个或多个测试的活动包括在体育活动之中，例如，赛狗、投镖游戏、斯诺克台球、所谓的乡村体育及所有的消闲性游泳、滑雪等活动。体育是一个竞争的概念。其定义具有"政治性"。如前所述，在现代社会中，体育被包括在值得做的休闲活动范围之内，在一定程度上超过了消遣娱乐活动，因此这些"边缘性"活动的参加者和代理人常常会提出争辩意见要把这些活动列入体育的范围。被政府部门认可为体育运动项目后，尤其是当该项活动也被认可为奥林匹克运动会项目时，就可能有资格获得资金资助。一些活动如果被当作体育活动，而不是被当作简单的消遣活动，就会得到广泛的媒体宣传，广播公司和报纸会大量地报道这些活动。代表这些活动的群体的公共部门和自愿性协会赞同体育的定义应该宽泛一些，可能有其自己的原因。因为这样可以扩大他们所代表的人口，这些机构对体育的资助和策划的体育项目也可以使更多的人口从中获益。例如，英国的体育委员会宣称，如果长距离散步和游泳被包括在体育范围之内，如果每个月进行一次就算"参加"，那么大约有一半的成年人参加了体育活动。通过这个例子我们可以断言体育的定义不仅仅是学术界感兴趣：声望和金钱是利害攸关的。[70]

与休闲购物相比，体育运动是一种传统的运动方式，同时也是一种城市人休闲的生活方式。它是一个分享性休闲消遣娱乐的领域，并对以下的几个领域做出了较大的贡献，它们是：

● 通过就业及与运动相关的开发计划或者城市改造进而促进城市经济的发展。

城市社会和文化模式——两者都是通过职业运动队的魅力，提供一个产生共同的社会认同感的聚会场所，同时也为个人在通常相互不认识的城市环境中提供一个形成认同感的机会。

● 通过与著名的运动队联谊或者通过举办重要的体育比赛来促进城市的发展。

然而，直到目前，体育运动与旅游之间的联系通常被忽略，尽管两者有许多广泛潜在的实际联系，并且职业运动队在当地比赛和出外比赛必然蕴藏着旅游的动力。当然，流动的职业运动队和（尤其是）啦啦队是否把他们自己看作"旅游者"的说法是一个尚在争论中的论点，但是正如下面所讨论的，在某些环境下，用任何有用的办法也不能区别他们的行为模式。

国际运动旅游协会已经确定了五种运动旅游：

● 主要运动竞赛的参与或者加入；

● 参观名胜景点（如体育运动遗产设施，运动博物馆或者主要的运动地点）；

● 以运动设施为主的度假胜地；

● 以运动主题或者运动个性为中心的旅游；

● 运动旅行或者运动假期。

在城市中，最有潜力的运动旅游是上述前两种，即参加运动比赛和参观与运动有关的场所和胜地。[71]

十四、休闲与游戏

（一）游戏定义

重新定义"游戏"概念出于两方面的考虑：首先是因为它在种族生活中巨大的教育意义；其次是因为人们长期以来对它的错误理解——这很大程度上是由中世纪禁欲主义盛行，以及新教改革造成的。

也许英语中没有一个词像"游戏"一样被如此误解甚至憎恨。人们经常被告诫：

是时候丢开孩子气的游戏开始认真工作了。孩子们想玩的游戏，依然被认为是缺乏纪律性的活动。

从早期教会的角度来看，游戏是懒惰轻浮的，与严肃认真的事业相反。它包含了赌博与放荡。应该避免游戏，因为游戏是魔鬼的工具。[72]

在对比了不同背景下游戏的概念后，现代教育家和科学家开始认为游戏活动对于儿童的成长、发展和教育至关重要。我们的身体成长是基于长时间精力充沛的游戏体验活动的结果。通过游戏，儿童将活动动机通过某种渠道总结成为广泛的宝贵经验，这种经验为教育奠定了基础。当对游戏的精力和热情被发掘出来，儿童就能被引导进入一种体验，这种体验对于他的职业生活和娱乐生活来说绝对都是必要的。

种群生活中儿童的生活是从游戏或是愉快的工作开始的。具体来说，游戏在动物生活中被运用的很好。……

动物性活动可以被称为游戏行为、教学过程或者纯粹的本能反应。当然，它们所有的目标就是让幼者做好生存的准备，在很大程度上，这是所有游戏的目标。[73]

儿童对家庭和社区中的工作感兴趣，通过工作他们能发展有意义的概念。"有什么我能帮忙的吗？"是孩子们经常有的反应。但是父母的回答通常是："不，不，不是现在。"这种结果就使得孩子们从帮忙工作的概念中分离出来，最后导致了个人主义，甚至自私的行为。

对游戏的恐惧歪曲了教育理念。它发展出一种观念，即纪律总是来自那些你不喜欢的东西。事实上，马克·吐温已经描述了学校教育的特征，是"为孩子提供他们完全不喜欢的事情"。

原始社会不会怀疑游戏，古希腊哲学家也不怀疑。他们将游戏看作是现在生活以及构筑明日生活的基础。如果通过游戏能为许多技能的掌握奠定基础，中年人或者退休者的生活就不会是索然无味的。自然界是谨慎的，它将一只手放在孩子的背上，以保证他在活动过程能够受到教育。[74]

（二）休闲与游戏的关系

赫伊津哈在《游戏的人》中提出，"游戏"是植根于人类的生物性当中的，游戏比文明的历史长。虽然游戏形式的学习与沿袭是社会性的，但游戏的特性却是动物性的一部分。假装、表演与感受兴奋和快乐是一切游戏玩乐的特点——无论是动物的游戏还是人的游戏。然而，游戏不仅仅是情绪的反应和行为，"它有重要的功能，也就是说，它有一定的意义"。在游戏的含义中可能有种难以定义的因素，它如果不是技术性的话，至少也不仅仅是本能的。游戏不是"无意义的胡闹"，而是有些目标的。游戏是"有所意图"的，即使只是当时的暂时的意图。游戏的意义至少可以部分地传达出来。

游戏与休闲并不完全一致。但它是休闲的一个层面，是集中于行动的体验因素。赫伊津哈认为，玩是自愿的、自由的，在一定的时间空间中创造其自身的秩序。在休闲分析中，玩是休闲时段与活动中的行动部分。如果说"休闲"让人想起脱离必然后的自由自在，那么，"玩"则意味着行动时的即兴创造，而这种创造"在那时"有其自身的意义。

　　玩就是取乐（fun）（一个特殊的英语单词，也许源于中古英语嘲弄或欺骗的意思），体现一种直接感觉到快乐的体验，可同时，取乐又不仅仅是种感觉，而是要采取行动做点什么事。游戏是和别人一起或为别人表演——至少在想象中这样做。因此，即使只是在其自身范围内，也存在着某种含义（meaning）或可能传达的意义（significance）。只要休闲包括这种行动和取乐的因素，它就是游戏，但这种因素并不排斥亚里士多德提出的意义。游戏也许是行动中直接的和体验上的因素，但也有它的意义，而且它的构成也是社会性的。如果说游戏有它自己的秩序和限制，那么它也可能有自己的意义，一种深植于游戏者本性当中的意义。游戏也许是更大的实现人性的主题的一部分，有作为人及"成为人"的意义。[75]

　　游戏早于文化。对文化的定义很难面面俱到，但无论怎样定义，文化总是以人类社会的存在为前提，动物则用不着等人来教就会自己玩游戏。我们甚至可以有把握地断言，就一般意义上的游戏来说，人类文明并未添加任何不可或缺的特征。动物玩游戏，恰如人类。只需观察小狗就会发现，人类游戏的一切要素，都体现在它们欢快的嬉闹中了。它们以某种仪式化的姿势和动作相邀玩游戏；它们讲规矩，不咬同伴的耳朵或不用力去咬；它们会装出怒不可遏的样子；而最重要的是，在所有这些行为中，它们显然兴致勃勃，乐此不疲。小狗嬉闹只是较简单的动物游戏，另有更为成熟的形式——以正规竞赛和精彩表演博得公众喝彩。

　　现在我们立刻就能得出一个非常重要的观点：即便是动物层面的形式最简单的游戏，也绝不只是生理现象或心理反应。它超出单纯的身体运动和单纯的生物活动范围。游戏是一种有用意的（significant）功能——也就是说，它具有某种意义。游戏中，某种超越生命直接需求并赋予行动意义的东西"在活动"。一切游戏都有某种意义。

　　倘若我们把构成游戏本质的有效成分称作"本能"，那等于什么也没解释；假如称之为"思想"或"意志"，又不免过度诠释。无论我们如何看待它，"游戏有意义"这一事实，都必然意味着游戏本身具有非物质特征。

　　心理学和生理学对动物游戏、儿童游戏以及成年人游戏进行观察、描述和解释，试图阐明游戏的性质和意义，确定游戏在生命进程中的地位。它们普遍认为，这一地位当然极其重要，游戏这种功能当然必不可少或至少非常实用，这也构成了所有此类科研活动的出发点。界定游戏生物学功能的诸多尝试明显各执一词。一些理论认为，游戏的起源和本质是过剩生命力的宣泄，另一些理论认为是某种"模仿本能"

的满足，还有理论认为不过是对消遣的"需求"。在后一种理论看来，游戏相当于对年幼生命体进行的训练，以适应日后生活中离不开的严肃工作；而根据另一种理论，游戏则充当演习，以对个体进行必要的约束。有些理论从发挥某种才能的先天冲动或支配欲、争斗欲中发现了游戏原理；而另有理论把游戏视为一种"发泄"——释放有害冲动；或认为游戏是对单方活动后所耗精力的必要恢复，或认为是"愿望的满足"，或认为是意在维系个体价值感的幌子，不一而足。

所有这些猜想都有一个共同点：它们的出发点均假设游戏必定在为某种不是游戏的东西服务，假设游戏必定有着某种生物学目的。这些猜想全在探究游戏的缘由。它们给出的种种答案，与其说会互不兼容，还不如说会部分雷同。认同上述所有解释，而不会真的陷入任何思想混乱——这完全有可能，但离真正理解游戏概念也不会更近。这些解释都不过片面解答了问题。假如其中任何一种解释真的可以一锤定音，那它应该要么排斥所有其他解释，要么囊括那些解释，在更高层面上达成一致。这类解释大多只是附带谈及游戏本身是什么，以及它对游戏者意味着什么。它们直接运用实验科学的量化方法对付游戏，却未首先关注游戏深刻的美学特征。通常，它们几乎不触及游戏本身的主要特征。对上述每个"解释"都可以如此反驳："就算这样吧，那游戏的乐趣到底是怎么回事？为什么婴儿开怀欢笑？何以赌徒狂热得难以自拔？怎么一场足球赛就能使众人为之倾倒？"游戏的这种紧张刺激和玩游戏时的全神贯注，用生物学是解释不通的。而正是在这种紧张刺激、全神贯注和令人迷狂的力量中，隐藏着游戏的本质，隐藏着游戏的原始特征。理性思维告诉我们，大自然本可以轻而易举地以纯粹机械练习或机械反应的方式，将"释放过剩精力""劳碌之后放松""生活技能培训""补偿落空的期盼"等所有这些有用功能赠予她的孩子——可大自然并未这么做。她给了我们游戏，给了我们游戏的紧张、游戏的欢笑，还有游戏的乐趣。

请注意，最后提及的要素——玩游戏的乐趣（fun），令一切分析、一切逻辑解释束手无策。作为概念，乐趣不能被归纳为任何别的心理范畴。我所了解的现代语言中，还没哪个词与英语中的"fun"完全对应。也许荷兰的"aardigkeit"与之最为接近（该词源于"aard"，意思相当于德语中的"art"和"wessen"，这也许就证明乐趣概念无法再简化了）。我们可以顺带指出，"fun"（乐趣）一词当前通用的含义是新近才出现的。很奇怪，法语里根本就没有与之对应的词语；德语中的"spass"（趣味）和"witz"（玩笑）凑在一起才勉强与之相当。然而，正是乐趣这一要素体现了游戏的本质。我们眼下面对的是最基本的生活范畴，人人都很熟悉，一眼就看得出，下至动物亦然。我们大可以把游戏视为"整体"（totality），现代意义上的"整体"，我们必须努力把游戏当作一个"整体"去理解和评价。

既然游戏实际上超出了人类生活领域，它也就不可能以任何理性关系为基础，否则便会限于人类专有了。游戏的产生与任何特定阶段的文明或世界观无关。大凡能思考的人一眼就会看出，游戏就是游戏，哪怕其语言中找不到公认的概念去表达它。游戏的存在不容否认。换句话说，你可以否认真、善、美、正义、精神、上帝等几乎所有抽象概念的存在。你可以否认严肃的存在，却无法否认游戏的存在。

而承认了游戏的存在，也就承认了精神的存在，因为不论游戏是什么，它都不会是物质的。即便在动物界，游戏也挣脱了物质存在的束缚。如果认为世界完全受盲目力量支配的话，游戏就纯属多余了，只有精神的洪流冲垮了为所欲为的宇宙决定论，游戏才有可能存在，我们才能想象游戏、理解游戏。正因为游戏的存在，人类社会超越逻辑推理的天性才得以不断证实。动物会玩游戏，因此它们必定不只是单纯的机械物体；我们会玩游戏，而且知道自己在玩游戏，因此我们必定不只是单纯的理性生物，因为游戏是无理性的。[76]

（三）游戏的本质

事情都成双成对，游戏一方面被视为物种为成人期做准备的本能反应行为，另一方面游戏又是人种或物种在发展过程中所释放的临界反应的本能重演。[77]

我们如何能想象出某种事情，不是为着其他事情而存在，而是在自身的本质上就具有意义的？几乎是不可避免的，我们心中会想到某一件事，这是近几十年来在人类学的文献上经常讨论到的，虽然它一向会引起相当浪漫的想法及严格的分析。我所指的，便是游戏的概念。游戏不就正是这种"目的就在于自身"的事情吗？有人会这么样想，游戏不就是本身便具有意义的活动，并不需要任何功利主义的理由来支持的吗？因此，节庆假日是不是也应该被当作一种游戏来诠释呢？[78]

显然，这些问题是极端复杂，不能如此轻率便解决的，不仅如此，我们毋宁认为，"游戏"一词并未适切地界定"自由活动"的显著特色，更不用说"节庆"了。不错，柏拉图在谈到"游戏与节庆的恩赐"时，将这两个概念紧密地结合到了一起。而黑格尔曾说，"认真是工作与匮乏的关系"，果真如此，那么以同样方式来把"游戏"与"节庆"画上等号，似乎也是合理的。事实上，除非游戏的成分——或许还可加上娱乐的成分，只是在此我不敢肯定——掺到节庆里面，否则，所谓真正的节庆是不可能存在的。然而，上述所谈的一切，都不曾答复"游戏本身是否是一种有意义的活动"这个重要的问题。人的行动之所以具有意义，主要是由行动的内容与目标而定，而非出自行动所表现的方式。然而，游戏似乎多半只是一种活动方式，某种表现的特定方式，总而言之，是一种纯形式的决定因素。因此，当人们想把那些显然不算是工作的各种活动全都当成游戏时，他们必然会深陷幻想与不实的境地之中，这是相当自然的结果；所谓不算工作的活动，在他们看来，譬如像艺术家、作家、音乐家、画家的工作，甚至包括了宗教的崇拜在内。然而，就这么一来，他们与一切"本身就具有意义"的事情失之交臂，并且让这些事情成为不具任何意义的空洞游戏。[79]

在伽达默尔（Gadamer）看来，游戏便是这另一种途径。游戏中有预设的种种规则，但它创造的意义却在游戏本身之外。在海德格尔（Heidegger）看来，诠释学循环并没有摧毁意义的可能性，相反，它造就了意义的可能性。辩证使解释成为可能，而不会摒除解释。伽达默尔在此基础上构筑了一种"游戏式的"知识理论：

● 游戏是最纯粹的自我表现形式，参与者完全投入活动。重点在于行动本身，而不是活动的内容和目的。

● 然而，游戏的确包括预设的活动规则。这些预设规定是服务于游戏的，所以不占有本体论的首要位置。因此，游戏体验并不永远与形式紧密相连，而是在具体行动中与之共存。

● 这样的游戏并不是工具性的，尽管这次的结果可能影响下次的游戏。

● 这样看来，游戏就是解释及操作"给定"世界的方式，是不断适应和操纵规则的方式，因为规则仅被看作是一种暂时的构造。

● 游戏体验中，可以对行动者的体验做出灵活的解释。这种体验可以按照某一方式理解并产生新的意义。游戏在形式上各自独立，完全可以用以检验和创造意义。

詹姆斯·汉斯（James Hans）在此基础上更进一步，认为游戏事实上"制造"意义。正是在游戏中，那些表面的结构或存在的假定事实可以被位移、被尝试纳入不同的轮廓，甚至可以用可能产生不同理解的方法来试验。汉斯认为，游戏是休闲、工作、审美甚至科学领域的中心活动。游戏中包含着整体与部分间的辩证互动。在行动与解释之间存在着恒久不变的辩证关系，尽管活动的构造性质是给定的，辩证关系却可以产生其他不同的解释。游戏是一种体验，但却不那么依赖于给定的意义，致使不能有所变化或引发相应不同的解释。游戏是动态的，同时也是有意义的。它能够创造意义的原因恰恰在于它不局限于某些预定的条条框框或某一种特定的分析方法。游戏能够创造意义（即它是存在主义的），正是由于它不是完全工具性的。任何情况下，游戏可能是开放的——没有任何预期的结果，也可能承认所用形式的构造性。因此，那些形式可以得到改变，而结果也可以被评价。这种"玩游戏"（playing with play）的做法为给定形式与取向的各种规则创造出了新的解释。

游戏制造意义的观点，与法国哲学家雅克·德里达（Jacques Derrida）密切相关。德里达运用"自由玩乐"（freeplay）这一名称指那种没有结构或知识基础的行动知识不是什么"外在"的，需要人们去把握的东西。它是行动的产物。德里达认为，只有通过自由运用语言才可能达到语言交流的和谐，接受了这一点，才有可能解释存在的混乱。没有什么"存在"（being），只有"自由玩乐"的行为才会创造出当时的意义。作为基础的东西其实只是脆弱的语言意义网络，人们试图凭借它来进行交流。

我们的兴趣不在于本体论（存在），也不在于认识论（知识），而在于理解进行并且被创造的游戏。汉斯尤其与前人对游戏的研究一脉相承，因为他特别强调游戏的非工具性及其结构的应时性，认为结构不是给定的，而是创造出来的。他还强调游戏可以存在于生活中的各个方面，而不仅仅限于被称作"休闲"的从属领域。然而，与赫伊津哈等学者不同的是，他强调游戏的生产特性。恰恰因为游戏不必非制造出什么预先决定的产品或结果，它才可以作为一种创新的环境而存在。不仅仅在审美王国，而且在生活中的各个领域，都是游戏提供了创造新事物的可能性。这种活动对于任何文明都是至关重要的，游戏不再只处于边缘，而被放到了中心位置。[80]

（四）游戏的基本分类

在《文化中的游戏》（*The Game in Culture*）一书中，罗伯茨等人提出了一个关于游戏的定义和分类，至今仍是人类学中的标准。他们把游戏定义为"一种以有组织的娱乐、竞争、两方或两方以上参与、决定优胜方的标准以及经由协商决定的规则为特征的娱乐活动"。他们补充道，"其他的一些不满足这个定义的娱乐活动，例如非竞争性的游泳、玩陀螺、跳皮筋，被认为是'消遣'"。他们对游戏的分类是基于那些在决定如获胜或失败等结果时非常重要的因素之上的。一些游戏需要身体技巧，一些需要策略，还有一些依靠运气。大多数游戏涉及这些属性中的两者的整合（但通常不是三者）。比如，很难想出一种只涉及身体技巧却不涉及策略的游戏或运动，而大多数纸牌游戏既涉及策略又涉及运气。然而，也有完全纯粹的类型。国际象棋和西洋跳棋就是纯粹策略性游戏的例子，而基本上所有的大赌场节目（主要的例外类型有二十一点、巴加拉纸牌游戏、扑克）都是纯粹凭借运气的游戏。[81]

（五）玩使休闲自由成为可能

玩（play）是休闲实践活动中隐含的一个特别有趣的概念，并且被辩护为许多核心休闲实践活动的主要成分。休闲自由的一个重要方面包括玩的可能性：玩游戏的规则，好玩而不严肃，通过"逃逸"到游戏中来逃避日常生活中的束缚和不自由，等等。玩对孩子的成长至关重要，因为这关系到他们如何理解世界的可能性和局限性，以及如何作为所处环境的一个积极参与者。玩是儿童期望的活动，由于日益增长的责任和成熟带来的社会压力和实际需要，人在成年后玩的越来越少。也就是说，除了通常休闲时的玩，在别的时候也要允许并鼓励玩，玩有时甚至是必需的。打牌、踢足球、玩乐器或在剧院舞台上扮演一个角色，在玩中有一定程度的轻松，有时又受到一定程度的限制，在休闲中不必有一套成熟完美的规则。

一些休闲学者已经强调了休闲实践活动中"玩"的显著性。布莱克肖依据博尔赛（Peter Borsay）的观点，他赞成休闲的主要成分是"象征意义"、"玩"和"其他"。简单来说，博尔赛认为休闲的"象征意义"指的是休闲活动经常代表自身以外的东西。国家队参与的运动项目代表捍卫国家的荣誉。休闲的"玩"突出了休闲活动的不真实性，体育场的体育游戏在游戏结束时暂停，观众各自回家，回到他们真实的、日常的生活。"其他"是指休闲活动中创造或追求的异常以及虚幻，有意地探索对参与者来说不寻常的地方和情况，比如旅游。

布莱克肖提到玩是精神宣泄的，是真实和虚幻的，是狂欢的，是概念集群的相关维数。体育和游戏、事件、艺术表现、主题公园和名胜古迹，甚至自然公园和娱乐——它们都包含了一种趣味性和多变性（狂欢的），以创建交替互动（真实和虚幻）为导向，开启体验和探索（精神宣泄）的新路径。

某种程度上，这与哲学家伽达默尔的观点相一致，他认为正是游戏使人们真正地对他人开放并进入对话，开始创建一个共同的理解。对伽达默尔来说玩是一个共同创造性的活动，在维尔豪尔（Vilhauer）对伽达默尔这个概念的分析中，他指出玩拥有一个明确的伦理维度，即玩包括一定程度的不可预测性和放弃掌控的需求，所有这些都在一个社会环境中，因此玩家有责任以适当的方式参与到这种动态的互动中。适当意味着以开放的、赞赏的方式玩，积极地与他人合作，并试图取得圆满的共享成果。有趣的是，对于伽达默尔来说，玩的结果可以是对一个特定问题的真相的特定的共同表达。

玩作为诠释学的练习似乎是一个奇怪的概念，特别是当考虑到玩和休闲的交集时，但是快速回顾发展心理学将有助于了解这一分析中的逻辑：儿童通过玩来学习。孩子们通过实验（反复试验去验证会发生什么，比如扔球或按下按钮）、探索不同的社会场景（比如幼童会测试父母可接受行为的范围）以及假设不同的身份（比如在街边和朋友玩"警察与小偷"的游戏，或者在社交媒体中有选择性地表达个性，即选择哪张活动照片作为"个人受欢迎"的照片分享给世界）等方式了解世界运作的方式，以及环境对特定行为的反应。

有趣的问题是玩的诠释学效果是否在成年人中仍然发挥作用。伽达默尔也许会说"是的"，但是他在《真理与方法》（Truth and Method）中的分析焦点则是一种活泼快乐或类似于游戏的一种对话：社会的或理智的交流。在考虑更多玩的通俗形式时，有多少原动力仍然在发生作用——比如，休闲活动往往是明确的游戏（如运动），或将趣味性作为主要因素（如表演者在舞台上扮演角色），或者参与时需要玩家态度（如一个愉快体验的舞会需要暂时认真的游戏态度）——可以成为以后休闲研究的重要问题。

然而我们可以提出一些建议。毕竟，需要注意的是"玩"并不是一个简单的概念——但是，幸运的是，这种情况下非简单的主要来源也是玩作为一种原动力活动的主要贡献者。如果我们考虑苏顿·史密斯（Sutton Smith）的观点就可以看到这点，他强调了玩的模棱两可的特性，不仅是"玩"的概念很难定义，而且（特别贴切我们的目的）玩游戏（作为一种活动）和趣味性（作为一种态度）的意义也是模棱两可的。

苏顿·史密斯解释说，游戏动摇了社会系统，在动态社会中导入了不可预测和不可想象的因素。如果社会制度——不管是由于运用了明确的规则（如在游戏中），还是由于参与者的内在驱动力而共同创造了一种和谐体验（如在一场活动中，我们必须假设大部分人参与并一起度过了同样愉快的时光），或者两者都有——谋求一种创造性的稳定，这些好玩的干扰将会激发参与者找到新的诠释和表达方式，作为整体的社会系统（如出席活动的观众）将倾向于动态地适应，并发现成功的新策略和诠释来使干扰规范化。

游戏性同样有能力塑造和重塑价值体系，通过创造"假设"场景来探索道德可接受的特定行为的轮廓，即玩让我们探索更多反事实的条件（如果发生了 A，就会产生 B）。通过引入全控制（有特定规则的游戏）或半控制（相较于规则控制的游戏，可以用更自由的方式探索事件中的虚幻和想象，但是一旦事件结束将回到"常态"下）背景下不同的 A，在因果机制下产生了不同的 B。通过"四处玩耍"，确实处于休闲状态的许多人（如在运动中；通过书籍、电影或视频游戏沉浸在虚拟世界；通过参加舞会暂时远离了正式的道德规范，或者在主题公园中"感觉又像个孩子"）了解了自己，认识到在脱离了充满责任和具体任务的日常生活规范后，自己如何反应以及喜欢或不喜欢什么。但在体育比赛，或音乐会，或荒野徒步中，人们可以暂时放下责任，很少担心礼仪和外部期许，可以表达得更深刻，并且更加原始、真诚地面对自己。

游戏性也可以帮助探索自我（一个人信念的力量、价值的深度，尤其是在道德胁迫的情况下），探索他人（预测他人的反应，并且通过他人有意识的反应重新评估对对方性格的理解），探索社会和物理环境（用试错法探索结构容差）。

儿童的游戏表现为一种探索性的、成长导向的力量：在儿童的休闲活动中，为了激发玩耍的热情，需要寻找乐趣；探索游戏模式意味着在各种相对安全的社会互动场景中，在摆弄各种物理装置的玩具模型（有时确实是这样）中，寻找解决问题的方法，革除根深蒂固的文化习俗和概念。游戏的"假设"促进一种适应性的可变性——苏顿·史密斯从进化生物学家史蒂芬·杰伊·古尔德（Gould）那里借鉴了这个观点，古尔德认为可变性是生物发展的主要驱动力，而进化的适应性在探索变化的主要过程中只是一个次要方面。同样，游戏性在探索行为变化的同时也会促进心理进化。

成人大多在休闲环境下游戏。在某些情况下，这些游戏的休闲形式明确用于成长的目的：比如游戏对儿童来说有塑造和加强知识、洞察力和技能的作用，而成人各种形式的严肃休闲意味着采取"简单"拥有乐趣之外的相关休闲活动来实践和发展能力。

　　基于上述观点，大概可以说游戏就是探索可能性。游戏是利用自由来探索不同的行为，从事不同的活动，探索不同的环境和规则。休闲为儿童和成人提供了同样的玩的自由，通过游戏人们得以发掘欲望、改变规则、尝试新事物。

　　特别是，游戏的强有力形式涉及语言：通过使用隐喻来玩文字游戏。玩文字意义和解释的游戏可以帮助重新建构情景，并且可以更加明确地改变态度。在这种背景下，休闲可以理解为一种实用的隐喻——运用刺激和情景可以激发新观点、新诠释，开辟新的社会和知识上的联系。[82]

注　释：

1　这些想法是指在《休闲哲学：美好生活的基础》（*Philosophy of Leisure:Foundations of the Good life*）一书的第四章中讨论休闲与个人认同时提出的一些观点，如休闲在个体生命过程中充任的角色，休闲选择与个性特征的动态结合，以及人们在休闲中表达或希望满足的有关需求和欲望等。——引者注

2　Johan Bouwer and Marco van Leeuwen, *Philosophy of Leisure:Foundations of the Good life,* New York: Routledge, 2017, pp. 89-90.

3　［美］道格拉斯·克雷伯、戈登·沃克、罗杰·曼内尔著：《休闲社会心理学》，陈美爱译，杭州：浙江大学出版社，2014 年，第 29 页。

4　Dean MacCannell 著：《旅游者：休闲阶层新论》，张晓萍等译，桂林：广西师范大学出版社，2008 年，第 3 页。

5　同上书，第 6—8 页。

6　［英］克里斯·布尔、杰恩·胡思、迈克·韦德著：《休闲研究引论》，田里、董建新等译，昆明：云南大学出版社，2006 年，第 34—37 页。

7　［美］卡拉·亨德森等著：《女性休闲——女性主义的视角》，刘耳等译，昆明：云南人民出版社，2000 年，第 27—28 页。

8　John Neulinger, *The Psychology of Leisure: Research Approaches to the Study of Leisure,* Springfield, IL: Charles Thomas Publishers, 1974, pp. 149-150.

9　［美］约翰·凯利著：《走向自由——休闲社会学新论》，赵冉译，季斌校译，昆明：云南人民出版社，2000 年，第 5—6 页。

10　［美］彼得·威特、琳达·凯德威尔著：《娱乐与青少年发展》，刘慧梅、孙喆译，杭州：浙江大学出版社，2009 年，第 347—355 页。

11　同上书，第 355—357 页。

12　同上书，第 345—346 页。

13　Jay B. Nash, *Philosophy of Recreation and Leisure*, Dubuque, Iowa: W. C. Brown Company Publishers, 1970, p. 93-96.

14　［美］约翰·凯利著：《走向自由——休闲社会学新论》，第 50 页。

15　同上书，第 58—59 页。

16　同上书，第 110—111 页。

17　同上书，第 111 页。

18　同上书，第 115 页。

19　同上书，第 117 页。

20　同上书，第 123 页。

21　同上书，第 29—34 页。

22　〔美〕查尔斯·K.布赖特比尔、托尼·A.莫布莱著:《休闲教育的当代价值》,陈发兵、刘耳、蒋书婉译,北京:中国经济出版社,2009年,第90—92页。

23　Jay B. Nash, *Philosophy of Recreation and Leisure*, pp. 85-86.

24　〔澳〕A. J. 维尔著:《休闲与旅游研究方法》(第三版),聂小荣、丁丽军译,北京:中国人民大学出版社,2012年,第24—25页。

25　〔美〕约翰·凯利著:《走向自由——休闲社会学新论》,第24页。

26　同上书,第25页。

27　同上书,第37—38页。

28　〔加〕埃德加·杰克逊编:《休闲与生活质量——休闲对社会、经济和文化发展的影响》,刘慧梅、刘晓杰译,钱炜校,杭州:浙江大学出版社,2006年,第239页。

29　〔美〕道格拉斯·克雷伯、戈登·沃克、罗杰·曼内尔著:《休闲社会心理学》,陈美爱译,杭州:浙江大学出版社,2014年,第19—21页。

30　〔美〕艾泽欧-阿荷拉著:《休闲社会心理学》,谢彦君等译,北京:中国旅游出版社,2010年,第4页。

31　〔美〕道格拉斯·克雷伯、戈登·沃克、罗杰·曼内尔著:《休闲社会心理学》,第9—10页。

32　同上书,第30—33页。

33　同上书,第34—35页。

34　同上书,第39页。

35　同上书,第40页。

36　同上书,第42页。

37　〔加〕埃德加·杰克逊编:《休闲与生活质量——休闲对社会、经济和文化发展的影响》,第184—185页。

38　同上书,第187页。

39　〔澳〕A. J. 维尔著:《休闲与旅游研究方法》(第三版),第23页。

40　〔英〕伊安·威尔逊著:《休闲经济学》,方颖译,机械工业出版社,2009年,第7页。

41　〔美〕彼得·威特、琳达·凯德威尔著:《娱乐与青少年发展》,第139—142页。

42　〔澳〕A. J. 维尔著:《休闲与旅游研究方法》(第三版),第26页。

43　Galen Cranz, *The Politics of Park Design: A History of Urban Parks in America,* Cambridge, Massachusetts: MIT Press, 1987, p. 183.

44　Johan Bouwer and Marco van Leeuwen, *Philosophy of Leisure: Foundations of the Good life*, p. 97.

45　Ibid., pp.104-108.

46　Charles Edward Doell, Gerald B. Fitzgerald and Theodore P. Bank, *A Brief History of Parks and Recreation in the United States,* Chicago, IL: The Athletic Institute, 1954, p. 127.

47　Johan Bouwer and Marco van Leeuwen, *Philosophy of Leisure: Foundations of the Good life*, pp. 95-96.

48　Foster Rhea Dulles, *A History of Recreation* (2nd edition), New York: Meredithd Publishing Company, 1965, p. 5.

49　Ibid., p. 9.

50　Ibid., pp. 20-21.

51　〔澳〕A. J. 维尔著:《休闲与旅游研究方法》(第三版),第25页。

52　同上书,第22—23页。

53　〔美〕约翰·凯利著:《走向自由——休闲社会学新论》,第72—76页。

54　同上书,第82—83页。

55　同上书,第164页。

56　同上书,第171—172页。

57　〔美〕杰弗瑞·戈比著:《你生命中的休闲》,康筝译,田松校译,昆明:云南人民出版社,2000年,第243—244页。

58 同上书，第 245 页。

59 [美]杰弗瑞·戈比著:《你生命中的休闲》，第 243—247 页。

60 Dean MacCannell 著:《旅游者: 休闲阶层新论》，第 1—2 页。

61 同上书，第 9 页。

62 同上书，第 14—16 页。

63 同上书，第 174—175 页。

64 [英]肯·罗伯茨著:《休闲产业》，李昕译，季斌校译，重庆: 重庆大学出版社，2008 年，第 57—
    59 页。

65 Dean MacCannell 著:《旅游者: 休闲阶层新论》，第 26 页。

66 同上书，第 38 页。

67 同上书，第 90—91 页。

68 同上书，第 95 页。

69 [英]肯·罗伯茨著:《休闲产业》，第 50—51 页。

70 同上书，第 66—67 页。

71 [英]史蒂芬·威廉姆斯著:《旅游休闲》，杜靖川、曾萍等译，昆明: 云南大学出版社，2006 年，
    第 112—113 页。

72 Jay B. Nash, *Philosophy of Recreation and Leisure*, p. 88.

73 Ibid., pp. 89-91.

74 Ibid., p. 91.

75 [美]约翰·凯利著:《走向自由——休闲社会学新论》，第 246 页。

76 Johan Huizinga, *A Study of the Play-Element in Culture*, Boston: Beacon,1955, pp. 1-4.

77 Michael J. Ellis, *Why People Play*, Champaign, IL: Sagamore Publishing, 2011, p. 23.

78 [德]约瑟夫·皮柏著:《节庆、休闲与文化》，黄霍译，北京: 生活·读书·新知三联书店，1991
    年，第 9 页。

79 同上书，第 11 页。

80 [美]约翰·凯利著:《走向自由——休闲社会学新论》，第 64—65 页。

81 [加]埃德加·杰克逊编:《休闲的制约》，凌平、刘晓杰、刘慧梅译，张建民、李虹校，杭州: 浙
    江大学出版社，2009 年，第 205 页。

82 Johan Bouwer and Marco van Leeuwen, *Philosophy of Leisure: Foundations of the Good Life*,
    pp.53-56.

第六章

休闲与文化问题

【简短引言】

在公众眼中，甚至在有的休闲研究者眼中，休闲等同于玩乐。这样的观点误解了休闲的含义，忽视了休闲与其他生活领域和社会体系的复杂关系。不少西方学者认为，应加强对休闲作为一个重要文化现象的认同。这意味着要将眼光转向休闲与文化的关系，休闲在文化和跨文化方面的意义。首先，要从文化上认识休闲。文化是休闲的基础，休闲是文化的重要组成部分，各种形式和内容的休闲总是存在于某种文化中、承载着某种文化意义。其次，要认识休闲与文化的交互作用与辩证联系。文化在休闲概念的形成上起了关键作用，休闲差异与文化差异相关，文化是影响休闲态度的主要因素。休闲对文化的影响涉及面广泛，休闲为文化提供了重要的环境，对文化具有再创造的价值；休闲同时促进与实现文化认同和社会认同。再次，休闲还涉及机会平等和消除差异的问题，现实中存在着休闲异化的现象，休闲异化反映了阶级社会和消费社会的弊端与问题，因此，休闲又与政治文化相关。讨论休闲与文化的关系问题，对认识休闲可能在更广泛领域里发挥的作用，有着直接的意义。

一、要从文化上认识休闲

（一）要关注休闲与文化的复杂联系

休闲和休闲的文化影响要比人们普遍认识到的深远和复杂。研究表明休闲能带来许多益处，包括提高不同生活阶段和不同社会和物质环境下的康乐和生活质量。然而休闲的重要意义超越个人益处，因为休闲和生活的其他组成部分存在复杂的内在联系，即休闲实践能够影响政治、经济、社会和文化体系，同时也受它们的影响，并影响人权和正义。[1]

（二）休闲是文化的重要组成部分

休闲是人类文化的普遍组成部分。尽管休闲活动是普遍的，但是在不同的文化里，休闲活动的形式和意义也不尽相同。

人们学习和分享作为文化的一部分的休闲。成人的休闲活动脱胎于儿童游戏。儿童游戏也吸取了不同休闲环境中文化的其他方面。

作为一个有用的建制，作为一个具有解释力的独立变量，文化的定义不能包括要解释的成分，也就是说，若是定义中包括了具体的行为，那么这个文化的定义就不能解释各种类型的行为。

大多数人认为文化认同是多种多样的，而且有所重复，有时候甚至自相矛盾。许多人将其归因于国家、地区、政治、种族、阶级、宗教、年龄、家庭、职业、性别和性取向、休闲和其他生活方式特点。这些特点是个人所认同、接受的，也可以是其他人加在他们身上的。群体可以有多种多样的身份。文化认同在不同背景下的表现也常常有所不同。

文化的表现形式，包括艺术、舞蹈、音乐、烹饪、服装、语言、运动和休闲，不仅是个人和群体文化认同的表现，同时也是对个人和群体文化认同的颂扬。

文化创造、文化成果和文化保护都包含了休闲。休闲的多样性反映了相应文化的多样性。休闲为人们提供了分享感受、增进互相了解的平台，平时也允许人们有反对的声音，允许有所变化。

休闲一直推动着全球化引起的世界范围内的文化变化。国内外的旅游业和技术发展、世界体育、传媒、消费主义、音乐、食品、时尚、艺术和其他表现形式促进了全球化的产生。文化认同感会随着更广泛意义上的文化变化而变化。

特定的团体，如种族或少数族裔的团体，或是小的亚文化群，如那些建立在性取向、性别、阶级、居住地、职业、年龄或不同能力基础上的群体，并不一定会分享文化。他们是否会这么做是一个以经验或观察为依据的问题，而不仅仅是一个简单的想当然的问题。

国家与文化的界限并不相同。国家的疆界是政治实体，而不是文化实体。即便有的话，很少国家的公民会被视为分享相对同质性的文化。

文化认同通常与一些休闲喜好和设施使用相一致，北美休闲学者通常从少数族裔或种族的角度切入研究文化认同性。然而，名义上不同的少数族裔或种族群体，其休闲活动的喜好和参与常常并不存在差异。[2]

当从人类学、历史和社会学的角度来考察休闲时，它总是属于并存在于某一文化中。休闲的形式、解释和取向是在文化中学会的。传播这一文化的一般手段是通过社会建制、大众传媒、经济市场以及渗透于整个社会制度内的基本常识来行使的。在一些社会中，政府还可能运用休闲政策与供给以达到政治目的，而在另一些社会中，休闲变成了制度本身所具有的重要因素及其奖赏。就时间和资源来说，休闲可能被认为是位于基本生活福利（住房、交通、教育、健康、仪器及服装）以上的奖赏，它使得人能够接受社会的制度及其要求。

无论是社会制度中的整合还是解放因素，休闲都在文化内提供它的意义（并且利用文化内的物质）。因此，休闲是个人后天习得的，而且，它被文化的"东西"赋予形式和内容，文化包括它的符号系统、社会角色集合、社会化过程以及正式与非正式的组织层次。[3]

赫伊津哈在分析仪式的时候曾说过，文化中存在着玩耍或游戏的因素。他提出，在各种社会仪式中，人们都在进行"再表现"（re-presentation）。通过参与这些仪式，人们将自己同整个活动相认同。这不仅仅是模仿，参与者（朝圣的人、庆祝的人、演员及观众）是整个活动再创造的一部分，而活动又代表了存在于文化内部的某种意义。仪式可能有许多不同的形式，但其本质是一种庆典式的再创造，它将人们聚集到它的意义周围，从而巩固社会。

这种庆典的本质是"游戏"。就其自身而言，庆典并不是严肃的，它不是活动本身。但节日及节庆是有意义的，它意在吸引一个社会群体的成员，展现出将他们结合在一起的东西。无论庆祝的是婚礼还是战争，仪式都会加强所有参与者对所展现的价值体系的信奉。列奥·弗罗贝纽斯（Leo Frobenius）从人类学的角度出发，认为在这种仪式中，人是在"与自然游戏"。

所有社会秩序、风俗以及对存在的普遍解释都在共同的庆典中以某种方式再现。各种形象在吸取神话因素将意义戏剧化的过程中可能掺进了各种隐喻。从这个角度看，社会的凝聚并非作为一个事实"教给"孩子并被他们接受，而是在不断重复出现的共同文化仪式中得到不断的加强和巩固。[4]

（三）转变工作 – 休闲的价值观

修正我们的价值观

包括休闲行为在内，人类行为的核心是价值观。不以价值观为出发点和依归，我们根本无法探讨当今的任何话题，如和平、天下一家、政治经济教育、宗教、公民权、自动控制、生态学、优生学或任何形式的科学、休闲与工作。人生自始至终都受价值观约束。我们做的每件事都会在自己的价值天平上有所反映。

社会和文化都传承着某种价值观，往往还建立自身的价值观。价值观受人们所处时代的巨大影响，每个社会都有自己的价值体系。美国人是一个喜欢列名单的民族，我们列出书籍和唱片的畅销榜、穿得最好的十位女士、给学校惹麻烦最多的组织、最佳助学组织、美国参加过的战争、各次战争中的勇士、富豪榜，以及差不多其他一切事物的名单。

正是这些名单的开列和传播建立了我们最重要的价值观。这些价值观从来都不是静态的，常常带有一定的随意性。

重新安排我们的价值

休闲教育和它服务社会所要求的并不是新的价值观，更多的是不同的价值观。那些最有价值、最持久、最有益的价值已经伴随我们很长时间了，如"金箴"。在教育（亦为拥有完满的人生而进行的学习）中，我们所需要的是对价值进行重新安排，需要在做此安排时，心里时时想着质量和对所有人的尊重，并将它们——而非物质主义和自我中心——置于价值列表的首要位置。

很多人都会思考，从而有自己对事物的态度。因为我们对人、对事和对各种观点有自己的态度，所以必须做出决定。我们不能未经判断或区分就做决定；而且一旦做了决定，就等于对事物或人区别对待了，因为我们实际上是在说："我想要这个，不想要那个。""这个好，那个不好。""这是正确的，那是错误的。""这是有益的，那是有害的。"我们的决定和行为建立在价值观的基础上，这在自由支配的时间里得到了最充分的体现。

价值观的形成

价值观和信念不是先天遗传的，而是后天获得的。人们必须通过师长的传授、他人的影响或自己的经历来学到各种价值观和信念。没有人能强迫别人接受某种价值观或信念，也没有人生来就对自己有清晰的认识。正如价值观一样，人们对自我的概念也是后天获得的。人们在家庭、学校教会的影响下，或是通过朋友、同辈、家庭外的领导者以及整个社会的影响建立起自己的价值观。社会在整体上所支持的其他人的所写、所思、所赞同、所支持的，都对我们的价值观有影响。

因为价值观是社会的基石，而社会在变化，因此价值观也在变化。今天我们面对着重新思考、重新塑造和重新组织我们的视角和动机的问题，我们不仅必须考虑什么是可求的，而且要知道它们为何可求。这些事不但得做，而且由于科学在加速变革的步伐，必须更快速地做。简单翻阅一下托夫勒（Toffle）的《未来的冲击》便能生动地把这一点突出出来。有的价值在漫长的岁月里都基本维持不变，也许因为时间重新确定了他们的真理性和持久的价值。我们有很多价值是从遥远的过去传下来的，要否定这一点是虚妄的；而如果意识不到每代人都必须重新审视和重新塑造旧的价值并发展新的价值，必须维护和加强关乎现在和未来人类最大利益的价值，同样也不现实。即使是最崇高、最为人类所需的价值也需要加以保护、培育，并用自己的行动去体现它们，否则它们便会走向衰落。

价值观随环境的改变而改变

认为价值观会随着环境的改变而改变，这并不意味着每个人都得采用同样的价值观。甚至可以说在当今大众传媒发达、人们在多方面相互依存的时代，个性和作为创造性源泉的特立独行和自由思考尽管难以维持，但还是应该积极鼓励，否则社会将无法向前发展。此外，我们的生活不但界限在扩展，而且还在变得更为强烈。在机器的时代，人们的意识——这是变革中的价值观之源——很容易被误用，在后工业社会就更需要对意识进行重新评估，然而尽管社会进化的过程需要有价值观的变化作为内在机制，人们的价值观不是轻易能够改变的。问题是由于科学的加速发展，没有多少时间可以让价值观逐渐演变。有时影响价值观的因素姗姗来迟。个人通常感觉不到转变自己价值观的需要，或是因绝望而变得无动于衷。

我们的价值观需要做出巨大的改变，但教育界、政府部门和商界都还没广泛地认识到这一点。宗教界的人士倒是知道这一点有好几个世纪了，但他们试图阻止这些变化的努力并没有获得多少成功。当然，要说什么价值观是众多人的精神支撑和有广泛的影响，任何神志清醒的人都不会把柏拉图、笛卡儿、卢梭的影响跟耶稣相比。

我们的工作－休闲价值观的转变势在必行。自动控制的时代不能等着我们自身和我们处理经济与生产的老套方法慢慢地调整以适应休闲时代，正如战争不会等着联合国慢慢去协调各方面的困难。[5]

在构成西方文化的诸多基础中，闲暇无疑是其中之一。[6]

再次强调，在我们的时代若想在前述的立场上去为闲暇辩护，已然显得不切实际。闲暇的领域离不开一般文化的领域，在这种情况下，闲暇所代表的意义必然远超过"工具与目的"的考量。同时文化又离不开"崇拜"，所以如果要整体性去思考有关闲暇的问题，势必非得回头去探索这层最初的关系不可。

我们可以在柏拉图的伟大著作中看出相同的意义，在柏拉图看来，闲暇起源于节庆的崇拜活动，"缪斯"（艺术创造灵感）一样源自崇拜活动，此两者结合成为美妙而神秘的意象，"以节庆方式和众神沟通往来"，人因此而重获自身尊严，并重新挺立于天地之间。

我们要努力去重新获得真正的闲暇空间，并借此建立正确的闲暇态度及正确"运作"闲暇的方式。这中间真正困难的地方在于闲暇的最根本源头并非在于我们的意志行动之内，更确切地说，我们能否和世界全然和谐的基础并不是奠立在我们的意志决定之上。我们尤其不能指望单单只是为了外在目的去追求闲暇，有些事物我们不能以"为了……"或"借此……以……"的方式去完成，我们要不什么都不做，要不就根据事物本身的意义去做。当然医生会说缺乏闲暇的人会生病，然而，若单只是为了健康的理由，我们不可能真正得到闲暇，在追求闲暇这件事情上面，这样的逻辑不仅不合适，而且根本就行不通。闲暇绝不是手段，我们如果用这种态度看待闲暇，闲暇就不可能实现，即使把闲暇当成是"拯救西方基督教文化"的手段，一样行不通。我们礼赞上帝的崇拜活动除非是基于此一活动自身的目的，否则便不具意义，因此，和整体世界取得和谐的这种最高贵的形式，可以说正是闲暇最根深蒂固的根源所在。[7]

我们有充分的理由相信，游戏是文化的基础，并必然先于文化而存在。事实上，游戏先于人类而存在。

尽管我们的辞典中有大量的词，但却很难给"游戏"下定义。游戏是否是一个明确的行为范畴？人们在这一问题上至今仍没有达成共识。因此，一些人更喜欢使用副词"游戏性地"（playfully）来描述某类行为方式，而却不指出游戏的类型。使用副词的好处之一是，我们没有必要在工作和游戏之间做出相当武断的区分。[8]

尽管游戏需要付出代价，尽管在某些历史时段中游戏曾被极力遏止，但漫长的演化史已经证明了游戏的重要性。尽管游戏也许会与残留在人们脑海中的清教徒思想相抵触，但它的确是有趣的和令人愉快的，而愉快对于种族的延续来说似乎是一种明显的物种选择优势。我们对这一点不应该感到吃惊。假如没有性欲的快感，就没有种类的幸存；假如没有吃饭的乐趣，也就没有了个体成员的生存。游戏是愉快的，对于生存而言是至关重要的。此外，正如我们所知，游戏是我们的文化和文明的基础。[9]

游戏不可能源于奴役，它只能源于自由。自由必须是经过努力才能够得到的，而这就需要艰苦的工作。作为休闲的关键所在，我们拒不接受被人赐予的自由。只有通过艰辛的斗争或工作才能赢得自由，也就是说，只有成人才会带着清醒的自我意识去游戏，当然，只要他们已经脱离了孩子气。[10]

（四）公园承载着某种文化意义

城市公园由于它们所扮演的角色以及它们在城市化中所将继续扮演的角色而显得重要。它们是现代制度——对工业资本主义背景中的城市化的社会与物理结果的持续控制——的一部分。它们在这些方面——形成社会的、心理的以及政治的秩序，计划和控制土地的使用，形成文明的形式——曾起到的和潜在具有的作用，使得它们在今天仍然很重要。最早的公园倡导者，如唐宁（Downing）和奥姆斯特德（Olmsted）相信公园的环境能够对工人阶级产生文化的影响，今天的政策制定者仍然承认公园的物理形态在人们的生活中是一种具有文化承载意义的媒介。

美国人的公园建设并非源于欧洲的模式，而是源自一种反城市的理想，即逃向乡村以减轻城市病的构想。美式的公园被设想为在城市中的一大块的游乐场地，在这里有乡村的宁静、新鲜的空气、草地、湖泊以及明媚的阳光。公园的倡导者声称这样大面积的绿地的存在可以极大地缓解城市问题。整个 19 世纪后期，这些人的著作超越了对美国城市扩张所带来的具体问题的批评，而是强调城市生活所固有的缺陷并将公园作为矫正这种缺陷的方法。[11]

城市建设观念的改变首先导致公共花园和公园的引入，这些花园和公园向穷人（对他们的游乐有所限制）和儿童开放，不过在很长一段时期内，公园仅仅被看作是消极被动的享受和安静的场所。19 世纪城市化和工业化的发展，不仅使得城市公园变得更加必要——作为向那些长期被限制在昏暗灯光下和通风不畅的建筑物里的工人提供放松的场所，作为拥堵地区的游乐场所，作为净化城市空气的辅助设施——而且导致了一个关于公园的新的观念的出现，即公园是积极的娱乐和游憩的场所。[12]

未来，不管公园设计源自哪种城市愿景，无疑公园都会被看作是问题与机会的结合。……首先，公园是一种社会控制机制，它可以表达一种独立于社会秩序的生命力量。植物潜在地表达着生命力量的不可控制的性质；没有人可以让一棵树生长，尽管控制环境可以促进或者阻碍它的生长。室内盆栽、城市绿化以及公园植物同样提醒人们，不管有意识还是无意识地，它们都具有一种抑制不了的生命的力量。其次，类似的，沿着公园设置的活动，是对游戏需要的一种共同的承认——尽管城市公园的提供者们很少真的去游戏，而且公园总是与一种自发性和自由的观念相关。按照荣格的术语来说，公园总是体现着被我们的工作导向的文化遮蔽的另一面。不过，在这二者之外，公园的设计与政策将继续履行城市的历史意识的功能——关于城市是什么，城市能够成为什么以及城市应当是什么的观念与意识。[13]

二、文化对休闲的影响

（一）文化在休闲概念形成上的作用

在国际视角下，文化在对休闲和生活质量的理解方面起中心作用。

在不同文化中休闲都是生活的重要组成部分，但在具体的文化和亚文化情境中休闲又是独特的。

休闲是文化生活的重要组成部分，休闲与政治经济、社会文化、与人权和正义有关的系统等其他社会体系相互影响并紧密联系。

休闲研究的各个不同方面实际上是相互联系的，比如宏观和微观，个人和集体。

全世界各个社会内部和社会之间的权力关系影响休闲和生活质量的观念和机会。

休闲、生活质量，以及它们之间的关系随着时间而变化，既有历史性的变化也有生命过程中的变化。[14]

从全球和国际化角度来看，文化在休闲概念的形成上起了关键作用。

尽管在各文化中，休闲都是生活中的重要元素，但在特定文化和亚文化中，休闲具有独特性。例如，亚洲文化、中东文化和原住民文化。

鉴于文化在定义生活质量中起的关键作用，我们在理解休闲和生活质量的关系问题上，需要对文化、亚文化因素和特定情境加以了解。

因此，休闲与生活质量的关系是复杂的，它以文化为基础。[15]

在不同的语言中休闲有不同的表达：在大多数语言中，休闲被翻译成"空闲时间"。

在许多非西方文化中，休闲以不同形式表达：在肯尼亚的 Luo 语中，休闲的意思是"蚕食生命"；在夏威夷，休闲是"躺在浅海湾里，在鸟鸣声中，让海水从你身上流过"。

在文化内部休闲的含义基于变量的不同也会不同，如年龄、性别、社会阶级、职业、宗教、能力，或者情景。[16]

1978 年沃什伯恩（Washburne）发表了一篇开创性的文章，论述了参与荒野游憩的人群中很少有黑人。该论文为基于种族和／或人种多样化的休闲差异研究打开了大门。沃什伯恩就这一现象，即为何一些群体参与荒野游憩要低于另一些群体，提出两个理论：（1）边缘化；（2）种族划分。种族划分的观点认为，只要经济社会地位得到控制，参与休闲的差别比率来自文化差异。因而，人种和种族是文化内容的差异指标。就是说，如果某一人种或种族的标签被贴在某一群体之上，就可以假设该群体的成员在某种意义上具有文化同质性，并有别于其他群体。

黑人爱好使用城区公园，白人则爱好使用地区公园。德怀尔（Dwyer）和哈奇森 1990 年报告了与此一致的发现，即芝加哥的黑人偏爱已经完成开发的户外活动设施，而白人喜欢尚未开发好、较为自然的区域。[17]

（二）文化是影响休闲态度的主要因素

影响休闲态度发展的最强因素很可能是人的文化背景。这似乎是显而易见的，例如当我们比较日本和美国文化的时候。但即使同是在西方文明背景下人们对于工作和休闲的态度也会存在不同，这主要是因为社会因素而非心理因素。例如，麦克莱兰（McClelland）展示了欧洲天主教国家和新教国家对于工业发展和工作态度的惊人差异。索然麦克莱兰假设了名为成就需要的变量，但主要因素还是文化：父母的宗教信仰与其相关。

跨文化的时间预算研究，就如绍洛伊（Szalai）指导下的研究，对人们更好地理解休闲态度很有价值。关于态度形成研究，除了发现不同文化的人们以不同的方式花费他们的时间之外，还有额外的两个发现。一是，这些数据也许能产生一系列关于休闲在不同国家实现功能的假设，且对态度形成理论的功能性理解能对这些差异的存在有更好的理解。二是，这些研究是要澄清和统一在不同文化中使用的休闲概念的意义。即使是同一种语言，休闲的概念也是很难界定的，要获得跨文化的统一性真的是一项非常艰巨的任务，有待日后实现。

一个建议是，任何做跨文化研究的人都要使用著名的双重解释法。假设你现在要研究美国和波兰的休闲态度。首先要把你的问卷翻译成波兰语，然后再找另一个人将波兰语的问卷再翻译回英文。通过这种方法会发现语义的差异是惊人的。

这一领域有大量工作有待完成。特别是非西方国家，应该要对休闲态度进行更多的研究、理解和追求。要将一种文化背景下的生活休闲态度移出，并植入另一种文化几乎是不可能的。我们刚才已经说明态度如何成为个人价值系统的一部分。然而这个领域看起来很有前途，至少要去理解其他文化的休闲态度的这种努力应该大力支持。

正如文化因素是休闲态度的主要决定因素，亚文化也同样是休闲态度的决定因素，例如，社会阶层归属感或者所谓的种族差异。这并不是说可以从一个人的社会背景预测他的休闲态度。一个上层社会，家住郊区的孩子可能会非常保守，有着工作导向的休闲态度，与此同时他的兄弟正好与他相反。而且不考虑他们的家庭在社会中的地位就不能完全理解他们的态度。甚至在他们的差异中他们可能会发现一个共同点能将他们与其他不同社会背景的人区分开来。

不同背景变量的潜在影响已经在前一章进行了讨论。从这一点来说，重点不在单个变量而在社会群体，他们具有不同的特点并通过常规的社会化进程传达他们的价值观和态度。这一点有充分证据，例如，社会阶层对婴儿护理和儿童培训趋势有很强的影响力。这与布朗芬布伦纳的经典研究《穿越时空的社会化和社会阶层》（ *Socialization and Social Class Through Time and Space* ）相类似，这项研究着重调查和重新分析了 1932 年至 1957 年的 25 年间关于休闲的行为和态度。这种系统性的努力能够发现任何个体研究都发现不了的趋势。

除了社会阶层群体，还有其他亚文化是我们在研究休闲态度的形成时特别感兴趣的。其中最明显的一个群体就是"嬉皮士"。这一群体最具特色的一方面就是他们拒绝接受新教伦理，而信奉"轻松自如"的价值体系。

……

人们认为在这样的价值环境中被抚养长大的孩子发展出来的休闲态度会与所谓中产阶级的孩子会有很大的不同。但是尚不清楚这些态度是什么样的。

数百个相关领域的研究如雨后春笋般出现。自由时间问题，如何分配，如何使用，如何以及是否去控制，很多类似的问题对于这些研究是至关重要的。这些问题的答案必须反映在每个研究的理念中，并且要进行讨论、争辩、试验，并尝试用各种不同的方式去解决。研究文献数量庞大，但到目前为止似乎还没有在这个背景下去系统研究休闲和休闲态度的形成问题。

我们的文化中其他子群对于休闲态度形成的影响也值得研究。有人可能想要研究军队的休闲态度，作为在高度控制和组织环境下的案例。有人想要研究监狱和公共机构中人们的休闲态度，类似的还有大型医院的慢性病房中病人的休闲态度。还有如受救济家庭、长期失业者、流动民工等其他很多群体。

最后，但并非是最不重要的，是老年人的休闲态度。由于这个话题太过庞大，我们无法在这里解决，读者可以参考其他文献资源。

休闲态度决定了休闲行为的比例变化，这种休闲行为不是即时环境的功能或是社会提供的机会，而体现为一种个人的、主观的、独特的形式。如果我们希望提供充分的休闲服务，如果我们提升这些服务并去预想什么是人们真正想要的，那么知道他们对于休闲的态度是必要的。了解这些态度是如何形成的将进一步帮助澄清休闲的功能并创建一种被人们大量需要的新的休闲伦理。[18]

休闲态度被定义为对给定的休闲相关客体的情感程度。这个程度是一种可乘函数，这种可乘函数是由一个人对一个客体（如一个游泳池）所具有的某些特征（如拥挤）的信念和一个人对这些特征的评价所构成的。当一个人了解到一个客体（游泳池）与某些属性（拥挤）相联系，那么态度就会同步形成。[19]

三、休闲对文化的作用

虽然休闲总是处于文化内部并因此具有文化的属性，但它却不仅仅是文化的产品。辩证的另一端是，休闲可能成为社会变革的因素。如果承认休闲可能是最不受预先规定的社会活动的话，那么就可能增加其以变革为目的的可能性。当那么多有组织的行为（在工作、家庭及社会中）都要有一定的角色要求、生产目的和行为方式时，休闲可能就成为最开放、最可能有所创新的领域。在游戏中，我们可以尝试新的形式和新的行为方式。

如第九章所分析的，休闲的相对开放性及其后果的非严肃性为超越那些既定的行为方式与意义提供了场所。这种方式的行为可能促成艺术中的创造、运动中的高超技能以及交谈中的幽默。正是形式与结果的开放性在行动过程中对行为本身进行了创造和再创造。在休闲的游戏中我们可能尝试新奇与偶然，可能进行创造，实现"未然"。

虽然有些休闲也许是为了歌颂对一种社会制度的共识，但也有另一种可能性。即使当历史事件被戏剧化，中心价值观被再现、欢呼和喝彩时，我们也能清楚地看到这一事实，即它们都是一种再创造。无论一种庆典植根于文化多么深，它也不是"真实的东西"。相反，象征与故事都是从已知的历史中提取出来的并带有当代的象征意义。

这种再创造展示了"现实的社会构造"。在具有明显象征意义的社会活动中，文化中最基本的价值观和世界观都是作为构造展现出来的。它们是"被给定的"，因为它们对于巩固那些凝聚社会的、基于传统的价值观极其重要。共识可能被说成是神圣不容置疑的，但它并未完全淹没庆典活动中的游戏因素。如果人们认出了再创造的游戏性，那么进行有目的变革的可能性就可能与"凝聚社会"的目标相抵触。

在艺术中，我们将所使用的材料作为创作中必须遵守的一部分。在体育世界中，我们只有遵循运动的规则，才能发现和发展更高水平的技能。在交谈中，我们可能暂时停下严肃的话题而编造出一些纯粹为了好玩、兴奋或达到元语言交流的奇谈妙论。我们运用这些形式和材料是为了创造，同样，我们可能运用文化的仪式和戏剧化来创造新的联系、交流、生产，甚至统治方式。[20]

四、休闲与文化不可分

如果我们将文化定义为在社会中学来的一切——价值观、语言、思维模式、角色定义、世界观、艺术、组织以及从所有社会建制中学来的东西，那么，休闲与文化显然是不可分的。事实上，文化是休闲的环境——也是其他任何东西的环境。毕竟，休闲是一种后天习得的行为。它在总体上说来是种族性的，各个不同文化或亚文化的休闲形式与取向都不尽相同。同时，文化又是休闲的材料，是休闲体验得以诞生的地方。

我们并不是要发展出一门完整的休闲人类学。但我们仍然要简单介绍三个命题，并且希望人们明白：这三个重要的命题本应占有更大的篇幅。

第一，如前所述，休闲完全是种族的，即休闲永远带有亚文化环境的特殊形式与意义。休闲取决于经济条件、角色定义、宗教取向、文化历史及其他类似因素。性别角色规范和为成人工作角色做出的准备都会对儿童游戏产生普遍的影响。在一种文化内，不同的亚文化群体在家庭交往以及娱乐、庆典、食物、游戏、交流风格等种族形式方面都有迥然不同的休闲模式。与表达、年龄及性别组群、地点、互换礼物及其他交往方式有关的价值观也都会影响休闲活动与场景。

第二，正如文化是一切行为与交往的基础一样，它也是休闲的基础。前文在分析休闲体验与环境时已经讲过，休闲与生活中其他的一切都密不可分。即使在我们理解休闲的可能性、分析某种行动的意义时，所经历的认知过程与形式也会采用习得文化的语言形式。我们以行动和立足于交流的共识而创造了文化，同时也在社会行为的辩证关系中使用文化。这一切意味着，无论我们所说的休闲是什么、尝试什么行为、预期什么结果、选择什么场景和环境、如何与人交流、如何认识自己的行为和意义，这一切的一切都是由有形或无形的文化所构成的。我们在认识自己和周围的环境时，不是与我们在一生的社会化过程中吸收的各种形式脱离开来的。休闲的文化基础的深刻内质通过跨文化的差异仅仅被展露了一部分，因为，即使有这些差异，也是借助于我们的文化形式与符号系统来理解与交流的。这一简单分析的意图在于说明，我们在认识休闲的过程中，有必要更广泛地应用文化人类学的工具。

第三，休闲为发展文化提供了重要的，也许是最根本的环境。这种视角是由包括哲学家皮柏在内的几位学者提出的。第九章会就此论点做进一步论述。但这里有必要引入这一概念作为建制方法的一部分。这里又要提出一个老问题，休闲向社会贡献了什么？一个曾经给出的回答是：它提供了思考的社会空间，也就是那种一个社会系统所必需的创造性、批判性思考。毕竟，任何系统都不是静止不动的。因此，考察一个不断变化的系统的初始状况和发展方向就成了一件十分必要的事情。曾经被认为合理的价值观和结构也许会阻碍今天必要的变革。无论幻想以何种方式出现，对于长期生存而言，幻想未来都是很重要的。视觉及语言艺术都在寻求提供和创造这样的梦想，符号也许比任何语言更能触发深刻的理解，文化的创造远比再生产创造的价值高，这也许就是休闲对社会的最大贡献。有了休闲，人们才有时间和空间进入创造性思想与符号的王国。

无论人们如何看待休闲，它总是嵌于社会建制结构之中的。虽然这并不意味着我们注定得使用某种决定论的分析模式，但它的确表明任何空谈自由的休闲概念都是荒谬的。休闲的文化基础是对任何从现实与局限环境中抽象出来的休闲概念的有力否定。在下文对休闲风格的简要讨论中，我们将进一步探明决定与结构环境的辩证关系。[21]

休闲植根于时间空间的文化中。世界观、价值体系、概念过程、语言及思维方式以及与年龄相关的学习环境，都是我们所想、所做、所发展的休闲的一部分。

社会系统范围内，被认作维系这一系统的休闲将得到扶持与鼓励。这是功能社会系统中对休闲自由的隐含否定。休闲，尤其是基于公共与市场供应的休闲，将朝着促进建制系统的方向定位。休闲的相对自由可能会提供违反规范的社会结构的层面与活动，但它们不会像那些维持系统存在的层面那样处于机会结构和社会化环境的中心地位。社会共识与制度化权力都会支持这样的休闲，而那种被认为是腐蚀和攻击社会规范发展组织的休闲则会受到惩罚。

但休闲还有另一面，从辩证的另一端看，休闲的开放因素为行为者提供了认识社会系统结构性的机会。在真正的游戏中，永远都有窥探"未然"、创造新奇以及认识现状的脆弱性的机会。休闲的存在主义特性（即使是在一个压制性的社会制度中）可以削弱任何企图阻断未来、遏制批判性分析的社会化过程。

休闲是表达性活动，但它处于社会建制中并运用建制资源。任何休闲（即使是白日梦）都会牵涉相互性角色、连锁性预期、受结构控制的机会以及经过分配的资源。生命历程的变化是我们在休闲中做什么、追求什么的过程性环境。休闲永远不是脱离环境的单纯表达。[22]

五、休闲文化的影响

（一）要关注休闲在更广泛环境里发挥的作用

休闲在公众眼中，甚至也许在其他学科的研究人员眼中，常常是生活的"天真"或不严肃的一个方面，而与公众争论的关键问题毫不相干。结果，时至今日，休闲研究和讨论给政治决策或社会政策制定带来的影响甚微。重新组织或换一种形式提出有关休闲的问题的建议旨在纠正这一现象，并加强对休闲作为一个重要文化现象的认同。此外，重新组织问题意味着加强对休闲的积极和消极两方面影响的理论认识，由此阐明休闲对于社会和全球社会公平和不公平，以及个人伤害和益处都会起作用。再者，关注休闲与其他生活领域和社会体系的复杂内在联系，不但能让人们了解各种新颖和不断变化的休闲理念，还能认识世界各地多样化的众多休闲实践的文化关联性。

这样重新组织问题将有助于影响不断增长的休闲研究。重新组织问题意味着研究人员将不是重点关注休闲自身，而是花更多精力讨论休闲在更广泛环境里发挥的作用，包括休闲与政策制定和文化变化的关系。

正如本书中不少论文已经谈论到的，虽然上述问题的一部分信息已存在，但知识基础仍相对较小，尤其在国际与跨文化认识和宏观及微观的考虑方面。重新组织问题并非意味着放弃迄今为止已取得的大量研究成果，而是将其扩展和以新的方式应用。

就政策制定、提倡和行动主义而言，重新组织有关休闲问题意味着严肃看待休闲，考虑休闲以不同形式影响并反过来受影响于各类社会、经济和政治变化。例如，经济增长、工作、家庭、环境、健康和其他休闲时间和休闲机会的政策制定将会是考虑的重点议题。与此同时，休闲在个人、家庭、社区和文化生活中发挥的作用也有望能获得更大的认可，包括认识到休闲积极的和消极的作用。

在休闲领域里重新组织，将意味着把眼光扩大到有广泛基础的休闲在文化和跨文化方面的意义。与世界不同文化和不同地域的研究学者合作无疑将是这本研究的一项重要部分。此类合作研究需要对不同世界观非常敏感（正如其他作者已指出的那样），包括休闲的不同理念、研究的不同视角和程序。此外，与不同学科的研究人员合作也会有相当的价值，会有助于交换想法、理念、理论认识和方法学。

不过，这里所提出的重新组织问题过程的关键是，要有提出新的、不同的问题，并强调休闲和其他社会、文化和政治体系复杂关系的意愿。成功实施卓有成效的、进步的和公平的规划和政策计划——把休闲考虑在内的计划——可能取决于提高对休闲影响的认识。这种影响不仅限于个人、社区健康和康乐，而且还影响到社会和全球关注的问题。[23]

（二）休闲与大众文化

对工作、家庭生活与休闲的关系的审视引出了流行文化这个问题，所以是时候明确休闲的影响了。在这个民主的、有着强大传播媒体的社会，大众参与文化作品及发展迎合大众的文化作品都至关重要。这种参与和发展或许不那么普遍，作品的质量或许有高有低，但在现代社会，无论它的主导意识形态和技术水平如何，在塑造了自己的文化后，都要面对这些问题。

工业和民主的社会在每个发展阶段，都在寻找其流行文化的形式和内容。不发达国家在工业化过程中，与痛苦、疾病和传统的宿命论之间的斗争胜过其他所有的一切，若要群众积极参与他们生活中经济和社会的变革，那么发展现代大众文化则是基础。

在发达国家，生产和教育水平已经发展到一定水平的欧洲大部分国家，流行文化的发展有助于缩小创作者和公众之间的差距、专业人员和外行之间的差距、受教育群体和其他人之间的差距。仅仅是流行文化就可以延长和改变学校教育的效果，有效抵制过于简单的宣传，促使个人积极参与社会和文化生活。而没有流行文化，就会有技术统治和寡头政治的权力加倍的风险。

在信息化的社会，流行文化更为重要。不仅所有前面提到的社会问题依然存在，还会发现其他问题。当四分之三的人口对食物、衣服、住房、舒适和娱乐的需求已经得到满足，为了防止社会富足导致人们坠入物质至上的深渊，则必须增加消费者的文化需求。像理斯曼这样的社会学家会问："富足是为了什么？"越来越多的经济学家开始响应他们。

通过强有力的、持续不断的努力解放大众文化，限制和调整旨在提高赞助商利润的广告，这样，或许能够使流行教育成为社会消费的中心。在每一个民主工业社会，流行教育不是一种可能，而是必要的，值得拥有的。但是那些正努力改善劳动人民日常生活的人却看不到教育和休闲之间的联系。但是，在现实中，一个人休闲时间做什么的确影响而且会越来越影响这个人生活在什么样的文化中。分析休闲与文化之间总是被忽略的关系不是在浪费时间。

在像美国这样的资本主义社会里，在许多社会学家看来，对于以往只接受别人灌输的和实际上没有表达美、理解美的机会的阶层来说，大众文化（即使被冠以"庸俗"的名字）是审美意识的觉醒的标志。苏联的统治者认为，只有当所有大众群体融入文化结构中，文化才有坚实的基础，可无拘无束地顺利发展。

一个多世纪以前，我们就明白，若要群众享受文化成果就需要缩短工作时间。现代文化，无论是技术文化、科学文化、艺术文化，还是哲学文化，都不能仅仅通过日常义务获取和发展。获取或创造都需要时间。人们在学校可获取知识和才能以适应更复杂、不断变化的世界，但是在学校花费的时间正越变越少，所以从工作和其他职责中抽取时间就变得很有必要，尽管这个必要条件还不充分。我们看到，休闲不仅仅是自由时间，或时间框架，或"人类发展的空间"，它是没有明确界限的所有活动的整体，受价值观和模式制约，在一定程度上决定流行文化的内容。

对于工作人员，只要积极参与文化生活——也就是说，任何创造性活动或学习的行为，不管它是什么，都是一种休闲活动。因此，休闲活动与其他各种形式的放松和娱乐活动存在着永久且直接的竞争关系。对大众来说，去剧院、阅读文学作品、学习科普作品都是休闲活动，就像散步、转悠、玩游戏、跳舞或者旅行一样。这些活动有相同的特点。它们不是像工作和抚养孩子那样是强制的、义务的。首先，它们不是赚钱的方式，而是令人愉快的。它们根据情况或个人喜好，可随意相互替代。哪怕是在倡导最大限度提升自我的社会，宣传者或教育家的目标与人们真正的态度之间的差距可能还是非常大的。例如，苏联付出了巨大的努力在人民中传播文学作品。尽管有些作者被排除在外，但还是包含了大量的作品，如雨果、巴尔扎克、莎士比亚的作品。但是有多少人读他们的作品呢？克罗科迪尔讽刺杂志（*Krokodil*）说，书的用途多种多样，有许多人用它来学习，其他人有的用来支桌腿，有的用来起火等等。

苏联的第一批社会研究中曾调查过休闲，结果显示，25%的闲暇时间用于做一些纯粹而简单的事，相当大一部分休闲时间用来接待客人，尽管有教育政策，但是休闲对每个人来说都绝不是发展自己文化的途径。

在美国，休闲的影响更加复杂。社会学家证实，在自由选择余地大、普通商业娱乐压力也大的背景下，只有少数的公民参与文化生活。这就是为什么目前正在进行的也是最重要的成人教育调查选择休闲作为其研究重点。

休闲对大众文化的影响不仅限于此。生活文化在某种意义上是社会或个人行为的方式；研究这个过程时，我们发现了文化不同阶段的模式、表现形式、价值观。它们与实用的、技术的、艺术的或哲学模式联系在一起。质量水平有很大差异。它们的发展程度取决于个人、阶层和社会。日常生活的一切活动的总和可能是这种生活文化的基础。它们是文化发展的支撑。但是越来越多的、有吸引力的、著名的休闲活动产生了特殊的影响。我们看到几乎四分之一的工人在安纳西市专注于休闲活动。

理斯曼和威伦斯基认为，工业化程度越高，重视休闲的人越多。事实上，苏联统治者付出很大努力组织空闲时间的活动，并把对娱乐的兴趣与对工作的兴趣联系起来，这难道不是因为他们认识到了休闲对人们个人生活的特殊魔力吗？不是因为他们认识到休闲是对他们文化最自然的表达吗？

美国社会学的两本最新选集从活动方面区分了大众休闲和大众文化。它们之间的区别很好理解，因为目前主要是分不清休闲和娱乐之间的区别。但是这种区别不一定是正确的。这两本书所做的区分有些古怪。一个教育研究小组被归为大众休闲，而纸牌游戏却被认为是大众文化的一部分。为什么？因为活动本身是不可能找到简单的区分标准的。在现实中，这两个选集中列出的所有活动都是休闲活动——打牌、去俱乐部、看书或者去看电影。每个休闲活动都有文化内容，流行文化在很大程度上是与流行休闲融合在一起的。"告诉我你的休闲活动是什么，我会告诉你你的文化。"

可能没有比衡量流行文化的品质更难、更重要的问题了。我们反对当前占主导地位的将人文主义和流行文化分离的主张。事实上，正如希尔斯（Shils）所说，大众社会文化整体都有问题。

特定大众群体的生活文化是不同程度的连续体，在每个阶层和社会环境中互相渗透。有马克思主义或自由主义倾向的社会学家认为流行文化"既是人文的也是社会的"。这就引出了一个关键问题：新老艺术作品深入群众的文化模式达到了什么程度？在扩大它的群众时，文化是否受到过于简化的艺术、过于简单的科学、循规蹈矩的道德及肤浅的哲学的威胁？而这些威胁却非常轻易地被大量的群众接触到。大多数研究"大众文化"的美国社会学家也有这些担心。[24]

在法国，与"粗劣的流行文化"做斗争是所有大众教育群体永久的主题。所以，尽管社会和意识形态的内容多样化，但大众文化标准的问题无处不在。如果说能找到一个解决问题的具体办法，那么它可能存在于休闲的标准中，因为文化是通过休闲体现出来的。

这就是为什么在某个特定的社会里，如果我们要找出它的流行文化，无论是理想的还是真正的或是潜在的，那么审视这个社会中大众真正的和潜在的休闲活动是很重要的。

因此，我们决定分析几种休闲活动的内容。以下是我们基于以上原因选择的活动：

● 旅游。旅游占有特权地位，它是最近兴起的，还没有完全征服社会大众。但它的影响力正在增长，已经覆盖了所有的城市群体。它强有力地表达了想要逃离的需求。

● 电影和电视。它们尤其是著名模特（电影明星等）的传播媒介。电视和移动电话可能即将成为最强大的休闲工具。

● 自我完善。我们试图在城市的各种社会群体中找出阅读的程度和单纯求知欲的目的。对我们来说，大众在休闲时间进行的自发的自我完善对文化民主的未来具有重要意义。

当然，这里不包括我们以前列出的 7 种主要休闲活动。

我们将这些发现提供给思考这个问题的读者。调查仍在继续，最重要的调查几乎还没有开始。通过探索各种社会群体休闲活动的内容，流行文化复杂的内容中最重要的部分就会以其真正的形式突显出来，既统一又丰富多样。从此，可能会兴起一门真正的大众文化科学。渐渐地，就可以识别出文化发展的模式，这种模式或者对全体大众普遍适用，或者由于环境、阶层和特定群体的不同而有所不同。[25]

六、休闲与政治文化

（一）休闲是一个人权问题

到目前为止讨论的问题都与人权和正义的基本原则相关。例如，贫困和资源的不平等分配、时间和工作的不平等分配，以及社会服务、教育和保健机会的不平等都是人权问题。

《休闲宪章》和《圣保罗宣言》呼吁所有人都有获得和参与休闲的权利。根据目前为止所收集到的休闲的价值、意义和益处的资料，休闲显然是一个重要的人权问题。与此同时，本文认为休闲机会与社会、文化、政治和经济生活的其他领域密切相关，并对它们具有重大影响。因而，不仅仅是休闲权的问题；就休闲而言，休闲还在更广泛意义上起重要作用，虽然休闲权本身也是人权的重要部分。

休闲能帮助实现总体的公平，并减少与收入、教育、性别、种族、残疾、性行为、年龄等因素相关的弱势现象，即休闲能帮助挑战导致形成差别的过程。的确，如果休闲能够在社会生活各个领域中帮助促进人权，休闲的作用和重要性可能会获得更广泛的认识。休闲不仅与这些问题相关联，而且，正如弗莱辛格所指出的，休闲是一个抵抗不公正和赋予力量的潜在环境，能被用来促进社会变革、社会内部和社会之间的权力和特权的分配。[26]

（二）休闲与平等问题

休闲机会和社会不平等的紧张关系由来已久。例如，在古希腊，亚里士多德将休闲比作美德或人类全部潜力的培养，以及文化的发展。然而，这类休闲只适用于自由男子，是以排除妇女和奴隶为代价的。在古代中国，孔子谈到乐，该字面的意思是快乐或音乐。孔子相信，社会中每一阶层内部的社会关系都可以通过礼仪得到加强，而这种礼仪都离不开某种特别的音乐。

休闲作为机会和社会不平等，二者之间的紧张关系也能在（较近）历史上西方社会有组织的休闲活动或休闲作为职业实践中反映出来，例如美国的"游乐场运动"和木工工艺联盟，英国的男、女童子军。它们的明确宗旨除了保障所在社区的安全和康乐外，也包含促进儿童的健康和康乐。这类组织的另外一个目的便是培训儿童，尤其是贫困和移民儿童（在美国，特别指欧洲白人移民儿童）参加工作和社区生活。即在许多西方国家的早期有组织的玩耍和休闲里，我们可以看到这一思路——至少一些初来乍到的人和 / 或在社会底层的人们需要学会如何适应现有的社会秩序——有组织的玩耍和休闲被看作实现此目标的途径。人们感到，这些项目的对象——社会以及个人——会因为由此带来的健康、健美、学识和社交能力的增强而获益。因此，有组织的玩耍和休闲被视为一种途径，以降低社会不平等，获得公民资格。有组织休闲的这种目标在今天世界各地仍在延续。[27]

换句话说，用于各种形式的休闲资源（如时间、资金、能力、健康、社会和文化资本）的分配并非公平，这就造成了机会的不平等。此外，如果将休闲放置在历史、社会、经济环境中以及权力关系中来考查，会发现休闲在某种程度上可能产生或重新产生社会不平等。再者，这些问题都涉及政治，带有国际性，因此有必要把社会不平等和机会的定义加以扩展，使之包括全球不平等和机会在内。

在本文中，作者的总体目标是提出一些框架和思路以探讨休闲、游憩、玩耍和旅游作为社会（和全球）不平等和机会的场所。这些框架是建构在近期休闲和旅游领域内外研究基础之上的。另外，本文旨在探索和记录社会不平等和机会之间的休闲的紧张关系，即我们认为社会机会和不平等是同一"休闲硬币"的两面。由此，我们将首先集中探讨差别这一观点，并主张差别的构成是社会不平等的基础——也是这类研究结果的基础。在这一讨论中将介绍最近和目前各种评价差别（特别是结构的、后结构的、后殖民理论的）的观点和方式。然后，我们将引用最近的一些有关休闲与性别、种族、少数民族、阶级和贫困、性倾向、年龄和残疾的研究来说明当前对于休闲和社会不平等的思考。[28]

社会不公是指"压迫性体制的制约和阻挡自我决定和成长的障碍，在多大程度上阻碍了对这些价值的追求"并包括"已融入人们日常交往的较为公开和体制化的不公正特性"。不公正表现在多种形式上，如剥削（某一群体控制和主宰权力较弱群体的经济和社会资源）、边缘化和无权化（群体被排除在有效参与社会生活之外的程度）、文化帝国主义（将有差别的人加以归类，称其为"他者"，漠视其存在），和暴力（包括肉体和精神虐待及以暴力威胁，制造恐惧）。阿利森（Allison）对不公正的讨论给我们提供了一个解释，让我们看到休闲中社会不公平现象的根源。[29]

差别至少在两个方面形成休闲的社会不公和不平等。首先，当个人或群体在他们休闲资源或休闲机会上存在差别的时候，不平等便会显现，即当某些人比其他人少，和当这种匮乏不是它们本身过错的时候。当然，一种"匮乏"是否是某个个人的过错仍存在争议，并形成一些意识形态和话语（如西方文化 / 资本主义社会的精英观点）使不平等"正常化"。因而，在个人和社会层面，关于"穷人"中哪些人是"活该穷"，哪些人是"不该穷"的讨论是个关键问题。如上所述，由于休闲、娱乐、玩耍和旅游会给个人和社区的康乐带来的潜在机会，大量的研究集中在谁有或谁没有这些机会以及为什么有或没有。然而，休闲的不公平也可以强调条件的公正或结果的公正，这两个公正概念迄今为止在休闲、娱乐、玩耍和旅游研究中很少引起注意。如下面将进一步探讨的那样，为什么（不公平的原因）和谁（哪些人被排除在外），将成为今日休闲研究评论和挑战的重点。

　　差别对研究休闲社会不平等问题非常关键的第二个原因是，确定差别这一做法本身会重新产生不平等。在休闲研究里，认同的类别，如性别、种族或种姓、性认同、年龄、残疾、阶级和年龄，与休闲的个人体验联系在一起。根据基费尔（Kivel）的观点，这样的研究是有问题的。当然，记录这类差别对理解休闲和休闲的供给/机会有重要意义。但是，用此方法调查休闲也会导致加强或重新产生这些社会类别，会强化它们是广泛的"真实"存在。此外，这些认同已经被如此"习以为常"，或被看作基本常识以至于我们很少研究作为男人或女人，或一个残疾人的真正意义。正是由于对这些认同的肯定，我们使他们的"真实性"得以延续。[30]

　　差异的形成使一些人获得优势/特权，而使其他人处于劣势或被边缘化。也就是说，在休闲活动中，和在其他社会情境和实践中一样（如工作、教育和家庭），有一个"我们"的概念，同时有一个"他者"的概念。这样的分类造成了在休闲活动或其他生活背景中的社会不平等和/或机遇。

　　所有文化中都存在差别（优势/劣势）。虽然差异因文化、年龄、性别、残疾、种族、人种、性倾向和社会阶级而不同，然而，这类差别的含义往往由单方面构建，几乎不考虑任何群体内部存在的多样性。此外，至于这些差别是如何形成的（如，年轻或年长的含义）还存在文化和历史的差异。

　　在任何文化中，群体间休闲差别研究常常从那些较具有特权的阶层的角度出发的。就是说，差别是通过将"他者"的休闲和那些拥有物质、文化和社会资本来确定标准的人的休闲相比较而产生的，即什么是"正常"的、可接受的、理想的休闲。结果，"他者"常常被视为偏差或被遗弃，因此在某些方面是有问题和有缺陷的。

　　不过，休闲不一定是（或仅仅是）社会再生产的一个背景或实践。无论从跨文化的角度还是在全球范围内，休闲都是一种潜在的背景，它抵制和挑战普遍被视为"自然差别"的那些东西、改造社会关系、在社会内部分配权力和特权。休闲是一种文化事件，能够确认有价值的认同和社区。此外，休闲也可以是一种抗拒性实践，会给"差别观念"制造麻烦，然后加以重组。

　　从这个意义上说，休闲对社会或全球不平等和机遇而言，既提供了一个背景，同时又是一种实践。[31]

　　这些不同的观察视角和讨论以及迄今为止的研究给我们对"休闲、社会不平等和机会"的研究和思考带来了什么呢？现归纳如下：

- 休闲中的不平等有许多产生方式。当某一文化中的物质分配和机会出现分层时，当支持这种分层的文化意识形态（如精英阶层）出现时，便产生了不平等。

● 然而，由于剥削、边缘化、没有权力、文化帝国主义、暴力（或暴力威胁），或者由于条件或结果不平等，人们仍然可能经历不平等，尽管他们有机会获得某一文化的物质资源。

● 这类休闲、游憩、玩耍和旅游的不平等值得关注，因为它们给个人成长、社区福利和经济发展提供机会和潜力。对此本文前面有简单论述，其他作者的文章中有详细论述。

● 此外，如默多克（Murdock）提出的，休闲是公民权利义务生存的关键，因为休闲提供了空间和体验，使个人权利和共同利益可能得以实现、改变和整合。然而，休闲也可以是产生和重新产生"他者"的环境。

● 差别或划分"他者"是休闲、游憩、玩耍和旅游不平等的核心。差别可能作为休闲中不平等的证据。划分"他者"，或构建差别的过程，也是拥有（或不拥有）划分、边缘化或剥夺权力的过程。休闲、游憩、玩耍和旅游是产生和重新产生"他者"的环境，也是集中和确认"同类人"或"我们"的优越性和正常性的环境。

● 记录并揭露存在于休闲、游憩、玩耍和旅游中的差别／不平等固然重要，我们也必须以批评的态度理解社会／个人认同，因为差别就是建筑在它们之上的。这样才能防止将差别"自然化"。

● 另外，从后结构主义的视角来看，差别是流动和多重的。结构主义在寻求元理论（性别主义、种族主义、年龄主义）时忽视了这一点。而且，"相同人"或"我们"划分的权力，和"他者"的含义不是单一的。权力是我们都拥有的，而认同／主观性是可以变通的。这样，抵抗、赋予力量和改变社会关系／不平等便有了可能。

● 与此同时，后殖民主义者对后结构主义者过分强调差别、"他者"或异质性非常谨慎，因为这样"存在风险，把条件掩盖起来，而正是这些条件给予某些形式的差别以价值和超越他人的权力"。后结构主义者也往往忽视以下事实：对某些人来说，行使权力、改变他们的认同或讲述他们的故事要比其他人容易。因而，差别的观念必须"战略性使用"，以便使团结"他者"（无论是黑人妇女、老年还是残疾人）、构建不平等的条件不被稀释。[32]

（三）休闲的异化问题

如果休闲成了一种高度商品化的参与市场供应与资源分配的活动，那么它也就变成了被异化的活动。挣钱的工人渐渐接受了一种错觉：休闲是挣来的消费，而不是真实的"成为"。这种将休闲沦为一种占有行为的做法是"单向度的"，无法完全包括自由和创造性活动的全部。休闲变成了一种商品而非存在主义性质的活动。

异化（即自我创造的失落）在大众传媒、时尚及市场引导的商品崇拜的影响下被强化。自由被看作参与消费市场的能力。[33]

一些冲突理论家认为，民主的形式并不是社会自由的保证，相反，那些形式可能被权力阶级所利用，使他们能够行使控制。这样的话，社会系统就是隐含地由掌握不同权力的不同阶级构成的。统治阶级可以利用社会制度来进行控制并获取他们本不应得到的巨大回报，但却将其余的人置于扭曲的环境之中。而且，当这一隐喻应用于美国或欧洲民主国家时，休闲常被认作是控制系统中的一个要素。事实上，休闲被看作一个陷阱，使人们错误地认为自己的行动是服务于自身利益的。实际上，休闲是用来为更根本的异化提供一种虚假的自由的幻象。

通过休闲控制个人的现象可能从方方面面体现出来。并非一切都基于批判或冲突理论。例如，通过形形色色的大众传媒营销手段来操纵选择，是一种已为人接受的经济活动。某些休闲在媒体中表现为豪华的环境、昂贵的器械或服装，甚至是对性的征服，这些渲染甚至受到这些活动参与者的质疑。市场体系恰恰通过提供选择来操纵选择，这难道是不可能的吗？在我们通过建制所学来的生活价值与形象中难道不可能存在某些扭曲吗？一个人可以在支持某种社会制度的同时批判它的许多做法。[34]

凡勃伦（1953）认为，休闲是社会差别的象征，是生活方式与阶层的问题。当代批评家更进一步认为，休闲是经济贵族控制工人阶级的一个方面。作为消费，休闲是整个市场结构的一部分。随着收入水平的提高，休闲市场对经济增长的重要性也会日益增加。同时，只要工人们以消费语言来定义休闲，那么他们就会越来越敬业，以确保一定的经济收入，从而可能进行休闲。[35]

批判理论的出发点是将休闲看作消费和市场反应，而不是存在主义的决定和成为。但这仅仅是出发点。流行分析中常常忽略的批判层面是政治。根本问题不是个人意识的问题，而是社会组织的问题。对休闲的狭义理解以及在休闲中缺乏积极性和创造性绝不仅仅是教育失败或生活方式过时的结果。[36]

休闲的社会定义为自由，但却是社会灌输给我们的价值体系的产物，它根本无法被用来体现真正的自由。事实上，休闲变成了奴役，我们却学会了称它为"自由"。[37]

工业与娱乐的关系是双向的。一方面，经济参与"买来"休闲，它是回报里的一部分；另一方面，休闲可以被用来进行再创造，来支持有效的经济参与。正是这种娱乐的"再创造性"使得休闲合理化。休闲并不是生活的根本因素，但却因其对经济效率的贡献而成为很好的工具，其价值也被认可。休闲有利于提高工人的生产能力，而且，休闲（尤其是那些需要消费的休闲）是回报体系中可以激励工人努力工作的积极因素。如果工人只要维持基本的生活就行的话，那么他们很可能除了达到最低要求外不会再有什么积极性。然而休闲却提供了一个快乐王国，自由支配的收入可以在这里创造出直接且催人上进的回报，这是一种看得见摸得着的回报。[38]

一种关于休闲的"开明"的观点认为，要完成自我实现，只要有正确的想法就够了。异化的问题被简化为意识方面的问题，并且，只要克服了"后天获得"的错误观点，这个问题就可以得到解决。政治理论包含了这样的分析，但除此之外还加入了社会层面。之所以会学习到"错误"观点，恰是因为它们反映了被"制度化"了的价值观，而且，这些价值观可能只服务于某一阶级的利益。因此，要取得休闲的根本自由，就必须对社会条件实行变革。为了实现自我，社会就必须支持真正的自由，没有这样的社会条件，休闲就只能是在压抑人性的大环境中去争取一个小空间的斗争。[39]

七、休闲与文化认同

（一）什么叫休闲认同

人们可以利用休闲赋予的自由来做出与已经稳定的人格特征相一致的选择（如对积极生活方式的特定偏好），或者帮助这样的人格特征更稳固，如帮助这个人发现她喜欢的东西（在一个发展的或内在的动态人格中）。换句话说，休闲行为和相关的体验能够帮助一个人表达他们是什么样的人或者发现他们想要成为什么样的人。

休闲研究中，关于休闲在整个生命过程中的角色，休闲选择与个性特征的动态结合，以及人们在休闲时间表达的或希望满足的相关的心理需求和欲望方面有很多有趣的观点。当然，许多像克莱伯和艾泽欧－阿荷拉的心理学家的研究以及从事由迪纳（Diener）和奇克森特米哈伊主张的积极心理学范式研究的科学家都提供了关于这方面想法的许多证明。

然而，这其中有一个深层次的问题。当我们谈论人们在他们的休闲时间里体验这些或那些，或者表达欲望，决定用他们的休闲时间来满足某些特定需求等之前，我们需要清除一些关于这些"人"是谁的概念上的废墟。毕竟，正如第二章建议的，休闲时间往往涉及不同类型的活动，人们根据活动产生的体验质量的标准来选择不同的休闲活动。根据休闲活动的不同，有的人会与处于不同社会结构的人进行互动，这就很可能涉及各种不同的社会规范，这些规范定义了不同的休闲环境下不同的规则（可接受或者期望的规则）。在所有这些变化中，假设有一个相对稳定的核心，即在社会结构中进行活动的人本身，他做出的选择可以被他本人和他人视作连贯一致的，并且这种选择与其特定的人格特征相符。我们将根据哲学中的基本讨论来完成我们需要做的工作，也就是个人认同问题，这个问题与个人构成的问题有关，即"我是谁"和"你是谁"。

这些问题的答案和休闲研究具有很大相关性，因为个人认同和休闲选择行为紧密相关联，前面已经提到过：休闲是一个人表明他是谁的主要的环境，例如，通过选择与他们价值、需求和需要一致的活动，来向世界表明他们认为重要的东西。与此相关的是休闲中个人认同的建构力量，即依据偏好或者某人认为"有趣"来选择探索某种活动的想法，能够帮助塑造自己，帮助建立特有的偏好、需要或价值。[40]

（二）认同的含义、标准与主要成分

我们应该对"认同"的主要含义进行一个重要的三方面区分。第一，"认同"最基础的含义是"同一"，即一个实体和另一个实体是同样的实体。当两个实体拥有（足够多的）同样的性质时，它们被看作是定性的同一。两个苹果可以在大小、颜色和形状上有区别，但它们仍然是'苹果'这一类的两个例子，因此，在一些有限但实用的审查标准下，这类共享足够多的特征的东西被认为是"相同的"。相反，数目同一性的含义是"完全相同的实体"，例如5分钟前见到的和现在在我们眼前的是同一个人。

认同的第二个含义是个人认同——通俗称为"自我"——由单独的固有特性定义，这些属性保持不变，或者被识别出早期的属性。这种认同是休闲社会心理学的核心特征，将会在本章余下部分主要讨论。

与个人认同有关的第三种变体，即社会或文化认同，涉及个人可能被认为是社会或文化群体的一部分的固有属性（例如，在社会或文化环境中表现出特定的角色）。[41]

接下来要讨论三个关于个人认同的标准哲学观点：简单的观点，以及使用生理标准或心理标准来定义认同的方法。由于每一个都在某些关键方面失效，第四个观点，即综合的互动的（从体验认知理论中衍生的）观点将被提出。这个观点（可以说）在概念上足够丰富，可以作为人们参与休闲活动的基础。一些例子将证明这一点。

第一个关于个人认同的标准哲学观点是简单的观点。这里主要的观点是个人认同依赖于（贯穿时间的连续性的）一个非生理的和非心理的实体，比如，灵魂。这个观点要求人的身心二元论，例如，肉体和作为一种不同的实体的灵魂之间的一个基本对立：在不同时刻被认为是相同的事实，不管是心理上还是生理上的，都被看作不可简化的。这种观点可以在很多宗教思想家的观点中找到，例如，柏拉图、笛卡儿。当然，简单的观点有一个问题，那就是它取决于（在现代，经常是在宗教或精神领域里）对自我的主张的真实性，或者灵魂作为自我的载体，作为一个非物质实体，它的主张的真实性。在今天的学术社群，对灵魂及对类似的东西的支持，是非常有限的。

第二个关于个人认同的标准哲学观点是使用心理学标准来定义认同。这个视角

首先与约翰·洛克（John Locke）和德雷克（Derek）的研究有关。主要的观点是，如果存在心理特性的连续性，比如重叠记忆，那么一个人在 t2 时间和在 t1 时间是同一个人。假设 25 岁的约翰可以记得 15 岁的约翰，同时，35 岁的约翰可以记得 25 岁的约翰，那么就存在一个重叠记忆链，使得我们认为 35 岁的约翰和 15 岁的约翰是同一个人——即使 35 岁的约翰不一定记得 15 岁的约翰。能够组成这种心理连续性的其他特点是一些相似的模式、信仰和性格特征或者一致的历时的意向性行为（如，如果某人今天决定明天做什么，除非出现阻止他执行这个意愿的事情，实际上都会按照计划执行）。

心理方法的一个问题是循环的危险。这是因为并不是所有的记忆都可计算：某些人可以记住他们没有经历过的事情。因此，心里连续性只能取决于"真实的记忆"，区别于虚假的、不可信的记忆。问题是在定义"真实的记忆"时，引入了循环。假定某人宣称某事是一个"真实的记忆"取决于以下几个论断是正确的：X 是一个真实的记忆只有（有且只有）（1）一个人过去经历过 X；（2）这个人现在记得他经历过 X；并且（3）这个人和过去事实上经历过 X 的人是同一个人。如果个人认同的概念已经被预先假定，这只能是真的。毕竟，需要一个"我"来承载这些真实的记忆。

第三个关于个人认同的标准哲学观点是使用生理标准来定义认同。在这个推理过程中个人认同的问题被简化为一个关于物质基础的问题，例如，无论身体还是大脑（或者无论是物质实体还是性质都被假设为认同的组成部分）在这一刻与过去的实体是连续的。这个观点很受那些提出关于心理过程的简化解释的生理学家和神经生理学家的欢迎，例如，他们宣称依据人类一些生物的（通常是大脑运作）、生理的特质和行为，类似信仰、态度、愿望类的概念能够完全被解释。[42]

因为上面提及的简单的观点，以及生理的、心理的标准都不能合适地解释实际的、充分严谨的个人认同概念，所以还需要其他理论。第四个方法，生成论，一个基于具体化和体验认知范式的动态的互动的观点，可以说提供了一个更加实际且生态适宜的选择。

通过讨论这些（生成论）理论和概念，我们有可能在概念的工具箱里装满一些想法，这些想法将会在以后的章节中用于分析休闲行为和有意义的休闲体验。毕竟，对个人认同感的表达最令人印象深刻和有意义的休闲活动（高技能包括深度休闲活动、运动畅体验、压倒性的美感）往往是基于身体的情感和分析认知过程的动态的、有意义的互动。

在现代认知哲学中具体化的和嵌入式认知是对概念上从生理性中分离出心理性的需求的否定。例如，上文描述的生理或心理标准的区分有适当的意义。作为解释心理过程的另外的方法，体验认知理论认为解释思维要求考虑思维控制身体的方式，以及身体性能反过来如何促进或限制思维活动。在此概念上扩展可知，许多人认为认知也是嵌入式的，意味着环境（例如，生物体的外部因素）的特性对解释认知过程也非常重要。

一个更加严谨的综合的视角，一个采取了明显动态的、聚焦于过程的策略，就是生成论（enactivism）。生成论认为应当依据身体和世界的互动过程来理解认知。一个行动者并非天然地拥有一种信念，就像他生来就长着蓝眼睛或卷头发那样。当然，有了信念就意味着付诸行动，不管这种信念在与世界的相互作用中意味着什么。这个原则特别适用感觉运动的活动，比如，观察，它不是一个被动获取信息的过程，但它是与环境相互作用的特别的方式。

需要注意的是，生成论方法也意味着开始融合关于"我是谁"这一问题的两种回答，这个观点不再仅仅是关于一个正式的可识别性标准，而是融合了一个人如何在与所有相关的内部（例如情绪、期望）、外部（例如环境互动、社会反馈）过程相互作用来建立其（自我）认同的内容。这对休闲分析非常重要，因为休闲有选择对个人富有意义的活动并形成体验的潜能，它对形成那个融合的（自我）认同内容做出了重要贡献。

发展心理学的发现已经支持了一种动态和互动的观点，即认为（自我）认同是在成长过程中形成的。对非常年幼的孩子的反思性描述涉及身体属性，比如"我这么高，我可以做那个事"，和关注自我，比如这些孩子在定义自我形象时，很少与他人的态度或他人观点进行比较。而在后来的成长过程中，出现了更多关于童年和青春期的心理描述（即指向内部过程，如感觉、情感、信念），以及更具协作性的道德倾向（即试图从与他人的关系中定义自己，从社会规范中考虑自己的选择是否合适，在与他人的比较中理解自己）。在儿童成长的过程中，作为自我理解基础之自我理解的辩证法，就是一种由社会媒介、情境驱动的心理认同与差别的动力机制。

在这一动态过程中，什么可以算作"自我"呢？丹尼特（D. Dennett）有一个特别有意思的建议：他把自我（self）定义为一个重心（gravity）的叙述中心。在物理学中，一个重心的中心不是一个实际的物体或一个物体中有形的东西，而是一个由物体的形式和行为所定义的虚拟点。同样，所有人根据过去的经验做出的选择、深刻的价值观、当前的需求与愿望和对未来的期望，通过暗示一个连贯的叙述核心：某人的人生故事，共同定义了这个人是谁。在莱文和鲍尔（Bouwer）2013年的《布雷克肖的"易变休闲的意义"》一文中，这样的想法已经被提出：个人身份是通过在叙述环境中放置新的体验来形成的。休闲在这里尤其重要，因为在不同的休闲环境中表达不同的行为可以使人们的经历多样化。人们了解自己，以及其他人，并基于这些类似的经历，构成了自己的生活故事。如果这个故事足够大的子集对自己和他人都有意义，这就允许对人格特质进行归因。有人可以被描述为运动的、热情的、严肃的，或者某人能理解自己是这样的，都是基于生活故事中的一系列事件来支持这个归因。

这就是所谓的"认同"的叙述含义，也就是说，那些经历被置于一种有意义的秩序中。这与格拉齐亚的观点一致，他认为自我创造（即自我管理，"有意识、深思熟虑的自我塑造"）是自我叙述的自主写作（即一个连贯的故事，讲述了人们如何理解自己及自己的身份，以及希望如何向他人展示自己）。休闲在塑造这种"自我创造"的形式中尤其重要，它与第二章中的叙述相一致。也就是说，人们可以利用休闲中固有的自由探索其他行为脚本和语境，探索不同的方式来构建他们的个人叙述。从某种意义上说，休闲活动提供了一个"实践"谁想成为谁的场所，并在今后的人生选择中表达出来。

罗伯茨强调了休闲在创造生活叙述中的潜在作用。他认为，休闲活动对于在生活阶段之间创造连续性是很重要的，例如通过对活动表达忠诚（比如爱好、体育俱乐部的会员资格等等），或通过保留自己的休闲习惯，即使是生活中的其他重要方面发生了变化（当你到大学学习、成为父母、退休），你也可以加强你自己的生活故事的内在一致性。这种基于休闲的连续性也有助于发展或捍卫自己的认同，例如，通过利用深度休闲来发展技能／能力或加强社会关系，从而在这些生活转变的不确定性中获得支持。[43]

（三）休闲促进文化认同

认同一般体现在精神文化中。例如，尽管不是所有新奥尔良居民都赞同或接受"四旬斋前狂欢节"所描绘的新奥尔良，但是不可否认，节日塑造并强化了当地团体和个人的认同。所有节日的目的之一都是向团体成员和局外人呈现一种团体认同。呈现形式包括了艺术、舞蹈、音乐、食物、服装、语言、运动、游戏和休闲礼物等。这些形式都包含并凸显了集体和个人的文化特征。[44]

当今世上大多数人都确认自己有多样的、交叉的和重叠的认同。这些认同包括了国家的、地域的、文化的、政治的、种族的、阶级的、人种的、宗教的、年龄的、家庭的、职业的、性别的、性倾向的、休闲的和其他生活方式的认同。个人、群体声称拥有这些认同，其他人也把这些认同归在他们身上。由于属于，或声称属于，或被人指定属于某一个特别的群体或文化（就像上面现象意义所定义的那样）才有了自身的文化认同。有时候这些群体很庞大，像在单一民族国家，这样个人就会具有美国或中国的文化特征，尽管在这些大国内部文化千差万别。有时一个人所属的群体很小，这样个人的身份认同能够基于他或她的居住地或社交圈，只要这一居住地或者社交圈的情况看起来有别于其他相似的群体即可。认同通常以符号展示出来——如着装、装饰物（如珠宝、文身或者其他形式的体饰）、发型、烹饪风格、艺术、音乐、休闲方式、语言以及其他的表现形式。[45]

文化认同在休闲研究中常常把人种和／或种族用于实际操作。如上所述，文化认同与某些户外娱乐和公园使用模式和爱好有相当大的关联。在另一方面，归类性术语，如白人、黑人、西班牙裔、亚裔美国人、土著美国人，或原住民，虽然从政治上来说有用，却不能反映这类群体的内部多样性或他们与其他类似群体的异同。为了认识这类群体的休闲生活方式、需求和面临的制约，需要认识他们所包含的文化特性、语言、宗教等多种因素（对移民而言，包括他们在新国家所居住的时间）。正如基布里亚（Kibria）观察到的那样，只有对所有在美国的有亚洲渊源的文化群体的生活方式做全面分析（目前亚洲有 37 个国家，其中没有一个在种族或人种上具有完全的同一性），才能辨别亚裔美国人的独特休闲模式。对于英裔美国人、非裔美国人、西班牙裔、美国土著人和世界各地的其他少数种族也同样如此。

在种族群体内，价值观似乎存在着不一致，尽管它普遍被认为是文化的关键部分。如果文化被定义为一套使得个人能够以其他人能够接受的方式行事，并能够理解其他人行为的认识、规定、规范等，如果这一所谓的文化关键部分并非为所有成员共有，那么为什么名义上的种族和／或人种群体的成员就某些休闲模式而言似乎不尽相同？这种情况存在几种可能。首先，或许文化对休闲行为影响甚微。这起初看来似乎不可思议，虽然巴尔特（Barth）于 1969 年提出，文化未必是种族的一个重要特点。假如巴尔特的观点正确，文化认同和种族认同毕竟有可能不是同根的。所以，使用人种或种族认同替代文化和文化认同，然后假定文化影响行为也许只是表面正确。其次，我们测量价值观的方式，尤其是测量文化的方式，总体上存在缺陷。这种情况似乎更有可能。例如，霍夫施泰德（Hofstede）对文化价值观的测量多年来一直遭到严厉批评，如在可靠性和有效度这两方面。霍夫施泰德称，文化价值观中包含了价值观的内容，然而采用别的方法进行的许多研究里并没有出现这些内容。其他人在不同的所谓通用文化价值观的测量中也发现了类似的问题，如卡勒（Kahle）的价值观清单。再者，价值观和休闲行为的关系可能较为微妙并受其他变量的影响。有些研究人员使用价值观测量的方法来区分娱乐参与者的行为模式。这样做的一个问题，正如霍夫施泰德所观察到的，乃是文化内的差异可能与文化之间的差异同样大，或者更大。利（Li）等人的证据似乎支持霍夫施泰德的观点。

具有讽刺意义的是，文化认同在休闲研究中常常从人种和／或种族的角度来进行操作。如上所述，文化认同与某些户外娱乐和公园使用模式和爱好有相当大的关联。如果不是价值观，那么文化认同的哪些方面和这些模式与爱好有着可靠的相关性呢？或许是文化价值观的全球性测量（比如霍夫施泰德或卡勒所做的测量）允许不同文化群体按照不同方面体现其特性，但这一做法过于粗糙，不可能将它们与具体的行为或爱好（比如那些休闲和娱乐方面的行为或爱好）建立关联或提供预测。或许将来会有一种方法能用于测量"游憩价值观"，并取得较好效果。也许，如吉尔－怀特（Gil-White）所提出的那样，人种和／或种族认同不是习得，而是在遗传基础上进行假设和归属的。无论如何，对人种、种族、文化认同和休闲感兴趣的研究人员必须首先更关注其他领域对这些议题的研究，其次，更好地定义他们自己在研究中使用的分类和变量。[46]

（四）休闲如何促进与实现社会认同

建立亲密的纽带关系不仅仅是家庭的功能，任何场所——工作、学校、教堂或邻里——都可能建立与发展某种重要的关系。然而，为使关系稳固、深化，仅仅兴趣相投与志同道合还是不够的。亲密的表达性因素——情意、幽默、袒露自我、放松随意等——都要求一定的开放性。休闲中相对的自由与非工具性使其成为发展与表达亲密关系的主要空间。人们在不受预定结果约束的游戏空间内建立并表达种种关系。这种游戏可能是在指定好时间与地点的休闲活动中进行的，但这种亲密的表达至少也能以相同的频率出现于工作间歇的玩乐中。从这一角度看，纽带关系就需要一个允许并鼓励人们流露、分享感情的环境。而相对自由的与非工具性的休闲就正好提供了一个这样的空间。

讨论过初级联系之后，我们进一步提出，休闲还有助于社会认同的确立。一个人后天的喜好（也就是所谓的品味）是判断一个人属于哪种阶层和群体的标志。这种品味通常是在休闲中学会并表达的，是认同过程的内在因素。"我们这个圈子"（we group）所意味的绝不仅仅是共同的行为。社会认同的初级群体表现了群体内部统一的风尚和行为方式，规定了什么是圈内的，而什么又是圈外的。有些群体以种族文化为基础；有些是具体某一代人的小团体，表现了年轻人既追求独立又依赖群体归属的特点；有些则植根于社会阶级观念，公开表明自己属于贵族阶层。所有这一切都提供了一种个人的归属感以及社会的归属标志。人们在服装、活动、环境、行为方式、消费档次、语言及其他方面的品位都是人们属于某一群体的标志。

论述至此可以自圆其说了。上述的初级群体——无论是家庭、同龄人、种族、阶层，还是基于其他共性的群体——是社会认同的第一来源。我们在与这些群体的关系中定义自己。我们是个体，但却是在这些纽带关系所形成的环境中正在学习并学会"我们是谁"。而且，这些初级群体不仅形成了我们的生活方式和品味，还包括那些对我们意义重大的他人——他们深刻地影响着我们的选择和自我评价。初级群体之外的负面反馈很容易被我们看作是无关的、不了解情况的或是错误的而被撇在一边；而那些被我们认同的人所发出的反馈信息，无论是肯定还是否定，我们都会认真对待。我们越是认真地将自己定义为家庭、亲密的两人世界、种族团会或活动小组中的一员，我们对这些群体的反应就越脆弱。我们正是在这些最亲密的人当中，（也是由他们）来定义我们是谁或不是谁。

奇克（Cheek）1982 年的论文《社会内聚力与户外娱乐》分析了几种有利于这种纽带关系的休闲场景。他提出这样一个问题：为什么人们那样热爱置身于大自然的户外活动（尽管大多数人没有条件经常参加这样的活动）？他的回答是：只是说欣赏自然美景、无拘无束以及改变单调的生活还不足以回答这个问题。大多数研究表明，人们常常是结伴参加这样的活动的，尤其是与亲密的人同去。当人们摆脱日常的任务与环境时，自然的场景就变成人们表达感情的空间。这是表达感情、增进了解、发展关系的好时机。奇克认为，那些对于我们最重要的关系和那些决定我们是谁的关系都需要这种表达性的交往。这对经济上的维持也很必要。人类是需要亲密关系的动物，我们不仅仅需要一起做什么，我们更需要具有多种意义的"在一起"。在一个处处是分裂与疏离的社会生态环境中，休闲是一个确定、发展与丰富初级关系的社会空间。

在与伊利诺伊州皮奥里亚人进行的 120 次深谈中发现，休闲很少是个与朋友和家庭分离开来的生活领域。相反，在生命后半部分一直很重要的休闲活动一般都会与这些初级群体中的人们融合起来。一些人继续投入那些与家庭无关、只体现自我能力与价值的休闲；一些人与特别的休闲群体相认同，用以替代家庭、工作以及宗教或社区组织；但大多数情况下，休闲是与家庭和密友融合在一起的。尤其对于那些少有文化资源与教育背景的人来说，休闲更是与家人或朋友进行交往的主要场景。[47]

八、休闲内含的辩证性

（一）休闲的辩证性

在休闲中，即使当全部的注意力只集中于体验本身时，个人的发展与认同也只是休闲结果的一部分。休闲不只是行动，它也是意义。对个人来说，由于在环境中学到了某些关于自我的东西，休闲就有可能既体现出瞬时的意义，也体现出持久的意义。对于任何有意义的活动的积极投入都是"成为"、认识及创造自我的过程。[48]

（在辩证隐喻中）休闲既有存在主义层面，又有社会层面的过程，有时两者还会互相冲突。休闲不是排斥性的或 A 或 B：决定或存在状态，直接体验或个人发展，放松或投入，陶醉或创造，分离或参与，偶然或必然；休闲是行动，也是行动的环境，它具备文化属性又创造"未然"，它既是发展性的，又建立共同体。有时，在某一特定的决定或场景中，某一种层面会占主导地位。

……从辩证的角度看，休闲不是各种因素的大杂烩，而是努力在社会结构中维护存在主义因素的斗争过程。或者说，它可能需要一次决定性的行动以在冲突或竞争中发展亲密关系。关于一次休闲活动（或场景）的形式及意义的社会共识，并不排除超出这种共识的活动。我们经常在结构环境中努力维持自主，在僵化的期望中寻求创造并努力从角色与关系重叠的社会空间中脱身。无论是理论表达还是实际完成，休闲都是一个辩证的过程。[49]

（二）休闲永远具有联系与开放的两面性

休闲的游戏中永远存在一种辩证。一方面，文化庆典是一种社会联系，有时也是社会束缚的工具。另一方面，在同样的庆祝行为中，我们可以感受到变化的开放性。当我们可以通过游戏、歌舞、仪式等形式来庆祝文化、价值体系和社会一致性的时候，这样的庆祝活动也显得不那样亘古不变了。当我们认出了历史中的神话因素以及共同庆祝中的情绪内容时，我们也许就能够按照文化的本来面目来对待它了——这是一个并非全然一体化的复杂的公共价值体系，包含许多隐含的信念，并且永无终极。各种文化符号体现了组织社会生活所依据的深层的、经常彼此矛盾的主题和取向。有了这样的意识，我们也许就可能参与创造和再创造的过程并推进社会的进步。[50]

（三）休闲与现实交往间的辩证矛盾

前面的讨论提出了以下几个问题：

● 如果交往不可能完全独立于持续发展的关系及休闲活动以外的角色，那么休闲究竟有多大的自由度？

● 所有要满足他人期望并寻求以得体方式表现自己的过程是否都会严重地影响休闲的开放性？

● 持续交往中那些被视为当然的社会规范是对休闲自由的根本否定吗？

● 在休闲交际中，社会行为者取得认同的计划是否会压倒休闲的或然因素？这种交往是否并不像休闲理论所认为的那样随意，而是有计划有目的的呢？

● 对休闲交往过程的理解如何同时包含辩证的双方：既有个人的行动方案，又有社会的环境条件？

● 无论作为休闲的社会交往多么复杂，的确是那些没有任何公务在内的交际间歇与片断"帮助我们消磨这一天"吗？

● 我们究竟能在多大程度上说，休闲的基本定义是"以其自身为目的"的？是否将游戏（具有内在结果的存在主义活动）因素作为休闲插曲或活动的基本意义才更为精确？[51]

九、要关注城郊休闲及其文化研究

我们选择郊区居民区作为研究对象是因为我们对之有特别的兴趣。首先，最近几十年的趋势表明，郊区比母体城市的发展得快得多。因此，在未来，越来越多的人口似乎注定要生活在郊区。其次，郊区是一种新型的社会聚合，有理由相信它具有社会学的独特特征，它本身不仅仅是城市或农村社区两种声音的混合。郊区是一个城市移民的因素，城市中往往只有一部分因素能够被移植。此外，郊区的运动可以代表特定人群基于独特的心理和动机的选择。（城市和郊区的）"这些差异加上郊区生活的特殊环境，使得郊区的谋生方式以及所产生的一种新型社会，难以被充分定义，因为郊区只是一个成熟的城市社区和农村社区的中间类型。"最后，郊区已经成为城市的一个引人注目的空间场所，其休闲和娱乐问题已经得到了公众不同寻常的认可。[52]

注　释：

1　〔加〕埃德加·杰克逊编：《休闲与生活质量——休闲对社会、经济和文化发展的影响》，刘慧梅、刘晓杰译，钱炜校，杭州：浙江大学出版社，2006 年，第 66—67 页。

2　同上书，第 21 页。

3　〔美〕约翰·凯利著：《走向自由——休闲社会学新论》，赵冉译，季斌校译，昆明：云南人民出版社，2000 年，第 272 页。

4　同上书，第 254—255 页。

5　〔美〕查尔斯·K. 布赖特比尔、托尼·A. 莫布莱著：《休闲教育的当代价值》，陈发兵、刘耳、蒋书婉译，北京：中国经济出版社，2009 年，第 80 -82 页。

6　〔德〕约瑟夫·皮柏著：《闲暇：文化的基础》，刘森尧译，北京：新星出版社，2005 年，第 5 页。

7　同上书，第 71—73 页。

8　〔美〕托马斯·古德尔、杰弗瑞·戈比著：《人类思想史中的休闲》，成素梅、马慧娣、季斌、冯世梅译，昆明：云南人民出版社，2000 年，第 180 页。

9　同上书，第 182—183 页。

10　同上书，第 196 页。

11　Galen Cranz, *The Politics of Park Design: A History of Urban Parks in America,* Cambridge, Massachusetts: MIT Press, 1987, p. 5.

12　《社会科学百科全书》（*Encyclopedia of the Social Sciences*）第 11 卷《公园》（"Parks"）1933 年由麦克米伦公司版权所有，经麦克米伦许可使用。

13　Galen Cranz, *The Politics of Park Design: A History of Urban Parks in America*, pp. 241-242.

14　〔加〕埃德加·杰克逊编：《休闲与生活质量——休闲对社会、经济和文化发展的影响》，第 3—4 页。

15　同上书，第 13—14 页。

16　〔加〕埃德加·杰克逊编：《休闲与生活质量——休闲对社会、经济和文化发展的影响》，第 10 页。

17　同上书，第 264—265 页。

18　John Neulinger, *The Psychology of Leisure: Research Approaches to the Study of Leisure,* Springfield, IL: Charles Thomas Publishers, 1974, pp. 127-130.

19　〔美〕艾泽欧－阿荷拉著：《休闲社会心理学》，谢彦君等译，北京：中国旅游出版社，2010 年，第 271 页。

20 ［美］约翰·凯利著:《走向自由——休闲社会学新论》，第 272—273 页。

21 同上书，第 193—195 页。

22 同上书，第 198—199 页。

23 ［加］埃德加·杰克逊编:《休闲与生活质量——休闲对社会、经济和文化发展的影响》，第 66—67 页。

24 Edward A. Shils, "Mass Society and its Culture," *Daedalus*, Spring 1959, Vol. 89, No. 2, pp. 288-315.

25 Joffre Dumazedier, *Toward a Society of Leisure*, New York: Free Press, 1967, pp. 115-121.

26 ［加］埃德加·杰克逊编:《休闲与生活质量——休闲对社会、经济和文化发展的影响》，第 65 页。

27 同上书，第 71—72 页。

28 同上书，第 72 页。

29 同上书，第 73 页。

30 同上书，第 74 页。

31 同上书，第 15 页。

32 同上书，第 80—81 页。

33 ［美］约翰·凯利著:《走向自由——休闲社会学新论》，第 205—206 页。

34 同上书，第 207—209 页。

35 同上书，第 213 页。

36 同上。

37 同上书，第 221 页。

38 同上书，第 223 页。

39 同上书，第 238—239 页。

40 Johan Bouwer and Marco van Leeuwen, *Philosophy of Leisure: Foundations of the Good life,* New York: Routledge, 2017, pp. 78-79.

41 Ibid., p. 80.

42 Ibid., pp. 80-81.

43 Ibid., pp. 82-85.

44 ［加］埃德加·杰克逊编:《休闲与生活质量——休闲对社会、经济和文化发展的影响》，第 255 页。

45 同上书，第 261 页。

46 同上书，第 275—276 页。

47 ［美］约翰·凯利著:《走向自由——休闲社会学新论》，第 125—127 页。

48 同上书，第 140 页。

49 同上书，第 278 页。

50 同上书，第 258—259 页。

51 同上书，第 159—160 页。

52 George A. Lundberg, Mirra Komarovsky and Mary Alice Mcinerny, *Leisure: A Suburban Study*, New York: Agathon Press INC., 1969, pp. 20-21.

第七章

休闲与生活问题

【简短引言】

休闲不仅是一种活动，更是一种生活方式、生活态度，是人类生活的必需和重要构成部分。休闲是一种社会力量，提供人们面对面接触的机会、获得创造性体验的机会、实现某种归属的机会。生命只有一种尺度，那就是生活，休闲让人重新点燃自己体验生活的热情，让人更加热爱生活。休闲在现实生活中发生，它与现实生活过程融在一起，如影随形。生活不是固定不变的，休闲的内容和形式同样常变，要重视休闲生活的非标准化研究。休闲作为生活的重要组成部分，与生活的其他领域相互作用，以各种方式影响着人们的生活质量，并成为衡量生活品质的关键因素。休闲作为一种日常的生活安排，与我们作为人的潜在追求与发展相契合。休闲是最可控制的生活范畴，因而是健康的重要资源，能带给人们追求幸福快乐的愿望，提高生活满意度，提升人的幸福感。不同区域不同文化的休闲理解和休闲内容会有不同，在人生不同时期休闲起作用的方式和领域也会不同，但休闲对促进人们生活质量的提高具有积极意义，这一点则是毫无疑问的。

西方学者这些关于休闲与生活关系的观点，对于我们了解休闲与生活的真实关系，进而了解休闲的本质与意义，的确很有启发。

一、休闲是生活的重要组成部分

（一）生活需要休闲

在任何社会中人们都需要有一个机会慢下来，做做梦。摆脱充满压力的生活，给人一个机会去看看事物的整体。成千上万的经验存储在人们的潜意识中。如果没有被日程表上的紧急事项所淹没，很多经验就会浮上表面。

有个故事讲的是一群英国人坐着大篷车穿越戈壁沙漠。他们落后于原定计划，因此他们想要赶路。每天他们都催着向导要走得更远更快。如果不能保持速度他们就赶不上原定计划。一天早晨快要出发时他们发现什么都没准备好。骆驼没有装上东西，向导也没有准备。"为什么？"英国商队的队长问："难道我们不准备出发吗？"其中一个工人回答说："我们正在等待我们的灵魂赶上我们。"[1]

或懒洋洋躺在沙滩上，或去看一场电影以忘掉烦恼，或参加罗马假日大学足球赛，或观看一部喜剧，这些活动在一天的日常中只占很小的一部分。它们的价值是有限的。因为有点消遣是好的，太多了却不意味着更好。危险在于人们将满足于闲荡而不再激励自己去付出创造性的努力。因为他们退缩了，避免挑战，并从生活的激流中走了出来。

休闲的另一正当理由在于它给人以一个表达的出口。娱乐为活动动机提供了出口。儿童试图通过扭动、拉伸、推动等，让自己站立起来，以触摸那些在他周围不断出现的多样性事物，从他们的这些努力中，我们看到了这种动机。在探索者、发明者、发现者，或其他类型的爱好者中，这种动机处于模型中的较高层次；而在抢劫、敲诈和犯罪行为中，这种动机则处于模型的较低层次。娱乐应该提供一种积极的方式，且这种方式是令人满足的。

休闲活动是我们工业城市生活中固有的疲劳和注意力不集中要素的解毒剂。手部技能是非常重要的，当用手进行车床工作、打高尔夫、做园艺工作、烘烤蛋糕，或者修理纱门时，担心、恐惧和不能解决的问题就会被遗忘。在注意力定律下，除了手头的工作，其他一切事情都会被忘记。

休闲从原始时代开始就为人们分享自己的文化创作提供了机会。音乐、雕塑、绘画和手工艺品能够展示一些。人们如何生活会吸引他人的注意，而人们梦想什么会吸引更多人的注意。所有这些都是利用空余时间进行的。

在工作日中已经不存在强体力劳动了，但是有了很多令人烦恼的抑制。人们可能受挫、受阻，不能完成任务，并感到疲惫。人类生活中不得不做的决策非常重要。这令人劳累，并让人在一天结束后觉得自己变得神经质了。在这种情况下，他得不到休息，因为他的大脑依然在运作。这种状况的普遍叫作"心理疲劳"。而娱乐是"心理疲劳"的解药。如果一个人能沉浸在一个爱好、一本书中，或是沉浸在音乐和在公园的漫步中，一天的磨难便会从他的肩头落下。娱乐可以帮助创造一种整合感。

娱乐是恢复常态的一种途径，伯纳姆（Burnham）将之称为"一切在场"。常态只是一种和谐状态，它并不是偶然发生的，也不是来自上帝的礼物。它涉及准则，是生活方式的结果。娱乐不仅在治疗心理疾病的过程中扮演重要角色，在维持患者的健康状况上也同样重要。

随着机械进步而产生的分离威胁数百万人的生活。每个人都有一个为难的断裂点。去年，精神病患者占了 75000 个床位。退伍军人医院中超过 50% 的病人患有某种类型的人格障碍。这种情感失调耗费了大量精力、时间和金钱。人们必须以某种方式来为失望、沮丧、不安和敌对买单。这些情形的持续发展会导致不同阶段的抑郁、焦虑、恐惧、多疑、仇恨和迫害妄想。威廉姆·门宁格（William Menninger）教授以及许多其他心理学家相信，参与娱乐活动不仅有益于保持人们的健康状况，并且能使人从分离后的神经衰弱中恢复过来。

娱乐是一种社会力量。如果你想了解一个孩子，就在游戏中观察他。如果你想了解一个大人，就在娱乐中观察他。如果你想影响一个孩子或一个成人，那就再休闲活动中给一些指导。工作的社会影响已经大部分消失了，现在已经几乎没有为帮建谷仓的邻居举办聚会、宰杀，以及打谷之类的社区工作项目了。很多时候人们不知道身边的工人是谁，更糟糕的是他们根本不关心这一点。

面对面的工作接触在原始、早期人类生活中的重要性直到最近才被理解。历史总是不断重演。吃苦耐劳的、节俭的、有合作精神的人们积累资源，开始城市化，有时候也机械化，发展出了文化、财富和权力的巅峰，然后它又开始变得松懈、腐败、颓废，并逐渐默默无闻起来。埃及、亚述、波斯、希腊、迦太基和罗马无不都是如此。西方文明也许就是下一个。

　　休闲活动在文明发展的同时提供了恢复面对面接触的机会。广场舞和大量社区节日、休息日、露天表演见证了这一点。年轻人与来自其他国家的人交往也见证了这一点。通过娱乐产生社会联系，这是一种需求，也是一种必然。

　　休闲时间为创造性体验提供了机会。在意识水平之下，我们所有人都有强大的寻求表达的心理动机。在以前它们被称为"本能"，而如今则是"冲动"、"动机"和"渴望"等术语。这些是我们天生具备的，它们是贯穿我们生活的主要力量来源。这些强烈的动机的其中之一就是创造的动机。很多人因为工作、家里有限的机会，或缺乏资金而受挫。在工作和学校中人们仅仅只是跟从指令，并在别人设定的限制范围内工作。娱乐则提供了可以不受限制进行创造的机会，这一点是令人满意的。

　　施魏策尔（Albert Schweitzer）在他的《文明的哲学》（*Philosophy of Civilization*）一书中呼吁人们关注"人们的创造能力和艺术能力是如何萎缩的"。他也指出，除非人们有机会释放其创造冲动，否则其精神发展将不能更上一个层面。人们需要有东西可以让其将自己所有的思想力量和个性特征注入其中。只有这样才能达到完整性。

　　休闲提供了归属的机会。孤独的人是痛苦的，通过归属他能获得声望。在之前提及的一个试验中，评估了一万名快乐的人的特征。这些实例中几乎每个人都很忙，他们忠实于某个集体。人们通过在作为基础工作的科学、艺术和音乐等领域中取得的成就来获得归属的机会，但是大多数人会在一些娱乐活动中完善他们归属的机会。

　　休闲为民主理想的实现提供了机会。"所有人的权利"这一概念已经很古老了，在《宪法》和《权利法案》中它被写成法规记录了下来。它是这么写的：所有人都至少拥有"生命、自由和追求幸福"这三项不可剥夺的权利。这一平等观念并没有得到我们的开国元勋们的普遍认同。亚历山大·汉密尔顿（Alexander Hamilton）就不相信这一点。他认为所有社区都能被分为少数人和多数人——一部分是富人和出身好的人，另一部分是普通民众。……这部分人是动荡的和变化的，他们很少能做出正确的判断和决定。因此，应该给予第一阶层独特的和永久的参与政治的权利。这种意志能够阻止第二阶层的不稳定，因为他们不能通过变化来获得优势，也因此不能保证一个良好的政府。

　　休闲至少为所有人提供了一个参与活动的机会，而这是真正的自由教育实施的基础。获得这些完整生活的基本素质不仅仅需要学校和大学的教育，也需要广泛参与文化创意活动。

如果休闲时间是一项人类需求，且健全的娱乐是一项必需物，那么人们一定是参与者，而非在边上坐着的人。被发掘的情绪和创造性的冲动能得到表达的程度越高，人类需求就越能得到实现。

只有少数人成为伟大的创造者，而更多的可能则是人们所创造的东西是伟大的。我们的神经学家声称，我们被开发出来的创造力不到10%，甚至可能不到1%。童年经历的广泛性确保了更多的创造者，当然也确保了更多能够欣赏美的和有意义事物的人。

年幼时创造性经验的开端很少被认可。它常常被不赏识才华的父母阻塞，被老师和家长尖锐的批评扼杀，并被国家教育部和大学的入学要求封锁了。为了去获取"基础"——成人世界的基础而非孩子的，它被推到了一边。

令人鼓舞的是，我们应该意识到接近创造性活动的方式有很多，或者我们可以说，达到目标的途径有很多。一个人想做的任何对于他有意义的事情都可以是一条途径。有创造力的人会出现在任何对其有意义的有价值的活动中，在这些活动中他能接近完美。艺术就是追求完美的途径之一。

我们能够看到这种努力，从达·芬奇到温斯洛·霍默（Winslow Homer）——但我们必须也要看到一个孩子为了达成目标，即将他的第一幅画带回家给他母亲看时，所付出的努力。

在探索层次上比较高的可能是庞塞·德莱昂（Ponce de León）、埃里克森（Eriksen），或者斯坦利的探索，但较低层次就是孩子想要看到每块窗帘的背后、去触碰每个奇怪的物体、在沙滩上挖掘隧道，或者探索一个黑暗的洞穴所不断付出的努力。

在音乐领域中，门德尔松（Mendelssohn）、舒伯特（Schubert）、托斯卡尼尼（Toscanini），或者西贝柳斯（Sibelius）似乎已经达到了成功的高度，但是孩子在完成他的第一个音乐任务时得到的情感释放也同样是在成功的路上。

一个又一个人在看到苹果从树上掉下来时问了"为什么"，一盏巨大的枝形吊灯以某种节奏来回晃动，茶壶的盖子上下跳动，透过一块碎玻璃能看到手指被放大。但当一个孩子用汽车的前挡风玻璃磨镜片做望远镜、制作收音机，或者对水平规律进行试验时，这些行为也同样属于科学领域。

我们可能会对一个强大的登山者、滑雪者，或杂技玩家——都是需要巨大勇气的运动者——产生敬畏，但我们必须认识到，这些都是开始于儿童时期的第一个标记游戏。

早有一些人已经更清楚地认识到了人类的需求和渴望，他们可能是佛陀或穆罕默德或甘地，或者可能是一位救星，而孩子们在为他们所在的团体的服务中获得第一次满足感时，便已经开启了同样的（认识人类需求和渴望的）旅程。

休闲时间有很多用法：休息和放松、做白日梦、涉足无用的知识、热衷于音乐或读书、听或看大量大众传媒节目——印刷物、收音机、电视和电影。在这之上，休闲时间是所有人的机会，去做一些有创造力的，有益于自身和所在集体的事情，那些不被认为是一天生活中应该做的事情。

因此，娱乐——对休闲的健康使用，被认为必须是人类需求的满足。它是内在渴望和动机的结果。男性和女性如何利用它成为一个重要的问题。未来，越来越多的文明会因为他们在休闲活动中选择的娱乐形式而被人知晓。[2]

和过去一样，今天我们还是认为休闲是摆脱了生存需要后的时间。它也许是一天的工作后挣来的，也可能是凭借他人的劳动成果——通常是父母——不劳而获的。那么，休闲只是一天24小时中的一部分，它不具备社会标准用以判断的素质内涵。

如何使用休闲对于应对个体幸福以及教育所面临的集体福利问题是非常有帮助的。理查德·利文斯通（Richard Livingstone）先生评论道："亚里士多德是很有远见的，他说教育的目标是帮助人们正确利用休闲，但是我们却将他们中的大多数人看作是没有休闲的，或者说他们不关心如何使用其所拥有的休闲问题。艺术、音乐、科学、文学是属于少数人的。其余人则被剥夺了享有最纯粹和最高快乐的权利，他们可能是机器，或者是动物；他们无法成为莎士比亚意义上的人。这就是我们一直处于其中并对此满足的民主类型……50年前，'如何使用休闲'是富裕阶层需要考虑的问题，而他们大多是在浪费休闲。而如今，休闲已成为一种普遍的教育。"

对休闲的使用，与孩子的教育、宗教、组织家庭活动、工作一起作为一项基本的人类需求而被放在比较重要的位置。休闲是实现大部分上述目标的途径。事实上，人们正是在休闲时间中教育孩子、巩固家庭生活、参与宗教。

对休闲的滥用可能在人类生活早期就已经被认识到了。在罗马文明末期，休闲以壮观场面为其形式，有奴隶为之劳作。浪费行为非常普遍，人们的道德品行也随着罗马城市的衰落而败坏。中世纪几乎没有休闲，在休闲上的开销几乎为零，当然也没有工作和荣誉那么高的地位。

对休闲活动进行定性评价是一项艰巨的任务。一个人对价值的预估是与他所喜欢的和所想要的密切相关，很多都被证明只是幻想。讽刺的是，为了得到你想要的你必须知道你不想要的是什么。人们曾经做了错误的选择——甚至失去了自由——却不自知，这个过程持续了几百年。

一项关于社会本质和人类本质的研究将对如何做出明智的选择予以说明。心理学致力于分析人的本性；社会学则显示出人与人之间的亲密关系以及他们对所在集体的依赖性；历史学提供了部分有价值的记录——关于人们如何根据昨天来判断当前。

下面的量表可以用于判断一项活动是有害或是有益的。

（1）低个人价值与社会价值活动判断标准

这类活动会：

● 把苦役和奴役强加于个人身上；

- 只对个人有益；
- 有人为动机；
- 只会导致更多相同类型的活动；
- 无法将自己与他人进行比较；
- 无创造力；
- 日常的，例行的；
- 不断重复的类型；
- 只是为了奖励而进行的；
- 不喜欢的，甚至是讨厌的；
- 不考虑健康状况；
- 会导致紧张；
- 剥削他人；
- 使得明天是忧惧的或绝望的。

（2）高个人价值与社会价值活动判断标准

活动将：

- 有内在动机（游戏概念）；
- 有助于集体目标的实现；
- 真正有趣的；
- 连锁反应类型；
- 通过自信树立声望；
- 刺激自我和群体评价；
- 创造性的；
- 挑战智慧；
- 因自身而变得有价值；
- 为参与者带来快乐；
- 有益于健康；
- 消除紧张；
- 在长时间内都得到一大群人的同意；
- 在计划（服务）中包含他人；
- 有益于生活的完整性；
- 促进"希望旅游"理念；
- 允许一个人慢下来，放松，甚至做白日梦。

可以看到，没有一个标准非常准确地定位活动。例如，违法和犯罪可能存在内在动机，可能导致其他活动，甚至能在一个人所处的集体中树立其声望——无论这个集体是大是小。只有在"创造性的""有趣的""消除紧张""放松""维护集体准则"等个人和集体标准之下对其进行全面评价，评估过程才具有意义。

这些休闲的定性方面对于一个薪资工作已经越来越例行公事，并在很多时候都不受欢迎的工业社会来说，才是真正具有意义的东西。随着工作变得常规化和机械化，为了满足文化需要的娱乐——对休闲的高度利用——变得越来越重要。越来越多生活在工业社会中的人们的文化将以如何使用休闲时间为其特征。

最高形式的娱乐并不是工作的对立面，而是对工作的补充。这就是失业者或有闲阶级不能享受自己的原因。他们无事可做，但却很少建设性地利用休闲。休闲只有在成为工作的补充时才能被享受，才是有益的。

我们站在什么基础上说休闲活动是一种人类需求？休闲活动如何有益于生活的完整性？它们所满足的是什么样的内在感觉？为什么没有休闲活动生活就是片面的？有很多理由。[3]

休闲是个人生活的一个重要方面，它与其他生活领域相互作用、以各种方式影响着人们的康乐和生活质量。

休闲是文化生活的一个重要方面，与其他社会系统联系紧密、相互影响，如政治经济系统、社会文化系统、与人权和公平正义相联系的系统。

休闲体验和结果对个人、群体和社会而言可以是积极的，也可以是消极的，既有积极作用又有消极作用。

其他学科的学者、政府决策者和广大民众大多忽视了休闲的重要意义，尤其是它广泛的社会意义。

重新组织这些问题，找到休闲中蕴含的更为广泛的文化含义，将有助休闲研究作为学术研究的一个领域引起人们的注意。

在这个领域内重构问题，找出休闲中蕴含的更为广泛的文化含义，有助于研究休闲的学者和专业人士更广泛地就社会变化和社会政策进行讨论。

在地区或全球层面，成功执行休闲规划和政策将最终取决于加强休闲对文化和个人含义的认识。[4]

作为一种生活方式，游憩式休闲不是一种孤立的存在，而是无可避免地与以各种面貌出现的教育联系在一起，与人类生态、良好的身心健康联系在一起，也与人类在精神文化、经济和政治上的追求联系在一起。此外，任何一种旨在让青年男女在其领域内成为领导者的职业培训计划都必须反映这些关系，也必须将游憩行为与全体人类的需要及对生命的全面尊重联系起来。[5]

在以休闲为中心的社会里，我们必须比以往任何时候都要更热爱生活。说到底生命只有一种尺度，那就是生活。我们不能期望自由时间带给我们权利、荣誉和积累物质财富的满足感。如果那样，我们只会感到失望。它应该是一种机遇，让我们重新点燃自己体验生活、体验美、增强个人满足感的热情。我们应该怀着想象力和热情去接近它。休闲应该作为一种日常的生活安排，与我们作为人的潜力相契合。

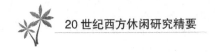

人生中是有工作，是有磨难，但最重要的，人生是我们要去生活的，而在未来，我们的大部分时间将生活在休闲之中。[6]

（二）休闲扎根于人们追求美好生活的传统中

休闲研究领域在社会生活中深深扎根于人们追求美好生活的传统中。本研讨会的使命反映了这一积极价值，它讨论如何促进生活质量的提高，又如何确认理想的成果以及对社会、经济和文化发展有益的积极影响。这是本领域的一个主导价值，它赋予本学科以意义和目的。[7]

在整个生命历程中，表达性的行为与交往虽然意义重大，却并不排斥休闲的社会因素，也不否认要识别休闲的过程性特征是十分复杂的。休闲和许多其他事一样，发生于社会当中，因此它并非与进行中的生活过程相隔离，而是完全与之融为一体的。[8]

（三）休闲存在于个体生存与社会结构的辩证关系中

社会存在主义的前提是：个人决定的风险性与社会力量的现实性同属人类生活的一部分。这种隐喻并不打破解释的循环。生活究其根本，既不单是社会的，也不单是个体的。而且社会与个体之间的关系并不简单地只是前者为后者提供情境，为后者的真实性提供赖以存在的环境。事实上，休闲尤其展现了人类生存的辩证本性。[9]

休闲，如同所研究的任何其他人类活动一样，存在于一种个体生存与社会结构的辩证关系中。

休闲不是毫无约束的自由与选择，也不仅仅是普遍性规范的体现和整合社会系统的需要。它既非完全是自由的，也非完全是确定的。那么，构建理论的任务就是试图去理解休闲如何在个体生存和社会的层面上保持其真实的存在。[10]

二、休闲提高人的生活质量

（一）什么是生活质量

生活质量是一个复杂且模糊的术语，因而非常难以定义。正如利奥伊德（Lioyd）和利特雷（Littre）所强调的，生活质量"饱含着价值，但价值因个人和文化而异"。生活质量的观念似乎主要牵涉人们是否享有一个美好的生活和什么构成了美好的生活。经证明，生活质量包含客观（即生活条件）和主观（即生活经历）两方面。当代定义将生活质量的概念定位于社会和文化构建的多维结构中，包含了一些相关的因子（如生活满意度、幸福感）。例如，世界卫生组织（WHO）（1997）给生活质量的定义是"个人对他们生活位置的感知。而这里指的位置是文化和价值系统环境，是相对于他们的目标、期望、标准和关心的事务的。它是一个广泛的概念，受复杂因素所影响，诸如个人健康、心理状态、自立程度、社会关系，和他们与周边环境的明显特征的关系等"。这一对生活质量的定义在多文化背景下被证明是有用的。例如，为了构建一个能跨文化应用的生活质量的评估，世界卫生组织生活质量评估（WHOQOL）的出台是通过对来自全世界（澳大利亚、克罗地亚、法国、印度、以色列、日本、荷兰、巴拿马、俄罗斯、西班牙、泰国、英国、美国和津巴布韦）15个中心里的焦点群体4500个研究对象（包括健康人群、患有疾病和残疾的个人，和健康专业人员）所进行的试点试验。这一大面积的测试确认了生活质量的6个领域和29个方面（WHOQOL小组，1998），包括：

领域1：身体上（如疼痛不适、有无精力和疲劳）；

领域2：精神上（积极感觉、自尊、消极感觉）；

领域3：自立程度（如行走的自如状况、日常生活活动、工作能力）；

领域4：社会关系（如个人关系、社会支持）；

领域5：环境（如人身安全和保障、居家环境、工作满意度、经济资源、健康和社会保障、娱乐／休闲活动的参与和机会）；

领域6：精神生活／宗教／个人信仰。[11]

（二）休闲是生活质量的关键因素

值得注意的是根据确切的因子分析，发现"娱乐／休闲活动的参与和机会"对生活质量有很大的贡献，表示休闲活动是生活质量的关键因素（WHOQOL小组，1998）。然而，也必须承认"生活在不同环境下的人们对有意义生活的关键因素的看法也不同"，特别是文化对生活质量的观念影响强烈。

鉴于生活质量在本次共识研讨项目中的中心意义，本著作许多其他章节都探讨生活质量概念的形成。例如，弗莱辛格的文章介绍阿拉特（Allardt）的观点，生活质量是拥有、爱和存在的汇总。在这一思想的基础上，弗莱辛格将生活质量理解成为"物质／社会／文化资源的结合，与其他人和群体的支持性关系，以及本人和他人对个人存在的认知"。杜普依（Dupuyi）的文章介绍了伦威克（Renwick）和布朗（Brown）对于生活质量的观点，其重点在于实现人生中重要的可能性，包括存在、属于和成为。"存在"涉及是怎样的人，"属于"涉及与他人和环境的关系，"成为"涉及生活过得有意义，实现生活目标与愿望。在本章节中，生活质量的概念（其中一些与上述相似）与休闲的关系将会在各种文化和亚文化语境中，尤其从非主流（非西方）视角得以探讨。鉴于生活质量的文化基础和复杂性，以及与关键因素——休闲密切相关，以下将是从全球和国际视角对这些课题进行广泛的文献研究。[12]

（三）休闲有助于提高生活质量

联合国每年发布的人类发展指数（HDI），是按照人民生活质量而不是严格地按传统意义上的经济数据对国家进行排名的。人类发展指数测量了人类发展的三个基本方面：健康生活的时间长度、受教育的机会以及成年人识字率和生活水平。然而，人们已经广泛地承认休闲对于生活质量的潜在重要性。比如，联合国已经参与全球青年行动项目，该项目立足于"休闲时间的活动对青年心理、认知和生理发展上的重要性已得到全社会的共识"这一观点，而其首要的政策目标即为推动休闲机会。该项目建议采取行动在农村和城市地区建立公共图书馆、文化中心和其他设施，给予人们参与戏剧、美术、音乐和其他文化表达形式的机会。该项目同样鼓励人们参与旅游、国际文化活动和体育运动。

这类休闲机会、行为和健康之间的关系已成为不断发展的理论考查和研究的主题。个人的健康和康乐是生活质量的重要方面，而休闲行为又能促进健康和康乐。然而，现代工作的变化带来了时间紧迫感、压力的增加，以及久坐的生活方式，在人们生活中占据支配作用的科学技术导致了不健康的生活方式和对健康医疗系统需求的增长。人们在空余时间常常过度饮酒、滥用药物或从事其他危及健康的行为。结果，人们越来越从人口健康的角度来考察休闲对健康的潜在作用。这种观念认为，健康在很大程度上是由人们的行为所控制和决定的。休闲被越来越多的人视为人们最可控制的生活范畴，进而成为健康的重要资源。比如，鉴于很多西方国家的人们平均每天花 4 小时看电视，而每周只需 3 次 30 分钟快步就能维持适当的身体健康水平（美国卫生部长报告，1996 年）。那么，把缺乏时间作为参与运动类休闲的头号制约，其实只是对可控制的休闲如何进行选择的问题。[13]

研究证据表明在全球不同的文化和亚文化情境下，休闲均有助于提高生活质量。

休闲给全世界的人提供获得生命价值和意义的机会，这有助于提高人们的生活质量。

从国际化和跨文化的视角来看，能使生活更有意义、提升生活质量的途径或机制包括：（1）从休闲活动中体验到积极的心态和康乐。（2）从休闲活动中获得积极的认同和自尊。（3）休闲产生的社会、文化联系与和谐。（4）休闲在人的一生中对学习和人类发展的贡献。（5）休闲作为实现和利用人类力量和韧劲的情境。

我们很有必要强调休闲对创造生活意义和提高生活质量的作用，包括"降低负面影响，增强积极影响"。

在通过休闲活动帮助提高生活质量、创造生活意义的途径和机制过程中，文化起了根本作用。[14]

H. E. A. 廷斯利和 D. J. 廷斯利在"畅"概念的部分基础上提出了相似的理论。根据这一理论，休闲体验具有挑战性、强烈的个体性，有可能满足在生活其他领域未能满足的各种各样的需求。这些需求的满足有助于身体健康和心理健康，进而有助于达到较高的生活满意度。和马斯洛的理论类似，他们主张在个体体验与人格成长之间必须满足他们的大多数需求和生活的适度满足。对生活相对不满足的个体必定注意他们生理的满意度、安全和"从属"需要，因而他们几乎没有可用的能量直接朝向人格成长；然而如果这些需求得以满足，心理资源得到释放，允许个体关注他们自身那些生理方面的需要，他们就想要通过休闲来改变和发展人格。[15]

休闲体验和休闲活动本质上促进生活品质，在成人期的不同领域起作用，从而应对生命历程中引起的挑战和威胁。我们在前面几页不仅探索何时和何地发生这些结果，而且也探索了如何发生：提供心境和幸福感；提供平衡、补偿和过去的持续性；当负性事件发生时成为娱乐或者乐观的来源；为个体发展提供情境，加强关系，甚至达成自我和社会的转换。然而，休闲可能也是更多负性结果的情境。有时，休闲活动可能是生活其他领域的破坏者，或者是在危机处理中你选择的永久逃避模式。例如，一些活动的共同快乐可能也呈现出他人的伤害排外形式，或者甚至敌对地瞄准外集团。此外，调研和测量关于休闲和幸福感之间的本质联系的研究是必需的。我们在最后一章论述休闲社会心理学的实践方面，在应用的休闲社会心理学中，决策者和服务提供者可能如何最大限度地提高积极的结果而减少负面结果。[16]

对很多人来讲，休闲可谓是一件"礼物"。它为人们生活品质的提升和生存状态的改善提供了可能。休闲，意味着人们可以按照自己的需要、愿望和兴趣，自主自由地做出选择和打理自己的生活。人的休闲方式能够反映出他们自身所持有的特定的价值观念，也能够反映出他们置身于更为广阔的社会文化背景下，对于自己与社会规范与习俗之间的关系给予了怎样的理解和把握。在人们界定其自我身份，以及彰显其个人价值方面，休闲正在变成一个越来越重要的关键性要素。[17]

休闲，一方面可以为个人实现自我转变提供可能性的空间；另一方面，它同样也可以让人们保持其生活的稳定状态和恒常轨迹。实际上，休闲可以帮助人们在如何应对变化以及如何保持恒常稳定之间达成一种平衡状态。[18]

休闲既可以被视为一种手段，也可视为一种目的，在人们的生活中是这样，在作为政策和规划的焦点时也是这样。

休闲时间和活动是生活最重要的一部分，可以使人放松、获得快乐和自我满足。对个体和集体而言，休闲还可以是实现其他目标的一种载体，比如，生理和心理健康、经济生存、学习和人类发展等目标。

全球众多文化和亚文化的文献中已经有休闲对生活质量有影响的记载。

然而，资料显示，对社会、社区和个人来说，休闲对生活质量的影响可能是正面的，也可能是负面的，或者是两者的复杂结合体。比如，休闲可能产生和造成差别，而这种差别使一些人处于劣势而给另外的人带来优势或特权。然而，休闲又可以成为抵制和挑战不平等的工具，因为它可以重新认识差别、确立有价值的认同和社区。[19]

（四）休闲能够改善人的健康状况

休闲——不是工作——提供了越来越多的身体活动和运动的主要机会。相当数量的生物医学研究表明，运动带来心血管的改变，减少心脏（疾）病发生率并延长寿命。生活方式从整天坐着改变到适当运动，运动使人的死亡率降低了将近50%。在老年人的休闲运动中，观看体育比赛、打牌、园艺和烹饪等几乎不增加任何活动，却也发现降低了死亡率，就像健身运动一样。这种延长寿命的益处可以通过"心理社会途径"产生，原因在于社会接触可能通过增强免疫反应，降低心理压力的负面影响。很多休闲活动也增强了社会支持和社会合作，加强生活目的感，实现自我价值，从而与身体健康方面的重要结果联系在一起。罗伯茨发现参与"贫乏休闲"的人不太健康，具有"丰富休闲"生活方式（即多样和频繁参与）的人则最为健康。

有证据表明，积极的运动型休闲活动对心理健康和康乐具有正面的影响。在一项纵向研究中，埃拉夫斯基（Elavsky）等发现，参加为期4年的体育活动会增强人对身体状况的重视，并给身体带来积极的影响，而这种积极的影响又直接促进生活质量的提高。此外，关于非运动型休闲活动对心理健康和康乐影响的研究也正在进行。

在研究休闲与心理健康之间的关系时，经常检查的是主观上的快乐，比如幸福和对于生活的满足感，或检查精神病理方面的症状或心理压抑，例如沮丧、忧虑、强迫症、敌意和精神病等。同样，人们如何正面看待自己的性格、身份、自我观念和自我尊重也被视为休闲对心理健康的重要影响。[20]

让空闲的双手忙碌起来，这一观念可能是对休闲和快乐之间关系最基本的解释。人们认为，忙碌的时候，人既快乐又健康。闲着什么事情也不做，在一些人看来是心理和行为上的一种危险，因为它会导致无聊或参与破坏性的活动。人们认为，造成青少年犯罪的原因是，青少年拥有太多的闲暇时间，却没有可供选择的、社会认同的休闲活动；这导致了因无聊而参与有害活动，例如滥用药物。美国的一项调查发现，闲着无聊的青年人更可能参与有害健康的活动（如抽烟、酗酒、故意呕吐、企图自杀）。觉得自己闲着无事的大学生心理和身体健康都比平常人要差。[21]

参与休闲在短期健康和康乐方面创造的成果包括体验愉快、放松和乐趣。关于愉快、放松、乐趣的理论显示，人们在休闲中寻求愉快的经历；这些比较短暂的经历不仅提高了现在的生活质量，而且日积月累，它们将改善和促进长期的心理健康。拉森等提出，要保持康乐，人们需要很多愉快的小片段，而不是少数几个愉快巅峰。

吕博米尔斯基（Lyubomirsky）等总结说，所有的证据都显示，积极的影响是康乐的一个标志。它跟长期康乐有关，是许多理想的资源和成功的原因。

因此，休闲活动可以通过促进正面的情绪来影响健康和康乐。人们在日常生活中参与的许多休闲事实上是以寻找愉快和乐趣为特点的。莱温森（Lewinsohn）和格拉夫（Graf）认为，许多愉快的活动经历与人的情绪正相关。一天下来，人们经历的愉快和幽默的事情越多，感觉就越快乐，忧虑就越少。对于休闲的追求如果变得有意义，人们常常会把它固定下来，以提供机会，获得乐趣和愉快，并成为正在经历中的体验的组成部分。

对自决和能力的需要被视为人们生活的主要动力。休闲，因为其允许更多选择的自由，所以能提供更多机会参加活动，培养自决和能力。这些休闲机会必须不只是一种体验，而且要能带来愉悦和转移注意力，这样才能通过个人发展促进心理康乐。有关投入、严肃休闲和"畅"的理论都显示，为了取得个人发展，必须参加这样的活动：它们要求持之以恒，要求在特殊技能和知识的开发中做出个人努力，也要求热爱或认同某一种休闲活动。凡生活中身心更加健康、生活更加满足的老人，都更多地参加自由选择、对知识和技能挑战性强、需要努力投入的活动。夏莉（Shary）和艾泽欧－阿荷拉在疗养院的调查中发现，通过参加休闲活动不仅能增加病人的选择和对自己生活的控制，从而增强对自己能力的感觉，并且还能提高他们的自尊心。达蒂洛（Dattilo）等发现，自尊心较强的非裔美国妇女都报告说自己积极参加娱乐活动。曼内尔发现，对生活相当满意的年长者在休闲活动里更频繁地体验到"畅"。西尔弗斯坦和帕克发现在瑞典，参与休闲活动10年以上的年长者的生活质量明显提高，这包括了个人成长。

人们创造自己的形象，作为对自己的行为和别人的反应的一种反应。当这些形象保持前后连贯时，一种身份便形成了。虽然这个身份可以改变——事实上必须改变，以适应成长和发展的需要——但它的稳定性，无论多么短暂，来源于人们得到的关于自己信息的一致性。投入行动、表达自己、承担社会角色，三者提供了这样的信息。休闲之所以重要，是因为它具有提供这些机会的能力。正是在休闲的环境里，身份的替换最初常常通过个人兴趣的表达加以考虑。在休闲中，人们不仅"感觉到可以自由"地做一回自己，而且还可以尝试新的可能性。这样，他们对自己的个性形象也更富自信。

沙米尔（Shamir）认为休闲身份之所以对人们的自我意识有显著作用，有三方面的原因：这些身份表达和确认了个人的天赋和能力；它们提供了某种程度上的社会认可；它们肯定了有关的价值和兴趣。

参加休闲能使身份得到确认这一观念也同样重要。它基于另一种观点，即认为人们选择参加某种休闲运动，部分是因为他们把这种休闲活动和身份形象联系在了一起。人们受到激励，参加休闲运动，目的在于确定自己已有或希望有的形象。参加某些休闲活动可以提供形象确认的途径。不同的休闲活动往往象征着清晰和可测量的身份形象。换言之，同一文化或社会群体的人们对于这些活动参加者的特点有着共同的信念。[22]

现今的生活中，存在着多种多样的可能会危及健康的压力来源和形式。在世界的很多地方，人们生活的方方面面都被越来越多的时间与事情压力所淹没，吃力地应付着日常烦恼带来的压力（如经济担忧）、紧张的角色关系（如养儿育女和工作之间相互竞争的要求）、慢性生活难题（如长期残疾）、生活变迁（如退休）、生活危机（如离婚）等。然而，虽然压力与身体健康（如，疲劳、心脏病）和精神健康（沮丧、饮食紊乱）的许多问题相关联，但在长期压力下也不是每个人都会生病，有些人比其他人更能抗拒或者应对压力。

科尔曼（Coleman）和艾泽欧－阿荷拉提出了休闲缓冲模型。该模型认为，休闲能作为一种应对资源，加强人们的信念，相信自决，也相信自己能够获得他人提供的社会支援。这两种信念都已经证明是应付压力的重要资源。由于休闲的本质为高度社会化，所以参加休闲能促进友情、友谊的发展，从而增强自己获得社会援助的信念。同样，休闲往往是生活中人们最能控制的领域，通过选择和控制也增强了自我决定的信念。……

休闲应对策略，相对于休闲应对信念来说，更多地取决于情景和意图。前者作为应对的帮助取决于个人所遇到的特定压力因素。利用休闲活动和体验获得暂时的逃避，建立友谊和改善情绪，这似乎是普遍采用的休闲应对策略。在两项研究中——一项涉及大学生，另一项涉及紧急事件服务人员——研究人员发现休闲是有效的应对资源，被用于情绪改善和暂时逃避。在前一项研究中，休闲用于社会援助，它帮助学生应对成绩不佳引起的心理压力。这种压力对自尊心构成威胁。岩崎还证明，休闲能作为一种有效的应对资源，超越其他非休闲应对策略的影响。[23]

（五）休闲观念下的环境、休闲与生活质量

环境无处不在。它包括我们身外的一切事物，并可能对我们的思想、感受、行为造成影响。它既有物质性又有社会性，既有天然性又有人工性。它不仅包括我们身边的环境，还包括存在于我们记忆中由时空局面组成的心理框架。这些记忆对我们的心理感受和外在行为会产生重大影响。同样，环境是思想和感受的客体，并随着人们个体和集体的行为而发生改变。……

环境为人类生活提供了基本的支持，如食物、遮蔽物等，环境质量对全世界人类生活质量有决定性的影响，对此，很少有人会提出质疑。但问题是：（1）在休闲观念下，环境质量是如何并在多大程度上影响情感和精神方面的生活？（2）LRT 的参与是如何增强或减损环境质量和持续性的？一个可行的方法是把研究建

立在联合国近期推出的国际项目"千年生态系统评估"（The Millennium Ecosystem Assessment，MEA）的基础之上。[24]

我们研究环境质量、人类健康发展和 LRT 之间的相互关系，整理研究成果，可得出以下六个以事实为依据的原则。

环境质量（人工的和天然的）对 LRT 质量做出巨大和必不可少的贡献，然而，对生活质量也是如此。LRT 和文化服务直接促进人类的健康发展，并对人类健康发展和社会关系有特别的贡献。

LRT 在培养对环境的友善态度，对促进价值、道德和行动的发展等方面都有利。

（随着经济和政治调整以及社会动员）LRT 成为保护自然、文化、历史资源和风景的重要基础。

（为追求生活质量）要从 LRT 中找出机会并加以利用，这一点对生态系统中文化／LRT 服务组成部分及其他支持、供应及管理性服务提出了要求。但恰恰是这种要求，使这些服务的质量下降。

有些 LRT 的参与形式，其质量更多地依赖环境质量。同样，就对于环境的影响而言，有些参与形式较其他形式呈现更多的良性。

很难笼统地判断哪些活动更有依赖性，或呈现更多的良性；但在不同的社会和空间层面上，这些特定的影响（无论积极还是消极）通常是有差别的。[25]

本文一个总的发现是，环境（作为一种生态服务系统）会直接作用于人的健康发展，而这一发展现在被界定为休闲的能力。但这一发现需要由别的发现加以补充，后者告诉我们，参与 LRT 的能力会对有利于生活质量提高的生态服务系统造成潜在的严重压力。同时，生活质量（如休闲机会）可以被理解为保持生态服务系统流动的一个必要因素。这一切提出的一个根本问题是，归根到底，从环境的角度来看，更多地参与 LRT 活动究竟是否具有可持续性。一些生态经济学家已经开始讨论这样的问题。他们指出，如果不断增加的财富和闲暇时间继续主要被引导去追求资源高消耗活动的话，那么前景会显得渺茫。

为了保护环境质量，继而使个人乃至整个社会从生活质量上得益，LRT 能够并且应该发挥重要作用，发展和强化个人对环境的友善行为，鼓励并扩大政府和非政府组织在环境质量和可持续性发展方面的作用和职责（第 7 原则）。从长期来看，LRT 似乎既是追求环境和生活质量的一种必要手段，同时（作为生活质量的同义词），也是环境质量经常追求的目标。[26]

本研究提供的证据，强有力地证明了环境质量在界定高质量的 LRT 经历时——尤其是户外和旅游环境中——起着重要的作用。此外，自然环境在许多文化和社会群体中受到高度重视。但是，有一些重要的情况必须认清。（1）环境经历绝不永远是积极的，因为存在着某些情况，使人们害怕环境条件，特别是环境条件过于新颖、无法预测时更是如此。（2）尽管 LRT 一般都依赖于环境质量，但是由于文化、社会经济背景的差异和参与的具体活动不同，还存在着很大的变数。（3）人们经常可以从一定的环境背景中获得许多不同的经历和好处，不同的背景又可能会提供相似的经历，在相同的地方寻求不同的经历的人可能会妨碍到其他人，从而导致矛盾的产生。所以一方面应该说，已经拥有强有力的证据，说明环境经常是 LRT 健康发展的一个关键性组成部分，其价值很高；另一方面又需指出，要概括具体的环境投入和生活质量产出之间的关系是困难的。[27]

三、休闲提高家庭生活质量

（一）休闲是家庭生活的重要部分

"家庭"是给个人在社会中定位的一种组织结构，它涉及文化、差异和（不）平等。宏观层面上的这些影响通过家庭转移到微观层面上的休闲机会和经历中。

家庭生活中不断改变的思想观念和行为，家庭情况中不断增加的多样性，都会影响休闲可获得的实际及社会心理资源。

休闲是家庭生活重要的部分，是个人休闲理想、经历和能力发展的主要背景。

休闲也许是家庭成员最乐意参加的共同经历。积极的家庭休闲经历对增进家庭和睦有着重要作用，对个人、社区和社会都有利。

家庭成员中得以部分或全部可能会有消极的休闲活动经历，这反映了不同成员之间休闲偏好、个人和群体需求之间存在冲突。这些紧张局面包括那些亲人间由于性别差异引起的冲突。

休闲活动可以为社区的交流提供机会和场所。这些休闲活动包括正式或非正式的活动，如组织体育活动，或者偶尔利用娱乐场地，经常举行的或偶尔组织的活动，如有规律地参加休闲俱乐部，或者参加当地年度音乐会或聚会。

社区的休闲机会可能挑战隔阂和不平等，也可能加深这些隔阂和不平等。如此，休闲机会对社区内部关系会起到积极或消极的影响。[28]

休闲是人际关系——它们能促进人的康乐——得以发展和表达的主要社会空间。家庭是许多重要人际关系的聚焦点。学术研究比较一致地展示了分享休闲体验对家庭关系质量所起的积极影响。家庭的稳定意味着分居和离婚可能性的减少。希尔（Hill）对"美国 1975—1981 年纵向时间使用状况（专家组研究报告）"加以利用后发现，已婚夫妇分享休闲时间越多，对婚姻越满意，婚姻也越稳定。其他几项研究也支持了这一假说，即家庭休闲可以增加沟通，减少冲突，使家务分工和角色更公平，提高婚姻满意度。但是，家庭休闲也可能会导致家庭成员间冲突增多。夫妻在一起做事越频繁，交流的机会就越多。作为这种交流的一部分，争执自然会产生。但口头争执有时是一种标志，说明有人正在使用策略，以减少家庭紧张和分歧。证据提示，仅仅简单增加与婚姻伙伴共度空余或休闲时间以提高婚姻满意度，还是不够的。需要某些积极和富有挑战性的休闲活动才能使社交活动更加令人兴奋和愉快，使婚姻关系增趣。[29]

（二）休闲与性

如果把休闲活动看作一种自发而愉悦的活动，那么也可以把性爱以及和性爱相联系的一些活动看作休闲活动的一部分。尽管如此，人们却很少从休闲的角度去研究性行为。在 20 世纪 40 年代，当各大学府里开始设置娱乐、休闲教育之类的社会学课程时，人们根本无法想象休闲还需要设立课程专门研究，更不用说专门研究以休闲为目的的性行为了。而要对以娱乐为目的的性活动进行调查，更是难上加难。

只要你对人类的性行为稍作思考，就不难理解性爱的这种休闲潜力。首先，所有的性行为，甚至包括性交，都是后天习得的，人类并非生而即知如何接吻或做爱。对于怎样的感觉算作性欲，我们并没有固定的看法。尽管我们无师自通地感受到了我们的性需求，但如何表达这些性需求，则是我们学来的。我们去观察其他人怎么做，或者去看其他动物怎么做，然后再进行各种尝试。我们可以去读一些书，或是揣摩有关图片，还可以通过正规的性教育得到相关的性知识。如果一个人对于以上任何一种学习途径都没有接触过，他就会处于一种性蒙昧的状态。研究人员在性咨询诊所中曾经发现，很多孩子气的夫妇不会生孩子了，因为他们不知道怎样性交。他们还没有学过，仅仅告诉他们"上床"是不够的。

不仅如此，社会学家福特（Foote）还曾发现，那些能够引起两性之间的性冲动的刺激基本上都是象征性的，而非是生理上的需求。也就是说，某些事情之所以能够刺激我们的性欲，主要不是由于我们学会了把它们作为性的象征。例如，在有些国家里女人的乳房也许意味着性挑逗，而在其他国家里，乳房只同分娩和哺乳联系在一起。结实的二头肌和宽阔的胸膛在一个地区能够使一个男人看起来更加性感，可是在其他地区却没有这种作用。由此得出的结论是，我们能够用固定的方式来回应对某种形式的性挑逗，并不是受了遗传因素的驱使。（而我们所处的文化背景倒有可能给我们很大的制约。）另一个相关的因素是，与其他哺乳动物不同，人类的女性允许男性在任何时候同她们性交。这样一来，人类无论渴望还是厌恶性交，都已经与他的动物本能没有太大联系了。人类学家曾经注意到，在那些允许儿童观察成年人性交的国家，孩子们有可能在青春期发育前好几年就有了主动而完全的性关系。按照弗洛伊德的主张，性能量（力比多）并不是一种青春期发育的副产品，它是一种从生到死与人相伴的生命力。如何释放这种能量，更多地取决于一个人的家庭经历和他的社会关系，而很少取决于他的生理因素。[30]

在我们的文化传统中，大多数情况下，人们将日常生活中性爱和感官享受的部分与其他部分的生活分离开来，甚至隔离起来。也可以说，我们有很多性生活（sex），却只有很少的性感受（sexual）。对这一问题的觉醒对社会的很多方面都产生了影响，我们正在改变着把孩子迎来人间的方式，我们已经开始意识到肌肤相亲的重要性，我们对身体的态度也在发生变化。

按照康弗特（Comfort）的看法，性在我们今天的社会中有三个重要用途：（1）用以传宗接代（生殖之性）；（2）用以表达两人之间的亲密感情（关系之性）；（3）作为一种身体的游戏（娱乐之性）。当然，我们的教会一向不接受把娱乐作为正当的性行为动机，它同时断言，有价值的性活动必须以感情为基础，企图以此来抵抗娱乐之性的发展势头。而第13代人（出生于1961年到1981年）则往往是在娱乐之性的狂轰滥炸中长大的。[31]

著名的社会评论家伦纳德（Leonard）曾经指出，性革命缩小了性的重要性，使它成为一种同生活中其他部分毫不相干的事情。性，伦纳德指出，成了一种责任，一种治疗方法，一种自我实现的手段。如今大部分有关性的书都略去了"爱情""创造"和"生育"这样的字眼。伦纳德进一步指明，"娱乐之性"已经把性变成小事一桩，"性交不过是一项体育活动，其中不但没有爱情和创造，也没有彼此之间的相互沟通，相互体谅。也与现实无关，与责任无关，甚至有时连优雅都谈不上"。不过娱乐之性之所以令人生厌，道德败坏还在其次，更在于这件事本身已经十分无趣了。我们可以把它的情节用好莱坞式的语言概括为三句话，"男孩碰上了女孩，男孩搞了女孩，他们各奔东西"。

在20世纪60年代和70年代的性革命时期发生的许多观念的变化已经深入普及，成为我们生活方式的一部分。不过，有些迹象表明，很多人正在回归到那种较为保守的性行为方式，开始强调持久而稳固的性关系了。

还有分析家认为，性行为方式上的一些变化，以及我们称为"性革命"的道德演变，基本上是女性的变化。性历史学家布洛（Bullough）曾经指出，在整个20世纪，男性的性行为方式几乎没有任何重大的改进。而从20世纪30年代至1971年之间，女子的婚前性行为发生率增长了两倍以上。这一数字在1976年又激增到一个新的高峰。但是自1976年以来，再没有过进一步的增长。

性革命运动重新塑造了我们的生活方式，不过今天，人们开始寻找一个将性行为重新融入生活整体的方法，而不再仅仅以一种消费的心态对待这个问题。[32]

四、休闲提升人的幸福感

（一）休闲带给人追求幸福快乐的愿望

当研究者调研休闲对幸福感的影响时，他们经常关注全部生活的满意度（也就是生活满意度）。生活满意度是生活品质的一种流行测量法。个体通常被要求作为整体或者一些方面来评估其生活满意度。满意度有着过去取向，而生活满意度评测可以考量出那些蕴含在外在数据下的、相对稳定的信念和认知状况。各式各样的测量在他们是否评估整体的满意度或者生活具体领域（例如，工作、家庭、休闲和邻里）的满意度上存在差异。通过分析每一领域的满意度，一些研究者相信能够获得更加确切的整体生活品质的描述……

休闲选择主要旨在改善情绪，主要是通过顺从兴趣提高唤醒到最佳水平，通过放松减少唤醒到最佳水平，以及品味其他的情感和支持。如同前面章节的论述，简单的快乐和放松对于生命历程的幸福感很重要，无论是通过旅行、看电视，还是和孙女在吊床上摇晃。休闲活动和体验以这些方式调节情绪，不仅提供短暂调节，而且能够提高生活其他方面的功能和总体的主观幸福感。[33]

有些时候休闲体验和活动最大的影响在于，他们保护了幸福感而不是制造了它们。如同前面和第十一章提及的，人们求助于休闲以减少沮丧和疲劳的压力。引起放松和恢复的活动，无论是身体还是心理上的，都是日常生活压力的重要解药。搬到更加安静的环境或者甚至观看也能带来轻松和恢复。[34]

休闲的益处是多方面的，也是普遍存在的。但在休闲的诸多裨益当中最为重要的在于它给生活中的人们带来一种追求幸福快乐的强烈愿望。休闲往往是和人们追求快乐、幸福、希望、精神愉悦以及生活状况的提升与改善如影随形的。所有这些都激发和反映出人们提高生活满意度的内在渴望。无论在个人层面还是在社区以至整个社会层面，人们都会追求并力争获得休闲所带来的这些益处。[35]

（二）休闲促进生活满意度

一般认为，参加的休闲活动越多，在休闲中得到的满足越多，在生活总体中得到的满足也越高。一般说来，人们已经发现了休闲参与频率、满足和对生活满足之间细微但重要的关系。对于休闲参与和生活满足关系最好的支持来自对于成功的老龄化和生活满足的研究。

一些证据表明，休闲的一个作用是提高工作满意度。劳恩斯伯里（Lounsbury）等发现，工人对现有的休闲时间越满足，就越不可能去寻找其他工作。梅拉姆德（Melamed）和迈尔（Meir）在对以色列工人的研究中发现，如果一个机会能同时满足工作和休闲的重要需求，它就会带来工作满意。实际上，当参加者无法在工作上满足自己的需要时，参加休闲活动似乎可以补偿这些人未得到满足的需要，从而提高工作满意度。在一项研究报告中，基希迈耶（Kirchmeyer）指出，管理人员察觉到，他们在休闲时所做的事情能帮助和提高他们工作体验的质量。

在大多数文化里，人们都会经历一些共同的人生变迁（如离家、第一个小孩出生、退休等）。休闲的参与通常由于这些生活变迁而发生变化。种类适当的休闲活动能帮助人们保持自己的康乐，应付变迁，或在变迁中成长。例如，退休和失业能引起相似的问题，包括收入降低、社会隔离和心理损失。但是非退休性失业带来的创伤更大，因为没有"退休"工资、没有计划应付改变，却有与之相关的社会偏见。

研究表示，利用休闲继续参加与退休前大致相同水平活动的人，以积极态度面对休闲的人，能更好调整心态，生活得更加满意。斯特宾斯（Stebins）提出，认真投入严肃的休闲活动对于退休者的生活质量可能很重要，因为这些活动能够提供类似工作的活动，增加和其他参与者的联系，拓展社交圈，培养责任感，并创造机会使自己感到别人对自己的需要。奇里沃加（Chiriboga）和皮尔斯在退休老年人的一项纵向研究中发现，参加不同休闲活动的水平和退休时或刚退休后一个人的积极自我概念没有关系。然而 5 年以后，自我感觉更良好的退休者会更多地参加户外活动和社会活动；参加单独、被动的活动则不多。[36]

生活质量感和／或休闲满意度与休闲参与中的唤起水平之间应该是一个倒"U"形的关系。就是说，当休闲行为是最优唤起或不适时，生活和休闲满意度应该在最高，当休闲行为提供过少或过多的唤起时，生活和休闲满意度在最低。

换句话说，当人们感觉到进行活动时有一个最优的可支配时间时，他们最满意他们的生活和休闲。但是，当面临所剩时间不多的压力或者感觉现有时间很丰沛时，他们对休闲和生活的满意度总体上急剧下滑。当他们感觉时间上有太大压力而不能开展自由时间的活动或者可获得的自由时间太少时，也会出现类似的下降。[37]

生活质量和幸福的困境是休闲的相对的和变化的特征，虽然能做很多外在的事情来提高对休闲和工作中有意义活动的追求，但是出于心理上的原因许多人未能达到生活满意和幸福的状态。这种失败多是源于生活质量或幸福不是一个绝对实体（当做了某些事情时，可以说它就会出现），而是一个主观的、相对的概念。人们依据期望和希望来定义他们的生活质量，这些期望和希望主要是由他们所生活的社会环境决定的。[38]

五、不同区域休闲与生活质量状况

（一）亚洲的休闲与生活质量状况

从哲学和精神信仰视角，王（Wang）和斯特林格（Stringer）将道教描述成中国文化的关键组成部分，对中国人的生活包括休闲具有深刻影响。这种影响体现在亲近自然、整体健康、传统艺术和武术，以及诸如绘画、诗歌、文化庆祝活动和旅游（如去道观拜访）等。与此相关的，余（Yu）和贝里曼（Berryman）进一步指出传统中国社会的休闲具有下列特征：许多中国人表现出对平静和沉思性活动（如看书、写诗、听音乐）的爱好而不喜欢较为剧烈的体育运动。而且，许多中国人喜欢在户外平静地度过时间、欣赏大自然、体验真正的休息和放松，领悟自己内心和客观世界的和谐。事实上，实现安宁的心境对许多中国人来说是休闲的关键，与对生命意义的领悟息息相关。从历史上看，创作和欣赏文化艺术，诸如音乐、诗歌、绘画、雕塑、舞蹈和戏剧一直是中国文化的中心组成部分。而且，王和斯特林格还注意到不少中国的节庆（如春节，称为"过年"，时间最长、最重要的节日）为中国人提供了最为普遍的休闲机会。此外，在某种程度上与西方的"畅"概念相似，"境界"被许多中国人认为是休闲的最高追求，可以通过与大自然的和谐或通过诸如创造性艺术、武术、静坐、音乐或诗歌体验到。这些体验可以带来无尽的幸福和欢乐。

……太极作为一种运动，其舒缓、柔软的动作被视为非常适合那些希望保持活跃和健康的老年人。此外，参加者注意到太极提供一个沉思的机会，使他们实现内心的平静和力量，更好应付逆境和心理压力。许多参加者认为人极具有"沉思效应"，会改善它们的情绪和心理健康，包括增强认知能力、增强自信心，相信他们能够积极控制生活、情绪和健康。另外，许多参加者非常重视群体锻炼的气氛，因为它提供获得社会帮助的空间。[39]

从印度的视角，夏尔马提出"根据吠檀多哲学的理解，休闲应该是一种与拥有或作为相反的状态"，被视作"人类追求幸福的实现"。夏尔马同时也注意到通过休闲"获得的快乐和满足可以清除心灵的不纯"。例如，他在谈到瑜伽作为"一种安静的精神提高训练"时解释说，瑜伽通过身体（行动）、心灵（思想）和精神（感知）的结合，使人体验"真正的自我"。达莫达兰等在印度孟买的研究找到了参加瑜伽和生活质量的积极联系。库马尔（Kumar）描述印度人生的三大目标都与生活质量相连，即享乐性（以快乐为导向）、集体性（个人的生活质量和健康与他人有密不可分的联系），以及超然性（精神上的生活质量和康乐）。此外，夏尔马提出宗教礼仪和活动能提供"高度的休闲"，并被视为"一种强大的文化力量，将个人同更大的社会结合"，让人们保持身体和心灵的健康。

梁（Leung）等（2004）对中国台湾老年人的生活质量构成进行了研究。他们的研究把生活质量归为6个层次15个领域：身体健康（身体康乐、疾病的影响、医疗照顾），精神健康（情绪状态、生活态度和反思、生活的哲理、自我效能），社会功能（与他人的接触、运动和休闲活动、社会活动和服务），生活环境（环境、制度因素），经济地位，宗教和死亡。梁等人发现对于中国台湾的老年人，个人－环境之间的关系在评估生活质量方面起到关键作用，家庭纽带也是生活质量的一个重要方面。此外，传统的中国价值观和信仰对他们眼中的生活质量概念具有强烈的影响。陶（Tao）等在对中国大陆年老人群中生活质量的研究中也强调家庭纽带的重要性。梁等重点指出，"家庭作为一个整体，以及每个家庭成员的康乐往往被放在首位。这一现象与中国文化完全一致"。[40]

（二）中东的休闲与生活质量状况

首先，马丁（Martin）和梅森（Mason）基于文献以及休闲统计，探讨了三个中东国家（埃及、伊朗、土耳其）的休闲概念的相关性。他们认为，"在有着伊斯兰教传统的中东国家里，休闲时间和休闲活动变得越来越重要"。对这些国家的许多人来说，"休闲的机会受到日常生活时间和金钱压力的制约"。不过，独特的伊斯兰心态和其潜在的对休闲行为的影响显然极为重要，而传统文化障碍的无处不在（如对女性参加运动的限制）以及适当设施和资源的缺乏也不可忽视。

其次，科沙（Kousha）和穆赫辛尼（Mohseni）在1997年的研究显示，城区伊朗妇女的生活满意度与她们对休闲体验的满意度直接相关。然而，他们研究的一个主要结论是："影响伊朗妇女满意度的因素复杂；她们受到塑造妇女社会角色的各种复杂人际、传统和社会力量相互作用的影响"。更重要的是，购物也说明了妇女的经济独立和消费实力。而过去10年的经济萧条和8年战争对许多伊朗的生活带来负面影响，包括他们的休闲生活。科沙和穆赫辛尼发现，"与家人和朋友同聚似乎成为人们一个重要——即使不是最重要——的消遣方式"。另外，正如上述购物例子说明的那样，"能够花时间去休闲，无论何种形式和形态，标志着妇女希望以她们喜爱的方式度过时间和她们克服休闲文化障碍的努力"。除了其他生活标志，如性别、阶级、种族、年龄、缺乏能力以及性倾向以外，文化的确能影响伊朗妇女对休闲的理解，而且"休闲体验本身则对伊朗妇女生活来说至关重要"。

最近，谢基（Sheykhi）观察到，与许多其他发展中国家类似，近几十年来伊朗的文化也因新体制和全球化发展而发生了变化。他认为这一现象引发了伊朗人们的新期望，包括把休闲和旅游作为重要的需求。……他强调的一个关键信息是"在伊朗，休闲被视为对生活质量具有决定性影响。休闲被看作促进人类作用和职责的不可缺少的因素"，而承认独特的文化特色对于提高伊朗和其他伊斯兰国家人民的生活质量是关键的。例如，谢基描述了伊朗的宗教和文化旅游。他观察到越来越多的来自中东、南亚、中亚，甚至东亚的穆斯林游客拜访伊朗的伊斯兰圣地。他提议这一宗教和文化的旅游形式能够给许多人群提供提高生活质量的机会。而且，他还引述其他实例：在青少年身上，休闲在促进创造、探索和教育方面发挥着作用，另外，某些已经完成生儿育女和家务的年纪较大的妇女重新参加一些古老的传统休闲项目（如绘画等）。谢基总结说，"由于其直接的社会、文化、教育和经济益处，休闲和旅游被视为伊朗民族的关键活动。证实这点能进一步推动个人和社会健康、民族团结和融合"。

在以色列，值得注意的是，根据对生活质量快乐和满意度问卷做的因子分析，利斯纳（Ritsner）等人发现，休闲是生活质量的四大关键因素之一，其他三个关键因素是社会关系、身体健康和主观感觉。而且特别值得强调的是，休闲时间的活动与自我效率意识、自尊和社会支持呈紧密正相关，与消沉和情绪压抑呈负相关。

最后，沙尔胡布－凯沃基安（Shalhoub-Kevorkian）的研究目的在于发现巴勒斯坦烈士母亲的声音。这些巴勒斯坦妇女经受了失去儿子的极度痛苦和伤害。她们参加一个给自己增添力量的团体（称为"声音疗法"）。那里给她们提供安全的环境，倾吐自己的心情，释放自己的声音。特别重要的是，沙尔胡布－凯沃基安发现，在遭受相同经历的巴勒斯坦妇女中间建立联系是治疗和康复的关键部分。这些妇女将这种团体当作家庭看待，因为她们应付失去亲人的主要方法是像一家人那样相互帮助，相互支持。下面这句话能说明她们的心情："当我把这儿看成家时，痛苦就减轻了。"[41]

（三）原住民的休闲与生活质量状况

根据萨尔兹曼和哈洛伦的观点，尽管世界各地的原住民在历史上遭受殖民体系的压迫，他们正在通过寻找自己传统的文化世界观来重新获得文化复苏和意义。萨尔兹曼和哈洛伦借助夏威夷原住民、阿拉斯加原住民和澳大利亚原住民生活的案例论述这一论点。首先，他们注意到夏威夷复兴时期（20世纪60年代末和70年代初）的特征是传统仪式的复苏，包括"草裙舞、语言和文化研究、音乐和传统的治疗形式"，以及艺术、工艺和文学。这些都被夏威夷原住民用来构建文化和精神意义。正如卡纳赫尔（Kanahele）写道，这能帮助他们在自己的文化中强化认同，拥有更强的自豪感。夏威夷人在夏威夷文化传统和现代的演化进程中继续兴旺。

阿拉斯加的各原住民都在复苏自己的文化。他们努力复兴"分享、尊敬老人、合作、尊重别人、避免冲突、尊崇大自然、精神信仰和幽默等核心价值"。而澳大利亚原住民的文化复苏，是通过使用传统治疗仪式来解决问题（如与健康相关的问题）并促进康复。这种方法看来卓有成效，也适合他们的文化。在上述案例中，原住民文化认同和复苏（其目的在于促进和谐和创造意义）对原住民的健康、幸福和生活质量都必不可少。[42]

在《休闲与女权理论》（*Leisure and Feminist Theory*）一书中，威尔灵通过讲述澳大利亚原住民妇女的生活体验来探讨她提出的"休闲空间"观念。她认为：

> 她们通过读书、写作、诗歌、艺术、音乐和同其他妇女对话等活动为自己创造空间。这些空间对她们来说不只是为了扩展自我和与他人交往，更是一种生存方式……把"个人空间"作为休闲概念既包括了对殖民地妇女来说非常重要的个体、自主和人与人之间的价值，也包括了和社区的关系。它甚至包括政治行动的可能性。

威尔灵提出，虽然澳大利亚的原住民并不使用休闲这个字眼。但是，"作为对她们有意义的、物质的、具有象征意义的、个人和社区的空间，休闲已经融入她们的日常生活"。她引用好几位原住民作家关于缝衣、手工、讲故事、诗歌、绘画以及使用幽默和大笑等活动的评论。这些活动为个人或集体提供空间，确认自我价值、自立、自豪和自己的力量；释放压力和紧张情绪；获得社区精神。此外，威尔灵指出，开始于个人音容的活动如诗歌、艺术、原住民音乐和原住民舞蹈，拓展成为"政治工具，让原住民妇女的呼声在公共领域里响起，让她们的需求受到重视，让公众行动起来"。

通过大量的文献研究，麦克唐纳（McDonald）和麦克沃伊（McAvoy）指出原住民的休闲既同原住民所普遍持有和珍视的世界观密不可分，也深刻反映出这些观点。根据他们的看法，这些世界观包含下列部分：（1）笃信生命的神圣性，强调个人、社区和自然的灵性；（2）所有创造物之间的互相关联和互相依存关系，他们也都珍视和谐与平衡；（3）增强所在地意识，即自己和大地／环境的联系；（4）通过文化仪式和传统展现生命轮回模式。他们承认这些世界观"完全也能在休闲中找到"。例如已经发现，原住民的舞蹈、音乐、体育、艺术、宗教和信仰活动与上述世界观有相同的内涵。福克斯在本书中也谈到"原住民世界观的活动与部落、家庭和生态关系、精神信仰和实践、自治存在深刻的内在联系"。[43]

（四）非洲的休闲与生活质量状况

布拉曼特（Bramante）2004 年撰文指出，巴西人将获得有意义的休闲体验视为"人生重要的方面"。同样，在评述休闲在巴西作为一种文化表现时，卡韦萨（Cabeza）于 2000 年写道，"人道主义的休闲概念强调休闲的利他性和社会共存性，能发挥促进团结的作用"。……

阿穆萨（Amusa）等人 2001 年在博茨瓦纳对 1654 名年龄 15 至 30 岁的人的研究显示，在许多年轻博茨瓦纳人当中"休闲是生活的必要组成部分之一"。在这个非洲国家独特的文化语境下，阿穆萨等指出，参加原住民游戏、消遣和体育运动对年轻人恢复和保持"国家的文化价值"，对付日益增加的诸如贫困等社会问题和改善"人民的生活质量"都很重要。他们发现受访者对休闲概念和休闲在他们生活中的作用了解甚少，所以他们强调休闲教育——包括使用休闲作为一种促进成长的工具——对博茨瓦纳年轻人的意义。他们也发现，许多受访者似乎承认游憩和休闲"是社会进步和经济发展的一个有效工具"，不过这个国家仍存在提供更好的基础设施和设备的必要。[44]

六、要重视休闲生活的非标准化研究

生命的一般模式主要由三个因素决定，即从事的活动，致力于每一个活动的时间，对这些活动关系之间的习惯。主要人口的生活节奏和模式的大概轮廓是可以随意观察到的，即显而易见的。在任何城市或郊区的社区，交通高峰、就餐高峰和商店营业的时间都是总体上安排生活的客观指标。然而，有理由相信，这种模式的存在，在不同人口和职业团体中，在内容、时间序列上，还是有着很大的差别的，特别在涉及真正的休闲活动时。主要职业经济学家和效率专家对工薪阶层的日常时间序列进行了研究。他们的研究范围包括从调查一般工作时间到具体工作分析。但闲暇时间的使用，可能受个体对"自由"的相对选择，因此，据说从全球的角度看，个人或特殊群体的大部分非标准化的内容，从未被详细研究过。在前一章叙述中，各种设施和组织的存在，以及影院的开门和关门时间，等等，都指出了关于休闲的标准化模式。但如前一章提到的，重要的是这些或多或少公开的标准化活动，包含了大部分人们的休闲活动。有许多活动是没有企业的存在的，甚至不能从机构中获得证据。[45]

注 释:

1　Jay B. Nash, *Philosophy of Recreation and Leisure*, Dubuque, Iowa: W. C. Brown Company Publishers, 1970, p. 115

2　Jay B. Nash, *Philosophy of Recreation and Leisure*, pp. 118-125.

3　Ibid., pp. 115-118.

4　［加］埃德加·杰克逊编：《休闲与生活质量——休闲对社会、经济和文化发展的影响》，刘慧梅、刘晓杰译，钱炜校，杭州：浙江大学出版社，2006 年，第 14 页。

5　［美］查尔斯·K. 布赖特比尔、托尼·A. 莫布莱著:《休闲教育的当代价值》,陈发兵、刘耳、蒋书婉译,北京:中国经济出版社,2009 年,第 97 页。

6　同上书,第 87 页。

7　［加］埃德加·杰克逊编:《休闲与生活质量——休闲对社会、经济和文化发展的影响》,第 299—301 页。

8　［美］约翰·凯利著:《走向自由——休闲社会学新论》,赵冉译,季斌校译,昆明:云南人民出版社,2000 年,第 159—160 页。

9　同上书,第 19 页。

10　同上书,第 20 页。

11　［加］埃德加·杰克逊编:《休闲与生活质量——休闲对社会、经济和文化发展的影响》,第 37—38 页。

12　同上书,第 38 页。

13　同上书,第 103 页。

14　同上书,第 14 页。

15　［美］道格拉斯·克雷伯、戈登·沃克、罗杰·曼内尔著:《休闲社会心理学》,陈美爱译,杭州:浙江大学出版社,2014 年,第 260—261 页。

16　同上书,第 309 页。

17　同上书,第 4—5 页。

18　［美］克里斯多夫·爱丁顿、陈彼得著:《休闲:一种转变的力量》,李一译,杭州:浙江大学出版社,2009 年,第 2 页。

19　［加］埃德加·杰克逊编:《休闲与生活质量——休闲对社会、经济和文化发展的影响》,第 4 页。

20　同上书,第 104—105 页。

21　同上书,第 105 页。

22　同上书,第 106—107 页。

23　同上书,第 104—109 页。

24　同上书,第 233 页。

25　同上书,第 235—236 页

26　同上书,第 252 页。

27　同上书,第 244 页。

28　同上书,第 18 页。

29　同上书,第 112 页。

30　［美］杰弗瑞·戈比著:《你生命中的休闲》,康筝译,田松校译,昆明:云南人民出版社,2000 年,第 260—261 页。

31　同上书,第 269—270 页。

32　同上书,第 290 页。

33　［美］道格拉斯·克雷伯、戈登·沃克、罗杰·曼内尔著:《休闲社会心理学》,第 276—278 页。

34　同上书,第 283 页。

35　［美］克里斯多夫·爱丁顿、陈彼得著:《休闲:一种转变的力量》,第 49 页。

36　［加］埃德加·杰克逊编:《休闲与生活质量——休闲对社会、经济和文化发展的影响》,第 110—111 页。

37　［美］艾泽欧－阿荷拉著:《休闲社会心理学》,谢彦君等译,北京:中国旅游出版社,2010 年,第 382—383 页。

38　同上书,第 389 页。

39　［加］埃德加·杰克逊编:《休闲与生活质量——休闲对社会、经济和文化发展的影响》,第 39 页。

40　同上书,第 40—41 页。

41　同上书,第 42—43 页。

42 同上书，第 43—44 页。

43 同上书，第 44—45 页。

44 同上书，第 46 页。

45 George A. Lundberg, Mirra Komarovsky and Mary Alice Mcinerny, *Leisure: A Suburban Study,* New York: Agathon Press INC., 1969, p. 87.

第八章

休闲与社群问题

【简短引言】

休闲与社群关系是休闲理论研究的基本内容之一，也是不少西方休闲学者所关注的重要问题。自由是勾连休闲与女性主义的核心概念，但由于在时间、收入以及性别差异和家庭责任等方面限制了女性自由自主的选择，所以女性参与休闲面对着诸多不利因素。休闲与儿童、青少年的健康成长具有十分密切的关系，我们要认识青少年休闲的重要性，要针对青少年的特殊性，创造各种有利环境，鼓励、支持和促进青少年开展健康的休闲活动。社会老龄化对休闲产生多方面的影响，休闲直接关系到老年人能否拥有康乐晚年，老年人应该接受休闲教育，认识自身的变化，学会考虑未来，学会更好地休闲。家庭是个人休闲生活方式的基础，是和最亲密、熟悉与信任的人放松心身、相互陪伴、享受满足感的重要休闲空间，也是儿童和青少年养成自主健康休闲行为的重要社会环境，作为休闲的家庭交往是成人休闲的核心内容之一，但现代家庭对休闲的影响是双重的。休闲能促进社区生活质量的转变，社区可以满足和促进休闲的发展，二者的关系是辩证的。有的研究者还关注和讨论休闲与残障人、少数民族、原住民以及被剥夺经济文化权利的群体之间的关系。

但西方休闲学者所指的社群，基本上是社会学意义上的。因此，也为我们对这一问题的进一步思考留下了可能的空间：是否可能从休闲学的视角，思考和探寻与休闲活动和休闲生活的特征更契合，因而也更能真实地显示休闲与社群之间关系的休闲学意义上的社群/群体概念呢？

一、休闲与女性群体

（一）休闲与女性主义的联系

关于女性主义与女性的现实的观点，对审视和认识女性的休闲有重要的意义。总的来说，女性主义提供了一种方法，可以用来促进社会变迁，从而使女性可能有更多的机会去体验休闲。传统的计划休闲项目的方式与传统的休闲研究都很保守，没把女性主义与休闲联系起来。

在西方文化背景下女性主义与休闲有下列几方面的联系：

（1）休闲的核心是自由与选择；而自由与人格的完善是女性主义的核心。所以，自由在休闲与女性主义这两个概念中都居于核心地位。

（2）女性主义与休闲的目标都是鼓励自主的选择，而非设立限制。女性由于其所受的压迫而没能享有平等的休闲机会。例如，美国女性的工资平均为男性的71%。在这种条件下，她们能自由支配的收入就很有限，从而在消遣上的选择也很有限。

（3）我们的社会基本上是男权制的，休闲基本上也是一个男性中心的概念。女性主义与休闲都重视对受支配的反抗，二者的价值都受到当权者的贬低，且二者提出社会变革的目标都旨在对社会进行深刻的改造。

（4）休闲与女性主义都对现有社会秩序进行抵抗，目的是争取更多的赋权。围绕休闲与女性主义活动发生的社会变革，将有助于我们针对性别与女性受压迫的问题进行文化的改造。[1]

妇女在 19 世纪的社会生活中的地位也与娱乐息息相关。除了其他因素之外，关于维持男女之间适当关系的流行概念就是一个障碍，它们阻碍了多种形式娱乐的自然发展。

这些流行的概念给一般的社会职能施加了人为的约束氛围。在很长一段时间内，这使得男性和女性几乎无法在一起享受任何户外活动。那时的女性不仅在社会交往中的自由比今天少，而且依据关于精致女性的流行观点——这是 19 世纪中叶的基本标准——而造成的近乎病态的假正经行为，她们的生活比 18 世纪的女性更受限制。在殖民时代，女性已经能够更充分地参与以男性为主的工作和娱乐活动，她们参加农场节和节日庆祝活动，即使不是作为真正的参与者，她们也喜欢作为旁观者参与其中。但是现在，女性受到越来越多的谴责，要求她们与（娱乐）生活分开。

这是一个男人的世界，它非常重视工作和取得成功。年轻人被赋予了极大的自由。弗朗西斯·赖特（Frances Wright）写道："他们在阳光和月光的照耀下一起跳舞、唱歌、散步和奔跑，没有任何不当的感觉，甚至没有任何不安。"但这种豁免是短暂的。另一位当代观察家报告说："一旦结了婚，女士就完全改变了她的习惯，告别了欢乐和轻浮。"无论她们在社会中的地位如何，她们都将全力投入家庭生活。国外游客经常将其视作美国景象中奇怪且出乎意料的一个方面。在美国结婚后，闪闪发光的范妮·肯布尔（Fanny Kemble）发现，她不可能遵守如此狭隘的传统；而弗朗西斯·特罗洛普（Frances Trollope）的态度激怒了她，因为他对她施加了如此严格的性别限制。

如果有闲暇的话，女士们会刺绣，在玻璃或瓷器上绘画以及打蜡，用值得称道的毅力完成这些带有破坏性的事情。但她们一直待在室内，其他的一切，包括健康，都在为令人难以置信的女性礼仪准则做出牺牲。

观看结果时，托马斯·汉密尔顿（Thomas Hamilton）哀悼道："在二十岁左右时，一个美艳如花的女人就消失了；紧接着又出现了更多实质性的变化；三十岁时，整个织物都腐烂了，什么也没剩下。"享受美味佳肴成了女人温柔的标志，是免于体力劳动的标志和象征，如同长指甲成为中国清代官吏的标志那样。事实上，这不是普遍的特征。到目前为止，更多的女人不能享受精致美食，因为她们的家庭工作不允许，但这是所有女性都向往的目标；而占主导的男性也鼓励这样做，这有助于他们建立自己的社会地位，突出自己的重要性。[2]

一般来说，男性主宰了我们生活中的休闲活动，女性对休闲活动的参与是由男性主导和支配的。虽然在过去 20 至 30 年间，女性参与休闲活动取得了长足的进步，但在 21 世纪的曙光中我们仍然处在一个女性参与休闲几乎空白的环境里。虽然女性团体是一个模糊的群体，讨论她们是困难的，也因为阶级、种族、年龄、经济地位及母亲的角色等因素对女性有巨大的影响，但是事实上性别对女性参与休闲活动确实有不利的影响。社会中仍然有性别因素决定的休闲模式，影响着休闲机会、选择及参与水平。[3]

（二）休闲与成年女性群体

就成年妇女来说：休闲是一个关涉发展的话题，因为社会角色、心理倾向、机遇和可能性决定了休闲的行为、动机、价值以及态度，而所有这些都在人的一生中发生着种种变化。与之相关的是，休闲可能会刺激发展。休闲经历可能会有助于个人的成长和发展。如前所述，奇克森特米哈伊认为，在青少年想向成人和工作领域过度的时候，休闲起着重要的作用。克莱伯、拉森和奇克森特米哈伊进一步指出，青少年休闲中的愉快体验可能会为以后更为"义务化"的成人活动中的快乐体验奠定基础。

其他一些研究者也指出，休闲经历可以帮助人们应付生活中出现的种种变化。凯利等发现，休闲往往被用来应付与年龄有关的变化。弗莱辛格的研究得出了相似的结论：与日常生活不同，休闲使得成年人能够适应他们所扮演的角色和承担的责任，能够适应他们的成年期的心理变化。

研究表明，对于女性来说休闲很容易使女性改变关于自己的年龄和性别的观念。这些发现表明，休闲有助于个人发展、进入责任世界并使社会发生变化。这一章将着重探讨女性生活中的角色和心理－社会方面的问题，将使我们更好地理解女性休闲生活中的变化的一面和稳定的一面。[4]

除了做家务琐事，家庭的各个成员都享受一定的休闲时间。这个休闲时间有多长呢？考虑到目前主导家庭组织的劳动分工，我们应区分和比较一个男人和已婚妇女的空闲时间。

我们计算了城市普通工人每周的休闲时间。下班后一个男性做完家务仍然有 12 至 13 个小时的自由时间（不管是定期的或是附加的）。在 1958 年法国国立人口研究中心估算一个未育已婚家庭主妇的每日平均空闲时间为 4 个小时。对于其他类型的女性（有工作和有孩子的女性）即使她们不用离家上班，其每天的平均空闲时间也不会超过 2 个小时 10 分钟。这个空闲时间甚至少于有工作并抚养 1 至 3 个孩子的女性的空闲时间。将工作周作为时间单元，并考虑这些变化，已婚女性的空闲时间将在一周 14 至 21 个小时之间。

这些研究引起了人们的一些评论。空闲时间的计算，尤其是对家庭主妇空闲时间的计算，遇到了一定的困难，即如何看待家务劳动性质的问题。因为家务劳动的义务性特征各有不同，比如缝纫、编织、园艺和闲逛等。

在提到的研究中，研究人员将这些活动系统地归类为家务活动。通常情况下，人们自愿地去做这些家务活动，并将其看作是一种放松。这些义务与快乐参半的活动我们称其为半休闲。半休闲在已婚家庭主妇的生活中非常普遍，其与严格的家庭义务（如做饭、洗碗和类似家务活）不属于同一个类型。在不同程度上，半休闲义务性的家务活动既是义务也是休闲，更准确地说是两者的重叠。从数学的角度看，我们可以说它们处在两个集合的交集上。

之后在关于时间预算的研究中，我们有必要去区分不同义务的冲动程度和这些义务与休闲相互重叠程度的区别。通过这个方式，我们可能划分出半休闲的中间领域。根据我们在安纳西做的实验，其范围可能与所谓的休闲区域相当，甚至要大于休闲区域。没有这种区分，我们将过高预估人们致力于"工作"的时间。

研究家庭主妇的空闲时遇到的第二个困难与时间的质量有关。让－富拉斯蒂埃（Jean Fourastie）强调这个科学研究领域实际上仍然是一片处女地。这个空白限制了我们对家庭休闲问题的理解。事实上，若没有家庭责任构建的参照坐标，我们是很难去了解休闲与家庭活动间的具体区分与关系的。

工作的时间和做家务活的时间存在着无法比较的差异。在任何的情况下都不可以对两者一起考虑。对每个工作任务持续时间的测量没有考虑每个个体的节奏。完成的任务和完成任务的时间之间有着直接的联系。而对于家务琐事来说则是不同的。实际上，这些家务活的完成无法被控制，不同于那些家庭主妇被强加于身的家务劳动。

做家务的时间是非常有弹性的。这个时间可以根据人的能力、情绪或想法增加或减少。

因为独自一人或与邻居共处而"失去的"时间高度可变，所以这个时间具有易变的特征，这让人想起传统工匠所"浪费的"时间。家庭主妇的工作日与纳维尔所称的"多孔日"同属一个类型，其充满着很多微小的零散时间。所以，实际上这个时间是无法计算的。在这个无形且变化无常的时间框架中工作，人们只能因地制宜地采取休闲活动。那么，我们仍然可以把这些每天失去的和零散的时光集合称为休闲时间吗？

必须要强调的是家庭主妇享受的自由时间取决于她对自由时间的价值观。对于一些家庭主妇来说，它是一种无条件的胜利；家务活发生着转变。希望为自己争取更多时间的女性会合理计划自己的工作时间，从而更少地浪费时间。她们通过这种方式获得了履行其责任的时间。之后，随着她们个人需要的增加，休闲反过来占据了更重要的价值；家庭主妇取消或减少了一些类型的家务活，从而进行休闲活动。家庭主妇如何利用自己的时间取决于她们对这些新价值休闲机会（另一个休闲与工作之间关系的概念）的选择。因此我们看到享受休闲时光的前提是对时间的使用。如果我们仅单纯采用时间测量法，那么很难对这个问题进行理解。[5]

前面说到休闲空间指的是人们借以体验休闲的活动及社会、自然环境。在讨论休闲的意义时，我们已提到一些对女性休闲活动的研究，但研究者对女性休闲的社会与自然环境的研究还比较少。探索女性休闲空间的一个方法是，看女性自己定义的休闲在不同的日常活动与各种环境间的分布如何。加拿大的一项时间记录研究，收集了关于 60 位已婚女性及其丈夫在 48 小时内的日常活动的数据，并对各种日常活动被受访者视作休闲的频率及这些活动的"空间"做了分析。正如研究者所预期的，这些数据显示：在受访者的体验中，自由时间的活动较多地被视作休闲，而必须进行的活动，如有酬工作、家务、照看孩子等，则较少被视作休闲。某些自由时间的活动，如读书、社交活动、看电视等被视作休闲的频率最高。在必须进行的活动中，照看别人的活动比有酬工作及家务更容易被视作休闲。这项研究所调查的大多数女性填答的问卷显示她们在家务上花的时间比其他任何活动所花的时间都要多。

这项调查的时间记账还记录了所有日常活动的地点与社会场景，这使研究者得以分析休闲空间的后两个组成部分。从这项研究看，社会场景似乎明显地影响到一个情景是否被定义为休闲。被定义为休闲的比例最高的场景是，有朋友或家庭成员在场或只有一个女性与配偶在一起时。一个女性独处、跟同事或孩子在一起的场景被定义为休闲的比例则较低。当然，这些比例不完全是由于社会场景的不同，而是也反映了这样一个事实：跟同事在一起的时间通常是工作时间，而对一个已婚女性来说，只有自己个人或跟孩子在一起的时间则往往是做家务的时间。

然而，这些数据确实足以说明：对于很多有小孩的女性来说，尽管家庭可以是满足她们休闲需要的一个重要场所，但在她们的体验中，跟孩子在一起的时间大多被视作一种工作而非休闲。对休闲场所的分析显示：在工作单位的活动被视作休闲的比例最低，其次便是在家里的活动。在家里和工作单位之外的场所的活动则最容易被视作休闲。

这个结论反映了研究文献中对家是否为女性休闲的中心的争论。格雷戈里曾提出这样的观点：在家工作（包括从事有酬工作和做家务）的女性明显有一个优势，因为在家工作有可能将工作与消遣结合起来。最近，对工作进行研究的社会学家提出：现代技术和家用电脑与因特网设施，将使人们能很舒适地在家工作。但另一些研究者却指出：家对女性跟对男性不一样，并不是一个她们可以放松和休闲的地方；在女性的体验中家是一个工作的场所，在家里她们有着做不完的家务。例如，迪姆（R. Deem）1986 年经研究得出结论：很多女性觉得在家里很难找到休闲的"空间"，即很难有休闲的时间和物质条件。在家里时，女性似乎更多的是发现有很多事要做，如打扫、整理、组织，等等。

休闲"空间"的概念不仅有助于我们认识影响休闲的意义与休闲活动的因素，而且还显示出休闲的差距是存在的，显示出这些差距在男女之间及不同的女性之间分配不均。有的女性是在家外有较多的休闲活动，有的则是在家里有较多的休闲空间。年龄、婚姻状况、家庭情况、阶层、种族等因素，都可能综合地影响休闲的机会，包括影响休闲是否为交往性与自决性的。[6]

（三）休闲与女性青少年群体

游戏、娱乐和休闲，这些因素相互影响：女孩子在身体、精神和社会性方面所发生的自我变化以及她们参加这些活动时所具备的条件和机遇。此外，人们应在一个更为广阔的性别、年龄种族以及阶层联系的社会－文化背景中去考察女孩子们的自我意识和她们所具有的可能性，去考察那些条件和机遇。更值得注意的是，有好几个原因使我们认为，理解青少年的游戏、娱乐和休闲是一件重要的事情。休闲与社会化认同的发展、身体、认知以及社会能力、体质健康和精神健康有着密切的联系。青少年的那些相对宽裕的自由时间既可以使他们拥有机遇，也可以使他们陷入危险之中。而且，人们发现，青少年的休闲活动可以反映出他们今后的成人期休闲活动倾向。这项关于青少年发展的研究既指出了我们获得的一些成就，也指出了在许多研究中的缺陷，这些缺陷使得我们对性别发展的过程的认识显得不够完善。[7]

（四）个人和社会的变化对女性休闲的影响

变化在生活中是不可避免的一个方面。在很多社会里，经过一段时间的积累，女性的地位与休闲机会在近几年都发生了变化。我们对变化的性质如何看，决定着我们研究女性与休闲的目的。此外，本书的主题之一是，应该从女性生活中个人与社会两个层次的变化来研究女性休闲

曼德尔（Mandle）用三个维度来概括变革的类型：迅疾变化与相对稳定的演进、观念的变化与社会物质条件的变化、社会（宏观）层次的变化与个人（微观）层次的变化。这三个维度可以作为讨论社会中女性角色变化的一个理论背景。相对稳定指某些因素的演进带来逐步的变化，而保持着社会的团结。相反的观点是认为必须有一场社会动荡，变化是由革命性的力量促成的。

变革可以是观念的变革，因为新的思想和态度能改变人们看自己和看世界的方式。另一些倡导变革的人认为，只有当人们的行为和制度、组织结构发生实际变化时，才能说变革发生了。到底应该是先有态度层面的变化（如让人们觉得两性应该平等），还是先有行为层面的变化（如男女在工作上获得平等的待遇），这是一个还

有争论的问题。例如，有调查表明，很多年轻人都认为在婚姻关系中夫妻双方应平等地分担家务，而且也打算结婚后要把婚姻关系处理成公平的。但实际上，他们结婚后往往还是形成传统式的分工，由女性承担大部分的家务。有学者认为，如果我们先让人们在行为方式上发生变化（如在从事体育运动上给女性提供平等的机会），态度上的变化（如人们对女性从事体育运动持接受态度）接着便会发生。但不管社会变革以何种方式发生，都对我们更好地理解休闲对女性生活的影响有重大意义。

在变革应以个人还是以社会为重心的问题上也有不同的观点。主张以微观层次变化为主的人认为：除非我们把个人的行为、动机和性格作为重点，并努力理解变革在个人身上的表现，否则我们很难理解社会变革产生的效果和变革会遇到什么阻力。支持宏观变革理论的人则认为：如果社会及社会制度不变，个人的变化是很迟缓的。

在任何有关社会变革的讨论中，这三个关于变革的维度都是相互联系的。如何看待变革，会影响到我们如何理解女性生活中休闲的意义，及改进女性休闲的意义。本书对女性休闲的研究，整个都将围绕着社会变迁的问题及我们应该用什么策略来扩大成就和克服差距的问题进行。在此我们先确定一下为什么应该研究女性。[8]

二、休闲与青少年群体

（一）休闲与儿童成长

这种活动的欲望在童年早期就被发现了；婴儿在醒着的时间里一直在蠕动、扭动、转身和伸展。抓东西似乎是一个反射动作，手指的协调发展最后成为食指和拇指精细的弯曲动作。之后，当眼睛开始聚焦，伸展和固定的判断力也就形成了。

在反复试验的基础上不断重复一个随机动作，不但能学会技能，而且奠定了思想的基础。幼童已经开始判断近和远、高和低、大和小、粗糙和光滑。这些真正在思考和判断的基本技能在复杂的工业文明社会中是非常重要的。知识的最初来源就是活动中的体验，我们看不到其中的关系与缘由。甚至交流所必需的词汇也只能通过我们的感官来意会。基于基础活动，思维发展归为 4 个层次：（1）观察性的；（2）探索性的；（3）调查性的；（4）实验性的。

观察性思维包括眼睛的聚焦、头部的转动、实验性地关注颜色鲜亮的物体，也包括娱乐和其他环境情况。

在探索性层面，孩子总是到处乱窜，躲在门后看，观察衣橱，追着一个球跑，去够桌子上的物品；事实上，他在窥探所处环境的每一个角落和物品。

当孩子开始拆闹钟，玩"撞到家具"，想要找到玩具动物发出声音的地方时，那是他在调查。他打开每一个抽屉、水壶、箱子，试图翻找出最底下的东西。

在实验性层面，想象力非常重要。闹钟的发条可以成为模型船的动力来源，钟面成为圆盘；坏掉的轮滑鞋为滑板车提供了轮子；旧零件组装成新发动机；用其他东西创造新玩意儿。

可以理解完美的身体协调性是活动驱动的结果，但很少有人意识到活动也奠定了思维基础。反射的和富有想象力的思维会伴随孩子一生，帮助孩子识别超出其所在环境的术语。

需要注意的一点是，尽管思维理念还没得到完全开发，但活动冲动使得孩子需要接触他的家庭成员和玩伴们，这是形成合作态度的基础。渐渐地，给予和索取必须经过同意，孩子、兄弟姐妹、玩伴都有相应的权利。孩子在对强烈的活动冲动做出回应的过程中，对于团队合作和偏见的看法也得到了良好的发展。[9]

（二）儿童娱乐活动的组成内容

随着儿童劳动法的通过，以及儿童上学接受教育成为强制性制度，孩子的空余时间也增加了。对于年幼的孩子而言，除了他们居住的拥挤租房和邻近大街之外，他们几乎没有地方可以玩耍。对年长一些的孩子而言，改革者担心他们去舞厅、台球室或参与赌博、在大街上闲逛、喝酒，以及其他一些可能影响社会道德发展的成年人空闲活动。娱乐活动倡导者觉得：

> （玩耍）是道德发展的至关重要因素，因为玩耍能建立起运动协调性、加强领悟力、形成社会习惯，而这都与意志能力有关。人很容易被城市生活中的许多诱惑所影响，为避免意志薄弱，他必须避免身体疲劳或运动不足。

1917 年，柯蒂斯（H. S. Curtis）总结了娱乐活动的五个组成部分：

（1）为孩子提供玩耍场所，供其空余时间使用，不让他们在街上游荡，避免可能遭遇的不良影响，并让孩子与训练有素的成年人交流接触。

（2）促进学校娱乐活动，确认玩耍对儿童发展起着重要的作用。

（3）拓展学前儿童课外活动场所。

（4）发展公共娱乐活动。

（5）产生了促进重视娱乐及工作娱乐之间要平衡的精神，缩短了工作日，争取到了假期，促进人们更多地参与文化活动。[10]

（三）认识青少年休闲的重要性

许多社会把介于儿童和成人之间的阶段称为青少年期，该时期是一个激烈的自我反省和变化的时期。在这一转型阶段，繁多的成长任务造成了生理、认知、社会领域几乎不断变化。在这一"走向成年"的阶段，世界各地的青年经历一个了解自己、给自己定义和重新定义的过程，这一过程需要考虑他们的微观（如家庭、其他成人、同龄人）和宏观（如社区和更大的文化环境）两方面的环境。他们同时也帮助决定和影响他们的微观和宏观环境；也就是说，他们对不同层面的环境冲击做出反应，同时也影响它们。

……

当代青少年比任何年龄群体都影响着，也受影响于全球化进程。他们成为向"全球青少年"兜售"全球品牌"的市场研究人士的目标（联合国计划开发署，1998）。除了成为全球品牌的目标以外，全球化特别通过大众传媒让青少年接触新体验和新思维。这种接触和对认同的追寻给青少年带来独特的挑战和机遇。

有些青少年可能不同于前几代的一个方面是他们使用时间，尤其是他们参加休闲和对休闲的态度不同。了解青少年在休闲时做什么、他们的经历是什么、他们对于休闲的态度如何至关重要，因为调查表明，对于青少年来说，休闲既是积极发育和成长的重要环境，也是产生滥用毒品、危险的性行为、犯罪和偏离常规等危险行为的一个重要环境。[11]

20世纪末，人们幡然省悟到休闲有潜力对全球各地青少年的生活产生强烈影响。这种省悟，虽然在各国程度不同，也尚处于初期，还是促使了一部分文章的发表。作者中有休闲研究人士，但有意义的是，越来越多的是来自休闲领域"外"的研究人员。这一当代省悟阶段伴随着同样重要的全球范围的认识，即青年需要社会的支持和机会才能成熟，才能成为健康而又有建设性的成人。这一"运动"在一些国家被称作"积极的青年发展"。

承认青年空闲和自由支配时间的重要性表现在众多从国际角度直接或间接研究休闲的专著和文章里。上述文献既进行研究，也探讨政策。产生这一情况的原因来自几个方面的影响。

首先，对于青年在未来所有国家的经济、政治和公民事务中所扮演的关键角色有越来越多的关注，这一点与历史上对于青少年的看法成鲜明对照。在许多社会里，青少年被视为一个需要对付的问题（如"青年问题"）而不是应当培养和使之兴旺的社会资产。在北美和有些欧洲国家的积极青年发展运动，在某种意义上，是在力图重新定位青年，将其视为"潜力"而非"问题"。将青年视为问题的现象不仅发生在西方文化中。在《青年研究》杂志，即一种旨在促进对亚洲青年理解的刊物里，有好几篇文章探讨了人们普遍所持的态度，即亚洲青年有问题，因为他们与前几代人不同。他们被视为有更多享乐主义、个人主义倾向、对公共利益不够关心，并持有更自由的价值观。不过，提倡更深刻了解青年问题的人指出，当前一代年轻人也有许多固有的积极特点。同样，郑（Tseng）和郭（Kuo）认为社会存在对青少年的歧视，社会需要开发更好的教育和社会工作实践，以促进当前和未来的青年的积极发展。

其次，作为"青年运动"的一部分，休闲在许多文化中被视为一种人权。譬如，在 1996 年，联合国制定了一个促进青年"自足生活"和"充分参与社会生活"的青年政策。实现这些目标的方法包括"提供休闲的机会"。同样，联合国儿童基金会儿童权利公约第三十一条（1989）声明：

第一，缔约国承认儿童享有休息和休闲、参与适龄玩耍和娱乐活动，和自由参与文化生活和艺术的权利。

第二，缔约国将尊重和推动儿童充分参与文化和艺术生活的权利，并鼓励为参与文化、艺术、娱乐和休闲活动提供适当和平等的机会。

第三，在全球范围内，似乎休闲正在被视为潜在人力开发和风险并存的环境。因此，研究人士、从业人士、决策人士已经认识到提供政策和项目来为青年创造机会参与积极休闲的价值。[12]

（四）休闲对青少年成长的促进作用

休闲能够为青少年成长提供一个强有力的环境，但同时，休闲也能成为危险行为的背景；二者不一定相互排斥。

因此，需要进行正规和非正规的休闲教育，以促进积极成长，预防危险行为。

从全球范围来看，青少年的休闲存在着活动与运动项目上的偏见。对一些年轻人而言（但并非所有的年轻人），运动是一项主要的活动。艺术、人文、基于自然的活动和沉思活动同样非常重要，应引起重视。

与此同时，已经有了一些证据表明，某些有组织的活动比某些没有组织的活动会产生更佳的成长结果。这一说法虽然得到了一些实际经验的支持，但还需要更多研究来认识"有组织"和"没有组织"活动的不同价值，并进一步认识这样的分类究竟是否合适。

文化、环境、性别、民族可能对青少年成长和休闲的意义和过程施加不同的影响。

家长和成年人能够通过休闲活动对青少年的积极成长产生促进或是阻挠的作用。

进一步说，政府和社区必须给青少年提供休闲基础设施、休闲机会、休闲项目和服务，从而让青少年能全面利用有利于个人成长的休闲环境。

青少年应该在塑造他们自己的环境方面起积极作用。因此，在发展休闲基础设施、休闲机会、休闲项目和服务方面，青少年应该有发言权。[13]

值得一提的是，当青少年在闲暇时间参与有意义的休闲娱乐时，积极的青少年发展更容易发生。相反地，如果闲暇时间是空洞的，缺乏有意义的活动（即一个人只是消磨时间），它将不太可能产生积极的发展。因此，闲暇时间可能会导致不太积极的发展，有时甚至是看不见的行为。潜在的不健康的、有问题的经历的例子包括休闲时间的无聊、违禁品滥用和休闲时间的压力感，它们都可能导致不健康的发展结果。……在本章中，我们的重点将落在青少年通过休闲娱乐所能获得的积极的发展机会上。

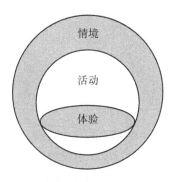

图 6　休闲与娱乐的发展因素

为了理解娱乐是如何促进青少年发展的，我们有必要认识到娱乐不仅仅是参与某项活动，虽然活动本身是重要的。同时我们也需要理解伴随着参与活动的经历体验（例如，感觉、态度）和活动发生的情景（或"容器"）。上图6提供了这些因素的图示。从这张图中，你可以看到经历体验是活动的一部分，它和活动一起被包含在情境中。当情境、活动和经历中的适当因素存在时，娱乐能促进青少年发展。尽管所有这些因素都是相互影响、相互关联的，我们将在以下的章节中对每个因素分开进行讨论。[14]

（五）当代青少年特别喜欢的休闲活动

澳大利亚统计局（1993）从时间、年龄、性别三方面对青少年进行了研究调查，发现15—24岁的青少年拥有最多的自由时间。男孩每天有383分钟空闲，女孩有350分钟。澳大利亚统计局对休闲调查的数据显示：在最受欢迎的21项休闲活动中，下列17项是青少年参与度高出其他组的休闲活动：

- 看电视／录像；
- 听广播；
- 阅读；

- 听音乐；
- 拜访亲戚朋友；
- 放松／无所事事；
- 与朋友煲电话粥；
- 运动／锻炼身体；
- 外出就餐；
- 尽情购物；
- 在家庭泳池游泳；
- 艺术／手工劳动／兴趣爱好；
- 开车兜风；
- 室内运动；
- （外出）游泳；
- 遛狗；
- 逛酒吧。

其余 4 项休闲活动在其他年龄组的参与度较高，分别为园艺、宴请、户外活动（在家附近）和散步。14—19 岁的青少年对需要交通或开支的活动，以及受到法律限制的活动参与度较低。但是 20—24 岁的青年在这些活动的参与度上比其他任何工作年龄段的人都要高，这些活动包括拜访亲友、宴请、开车兜风、泡酒吧。不同年龄组的人在阅读和艺术／手工／兴趣爱好等活动的参与度上没有显著差异。前十个最受欢迎的活动大多是在家进行的，因此青少年的参与程度很高。维尔（A. J. Veal）和达西（Darcy）从这些调查结果中得出结论：他们认为青少年对大多数休闲活动的参与度都很高，但是该参与程度会随着年龄的增长、家庭和工作责任的增加而逐渐降低。

新西兰的莱德勒（Laidler）和库什曼（Cushman）提出类似的发现，他们观察到青少年喜欢运动，比如锻炼、跑步、游泳、划船、开车兜风。他们同时还指出，青少年花很多休闲时间在较为轻松的活动上，如放松、无所事事、听音乐、逛酒吧。年轻女性最喜爱的休闲活动是听音乐、看电视／录像、拜访亲友、阅读、散步、外出就餐和正式的体育项目。同澳大利亚的情况一样，艺术和手工在女孩中相对比在男孩中更受欢迎。男女之间和有不同条件的人之间对休闲活动参与的差别激发人们思考这样一个问题：是否所有青少年都能自由参与休闲活动，或休闲参与是否受到社会结构因素的影响，如社会等级、性别等。在《世界休闲活动的参与：地球村里的自由时间》（*World Leisure Participation:Free Time in the Global Village*）一书中，作者库什曼、维尔和祖扎内克（J. Zuzanek）特别提到，尽管在不同国家和地区的调查方法不一，但加拿大、法国、德国、以色列、波兰、西班牙、美国和中国的香港的调查结果都显示出相似的参与模式。

青少年把很多精力花在许多休闲活动上，包括使用电子设备。在澳大利亚，看电视占去了 13—17 岁青少年空余时间的三分之一，是最耗时的一项活动。研究人员库比特（Cupitt）和斯托克布里奇（Stockbridge）发现这组人平均每天花 2 小时 19 分钟看电视。他们的数据还显示第二耗时的活动为听广播、磁带、唱片和外出闲逛，每项活动平均每天占 40 分钟。他们花在电子娱乐活动的时间（54%）超过了非电子娱乐活动（33%）。剩下的时间（13%）是用电子或非电子方式做作业。电子娱乐活动包括看电视（34%）、听音乐（10%）、玩电脑 / 打游戏（5%）、看录像（4%）和去电影院（约 1%）。非电子娱乐活动包括外出（10%）、嬉戏（3%）、运动（8%）、闲逛（8%）、阅读、绘画或写作（4%）。

男生明显比女生花更多时间看电视和运动，而女生把更多时间花在阅读上。青少年每天差不多花 5 小时在休闲活动和家庭作业上，其中一小时是在同时干两件或更多件的事，比如听广播、看电视或听事先录好的音乐。在 13—17 岁的青少年中收音机、磁带、CD 机的普及率非常高，而且年龄越大，个人房间内拥有电子产品的比例就越高，但是男生拥有电视机、个人电脑、电视游戏的比例比女生高。

在 1997 年，人们特别注意到了收音机、录音机、CD 机、电视机等媒体设备的高拥有率。电视游戏（48%）、掌上游戏机（35%）、个人电脑或笔记本电脑（20%）、录像机（16%）、付费电视（5%）的拥有率逐渐攀升。男生比女生更多地拥有电视机（45%:31%）、电视游戏（63%:31%）、掌上游戏机（45%:23%）、互动电脑游戏（55%:16%）。[15]

（六）三种休闲体验对青少年发展起重要作用

有三种发生在休闲活动中的，并对青少年发展起到重要作用的体验：兴趣、内在激励和"畅"。兴趣是无聊的对立面，并对认知成长有重要的作用。青少年把注意力集中在手头的工作上能促进他们的大脑活动。兴趣还与生理有关，比如更慢的心率。最后，兴趣培养作为一种参加活动的冲动的内在来源，能培养内在激励，因为它"感觉很好"。对活动感兴趣与乐趣、能力和缓解压力有关。

兴趣和内在激励也与"畅"的体验有关，它们能促进积极的青少年发展结果，如自主性、自我效能和能力。"畅"包括以下 9 个在休闲娱乐活动中很容易实现的因素：

- 明确的目标；
- 及时的反馈；
- 技能和挑战的最佳平衡；
- 行动和意识的融合；
- 对环境没有感觉；

- 不担心失败；
- 对时间的体验不真实；
- 缺乏自我意识；
- 活动变成由自我引导。

……

"畅"以及其他积极的休闲体验是这类活动的内在回报（如感到有能力、有兴趣、激动），能产生未来参与的潜力。也就是说，当青少年能经常从活动中得到回报时，他们会努力继续参加来获得更多这样的回报——回报越多，越是受到激励来保持参与。这样就建立了一连串积极的发展结果和过程。例如，越多地追求和体验产生"畅"的活动，青少年就越多地需要在活动参与过程中解决问题和克服挑战。青少年也必须学习以合适的比例增加技能水平和挑战，这样"畅"的最佳体验才能得到维持。他们要学习一个关键的发展过程——自我调节。

其他与休闲娱乐相关的体验有很多。积极的情绪，比如爱情、激动、喜悦、宁静和平和，都能在休闲环境中体验到。当然，消极的情绪，比如有压力、焦虑和仇恨，也能在休闲环境中体验到。虽然我们现在对究竟何时会产生这些情绪知之甚少（即对象是谁，在什么条件下发生），但是神经心理学研究或许能帮助我们更好地理解休闲环境中的情绪是如何发生的，以及它们是如何与积极的发展结果相关联的。同样重要的是，我们需要了解如何预防消极情绪的发生。[16]

（七）休闲活动要鼓励青少年积极表达看法

为青少年广开言路对项目发展和计划的意义当然是毋庸置疑的。如果娱乐专家用适当的方法激励青少年畅所欲言，他会惊讶于竟会有那么多的"声音"。当一个项目尽力满足参加者的社交、教育、情绪及认知需求时，鼓励发言将会提高该项目的作用。就大多数青少年而言，其见解和意见未必是自然形成的，而是随着成长成熟、逐渐认识形成的。在促进和培养发言的环境中，通过与支持他们的成年人交往，他们能最有效率地学会认识和思考。

娱乐活动就是一个重要而独特的论坛，成年人借以鼓励、支持，授权青少年发言。作为一种环境，娱乐的特点是提供了选择、发言、承担个人责任的机会。在未成年人的生活中，这些因素在此背景下比其他事物更为有利。这样，通过精心筹划的娱乐和休闲活动，能增加和提供发言机会，以促进青少年的积极发展。

我们尤其要注意，在青少年意欲表达看法时，应避免使他们认为他们只是成年人操纵过程中的一个傀儡。第一章和第八章中已经讨论过支持和机会的概念。所谓支持，包括全体员工恰当的鼓励和协助，以及出现问题时，快而准地解决问题。所谓认可青少年的努力，包括公众认同、指导青少年的项目，关注青少年的重要事务，也包括倾听他们的不同意见。所谓机会，包括提供发表意见的各种机会，通过行动与接触加以贯彻的机会，为特定性别和年龄的青少年提供活动的机会。

如前所述，若要培养青少年发表意见，必须让他们认为成年人准许并看重他们的想法。换言之，促进发言不只是使其高谈阔论，也需要倾听。髫龄小童也能辨别大人是否真的重视他／她。正视、鼓励发言的娱乐专家一定要随时准备倾听并尊重其参加者的观点和看法。这也包括提供适量的鼓励、支持、承诺，以及日后的随访。[17]

埃利斯提出了青少年表达意见的两条途径。

第一条是通过行动表达意见。埃利斯的研究表明：青少年参加者通过成功地发起、参与自己选择和设计的娱乐活动培养了自我效能。埃利斯指出，成就感让青少年感到他们的想法有其优点而为娱乐项目领导所重视。因而，通过让参加者尽可能地自我指导和认可其成就和能力，娱乐专家可以创造机会，广开言路。

第二条是通过接触表达意见。埃利斯在传统的成人指导项目里考察了这一途径。他指出，在大多数情况下，青少年的意见表达见于项目中与成年人的频繁接触，这些成年人尊重青少年的想法和观点。第一章中提到对青年人关心关怀的成年人被看成是保护青少年的一个重要因素。当这些成年人出现在项目中时，就形成了成年人与青少年的种种关系，而这些青少年可以表达一些年轻人的思想。如果双方相互尊重，青少年在活动中又有做出重大决策的机会，效果就尤其显著。因此，在大多数情况下，雇用能干的成年人参与青少年项目能更大限度地开发青少年的思想。

娱乐活动策划人在他们工作中经常与不同的人接触。青少年参加者也就有机会与不同的人交流，如社区领导、政治家、其他服务机构人员、教育家、警官、同龄人和父母。这些机会有助于青少年参加者提高表达能力，拓展他们思想的影响范围，而不只限于以娱乐为中心。懂得构成听众的人各不相同，这有助于青少年调整他们的语言、变换语气和方法以适应不同的场合。

项目设计者应该继续支持青少年，鼓励他们发表意见，直到形成一个信任的环境。要创造一个让青少年畅所欲言的环境需要时间反复试验。不同习俗、民族、性别和种族的青少年对发表意见的机会会做出不同的反应。娱乐项目设计者在努力促进发言的同时，要非常敏感地认识到这些差异。

在社区和学校里，人们很少见到为听取青少年的意见而举行开诚布公的讨论会，而且参加者对于这些征求意见的尝试表现出谨慎，因为这些努力是那样的新颖而陌生。娱乐专家如果事先说明他们希望通过讨论得到思想交流，也许会受益匪浅。青少年一旦知道他们的意见会用于改进项目、形成提议、促进中心的活动，他们会更加愿意参加讨论。如果他们感觉这是形式化的发言，就会导致负面结果，青少年就会逃避发言。

一旦青少年开始敞开心扉，他们就需要支持。成年人应肯定其评论、建议及问题，以此来帮助他们。"没有提出的问题（想法或评论）才是愚蠢的问题"，娱乐项目可以说是解决这一俗语所表示的问题的最佳地方。娱乐专家同参加者合作，确定有助于形成和维护他们想法的方法。例如，如果一个参加者希望带给青少年活动中心一项假期培训项目，那么娱乐专家便可与之合作，确定能提供接受培训的组织和人员。同青少年合作，使他们的论点更加透彻，更加具有说服力，这能增强他们表达心声的信心。

随着参加者发言机会的增多，项目策划者会发现更多切实可行的想法，可以推动青少年发起活动，实施他们的想法。最终会提升参加者对项目的主人翁意识。然而，迫在眉睫的是，员工们要面对参加者，向他们解释实施过程，说明提议和想法实现的可能性。例如，青少年的想法会用来充实决策，还是制定决策？

赢得参与者信任的一个最好方法是依其言、行其事——表示尊重他们的想法。娱乐专家能制定又快又准的解决方法，对选择的观点做出回应，以示参加者的观点未被忽视。如果课外项目参加者要求举办一次象棋联赛，而通过合理的计划调整能做到的话，设计者应该利用此情形，尽快安排一次联赛。结果，参与者感到自己的想法不仅被采纳，且很有价值。因而，他们更会继续发表自己的观点和看法。

寻求方法认可参与者的努力和成就是广开言路的关键所在。这种认可可以采用多种形式。费尔法克斯县社区娱乐服务部门主持了一年一度的表彰仪式，表彰那些积极参与组织活动的青少年。当地政界和机构部门的高层领导出席了这一仪式。青少年活动中心在项目规划中突出显现了青少年发起的活动。此外，青少年还经常为当地出版物联合撰文，为大型活动设计海报和传单。这些活动的参加向参与者、同龄人及社区其他人表明，青少年是中心运行中必不可少的组成部分。

最后，成年人可以帮助青少年将观点聚焦于青少年的切身事务上。利用他们的兴趣和动力是提高青少年参加培养思想、发表见解活动的一种有效途径。他们必须包容差异，以确保倾听所有参与者的意见，无论他们的背景或能力。[18]

（八）促进青少年休闲发展的环境因素

所有的活动和行为都发生在某一特定的情境（如工作、学校）中。情境包括周遭的所有因素，并且可以在一个特定的背景下影响行为。与发展有关的娱乐环境中的因素包括：

- 机会；
- 督导量、类型和结构的类型（正式或非正式的）；
- 成人支持与指导；
- 同伴（如人数及他们是谁）；
- 生理和心理因素（如先天或后天的环境，生理和心理的安全、洁净）。

机会环境提供发展发生的机会。我们可能通过以下两种方式来考虑环境中的机会：第一，机会可以包括休闲活动中的所有发生的事情，以及青少年生活中可能获得的参与机会，即机会是使用资源的选择自由。机会也可能存在于家庭、社区中心、教堂、学校等场所。参与到丰富的休闲经历中去的机会对青少年是重要的，因为他们需要接触，并要有能力去尝试参加这些活动，这样他们才能发现自己对什么感兴趣、内心追求什么。

第二，机会也指休闲环境中隐含的方面和促进取得积极发展结果的环境。休闲的机会能够为青少年提供一些可能性：

- 有选择和发言权（例如，参与管理和决策）；
- 觉得自己归属于某个团体，并且是很重要的；
- 发现自我认同和性别角色；
- 得到挑战；
- 发展能力；
- 与成人形成持久的关系；
- 与学校、社区和教会相联系。

不幸的是，在北美和世界的其他地方，缺乏使用休闲资源的机会对许多青少年来说是个很大的问题。此外，即使有机会，有些青少年也无法承担参与的费用。在北美，缺乏使用休闲资源机会的最大原因包括这些青少年生活贫困，或/和生活在郊区，甚至在城市中也可能缺乏机会。[19]

关于机会的一个重要方面是青少年在他们选择的娱乐活动中，能够实践个人选择的量——他们有没有自我决定和发表意见的机会？对积极的青少年发展来说，经历选择和发表意见是重要的，因为它们会促成兴趣培育、自我动力、身份形成、自我效力的感觉、内在激励，感觉到自己被重视，并能接受决策的责任。

当讨论选择和发言权这个题目时，让我们先花一点时间来确认几个常用的术语：内在激励、自我决定、自治和自我约束。内在激励指为了追求内在享受、兴趣和活动的乐趣，而自发地参与某种行为。内在激励是十分重要的，它满足了三个人类的基本需求：能力、自治和相互关系。通常，内在激励与外在激励和激励缺乏形成对比，这些都是我们在本书中会使用到的术语。

我们不能把内在激励与自治、自我决定或自我管束相混淆，这点也是很重要的。这些术语都只有很细微的差别，其中的差别取决于你问谁（如果你研修社会心理学或发展心理学的课程，你会对这些术语有更多的了解）。根据我们讨论的目的，这些术语同有一个基本的意义，这个意义对理解青少年的选择和发言权是如何起作用的是重要的。考虑这样一种情况：一个人对自己的行动有完整的选择和控制是少见的，甚至在空闲的环境中也是如此。例如，你可能在闲暇中更多地做某件事，因为你知道这件事对你是有益处的（即它能实现某个目的，如运动型休闲）或因为其他人邀请你参加某项活动，而不是因为那项活动的内在乐趣。

因此，从某种角度看，你的行为是外在激励，而不是内在激励的。在这些情况下，一个人能实现自治或自我决定吗？答案是肯定的，只要他的行动是自我肯定的，即一个人行为的发生是因为它们符合这个人的价值体系、信仰和欲望。虽然在青少年生活的其他情形中，休闲环境并不总是提供自我决定或自治的培养条件，但是休闲环境确实最大限度地提高了自我决定发生的概率。[20]

然而，青少年选择并不发生在真空环境中，所以成人给予适量的引导和支持也是重要的。推进青少年选择和发言是在做一种微妙的平衡——他们自己想要参加、感到自己应该做某种活动，和被引导参加某个活动之间的平衡。你可以从关于自我决定和自治的讨论中想象到，对于成人来说，提供适量的引导和支持并非易事。

成人提供的督导的量也是休闲娱乐的一个重要环境因素。取决于不同情况，成人可能会提供太多、太少，或正好合适的督导。[21] 我们之前提到过，督导的类型和量与青少年的年龄相关。一般来说大一点的孩子需要较少的督导。然而，如果他们在参与冒险性的业余活动，如激流皮划艇，或在学习需要教练指导的、以技能为基础的活动时，督导的等级应该相应上升。因此，除了年龄以外，成人指导的类型和等级也与具体活动相关。尽管以技能为基础的和（或）冒险性的活动会要求教练、高期望和给青少年的相关反馈的适当结合，年龄大一些的青少年在这样的环境里仍需要有更多的做决定的机会。[22] 关爱青少年的成人（在青少年休闲中）能促进以下几点：

- 归属感；
- 心理安全感；
- 能力；
- 感到自身重要性；
- 建立技能的机会；
- 与社区连接的感觉。

提供指导和支持的适当比例部分取决于青少年的年龄——指导和支持需要与发展进度相适应。如果提供过多的指导和成人控制的话，青少年就有趋于外在激励的危险，即他们可能会开始注重参与活动的外在奖励（如奖牌、受欢迎程度）或感到参与是强制的。受到外在激励的青少年往往会对娱乐活动缺乏兴趣，因此他们的兴趣和参与不大可能得到维持。这也许可以解释为什么随着年龄的增长，青少年对正式体育和其他娱乐活动的参与程度有所下降。随着时间的推移，青少年对选择和发言权的需求明显增长，而成人指导的体育或其他活动通常没有让青少年表达这种需求的机会。

在青少年成长成熟的过程中，他们确实需要的是能够协助、鼓励并支持他们自身努力的成人；他们需要这样的成人来帮助他们处理失败的经历，并与他们共同庆祝成功。所有这些支持将会促进青少年建立脱离父母及其他成人的情感和行为的自治能力，这是他们自身发展过程的一部分。

　　青少年也需要会让他们对自己的行为负责，并逐步培养他们在娱乐选择和参与中的责任感的成人。相应地，为青少年设立高而实际的目标，并与他们共同努力来实现这些目标的成人能促进青少年发展。成人与青少年共同努力，发展责任感并达到高标准的一个途径是提供高质量的指导和辅导。这为青少年提供了获取技能、培养能力的机会。如果没有适当的引导，青少年可能会选择参加缺乏挑战、缺乏自主发展机会，且意义不大的活动。[23]

　　同伴是青少年生活中一个非常有利的环境因素，它对青少年的行为（如尝试一种新技能、抽烟）或经历（如感觉有能力、孤独）既可施加正面的，也可施加负面的影响。

　　在积极的方面，支持其他青少年去尝试新的活动的同伴可以促进自信和自我效力。例如，在卡尔普 1998 年的一项研究中，女孩子描述了她们的朋友（和家庭成员）是如何支持她们去尝试新的户外活动的，这种支持帮助她们发展了自信和能力。在另一方面，同伴也会产生负面的影响。在卡尔普的研究中，有些女孩反映，她们不去参加某些户外娱乐活动，因为她们担心她们的同伴会做出负面的反映（如她们可能会被嘲笑）。[24]青少年的业余时间，因为社交性强，是他们发展社交能力和情感调节的重要环境。同伴有能力通过示范社交、情感能力和新技能，成为互相之间的榜样。在这些例子中，同伴促进了积极的社交和归属感，这些对积极的青少年发展都是重要的，例如，与他人交流要求青少年学习人如何领导和如何服从领导。在此过程中他们也学习基本的社交技能，以及关注其他人的感觉和兴趣的需要。在德沃金（J. Dworkin）、拉森和汉森（D. Hansen）2003 年的一项研究中，在组织良好的活动中与同伴交流的一个益处是能够提高控制愤怒和焦虑以及将注意力集中在眼前活动的能力。

　　最后一个在休闲娱乐环境中促进发展结果的方面是物理环境，包括室内和室外的环境。户外和自然的环境通常给参与的青少年提供挑战。……户外挑战促进青少年发展的一个原因是青少年可以学会在户外碰到问题时把形成的技能和态度总体化地应用到日常生活中去。例如，一个青少年，通过数周的练习能驾驭皮划艇应付二级（略难级别）激流并建立起了信心以后，可能会把这种持之以恒的能力运用到理解西班牙语上。这种观点，无论多么符合逻辑，在研究领域并没有详细的记录，然而马奥尼（J. Mahoney）、凯恩斯（B. Cairns）和法莫（T. Farmer）2003 年提出，随着一个人技能的提高，他在解决了一种问题以后，便会设定新的、更具挑战性的目标。他们相信，这个过程能从娱乐活动的环境转换到其他的环境中去，比如工作和学校的环境。

　　除了一些户外活动内在的挑战以外，有证据表明一个环境的美感也是重要的。[25]最后，以青少年为重点的，为他们特别设计的环境和空间对青少年特别有吸引力，它们为青少年实践与发展有关的方面如能力、身份和性别角色等提供了安全的场所。一方面来说，不安全的、破败的、无结果的或"学校般"的环境不太可能鼓励青少年参与活动，因此阻碍了潜在的发展。这些都可能是青少年发展的重要环境……

至此，我们对休闲娱乐环境因素的讨论集中在了环境上，环境为发展的发生提供了背景。休闲环境对青少年发展来说特别重要，因为它能促进自我决定行为和内在兴趣的发展。在适当组织和督导的休闲环境中，青少年能和关爱他们的成人和同伴形成良好的关系，可以获得学习技能和发展能力的机会。在休闲的环境中，青少年容易感到他们是重要的，并有归属感。但是现在我们将把我们的注意力转移到环境中发生的活动这个因素上去，来探讨活动本身是如何促进青少年发展的。[26]

（九）关于青少年休闲的政策制定与项目实施

以下我将讨论与休闲和青少年成长有关的三个政策制定和项目实施问题。首先，政策制定和服务的提供必须系统地进行，并有青年的参与。其次，服务和机会的提供虽然非常必要，但其本身还不够；需要某种形式的休闲教育。最后，同前面两点有关，需要一种预防而不是反应式的处理问题的方式。那些在青年的时间使用方面还没有经历过重大问题的社会更是如此。

……

有两点尤其值得关注。

一是将青年作为项目和政策的共同制定人，其重要性必须强调再强调。"青年的声音和选择"对于项目成功与否至关重要。例如，即使马来西亚政府用心良苦，通过青年和体育部建立休闲项目，但是青年却不满意，项目参与率也较低。

二是仅仅提供机会是不够的。大多数青年不知道如何参与有意义的休闲活动，即使在这些机会存在的情况下也如此。青年需要成人的支持和引导来学习技能、克服制约和培养恒心。因为许多青年在生活中缺乏成人照顾，有必要在校内和课后环境里提供系统性休闲教育。但是，休闲教育应该不只是教授青年技能，而应针对本文前面所论述的重要的成长问题（如动机、认同、寻找共同志向和学会避免乏味等）。

服务的提供、政策开发和休闲教育能够结合在一起，为青年发展、预防危险和减少伤害等重要目标做出贡献。青年被视为问题的一个原因是有时候有些青年确实成为问题和缺乏方向。然而，这种行为的原因更有可能出自经济和文化问题（如缺少机会、歧视和经济弱势），而不是青年自身固有的问题（如需要临床诊断）。"健康南非"是目前正在南非中学生中开展的一个休闲和健康教育综合项目。目前正在对其有效性进行广泛的纵向评估，评估内容包括促进积极休闲、减少危险性行为和毒品的滥用。有必要提出更多、更广泛的预防性干预措施，并对它们在不同环境下的实施进行严格的评估。[27]

三、休闲与老年人群体

（一）社会老龄化对休闲的潜在影响

社会的迅速老龄化对休闲和休闲服务有着相当大的潜在影响，它将波及从游乐园到全美职业高尔夫联合会等各种休闲组织。要满足老年人的休闲需要，就要着手进行大规模的改变，其中必须使有关老龄化的新概念，尤其是"可塑性"理论本身得到实际应用。[28]

任何形式的休闲活动都将在某些方面受到人口老化以及社会种族多样化的影响。由于城市、县区、州内或健美俱乐部成员中的人口构成正在发生变化，各种活动的参与率也将随之变化，有时这种变化还会相当剧烈。总体上，老年人相对很少参与对体力要求较高或者所需温度过高或过低的活动。然而，许多户外娱乐研究人员仍认为，目前很难预测老龄化和更复杂的种族群体构成将如何影响人们对休闲的参与情况。在谈到种族群体情况时德怀尔指出，"在户外娱乐参与中，种族群体扮演着一个关键的角色；参与率的未来走势也将取决于民族关系的发展趋势"。随着种族群体和民族差异的淡化，参与率的差异也将被缩小到最低限度。如果少数种族群体或民族坚持保留自己的身份，如果歧视继续恶化，那么参与率间的差别将会变得更为明显。[29]

我们得承认，时光的流逝对于每个人来说都是一样的。要断言多少岁的人算是老年人，那纯属武断。每个人都有好几种年龄：时间年龄（多少岁）、遗传年龄（相对于平均寿命的年龄）、统计年龄（人寿保险的死亡率统计表即以此为基础）、生理年龄（身体机能年龄）、心理年龄（情感成熟度），也许还有别的年龄。

开展老年人的休闲教育需要考虑一些特别的因素。应该让老年人认识到他们对社会和自己的价值不能以挣钱多少来衡量。应该帮他们了解到人越老就越需要依赖精神上的慰藉。需要让他们认识到即使在自己的黄金岁月里，也不能无视自己被需要的渴望，也同样需要感到自己有价值、有归属感。意识到自己生理和心理的局限也是教育的一部分。同时也应该明白相貌的改变是不可避免的，无须为之过于伤感。面向老年人的休闲教育还应该强调他们活力的枯竭、孤独、焦虑和厌烦之情能从其他方面得到补偿，是有办法把这些因素的影响降到最低的。其中一个方法便是把自己的兴趣和精力转向满足别人的需要，而且"别人"最好不只限于自己的家庭。我们应该清楚，不论年龄多大，也不论经济地位如何，人都会感受孤独。如果我们以主动的精神面对孤独的幽灵，孤独、厌烦、焦虑等情绪就会减弱。人越早学会为人处事，越早学会把休闲当作一种挑战而非义务，就越能从容地面对自己的晚年。最后，必须明确的是老年人任何时候接受休闲教育都不能说是为时已晚。很多人都是在晚年又学会了新东西。[30]

老年人对休闲的积极参与被证明是可以保持健康及活动能力的。参与休闲活动在保持人体的力量、灵活性及耐力方面都非常有利，还可以防止孤立、孤独产生的心理问题。这可以帮助老年人生活得更健康、更独立、更长久。这些好处促使英国健康教育中心在1996年发布了"积极生活计划"，鼓励人们保持健康的积极休闲活动，并在第二年把老年人作为目标群体。伴随着这个计划，英国老年中心促成了"促进健康休闲"（PALS）运动。这种做法支持了20世纪90年代呼吁挑战孤立、孤独，形成一个更"积极"的生活方式，促进不仅包括身体健康而且包括精神健康的健康运动……

为老年人提供有效的休闲活动可以支持成功的老龄化生活，帮助个体适应新的生活方式，发展新的休闲生活。在工作和退休的转换阶段，休闲有十分重要的地位。虽然退休以不同的方式影响不同的人，一大批人对退休后生活的变化还没有准备好。所以退休前进行有效的培训是很重要的，其中休闲教育就是重要的组成部分。个人的社会地位与工作结合越紧密，在退休后休闲活动越能够代替工作，作为个人重塑社会地位、获得信心的重心。在退休后，休闲能够为老年人提供失去的生活重心，能够为他们提供一个新的时间表。同时，休闲也是一种重要方式，它可以重建退休后的社会关系。很多证据表明，老年人参与休闲生活与退休后对生活的满意度有积极的联系。[31]

（二）老年人应学会考虑未来

在美国，现代医学的发展使人的平均寿命显著延长。相当多的人是在身心状态俱佳，对自己的工作仍兴致勃勃，对退休没有准备也不感兴趣时就被迫停止工作。在这个意义上，很遗憾的是科技进步缩短了人们有收入的职业生涯。

美国出现了比以往更多的老年人和退休人士，而且以后还会更多。他们在退休后能独立生活更长的时间。这些老年人可以期待经济上有一定的保障，尽管这保障不一定很够。

然而对于大多数老年人来说，退休后可以做什么还是一个没有解决的问题。当今有多种力量在共同破坏人们的健康、家庭和经济能力。对于日渐衰弱的人们来说，这种情况下至关重要的便是他们能被人需要，有机会过更有目的性和意义的生活。

老年人并非必然要被退休打败。他们可以忙碌于工作，但不一定是为了挣钱。不幸的是，有太多的老年人没有及时转变观念，没有提前为不必为薪水而工作的这一天做好准备。他们的家庭和工作——通常主要是工作——一直是他们生活的全部意义所在。当这一切都过去后，就没剩下什么了。这些老年人并不是每天都生活得充实而有意义。他们只是在工作而没有花时间去享受劳动的成果。

作为文明社会中的人的一个标志就是学会考虑自己的未来。但未来能代替现在吗？尤其是人们在经济上只能对未来做有限准备的情况下，我们能随遇而安地生活吗？时间可不能存入银行等我们到了 65 岁之后再一点一点地去支取。现在，因为想休闲而盼望退休的老年人有所增多，说明老年人对退休的态度正在改变，有些人甚至已开始思考如何为退休后的生活做好准备了。[32]

休斯敦大学于 1972 年对 1441 名 20 岁到 94 岁个体进行生命周期休闲活动变化调查，这是最彻底、最被广泛引用并堪称当代经典的研究之一。该研究根据性别、种族和两种职业地位进行划分，调查表明整体休闲活动水平和年龄呈负相关，除少数个别之外，大多数个体活动呈现出相同模式。换言之，一个人年纪越大，就越不可能出现在滑雪斜坡上、舞池内或者电影院等其他地方。实际上，年长群体甚至较少参与像联谊、游戏和从事业余爱好等相对静态的活动。户外活动与那些耗费体力和高强度的参与呈负相关，活动和年龄的负相关似乎也随着时间而持续。[33]

（三）休闲与康乐晚年

人口老龄化是全球性趋势。虽然老龄化进程在世界较发达的地区出现得更加迅速，但是所有的国家都在经历 65 岁和 65 岁以上的人口比例迅猛增加的过程。这一趋势估计将持续到 20 世纪下半叶。

还没有关于老龄化的综合图像。由于生活环境中个人、社会、文化、历史和体制等因素，晚年的经历和含义大相径庭。但是，相当多的老龄化研究，尤其是老龄化与休闲的研究，继续将老年视为一个性质完全相同的群体，未能认识到在老年群体内部和群体之间，生活模式和环境都存在着重要差异。

晚年的含义和经历可以对老年人的休闲含义和体验产生重要影响。

休闲为个人提供机会，远离并抵制有关老年形象的成见，但也可能提供机会，让这些成见延续。

无论处于何种能力和条件下，只要能够在一个积极和友好的环境中获得充分的人力和物质资源，让老人能继续参与生活，每个人都能够享有康乐老年。

虽然休闲和愉快地度过晚年（或把 aging well 译为"健康长寿"）之间的关系相当复杂，休闲确实能提供有意义的机会，使一个人能在老年继续参与生活、保持自我、实现自我、有归属感。休闲是愉快度过晚年生活必不可少的。

越来越多的调查结果证明休闲与身体、认知、情感和心理康乐有积极和重要的关联。休闲可能在老年人社会和精神康乐方面发挥重要作用，然而，这些领域迄今为止受到极少关注。研究也显示休闲可能成为应对由晚年经历的生活事件、变化和变迁带来的心理压力的资源。

尽管休闲对于康乐老年有重要意义，老年人参与有意义的休闲和继续参与生活机会不平等，如低收入老年人、少数民族老年人、功能降低和患有严重疾病的老年人，以及长期生活在有他人照料的环境中的老年人。

政府决策者和政府的政策还没有完全认识到休闲对于康乐晚年的重要意义。这一点对被边缘化了的老年人（如长期处于被照料状态的老年人）来说尤其重要。

为了处理好老年与休闲作用的关系问题，需要在决策制定过程中加强与老年人的合作，包括那些身体虚弱、身体每况愈下的老人。[34]

康乐晚年的模型不但强调了晚年生活的"失"，更强调了晚年生活的"得"、资本和能力，这些正面的因素能准确反映他们"现实"的生活。和"成功老龄化"的观念不同的是，"康乐晚年"这个概念不是静止的。它没有一成不变的结果，而是一个持续进行的、开放的、在晚年生活中创造生命意义的动态过程。比如，约翰逊（Johnson）强调"康乐晚年的最重要标志不是持续的健康和康乐，而是个人对老年过程中境况的社会心理理解"。因此，康乐晚年涉及独特个体特性和他们所处的社会、物理环境之间的互动。

康乐晚年和当前生活质量的概念非常相似。例如，加拿大健康促进中心把生活质量定义为：人们在多大程度上享受他们自己生活中重要的可能性。这里的"可能性"是指个人与之所处环境间的不断互动而带来的偶然发生或刻意选择的机会和制约。根据这个观点，"可能性"存在于生命的以下三个领域中：

存在，主要指人最基本的一些因素（即个人的物质、心理和精神层面）；

归属，指个人和他们所处的物质及社会环境的适应（即在当前环境中感觉很放松，有一种归属感，并能平等地分享社区资源）；

成为，指的是个体所参加的实现目标和生活理想的一些有意义的活动（即实践性活动，休闲活动和促进成长的活动）。

晚年生活的生活质量是变化的，并且因生活环境和经历的变化，以及对这些生活环境的评估不同而不同。

研究表明，"只要能够得到足够的人力和物质资源，为他们各自生活能力和条件提供积极有益的环境，所有人都能康乐度过晚年"。康乐晚年的概念以及更加动态的生活质量的概念也许可用来帮助解释为什么尽管经历了失落和挑战，大部分老年人都能感到满意和满足。[35]

康乐一直被定义为主要是一种个人现象，尽管事实上生活既有私人的也有公共层面的。正如凯斯（Keyes）强调的那样："虽然现有的模式强调康乐的私人特色，个人仍然根植于社会结构和社区之中，并面临无数社会使命和挑战。"社会康乐有多种定义，但是，大多数研究都强调社会网络和社会互动的规模和性质。凯斯于 1998 年提出了社会康乐的定义，包括"在社会中评价个人的状况和功能"，并且包含了社会康乐的五个层面。

- 社会融入——感觉自己与他人有共同点、自己归属于群体和社会；
- 社会接受——信任他人，相信他人能够表现仁爱和勤劳，对人性持乐观态度，与他人良好相处；

● 社会贡献——具有强烈的社会价值观，相信自己是社会的关键成员，并对世界做出有价值的贡献；

● 社会实现——认识到社会在不断进化，对社会的环境和未来抱有希望，认识社会的潜力；

● 社会一致——有关心世界、认识世界的愿望。

给社会康乐下定义的困难之一是构成社会康乐的因素很可能会因文化而异。它们甚至在一生中发生变化。然而，凯斯的框架提供了一个出发点，可以引导休闲和社会康乐的未来研究。[36]

（四）康乐与相关概念的区别

评价休闲和心理康乐之间联系的一个主要挑战是：心理康乐和相关观念没有统一的定义和测量标准。反映一个人的心理或主观康乐的各种概念常常交替使用。"康乐""幸福""生活满意度""精神面貌""精神健康""情感健康""情绪""感情"已经被用作心理康乐的同义词。虽然这些概念之间有联系，它们却非完全一致。第一，这些概念侧重的时间不同。快乐反映出对当前事态的评估，而生活满意度是对过去的评估，精神面貌则侧重于将来。第二，不同的概念反映了康乐状态是持久、稳定的，还是短暂或多变的。幸福通常被认为比较短暂并且在环境中易变，但生活满意度和精神面貌被视为一种长久的状态。第三，不同的概念反映了认知或情感状态。比如，生活满意度更多地包含认知成分，人们被要求对他们的人生做一个全面的综合评定，这可能包括愿望和成就的比较。此外，幸福更多地含有情感或感情成分。第四，这些概念在测量反映主观康乐的积极或消极生活经验的程度不同。例如，布拉德伯恩（Bradburn）指出幸福综合了正面情感和负面情感。第五，这些概念的差异还反映在是全面或整体地评估了康乐，还是评估了生活的某些具体方面，比如工作、家庭、休闲。研究人员主要用满意度测量生活的具体方面和单一领域，比如工作和休闲满意度。[37]

四、休闲与家庭

（一）休闲与家庭间的关系

罗娜（Rhona）和罗伯特·拉波波特（R. Rapoport）给出了关于家庭和休闲之

间关系的最有影响的结论；同时，凯利、罗伯茨和赛利托（Silltoe）等作者也认为家庭是个人休闲生活方式的基础；戈比在近期的著作中也持这一观点，他明确地指出作为社会基本单元的家庭是个人认识世界的途径之一。家庭在整个社会发展过程中具有重要的作用，包括上文提到的个人休闲价值和行为的发展。

拉波波特提出了家庭生命周期模型，记录了家庭生命周期、工作及休闲的相互作用。他认为，个人的休闲需求、欲望及态度均深受职业和家庭的影响，这些影响因素随着家庭生命周期不断地变换重点，从而导致休闲生活方式在不断地发生变化和调整。关注点的易变性会带来一些冲突，因为在家庭、职业和休闲之间存在着竞争压力。例如，这种冲突可能产生于孩子和父母的休闲需求和欲望之间的竞争压力，也可能产生于年轻夫妇们是去参加同龄人的群体活动，还是各自去进行休闲享受的矛盾冲突等。这些关注点和冲突由于不同的个体和不同的家庭成员依其休闲生活方式、兴趣的不同以及所参与活动的不同，有不同的表现形式。为了能够恢复到一个既能享受消遣又能保持和谐的生活模式，毫无疑问，个人的休闲选择经常需要进行取舍，甚至做出牺牲。[38]

作为休闲的家庭交往是成人休闲"核心"的中心内容，这一主题在不同文化和不同社会阶层中都已得到证实，而且，放松身心、加强关系以及享受彼此陪伴的满足感是选择休闲的三个最主要的原因。许多活动仅仅是为这样的交往创造条件。增进家庭交流通常是度假旅游的中心意图。最重要的是，建立亲密关系是人生始终如一的关注目标。一些休闲既提供了当下的快乐体验，也着眼于这个最终的目标。最后，大多数人都喜欢和自己熟悉与信任的人一起度过相对放松和随意的时光。与检验认同和锻炼能力相比，人们都喜欢与那已经了解并接受我们的人在一起。对许多人来讲，家庭就是一个可以最不在意自我表现的社会环境。[39]

（二）家庭对休闲的双重影响

现代家庭在有空闲时会带着一种强迫性去进行交往。即使这一点姑且不论，在一家之主无法找到工作或是没有工作能力而被迫休闲时，整个家庭会有多少苦楚和不安定这个问题上，我们还没有相关的统计数据。不断增长的闲暇时间可以为家庭生活提供丰富的机遇，但它同时也给家庭带来更多压力。当人们有更多的时间待在家中时家庭成员可能会更亲近，但也有更多机会产生家庭矛盾。一个人如果有大量自己不想要的空闲时间而必须跟家人待在一起的话，那他需要进行的个人调节可能会更难。

现代家庭不是一个珍视和培养个人价值让大家共同享受自由时间的集体，一个让父母和子女迈向崭新经历的跳板，一个保护家人不被巨大的外界压力击倒的堡垒，而是常常以娇惯为理解，以武断为果决，并不能包容所有家庭成员想有所追求、要成长和获得成就的需要。

现在父亲母亲和孩子都是在家庭之外寻求和获得自己的休闲兴趣——不管是好的兴趣还是不好的。老爸有自己的俱乐部，老妈有桥牌俱乐部，孩子在课外有多种在家外的活动可选。……这里的问题是：在一个让家庭分崩离析的世界里，如何才能保持家庭的完整？

流动性使上面这个问题更为复杂。节省劳力的机器的发明并没使做母亲的能按自己的想法来利用自己的闲暇时间，因为她忙于开车接送孩子往返于家外的课外活动。或者她得努力做一些公民的事业，因为她觉得自己有这方面的义务。做父亲的如果想抽一两个小时，叼着烟斗悠然自得地看看书或仅是养一会儿神，就会有负罪感，只能不断地在家里忙着干一些杂活。如果跟儿子一起玩，仅是因为他觉得自己应该跟儿子做好朋友的话，那这玩也会是令他不快的事。周末自然是应该把孩子们塞到车上，到乡间兜风，努力营造出家庭生活的气氛来，尽管这样做享受不到宁静的家庭生活。这样家庭游憩不是令人神清气爽，给人带来满足，而是弄得事与愿违，制造出家人间的矛盾。

有些中产阶级家庭意识到家庭游憩的价值，由此而有很多以家庭为单位的俱乐部建立起来，以满足家庭游憩的需求。这其中的困难是尽管参加休闲的家庭努力作为一个集体来从事游憩活动，但还是会意识到每个家庭成员都是一个独立的个体，从而会有异于父母和兄弟姐妹的志趣。随着人们闲暇时间的增多，寻找解决这些问题的方法变得更加困难；这不仅是因为家庭和社会已经接受了一套错误的价值观和目标，而且还因为人们在为何要休闲，该如何休闲，该通过什么样的游憩方式来休闲这些问题上还缺乏认识。[40]

（三）父母应促成孩子形成自主的休闲行为

在我们的研究中，令人感兴趣的是：积极的养育实践如何促成青少年（13—14岁）形成自我决定的休闲行为。在一次对十七个家庭（都是单亲和双亲的）的定性研究中，我们发现父母们有很多做法来规划、调节、帮助孩子们利用空余时间……

首先，我们发现各种养育实践始于父母对空余时间的普遍观念和期望。这些观念不仅决定了父母怎么看待他们作为孩子家长这一角色，还决定了他们认为能够对孩子空余时间的利用提出合理期望。父母通过建立和传达规则来贯彻他们的观念，以这些规则来确定他们的关系，确定孩子们课余时间的使用，并采取策略掌控孩子们的活动。

很多家长为监控活动的参与设置了一些特殊策略，这些策略视活动的类型和青少年在活动中的自控范围而定。在父母围绕电视、电话、电脑以及和朋友们在一起时的情况，谈论他们孩子的活动时，监控策略显得尤为明显。当父母认为他们能够

"信赖"自己的孩子对朋友的判断力时，父母会让他们的孩子在交朋友时获得更大的自主权。如果某些友谊有潜在问题，那么父母会就孩子与这些朋友的交往和活动制定更严厉的规则。

除此之外，在我们的研究中，我们发现所有的父母都为孩子们提供了一系列的资源，以构建和支持空余时间的使用（包括时间、金钱和家里的空间，以及交通）。尽管日常安排繁忙，但大多数家长会带他们的儿子或女儿去上课或参加游戏，并且乐意留下来看他们玩耍、竞争。父母会谈论帮助孩子做家庭作业，会为借宿的孩子提供住处，会常去图书馆，会购买书、课件、视频和体育器材，会购置电脑并安装电脑游戏，或投入时间在他们孩子的组织中充当领导者。

最后，我们发现，大多数家长希望他们的孩子能够更有自主决断力，以及自治力。通过鼓励自我主动意识、减少使用控制手段以及奖励孩子的兴趣和动机，他们实施这些信念。此外，有证据表明，父母对孩子的信赖与他们为子女提供更加自主的休闲机会的意愿密切相关。一些父母对孩子的爱好、决定和时间使用表现出信任，他们也规定了一些方法，让孩子们有更多的自主权，决定同谁和如何打发空余时间。这并不是说，同样是为人父母，他们就没有遇到如何确定活动适当性的棘手问题——他们都遇到过。然而，那些表示他们"信任"自己孩子的父母，同时也表达了他们相信自己的孩子有一系列的技能，有足够的资源，以及有能力去建设性地使用空余时间。因此，他们期待孩子们享有某种情形下的独立自主。[41]

五、休闲与社区生活

社区生活质量，正日益被看成是影响个人生活状况的一大关键因素。社区生活质量的提升要涉及一系列因素。衡量一个社区的宜居度如何，不光要看人们的谋生能力怎样，而且还要看以下这些重要方面的情况如何，这包括人们能够负担得起住房的费用，拥有一个整洁、绿色和安全的生活环境，交通网络方便快捷，公民能够积极主动地参与各类事务，还包括参与那些有意义的相关的社会、文化和休闲活动。

世界各地的社区都致力于在社会层面以及在物质层面上推动社区的转变，为此，它们将发展的重点放在休闲空间的拓展，以及休闲资源和休闲设施的发展上面。[42]

社区生活的转变过程意在推广与休闲相关的一些价值理念，这些理念在世界范围内都正在变得越来越重要。这些社区紧紧把握住对社区生活进行规划和重组的时机，不但使其社会文化结构能够充分展现出休闲的意蕴，而且也让社区的经济活动得以与休闲密切关联起来。社区的确可以围绕各类休闲的主题定位，致力于自身的更新和改造，从而让人们的生活品质得到提升，生活状况也得到改善。对一个特定的社区而言，休闲能够最大限度地带给人们的生活以活力、热情和乐趣。

……

（宜居社区的特征包括）十分适合人类居住，强调休闲的重要性，注重社区环境的绿化，精心开展环境保护活动，人们拥有广泛的公民参与的机会。

采用以下行动框架，社区就可以在提高其宜居度方面有所作为：（1）秉承社区绿化的准则；（2）提高社区的吸引力；（3）创造和提供更多的社会、文化和休闲参与的机会与条件；（4）推进公民参与；（5）对历史文化遗产进行管理；（6）使用替代性的、可再生的能源；（7）推动以休闲发展为重点的经济发展。[43]

我们主要是从定性的角度看休闲与家庭、教堂、学校的关系。尤其我们认为从这点来看社区机构角色的作用，其主要目标是满足和促进社会建设性的休闲活动。乡村娱乐委员会在此必然会受到频繁的关注，因为他们代表了社会关注休闲问题的意识。我们从这个角度看，最后要考虑的是，使休闲成为社区公共管理和支出所关注的合法对象。

在一般情况下，这些公共委员会和地方政府的力量要通过间接的手段来解决一些关于财富和收入的主要问题，这一点得到了特别的强调。我们已经指出在现代世界，当地政府对休闲和财富的收入分配问题有着直接的影响。此外，我们严重质疑是否仅仅靠增加财富、收入和闲暇时间就能增加社会幸福感。地方政府所能做的就是提供公共设施、机会，并对现实的满意度进行引领。而在过去，分析财富或休闲的则是其唯一目的。我们发现该地区已经开始向这个方向发展。这里已经实现的情况，应该推介到其他社区，但是这一功能确实被地方政府漠视或遗憾地忽视了。[44]

六、休闲与残障人群体

（一）影响残障人参加休闲的主要障碍

如果要探讨残障人获得有限活动的原因，我们必须根除对残障的简单分类和定义，并且为残障人士指出引起他们休闲参与障碍的原因。我们必须清楚，休闲活动对残障人具有的治疗作用与残障人获得平等机会是有本质区别的。在医院、诊所及有特殊需要的学校等地方，大量开展艺术、运动等休闲活动治疗病人，反映了休闲活动的潜在治疗价值。然而，这些项目的本质是治疗及有效的恢复，而不是以休闲为初衷。因此，不应把这些活动与为残障人提供休闲混淆起来，这一点很重要。为残障人提供休闲的中心内容是确保休闲活动以同样的方式，像为一般人群提供休闲活动那样让残障人参与，但是要考虑到排除其中任何可能的障碍。

影响残障人参与休闲活动的障碍有三类：物理障碍、社会障碍及意识障碍。物理障碍直接影响休闲活动的参与，因此比社会障碍更容易识别。一般的物理障碍是建筑型的，包括椅子、礼堂的座位、路边的栏杆、陡峭的斜坡、小街小巷、人行道、走廊及光线（尤其对视力有障碍的人），另外还有电梯空间、建筑物入口、停车场及厕所等，这些建筑不仅妨碍了残障人对休闲环境的有效利用，而且妨碍了残障人接近它们。出现这种现象的原因是建筑环境的设计经常以 30 岁健康男性的活动、体格、体力及能力为依据。这样的物理障碍在短时期内很难发生变化，因为设施的建设通常是长期项目，建设这些项目要长期投资资本。

相比其他障碍因素，社会障碍更难改变。从本质上讲社会障碍更难以察觉，短时不易认知。要想改变社会障碍，需要改变态度及意识水平，因为他们是由社会期望及文化标准引起的。如 1994 年麦金尼斯（R. McCinnis）指出的，对残障人士来说，社会障碍有很严重的影响："残障人士最大的障碍不是一些台阶或小印刷品上的标签，而是对残障的偏见。缺乏意识及知识妨碍了交流，产生了不能弥补的差距。"

社会结构也是一个重要障碍。比如，限制残障人就业的社会结构反过来限制了残障人的可支配收入，因此也限制了残障人参与休闲活动。事实情况是，大部分残障家庭的收入低于国家平均收入水平。与其他的低收入群体一样，为了消除这个障碍，最基本的措施是国家感性的价格政策拉动休闲消费。政策制定者应该考虑到：残障人士在休闲时需要陪伴，从而导致休闲参与增加了额外的费用。这可以通过为他们提供陪伴者或照顾者免费或低价参与休闲活动来解决。

海伍德强调了意识障碍的问题，那就是，人们对现存设施及设施组织的意识障碍，即以他们自己的能力评估休闲设施所导致的意识障碍。残障人缺少参与休闲活动的经验、缺少休闲环境，直接导致残障人在参与休闲活动时缺少信心，从而导致低估自身能力的倾向。[45]

（二）休闲与残疾青少年

包容残疾青少年的问题是一个逐渐突现的现实问题。包容运动的演变发展源自残疾人的种种努力，他们努力承担其责任，进行改变和调整，接受这样一种观点：迁就容纳是每个人的责任，这样残疾青少年才能同健全青少年一起休闲娱乐。将来，我们希望可以看到取得更大进步，看到更多证据表明社会包容作为常规得到了社会的认同。

《美国残疾人法案》和其他法律对残疾青少年、家庭成员、照护人、娱乐专业人士等的包容已经产生了强烈影响。就大多数而言，残疾青少年喜欢融入与健全同伴一起的娱乐活动中。整整一代健全和残疾青少年已经了解并经历了教育环境中的融合，因此，他们开始希望在娱乐方面能有同样的机会。然而，令人遗憾的是，羞辱、成见，以及对包容残疾青少年的娱乐服务的消极态度仍然还是对包容的重要约束。令人悲哀的是，社会对残疾人积极参与社会各项活动的权利的要求普遍反应冷淡。

尽管有普遍存在的羞辱和消极态度，残疾青少年仍在不断地了解和行使他们融入社会活动的权利。未来的青少年将努力付出更多的投入，更积极地参与设计包容性娱乐活动，发展扩大便利的包容性娱乐机会。娱乐部门已经开始回应残疾青少年融入社会的需要，但人们仍然强烈感到，要应对这样的挑战还缺乏适当的准备。例如，太多的娱乐专业人士想当然地认为，残疾人不过是偶然而至的消费者，不会定期参加娱乐活动项目。除非改变这种认识，否则提供包容性服务难以取得充分进步。我们还需要进行更多的研究，以满足残疾青少年的需求和愿望，找到设计包容性服务的最佳方法。我们还需要更可靠的信息和技术，来帮助娱乐专业人士更坚定地提供这些服务，将残疾青少年当作常规参加者来看待。最后，借助日臻完善的实施技能，娱乐专业人士将更为有力地去提倡和帮助改变整个社会对待残疾人的态度。当社会改变了对残疾人的认识，不再视残疾人为"病残而需要医疗的人"，而是"健康并伴随着残疾生活的人"，只有这时，吸纳残疾青少年参加广泛的娱乐活动才将成为更加平常的事。[46]

（三）休闲与智障人士

现在美国有 600 万智障人士，有大约 2000 万人因家里有智障者而深受影响。对于智障人士的休闲教育与他们其余部分的教育没多大区别。因为教育本质上是针对心智的教育，对于智障者需要用最准确的方式。对智障者进行教育在前三年里要让他们认识到：

（1）有人需要他们，关爱他们。得让他们有明确而充满热情的回应。

（2）他们是被社会接受的。为达到此目的，得让他们有热情跟别人接触。在许多情况下，跟别人多接触会使智障人士的心智能力得到延伸和加强。强化他们与别人接触的经历最适当的时机就是在学龄前。

许多智障儿童尽管机械协调能力弱，但其生理成长通常与正常儿童的相同，只是发育会迟缓一些。对他们进行的教育主要是要提高他们的机械协调能力、力量和耐力。虽然对此还没有更深入的科学探究，但越来越多的事实表明，智障人士的认知能力（理解力、判断力、记忆力和推理能力）可以通过运动尤其是消耗体力的游戏得到提高。要重点强调基本的生理技能——投掷、抓取、奔跑躲闪、击打及其他形式的基本运动。这些教育都应该尽早开展并长期坚持。让智障儿童较早品尝到成功的滋味也同样重要，因为这将树立他们的自信。教育方式应因人而异。在有的情况下，通过肢体运动也许能教会智障儿童用常规的心理教育教不会的东西。[47]

（四）创新休闲服务，适应残障人群需要

尽管现在医学和公共医疗技术已取得了不少进步，但人类的疾病、残疾和智障却比以往任何时候都出现得更多。新的环境和交通危险，空气和水中越来越多的辐射和污染，杀虫剂的广泛使用，等等，都威胁着人的生命和身体健康。

有的科学家认为，大批的人涌入大都市导致了精神紧张、神经错乱和疾病。美国有 3000 万成年男女和儿童罹患某种让他们丧失能力的慢性的疾病或残疾。其中超过半数的人是患有精神疾病。患有生理和心理疾病的有不少是儿童和年轻人。有专家指出，35% 的人患有某种形式的残疾。

许多病患和残疾人士都遭遇到某种强迫性休闲，能做的事受到限制。但如果给他们机会，他们中有许多人能做出比我们想象的要多的事。这意味着什么？有时这意味着人们需要接受休闲再培训，正如当一个人不能继续从事正常工作或需要改行时也需要接受再培训一样。这意味着在治疗性和康复性游憩领域里，必须要雇用专业人员并做好他们的培训工作；也意味着必须找到更多的志愿者，让他们确定方向并接受培训来做这方面的工作。这意味着社区设施必须适应残疾人士的需要，也意味着在提供休闲服务和休闲机会的问题上要有创新和调适，还意味着扩展休闲机会时心里必须装着患病者和残疾人士。[48]

七、休闲与少数民族

（一）影响少数民族参与休闲的因素

当我们探究少数民族群体的休闲参与程度时，社会结构、体制及个人影响在许多方面显示出来。少数民族一些主要的休闲形式表现出具有高水平或低水平的能力，比如涉及体育，黑人运动员在田径、篮球、搏击（尤其是拳击）及足球方面就具有较高水平；而在传统白人中产阶级的运动中，黑人运动员的水平就不高，如乒乓球及高尔夫这些运动是以俱乐部活动为基础的，少数民族群体就处于相对劣势。同时，少数民族群体倾向于在廉价休闲运动、学校教学休闲活动上呈现出高水平。这样的事实支持了前面强调的社会结构及体制的障碍。另外，少数民族对体育运动的参与程度低，不是因为能力水平，而是缺乏休闲设施、教育的不平等所引起的。

通过各个层次的影响，许多因素阻碍了少数民族对休闲活动的参与，导致他们具有了高水平或低水平的能力。思维定式是引起并影响社会结构、体制及个体水平的一个障碍。卡林顿（Carrington）和伍德（Wood）发现了一个现象：在英国，来自

西印度的家长抱怨，老师要求他们的孩子做更多的体育训练而不是学习知识。……虽然学校的全体职员并没有公开的、有意的种族主义倾向，但有证据表明他们对西印度学生学习知识要求较低，也更容易接受西印度学生学业成绩不高。一些职员明确希望他们的西印度学生在生理、竞技方面有较好的体力和能力，把体育看成是对他们缺乏学术成就的补偿。这种对民族的思维定式确确实实影响了学生的行为选择。卡林顿和伍德的研究表明，一些学生已经接受了这样的思维定式和期望。[49]

（二）休闲公共设施是检验有无种族偏见的绝佳场所

美国是一个由少数民族融合而成的国家，也可以说是一个少数民族遍布于全社会的国家，这就看我们是要把历史往前追溯多少个世纪了。作为一个由多种民族聚合而成的社会，我们越来越多地意识到整个人类应有的民权。黑人不平等的根源，是几个世纪以来他们在梅森－迪克森（Mason-Dixon Line）线南北都受到的白人的歧视，因此我们在黑人少数民族的问题上正面临一场危机。种族歧视的表现不仅是黑人被剥夺了社会经济、教育和政治权利，而且在于他们连《人权法案》规定的基本公民权利都没有得到。更严重的是，他们也被剥夺了所有基于人类尊严和自尊精神的权利。虽然公共宪法、公共政策和公共宣言都不允许种族歧视，但我们不能因此就认为种族偏见不复存在。仅确立非歧视的原则，而没有相应的承诺和行动那是毫无意义的。少数民族罹受的不公正、不平等和不平衡肯定会让我们陷入长期的国内危机。这个危机不会很快、很容易地解决，因为它容易引起人们感情上的反应，并因经济上的竞争而加剧；而随着社会提供的就业机会的减少和人们被迫进行强迫性休闲，经济上的竞争将会日益激烈。

不仅种族歧视是普遍现象，妇女遭受的歧视也正成为社会一个主要的问题。

休闲的公共设施是检验民主原则的绝佳场所。海滩和游泳池、公园、游戏场所、剧院和舞池，甚至游行和壮观的社区庆典活动都是要以戏剧化的方式聚焦于人权。[50]

八、休闲与原住民文化

（一）休闲建构必须考虑原住民的特殊情况

除了欧洲中心模型之外，把休闲的含义应用到原住民的生活中去时显得模糊不清。有必要探索代表原住民认知论、存在论、语言、艺术以及社会结构的休闲意义。

对原住民来说，休闲是一个欧洲中心的概念，基于它的历史原因和对其他休闲传统的缺乏关注，因此休闲对原住民既意味着潜力又意味着伤害。

原住民群体之内和之间在传统、文化实践、全球化、现代化和休闲问题上存在着差异。使用"原住民视角"这个词本身就加深了对原住民的简单化和歧视。

有原住民参加的研究或由原住民所做的研究表明，有益的休闲采用的是全面、整体的视角，关注文化上的相关和合适，关注主权和自决。任何与原住民相关的学术或休闲建构都需要考虑或关注原住民的认知论、存在论、政治现实、方法论、联系与合作策略、语言保存及批评。

基于欧洲为中心的方法的休闲研究表明，休闲在某些情况下可以为原住民提供健康、社会以及经济益处。然而，从更大的政治与权力关系来考虑，原住民可以得到的休闲的明确利益却不一定那么明晰。甚至一个层面上的休闲利益（如为健康而锻炼）可能会对另一个方面造成伤害（如参加非本土活动可能被认为是"出卖"）。[51]

（二）现代休闲研究忽视了原住民的休闲传统与文化

原住民的历史或传统"休闲"实践

原住民及其休闲的历史记述中，通过欧洲-北美镜头所认识的本土传统活动和本土居民与欧洲-北美休闲及相关活动（如游戏和玩耍）的联系交织在一起。很少有人尝试从本土人的视角来理解休闲活动。一些最早的研究记录了与大范畴的欧洲-北美休闲娱乐相关"因素"的学术知识。它们乃是对原住民"游戏"的人类学研究。库林（Culin）的论文认为"游戏"的定义不言自明，不予讨论。但是他记录并将北美印第安人的游戏分成三类：靠运气、靠技巧、靠灵巧。他把讨论集中在运动的规则、结构以及器械上，对于多样化部落游戏中内在的神话色彩和礼仪则轻描淡写，从未认真讨论。[52]

对历史与传统的关注一方面维持了本土文化，另一方面则僵化了本土居民的代表性和概念。欧洲-北美休闲以现代实践不真实、把过去理想化或使其不现实为由，扩大与延续了本土居民原始、不变的典型成见，使它变成剥夺本土居民权利的工具。假如本土居民没有进行欧洲-北美所定义的"传统本土休闲活动"，他们就可能被认为不够本土、已经同化、已经失去原有文化，或者被剥夺、占用。这些场所和过程复杂化的学术研究对于理解多重身份和权利、走出历史或代表的各方面，进入文化生存以及自决来说十分重要。这对城市背景下的原住民来说尤其如此。[53]

传统的休闲研究并没有明确将本土活动和艺术（如制陶、画图、绘画、珠宝、唱歌、音乐与舞蹈）联系起来。造成这一情况的原因是多方面的，包括与工作或生存、精神以及仪式的联系等。此外，休闲研究中对体力运动或社会结构的压倒性关注，以及艺术界将艺术的自我身份与休闲相分开的做法，两者都给欧洲-北美的休闲研究造成了距离。鉴于城乡背景下与本土文化相关联的音乐、舞蹈在恢复健康和授予权力方面的力量，当前休闲研究中这种联系的缺乏令人不安。目前，音乐、舞蹈以及口头诗歌（如说唱音乐）——无论传统的或现代的版本——正在显示它们的力量，这对理解本土城市文化和休闲来说是非常重要的因素。

原住民、欧洲－北美休闲以及文化生存

在休闲研究领域，欧洲－北美休闲对传统活动和文化造成的伤害很少被提及。"善意"的假设使得无数休闲概念、结构以及框架范围内的压迫、种族主义、殖民主义以及帝国主义等势力化作无形。在历史上以及在当前国际舞台上，欧洲－北美休闲造成了原住民的死亡和疾病，导致试图同化或消灭本土文化和语言，压制本土活动与管理结构，导致原住民被迫为欧洲－北美休闲活动服务，造成原住民与他们的实践商品化和丧失，具体例子包括引入烈酒、性交易、作为体育运动的强奸、住宿学校、创造新游戏（例如，远距离传球）等。在这些游戏中，原住民被当作物体或者球类来看待；表示成见的"正宗的原住民或文化"成为旅游项目；原住民被迫参加欧洲－北美休闲活动。许多控制原住民的政治策略都环绕着禁止和控制本土与非本土的休闲活动，包括盛宴、庆典、进食、印第安冬节、赌博以及性活动等。

在把欧洲－北美休闲活动强加在原住民身上的同时，也为他们提供了一个抵抗的场所。在政治反抗还不可能的时候，体育活动上的胜利为原住民提供了机会，使他们能在主流社会中强调自己的存在。这种参与将本土人的日常生活人性化，为他们提供一个表现活力、进行社交以及实现团结或融合文化适应的舞台。正在出现的原住民与美国原住民拥有并经营赌场的趋势把我们带回到了和游戏以及精神信仰相关的本土赌博传统上。此外，尽管还存在缺陷，这种"现代翻版"延续了在主流美国社会，印第安人和原住民之间财富的重新分配过程。[54]

九、休闲与被剥夺经济文化权利的群体

（一）文化剥夺的定义

"文化剥夺"一词没有很确切的含义。它可能是指一个儿童在经济状况优越，但缺乏文化的家庭里长大。这类家庭中的父母将成功等同于金钱，书籍可能只是图书馆书架上的摆设品。他们的词汇量少得可怜，家人之间如果有点讨论也多为闲聊。幸福的含义就是生活舒适、经济富足。他们可能听音乐但却没听进去，他们的音乐只是由留声机播放着，自己很少能演奏乐器或唱歌。这类家庭就像一位女士有钱去

到巴黎，觉得法国是一个有文化的地方，因为她发现连街上的清洁工都在说法语。

经济上富裕、有接触文化的机会并有能力吸收其精华的人，以及被思想吸引、受到思想激发的人在文化上是富足的。另外，总会有这样一种人，他们拥有的物质财富甚少，却想尽办法去接触优秀的文学、艺术等。这些人更关注的是思想和文化的发展，而非自己经济上所处的困境。他们经常受到歧视有时甚至被孤立。也许他们真的以某种方式被"排除在外"或是被剥夺了某些权利，但他们却比那些有条件享受物质生活却对生活中艺术的魅力缺乏欣赏力的人更为富裕。

在这一种意义上，被社会遗弃与文化剥夺至少在一定程度上是相同的。但这里所说的遭到文化剥夺的人——他们在美国社会为数不少——是指一个弱势群体，他们的发展潜质没能得到跟社会中其他人同样形式和同等程度的支持。贫穷、不公正常常与文化孤立同在，并合力造就了这个群体。在一个民主社会，一部分人被剥夺文化权利对每个人都有持久的、累积性和毁灭性的影响。浪费人的潜力代价高昂，是可耻的、荒谬的。当我们从稀缺的社会迈向富足社会时，缺乏知识的人、没有技能的人、没受过教育的人和对文化缺乏了解的人，受到的打击更重。这些人雄心被阻，自信心受到侵蚀，未被发掘的天赋付之东流。社会成了剥削、道德崩溃、压力和暴力的天下。[55]

（二）如何开展面向受剥夺群体的休闲教育

要开展面向经济和文化上受剥夺的人的休闲教育项目，应特别注意以下几点：

那些有助于个人建立自信和自尊的事物至关重要，要让受剥夺者有动力去学习休闲，首先得让他们有自信和自尊。除了有严重精神疾病的人，每个人都有其独特性。我们应该帮助经济和文化上受剥夺的人认识到这一点。

应该认识到社会中一切阶层的一切人都不是完美的。从这一角度出发文化上受剥夺的人并没有被孤立。

应该帮助每个人认识到，如果他健康状况良好，那么他很可能比许多拥有更多物质财富的人更为富有。

经济和文化上受到剥夺的人应该意识到，作为一个人，他并不低人一等，也有权获得别人的尊敬。而要赢得别人的尊敬，最重要的还得靠自己的态度和决心。

要让受剥夺的人明白，在人生的所有阶段，在不同的年龄段，都有不少意志坚强、足智多谋和精明的人从其所属阶层脱颖而出；他们并非陷入了一个挣不脱的陷阱，置身于那个环境并非他们的错；如果有坚强的意志，他们就还有机会踏上寻求美好生活之路，远离过去的环境，而前往更好的去处。

在经济文化上受剥夺的人应该对自己有很高的预期。应该让他们认识到，看上去遥不可及的梦想也并非没有实现的可能。

休闲教育应该能帮助他们获得更好的表达能力。[56]

注　释：

1　〔美〕卡拉·亨德森等著：《女性休闲——女性主义的视角》，刘耳等译，昆明：云南人民出版社，
　　2000年，第113—114页。

2　Foster Rhea Dulles, *A History of Recreation* (2nd edition), New York: Meredithd Publishing Company,
　　1965, pp. 95-96.

3　〔英〕克里斯·布尔、杰恩·胡思、迈克·韦德著：《休闲研究引论》，田里、董建新等译，昆明：云
　　南大学出版社，2006年，第80页。

4　〔美〕卡拉·亨德森等著：《女性休闲——女性主义的视角》，第177页。

5　Joffre Dumazedier, *Toward a Society of Leisure*, New York: Free Press, 1967, pp. 93-95.

6　〔美〕卡拉·亨德森等著：《女性休闲——女性主义的视角》，第134—136页。

7　同上书，第172页。

8　同上书，第12页。

9　Jay B. Nash, *Philosophy of Recreation and Leisure*, Dubuque, Iowa: W. C. Brown Company Publishers,
　　1970, pp. 84-85.

10　〔美〕彼得·威特、琳达·凯德威尔著：《娱乐与青少年发展》，刘慧梅、孙喆译，杭州：浙江大学
　　出版社，2009年，第90—91页。

11　〔加〕埃德加·杰克逊编：《休闲与生活质量——休闲对社会、经济和文化发展的影响》，刘慧梅、
　　刘晓杰译，钱炜校，杭州：浙江大学出版社，2006年，第117—118页。

12　同上书，第122—123页。

13　同上书，第16—17页。

14　〔美〕彼得·威特、琳达·凯德威尔著：《娱乐与青少年发展》，第131页。

15　同上书，第42—43页。

16　同上书，第143页。

17　同上书，第215页。

18　同上书，第215—217页。

19　同上书，第132—133页。

20　同上书，第133—134页。

21　同上书，第134页。

22　同上书，第135页。

23　同上书，第137页。

24　同上书，第138页。

25　同上书，第138—139页。

26　同上书，第139页。

27　〔加〕埃德加·杰克逊编：《休闲与生活质量——休闲对社会、经济和文化发展的影响》，第139—140页。

28　〔美〕杰弗瑞·戈比著：《21世纪的休闲与休闲服务》，张春波、陈定家、刘凤华译，马惠娣校译，
　　昆明：云南人民出版社，2000年，第96页。

29　同上书，第102页。

30　〔美〕查尔斯·K.布赖特比尔、托尼·A.莫布莱著：《休闲教育的当代价值》，陈发兵、刘耳、蒋书
　　婉译，北京：中国经济出版社，2009年，第44页。

31　〔英〕克里斯·布尔、杰恩·胡思、迈克·韦德著：《休闲研究引论》，第93—94页。

32　〔美〕查尔斯·K.布赖特比尔、托尼·A.莫布莱著：《休闲教育的当代价值》，第57页。

33　〔美〕道格拉斯·克雷伯、戈登·沃克、罗杰·曼内尔著：《休闲社会心理学》，陈美爱译，杭州：

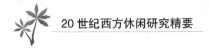

浙江大学出版社，2014 年，第 170 页。

34 ［加］埃德加·杰克逊编：《休闲与生活质量——休闲对社会、经济和文化发展的影响》，第 17—18 页。

35 同上书，第 146 页。

36 同上书，第 156 页。

37 同上书，第 151—152 页。

38 ［英］克里斯·布尔、杰恩·胡思、迈克·韦德著：《休闲研究引论》，第 67—68 页。

39 ［美］约翰·凯利著：《走向自由——休闲社会学新论》，赵冉译，季斌校译，昆明：云南人民出版社，2000 年，第 185 页。

40 ［美］查尔斯·K.布赖特比尔、托尼·A.莫布莱著：《休闲教育的当代价值》，第 51—52 页。

41 ［美］彼得·威特、琳达·凯德威尔著：《娱乐与青少年发展》，第 188—190 页。

42 ［美］克里斯多夫·爱丁顿、陈彼得著：《休闲：一种转变的力量》，李一译，杭州：浙江大学出版社，2009 年，第 59 页。

43 同上书，第 69 页。

44 George A. Lundberg, Mirra Komarovsky and Mary Alice Mcinerny, *Leisure: A Suburban Study,* New York: Agathon Press INC., 1969, p.367.

45 ［英］克里斯·布尔、杰恩·胡思、迈克·韦德著：《休闲研究引论》，第 88—89 页。

46 ［美］彼得·威特、琳达·凯德威尔著：《娱乐与青少年发展》，第 357—358 页。

47 ［美］查尔斯·K.布赖特比尔、托尼·A.莫布莱著：《休闲教育的当代价值》，第 46 页。

48 同上书，第 45—46 页。

49 ［英］克里斯·布尔、杰恩·胡思、迈克·韦德著：《休闲研究引论》，第 85—86 页。

50 ［美］查尔斯·K.布赖特比尔、托尼·A.莫布莱著：《休闲教育的当代价值》，第 48 页。

51 ［加］埃德加·杰克逊编：《休闲与生活质量——休闲对社会、经济和文化发展的影响》，第 22 页。

52 同上书，第 289 页。

53 同上。

54 同上书，第 290—291 页。

55 ［美］查尔斯·K.布赖特比尔、托尼·A.莫布莱著：《休闲教育的当代价值》，第 47 页。

56 同上书，第 50 页。

第九章

休闲制约问题

【简短引言】

为什么人们不利用或不更多地利用机构提供的休闲服务？为什么个人的休闲选择有如此多的差异？从休闲学理论上说，这便涉及休闲制约问题。研究制约休闲的各种原因和因素，既有可能使休闲机构对各类休闲项目采取有效方式以形成对民众更大的吸引力，也有可能使人们对参与休闲的决定和行为、对休闲的各个方面有更深入的了解，乃至产生新的见解。按照一些西方休闲学者的观点，所谓休闲制约是指限制人们参加休闲活动的因素，包括阻挠人们参与休闲活动、对休闲活动产生不利影响以及降低休闲活动的质量或体验满意度的因素。从这样的休闲制约定义出发，他们讨论了休闲制约的基本类型与各种因素，休闲制约在不同领域与群体中的具体表现，既涉及时间、性别、人的发展阶段、健全人与残疾人等这类自然客观的方面，也涉及阶层与民族、不平等与差别、文化与意识形态等这些社会政治的方面，为我们对休闲的认识从抽象进入具体、从浪漫转向现实提供了有说服力的指引。加拿大休闲学者杰克逊编的《休闲的制约》一书可以说集中了西方当代休闲学者休闲制约研究的主要成果，指引我们去了解在这个问题上的研究曾有哪些观点，现在达到了什么水平，未来将要去向哪里。

当然，概览这些研究，有一个共同的特征，即把制约置于休闲的限制和障碍的位置，休闲与制约是彼此对立与纠缠的。由此我想，是否有可能用一种不同的视角来看待和探讨二者的关系呢？

一、休闲制约的定义与原则

（一）为什么要研究休闲制约

有三个理由可以基本上证明休闲制约因素研究的合理性。首先，要了解个人的休闲选择和行为需要对各种因素进行调查，这里既包括影响这些选择的积极因素（如激励、期待收益），也包括消极因素（制约）。关于制约因素的研究也有助于解释为什么观察到的关系（价值观、态度、休闲偏好以及明显的休闲行为）常常显得空洞无力。其次，对制约因素进行研究可以对本以为已经理解的休闲的各个方面产生新的见解，如参与休闲、动机、满足和娱乐冲突。再者，休闲已经成为一种概念上的世界语，被证明是一种有用的工具，可以促进具有不同学科背景和方法倾向的学者进行交流。[1]

（二）休闲制约的定义与原则

在提出一些一般原则之前，我想提供下列休闲制约的操作定义：

限制人们参与休闲活动、使用休闲服务（如公园和项目）或者人们对当前活动享受的各种因素。

……

本文所列举的原则包括如下：

- 影响参与和偏好两者的制约。
- 时间投入是休闲参与最常提到的制约。
- 制约因活动类型和休闲层面而不同。
- 制约因人群而不同。
- 人们可以协商制约。[2]

从 80 年代中期开始，关于休闲制约的理论性和经验性的研究得到了迅猛发展。休闲制约的概念也得到了不断的丰富。起初，休闲制约指的是这样的障碍，它制约或使人们不去参加某一项休闲活动。而更为宽泛的休闲制约的定义是：包括对休闲活动产生不利影响的任何因素，既有阻挠人们参与的因素，也有削减活动频率、强度或持续性的因素，以及那些降低休闲活动的质量或满意程度的体验。[3]

二、休闲制约的类型与因素

（一）休闲制约的主要类型

为了更好地理解休闲，人们提出了种种理论模式。例如克劳福德（Crawford）、杰克逊和戈比（1991）提出了一种包括三种休闲制约的模式：个人制约、人际制约和结构制约。个人制约非常相似于亨德森、斯托内克（Stalnaker）和泰勒在 1988 提出的"先行制约"的概念，它指的是影响个人爱好或导致对某一种休闲活动缺乏兴趣的因素。例如，家庭的影响、朋友们的态度以及缺乏自信都可能会影响个人爱好。处于这种状态下的个体可能不愿去参加那些被他人否定的休闲活动；相反，如果他们受到鼓励，他们可能会很高兴地去参加这些活动。

根据克劳福德、杰克逊和戈比的理论，人际制约是在和他人交往时所产生的一种干预性因素。在个体与他人交往时，某些因素可能会影响到他们参加自己所喜欢活动的水平和质量。例如，某项活动可能要求有同伴一起参加，或者个体可能不愿意单独参加这些活动；当找不到一起玩的同伴时，人们将可能少参与或不参与。

结构制约是一种和他人无关的干预性因素，它体现的是对某一项活动的兴趣与实际参加这一项活动之间的矛盾。例如，缺乏时间、金钱、交通工具，缺乏活动设施或相应计划都可能会阻止或减少休闲参与。结构制约也可能体现为一种不甚理想的参与行为，在这样的行为中，人们匆匆行事或"将就使用设施"并因此而导致低水平的休闲享受。

克劳福德、杰克逊和戈比还指出，在他们的休闲制约模式中，三种制约是渐次发挥作用的。只有在个体制约被克服时，人际制约和结构制约才会被克服。这一模式所寻求的论据是多种多样的。利莫尔（Rymore）、戈比和冯·埃伊（von Eye）（1993）运用问卷调查的方式来研究"参加一项新的休闲活动"的制约，他们发现了一些支持这一模式的证据。然而，艾伦（1994）在一项针对活动（参与一项公司的休闲活动）中的制约因素的研究中发现，一个人可能会同时感受到所有这三种制约，而且，还有一些制约是不能像预期的那样被划入到这三种条目之下的。因此，在艾兰的研究中，几乎不存在支持这种等级式模式的证据。亨德森和比亚莱斯基（1993）也在一项有关女性休闲活动的定性研究中发现，"先行制约"和"干预性制约"互相影响，但并不体现出一种等级性的特点。

不管这种等级性休闲制约模式是否被经验所支持，但从理解女性的休闲参与和休闲体验之间的差别的角度来看，将休闲制约归纳在这三个条目下仍可能是一种富有启发的做法，虽然这三个条目并不能囊括所有的休闲制约，但是，将影响休闲兴趣和行为的因素分别加以考虑，显然是一种有用的做法。因此，研究女性的人际交往如何制约了她们的休闲，研究那些和机遇及条件有关的外在因素如何也起到制约的作用，是一件非常有用的事情。[4]

阻止人们去体验休闲的障碍是什么呢？

第一类障碍可以被称为心理障碍，它包括一些影响人们的活动取向的心理的和精神性的特征，但它们并不会在人们的取向和参与行为之间发生作用。心理障碍的例子包括压力、焦虑、沮丧、宗教信仰、个人对于他自己在某一特定的休闲活动中的能力感以及他对于一项特殊活动的恰如其分的评价。如果你很消沉，你可能就不愿意参加舞会；如果你很焦虑，你可能就没有看戏剧的兴趣。相对来说，这类障碍并不稳定，而且它们一直就是随着时间的变化而变化的……

第二类障碍是人际交往的障碍，是人与人之间的关系所导致的。这类障碍和人们的休闲活动（和他人一起做出的活动）取向及随后而来的参与行为之间发生相互影响。……人际障碍来源于家庭、朋友等相关群体。

最后一种障碍是结构性障碍，它们表达的是一些具有普遍意义的障碍或阻隔。这类障碍在人们的爱好和参与行为之间发生作用。这方面的例子有气候、工作日程安排或是可获得的机会等……

我们必须记住，这三类障碍只能对人们所做之事有所影响，但却不是决定性因素，而且，比起那些可能决定人们的行为的取向来说，这些障碍的作用也是相对的。[5]

可以很肯定地说，文化表现为个人内在、人际和结构性的制约。不过对人类学家来说，这三种制约分类似乎过于面向个体了。毕竟，人类是高等的社会动物，我们的社会群体有法律系统、规范系统、标准系统等（更准确地说是文化）来引导我们的个人内在关系和人际关系。另外，信息系统规定人们应该做什么、不应该做什么，凌驾于个人能动和人际关系之上。如果从某种意义上说，社会阶层系统、社会等级系统、性别系统、人种类别系统、种族系统是文化结构，那么文化也可能凌驾于这些结构变量之上，通常还规定谁能或不能得到重要资源。

因此，看起来，艺术、音乐、舞蹈风格以及谜语，如同策略型游戏一样，不会在它们不"适合"的地方盛行，而是在恰当的文化条件下才适宜。特别的表达形式只有在文化上相适宜的地方才会发展。[6]

就像对于休闲和文化表达的研究始终是人类学研究中的死水，文化对休闲含蓄的制约力在休闲研究中也只得到了很少的关注。我们觉得这至少一部分是由于休闲研究中社会心理学坚固的典范基础。而且我们觉得研究限制休闲的因素时，忽略了文化作为其中的一个独立变量，本身就是一种制约。文化是多种多样的。如果我们相信文化影响着我们的行为，我们只有把休闲研究放在跨文化对比研究中考虑才是合理的。在大多数休闲研究中，文化并没有被当作一个重要因素，其原因之一是，至今为止在休闲研究领域，不论哪种跨文化的对比研究都非常少。[7]

不管怎样，无所事事的态度可能仍旧是最大的制约。新教的工作伦理在最工业化的社会里依然有支撑点。如果这是你接受的文化条件，那么你就可能认为没有改变的必要。但是如果你看到娱乐的价值，你做的时候仍旧感到内疚，那么首先找到原因然后寻找访问的方式可能很重要。甚至于如果它是你对他人的责任——那些人可能的确需要你——既驱动你又制约你，考虑到其可能性，如果你很放松且情绪较好，那么你就可能更好地服务于他们。[8]

（二）休闲制约的几种重要因素

就休闲制约因素类型而言，存在着亘古不变，且普遍适用的类型。通常包括：

（1）参与成本；

（2）时间和其他方面的保证；

（3）设施问题；

（4）阻隔（有时细分为社会阻隔和地理阻隔）；

（5）技能和能力的缺乏。

除了微小变化，这些层面代表了各种实证式归类，常见于对制约因素项目和量表的定量分类报告中（通常是基于因素分析）。[9]

　　然而，正是这些使娱乐和休闲潜力得以提高的社会变化，同时也产生了使这些潜力遭到消解并使休闲的本意遭到改变的其他因素。这些因素综合起来有以下几种：

　　（1）社会结构的日趋复杂，社会变化的日益加速。日趋复杂的社会结构和日益加速的社会变化使我们疲于应付，在很大程度上弱化了我们的休闲潜力。在现代社会里，政府的计划和管理变得越来越重要，人们期待自己在其中获得一个更重要的位置。做任何决定都变得越来越复杂，越来越费时间。一个普通人不得不去学习越来越多的新知识，而这些知识通常会涉及复杂的技术原理，并且更新换代极为频繁。一些科学家认为，很多工业化社会中的大部分病态行为要归咎于"大脑的超负荷运转"——这是一种由于日常生活节奏不断加快和不得不接受的政治、技术和道德变化所引起的长期精神紧张而造成的一种心理状态。

　　（2）无节制的物质主义（materialism）。如今，在我们的社会里，许多人无法满足自己的物质欲望。尽管社会舆论并不认可过度的消费，但消费的增长却仿佛是无限的。我们必须要更新日用物品，维持日常开销，购买大量的物质产品。为了保持某一层次的生活水准，我们不得不付出更多的时间，从事更多的工作。

　　（3）对于服务行业越来越高的要求。尽管自20世纪以来，人们花在工作上的时间毫无疑问是在不断减少，但没有明显的迹象表明，二战以后，劳动力的工作时间有大幅度的缩短。有很多统计数据都能说明这一点。如今，几乎有4/5的工人在服务行业工作。这些行业包括通信、交通、批发和零售贸易、金融服务、健康保障、行政、教育，以及各种专门性的服务。服务业因为要做很多琐事，还要同个人打交道，所以最费时间，服务行业工人的工作效率很低，也不能用金钱来替代劳动。加班的人越来越多，从事第二职业的人数也在不断增长着。与此同时，成年妇女外出工作人数的比例也已经达到70%。目前，有20%的全职工人每周工作时间会达到48小时。

　　（4）休闲的工作化。我们在工作时间所习惯的一些话语如目标、方法、方案已经渗透到我们的休闲方式之中。很多所谓的"休闲活动"干起来一点也不比"工作"省心。人们会很看重预先制定出休闲计划，确立休闲目标，寻找竞争对手，希望掌握特殊的知识和技能来不断完善自己，同时还要有效地利用时间，以期得到最大的收益。于是出现了下面的情况，一个人只顾虑他（她）是否能把事情做得足够好，却忘记了自己这是在工作呢，还是在休闲。这种对休闲的严肃态度使得很多休闲失去了休闲的意义。

　　（5）求职者失业时间的延长。在所有民主的工业化国家中，无一例外地要面对失业问题，有5%到20%的求职者处于长期失业的状态。甚至在劳动力出现短缺的时候，这种情况也在继续。这些失业者可能有更多的时间休闲，但他们往往缺少足够的金钱，没有良好的教育，也没有必要的社会关系，所以无法享受更有意义的休闲。

（6）就业人口比例的增加。如今，需要离家工作赚钱的人口比重是空前的。不仅大部分成年妇女要走出家门赚钱养家，而且越来越多的十几岁孩子也开始外出谋生了。我们的社会向来更注重创造就业机会，而非倡导休闲，劳动力短缺现象已经出现，而中年以上的人们恐怕要被列入重返工作岗位的第二梯队。

（7）近期生产力增长的停滞。从 1973 年以来，美国的生产力水平一直没有什么改变，产量的提高并非由于资本和劳动力的更有效利用，而是由于不断地投入大量新的资本和劳动力。"越来越多的双职工家庭的收入刚刚能维持家居日用开销，而且只够抚养孩子、负担学费、维持家用、请小时工和其他一些服务……"越来越多的移民也加入了劳动力大军，这同样也促使产量的提高。所以说，我们的生产力水平并非像很多人想象中的那样，可以持续地螺旋上升。

（8）日趋恶化的环境。环境污染是一个同人类一样古老的问题，我们今天迅速恶化的环境使得很多形式的休闲活动都难以为继。臭氧层的破坏使得很多户外休闲活动都变得更加危险。钓鱼或游泳也因水源污染而受到制约。而空气污染则会阻碍人们的长跑活动，或使野餐变得索然无味。由于人们不肯或是不能与环境和谐共处，我们的很多休闲方式不但质量遭到了损害，甚至难以施行。

（9）生活节奏的不断加快。有大量证据表明我们的生活节奏在不断地加快。电脑、传真机的使用，层出不穷的技术革新都在加速我们的生活。当然，作为我们这个社会标志的无节制的消费主义也在推波助澜。办事要花钱，赚钱要花时间。[10]

我们习惯认为，公共教育很大一部分不仅是用来帮助人们为工作做准备，也是用来为生活做准备的。但实际上，还是有很多人难以最大限度利用休闲，可能的原因有：

- 错误的价值观使我们把成功等同于获得的物质财富的数量。
- 大多数人缺乏对休闲价值的理解，缺乏充分利用休闲的能力和技巧。
- 我们没有使机器服务于我们最好的目标。我们可以看下汽车是如何消灭了城市，正如高速公路消灭了乡村一样。
- 工作时间减少并不总意味着增加了自我实现的时间。人们常常把非工作时间花在往返于工作单位的途中。
- 缺乏适合的休闲机会，或虽然存在有价值的休闲资源，但这些资源在业余时间却不开放。
- 一成不变的工作形式可能使一些人无法摆脱疲惫。
- 家庭、政治和社会压力常常耗尽我们的精力。
- 业余时间的消遣活动大多缺乏深度和吸引力。
- 工作的理念渗透了我们的休闲模式。

当然，人们如何利用自己的自由时间不仅取决于他们对利用休闲的准备做得如何，也取决于他们的态度、价值观、兴趣和能力。对休闲的利用还受到一个人的居住地、有多少人力和自然资源、个人的工作类型、收入和教育水平、处于怎样的一种整体社会、精神文化环境、生态条件、习俗习惯、交通、社区状况、家庭规模等其他因素的影响。[11]

头脑以外，任何情形都有一些制约因素，它们可以被称作结构性规则：

● 时间，无论人们如何理解它，都会对一切活动产生影响。

● 空间会制约活动。

● 活动本身通常都有自己规范的形式。许多活动有十分具体的规则，以便多个成员同时参与。

● 更大一些的社会环境允许活动中的某些行为并规定谁可以参加，从而赋予这种活动以某种特别的意义。

● 每种活动及其参与者都有一部自身意义的历史。

● 一些初始因素会影响人们是否选择某种活动，并使这种选择具有一定的可预测性。

关于这种不可避免的结构尚存在一个重要的问题：这种规则是否永远存在于所有活动之中？事实上，这种规则既存在于活动环境中，又存在于个人的解释图式中。结构的这种双重性包含在每一种活动中，它使得任何新的事物都在某种意义上成为以前经验范畴的子集。[12]

出于各种原因，与其他产业相比，休闲娱乐和旅游很少被给予优先权，因此在许多政策讨论中，休闲娱乐和旅游在对土地和其他资源的竞争过程中经常处于弱势。形成这一从属地位的原因有：

● 传统上对农业或林业等产业赋予了战略意义；

● 对诸如住房、公共健康和就业等领域，社会和经济政策具有不言而喻的重要性；

● 认为休闲娱乐（尽管不是旅游）只能产生较小经济效益的观念的存在；

● 承认休闲娱乐和旅游（个人和集体生活方式的限定性特点）应有的地位还是最近的事。

然而，更为直接的是，到乡村休闲娱乐旅游的游客经常被拒绝在私人领地之外，从而感受到了所有权的影响。肖德（Shoard）指出，在英国87%的土地为私人所有，即使是公共拥有的土地——比如在林业管辖区内，公众以休闲娱乐和旅游为目的进入这些地方的权利还是很有限的。与此相似，在英格兰和威尔士的国家公园（通常主要作为关键的休闲娱乐旅游环境，并且每年吸引700多万游客）中私人拥有的土地比重的竟然高达96%（比如约克郡山谷国家公园）（英国乡村委员会，1993年）。[13]

休闲娱乐或旅游群体之间的关系长期以来一直被认为是有争议和有潜在的冲突的，所有的争议、冲突者都指向相同的空间。肖德和帕特摩尔（Patmore）抓住了问题的本质，他们认为"太多的活动可能使空间拥挤；相异的活动可能互相干扰；某一活动在听觉或视觉上的侵扰可能会严重毁了另外一种活动的乐趣"。这段话强调了要求资源管理者在制定土地使用方式时，采用的各种活动的结合方式能最大限度地降低使用群体之间的冲突范围。

比使用者之间冲突更为重要的可能是休闲娱乐或旅游与土地的其他用途不匹配的问题。比如类似美国这样的国家，由于土地资源丰富，能够将大量的土地提供给休闲娱乐者或游客使用，因而土地不同用途之间的矛盾不突出；然而在英国这样一个空间拥挤的国度里，消遣使用休闲资源时经常被迫在具有其他功能的土地（如田地）上从事消遣娱乐、旅游活动。在此，以上讨论的土地拥有者私人权利的实践折射出简单的事实——游客的存在增加了损害财产的危险或资源减少的危险。这不但是英国的问题。詹金斯（Jenkins）和普林（Prin）在对新南威尔士（澳大利亚）土地持有者态度的研究中发现：土地拥有者充分意识到休闲娱乐和旅游带来的一系列问题，这些问题是由于游客而产生的，并被农场主作为将游客排除在他们土地之外的理由。这些问题包括对庄稼的损害、对家畜（特别是狗）的干扰、没有隔离门、乱扔垃圾、恣意破坏公物、不加鉴别的射击、生火等等。

休闲娱乐或旅游活动与保护等多方要求之间的冲突也是屡见不鲜的。在英国，无论在城市或乡村，保护政策都与休闲娱乐和旅游开发密切相关。例如，特殊风景及其野生动植物的保护、历史建筑的保留，乃至现在被珍视为"遗产"的遗址、建筑物或文物等等这些都能够吸引人们消遣旅游。但是，如果活动水平超过相应遗址的承受能力时，资源的利用就会使保护目标陷于危险，从而导致潜在的冲突。[14]

由于这是一项比较研究，因此我们必须对休闲和娱乐达成一致理解，使其能适用于所有国家。根据一些学生的定义，我们将"休闲"理解为在参与必需的实际生活之后的剩余时间。"娱乐"一词在美国的使用常常带有游戏的内涵，且从语源学的表面意义来看带有重建的暗示；然而相同的词在美国之外的语言中却有着不同的意义。因为这个词在其他语言中常用于表示"对休闲的使用"，且在欧洲的成人教育、文化追求，甚至政治学习活动中被认为是对休闲的"娱乐性"使用，从我们的目的来说，应该将"娱乐"理解为"休闲时间的活动"的同义词。

回想休闲职业问题的某些通用条件也许会有所帮助。一般来说，组织性和非组织性的宽泛分类也许适用于休闲活动目前的形式。非组织性的休闲活动有两类，（a）在家里或者花园进行的活动、户外生活、漫步、传统游戏、运动等，和（b）商业性娱乐。组织性的娱乐能分为两类，（a）自愿的，如沉湎于俱乐部，和（b）提供的，如为数不多的由慈善机构、工厂组织和政府单位举办的一些活动。介于两者之间的是那些由国家（或其他机构）提供设施而由志愿组织使用的案例。

对不同国家的有关休闲活动的点对点比较是极其困难的，因为对休闲的使用取决于任一社区或国家的一般生活状况。为了全面了解娱乐场景，必须牢记几个重要的影响因素。

社会：首先是时间因素；没有剩余时间就没有休闲。这项调查让我们了解了不论是通过法律、协议还是习俗所规定的工作时间的范围。其次是生理因素。一个营养不良或是过度劳累的人不会恰当使用休闲；这也让我们意识到社会立法的重要性。进一步需要考虑的是种族气质和气候对娱乐倾向和社会习俗的影响，如家庭联系的强度、一个人的合群性和个人主义程度。最后，甚至有必要将住房问题带入考虑范围之内。显然，一个工作场所离住宅以及附近的户外活动设施很近，且可能提供图书馆、剧院、音乐厅和社区活动房的"花园城市"，能够减少因最简单的因素而带来的休闲使用问题。

政治：某些政治制度具有典型的娱乐氛围。一个独裁国家往往会尽一切所能组织重叠的娱乐项目，几乎不留给个人主动性。在休闲职业的提供和组织都留给个人以更个人主义的制度下，常常引起浪费、重复劳动，和公共需求不足的问题。必须牢记的一点是，当政府机构对提供休闲使用的更统一的设施感兴趣，并获得效益时，这些设施就不存在阶级或宗教制约。（目前的欧洲比美国更需要避开这些制约，因为阶级和宗教的强烈对立遍布了所有欧洲国家。）

以上因素可以被视为"外在的"。影响个人对休闲时间活动形式自我意识选择的主要"内在"因素是经济、教育或文化。

经济：一个国家的娱乐趋势很大程度上取决于其经济水准——每个人的平均经济剩余。剩余越多，购买娱乐的趋势越强。从这个角度来看，美国可以说是处于娱乐的机动车阶段，而欧洲还在自行车阶段。

教育和文化：现在我们要讨论休闲时间活动的质量问题。个人能够良好利用休闲很大程度上取决于通过学习和环境获得的教育或文化水平。这里所说的对休闲的良好使用，不仅是指个人利用休闲来避免心理和生理上的伤害，也指个人顺便通过使自己满足来"提高"自己——通过丰富的记忆和想象，或者通过发展体力和技能。

显然，休闲使用问题的出现是由于一个人或一个阶级总是不好好利用休闲。"错误"使用休闲，据目前对它的观察，通常与更广泛且更模糊的商业娱乐形式有关。

当商业娱乐得以精心发展，显然只有极少数人能负担得起休闲消遣，人们仍旧对简单的无组织的娱乐感到满意。因此可以说休闲使用问题是商业娱乐快速发展的直接结果。目前在美国有那么多关于美国式"娱乐问题"的争论，以至于如果不顾当前美国人认为欧洲在休闲使用上处于领先地位的普遍认知，就很难接触到任何欧洲的娱乐研究。然而，各种寻求将娱乐作为黄金年代主体的欧洲运动——如"回归土壤"和"青年"运动——的发展足以证明，粗野的商业娱乐并非是美国独有的。在尝试从这一点对美国和欧洲进行比较时，必须牢记现代城市复杂的商业娱乐体系是相对接近的（因为它们都是现有工业体系的产物）。在欧洲，这些影响还需要与存在了几个世纪之久的民俗习惯和传统做斗争，也要与相关历史中丰富的环境因素做斗争。由于美国的商业娱乐实际上是在无制约地利用公共利益和公众习惯，所以美国在自由时间内进行的活动不像欧洲那么温和和理性的这一情况并不让人感到惊讶。

当人们尝试对欧洲和美国的休闲消遣进行比较，或是对欧洲国家一个个进行比较时，别忘了实际上无论在哪里，相同阶级的生活方式都是相似的，而且不同民族在相同环境、相同设施的情况下，做出的锻炼选择也是相当接近的。例如，现代资产阶级的生活具有一致性，与那些根据其工作种类和场所来使用休闲的特定阶级形成对比；资产阶级的一致性，是保证相当数量休闲的经济结果，也是相对较高教育水平的体现。美国人认为欧洲的休闲使用总是局限于对资产阶级——或者说高级资产阶级——生活的观察，如市民舒适地阅读政治文章，观看庄严的歌剧和戏剧，在中午进行一顿野餐；退休后到法国乡村钓鱼或经营一个花园；在英国郊区围一块网球场地。但这只是欧洲生活的一部分；而对休闲使用的全面理解需要着眼于所有阶级。重要的是，在欧洲和美国反对缩短工时的一个主要论点是，人们不知道在自由时间做些什么，且通常会错误地利用自由时间；关于本地学生的研究报告有大量证据证实我们的说法。

那么，我们发现"工人阶级"问题，以及休闲实际存在的程度问题，其实是工作时间问题。从理想的角度来看，大量人口群体需要在休闲及其用途相关事宜上进行特殊考虑。当前工业体系的发展剥夺了工人在其工作中寻求愉悦的爱好，以及锻炼想象力或创造力的任何可能。在这种情况下，一般人只有在拥有休闲时，才会有反思、自我表现、对令人愉悦的爱好和品味进行发展和满足的机会，且这些事情都是为了生活本身。在欧洲和美国都有许多著作和谈话表明一种对"休闲问题"的利他主义态度——这种态度将休闲的存在与非常单调乏味的现代工业进程相联系，而未考虑这一问题的年代久远性；除了一小部分劳工，对于所有人来说，这种利他主义态度是在一直以来黯淡、艰难和单调乏味的文明社会机制中维持生存所必需的。工业体系在休闲问题上的重要性并不在于其过程的本质，而在于它的力量能侵占必要的、满足人们需要的休闲。因此，我们会发现，欧洲对工人休闲问题非同寻常的关注是有实用性基础的，即它与国际及国际努力制约和削减工作时间之间的联系。

通常由于工作日里持续 10 小时的工作时间，以及交通困难等问题，实际自由时间，也就是可以"为工人所用"的时间非常有限，他们无法利用这个时间去解决有意义的问题。去回顾工作时间问题在欧洲的发展也许有些价值。在战前，缩短工作时间在主要的工业国家中是一项基本的工会方案。在战争期间，很多行业在正常范围内释放工作时间成为必要。随着某些涉事国家的内部政治形势变得日益困难，这些国家对劳动阶层做出了各种在战争结束后缩短或依法制约工作时间的承诺和保证。1918 年俄罗斯提出对工作时间进行法律制约，以对应它的共产主义理念的传播，在战争结束后不久，法国、德国、奥地利、意大利、比利时、瑞士——除了英国之外几乎所有欧洲国家——都发现在每天 8 小时或每周 48 小时的基础上对工作时间进行法律制约是有益的。然后就创建了国际劳工组织，"被仁与义，以及保护世界永久和平的欲望所感动"。我们没有必要在这里讨论这条漂亮的标语背后明显的经济和政治要素。

在第一届国际工会大会上，与会代表接受了一份公约，这份公约提倡将工业作业时间限制在每天 8 小时、每周 48 小时。根据这份公约，在座成员都同意从 1921 年 7 月 1 日起开始实行这项规定。捷克斯洛伐克、比利时、保加利亚、智利、希腊、印度和罗马尼亚等国家无条件认可了这项公约。奥地利、法国、意大利和立陶宛等国家认可这一公约的条件是欧洲工业大国同时认可和执行这项规定。英国和德国没有认可的迹象。

无条件批准当然没有使用价值，在今年（1927 年）的工党大会上，委员会负责审查了政府对国际劳工组织有关公约规定的实际应用报告，指出有 7 个国家无条件批准了事实上并不适用于公约的规定。国家劳工组织的实际成就就那么多。当出于内部政治原因对工作时间进行正式约束变得可取时，许多国家都采取了这类措施。当这方面的压力放松，而经济压力处于支配地位时，这种制约就将被废弃，或是变成非法的了。

然而，这里涉及的道德价值观是至关重要的。工党大会的工作使得任何国家要适当增加工作时间或是对一般制约活动保持沉默都成为不可能，但它也产生了当人们想要增加或保持工作时间时关于休闲使用问题的第一份国际认可。遍及整个欧洲的工党大会（1924 年）关于工人休闲使用设施发展的建议及其政府问卷，引起了对一般领域休闲问题的公共利益的关注。在这些领域中，休闲的重要性并不被认可，而是迫使政府正视设施问题并给予关注。因此，在欧洲，休闲问题引起了广大公众和官方的注意，且从结果能明显看出，通过官方提供设施的刺激，能增加一般领域人们对休闲的兴趣和认知，休闲使用的美好未来是可以预期的，它不仅为"工人"阶级，也为别的阶级的人们而存在。[15]

（三）影响休闲决定与行为的原因

休闲的社会空间与建制环境既非完全隔离，也非完全融合。行为者不仅将他们先前的学习与发展带入休闲，他们当前的承诺与价值观也会影响以后的休闲决定和行为。这里有"相对自由"，却没有完全自主。休闲不是没有角色或结构的"开放空间"，而是具有某种特殊开放性的"社会空间"。

许多角色是普遍性的，休闲亦不例外。休闲进入工作与家庭的社会空间，在简单的间歇休息中、有计划的活动中以及不断发展的取向与目的中，几乎随时随地都有休闲的机会。工作、家庭、学校甚至教堂等许多建制环境，都有休闲的目的来支配着交往。学校走廊不仅是个过道，厨房也不仅仅是食品供应地，它们是进行重要交往的场所，这种交往主要是非事务性的，有其自身的意义。

任何社会系统的休闲机会都是不同的，准备、确立，及晚年生活等建制环境构成休闲的累加资源。这些资源有兴趣、技能等个人资源；有空间、能动性、语言能力、自由支配时间等条件性资源；有收入和财产等直接经济资源；工作性质允许休闲或提供特殊休闲机会等间接经济资源；还有家庭、邻里、朋友等社会资源。所有这些资源一起形成一组可感知的可能性，一种包括或排除其他选择的自我定义，以及一个相对自由或约束的社会环境。这里，在由各种机会组成的环境中，行为者认识到他们是谁，哪些门是敞开的，哪些又是关闭的，以及门外的某种可能性。在一个等级社会系统中，这些机会状况的差别很大，而且这种不平等是一种对休闲发展潜力的否定。[16]

三、休闲的时间制约

（一）时间是制约休闲的主要因素

斯托多尔斯卡（M. Stodolska）在他 1998 年的文章中认为，制约因素可以在其时间性质的基础上粗略分为两类。一些制约因素，如歧视或缺乏获取资源的途径，显示出静态的特征。另一些制约因素，如儿童照管责任、语言熟练程度或缺乏对周围环境的熟悉，则显得更加动态，并随着时间的推移明显变化。没有任何制约因素是绝对静止的（如排除失能或永久贫困等因素），随着时间的推移，每个特定个体所感受到制约的程度会发生明显的变化。[17]

时间制约着我们的生活和休闲活动。与其说是我们控制和改变了时间，不如说是时间控制和改变了我们。在现代及后现代社会中，时间成为制约休闲活动的主要因素。时间决定我们的寿命以及我们休闲活动的每个方面，包括参加活动的时间和频率、能有多少时间分配给每次的活动、什么时候进行休闲活动、每次活动的节奏、活动的准备时间以及从活动中恢复所需要的时间等。时间还会制约我们的大脑体验休闲活动的能力。感觉很忙，感觉任何事情都是"必要的"，对这一切无法释怀、随波逐流，这些都是实实在在的约束，甚至还有更糟糕的。诗人 W. H. 奥登（W. H. Auden）在一首诗里写道：

> 我告诉你的事情，时间不会提起。
> 只有时间知道我们必须付出代价；
> 如果我能够我会告诉你。

时间不知道它在休闲中所起的作用。时间是一种能让所有发生的事物立刻停止的装置。时间作为一个制约因素未必是坏事，除非有人想成为上帝。正是因为有了时间的制约，人们就有必要制定目标，没有意图就不可能有休闲。这也就是说时间的制约使休闲活动成为可能。休闲意味着选择：愿意放弃可能称心的东西去换取确定能令你愉悦的东西，而对于这一点你的直觉也能感受到。如同其他所有自由的选择一样，休闲同样意味着牺牲。因此，时间不仅对休闲活动有制约作用，同时它还是休闲活动必不可少的条件。如果你不理解这一点，你就不可能有真正的休闲。[18]

现代社会的人比一百年前的人的休闲时间要多，但是他们受到时间的制约更大，这似乎自相矛盾。另外，在工作上花的时间所占的比例也越来越小。例如，对一个英国人的分析发现：虽然每个人平均职业生涯的时间还是 40 年左右，但是工作的总时间从 1856 年的 124000 小时下降到 1983 年的 69000 小时。用在工作中的时间从 50% 下降到 20%。

格尔舒尼（J. Gershuny）对 15 个国家的人们使用时间的情况进行分析后得出这样的结论，即我们生命中用于工作和家务的时间也在减少，而且，这种趋势似乎是一个国家生活水平提高的自然结果。他还补充道，没有任何理论或经验能够支持"时间不够"这一说法。

……

即使我们现在没有实现休闲社会，我们的空余时间还是增加了，不仅仅是每天的空余时间多了，而且我们的空余时间在我们生命总时间中所占的比例也升高了。在很多国家，人们自由支配的时间在增加，而自由支配时间的增加与一个国家的国内生产总值的增长成正比。然而，就像前面所提及的那样，时间有很多的方面：顺序、持续时间、时间表、节奏、同步以及时间观念。由于使用时间的顺序越来越复杂，时间同步变得越来越难以达到，节奏与速度越来越快，时间越来越商品化。虽然我们工作时间所占比例越来越小，时间却变得越来越稀缺。

……

在一个调查研究中，当被问及制约休闲的因素时，"没有时间"是他们不参加休闲活动的最重要因素。很遗憾，这个回答有很多的含义，研究人员一个都不能确定。这可能意味着个体对他们的工作、家务活动或社会责任没有控制权。这可能意味着安排问题（同步化），也可能说明生活的节奏太快，使得他们不愿意再去做更多的事情，或可能仅仅是因为他们对他们所做事情不太感兴趣。当我问某大学某个班级的本科生为什么不去参观宾夕法尼亚州立大学的艺术博物馆时，他们的回答基本上都是"没有时间"。这些学生每人的星期时间记录显示他们每个星期有 45 个小时的自由支配时间。可能最现实的回答是他们都对艺术博物馆没有什么兴趣。[19]

（二）生产率的增长并不必然导致更多的闲暇

传统的经验智慧总是有这样一个假定：生产率的增长将导致更多的闲暇时间。然而，最近40年中，几乎没有任何证据表明这种论断是正确的。相反，事实上，人们可以做出这样一个断定：他们并不想要太多的闲暇，或者说，与希望拥有更多的物质商品相比，人们对拥有闲暇的期望位居第二。[20]

如果没有时间制约，那么这个世界就会陷入混乱。公园就会人满为患，博物馆就会拥挤不堪，很多由于时间限制而产生的活动的意义就会消失。第一百万次的啤酒会或垒球就不再有任何意义。然而，如果时间的制约稍稍弱化一点的话，那么这个世界就会变得更美好。我只是简单地建议少拥有一点，少做一点，更多地说"不"。虽然很多美国人现有条件能做到这一点，但一般而言，他们并不想这么做。美国人更愿意拥有更好的汽车和房子，做更多的事情，更多消费，更多体验，取得更多成就。[21]

（三）当今正失去宁静平和的休闲时间

如果我们假设时间受经济规律的支配，那么，它的缺乏程度将简单地由时间的供求关系决定，对时间的需求将取决于我们的时间的经济价值及我们愿意为求得个人的满足而付出多少。林德（Linder）1970年用如下文字描述了经济发展所形成的这种局势：

> 经济增长的结果是劳动时间的增加。每小时生产率的提高意味着：代表我们先前的均衡水平的时间分配（分配给其他活动）也必须得到增加。我们知道，随着经济的发展，生产时间会变得日益稀缺。现在，可以进一步断言，我们对时间的利用将发生变化，以至于用于所有其他活动的时间也和用于工作的时间同样重要。这就是说，经济增长必然使得时间发生一种普遍性的、越来越严重的缺乏。

上述文字给我们很多启发。第一，它进一步证实了我们在别处所找到的东西——我们的劳动制度以一种重要的方式决定了闲暇并制约了生活的其他方面。第二，正如贝尔（Bell）等社会学家所告诉我们的，仅仅在物质商品这个层面上来考虑"不足"已经是一种过时的做法了。林德认为，我们既可能遭受严重的食品灾荒，也可能遭受严重的时间灾荒。我们的文化仍然把衡量幸福的标准主要建立在经济指标的基础之上，所以忽略了时间的稀缺。时间的稀缺给人们带来的心理压力恐怕是我们当今社会中的最大杀手。第三，在我们对时间进行思考时，最重要的方面在于我们对它的感知，及"心理的"时间。黄金之所以有价值，是因为我们认为它有价值，而时间也是如此。实际上，钟表时间会由于我们的时间感知而被延长或缩短，反过来，这种感知也会被我们对它做出的经济性估价所决定。第四，随着时间内容的增加，如同工作时间一样，我们对休闲时间也做出了越来越细致的控制，它改变了休闲的性质。历史地来看，休闲的含义是宁静、平和及永恒，与物质主义和动态性的活动形成对照；但是，这些特征在当今时代不仅已经丧失，而且与休闲现在的特征相反。对于许多人而言，这已经是一个现在的休闲是一些以高度的时间意识为特征的有限时段，用于进行物质主义所带来的商品与服务的消费。现在，休闲并不要求人们停止活动，相反，它要求人们在极端稀缺的时间资源内从事令人愉快的活动。人们不再把休闲看作是一种永恒状态（当然，这并不是说休闲便因此失去了其前景）。一个人也许仍然可能在闲暇期间体验着永恒，但休闲本身却被安插于工作时间之内，其价值不断得到更新。[22]

如果把或多或少的自由时间放进一种生活方式之中，而在这种生活方式中，人们对待时间如同对待非常珍贵的许多类似的东西一样，那么这将不会改变时间商品化所带来的问题。问题的解决不在于贬低时间的价值，而是要改变我们的价值观。在这些变化中，最重要的是改变对最高消费的认可。然而，我们对待闲暇体验的态度是不明确的（这种不明确态度导致我们为满足自己的购物需求而尽可能多地劳动），所以，只有减少消费并建立起某种制约，这种恶性循环才可能被打破。这当然不是一个新的发现，雅典哲学家早在公元前就认识到了这一点。

……

被视为商品的时间使得我们的生活缩短并失去了宁静，然而，就时间的古老意义而言，宁静是第一位的。[23]

四、休闲的社会政治制约

（一）休闲制约的社会政治原因

在美国人生活不断变化的背景下，他们自然会找到很多记录来跟踪娱乐的增长和扩张。但它会极其夸大地强调这些简单的体育和庆祝活动，并把它们想象为他们日常生活的事件。第一批移民实际上很少有时间或者机会去娱乐。严酷的环境加重了持续工作的必要性。在美国那奇怪而陌生的荒野上，"一切盯着一张饱经风霜的脸"。沿着河流，小森林里到处都是他们的定居点，他们持续地感受到威胁和潜伏的危险。谁也不知道印第安人的怪异呐喊声会在什么时候打破这被压迫的沉默。饥饿一次又一次地削弱着军队的力量，疾病则是一个个残酷的幽灵悬浮在每个家庭之上。在这样的地方，他们的经历是残酷和不友好的，为了保持生机，他们消耗了所有的能量。

因此，无论是北方或是南方，清教徒或是圣公会，执政者立刻发现需要在实施权力的全过程对"令人厌恶的懒惰"做出严格的规定，并禁止一切娱乐活动。[24]

（二）休闲永远受到社会建制的制约

社会辩证包括环境结构和社会行为与交往的存在主义"成为"过程。从这种辩证角度看，休闲也许永远都不可能是脱离社会的（asocial），永远不会从社会建制系统的社会化过程中脱离开。我们永远超越不了自己的文化和我们学到的一切，即使是在最自由的休闲环境中也是如此。另一方面，要使人们的行为成其为休闲，就永远不会完全缺少存在主义的层面。我们永远都不会只是个身负角色的人。[25]

五、休闲的性别制约

（一）性别是决定性的制约因素

社会规范也可能是制约或者促进因素。这在各式各样的活动和场所显而易见，但是也许最主要的决定因素是性别。事实上，期望男孩子和男人参加和观看运动是对他们的鼓励（虽然可能残酷得不可理喻），但是参加运动的女孩子，尤其那些有着更多男性专享历史的运动，比如足球、斗争的运动和更加冒险的活动，她们倾向于在社交中冒类似的风险。她们可能被排斥或者可能被怀疑其母性和性取向。当然，观念在变化，性别准则不再像以前那样牢固。但是这种观念的影响在持续，尤其是在年轻女孩中。[26]

（二）女性休闲的三大制约

结构性制约

许多女性休闲的制约，就如女性研究文献所揭示的，能被概念化为结构性制约或因素，干扰参与休闲活动的愿望与实际参与水平。由此可以看出女性缺少经济资源，也往往缺乏经济独立性。劳动力市场统计数据继续显示，与男性相比，女性收人更低，而且一些女性，尤其是单身妈妈和独立生活的老年女性常常经济贫困。更重要的是，女性经济上的依赖性往往导致个人休闲消费受到制约，同时还与其他制约相关联，如缺乏交通能力。

缺少休闲机会和项目也可被看作女性休闲的结构性制约。运动和体育活动是一个很明显的例子。尽管事实上没有哪个体育活动仍然完全由男性参与，但是要参与、加入团队和参加体育联赛等机会，与男孩和男性相比，女性仍然很大程度上受到限制……

虽然一些关于女性休闲的研究已经提供了探讨这些结构制约的启示，女性主义者大量的目光集中在了女性缺少休闲时间的问题上。时间的压力和缺少个人时间严重制约女性休闲生活。对于女性而言，这不仅仅是带薪工作，而是不计报酬的工作和家庭的责任，这些因素合在一起就使得个人只拥有很少的休息和放松时间，或个人休闲活动的拓展……

从研究目的来说，耗费在与家庭相关的工作上的时间与计酬工作和家务相比，更难界定、操作和测量，但有一点是清楚的，家庭责任也影响着女性的个人休闲机会。确实，在生活变迁中，把家庭责任作为研究制约女性休闲的意义是显而易见的。
……

个人内在制约

除了时间和别的结构制约之外，研究者们也研究了各种各样可能代表女性个人内在的制约因素。可能受到最多关注的问题是照料行为的伦理观。虽然照料行为能建立社会关系，并且自我照料能对个人的休闲产生积极的影响，但在有关性别差异的文献中压倒性的一致共识是：女性的照料行为是女性休闲的主要制约因素。这个制约对于已经结婚，又有了孩子，或者要照顾年长亲属的女性来说尤其如此。与照料伦理观紧密联系的是很多女性休闲权利意识的明显缺失。随着女性将照料伦理内在化，并且将直接的注意力放到了别人的福利上，她们就不可能培养自身需要或者有权获得休闲的感觉。很明显，照料道德伦理观以及缺少权利意识是与女性家庭角色和将别人的健康放在首位的义务相连的。因此，区分与照料行为相关的内在制约导致的缺少时间和对别人的义务的内在意识导致的结构性制约是很困难的。
……

另一个内在制约来自女性休闲文献的分析，它涉及女性的自我态度，包括自尊的缺失。少女自尊和自信的下降，以及对身体形象和外貌过分关注，已经被不少研究人员记录在案。对于外表、技能水平、害怕不合潮流或者看上去不正常而产生的尴尬等制约着她们参与不同的活动。比如，这类担心可能影响有氧运动或者游泳的参与。身材要合适，体型要理想，年轻女性特别容易受到这类社会压力。然而，与男性相比，对外表和体重的关注对所有年龄段的女性限制要强得多。外貌已经被发现变成了低收入、超重女性休闲的一个制约因素。总体上看，成年女性和女孩对于外表的关注可能使她们不愿参与那些她们感到可能需要展露她们的身体的任何活动。

尴尬也能降低参与休闲活动的欲望，特别是对那些想参与却又怕被别人认为是不合适的活动……

还有一个因素也可能被认为是女性休闲的内在制约，那便是对暴力的恐惧……

人际制约

关注女性休闲人际制约的研究几乎没有。这种研究的缺乏可能是因为倾向于认为女性往往比男性具有更好的社会关系，因此很少会缺少休闲的伙伴。确实，一些研究已经表明，女性较容易享受社交休闲，并且就休闲而言，女性的朋友圈子是一个非常重要的背景。于是，在这种情况下，性别可能成为一种助推器，而不是一种制约。除此之外，之所以缺乏对人际关系制约的关注，可能是因为女性缺少属于自己的或者单独的时间。因此，个人休闲的时间对于很多女性来说比缺少朋友或者伙伴可能是一个更普遍、更突出的问题。

不过，有一些指标显示其他人际制约类型可能对女性的休闲产生负面影响。例如，不被社会认可的，且被认为不合适的活动可能是人际制约因素。这种不认可，通过朋友、家庭成员或者其他人而显得愈加明显。同样，丈夫对妻子社会生活的控制，不鼓励妻子参与想去的休闲活动，或者增添她们参与的难度也制约了一些女性的休闲。但是，社会的认可和我们社会中对女性休闲的控制的影响程度到底多大，基本上仍然一无所知，因为本质上对于这类制约几乎没有进行过研究或讨论。女性有可能面对额外的，但没有被完全认识到的人际制约。[27]

无酬与有酬劳动的演变对女性休闲的影响是多方面的。首先，在流行的对"休闲"的定义中，核心的概念就是：休闲是让人们从工作的劳累中得到恢复的一个机会。休闲让做有酬工作的人有一定的自由时间用于放松，使他们回到工作上时精力已得到恢复，又能从事生产性活动。这种对休闲的定义对于留在家中从事无酬工作的女性很成问题，她们的时间都没有用于从事有酬的劳动，但她们得不停地用这些"自由"时间做无酬的家务与看管孩子的工作。像当今的很多女性一样，她们与从事有酬劳动的男人之间有一种休闲差距。人们往往认为：这些女性没有为家里做出有价值的经济上的贡献，因而就没有为自己挣到休闲的权利，因此，她们不需要休闲，也没有权利从事休闲。

很多女性也觉得自己不该有休闲。例如，做家庭主妇的女性想要悠闲一下时，往往会感到内疚。由于她们没做什么有酬的工作，没为家里的经济做出什么贡献，她们对休闲的需要与愿望就很难被视为正当的。任何需要花费钱的休闲活动对家庭主妇来说当然都很难，因为她们没有经济上的独立性，无权随意支配不是自己所挣的钱。

对全部时间在家从事无酬工作的女性，人们还有一种很普遍的错误看法，即她们全部的时间都是休闲时间。这再次说明，社会不认为她们做的工作有价值，因为这种工作是没有什么可用金钱来衡量的产出，而是发生在家这个私人的圈子里。很多人认为，家庭主妇的时间基本上都是自由时间，需要用社会规定的女性角色活动（如照看孩子、做饭、洗衣服）等来充实。家庭主妇是"很悠闲"地做着这些事，或者更确切地说，做这些事就是她们的休闲了。

　　但对于多数社会阶层的女性来说，说家庭主妇不干什么活或只干自己愿意干的、令人愉快的活是很不准确的。不过，有些只在家里工作的女性确实能找到一些休闲的机会，或至少是尽量将自己日常必须干的活化为像是休闲的活动。为了遵从很强的工作伦理，女性常常用做家务来满足自己休闲的需要。例如，剥玉米会、采枫糖会、收割会、缝被会及其他缝纫聚会都为女性提供了一些实用的消遣形式。这些活动虽然都是无酬的工作，但也被当作一种消遣，因为它们给女性提供了一些机会，让她们能与其他女性交往，而非总是被隔离在自己家中。同时，这些活动也使女性能以较为愉快的心情来完成自己的工作。

　　这样在一种既是工作又是休闲的场合与其他女性交往和培养感情，是女性的一大需要。这种需要在自己一家人的圈子里也表现得很明显。例如，吉尔曼（Gilman）在 1898 年曾经指出过这种经历对母亲和女儿们是多么宝贵：

　　　　女儿们一边听母亲为她们诵读，一边缝衣服，这被看作是很好的一件事。大家聚在一起缝纫和诵读时，既培养了亲密无间的家庭关系，又在智力与技艺上一起进步……这就是为什么这群女性能这么容易在一起愉快地工作的原因。

　　对于在家外工作的女性，休闲活动仍主要是以家为主要场所，也以家为中心。然而，到 19 世纪末，严格的工作伦理已引起人们对生活质量（至少是对男性的生活质量）的关注。有的公司开始设置消遣活动项目，而部分女性得以参加这些活动。正式的为职工服务的项目是由社会各种力量的变化、人们文化水平的提高及社会对休闲的接受等诸多因素综合作用的结果。20 世纪初，很多公司都支持职工从事消遣活动，以加强职工对公司的忠诚，增进职工间的团结，提高职工的士气和促进职工的身心健康。女职工虽因性别角色期待而受到很多制约，但还是参与了一些这样的活动。不过，很多活动项目存在着种族隔离。1916 年固特异轮胎与橡胶公司组织了女子曲棍球队，就是女性参与休闲活动的一个例子。

　　性别、有酬工作与休闲之间有着密切的关系。有关 19 世纪、20 世纪之交大城市作坊与工厂青年女工的文献所反映出来的情况，就是一个很好的例子。我们只要简单地看一下这些青年女工的社会活动，就能看到当时性、求偶、男性权力、女性的依赖与自主性等方面的表达，以及在这些方面什么行为被视为正当的。正如佩斯

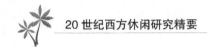

（Peiss）所说的：

> 休闲活动可以用来肯定其他社会体制所确定的文化范式，但同样也可以用来为与既有文化范型相悖的价值和行为的表达提供一个舞台。休闲的组织方式与意义的变化，尤其是不断发展的资本主义对工作与时间的组织方式的影响，以及 19 世纪末与 20 世纪初休闲快速的商业化，都影响到工人阶级关于性别的观念。

然而，对于这些年轻的、自己在挣工资的女性（主要是来自工人阶级家庭的白人单身女性，被父母送进工厂去为家里挣钱）来说，要把休闲作为一个自己能够自主的领域是成问题的。社会关于女性角色的文化意识不会支持这种休闲观念，但她们在工厂工作这样一种生活又在鼓励这种休闲观对休闲的追求，使她们热衷于一些新出现的商业娱乐形式，如舞厅、游乐场与影院。这些"低档娱乐场所"成了产生工人阶级"新女性"的地方，将一种异质性的社会文化与现代性、个体性及个人风格联系起来。然而，这些单身工人阶级的女性在结婚和生了孩子之后，她们对休闲的追求通常就结束了。

在总体上，在家外工作的女性与在家工作的女性很相似。她们的休闲活动很少，活动形式也往往跟她们的社会经济地位相关。这些女性所能拥有的一点点休闲，往往都是与她们生活的其他方面（如工作及对家庭的责任、社会义务、经济上的考虑等）联系在一起的。不管女性是出于自愿或为生活所迫而从事有酬工作，还是在家从事无酬的劳动，男权社会所定义的休闲都被视作与女性不相宜。这样，很多女性都试图进行社会变革，以便使自己的自由时间能得以合法化。[28]

（三）医学视角的女性休闲制约

将这种维多利亚式理想与女性在休闲活动中的行为做一比较就能看出：这二者往往是针锋相对的。例如，在某些休闲活动尤其是需要身体做剧烈运动的活动中，女性是难以保持温柔的形象的。体育活动意味着活力，而"理想的"女性应该表现出柔弱，在家外的休闲和允许表达感情的休闲活动也与理想女性的得体端庄与谨慎等要求相悖。要维持维多利亚式的女性形象，女性得表现出被动，要顺从丈夫，要谨言慎行，尤其还得对男性具有吸引力。通过避免运动而养就一张白皙的脸和不能干活的娇柔，一个女人能表现出温柔；而面色红润、肌肉发达则标志着一个女人必须干活以维持生计……

人们从医学的角度出发怀有一些担心，也影响了维多利亚时代的女性观，也与休闲问题发生了联系。19 世纪末与 20 世纪初社会的某些做法，使得后来在医生和其他一些专家中有一种流行的看法，认为女性从体能上与生物学上都没有参与体育活动和运动的能力。社会在四个方面的做法强化了女性为弱者的观念：（1）女孩通常被制约在屋里活动，而且不允许她们跑跳或玩运动量很大的游戏；（2）女性因所穿的紧身胸衣扎得很紧而常感到身体不适；（3）除了"生病"以外基本没有什么为社会所接受的节育措施，而"生病"又更使人们形成女性很脆弱的形象；（4）当时不健康的生活条件（如城市中的空气污染、饮食不良、拥挤和不卫生的居住条件）导致了一些普遍的健康问题。

当时医学界主要关注的是体育性休闲活动动对女性的有害影响。尤其普遍的一种担心是，"过度的活动"导致了越来越多的骨盆部位失调。很多人都相信摔跤会影响月经，因而摔跤对女性的危险比对男性的更大。人们对女性的体育活动持否定态度，认为它最终会有害于女性扮演母亲的角色。《美国医学协会杂志》（*Journal of the American Medical Association*）于 1925 年刊登了一篇文章，说在这个"女性自由的时代"年轻女孩运动得太多了，宣传的就是这种观点。

另一个主要的健康问题是体育活动的心理效应。很多人觉得体育性休闲活动产生的情绪紧张有害于女性的心理健康。例如，巴克斯（Bax）认为女性不宜从事体育性的休闲活动，因为女性不仅在生理结构和发育上不如男性，在心理上也比男性差。巴克斯进一步说道：男性拒绝承认女性有权享受人类文明的一切成就，拒绝减轻女性的负担，拒绝改善她的条件，也拒绝让女性的身体与心理素质得到充分发展。甚至很多女性在相信自己有权选择是否参与体育休闲活动的同时，也认为活动时必须特别小心，以免过度紧张而影响自己的身体或心理上的稳定。[29]

（四）女性休闲的意识形态制约

在休闲的情境与休闲选择上，我们也能看到了社会意识形态起的作用。例如，人们往往认为，健美操不管对年龄有多大的女性，都是一种自由选择的休闲活动。这似乎是不言而喻的，因为有为数众多的女性报名参加各种健美操班。但有研究者提出：由于社会在何为理想的女性体型上形成了一套文化观念，使女性强烈地感到需要减轻体重保持苗条的身材；所以，女性去学健美操就可能是由于她们受到了一种制约。这样看来，表面上由每个人自己选择的一种休闲活动，可能却并非对所有的参与者都是休闲。在女性的时尚，包括休闲时尚上，也能看到类似的例子。面向女性的时装店多种多样，到处都有，但这是否就意味着女性在服装的款式上有着高度的选择权与自由呢？如果女性时装产业迫使女性不断地去追踪它所定义的"得体的"女性外表的话，这是否是对女性自由的一种制约呢？有关这方面的意识形态，我们还可以问这样一个问题：买衣服对女性来说是一种休闲活动，还是由于社会要求她们有"仪表美"的意识形态，使她们觉得买衣服是自己的一种义务？

很明显，自由选择的问题比较复杂。把一种特定的活动简单地定义为代表自由或代表制约，都是过于简单化了。而认为在自由与制约之间存在不同程度的选择，则有助于我们认识问题。但即使这样，要将"真正的"自由、感觉到的自由与缺乏自由（由于内化了的责任和关于何为得体的行为意识而缺乏自由）的关系纳入此系统是很困难的。

"失范型休闲"（anomic leisure）的概念使自由与制约的问题变得更为复杂。这个词描述的是一种消极的自由，即缺乏正面意义的自由。从社会心理学的角度看，由于活动参与者的意义系统极为重要，"失范型休闲"确实很成问题。在有些情境中，人们说自己有自由选择，或自己没受任何制约，但自己并不感到愉快。这种情境的一个例子是，有些人觉得"手头时间太多"，或是在"消磨时光"。他们体验到的可能主要是无聊，甚至还有压抑，因而恐怕不会把这样的情境说成是"休闲"。这也是不能把没工作或已退休的人所处的情境简单地视作"休闲"的原因之一。

所以，"失范型休闲"只是研究者创造的一个概念，用于定义一种特定的体验。从女性与男性在日常生活中的角度来看，只有当人们感觉到有积极意义上的自由，即自由加上积极的享受时，其体验才算是休闲。这就是说，"不受限的自由"（freedom from）（即没有什么义务作为制约）与"行事的自由"（freedom to）（即人们利用没有义务制约的情境，主动地去选择一种自己能从中获得乐趣和有所收获的活动）之间是有区别的。[30]

女性的休闲机会及其他资源（如收入、文化水平等）都受到阶层、种族、民族等社会关系的限定。健康状况、残疾等因素也会影响到休闲，因为一个人光是为了度过一天的时光都需要投入一定的精力。这样，一个女性的生活境况就决定着她可用于休闲的日常环境，决定着她在多大程度上能控制这样的环境。例如，很多上等阶层与中上阶层的女性能雇用别的女性来帮她们做家务和照看孩子。她们的收入使她们能选择让家里有什么样的环境，在家从事什么样的活动，跟家人在一起从事什么活动，等等，从而使她们能体验到较多的休闲。但缺乏这些资源的女性则可能处于不易获得休闲的环境中，对日常生活中的事没有多少控制力。

影响女性休闲的另一个重要因素是，她们是否参加工作。参加工作虽然增加了工作角色与必须进行的活动的数量，但也可能带来更多的休闲机会。参加工作的女性往往更能将自己的工作时间与自由时间分开，更能为自己的休闲留下一些时间，原因是在她们的心目中，自己是"有工作的女性"，觉得很多家务也是"工作"，从而会设法使自己在家中不光是做家务，而也有一定的时间用于休闲活动。另一方面，正如霍克希尔德（Arlie Hochschild）的研究所发现的，从事有酬工作且生活在异性恋家庭环境中的女性在工作方面可能会面对"轮两次班"的问题，这样参加工作一方面能使女性感到自己有权获得休闲机会，另一方面却又减少了她们可用于享受休闲的时间；她们得对这两方面进行平衡。这种冲突也许就是为什么在经济条件许可的情况下，有的女性选择了部分时间的工作。

除了是否参加工作，职业类型也会影响女性休闲的多少及休闲的意义。阿利森（Allison）与邓肯（Duncan）的一项研究对白领与蓝领女性做了比较。该项研究集中于研究女性的"畅"与"阻畅"（anti-flow）体验（如无聊失意、焦虑），结果发现，白领女性在工作场合与非工作场合都比蓝领女性体验到更多的"畅"。显然，白领女性不仅受益于较高的收入与经济独立，而且还受益于其工作这部分生活的质量，因为她们在工作上也有体验到"畅"与休闲的可能性。对这两类女性来说，非工作活动中的"畅"都是围绕着自由时间的活动，尤其是在家中跟家人间进行的交流。此外，在非工作情况下的"阻畅"体验一般都与家务联系在一起。

年龄、婚姻状况、居住安排、家中孩子人数及其各自的年纪等因素，都可能对女性日常生活与休闲的意义发生影响。每一次生命历程中的转变都不仅会影响时间的分配，而且如我们在第六章中将会讨论的，这些转变还会影响到时间的类型与质量。在这些转变中，第一个孩子的出生可能对休闲的影响最大。这些影响包括总的休闲时间与可能的休闲情境。这并不是说做母亲就只有工作而没有休闲，但在做了母亲后，女性的休闲机会、意义及价值通常都会发生变化。[31]

敏感、不自然、对自己身体形态的忧虑往往会导致自尊心的缺乏，而后者又会成为制约妇女休闲的另一种因素。研究者之所以没有询问有关自尊方面的因素是否可能制约休闲兴趣的问题，是因为人们并非总能清楚地意识到这种制约。然而，有证据表明，缺乏自尊心确实会对人们的休闲行为产生不利的影响。正如我们在第五章所看到的那样，缺乏自尊心也就意味着缺乏自信心，这种问题在白人少女中尤其显著。这种现象已经被研究广泛证实。对许多青少年来讲，自尊与自信的缺乏使得她们无法鼓起勇气去参加一项新的运动，并最终表现出对这一运动缺乏兴趣。

一些研究发现，缺乏技能也可能制约人们参加休闲活动。看上去，似乎是那些"自我感受的无能"（而不是绝对的无能）制约了人们的休闲，所以，缺乏自信自尊可能是导致这种制约的先行因素。自尊心自信心不足的问题和缺乏技能的问题（这种技能的缺乏制约了人们的休闲活动）体现出一种有意思的循环。自信心自尊心和技能水平会在休闲活动过程中得到明显提高，然而，如果这些因素对个人的兴趣发生了一种抑制作用的话，那么，要在一开始就鼓励她们去参加这些活动是非常困难的。

另一个导致女性休闲自身的制约因素是，她们认为自己没有休闲的权力。很多研究指出，一般来讲，很多女性都觉得她们没有权利进行自己的休闲活动。一些女性甚至觉得休闲是一种自私的做法，或者，她们必须首先考虑他人的休闲需要而不是自己的。根据亨德森和比亚莱斯基的研究，这种态度是很多女性的一个特点。人们不容易衡量出这种制约，但它却是实实在在地影响着女性对其休闲兴趣的表达。有些妇女可以很容易地列举出其家人的休闲兴趣（如丈夫和孩子们的休闲兴趣），但她们却感到很难列举出自己的休闲兴趣和爱好。显然，这些女性很少注意自己的休闲需要。[32]

另一种不同的自身制约关系到女性的性别角色。如果女性概念被狭隘地定义的话（也就是说，女性应该体现出种温良恭俭让的品德），那么，有些女性的休闲活动就会受到制约，因为，这些活动中有违传统的"理想女性"的特征。尽管很多人认为，这种关于女性社会角色的狭义定义已经过时，但证据表明，它们仍旧影响着女性的休闲选择，影响着她们参加自己喜爱的活动；比如说，只有极少一些女性对一些危险性大的活动（如攀崖和极限滑雪等）表现出兴趣。此外，艾伦的研究显示，比起其他的人际制约和结构制约，家庭成员或朋友的否定意见会对休闲产生更大的制约。而且，某些权威人物的否定意见也会制约人们的休闲；而如果当事人觉得这个社会不赞成女性参加某项活动，那么这也可能会制约其休闲活动。[33]

女性的那种伦理关怀既是一种人际的制约，也是一种自身的制约。实际上，伦理关怀体现了前述三种休闲制约的重合。如果一个女性意识到了她自己的休闲兴趣和爱好，而仍将朋友或家人的休闲需求置于自己的需求之上，这时候，这种伦理关怀就作为一种人际的制约在起作用。在一项探讨女性的圣诞节庆的体验的研究中，贝拉（1992）发现，女性关注的是确保其他每个人都玩得高兴，但并不很在意她们自己是否如此。同样，在加拿大北部一个小镇进行的女性休闲研究指出：女性怎样花大量精力以确保家庭其他成员能够享受"家庭休闲"。所以，从这一点来讲，伦理关注使得家庭休闲活动对于许多女性来讲是"工作"而不是休闲。[34]

另一个极少受到重视的、有关女性的结构上的制约的问题是缺乏安全感和畏惧暴力心理。一项对大学生的采访表明，这些年轻女大学生生活的很多方面都受到"畏惧暴力"心理的影响，其中就包括她们的休闲。畏惧暴力心理影响到她们对休闲地点（比如说，她们会避免去树林这种她们认为不安全的地方）、休闲时间（比如说，她们会尽量避免晚间的活动）和休闲伴侣（她们会尽量避免独自参加活动）的选择。这项研究指出，这种畏惧暴力的心理虽然不会制约或减少她们渴望参加的休闲活动，但它对休闲体验往往有负面影响。女性不喜欢焦虑、长时间处于警惕状态，或不得不提前考虑交通工具和休闲活动的伙伴等方面的问题。畏惧暴力的心理可能对独身和没有自己的交通工具的年轻女性有着特别大的制约。[35]

（五）中东女性休闲的五大制约

阿拉伯-穆加达姆（Arab-Moghaddam）、亨德森和谢赫勒斯拉米（Sheikhole-slami）在中东引领的其中一少数研究中发现伊朗女人有五大主要的重要制约：（1）社区结构（不仅包括比如不合适设备的典型结构性制约，而且还包括比如政府缺乏对休闲，尤其女性休闲的关注的更多制度性制约）；（2）家庭期望（例如，家庭和家务责任，内在心理性制约）；（3）经济关注（结构性制约）；（4）社会安全（例如，缺乏安全和暴力恐惧，西方女性报告也体现了这两种内在心理性制约）；（5）文化休闲重要性（例如，缺乏信息和休闲对个体并不重要，也是内在心理性制约）。[36]

（六）男性休闲的制约

缺少对于男性休闲的研究意味着我们对男性休闲制约的本质知之甚少。也就是说，虽然很多关于休闲的研究是关于男性的，但是这个研究很少使用性别或者男性特征来分析概念。可以说，性别对于男性可能被看作是能力因素，而非制约因素。这是因为男性的较高参与水平和女性相比，具有更强的休闲权利意识。另外一方面，运动社会学的一些研究和男性研究已经指出了男性由于性别而面临的一些问题。例如，一些不具备男子汉理想形象的男性或者那些不具有很强竞争力的、硬朗的、成功的，或者对异性的吸引力的男性可能会面临各种各样的生活问题，其中包括他们的休闲生活。此外，考夫曼（Kaufmann）的研究讨论了男性学会用各种方式压抑与传统男子意识不一致的情感、需求和可能性（如教养、同情心和接受性）。因此，他们可能因为想表现出男子汉气质而拒绝本可以享受的休闲活动和种种可能性。确实，这方面的研究显示，与社会看待男性性别角色行为相关联的内在或者人际制约，对男性来说，可能尤其强烈。[37]

六、青少年休闲制约

（一）性别和性发展对青少年休闲的制约

对许多青少年而言，性能力的发展似乎成为他们休闲娱乐的一大组成部分（例如，在洗手间里或镜子前花上数个小时、看青少年杂志、谈论女孩子）。性能力发展中遇到的各方面问题可能会成为休闲的制约因素。例如，在性行为和亲昵中就包含着许多有关身体形象的问题。通常，女孩子对自己的身体意象要比男孩子严厉得多。……在"为男孩疯狂"和"为女孩疯狂"的特异行为期间，按照自己的男朋友或女朋友的意愿做事至少会在一时制约其他兴趣的发展。至少在青春期的早期，即使没有需要同时变通共同的兴趣爱好的多余压力，要处理好亲密的关系也是一个很大的挑战。那样的话，参加对自己有重大作用的休闲娱乐活动（单独的或者与朋友一起）往往会比与"我的男朋友"或"我的女朋友"待在一起次要。

性别经常会被引证为参与活动的一个制约性因素，……在所有对女孩子的户外休闲娱乐活动的参与有挑战的制约因素中，性别这种制约因素被认为是最强大的，而且它还仅仅只是一个解释性别和成规旧习会怎样制约兴趣发展的例子。虽然发展长久的兴趣对积极向上的发展极其重要，有时候也需要一段摸索期，来选择和自己、才能（能力）、同龄人和其他一些生活环境因素相协调的兴趣。不幸的是，由于性别引起的对兴趣发展造成的最初干扰，许多青少年根本没有这种机会或支持进行这样的反复摸索。[38]

（二）兴趣和动机是青少年休闲制约的重要因素

对兴趣的选择无论是多了还是少了都是制约，所以要找到一个追求既有意义又有兴趣的理想数字就成了青少年休闲研究的一项重要任务。兴趣太少的话，无论是机会不多或是缺乏动机都会导致长期的无聊感和冷漠。同样，兴趣太多的话，即使都是出于内在的要求，也会给生活的其他方面（例如，与家人和朋友维持关系）带来压力。更重要的是，一个在很多领域（如体育、创造、社交活动）都表示出兴趣的青少年，通常都不太容易受到之后由于生活和周围环境因素变化（例如，膝盖问题或者溜冰场关闭）而产生的制约的影响。青少年如果只是专注于一项活动（以篮球为例，他们会加入篮球队，做一些常规的投球动作、阅读篮球杂志、按时参加训练／练习），一旦该项活动不存在了，或者基于某些原因选择退出，那他们则可能在将来面临更严重的制约（例如，难以适应和补偿）。[39]

从动机的角度来分析能帮助我们更好地理解个人性格与同伴、父母间的动态的相互作用（如，认知和情感）。但是这里相对 SOC（选择性补偿优化理论）更是从生态学角度来看问题的。也就是说，自我决定理论（SDT）提供了一个解释性框架，能被广泛应用于各类活动领域，同时又探讨与自我调剂的自主形式相关的行为和动机。该理论还指出了构成积极人生发展的社会化因素和环境因素的角色作用——究竟是促进还是抑制了更加具有内在动机行为的表达。这样说来，一个人的兴趣出自内在需求，则体验的质量便高。换句话说，兴趣更符合真实的自我，心理上的回报更大，会有"自己做事"一样的感受。[40]

自我决定理论还为理解最佳并非直接相关联的动机取向提供了一个解释性思路。其中最受关注的动机缺乏问题，则由青少年不积极地融入社会环境中，要不就是没有动机的参与到活动中而引发的。缺乏动机对于兴趣发展、选择、活动参与和体验这整个过程来说，是一个潜在的制约因素。虽然这是个还没被检验证实的问题，但是动机的缺乏很可能负面地影响了我们在这章中所讨论的休闲的各个方面，特别是在兴趣发展和正面的休闲体验这两个方面。考德威尔（L. L. Caldwell）等发现，因为"无所事事"而参加到休闲活动中的青少年比那些确实"有意愿"参加活动的同伴们显得更为无聊。缺乏动机也可能受到一连串个人、社会和文化因素的影响。举例来说，认知能力、社区资源的缺乏，或者对未来的期待都会给个人的动机带来影响，有时甚至是合在一起产生影响。一些初步的迹象显示，父母亲结构和引导能够抵消动机缺乏的制约，同时还能促进青少年的主动性，增强自我调节能力。

当行动受外力强迫而进行，且并非为了自己时，即使行动是有目的性的，它对个人也无效，还会产生低品质的体验。回到我们先前关于父母控制的讨论，有价值的问题包括：

（1）父母用于决定青少年"想做什么"和"必须做什么"的策略范围有多大？

（2）这些策略的应用给青少年的成长会带来什么结果？

自我决定理论认为，支持青少年自主的策略——即使是有结构性的——也会被认为是正确的父母指导，而且会产生良好的结果。也就是说，有自主结构支撑，青少年会做出对自己负责的决定，从而做出较好的休闲选择。此外，父母提供的指导能有效帮助青少年思考如何克服他们参与理想的活动的制约，这样也有助于青少年在将来成为一个好的问题解决者（或者制约协商者）。[41]

（三）家庭对儿童休闲活动的制约

甚至在休闲受欢迎的地方，它可能受到一些形式而非另一些形式的制约。有组织的和有监管的活动远比那些无结构的活动更受到成年人的信任。越来越多的儿童被阻止独自在户外玩。这一趋势部分源自父母担忧孩子可能在一些方式上受到引诱或者伤害，然而这些担忧毫无根据。《丛林中最后一个孩子》（*The Last Child in the Forest*）一书列举了这些担忧造成被作者称为"大自然缺失症"的事实，很显然即使在相对安全的环境，在户外环境中的孩子很少比过去舒适。[42]

七、老年化休闲制约

（一）老年化休闲制约的基本类别

克拉顿（Klaton）的制约研究开始时要求一个五人居民小组，在他们退休的社团中扮演一个领导角色，去编制一个制约清单。受访者被告知"休闲制约是妨碍你参与休闲的任何东西。休闲制约是某种你能克服就能参加休闲的东西"。……退休小组回答的8个休闲制约类别是：

（1）责任，包括不想去担任领导角色；

（2）设施管理，特点为不善于活动协调；

（3）成本，包括制约相关的成本；

（4）太多的选择，缺少动机且没有能力去做所有想做的事情；

（5）不利的参与效果，例如害怕受伤、犯罪、不能享受活动；

（6）缺少能力和技巧；

（7）不可获得，包括与地点、交通和天气相关的项目；

（8）规则或资源，涉及法律和合法的制约，缺少搭档。

克拉顿的结论是制约类别因被研究的群体伴随老龄化过程中出现的情况而变化，退休者认识到的制约反映出他们在社团中的作用，他们个个都积极为社区活动出谋献策。[43]

（二）几种老龄化制约理论

活动理论

活动理论是最早、直观上最有吸引力的老龄化理论之一。它的来源可能追溯到哈维格斯特（R. J. Havighurst）和阿尔布雷克特森（S. J. Albrechtsen），虽然该理论比较正式的提法直到 1972 年才出现。活动理论的核心是参与有意义的活动和生活的满意度之间的关系。成功老龄化是保持参与活动的能力。如果丧失一种活动（例如，退休），那么这一个体就应该去寻找另一种替代活动。这个理论的核心是角色的重要性和角色的作用，将其当作保留自我意识的载体……

该理论当然对老龄化领域个体有吸引力。尽管对其支持有限，它依然出现在文献中并继续驱使大众对老龄化进行思考。虽然活动理论过于简单，不能提供成功老龄化的圆满解释。但它提供了一个在老龄化中非常有用的视角。诚然，有一些人是通过积极地生活方式度过晚年的。诸如高龄旅馆和老年运动会、社区中心等项目的深受欢迎便是对活动理论的支持。[44]

脱离理论

脱离理论来源于一种根据社会脱离和基于社会系统的老龄化视角。它的中心前提是脱离过程是老年必然遇到的。随着人的变老，他们逐渐从原先的角色、其他人和活动中退出，这是正常的。这种退出是相互的（个人退出社会，社会退出个人），也是合情合理的。随着人的变老，他们脱离角色和社会的关系。这种脱离是永久性的、有利的。这个模型的确看来能解释某些个人走向老年的生活方式。收缩的生活空间和收缩的社会互动的出现对于一些老年人来说，似乎的确会成为一个成功进入老年的方法。

脱离理论提出一个有意思的休闲制约观点。在某种意义上，对于制约的理解是矛盾的。它可能揭示制约人们成功进入老年化的因素是抑制或者限制活动参与的下降。既然脱离理论认为少为佳，研究制约就必须考察那些强迫个人保持积极的因素。这不是通常使用的制约视角。换一个角度可能会将制约看作生命的积极推动力。脱离理论暗示，我们可能欢迎制约，因为它们在参与需要被限制的生命阶段制约了参与。

连续性理论

连续性理论，也被称为个性理论，试图去调和活动和脱离理论存在的矛盾。连续性观点中成功老龄化取决个人的适应变化能力和在整个生命中形成的应付机制能力。……连续性理论要求个人"整个人生过程中保存连续性的态度、脾性、偏好和行为"。成功老龄化依靠使用先前成功的机制进行调整和适应。

在连续性观点中，可能会对成功老龄化产生制约的是干扰一个人在一生中卓有成效地使用资源和补偿机制的能力。制约可能是任何对应付机制的延伸的干涉。……连续性的观点可能要求将制约看成干涉个人继续终身处理能力的因素，而不是关注活动参与。

基于个体观点的理论

三个理论——选择性补偿优化、社会选择性理论、超越老年——都建筑在这样的成功老龄化的概念基础上：巴尔特斯（M. M. Baltes）和卡斯滕森（L. L. Carstensen）所认为的一种老年人的"资源的再分配"。他们把丧失视为与年龄相伴，但也认为老年人应当应付丧失而不受它们的"欺压"。他们对于老龄的丧失提出独特的见解，看到丧失被受益抵消。就像巴尔特斯和史密斯（J. Smith）在1999年的书中所写的那样："丧失、限制和拮据等情况也可能在积极的改变中扮演着催化剂的角色。"在这个矛盾的观点构建中，制约对于真正的自由是必不可少的。因为它们提供了改变的推动力。

选择性补偿优化理论

选择性补偿优化理论是由巴尔特斯和卡斯滕森提出的，以反映晚年继续成长所需要的一个过程。从这个观点出发，个人要追求利益的最大化和损失的最小化。成功的老龄化被定义为利益最大化，损失最小化。这是通过三种机制的相互作用来实现的：选择、优化和补偿。这个理论建立在这三个过程的假设之上，它们是行为的基础，并且"在它们共同作用中产生和调节、发展老龄化进程"。

……

选择之后是优化，即允许个人最高水平地利用剩余的能力，在有限的活动范围内优化地参与。优化可能包括集中注意力，坚持朝着目标不断努力、练习技能、获得新的资源或技能、花费更多的时间或努力去参与一项具体的活动。

最后，补偿是修改活动和技能，使它们符合目标要求的过程。补偿可以通过外部的帮助、加倍的努力或者安装假肢等实现。它涉及丧失出现以后使用不同方式去达到想要的目标。拥有很多资源的个人更可能对丧失进行成功的补偿。[45]

社会情感选择理论

社会情感选择理论关注社会互动以及互动如何伴随着年龄的增长而减少。根据巴尔特斯和卡斯滕森的观点：

> 老年人社会网络宽度和社会参与的减少，部分反映了老年人有重新分配资源的动机，在此过程中参与精选的社会功能的范围和关注亲近情感关系产生有意义的情感经历。

一个类似于选择补偿优化理论的过程在社会情感选择中同样出现，其焦点是社会关系。在社会关系中目标变成情绪上的支持——更多不提供这些支持的外延关系被裁减。该理论认为，社交圈的变小是一种有效进入成功老年的途径。[46]

超越老年理论

该理论由汤斯坦（Townstein）提出，基于这样的信念：老年医学理论把活动说成好的，而不活动则是不好的。他把这个看成是一种西方的观念，因为生产率受到重视，而虚弱和依赖的应当避免。根据乔恩森（Jonson）和马格努森（Magnuson）的提法，"汤斯坦着手阐述一种不同的、受到现象学启发的老年化理论，在这里，生产领域里以业绩为导向的人类品质被诸如休息、放松、慵懒、玩乐、创造性和'智慧'等品质所代替"。超越老年的过程从物质视角向更加脱俗和卓越方向转移。超越的个体用新的视角来看世界，不再沉迷于自我和物质世界。与前辈的关系也加强了。然而，总体社会互动可能失去重要性。独处变得更重要，利他主义也一样。物质世界可能失去重要性，但这一丧失通过对禁欲的理解得到平衡。正在改变的世界观被视作超越老年，将个人从传统的生活观中解放出来。

根据这个理论的观点，制约可能被认为非常不同于我们传统的模式。制约可能积极影响发展超越观念的力量。功能水平的下降可能使人更容易从利己主义转到利他主义。减少的经济资源可能加速人们认识到物质在成功的老龄化中已没有意义，朋友的推动可能会加强代际的关系。超越老年是看待晚年生活的一个方法，它给人一个框架，让我们去重新评估制约的作用。一个不受制约的生活，拥有取之不竭的资源和时间，可能无法使个人达到汤斯坦认为的成功老龄化所必须超越的境界。

基于机构视角的理论

老龄视角的政治经济学提出的是一个非常不同的看待老龄化和老年人的视角。

麦克马林（McMulin）认为，从个人以及他／她对于社会结构的能力的降低来研究老龄化人口，这个观点就像是在转移注意力。政治经济学观点从关注，如选择优化补偿和社会情感选择理论所论述的个人对变化的适应能力，转向研究社会机构如何影响老年的福利。此理论认为，制约是来自个人之外的力量并由政治结构和实体强加的。正如夸达格诺（Quadagno）和雷德（Raeder）所写的，政治经济学"强调社会政治分析，不仅要考虑政治决策的政治、社会和经济结果，还要分析制造平等结构障碍的潜在过程"。在此模型上聚焦制约研究将会在政策层面上研究社会政策，包括筹资决定和老年的社会结构，如何制造不公平并导致对个人的制约。值得注意的是，围绕社会政策以及政策的决定和实施方面所做的研究甚少。[47]

（三）要辩证地看老年人休闲制约

对于老年休闲制约的探讨需要扩展研究休闲制约的视野。一个类别的制约对于成功老龄化和优化休闲参与可能是有益的，这种可能性让人着迷。我们建议扩展制约类别的概念，以包括有益的制约并开始判断这一过程是否有效。我们在本章中关注了晚年中有益制约的存在。尽管如此，可能别人也同样体验到了有益的制约。例如，儿童在场可能制约年轻夫妇的休闲参与，但也可能通过休闲加强了家庭的纽带作用。青少年的休闲可能受到他们父母的制约，但父母的干预也可能使青少年避免参与危险行为。一些制约休闲行为因素可能促进别的休闲行为。绝大多数先前研究关注了因制约而丧失的东西——也许现在是考察获得什么益处的时候了。

我们的观点也支持从一个比已有理论更加理论化的角度去研究休闲制约。将制约放置在选择补偿优化、超越老年或者老龄政治经济学的框架内为我们提供了一个全新的视角，以深入了解制约的本质。[48]

八、残疾人休闲制约

个人内在障碍源自个人的特殊心理状态，并与社交、休闲、身体或功能性技能和能力、对娱乐机会了解等方面的局限性相关。

技能局限

人们需要各种技能来参与休闲、健身和社会活动。但是许多残疾人不具备适当的技能来享受某些休闲活动。这些局限性归因于休闲能力和技能的缺乏或不足、缺少休闲机会以及特殊残疾所导致的功能性技能发展不足。

另外，在社交中，残疾个体传统上受排斥，没有与同龄人交往的机会。因此，在社区环境中，许多残疾个体缺乏必要的社交技巧和适当的行为。许多时候，娱乐活动需要有搭档一起参与，因而，参与者必须表现适当的社交技巧。我们相信，在社区休闲环境下的治疗性娱乐是残疾人掌握社交技能、发展真诚友谊的理想场所。
……

知识匮乏

适当休闲生活方式的另一障碍是残疾人对休闲知识的匮乏。如果消费者对社区休闲项目及其辅助系统缺乏了解，那么他们将处于十分不利的地位。消费者只有在对项目、设备、交通选择、法定权利及其他资源充分了解的基础上，才能做出有依据的正确选择。[49]

人际障碍

人与人之间的限制因素来自个人的社会交往。这种限制因素包括家庭／重要的人的态度、非残疾的参与者、依赖别人的帮助来参与活动的程度、沟通能力差以致妨碍个人的休闲偏好和参与。

消极态度

最难克服的一个障碍是非残疾人、专业服务人员及提供照料人员的消极态度。在娱乐环境下消费者经历的态度障碍可能以耻辱感、陈腐感、被歧视感、缺乏承认感和无能感等形式表现出来。

依赖他人

同个人内在限制因素部分所讨论的技术缺乏紧密相关的是残疾人在生理和／或心理上对他人的依赖性。残疾人通常依靠别人来满足他们的娱乐、身体及社会需求。这种依赖性可能会使残疾人失去或者永远学不会独立能力……

沟通不畅

对于说话和语言能力受某些疾病，如发育或天生性紊乱（如脑性麻痹、听觉受损）、后天神经疾病（如中风、头部创伤）、进行性恶化疾病（如帕金森病）所影响的一些个体，交流可能会受挫，或被限制。交流问题会限制娱乐活动参与和娱乐满足。

结构性障碍

虽然个人残疾可能会妨碍参与全面的社交活动，但结构性障碍会给个体带来额外的约束。组织和其他环境因素会更进一步减少伤残人社交活动的机会。建筑或物理的障碍、经济或财政约制以及缺乏交通都会潜在地影响成功参与。

建筑或物理障碍

有残疾的人如果无法通过门廊或其他设施，就无法参与社交活动。缺少充足的、可通达的设施多次被报道说是参与活动的主要障碍。[50]

九、少数民族休闲制约问题

边缘化

根据边缘化理论，对美国黑人和其他种族而言，历史上自然资源分配不平等性是限制他们追求娱乐的重要因素。然而传统上这种理论构架只用来分析造成非裔美国人在参与休闲活动的障碍，现在它同样适用于解释种族群体受到休闲制约的原因。

低水平的可支配收入不是影响种族群体休闲选择的唯一因素。低工资的工作而导致的休闲时间的不足使他们在休闲选择上受到更大的限制。有证据显示，种族群体的工作类型与他们对业余活动的选择有着直接的联系……

居住隔离不仅是少数民族与主流社会分离的主要原因之一，而且也加剧了他们的休闲制约。

种族特征

大量迹象表明，种族特征或文化特征，甚至可能会比原先支持的边缘化理论更为广泛地对少数民族的休闲活动产生制约。与边缘化理论相比，种族特征理论不考虑资源在休闲活动参与类型上的影响。这一理论认为，造成种族群体的休闲类型不同的原因是他们采用的标准和价值观的不同。虽然在这个研究方向上低估了资源限制的重要性，但是其他类型的限制因素不一定排除在外，至少它们是导致休闲行为不同的部分原因。作为最早的研究，沃什伯恩曾经指出在种族团体中可能存在着一股"强大的力量阻止少数民族参与白人活动"。自他之后，大量的研究都提到，文化特征作为一种可能的因素限制着少数民族的休闲活动。这些与文化相关的因素对少数民族群体的休闲活动产生一种约束，它们包括，妇女和年轻女孩对儿童的照顾、年轻人对长辈的听从、休闲活动上的性别隔离、以家庭为导向的娱乐重点以及对与设施用途不一致的休闲的偏爱。[51]

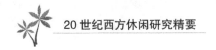

十、对参与制约理论的反思

参与的去背景化

我们的分析首先能促进人们更充分地理解对参与独立于其他社会因素的活动的关注所衍生的含意。这种对活动的关注，如先前所提到的，因没有如实地反映当今的休闲理论定义而受到批评，并且代表了原始制约模型的一种狭隘的解释。然而，参与依然是很多休闲制约协商中一种重要的决定性变量。最终，成功的协商通常被定义为参与受到某种制约的活动。给参与如此重要的地位通常会将那个活动从个人生活的广泛背景中剥离出来，并且隐藏成功协商制约所造成的后果……

大部分休闲制约的研究者都试图在一个更宽阔的社会背景里来理解休闲，这就使对活动的狭隘的关注显得有限。举例来说，研究者认为时间在很大程度上是一种制约，它决定人们参与或不参与娱乐性体育活动。如果我们的目的只是提高娱乐性活动的参与，那么将时间理解为一种制约或许很重要。但是，如果我们对目的定义得更广泛些，用它来理解什么因素促使一些人比其他人参与更多地娱乐性体育活动，那么就必须在工作、家庭和现代生活方式等复杂而相互竞争的需求内理解时间制约。

将制约描绘作消极障碍

与休闲制约研究密切相关的一个观点是把制约看作是消极的、有限的，这种观点体现在对"制约"这个词的固有的应用中，直接遵循所建立的制约（坏）和参与（好）之间的一种二元关系的原始模型。大部分随后的制约研究都是在这个框架内进行的，方法是对那些阻碍人们参与可能有益的休闲活动的消极因素进行筛选和研究。

……

一些研究者通过让参与者挑选一个制约他们自己的休闲的例子来研究这个问题，让他们"想一种每次你想要参加但总是不能够经常参加的休闲活动"。但是这种措辞依然在制约和参与之间强加了一种二元关系，并且把制约置于消极的一面。制约是消极的限制这个观点对于休闲制约框架来说是如此重要以至于难以脱离。

……

制约是消极障碍这条原则对于建立一套完整的能够解释休闲参与方面的制约所造成的影响来说确实是过于简单化了。同样地，为整合制约的积极益处而做的修正显然重新提出了问题。当条件给我们休闲造成多种不同结果时，我们为什么还要坚持把这些条件称为制约呢？这样做会大大限制而不是促进我们对于休闲的理解。[52]

十一、浪漫主义休闲观与现实相矛盾

浪漫主义哲学还假定，所有的人生来平等。这个假设曾是法国、美国以及其他地区的一系列革命中振奋人心的号角。浪漫主义哲学对人的天然能力有着一种乐观的信念，因此和清教伦理是直接对立的。浪漫主义者认为，如果任由人的本能冲动发挥作用的话，那么他们自己和他们所处的社会最终都会受益，因为人的本性是善的；而促发了工业革命的清教伦理则把人的本性冲动看成是恶的和必须消除的东西。根据这种清教伦理，休闲不会导致自我完善，它只会导致一些邪恶的和无价值的活动。

渐渐地，工人阶级开始要求休闲，这并不是因为休闲会为完善自我、巩固家庭生活提供帮助，也不是因为它是暂时返回到自然状态的一个机会，而仅仅是因为现代工人正在出卖自己的时间并尽可能地想获得最好的商业性回报。[53]

注　释：

1　［加］埃德加·杰克逊编：《休闲的制约》，凌平、刘晓杰、刘慧梅译，张建民、李虹校，杭州：浙江大学出版社，2009 年，第 3 页。

2　同上书，第 331 页。

3　［美］卡拉·亨德森等著：《女性休闲——女性主义的视角》，刘耳等译，昆明：云南人民出版社，2000 年，第 224 页。

4　同上书，第 225—226 页。

5　［美］托马斯·古德尔、杰弗瑞·戈比著：《人类思想史中的休闲》，成素梅、马慧娣、季斌、冯世梅译，昆明：云南人民出版社，2000 年，第 276—278 页。

6　［加］埃德加·杰克逊编：《休闲的制约》，第 207 页。

7　同上书，第 213 页。

8　［美］道格拉斯·克雷伯、戈登·沃克、罗杰·曼内尔著：《休闲社会心理学》，陈美爱译，杭州：浙江大学出版社，2014 年，第 323 页。

9　［加］埃德加·杰克逊编：《休闲的制约》，第 8 页。

10　［美］杰弗瑞·戈比著：《你生命中的休闲》，康筝译，田松校译，昆明：云南人民出版社，2000 年，第 30—32 页。

11　［美］查尔斯·K. 布赖特比尔、托尼·A. 莫布莱著：《休闲教育的当代价值》，陈发兵、刘耳、蒋书婉译，北京：中国经济出版社，2009 年，第 65—66 页。

12　［美］约翰·凯利著：《走向自由——休闲社会学新论》，赵冉译，季斌校译，昆明：云南人民出版社，2000 年，第 43 页。

13　［英］史蒂芬·威廉姆斯著：《旅游休闲》，杜靖川、曾萍等译，昆明：云南大学出版社，2006 年，第 146—147 页。

14　同上书，第 150 页。

15　Herbert L. May, Dorothy Petgen, *Leisure and Its Use: Some International Observations,* New York: A. S. Barnes and Company, 1928, pp. 3-11.

16　［美］约翰·凯利著：《走向自由——休闲社会学新论》，第 197—198 页。

17　［加］埃德加·杰克逊编：《休闲的制约》，第 62—63 页。

18　同上书，第 218 页。

19　同上书，第 235—236 页。

20　[美]托马斯·古德尔、杰弗瑞·戈比著:《人类思想史中的休闲》，第 143 页。

21　[加]埃德加·杰克逊编:《休闲的制约》，第 337 页。

22　[美]托马斯·古德尔、杰弗瑞·戈比著:《人类思想史中的休闲》，第 145—147 页。

23　同上书，第 152—153 页。

24　Foster Rhea Dulles, *A History of Recreation* (2nd edition), New York: Meredithd Publishing Company, 1965, p. 4.

25　[美]约翰·凯利著:《走向自由——休闲社会学新论》，第 196—197 页。

26　[美]道格拉斯·克雷伯、戈登·沃克、罗杰·曼内尔著:《休闲社会心理学》，第 222 页。

27　[加]埃德加·杰克逊编:《休闲的制约》，第 25—28 页。

28　[美]卡拉·亨德森等著:《女性休闲——女性主义的视角》，第 50—54 页。

29　同上书，第 37—40 页。

30　同上书，第 127—128 页。

31　同上书，第 136—138 页。

32　同上书，第 229 页。

33　同上书，第 230 页。

34　同上书，第 232 页。

35　同上书，第 236 页。

36　[美]道格拉斯·克雷伯、戈登·沃克、罗杰·曼内尔著:《休闲社会心理学》，第 239 页。

37　[加]埃德加·杰克逊编:《休闲的制约》，第 28 页。

38　同上书，第 92 页。

39　同上书，第 89 页。

40　同上书，第 90 页。

41　同上书，第 90—91 页。

42　[美]道格拉斯·克雷伯、戈登·沃克、罗杰·曼内尔著:《休闲社会心理学》，第 203 页。

43　[加]埃德加·杰克逊编:《休闲的制约》，第 105—106 页。

44　同上书，第 107 页。

45　同上书，第 107—109 页。

46　同上书，第 110 页。

47　同上书，第 112 页。

48　同上书，第 113 页。

49　同上书，第 335 页。

50　同上书，第 356—358 页。

51　同上书，第 67—68 页。

52　同上书，第 397—399 页。

53　[美]托马斯·古德尔、杰弗瑞·戈比著:《人类思想史中的休闲》，第 118—120 页。

第十章

●

休闲与政府作用问题

【简短引言】

　　休闲是人们生活的重要组成部分，休闲关乎人们的生活品质。一个为人民谋福祉的政府，有充分的理由，像关注教育、卫生、环境、安全等其他与我们的福祉直接相关的领域那样，关注休闲，在休闲发展中发挥应有的作用。西方休闲学者在休闲与政府的关系与作用问题上，也提出了不少有价值的见解、设想和期望。承认和保护所有人拥有休闲的权利与机会；维持和创造良好的社会、物质和文化环境，保证民众能获得满意的休闲体验；开展休闲教育，培训专业人才，帮助民众掌握休闲知识和技能，扩展休闲机会，改变生活方式；推动大型休闲活动，发展休闲经济，提高社会经济发展水平与质量；鼓励人们通过休闲实现个人发展，促进社区发展和文化认同，促进社会融合和国际合作，提高生活质量；在财政、政策和其他必要条件上支持休闲发展，提供休闲服务；等等。这些都是政府在发展休闲事业上应该承担的责任和可以发挥的作用。政府作为休闲服务提供者扮演着多重角色，其中最基本的是改善基本设施和生态环境，直接提供休闲服务；传播现代休闲观念，确定适当政策，实行方向引导与宏观管理；改善管理功能，制定必要制度，提供良好服务，实施监督指导。如果将休闲事业比作一艘船，政府就是它的掌舵者。北美和英国政府的休闲政策及其变化趋势，可作借鉴。

一、政府在休闲发展中的主导作用

（一）政府对休闲发展应发挥的作用

　　主流经济学最关注的是市场过程及其高效提供产品和服务的能力，但是，它也规定了政府的职能。"现代经济学之父"亚当·斯密（Adam Smith）概括了政府的三大基本职能：

　　第一，保护社会（实际上指国家——引者注），使其免遭其他独立社会暴力和入侵的职能；第二，尽可能保护社会所有成员，使其享受公正、不受任何其他社会成员压迫和非正义待遇的职能，或者说是建立管理机构，严格实施公正的职能；第三，建立和维护一定公共设施和公共机构的职能。这样做不是为了任何个人或少数人的利益，因为收益无法弥补任何个人或少数人的损失。但是对整个社会来说，收益往往高于损失。[1]

　　现有的一份提倡休闲的文件表明，在提倡休闲过程中需要考虑一些问题。"国际休闲共同纲领"（世界休闲组织，2005）撰写于近10年前。它呼吁人们行动起来，支持休闲。该纲领的前言明确指出，"所有文化和社会都在一定程度上承认休息和休闲的权利"。纲领列有政府应当发挥作用的八项条文：

（1）所有人都有获得休闲活动的基本人权……所有政府有义务承认和保护公民的这一权利。

（2）各国政府应该确保公民能获得最高质量的各类休闲和娱乐机会。

（3）各国政府应当确保公民获得所需的技能和知识，以实现休闲体验的最佳化。

（4）个人能利用休闲机会实现自我充实，开发个人关系，促进社会融合，发展社区和文化认同，促进国际理解与合作，提高生活质量。

（5）各国政府应当维持国家的物质、社会和文化环境质量，以确保满意的休闲体验长期存在下去。

（6）各国政府应当确保专业人员的培训，以帮助个人获得技能，发现并开发其特长，扩展其休闲和娱乐机会范围。

（7）公民必须有条件获得有关休闲性质和机会的各种信息，并利用这些信息增强知识，影响地方和全国性决策。

（8）教育机构必须全力传授有关休闲性质和重要性的知识，帮助人们把这种知识融合到个人生活方式之中。[2]

政府可以在多个方面促进休闲，如通过休闲教育，通过一些看似间接，却有紧密联系且很基本的方式。休闲教育的方式之一是维持和增加美丽的风景，而不是破坏它。当今是一个充满影像（imagery）的时代——我们几乎已到了对影像的兴趣常常胜于对真实事件的兴趣的地步。人们要求国会通过法律，帮助建立反空气污染和水污染的保护措施，以及别让写有"出售"的标志牌挡住人们欣赏风景的视线。坚持要垃圾场搬离人们的视线是对的，而如能在我们周围或水泥公路旁建立美妙的景致、游憩设施之类就更妙了。

传播启蒙知识

政府还有一个同样重要的作用，那就是启蒙公众。政府没有比教育公众——包括教育他们如何休闲——更神圣的使命了。让各级政府鼓励公民将内在的追求美的渴望表现出来，通过游憩活动来重建身心平衡，将机体与自然环境联系起来。

政府作为社会公仆

游憩性休闲可以促进人类的福祉，因此自然就属于民主政府管理的范围。在社会制度和社会力量的发展及其控制中，关键的制度就是政府。政府职能在 21 世纪最重要的发展可能就是公益事业的成倍增长。现在衡量政府的影响力比以往任何时候涉及的因素都要多。立法和社会事业是出于以下目的的：培育和保护家庭；促进更全面的社会教育；保护宗教自由；促进人类健康；保证人的公民权和政治权利；承认、促进和控制经济发展的进程；扩展通信交通的方式；让各种团体和群体团结起来；合理利用自然资源；促进全球和平；为人民提供有益的游憩设施——这一切都是政府重要的事业。此外，这一切职能在其演变、形式和理念上都重塑了政府机构，因而政府现在不仅行使管制的职能，而且充当着社会的公仆。

精简政府机构

我们很可能看到政府主管公共游憩设施、公园和休闲服务的部门的进一步整合。这是因为城市生活的压力将使自然与人类更为接近，因为不同方面对税收的竞争将更加白热化，还因为人们将更优先考虑这样一种生活：它可以使我们在一个整齐划一的世界中保持个性，可以鼓励我们寻找只属于自己的自我表达和美的概念。

说民主社会的政府应该关注休闲，最具说服力的理由就是人民对此有很强的意愿！那么政府有何理由不介入休闲和休闲教育呢？在其他所有与我们的福祉相关的领域（如卫生、教育、安全和法律的实施）政府都介入了，而且是以高质量的计划介入的。对那些害怕休闲领域卷入政治的人，我们只能说，没有政治参与的政府不是民主政府。对那些坚持州权利的人，我们只能说，州没有权利。对于那些认为地方政府比联邦政府要好的人，我们只能说，高端政治比低端政治更可取，政府的质量跟统治层和被统治层之间的距离没有什么关系。

政府行动的一个指南

政府可以为休闲教育做些什么？

（1）政府可明确宣布自己对人民休闲的态度和关切，可以正式制定相关的公共政策，包括确立休闲教育的基础性。这一政策可以明确政府在休闲领域的目标，通过采取什么步骤来实现这些目标，以及政府对实现这些目标的项目将给予什么程度的财政支持，并详细阐明政府采取这种政策和立场的必要性——涉及的问题是什么，这些问题将来可能如何变化。

（2）政府可以对教育系统（中小学、社区学院、高等院校）发展休闲教育和采取合适行动的计划提供全部或部分财政支持。

（3）美国教育署和各州相应的教育机构可以在各自的体系内建立主管休闲教育部门。

（4）联邦政府可以建立一个联邦休闲事务署从事制定有关休闲与文化事务计划的工作，最终让其获得内阁级部门的地位。

（5）联邦和州政府可以促使其他部门参与休闲规划，而非仅限于公共教育委员会。

（6）各级政府可以在白宫、州政府、市政府召开旨在促进休闲服务和休闲设施建设及强调休闲教育之重要性的会议。

（7）各级政府可以鼓励正在或将要从事休闲教育工作的公共团体和志愿者组织

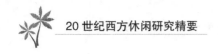

之间开展合作。[3]

政策可以使休闲的益处最大化

研究表明需要公共政策来支持、促进休闲的参与和休闲的机会，而且这些公共政策很有价值，因为休闲的益处可以最大化，而休闲的消极方面可以降到最小。

政策是必要的，因为政策能：

- 促进个体和团体自助；
- 通过休闲服务和休闲供给提供直接帮助，比如对年轻人进行休闲教育；
- 为更广泛的社会和经济政策提供支持；
- 个体和社区应当参与计划和政策的制定，而不应该是计划和政策的对象。[4]

（二）政府在体育运动领域的主要作用

没有来自政府的持续不断的强有力支持，现代体育的广泛迅速普及是不可能的。在全世界范围，大多数的组织工作通常都由自愿性机构进行，而政府则为业余运动员提供体育设施。政府已经规划了运动场，提供了游泳池，最近还修建了室内体育中心，政府利用学校向儿童介绍体育运动。我们最初的现代体育运动项目是在英国的中学和大学里发明的，这些体育项目不久之后就变成了课程的一部分。之后，设备精良的英国学校的形象就变成了大楼和其周围的运动场。从一开始，这种"模式"就被国家教育体系采纳了。体育一直是英国学校的必修课程。

其他国家的政府也同样热衷于推动体育运动发展。为什么？体育与所有的公共部门在休闲领域的特殊能力是一致的。政府把体育作为一项特别有价值的休闲活动来推动。体育运动被认为对身体和人格都有益处，可以创造机会使体育运动成为公民的权利。政府也清楚地认识到，卓越的体育成绩能够提高民族认同感和国家的威望。最近，政府认识到，体育是（至少在一定程度上）一个行业部门，如果他们的体育队和竞争对手能够吸引全球很多的观众，那么其国家（及地区和地方）经济会持续受益。

参与性体育

不同国家的政府对参与性体育的支持方式是不一样的。在荷兰和德国，及欧洲大陆的其他一些国家中，国家对参与性体育的支持主要通过自愿性体育俱乐部的渠道进行。因此，放学后，儿童到他们的体育俱乐部进行体育活动，而在英国，孩子们则很可能会留在学校进行课外体育活动。很多欧洲大陆的学校都使用俱乐部的运动场，而在英国俱乐部则很可能会使用学校的体育馆和其他体育设施。在英国，地方政府提供公共运动场、游泳池和体育中心，体育俱乐部可以使用这些设施。在荷兰和德国，政府帮助俱乐部获得和管理这些体育设施。对所有的安排形式都有赞成者和反对者。在英国，人们认为存在青年人退出体育运动的问题，因为他们没能顺利地从参加以学校为基础的体育运动过渡到参加以俱乐部为基础的体育运动。

太多的青年人永远不参加体育运动了，因为没有直接的、具有吸引力的途径使他们在 16 岁之后能够通过俱乐部继续参加体育运动。

然而，在欧洲大陆，人们认为也存在青年人不参加体育俱乐部的问题。不是这些青年人放弃了积极的体育消遣活动，实际情况是，今天的青年人与他们的先辈相比，似乎不太钟情俱乐部。他们似乎更喜欢消遣性游泳、冲浪、滑雪之类的体育运动，而不喜欢竞争性的俱乐部体育运动。英国的以学校为基础的体育看上去可以使数量不断增加的 18 岁以上仍然在接受教育的青年人不脱离体育，而供普通民众使用的付费公共体育设施，似乎更符合今天的青年人和成年人的生活方式，他们不太愿意承担俱乐部会员的义务。

职业性体育

在英国，国家对体育的支持绝大部分都指向参与性体育。政府认为没有责任对俱乐部进行补贴，因为俱乐部付给运动员薪酬，并向体育观众收取费用。这些俱乐部应该自己想办法维持生计。其他国家的政府则不赞成这样的观点。在美国城市，主要的观赏体育比赛通常都在公共体育场举行，职业队以零租金或名义租金的方式使用体育场。城市提供这些体育设施的原因是，相信这些比赛可以在金钱和声望方面产生公共利益。英国采取了不同的方式，英国的职业足球、橄榄球和板球俱乐部都需要有自己的场地。其他国家的政府都毫不踌躇地修建能够显示国威的国家体育场，但是特威肯哈姆体育场和温布利体育场却一直是私人所有并由私人提供资金的。

精英业余体育

直到目前为止，政府对体育的支持，甚至包括对精英业余体育的支持，都是非常有限的。第二次世界大战之前，英国实际上对所有体育运动的管理不但是非商业性的，而且在管理机构层次上，也不进行国家干预。起初，这只是因为现代体育的创造和发展都是独立进行的。然而，到 20 世纪 30 年代，不干预政策在很大程度上变成了一项积极的政策，可以显示出英国体育的纯洁性。在那时候，英国政府实际上不关心是否需要筹集资金使英国体育队参加奥运会的比赛。英格兰足球协会在国内和国外安排国际比赛活动，这些比赛活动吸引了成千上万的球迷前来观看，一切都安排妥当之后英格兰足球协会才会通知相关的政府部门。在那时候，英国政府如果不支持参与性体育、体育俱乐部或比赛者，即使希望支持体育精英，也是很难做到的。大多数体育运动和俱乐部都具有很强的独立性。1935 年以后情况发生了变化，当时成立了"康乐体育训练中央委员会"，该委员会于 1944 年更名为"身体娱乐中央委员会"。这个机构代表并包括所有的主要业余体育运动的管理机构，从成立之日起，这个机构就成为国家（有限的）支持体育的主渠道。但是，直到 1965 年成立"体育运动委员会"为止，大多数英国的体育管理机构都把独立性放在首位。这时，人们开始认识到，没有一定程度的国家支持是无法获得国际一流水平的竞争力的。如上所述，从现代体育的最初时期开始，体育管理机构就欢迎在学校推广体育比赛项目，欢迎提供游泳池、运动场和室内体育设施。如果政治家和公务员避开体育政治，体育管理机构通常愿意接受公共财力的支持。事实上，英国的体育今天仍然保持这个立场。

国家体育体系

其他国家的政府大多数都持干预主义。英国一直采取不干预体育的政策是因为英国是第一个工业化国家，一开始就是一个自由放任的国家。在其他国家，经济和社会的现代化通常是由政府领导的，这些国家的政府经常把在国际体坛上的成功作为提高自己国家（和政治体制）声望的一种方式……

由于采用类似共产主义的方法追求国家体育成功的做法在世界范围的传播，其结果已经不像以前只有少数国家采用那样具有影响力了。其部分原因是西方国家有天资的青年人更易于拒绝参加体育运动：与共产主义国家相比，其成功的奖赏和拒绝的惩罚都很轻。更根本的原因是，每个体育项目只能有一个世界冠军。因此，尽管越来越多国家的政府都慎重地追求体育的成功，但是其结果不可避免地被冲淡了。各个国家相互抵消了各自的努力。这就是为什么政治家承诺可以提供奥运会金牌和足球世界杯是不明智的。的确，如下一章所述，现在对传统的具有自愿性根基的现代体育的最严重挑战不是来自政府，而是来自商业界。

结论

我们已经看到，我们最流行的体育运动是由业余体育爱好者发明的，后来由自愿性部门管理。令人吃惊的是，这些自愿性组织现在仍然管理着大多数体育运动，包括一些最高水平的运动项目，同时在世界范围内大众体育的参与率也在提高，体育吸引了大量的观众，雇用了职业运动员。

我们还看到，政府永远对体育感兴趣。国家支持的体育运动能够满足公众的利益，其原因有多个（实际上，所有的原因都是好的）。公众认为参加体育运动是一件非常值得做的休闲活动，政府的支持可以表明这一点。可以通过提供人人都可以使用的体育设施，创造机会使体育运动成为公民的权利。国家体育的成功能够提高民族的认同感和国家的威望，国家对体育的支持可以通过政府使体育管理机构培养精英运动员，在著名的体育场所主办一流的体育赛事，并且确保所有这些都是为了普通民众的利益，而不是出于商业目的。

……政府在体育运动领域的主要作用是提供体育设施（运动场等）供公民使用。没有公共运动场、游泳池和其他体育设施，就无法实现公众大规模参加体育运动。世界各国的政府也都希望推动精英体育在国际上的成功。他们的成功不可避免地被混合在一起了。体育的成功是"相对位置产品"；不可能每个人都获胜。这种状况和旅游很相似，政府要么帮助自己的运动员，要么国家就会落后。从长期来看，政府要学会永远不对体育抱有过高的期望。管理体育不是为了政府的利益。同时，体育界也要学会不对政府抱有过高的期望，体育没有必要完全依靠政府。[5]

　　政府是大型节事活动的第三个推动者。全世界各地的城市、地区和国家的政府都清醒地意识到了休闲在经济方面的重要性。从前，政府着手发展经济的方式是投资炼钢厂和造船厂，或者吸引他人投资炼钢厂和造船厂。现在，政府需要休闲企业，例如，网络公司、传媒公司、商店、酒店和餐馆。那么，如何吸引这些企业呢？一种方法是主办大型体育赛事和一连串的小型节事活动，这样就可以吸引人们前来参加，这些人就会住进酒店和到其他场所活动。政府扮演着关键的角色。政府本身有能力协调安排所有的利益群体。政府提供组织机构、加速规划许可的制定，并且永远应该对公共基金进行投资。投标竞争大型体育赛事已经成为负责休闲服务部门的政治家们的一个最重要的角色。休闲大众已经变得具有流动性。每个地区的城市都在争夺购物市场和夜生活市场。因此，所有的城市都希望把自己塑造成生气勃勃的地方，人们希望看到这样的地方，也希望在这里被别人看到。国家的态度也与之相似。就花费而言，旅游是最大的休闲活动，而今天的度假者可以在全世界范围内选择目的地。至少，那些能够花得起钱旅游的人是这样的。世界上大多数人并不这样幸运，但是度假者及其手中的钱则是所有国家最热衷于吸引的对象。

　　自愿性体育和艺术团体发现自己处于这样的境地，其逻辑性或多或少地强迫，或者控制他们以商业企业的角色进行运作。如果城市、国家和传媒公司竞争节事活动的主办权和转播权，那么节事活动的组织者只能将其出售给出价最高的投标者吗？政府也处于相似的境地。如果政府需要休闲行业，他们就需要进行竞争。如果竞争失败，那么这个行业和工作机会就一定会被别人抢走。因此，政府，包括中央政府和地方政府的行为受休闲市场需要的制约。同样，政府也必须控制其社会，使之能够容纳节事活动。这就意味着要提供设施，要管理环境和当地人口，要提供劳动力，这样节事活动和所吸引的游客的各方面的要求才能得到满足。因此，自愿性部门和公共部门至少在一定程度上变得商业化了，并且要求其下属以商业化的方式进行工作。如果政府出于经济和商业的原因投资休闲设施，他们希望获得国家资助的这些设施的经营者以相同的商业模式进行运作。评价项目的依据是其商业计划，而不是整体的公共利益（包括难以量化的利益，例如，扩大公民权利、建立道德和审美标准），这些利益只有国家可以提供。公共投资必须流向最有影响的设施——体育场。[6]

（三）政府有责任在财政上支持休闲发展

讨论休闲教育的前景至少要稍微涉及一下财政和经济的问题，否则讨论会是徒劳的。争夺政府财政拨款的竞争现在是变得更为激烈了。我们由此提出一个问题：谁能为休闲教育付账？谁会付这个账？如果按照美国人每年在休闲产品和服务上花费的金钱的数目来判断，会认为休闲服务的使用者会自己付账。如果人们的生活水平进一步提高，家庭的购买力进一步增强——目前的趋势是明确地朝着这个方向发展的话，将有更多的人有能力为自己所需的多种休闲服务和休闲教育付费。他们不用政府补贴，就能满足自己的许多休闲需要。但正如公共教育和公共卫生机构一样，这些服务机构不能也不应完全靠自己的收入生存。如前所述，休闲教育是公共教育的重要组成部分，社会仍有责任在财政上支持休闲教育。尽管如此，使用休闲服务的个人在有能力的情况下，应该自己也会愿意为自己感兴趣的服务付费。政府资金可以用于土地的购置、设施的改善、管理、基本的服务和维护，而来自用户的收入也可部分地用于支付休闲设施运行和维护的费用，以及休闲技能的指导。

随着有更多人达到更高的生活水平，未来的休闲必须更多地跟事业与服务而非跟活动与游憩联系；更多地跟创造力与冒险而非跟虚荣和浅薄的消遣联系；更多地跟对集体事业的投入和成就而非跟冷漠和自己的舒适联系在一起。

如果我们已经为丰富人生经历的休闲做好了准备，那么休闲对于人类的成长和团结将提供意想不到的机会让我们能将人生的箴言实际用于生活中。这与我们想把自己最美好的东西表达出来，并找到一个新的精神和文化的庇护所的愿望是相吻合的。[7]

二、政府作为休闲供给者

（一）政府作为休闲服务提供者的多重角色

在制定相关政策以提升生活品质和改善生活状况方面，政府扮演着举足轻重的角色。社会政策、环境政策以及经济政策的制定会极大地影响人们的生活。政策对人们的日常行为可以起到允许、禁止和规制的作用。在一定的授权范围内，政策会允许将国家的各种资源优先用于某些方面的需要。这些政策会针对一个国家的个人以及（或者）集体的情况重点来满足这些公民的实际需要。还要注意到的一点是，有些政策可以专门针对某一国家内部的情况而制定，而有些则是要放眼国家之外，要着重寻求建立两国或者多个国家之间的良好关系，从而更好地实现各个方面的利益。[8]

休闲服务提供者可扮演的角色可谓多种多样。概括而言，这些角色可以划分为三种基本类型：直接提供服务、监督指导和实施管理。

对于当今休闲服务提供者的职业角色，我们可以从三个不同的视角来理解和把握：第一，休闲服务提供者，要致力于保障和维护人们参与休闲活动的权利；第二，休闲服务提供者，要参与重大问题的咨询和社会的改革与重建；第三，休闲服务提供者，要承担休闲资源管理的工作。[9]

休闲服务提供者的首要工作在于确认和保障个人的以及集体的权利。……休闲服务提供者要致力于在个人、社区以及整体的国家层面，积极倡导人们所应享有的休闲权利。从这个意义上说，在彰显和反映社会的精神、道义以及哲学意义上的价值理念方面，休闲服务提供者所发挥的作用是积极而有益的。

人的各种权利往往要通过那些指引和约束人们行为的法律、法案和规则的制定而具体体现出来。政策制定者的职责在于要通过立法的和行政的途径，制定出反映人们基本权利的相关政策。在休闲方面，这些权利体现在以下各个领域当中发挥规制作用的各类政策上面，这包括：劳动关系；环境和自然资源利用；教育、社会、文化以及历史文化遗产的保护与发展；能源；经济活动。概括起来说，这些权利可以划分为以下几个方面：（1）人的权利；（2）社会权利；（3）劳动权利；（4）儿童权利；（5）环境权利；（6）公民权利。[10]

休闲服务提供者要本着一种质疑质询的精神对人们的生活环境和各方面的条件予以检视。看看人们的生活环境还能否通过社会重建而得以改善，从而使个人、社区以及国家社会的生活品质都得以提升。质疑质询，就是要不断地对人们生存所需的环境和条件进行分析和诊断，以期用发展的方式来改善和优化人们的生活状况。因此，它是一个持续展开的过程。通过分析和诊断，人们就会找到和迎来创新和转变的机遇。休闲服务提供者的导向和引领作用会引致新的行为活动和组织形式，有时也会触发人们思想意识的觉醒。[11]

（二）政府要为大众提供多样性的休闲空间

是否能够提供休闲，在现代城市和区域规划的设计中将成为越来越重要的问题。因此，休闲的问题必须被包括在一般文化发展的政策扩展里，而且表现在正规的在校教育之外。每个有自己特点的学校之外的教育和文化活动，将被更清晰地分辨和更好地协调。城市规划者在郊区和小镇的附近，设计街道交通和散步的开放空间——绿化带，公园和花园，体育中心和运动场——使得成年人可以延续在学校习得的体能训练的一些休闲活动风格。

休闲空间必须有功能的统一。

休闲空间必须结合整个城区。

休闲空间必须符合地理上每个区位的特殊情况。

休闲空间必须向未来开放。因为它要满足不同领域的需要，因为人们的需求不仅仅跟随技术，还必须跟随社会关系和文化模式而进步。[12]

大众共有和公用公园的发展是一个相当晚近的现象。古代的城市有它们的广场和交易市场，埃及和罗马的贵族有自己的围猎场，但是作为一种设在公共空间上、为所有居民共用的这些场所的设置，还只是随着工业化而来的。大部分早期的公园和花园都与皇家和贵族相关联。

在美国，公共的开放空间的先例是由早期的殖民者设置的。正如在母国一样，新英格兰的广场（Common）最初是放牧家畜和交易的场所；西南的广场和印第安人村庄（pueblos）是由西班牙人引入的，南方的阅兵场和广场是由来自英格兰的骑兵设置的，这些地方是社区生活以及戏剧和音乐活动的中心。这些最初的公共功能逐渐地被超越，但是开放空间的观念被保留了下来。户外游憩的最初发展是城市公园，即 1634 年设置的波士顿广场（Boston Common）。随着城镇面积和人口密度的增长，以及随之消失的相互毗邻的林地，在城市中保护或者开拓公共空间的价值开始逐渐被意识到。这一结果就是景观公园。这一类型的公园在 19 世纪的美国的很多大城市发展起来，1853 年，纽约的中央公园是 843 英亩；1883 年，波士顿的富兰克林公园是 527 英亩；1867 年费城的费尔芒特公园是 2816 英亩。

20 世纪一些有影响的因素改变了公园的特征。随着工业化的而来的人口的大聚集对设施提出了巨大的要求，而汽车使得公园的位置可以多样化，市政当局要求公园的设置离其边界一定的距离，而更大的政府组织又给发展公园系统提供了动力。公园系统出现在 1895 年的新泽西州的埃塞克斯县，但是由县建设的公园直到 1900 年才普遍出现。到 1930 年，七十四个县建设了公园。与此同时，州和国家政府也增加了它们在这一领域的活动。[13]

（三）政府供给休闲的责任

直到 20 世纪下半叶，随着福利国家的增长，政治意识已经广泛承认政府对人民休闲的供给责任。伴随着健康医疗、教育和由来已久的安全需要，休闲已经被看作一种社会权利。根据马歇尔（Marshall）的研究，社会权利是指"从拥有少量的经济福利和安全的权利到分享完全的社会遗产和根据社会通行标准享受文明社会生活的权利"。社会权利由此包括对生活方式的平等追求，还有金钱收入；而且，休闲已经被看作这种生活方式的一个重要组成部分，因此是个体的基本权利。当然，接受这样的观点是有悖于资本主义的自由市场原理的，这必然导致对基本意识体系的争论，并产生了这样的问题：到底国家把税收提高到何种程度以此来提供和补助不同形式的休闲活动，才能让每个人都享受得到？应该给予私人经营者多大的休闲服务提供权力？

20世纪下半叶普遍取得一致认同的是国家应该承担提供大量休闲活动的责任。然而，伴随着20世纪80年代英国新权利运动的发展，对上述认同的争议又重新点燃，国家在这方面的重要性又有所降低。[14]

在1990年，亨利和布拉默姆认为地方政府的休闲服务发生了重大的转变，即从社会民主模式转向混合经济模式，前者认为休闲是公民的权利，而后者认为政府的作为仅限于调控和安全的提供。从19世纪中期到19世纪末期，地方政府的休闲服务发生了进一步的转变，地方政府的主要作用是发展和协调与私人部门以及非营利部门的合作伙伴关系，从而促进对休闲的供给。随着地方文化战略的制定实施以及其对地方政府的种种"期望"，由地方政府所肩负的这种在休闲供给中起着促进作用的角色定位变得越来越清晰，即地方政府在地方休闲供给中所起的主要作用是确定优先项目领域和关键合作伙伴。如此一来，地方政府在休闲供给中的角色主要是充当一个积极的启动者，尤其在"价值最大化制度"下，在众多的合作伙伴中充当关系的协调者，而不是像过去那样直接从事休闲供给活动。

除了上述的变化之外，越来越多的证据表明，从地方的角度来看休闲在其他很多领域都发挥着越来越大的作用，有些领域是新近才出现的，而另一些则早已存在。可以预见，随着一个新的时代的到来，地方性休闲活动将在很多领域发挥重要作用，从社会歧视问题、社区发展、城市管理到经济振兴、终身学习和教育等，无所不包。[15]

（四）政府要引导和服务于休闲生活

要获得新的价值观还必须给现存制度加上一些新的渠道和新的计划。可以引导个人——尤其是年轻人——将其能量和天赋用于获得成就和服务他人，并以这种成就和服务自身作为奖励。也许我们对自然环境的思考需要由开发自然转向认识人与自然的依存关系，转向把重新点燃我们的灵魂作为自然的核心意义所在。我们可以对关注休闲教育的公共和私人社区机构进行补贴，让那些为创造性休闲提供机会的团体有社会声誉。我们可以科学地考察休闲的使用以及人们使用的休闲方式对其产生的影响。国会、各州立法机构、县市政府在提供公共游憩场所时，应该制定按人口密度确定的最低的游憩设施标准。

各种教育机构——中学、社区学院、四年制学院及大学——可以雇用受过专业训练的人员以全力来解决休闲教育中的问题、需求和资源。应该建立休闲艺术专业、休闲艺术系和休闲艺术学院，让它们鼓励、激发学生的热情，帮助他们做好准备。学生在休闲方面的学习和受到的指导要尽早开始。如果个人愿意还可以持续终生。对学生不应有时间和年龄的限制。

联邦政府应该建立一个具有内阁地位的部门，来鼓励和增加休闲机会。这类帮助无须夺走个人的休闲自主权。咨询和指导将朝着人们业余兴趣的方向发展。……公共教育和游憩系统可以提供休闲咨询。图书馆也可以为此目的设立专门区域，提供书籍和咨询服务。[16]

（五）政府发展旅游业不应以牺牲公共休闲供给为代价

国家应该做什么？一旦识别出国家在休闲方面的真正能力，这个问题就迎刃而解了。旅游在根本上是一种商业性行业。政府必须要确定是否需要这个行业，要准备花多少钱来养活这个行业。如果政府希望让旅游者来访，那么政府就需要投资旅游基础设施和旅游宣传。政府不会基于合理的非商业原因而推动旅游业发展。人们把度假当作公民的权利吗？大概不是。旅游吸引物和旅游者的行为表现出来的标准应该得到官方的认可吗？可能偶尔需要。包装在度假包中的吸引旅游者的地点和景观能够提高旅游目的地的声望吗？这些能够强化当地居民的个性和对祖先的自豪感吗？政府投资旅游业除了商业因素外没有其他任何合理的原因。是否要投资，如果要投资，应该投资多少，最好直截了当地作为商业问题来处理。因此，中央政府和地方政府应该认识到，旅游业应该增加收入，而不是消耗预算。发展旅游业，不需要，也不应该，以牺牲旨在实现社会和文化目标的公共休闲供给为代价。成功的旅游产业通常会提高政府为当地居民的休闲活动提供服务的能力。也就是，大家都赢。[17]

三、美国各级政府在休闲发展中的作用

（一）地方娱乐和公园管理部门的功能

在地方一级，把自然引入城市的呼声推动了公园管理部门的成立，而对儿童游戏的关注逐步导致了娱乐管理部门的成立。地方娱乐和公园管理部门在北美和其他工业化国家的市镇中已成为一个普遍的现象。它们的普遍功能包括如下几方面。

规划、购买、开发和保养公园用地、娱乐区域和设施。这些设施有田径场、野营地、海滩、自然中心、多功能大厦（娱乐中心）、圆形剧场、剧院、高尔夫球场、船坞、动物园、野餐区、球场、体育场、游泳池、小型公园、音乐厅和文化中心等。市政府管理的室外娱乐场所一般比郡、州和联邦政府管理的户外娱乐场所要小，但它们安排的节目比较多，使用率也较高。

为有特殊休闲服务需要的群体和个人提供服务。一项由国家娱乐和公园协会进行的研究发现，将近4/5的地方娱乐和公园机构向老年人提供休闲服务，1/5以上的机构向学龄前儿童提供服务。有一半以上的此类组织向弱智青年提供服务，13%的组织向弱智成年人提供服务。向残疾青年和成年提供服务的机构大约占15%。随着残疾人被纳入社会运动，市政休闲服务机构向他们提供休闲服务的责任将会越来越大。

提供具体的休闲技能的教育。大多数市政休闲服务机构提供某些休闲活动的辅导，它们包括体育和田径、视觉和表演艺术、手工艺和一系列非职业性的成人教育课程。此类辅导大多都在入门水平，当然在某些领域还有更高层次的辅导。这类休闲活动辅导涉及的范围很广，从滑冰、装饰纺织到为都市青年提供的蔬菜种植，五花八门。在有些情况下，此类的辅导会利用公共学校系统的资源，或与社区内某些有特殊兴趣的团体共同举办。

举办特殊的社区活动和庆典。市政休闲服务机构经常要协调各种游行、展览、演示和庆祝活动，这些活动可能是为了庆祝节假日或者对社区有特殊意义的纪念日，也可能是为了渲染作为社区文化生活中某个部分的露天表演。此类庆祝活动范围也很广，从非洲裔美国人艺术博览会到十月节和万圣节大游行。

持续举办社会、文化和田径项目。这类项目包括田径队、少年舞蹈、竞赛和邀请赛、有组织的运动场和娱乐中心项目、成人桥牌俱乐部，等等。[18]

（二）州政府在娱乐与公园发展中的作用

全美五十个州和加拿大各省都进行过不少与休闲直接相关的活动。每个州都设有以户外娱乐为首要责任的专门机构。另外，处理青年、老年、教育、资源保护区、规划和其他事务的州政府机构也常常向其用户提供娱乐服务。每个州都已开发出了娱乐地区和设施的网络，包括公园、森林、禁猎区、自然保护区、历史遗迹遗址、海滩和船坞等。州政府鼓励使用这些娱乐场所和设施，并推动州内的其他娱乐活动的开展，以促进旅游和消费。

州政府在各个方面都影响着市政府在娱乐和公园中的地位。它们通过立法正式授权郡和地方政府承担娱乐和公园服务工作。州也通过提供资金和有关休闲事业的技术支持来帮助地方政府。譬如，大多数州向市政府提供资金帮助其购买和开发空地。它们也会派专家帮助市政府建立娱乐和公园管理部门，起草娱乐和公园的主规划，或向老年人提供休闲项目。

州政府也向从事娱乐和公园工作的熟练专业人员颁发证书，向他们提供大专院校培训课程，以此来鼓励更多的专业人员从事这个职业。几乎每一个州至少都有一所大学设有这个专业。

由于州政府负责经营与社会隔离人员的专门机构，如医院、监狱、老人院等，因而向这些人群提供和娱乐休闲相关的项目也是州政府的一项责任。州政府也向私营的和商业性的娱乐和休闲单位提供服务，这些单位可能包括私有野营地的管理者或市区的男孩俱乐部。[19]

（三）联邦政府在娱乐与公园发展中的作用

联邦政府直接或间接地介入许多对我们的娱乐和休闲有重大影响的企业。你可能到过某个国家公园或森林，到那里野营、钓鱼、看风景。联邦政府介入休闲服务的一个原因是土地管理。联邦政府是约 1/3 美国土地的"所有人"。

虽然大多数联邦土地管理机构并非为此所设，但它们已渐渐介入到了户外娱乐活动之中。譬如，美国森林服务局创建于 1905 年，其目的是保护和开发公共产权的森林保护区。由于越来越多的人把这些地方用作营地，其结果是森林火灾越来越频繁，迫使该机构介入户外娱乐管理。1960 年，《多种利用持续生产法案》承认娱乐是一项合法的管理项目。其他土地管理机构包括：土地管理局，它负责保护、管理并开发在西部各州和阿拉斯加的 4.7 亿英亩的土地；开垦局，它参与水资源的开发；鱼类和野生动物管理局，它负责野生鸟类、哺乳动物（某些海洋哺乳动物除外）、内陆钓鱼运动和渔业研究活动等；工程师武装部队，它承担河流、港口、航行水道、鱼类和野生动物、海岸保护等民用工程；田纳西河流域管理局，它建设了一个系统的大坝工程，在制洪发电的同时提供户外娱乐，在田纳西河流域地区进行的资源开发，促进了经济的发展。甚至连国家公园管理局最初也没有认识到娱乐可以成为成立国家公园的充分理由。然而，今天，它下辖 3000 万英亩具有国家历史、文化、自然或娱乐意义的户外活动地区。……今天，由联邦和州政府管辖的土地已经成为上百万人首要的户外娱乐资源。[20]

娱乐和公园管理作为政府的一种职能正处于一个新的时期，我们看到，政府在多方努力的协调下正处于"重建"之中。某些重建的原则如下：（1）需要有更多的管理，更少的政府参与；（2）如果以船做比喻，政府必须多掌舵，少划船；（3）必须根据产出而不是指令或意图来评判政府机构；（4）政府机构必须关心防治而不是善后，比如，美国的消防部门只具有二流的国际水准，这是因为它们只把精力集中在灭火上，而没有重视通过加强安全法规、对公众进行防火教育和进行现场监控等方法来防止火灾；（5）无论在公共还是在私有领域，竞争总比垄断要好；（6）公民是有评价能力的顾客，必须听取他们的意见，给他们以选择的余地；（7）政府的职能处于不断的变化之中，而且也应该如此。在这种状态下，应变的能力和灵活性是十分重要的。所有的政府工作人员都必须具有一定的灵活性，要不断受到教育和培训。[21]

（四）北美休闲政策的发展趋势

由于上述变化，北美的休闲政策将有更加深入的发展，并将发生根本上的变革。发展趋势大致如下。

（1）休闲政策将更多地反映环境、社会和经济改革的需要，而不仅被动地满足需求。如下问题将列入意识形态议程，这些问题已经刻不容缓，需要休闲政策对此做出反应，并提出切实可行的改革措施。这些问题涉及：短期利益对自然资源的破坏；对人类自我中心主义和经济上无休止的贪婪予以公开的谴责；休闲体验与社会问题和环境问题的关系；个人权力在与公共的利益、我们的文化延续和经济承受力之间发生冲突时所受到的限制。

（2）由于"有钱人"和"没钱人"的两重社会的迅速出现，休闲服务将经历重大的政策斗争。特定机构内政策将必须包含多重目标。一方面，要对"有钱者"提供服务，对他们来说，美好的过程、便利性、安全性、高度的专业化水平都是休闲活动中的重要因素；而在另一方面，要参与到对如下事务的改革日程之中：个人对维持自身健康的责任、工作技能与休闲技能之间的关系、保持更多自然原貌的生态需要、创造低消耗的生活和休闲模式、对没有能力在这个变化的世界上生存的孩子和没有家也没有未来的人们进行再教育。

在很大程度上，休闲政策将在我们的两极社会里采取"劫富济贫"的策略，用来自高收入参加者中的资金向低收入参加者提供服务。随着收入差异的增加，平等问题将不再重要，人们更多地认识到，使没钱人获得更多的提高健康、教育和改进生活的机会，对于全社会都有经济上的利益。

（3）休闲服务部门在行使职能时与政府其他服务部门的关系将更为紧密。在许多政府服务的部门中将发现越来越多的休闲成分。休闲服务在某种程度上将在整个政府中展开。针对运输、自然资源管理、公共住房、教育、经济发展、犯罪、卫生、污水、特殊人口、规划和其他功能众多的政府机构涉及的休闲问题，将制定专门的政策或使现行政策变得更为明晰。休闲只关系到一个政府部门的想法是否会过时。

（4）休闲政策将更多地考虑"预防"。作为一个概念，"预防"的重要性将会大大增强，我们认识到，与其在事情显露苗头之后再着手解决，不如加强预防，使之消弭于无形，这在经济、道德和生理上具有更大的意义。

（5）在宏观水平上，北美的休闲政策将更加清楚地考虑到这一事实，我们对休闲的文化利用已经成为全世界的榜样。电视、电影、大众旅游、计算机以及商业的国际化使得欠"发达"国家能够看到我们在休闲时的所作所为，被我们这种高度消费的生活方式所吸引。这种生活方式的诱人之处在于及时的享乐、自我的满足以及档次不断提高的商品和服务的消费。既然我们已经了解到其他国家由于试图追随我们而造成的环境后果（北美消费了全世界 40%—60% 的非法毒品，按照他们所消费的食品标准，全世界的农业只能向 20 亿人口提供食品，等等），我们自己的休闲政策和其他相关政策就应该越来越多地响应可持续环境和可持续社会发展的趋势，我们的自身利益要求我们重新调整我们对休闲的利用方式和我们的生活方式。[22]

四、英国的休闲政策与休闲产业

喜忧参半

休闲听起来很好。休闲这个词可以创造出所有与激动相关的概念：开心、笑声、愉悦、兴奋。休闲产业看起来似乎是祝福的传递者：享受、生意、工作。人们还会问什么？这些产业做得越多越好，似乎应该是这样的。负责休闲业的部长们一定会玩得很开心！英国的"闲暇时间部"成立于 1992 年，并于 1997 年被重新命名为"文化、媒体和体育部"，这个部成立之后事情就发生了变化。迄今为止，这个部一直是一些官员的政治生涯的墓地⋯⋯

休闲领域的学者曾经憧憬过一个并不非常遥远的休闲社会，在这个社会里，每个人都有闲暇时间，也都有足够的金钱满足自己的休闲愿望。一些学者继续将休闲（的定义）与自我表现和自我价值的实现联系在一起。政府部长们很快意识到休闲领域中也有黑暗的一面。我们知道人们用于饮酒、抽烟、吸毒、赌博和看电视的时间和金钱远远超过了体育锻炼。休闲活动能损害我们的健康、财力和家庭关系。公共部门在休闲领域中的特殊能力可能会产生矛盾的暗示。企业认为好的东西可能并不符合政治家的标准，可能也不符合人们期待政府应该坚持的标准。

政府部长们还发现休闲产业充满了冲突和竞争。休闲对很多情绪易于失控的人非常重要，对那些在工作和投资方面出现危机的人也非常重要。因此，所有的人都认真对待自己的休闲活动，或者迷恋于足球、戏剧或其他休闲活动。不论政府干预或者不干预，还是对休闲进行"错误"的干预，这些人都很容易被激怒。任何人出现错误，人们都会指责这些部长，但是当人们享受体育运动、欣赏电视节目和外出度假时，却不会称赞这些部长。演员和运动员博得了掌声。如果政治家们要获取荣誉，人们就会指责他们行为不端。

政治家的部分答案可以用恰当明晰的休闲政策来说明。制定这些政策的依据是公共部门在休闲领域中的特殊能力，并通过政党听取了公众的意见。这样的政策可以使政治家免受无理要求的困扰，减少失误，使每 1 英镑的投入获得更多的公共利益。恰当的休闲政策是很有益处的。制定这样的政策并不容易，但这却是整个过程中最容易的部分。监督休闲业的政治家很快意识到了其问题的深刻性。他们很快认识到，以现在的形式发展，休闲业是不能可持续地无限发展下去的。……重视休闲产业的发展引出的政策问题是一项艰巨的工作，到目前为止，这项工作几乎还没开始。

休闲政策

政府的政绩如何才能与休闲公共部门在休闲领域中的特殊能力相一致（通过紧缩开支、扩大和加强公民权利、提高政治实体和人民的声望和认同感、确定和强化共同标准等方式激发经济增长）？当然，两者之间会出现粗略的一致，因为实际上政府的任何一项行动都可以至少在一项特殊能力中找到依据。

人们说，政府可以做得更好。有时候政府所做的事情是完全错误的，但是更多的时候他们是用错误的方法去做正确的事情（例如，英国的千禧巨蛋）或者错过了机会。这完全适用于英国政府。社会科学永远不会去做政治学的基础工作。政府需要确立自己在休闲业中优先发展的项目，并确定多个潜在能力之间的矛盾的解决办法。这是一项政治任务。社会科学的贡献是，首先要确定不超出公共部门的潜在能力的目标。由于没有明确的休闲政策来证明公共支出的正确性，政府在对高质量、能够提高国家声望的设施上的投资踌躇不决，例如，美术馆和博物馆，体育场和适合高水平的自行车、冰球、田径运动和篮球比赛的运动场，音乐厅和供舞台剧、音乐会、整场歌剧和芭蕾舞演出的剧场。地方当局可以扩建和更新运动场和室内体育设施，但这些设施不会用于商业用途，也不会被关闭。城市的公园确实需要不断地进行更新改造。我们为什么不修建供汽车、摩托车、马术和赛马使用的户外运动场和开阔的场地供人们"狂欢"和举行温暖季节的节事活动？社区居民需要聚会的场所。居民区、市中心和城外商业区的设计应该满足公众休闲和娱乐的需要，不应该只考虑每平方米的最大现金回报是多少。在考虑如何让人们更易于进入乡村的时候，英国政府表现得太谨慎了，过分警觉农民和其他土地所有者提出的反对意见。政府迟迟没有告诉王室，国家的宫殿和珍宝应该以国家的名义进行管理，这些东西是属于人民的。总之，历届政府在花费公共资金时过于胆怯。他们需要非常清楚地了解需要无限保留下去的公共服务广播的种类，公共服务广播没有必要一定依靠我们所熟知的英国广播公司（BBC）。我们的休闲资本被"胆怯"浪费掉了。千禧巨蛋实际上被拱手送出了。……明确的休闲政策应该依据公共部门的真正潜在能力，这样就能得到广泛的政治支持和公众支持。在考虑休闲项目和支配纳税人的资金时，这样的休闲政策会增加政治家的信心。

政府目前的绝大多数决策都是用其他方式做出的。资金仍然被浪费在为纠正社会经济领域的不利因素所制定的形象计划中，他们现在认为这是在与社会排斥现象做斗争。与此同时，不平等的状况与以前一样严重，甚至变得更加严重。政府害怕后退。对商业性休闲活动的提供者仍然有很多限制。需要进一步放宽对赌博、饮酒、娱乐和购物的限制。政府通常需要做的事情不仅仅是加强合法企业的优先权。要确定和保持审美标准与道德标准，最好依靠公共部门的实际行动，不要仅仅依靠政府允许的东西。以下四点是公共部门应该遵守的黄金规则。

（1）只有当消费可以被吸引到一个区域的时候，才能够以经济的理由进行投资。中央政府没有理由资助那些可能只促进国内旅行或国内旅游发展的项目。

（2）地区和地方当局应该牢记，只有在以旅游为主导产业的地区，投资于休闲业的经济利益才会在人口的大多数阶层中产生余波效应。

（3）只有通过有声望的项目才能加强声望和认同感。艺术委员会过去的信条——"宁缺毋滥"，值得我们效仿。

（4）只有当所有的社会人口统计学群体都赞赏并可以接触到所提供的休闲产品的时候，标准才能够被确定和强化，公民权利才能够得到扩大和加强。免费进入，如果在时间和条件上都适合公众，是一项合理的原则……

公共部门用在休闲领域中的资金永远少于其他领域的国家预算（例如，国防、医疗保健和教育），但是从休闲消费中获得的利益却是非常可观的。获得这些利益的前提是制定明确的休闲政策，政治家和广大公众要了解这些政策，并且要坚定地支持这些政策，不要只是对这些政策采取默许态度。这样，就会减少构想拙劣的项目对资源的浪费，如果发生了浪费现象（这种现象经常发生），也不会毁坏整个领域。政治的确需要紧跟休闲的经济、社会和文化角色的历史性变化。这意味着要考虑休闲和休闲产业的发展带来的更宽层面的政策问题，要制定针对这些问题的政策。

在休闲领域中工作

用不了多久，负责休闲业的政治家们可能就要依靠金融家、投资家和经理。政治家们知道，政府许可经营的广播和博彩的企业能赚大钱。他们也知道，如果他们把公共资金用于修建体育馆和音乐厅，某些人会通过私人交情或中介关系大赚一笔。政治家们还很清楚，国家的投资也会使顶级音乐艺术家、一些运动项目中的顶级运动选手和电视明星们的银行账户进账颇丰。政治家们对这种情况可能不会紧张，因为他们知道会得到可观的公共利益。但是不容忽视的事实是，休闲活动的大多数利益和产生这些利益的投资都被富裕阶层获得。休闲支出和相关活动的分布是不平均的。在性别、年龄及观看电视、读书、博彩和业余爱好方面，有些休闲活动具有相对的"平民性"。在其他休闲领域中，从公共支出中获得的大多数利益丰富了相对富裕阶层的休闲生活。其他人可能会获得就业机会。随着消费者在休闲商品和休闲服务上支出比例的增加，休闲产业中的就业比例也在增加。创造这些工作岗位是当今政府发展活跃的休闲产业的目标之一。但是休闲产业究竟能够提供什么类型的工作岗位呢？

卑贱的工作

不同的休闲产业提供了多种多样不同层次的工作岗位。然而大多数休闲服务业

（媒体业除外）的就业现象都是重心在基层。连锁电影院、职业足球俱乐部、酒店、餐馆和包价度假旅游公司都有大量的"呆板乏味的工作岗位"。麦当劳和其他快餐连锁店尤为典型。休闲产业中有很多低层次、低工资、临时性、季节性、非正式和非全职工作，大部分工作都发生在非正常工作时间内。休闲工作必须要在其他人，即那些花钱消费的人，进行休闲活动时进行。如果休闲需求是季节性的，那么其工作也是季节性的。如果休闲需求变化无常，工人也必须具有灵活性。在体育、健康和福利、旅游、酒店和餐饮、文化娱乐、市容环境和园艺领域中，一半以上的工作是非全职的，这个比例是英国整体劳动力队伍中非全职员工比例的两倍。有人说现在已经不存在低层次的工作岗位，为了在劳动力市场上能够成功地站住脚，所有的员工都需要受到良好的教育、具有高技能，并能非常胜任，这种说法是不正确的。事实是，去工业化（de-industrialization）减少了技能性体力工作的岗位。这些工作岗位被新的劳动阶层的工作岗位所取代，这些工作大部分是在休闲业和其他消费者服务业中，包括呼叫中心的半技术性工作岗位。

性别和性感

女性在休闲产业中受到不公平的对待。妇女在其他种类的工作中受到的不公平对待，不但在休闲产业中都会发生，而且还更严重。地方政府的休闲服务部门中有很多女性从事最底层的工作，而男性通常控制政策和决策。企业也是这样吗？并不完全是这样。在休闲产业的一线服务工作中，性别化尤为严重。除了提供基本的服务之外，那些希望在公共关系领域工作的女性需要用性感推销自己。女性运动选手，除非她们长得很漂亮，否则可能不会引起媒体的太多注意，也不会让她们做收入丰厚的产品代言人。大多数媒体广泛报道的是她们的长相而不是她们的技术技能。酒店的女性工作人员需要学会如何委婉地拒绝客人要求的那些她们不提供的服务，这已经成为她们工作的一部分。研究人员证实了一些人人知晓的事实：彩票投注站的女性工作人员应该长得漂亮，举止性感；航空公司希望女性柜台工作人员和机舱工作人员性感和苗条。如果女性想进入休闲业，更不用说想在休闲业内生存了，别无选择，只有遵守这些潜规则。理查兹（Richards）和迈尔斯通（Milestone）采访了27位在曼彻斯特的音乐零售行业中工作的女性，她们的工作是记者、推销员、音乐解说人、场馆经理和乐师。采访的这些人大多数都受过高等教育，但是只有三个人的年薪超过2500英镑。她们诉说了在一个通常将工作和休闲混为一体的无界限行业中维持生计的艰辛。她们知道自己晚上无法以严格的专业身份独自工作，她们的工作领域与母亲的身份是不相容的。她们也知道自己的可信度和有效性在一定程度上取决于自己的美貌，一旦美貌消退，她们在休闲产业中的职业生涯就终结了。

……

招聘与职业生涯

虽然休闲产业提供的工作岗位质量很差，但是很多休闲业都发现招聘员工很容易。一些（不会是全部）具有魅力的工作岗位也是这样。尤其对于年轻人，一些非常普通的工作都具有吸引力。能够在音乐产业或者足球产业中工作，不但听起来很好，而且感觉也不错。开设在职业学校、继续教育和高等教育领域的体育、旅游、新闻、艺术创作及酒店餐饮等课程可以招收到很多学生。初入休闲产业的人通常都会发现，在这里可以接近有魅力的职业，但是没有可观的薪水和职业前途。即使在真正具有魅力的职业中，光辉的分布也是不均匀的。演员的职业异常拥挤，但是能够成为明星的演员只是凤毛麟角。音乐界和体育界的情况也如此。一些有魅力的工作也是这样，所有这些产业都涉及很多幕后工作：做杂务，整理文件。在职业足球俱乐部中的员工中运动员只占一小部分。收票员、售票员、场地工作人员、推销员等人员的数量远远超过了运动员的数量。在度假地、餐馆和赌场中有很多简单无聊、使人头脑麻木的工作岗位。这些工作通常都非常令人厌倦。如果工作需要同络绎不绝的休闲者打交道，就必然会非常令人厌倦。为消费者服务的一线员工在工作中应该表现出美感。员工的外貌和人格是服务的一部分，也是消费者体验的一部分。因此，即使员工的工资不高，他们也应该看上去很潇洒；即使员工在现实生活中很呆板，他们在工作中也应该表现得欢快和喜悦。一些酒店会从外面聘请顾问专门对员工进行修饰和举止行为方面的培训。

休闲产业的魅力来自那些被公众认可和拥戴的明星。不但在体育和表演艺术领域是这样，而且发型师、厨师、新闻记者等也都在一定程度上显示出了这样的魅力。这些职业也都没有标准的升迁路径。加入这些行业的新手形成了人才库，明星可能会从这里诞生。似乎没有人准确地知道明星是如何诞生的，但是可能诞生得很快，事实上有的时候是发生在一夜之间的事。甚至有经验的记者也无法预测哪个实习生将来会成为大报的主笔和小报的编辑。足球俱乐部经理无法断定一群 16 岁的训练队员中哪些人会成为职业选手，更无法断定谁会成为明星了。运动选手自己也不知道他们为什么会成功或者失败，是体格、技能，还是性格？大多数没有成功的人（和一些已经成功的人）可能的确感到很困惑。电视频道主管无法判断哪些演员会成为受欢迎的游戏秀节目主持人。似乎没有人能够预测或者"科学地"解释谁在聚光灯下会焕发光彩。成功是令人激动的，失败是令人沮丧的，但是没有人知道为什么会成功，也不知道为什么会失败。

因此通向明星的道路不是结构式的。不存在能够保证获得辉煌前途的精英培训计划和资格条件。尽管如此，那些预言谁可以在职业生涯中获得成功的预言家们（他们在其他行业中"工作"）似乎也在我们所了解的体育、艺术和休闲产业中发挥着作用。人们可能认为，艺术和体育天才可能会在各个社会阶层的青年人中间随机分布，但是事实似乎并非如此⋯⋯

明星们从来没有安全感。他们知道自己的吸引力会无缘由地消失。职业足球运动员都知道他们的职业生涯会由于受伤、竞技状态失常或者与经理闹翻而随时终结。电影明星们只要在外景地，就不得不进行表演。他们知道大多数影片是不受欢迎的。有时候这种经历会不断重复，对他们服务的需求就会随之而消失了。流行歌曲明星也处于相同的境地。世上没有使人永远处于巅峰状态的灵丹妙药。即使是充满了魅力的工作在持续的过程中也是件苦差事。在电影中扮演角色本身并不具有魅力。演员们为了拍摄自己的镜头要等几个小时，可能还要进行无数次的重复拍摄。业余戏剧是一种娱乐活动，而专业剧团才是真正的工作。这个原则也适用于园艺和体育。……报酬使工作不可避免地具有消极的特征。而对于业余爱好者而言，这些活动就完全不一样了，它们是休闲活动。在休闲活动中没有约束条件，每个人都可以决定活动时间的长短、活动开始的时间、活动的地点和活动的伙伴。成为专业人士就意味着要牺牲这一切。

尽管如此，一些休闲产业，尤其是体育和艺术，还是挤满了很多有志的新手。这些产业的魅力吸引了大批青年人，其人数远远超过了有可能一举成名的人数。在英国，擅长足球的男学生都聚集到顶尖职业俱乐部开办的足球"学院"。任何一个"签约"的学员都梦想未来成为球星。但是只有极少数的人最终得到了职业合约。父母和教练鼓励那些在旅游、滑冰、音乐、芭蕾舞等方面有天资的孩子每天进行练习和训练。大多数这些渴望并全身心投入的青年人都无法成为国际明星，更不用说把这个领域作为长期谋生的手段了。值得指出的是，尽管政府通常对过早地发展职业专长持保留态度，但是政府有时候会对体育、戏剧、艺术和音乐学校进行资助，这事实上是在鼓励休闲产业底层的这种拥挤现象的发生。英国有"世界级运动成绩计划"，这个计划事实上允许有天资的运动员成为（暂时性的）全职职业运动员。美国的学院是未来职业运动员和国家业余体育队的摇篮。一些离开休闲产业的人发现，他们在这个领域学到的技能在其他职业生涯中也可以应用。戏剧学生的自我展示和沟通技能使他们有能力申请具有挑战性的工作岗位，这些技能在很多职业中也都有用武之地。但是在音乐和体育方面具有高水平技能的年轻人就不那么幸运了。

人们有时候会认为，如果国家要在体育和表演艺术方面参加国际竞争，就需要用"温室"来开发有天资的青年人，但是事实上还有另外的方式。青年体育选手、青年艺术表演者、他们的父母及教练的热情本身就已经足够了。他们可以通过休闲活动来锻炼和开发他们的能力，大多数人也是这样做的。……值得指出的是，顶级的欧洲联赛队中有一些移民职业足球运动员，他们当中的很多人所来自的国家都没有足球"学院"或者其他"温室"。

专业化：失败的计划

在前台明星的背后，所有的休闲产业，包括商业性的、自愿性的和公共性的，都雇用了管理人员和各种专业人员，例如，会计、营销专家等。在商业性和自愿性部门中，他们的工作一定面临很大压力，这些压力最终来自不断变化的公众休闲兴趣和激烈的市场竞争。20世纪80年代以后，英国政府将这些压力引入了公共部门，其结果是，公共部门的管理人员现在总是抱怨被压得几乎要崩溃了，不能放松。如前所述，公共部门中休闲管理工作的专业化始于 20 世纪 70 年代。这是由地方政府重组引发的，政府重组后，成立了综合的休闲服务部门。事实证明，实施专业化的时间是错误的。地方政府的休闲职员开始专业化，而其部门，虽然没有预料到，则开始面临史无前例的市场力量。由市场力量支配的休闲工作不适合传统的专业组织。……很少有主题酒吧和餐馆能够连续经营 5 年以上而不需要更新改造。公共休闲服务如果希望最大限度地扩大市场份额，也同样需要灵活性，这种需要必然会传递到劳动力队伍中。

消费者的力量

是消费者的力量最终使休闲业的员工感到惊恐：对管理者的压力、低工资和临时性工作、经常在非正常工作时间工作、对女性员工的性骚扰等。随着时间的推移，消费者的要求越来越高。商业部门的扩张，带来了消费文化的转变，这种扩张不仅仅容忍，而且也鼓励消费者的不可预测性和机会性。消费者现在相信，他们有权要求休闲活动提供者具有灵活性。他们希望在他们方便的时候得到服务。他们还希望能够讨价还价。他们甚至还期望员工有礼貌、有魅力，可能还要性感。消费者期望能够感觉到自己的重要性。……公共服务已经变得更像商业性企业了，在商业性企业中，通过计算机和通信手段将来自超级市场和其他零售商的收款机的关于消费者偏好方面的信息直接传送到生产线。作为员工，我们所经受的压力，无论是长时间工作，工作时间不固定，还是最低工资报酬，都来自我们作为消费者提出的要求，除非提出这些要求和满足这些要求的不是同一个群体的人。

阶层关系

20 世纪末，在很多国家中，也包括英国，经济上的贫富差距加大了。最高收入群体在收入方面获益最大。新兴的中产阶层一直在扩大，在 20 世纪后半叶其人数增加了一倍，这个阶层的核心成员是拿薪金的经理和专业人士。与过去相比，在这些人中，更多的家庭中至少有 2 个，有时可能会更多，成年人从事中产阶层的工作。一些人在休闲产业中工作，但是大多数人在其他领域工作，例如，制造业、法律、医疗业、金融服务、教育和其他公共服务业。这些人近几年的休闲时间没有增加，但是他们都延长了工作时间，其原因可能是来自雇主的压力，也可能是他们本身希望能够得到提升和最大限度地增加收入，这样他们就可以享受到高消费的休闲活动。人口中大约有三分之一的人属于这个新兴的中产阶层。其他人，包括劳动阶层中的高收入者，也希望加入这个阶层，共享他们的生活方式。新兴的中产阶层的上层人士非常富有。他们的数量很少，但是却在休闲消费总量中占很高的比例。近年来，中产阶层在整体上提供了大多数休闲消费者，这些人刺激了商业性休闲产业的发展。

劳动阶层近几年的情况非常艰难。这一阶层的工作岗位比较少。很多技能性的就业岗位在连续多次的去工业化浪潮中消失了。失业的危机逐步加大。失去工作的人面临着严峻的福利制度，因为救济金的发放已经不那么慷慨大方了。失业的人承受着巨大的压力，因此他们愿意做任何工作。他们知道他们需要具有灵活性。工会原来曾经是劳动阶层的一线保卫者，其力量已经减弱了。工党已经从一开始的领导工人阶级运动转变成了一个商业政党。因此，劳动阶层已经被瓦解了，没有代表性了。在 21 世纪初，在有劳动年龄的成年人的英国家庭中，超过六分之一的家庭没有人就业。……在一个一开始就不平等的社会中，休闲产业的发展将人口分成两类：一类人总是以消费者的身份与休闲产业接触；另一类人主要以工作人员的身份与休闲产业接触。

低质量的工作岗位可能会被边缘性工人所接受，这些边缘性工人包括学生、退休人员、家庭主妇和其他将这份工作作为第二职业和次要家庭收入的人，但是近年来，许多劳动阶层的成员发现，他们被限制在这些低质量的工作岗位（即所谓的"麦工"或者米老鼠工作）上不是由于他们选择了这些岗位，而是由于缺少选择的余地。这就是对大多数人而言，休闲产业扩张的含义。在全球范围内，这种分化在富裕国家之间表现得更加突出，这些国家产生了大多数高消费的旅游者，这些旅游者发现在劳动力价格低廉的国家进行休闲消费可以获得最大价值。这就形成了旅游流的流量和方向：通常从富国向穷国流动。休闲和休闲产业的发展通常将世界划分成提供消费者的国家和提供休闲服务的国家。

这就是在不平等的社会中发展休闲产业的结果。当今的休闲产业被国家内部和国家之间的经济不平等所包围着，同时这又进一步加剧了这种经济不平等。只有在一个一开始就平等的社会中——而制定针对弱势群体的休闲计划是不会产生这样的社会的——休闲业的发展才能对每个人都有相同的意义，才能使每个人都能够享受更多的闲暇时间，拥有更多的金钱用于休闲活动。如果社会和世界被不公平所分割，那么休闲业的发展也具有这种不公平的结构……

寻求可持续发展

一些休闲产业可能会不断地发展。也许发展到某一点，需求就会饱和，但是目前在广播和电视节目及频道的数量、销售 CD、录像带和 DVD 等方面似乎有无限的发展空间。同样，酒店接待业也有非常大的发展空间。越来越多的人能够外出就餐，人们外出喝酒的频次也更高。人们可以更经常地在游泳馆和体育馆中进行体育锻炼，还在博彩业中输掉更多的钱。虽然在一定程度上会出现痛苦，但是即使在富裕国家，更不用说在全球范围了，休闲产业仍然有很大的发展潜力。同样，也有可能激励更多的人去剧院、音乐会、美术馆、主题公园、历史遗址和其他旅游吸引场所。毫无疑问，人们愿意获得更多的假期。很多地方可能都会找到有效的途径，使其成为更具吸引力的旅游目的地。问题是这些休闲活动都涉及旅行。的确，城市、地区和中央政府都在投资修建公共设施，显然他们的目的是希望吸引游客。在今天繁荣的休闲世界中很多发展是令人吃惊的。越来越多的人进行洲际旅行、去滑雪、打高尔夫球、体验漂流和攀登高山。越来越多的人出国旅行，去观看足球比赛和听音乐会（流行音乐和古典音乐）。现在，旅游目的地都关注可持续性发展。旅游目的地都在努力确保游客不破坏旅游吸引物，目的是在自己的海滨、山脉和森林中可以取得很好的可持续性。但是旅行是个大问题。这又涉及环境，即恼人的生态问题，但这是事实。在一定程度上，矿物燃料将被耗尽。在一定程度上，空中和道路交通造成的拥挤和污染将达到不可忍受的程度。……

如果当今的商业性休闲不仅反映了不公平性，而且也加剧了不公平性，如果永远也不能让每个人都享受得到好的生活方式，那么为什么要进一步提倡商业自由化和更多的公共投资，以扩大商业性休闲产业并创造出更多的卑贱工作岗位呢？目前，各个国家、地区、城镇的替代方案远非美好。休闲业可以到任何地方运营，包括基于在相关地区居住的富裕居民消费的许多休闲业。如果其他条件保持平等，对劳动力的需求就会减少，这对那些想在休闲业中谋到工作职位的人来说，劳动力市场的前景就更加黯淡了。我们得到的伴生论点是：发展休闲产业并不能使每个人都得到相等的利益；即使从长远的观点看，也无法让全世界所有的人都按照今天西方中上阶层的生活方式生活。也许现在不会发生，但是将来在某些地方，某个时间，一些被排斥群体将会支持其他方式，而生态则在他们一边。[23]

五、商业部门和非营利性机构在休闲发展中的作用

（一）商业部门在休闲发展中的作用

商业部门在某些方面与非营利性机构、公共部门有着本质上的不同，认识到这一点很重要。商业部门的目标是通过其休闲供给而获利。相反，公共部门和非营利机构的目标一般是提供公共服务、社会福利或者是自我服务等。虽然各个部门之间的合作也很重要，但是商业部门供应商们的动机毕竟大大不同于其他的部门，考虑到这一点就能更好地理解他们的行为并以此区别于其他部门。

商业部门的影响遍及休闲供给的各个方面。其中最为明显的是设施的直接供给，例如健身俱乐部和电影院。可是，商业部门所直接供给的活动远比研究者们认为的比例要大得多：商业部门既供应设备和衣物，也提供辅助性的服务和咨询。举例来说，一个传统的隶属于公共部门的休闲中心，由公共部门的直接服务机构管理。在这个公共部门的设施中，像职员的制服很有可能是由相关的私营部门提供的，游泳馆、体育馆和健身房的设施供应也是如此。另外，饮食服务也很可能是由外面的承

包商供应的，该承包商可以是只有一两个贩卖机的小摊贩，也可以是一个员工配置齐全的餐厅。最后，很可能需要经常雇用私营部门的会计、检查员和顾问，让他们为管理团队出谋划策。[24]

商业部门的一个显著特征就是高度的市场垄断，其特征是在休闲业中多元化发展的大型联合企业的存在，有些大企业在某些领域表现出纵向或者横向一体化的特点。纵向一体化是指公司打入其他供应链的一种扩张。例如，许多旅行商有自己的旅行社、航空公司和旅馆，这样就控制了供应链的所有领域并最终降低了商业风险。横向一体化是指小公司在相似领域拥有所有权。例如阿波罗休闲集团就是拥有剧院也拥有电影院。采用这种战略是因为公司在相关领域的扩展比打入缺乏专业知识的领域所承担的风险要小得多。从传统上来看，大型休闲公司的经营是高度多元化的，但是近年来这种趋势有所衰退，或者说比例缩小了。现在许多经营者只聚集于单一的市场，例如出版商威廉·希尔从布伦特·沃尔克集团中分离出来，巴斯公司卖掉了欢乐宾戈叫牌俱乐部，还有兰金集团公司的奥登剧场也被买断了。[25]

因为商业部门的唯一目标就是利润，它在某些领域的介入程度取决于它在该领域的营利状况。所以，在伦敦西区之外的商业艺术活动非常少，或者是靠公共部门的大量补贴。而在利润颇丰的旅游业中几乎所有的供给都由商业部门提供。然而，将来有可能出现的局面是商业部门在休闲开发中，特别是在那些它们还没有多大市场份额的领域里，会与公共部门和非营利机构进行合作而进行直接的竞争。[26]

（二）非营利性机构在休闲发展中扮演着重要角色

非营利机构在我们大多数人的生活中扮演着重要的角色，因为大多数人至少参与到这些机构中的一个。从小到只有几个人的地方性兴趣小组，诸如娱乐俱乐部、教师家长会和房客联盟；到大型的国家组织，诸如政党、贸易联盟和国民托管组织这样的保护主义组织。事实上，非营利机构渗透人们可能想象得到的任何活动或兴趣中，没有它们的帮助，就不会有为人们服务的资源和设施或其他相关休闲服务。它们在休闲领域里特别重要，因为在与商业部门和公共部门一起提供资源和设施的活动中，非营利机构扮演着较为重要的角色。

非营利机构夹在商业部门与公共部门之间，本来它的出现就归因于这两者的失效。尽管许多非营利机构（会对许多人）提供集体财产或利益，一些组织甚至宣称提供集体财产是它们存在的理由，这使它有时看起来与公共部门有些相似，但是它的主要目标是使它的成员的利益最大化。非营利机构与公共部门的不同之处在于非营利机构的目的在于排斥普通大众，从而使自己的成员保留某些益处。事实上这种社会排斥是为了更深一层的利益，例如运动俱乐部也许只允许他们的会员使用设施，或者可能是有优先使用权；自然资源保护组织也许只允许其成员进入自己的自然保护区。非营利机构与公共部门的不同之处还在于它不能增加税收。非营利机构以其慈善团体的身份或者通过与教堂、慈善机构等签订定期捐款的契约书来获得免税，但这取决于政府的判断而非它们自身可以控制。

　　非营利机构和商业部门各有特色，从而可以把两者区分开来。与商业经营者不同，非营利机构并不打算为它们的业主或股东实现利益最大化。它们也许会寻找利益所在，至少是机会所在，但无论获得什么样的利益都是为了实现组织更高的目标和提高成员的利益。非营利机构当然也会有收入，像英国国民托管组织和皇家鸟类保护协会也会参与到贸易组织中，而且有好几百万英镑的贸易量，这使得它们有时看起来很像是商业机构。但是，通过全面的考察，可以发现两者的收入来源是不同的。商业机构的收入无疑来自销售产品或服务，而非营利机构的收入则来自各个不同的渠道——例如会员的会费、捐款、遗产、募捐到的资金，也可能是某些情况下销售的产品和服务。[27]

注　释：

1　［加］埃德加·杰克逊编：《休闲与生活质量——休闲对社会、经济和文化发展的影响》，刘慧梅、刘晓杰译，钱炜校，杭州：浙江大学出版社，2006年，第194页。

2　同上书，第98—99页。

3　［美］查尔斯·K.布赖特比尔、托尼·A.莫布莱著：《休闲教育的当代价值》，陈发兵、刘耳、蒋书婉译，北京：中国经济出版社，2009年，第116—121页。

4　［加］埃德加·杰克逊编：《休闲与生活质量——休闲对社会、经济和文化发展的影响》，第6—7页。

5　［英］肯·罗伯茨著：《休闲产业》，李昕译，季斌校译，重庆：重庆大学出版社，2008年，第73—77页。

6　同上书，第95—96页。

7　［美］查尔斯·K.布赖特比尔、托尼·A.莫布莱著：《休闲教育的当代价值》，第143—144页。

8　［美］克里斯多夫·爱丁顿、陈彼得著：《休闲：一种转变的力量》，李一译，杭州：浙江大学出版社，2009年，第82页。

9　同上书，第88页。

10　同上书，第91—92页。

11　同上书，第101页。

12　Joffre Dumazedier, *Sociology of Leisure,* Amsterdam, Holland: Elsevier Scientific, 1974, p.139.

13　《社会科学百科全书》（*Encyclopedia of the Social Sciences*）第11卷《公园》（"Parks"）1933年由麦克米伦公司版权所有，经麦克米伦许可使用，第5页。

14　［英］克里斯·布朗、杰恩·胡思、迈克·韦德著：《休闲研究引论》，田里、董建新等译，昆明：云南大学出版社，2006年，第118页。

15　同上书，第190页。

16　［美］查尔斯·K.布赖特比尔、托尼·A.莫布莱著：《休闲教育的当代价值》，第88—89页。

17　［英］肯·罗伯茨著：《休闲产业》，第64页。

18　［美］杰弗瑞·戈比著：《你生命中的休闲》，康筝译，田松校译，昆明：云南人民出版社，2000年，第360—361页。

19　同上书，第369页。

20　同上书，第 370—371 页。

21　同上书，第 378 页。

22　同上书，第 381—382 页。

23　[英] 肯·罗伯茨著：《休闲产业》，第 166—176 页。

24　[英] 克里斯·布尔、杰恩·胡思、迈克·韦德著：《休闲研究引论》，第 193—194 页。

25　同上书，第 197 页。

26　同上书，第 214 页。

27　同上书，第 217—218 页。

第十一章

休闲研究方法问题

【简短引言】

休闲是一个复杂的现象，休闲研究代表着一个多种模式的探索领域，具有交叉性、跨学科的特点。因此，一些西方休闲学者认为，任何单一的范式、模式、途径、理论或研究方法都不可能完全描述休闲现象，应该充分凭借其多模式、交叉性的特点，采用跨学科、跨文化的研究方法，才能全面揭示休闲的性质，既能探明其内部构成要素，又能通观其总体面貌。然而，自20世纪下半叶以来，西方休闲研究的主要成就集中在社会学领域，因而，社会学的研究方法已然成为西方休闲研究的主要方法。休闲的社会学研究常使用两种基本方法。一是社会模式，认为社会力量决定个人行为。这种方法直到20世纪80年代一直占主导地位，至今仍在北美以外的地区保持优势。二是存在模式，认为个体决定自己的行为，虽然这种个人决定会受社会力量或其他因素的影响。这种方法的立足点是个人选择与行动，而非社会结构与力量。两种基本模式内部还有不同的分支。休闲的社会学研究往往采用经验性的问卷调查与定量分析，不仅要有定量依据，还应有定性分析和采取批判性态度这两种具体研究方法。此外，还有心理学、社会心理学的研究方法等。

从何种视角研究休闲现象，很可能决定了不同的研究方法。除了上述西方主流式的研究方法，还可能用别的例如哲学的方法吗？如果可能，那么，能否从哲学中找到休闲学的学科根基并采用恰当的哲学方法？这应该是值得深入思考的问题。

一、休闲研究是跨学科跨文化的

（一）休闲研究要排除欧洲－北美中心论

欧洲－北美的健康观念是一个狭隘的突出个人的框架，和无数环境因素完全脱离。此外，欧洲－北美休闲研究一般都把与健康相关的一切植入欧洲－北美系统。这些系统对治疗情有独钟，把它与精神和社区活动完全脱离，只字不提殖民主义和压迫性政治力量在制造疾病时所扮演的角色。与此同时，这些系统也资助欧洲－北美研究与研究人员，支持欧洲－北美机构与项目，破坏传统的治疗疾病及关系模式。

现有的欧洲－北美休闲研究致力于因果和相互联系。这些联系告诉人们，参与体力活动及一些休闲活动，可以减缓糖尿病、心脏病、压力以及肥胖症等疾病；两者之间存在着有益的关系。显然这个研究集中在支持主要是北美本土居民个人的健康与福利上。历来的研究几乎从不考虑长期顺从或健康状况，或评估与文化实践相关的问题，也从未思考过城乡环境的影响。作为康复过程的一个重要因素，顺从可能和信仰系统之间的不协调直接有关。

当代世界的旅游主要是欧洲－北美人的行为。大多数本土居民的生活和旅行都局限在一个地方性区域里。正是这一地方性区域造就了他们的语言、文化与道德规范。早期欧洲－北美旅游业将本土居民和他们的实践变成了"东西"，突出其异国情调。现在，与本土居民有关的旅游业既带有这些伤害的残留，又具有在经济舞台上建立本土存在的潜力，使他们对自己的文化、自我展示和环境活动具有一定控制权。大量欧洲－北美旅游研究强调旅游带来的益处，尤其是经济上的利益；新的研究则强调各种历史关系和自相矛盾的益处；它们都与文化实践和代表有关联。此外，尽管本土社区努力奋斗，以独特方式应对变革，但全球化的力量给正在为自治和自觉努力的本土居民带来了巨大的压力。他们有时会从旅游经历中脱离出来——这一情况的成因是旅游空间包含了种族主义界限、非本土人入侵性的凝视以及普遍化了的表述与成见。

当旅游与休闲研究与全球化、可持续发展、自治、可持续生态系统以及文化身份等各种概念交织在一起时，研究就变得模糊不清。"可持续发展意味着生态和环境，但是它也意味着采用更灵活的方式积累资本，以保证持续赢利；意味着第一世界中产阶级生活方式得以持续；也意味着这些社会团体在第三世界度假的同时可以体验（可持续的）本土文化。"[1]

（二）休闲研究方法论上的差异

虽然英国休闲研究和北美休闲研究是以不同的认识论、方法论和理论观点为特点，但它们都达到了一个类似的共识：都在理解与休闲有关的社会、文化和个体意义问题上相对失败。主流的社会学角度的休闲研究方法专注于社会，探索休闲在多大程度上反映了社会文化结构，但大部分忽视个人意义的问题。主流的社会心理学角度的休闲科学，强调自身的实证主义方法论，它经常产生没有社会的休闲分析，而且没有解决与休闲相关的社会和文化意义的问题。关于"后现代状况"的断言突出了在休闲研究中对休闲意义理解的鸿沟，休闲科学界的批评者认为，单一方法论的主导地位阻碍了定性方法的采用，而定性方法对于解决日益重要的休闲的多样性、意义问题是必要的。[2]

本书的基本前提是：所有现存的模式自身都不足以精确地描述休闲研究的理论状况，人们运用不同的隐喻来解释休闲行为与休闲意义的各个不同部分，从而形成了对这一现象的各种片面性解释，某些解释可能彼此冲突，而另一些则可能看上去珠联璧合。无论怎样，当专家学者在休闲"就像是……"这样一种不言而喻的前提下从事研究时，这一领域就被弄得越来越支离破碎。另外，由于基本隐喻之间根本不具有可比性，所以人们总是对研究的结果和解释进行无谓的争辩。

本书始终遵循一条前提，即休闲是一个复杂的现象，是一些现象的组合。任何单一的范式、模式、途径、理论或研究方法都不可能尽述其详。我们只有通过探索在不同学科内发展起来的各种理论隐喻，才能全面地揭示休闲的性质，从而既能探明其内部构成要素，又能通观其总体轮廓。[3]

（三）休闲研究不存在占支配地位的范式

罗伯茨认为，不可能找到所谓的英国休闲理论。他还可以补充说，不存在占支配地位的方法论范式，这是休闲科学领域（指北美的休闲研究——引者注）的特征。与休闲科学相比，英国的休闲研究要少得多，专业化程度低，方法论上也更少。在某种程度上，这是因为英国许多所谓的休闲学者只有一只脚在这个领域。主流的休闲研究作家很少是"以休闲为中心"的，他们的分析仅限于对休闲的研究。分析和解释往往发生在更广泛的研究领域（如文化研究、社会学、经济学、女权主义研究、政策分析），并反映它们的（通常是结构性的）概念性和理论性问题。[4]

我们关于休闲与娱乐研究的结论是什么？

休闲娱乐研究从多学科视角出发，运用传统社会和行政学学科的方法论。它是一个有社会问题倾向的研究领域，即我们有太多或太少的休闲时间，或者我们没有足够的娱乐设施，或者他们管理不当。

在美国，至少在20世纪60年代末和70年代的大部分时间里，从事休闲和娱乐研究的人都获得了他们的学位，并被安置在传统的社会和行政科学部门。在20世纪70年代末和80年代，那些获得了专业导向（主要是公园、娱乐和林业）学位的人，大多被安置在强调多学科方法的休闲和娱乐研究的环境中。

关于休闲和娱乐的个人研究文章——至少反映在参考文献中——几乎总是反映了作者的学科定位。一般来说，一名教员和学生团队在最近完成的一篇学位论文的基础上合作写了一篇论文，而本研究通常代表论文导师的学科视角。

这些新兴的研究成果无疑是跨学科的。杰克逊和伯顿（Burton）列出的休闲和娱乐研究的20个主要主题都是跨学科的或多学科的，除了一项。这项的主题是"需求分析"。这一主题无疑反映了休闲和娱乐活动及设施的"需求"，而不是传统经济意义上的"需求"，即以不同的价格消费的娱乐单位。剩下的至少40%的"选题"都是跨学科的或多学科的。

在"休闲和娱乐研究"领域，有一些重大的成功案例，尤其是在娱乐用户设施的管理和开发方面。ROS（游憩机会谱）是由森林服务研究人员开发的一种资源管理设备，供土地管理机构使用。这个计划工具是由德赖弗和他的助手等人的娱乐体验偏好研究发展而来的，并由克拉克（Clark）和斯坦基（Stankey）正式提出。这一努力无疑是多学科的，它是由于需要一个娱乐资源管理工具而发展起来的。

扩展的结论

大约在一年半以前，我得出结论，休闲和娱乐是研究的重要课题。在所有的政策和方案领域中，最终的部分解决方案将会在继续使用很多学科方法进行研究之后，得到更好的了解，这在本质上是多学科的。然而，我现在得出结论，休闲和娱乐研究几乎可以被称为跨学科研究。

在过去 20 年中，关于休闲和娱乐的研究成果的积累，很大程度上基于社会科学学科的方法论和研究方法。本书后面几章所述的实质性发现，代表了被验证的概念，这些概念必须是构成社会科学重要知识基础的独立学科的一部分。然而，正如杰克逊和伯顿指出的那样，当他们忽略了日常生活中如此重要的一部分如休闲时，这些母学科就面临有可能失去一部分现实的风险。为了说明这一点，我想引用一位被调查对象对杰克逊和伯顿的研究的回应，他写道："跨学科研究的允诺如此之多，但产生的却如此之少。"被调查者的意思可能是，跨学科研究努力的成果在某种意义上可能令人失望。然而，（科学都是从跨学科研究中积累和形成的）科学的历史和知识的积累一直是多学科和跨学科的研究课题之一，最终发展成为学科（具有完整的大学地位）。每一个学科都倾向于划分出不同的、独立的分析单元。在第二次世界大战后的时期，"带连字符的学科"和跨学科的话题已经出现在可辨认的大学院系中。略举一些例子，曾经我们有了生物学和动物学，现在我们有微生物学、生物化学、昆虫学、生态学、动物行为学、进化论、生物科学、兽医生物科学，等等。

城市、区域规划和景观建筑曾经与设计艺术结合在一起。现在，这些部门在定位上都是高度社会的科学。城市规划使用了从经济学和地理学中借用的模型。景观建筑包括空间关系的研究，这脱产于心理学的知觉和情感的理论。来自英国的研究人员没有意识到，作为一个学术的大学部门，休闲和娱乐研究确实是一个跨学科的主题的进化，寻求跨学科的认可。在 20 世纪的最后 10 年，休闲和娱乐研究正处于跨学科地位的边缘。这一领域相关出版物的编辑们在为知识积累提供论坛方面取得了巨大的进展。"休闲研究"，甚至"休闲科学"也成了更多部门标签的一部分。这些大学部门被视为休闲娱乐研究的合法场所。对休闲和休闲研究作为合理的跨学科课题的最终认可仍存在一些障碍。第一，如何将研究成果从期刊和专著纳入教科书和研究生、本科生的课程中。第二种障碍与第一种相关，即关于教师的角色定位，可否期望一些教师从事培训从业者和从事休闲与娱乐研究。第三，美国必须（模仿欧洲和加拿大）成立一个休闲研究协会，从而为学者和研究人员提供一个会议场地，代表着对休闲的跨学科兴趣的广度。这样的协会将增加休闲和娱乐研究的合法性，并为大学内外的研究人员提供一个会议场所。[5]

（四）休闲研究的跨学科跨文化方法

几乎所有的学科都已被引入有关休闲的研究。以人际关系和人类生态为核心的学科——尤其是与人类幸福密切相关和直接影响到人的专业学科——有责任从专业层面来关注休闲教育。这些学科涵盖了医生、牧师、社会科学家、教师、社会工作者、规划者，及近期出现的休闲业者……

跨学科的方法

新的休闲不仅"召唤"众多学科在其培训学生阶段及其培训结束后都积极参与，而且还以跨学科的方式将多个学科联系起来。显然，每一学科都有自己的历史、方法目标和认同；如果这个学科要存在下去，就必须保持其认同。跨学科的尝试意味着每一学科都获得一些东西同时也放弃一些东西。跨学科方法还造成了更多的趋同性。不能让这种趋同性将创造力或独特性扼杀掉。

用过程而非内容本身来表述休闲教育是最为恰当的。尽管许多情况下休闲教育是在课程表中加入一门关于休闲的新课程，但也不是必须采取这种方式。休闲教育更多的是一种方法，可以用来传授既有的知识领域。这一过程以跨学科方式得到了加强。

跨学科建制的另一个困难是人们往往对它期望过高。跨学科发展需要合作、妥协以及认真制定完整而详细的计划。这些发展充满了陷阱，常常将一种功能变成所有人的责任，从而也就成了没人负责的事。

跨学科模式已经存在于我们的高等教育机构中，那就是研究中心。研究中心代表围绕一个共同问题或目标而存在的属于多个学科的兴趣，受到的重视往往不亚于代表单一学科的系，甚至更多。现在大学校园里有政府研究中心、劳动与工业关系中心、人类生态学中心、水资源中心，等等。休闲及相关的问题包括休闲教育的问题，将会导致新的研究中心和其他跨学科管理机构的建立，它们的目标将是多方面的学科兴趣。比较艰难的任务将是如何有效地调动和使用所有资源，让人们为正在萌生的广泛的休闲需求做准备，而在此过程中又不丧失我们所竭力要维持的人类表达形式。[6]

强调以跨学科的方法研究休闲是否意味着必须节制各种专业所提供的教育呢？它是否意味着城市规划、表演艺术、资源保护都必须收归于一面旗帜之下？当然不是。但它确实意味着人们在这些专业中接受培训的方式必须改变，要以休闲及与之相关的哲学观、态度和方式为导向。例如工程师仍将建造、建筑师仍将做设计，但是所有人都需要更多地了解他们对社会的贡献将如何影响休闲，而休闲又将如何影响他们的贡献。不必抛弃为专业工作进行的教育。[7]

总而言之，当一些学者提出休闲研究强烈的社会心理学范式基础部分造成了跨文化研究的不足时，我们应反驳所必需的不是较少的社会心理学，而是更多的特定类型。新提升的休闲社会心理学必须是跨文化、跨人种和跨种族的。我们通过完全合并文化、人种和种族到休闲社会心理学研究中，能得知更多关于休闲在这些群体之间和之内是如何相似和不同的。这反过来将改善存在的休闲概念、休闲理论和框架，并将导致新的发展，促进使用者更好地实践。毫无疑问，自从第一版《休闲社会心理学》得出文化差异没有综合的社会心理学的结论之后，这已经有了很大的进步；但是如同中国谚语所言，路长而道远。[8]

（五）休闲研究有潜在的相关通道

研讨会一开始，大家就注意到，休闲研究人员一般不引用其他领域学者的著作，同样，其他领域和学科的学者们也不引用休闲研究人员的成果。为使休闲研究能够获得更加广泛的注意，提出的一项重大建议是向外"聚焦"，考察休闲与社会主要的文化、经济、政治和社会体系的关系。我们同样建议休闲学者朝外看，观察其他领域和学科，以便考虑多种理论、多种方法和多种形式的合作。这将使他们的研究引起更广泛的注意，增加相关应用的可能性。我们把这种对于多种理论、方法和其他研究人员的考虑视为战略，每一项都包含具有可利用的整套具体战术。

多种理论

理论的视角未必相互排斥。实际上，相对不同的理论方向可以结合起来考虑，实现更大的优势。为说明这一点，我们参照艾希勒（Eichler）1998 年提出的一个包容性更强的社会学模式，它的基础是把环境运动、女权主义和普通社会学放在一起考虑。

第一，她提示从环境运动视角采取以下态度：（1）"认识到人类是生命网络的一部分，我们持续不断地依赖地球"；（2）"认识到我们目前的生活方式是无法持续的；如果想要持久生存下去，我们必须改变成一种可持续的模式"。

第二，她提示女权主义的贡献在于：（3）"一种强有力的、反等级制度的传统，承认所有形式的支配或统治都逻辑地、实证性地联系在一起"；（4）"一种认识问题的方法，引导我们探索一切现象的性别本质，包括我们与自然其余部分的关系"。

第三，她提示社会学应增加（5）"这样的认识：从根源上看，我们的环境问题是社会问题，因而必须通过社会方式解决，而不是仅仅通过技术手段"；（6）"从环境恶化的结果以及我们所采取的任何补救方式的结果来看，我们的处境并不会一样"。

但愿这一阐述把各种理论结合起来加以考虑（尤其适合于休闲与环境关系的研究）能够提示相关理论的取向，供其他休闲关系研究之用。

最后，就理论问题而言，我们注意到很少有人讨论"休闲理论"本身是否能够创造性地进行构建的问题。或者说，休闲学者是否只能限于从同源的领域或学科借鉴和测试理论？

多种方式

大家很可能会同意，任何一种研究方式都有其优势和劣势；不同的方法论常常产生不同形式的"证据"。因而，使用多个研究方式往往是明智的，这样就能弥补使用某一特定收集资料和分析数据方式造成的局限。

在行为和社会科学的文献中，众多优秀实例说明了结合使用定量和定性数据、强迫或非强迫性手段、在微观和宏观两个层面上的数据分析，或使用参数性和非参数性数据的统计处理。方法论的案例则表明结合使用"局内人"和"局外人"的观点，或者更正规地说，既考虑位性也考虑非位性观点。

最后，就方法论问题而言，我们注意到许多论文非常重视文化概念，而且数名研讨会代表明显持有解释性、定质性观点。尽管如此，前面引述的文献显示，休闲研究在民族学方面存在严重不足，特别是在研究土著民族方面。

多种研究人员

合作性研究，特别是跨学科的合作性研究，具有无限的价值。除了其他优势之外，他们通常都相互激励，共享不同的能力、专长、互补性和增补性研究方法，考虑多种多样的理论取向，与"局内人"和"局外人"分享观点，使用共同的设施和资源。

当个人加入参与性行动研究或者跨文化比较性研究时，合作性研究尤为重要。因而，我们鼓励休闲研究各领域中的学者考虑与其他学科、其他国家和文化、研究土著民族的学术伙伴以及非学术性机构和组织的个人共同合作。

最后，就相互合作的事宜，我们注意到与不同学科的研究同伴合作的一个意料之外的结果是，能接触到"尖端"的学术成果或新形式的研究技术。例如，许多研究学者似乎非常感兴趣的是，最近"进化理论"在不同学科里的进展。这些进展可能应用到各种休闲形式的社会开发研究中去。又如，用来测量"大脑积极活动"的新技术可能被用于对"流动"的定量测量。许多休闲学者对此似乎非常感兴趣。

总结

总之，鉴于休闲研究代表着一个多种模式的探索领域，学者们应该充分倚仗其多模式特性的优势，对多种理论、多种方法、多种形式的合作研究加以利用。休闲学者，如同一般社会科学研究人员，应该认识到其多学科性的"现实"。学术性研究在多大程度上能正确地处理"现实"，取决于如何避免学术研究被"学科盲点"所制约。理论及研究方法和跨学科合作的推动，这两者之间究竟应该怎样搭配，涉及多少学科，都取决于它们与所要探索的问题之间的相关性。通过既复杂又互动又实用

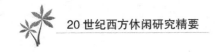

的动态视角，休闲研究（许多其他领域亦然）将受益匪浅，因为它将能更加敏感、更加全面地应对"现实"。[9]

二、休闲的社会学研究方法

休闲研究常使用两种基本方法：第一种方法是社会模式，认为社会力量决定个人行为。这种方法直到20世纪80年代一直占主导地位，而且，至今仍在北美以外的地区保持优势；第二种方法是存在模式，认为个体决定自己的行为，虽然这种个人决定会受社会力量或其他因素的影响，但该模式的基准是个人行动，而非社会结构。

这种方法论上的区别意义深远。首先，研究所关注的最基本的问题是什么？从东欧、西欧到北美，不同的休闲学家都在讨论这一问题，而且达成了这样一个共识，即越往东走，越强调社会协同性；争论的根本问题主要围绕休闲在社会统一体中与文化及制度等要素的关系。越往西走（至少到加利福尼亚），学者们越倾向于个体的行动与意义问题；他们首先关心的问题是休闲如何与个人的选择与生活目标相联系。因此，东欧的学者往往考察不同的工人参加什么样的文化活动；而西方的学者则把注意力集中在不同的价值观在不同的发展阶段中如何体现出不同的生活方式。休闲究竟是什么？应将其纳入社会整体之中还是归于个人实现的范畴？我们在研究中应该解答哪些问题？归根到底，休闲究竟具体体现在社会本质中还是人类的本性之中？[10]

社会隐喻

社会隐喻（或称结构隐喻）包括一些前提十分不同的方法。但在这些方法之间还有着相当多的共性。首先，理论是用来解释集体或群体行为的；其次，决定这些行为的力量来自社会而非个人；再次，理论为那些重复出现、共性突出的事件寻求解释；最后，预先假定不同的社会将产生不同的行为。

比如，从社会隐喻来看，我们如何解释参加志愿组织这种行为？志愿组织被理解为是将个人与更广阔的社会联系在一起的价值体现。那些与社会价值最相融的群体（如中产阶级）最容易加入这些能体现社会融合并为这种融合提供环境的组织。反之，只有那些提供庇护或组织反抗的志愿团体才会吸引那些非主流的、与社会制度最不相融的群体。人们发现，美国的中产阶级的确是最积极参加志愿组织的群体，如此一来，似乎为以上说法找到了事实依据，于是，社会整合理论便建立起来了。

当然，在社会隐喻内部还有许多不同的分支。一些社会理论是决定论的

（deterministic），认为全面的解释就是识别那些控制个人行为的社会要素。而一些方法则是预测性的（predictive），计算出由某种模式预测的行为各占多少百分比，以求出这一模式的成功率。还有一些是境遇性的（contextual），强调周围的直接因素，而非宽泛的社会结构。但不同的社会模式往往具有多种变体，而且所衡量的往往是多种因素的相对可预测性，分析也多是或然性的（stochastic）而非决定性的。然而，无论是寻求行为准则的普遍规范性（nomothetic），还是寻求相对可能性的或然性，其分析对象都是社会力量，这种社会力量遍及各种环境，并作用于由个体组成的群体。

社会隐喻包括一些很不相同的社会模式和显性要素模式。功能模式假定社会是由建制体系构成的，这些不同的建制共同完成各项职能任务，以确保社会的存在。从这个角度看，关于休闲的根本问题是"休闲如何为社会的整合做出贡献"，而冲突模式则假定社会是由利益相冲突的集团构成的，这些集团拥有将自己的意志强加于别人之上的权力。这样看来，休闲问题就关系到这样几个方面：那些对他人有控制权的人如何利用休闲，以及在形成那些可能改变原有权力基础的实力集团时，休闲会有怎样的潜在作用。

多数情况下，接受社会隐喻的人会关心休闲与主要社会建制（如经济或家庭）的关系。那么，在多大程度上，休闲的性质是由休闲群体的工作性质决定的？休闲如何有利于家庭及其生育、教育、约束、保护和市场消费的功能？休闲本身是否是一个具有单一功能的社会建制？或者，休闲仅仅对经济、家庭、教育、宗教及政府有利？无论休闲活动的环境还是休闲的目的，都被认为是社会性的，涉及社会系统内所有的人类群体。

存在隐喻

存在隐喻以个人为本，它对行为的解释基于个人的行动，而非个人在社会中的位置。关于休闲含义的各种理论也都倾向于以个人行动的结果为基础，因此，研究的设计与方法也与那些为社会问题寻求社会解答的理论研究不尽相同。在研究中，北美学者更为关注个人发展及自我实现等方面的问题，这就导致了休闲研究发生转向。五六十年代，几乎所有得到资金支持和得以发表的研究课题都被社会隐喻所占据。但到了70年代，越来越多的研究开始考察"参与休闲"对个人的意义。而且，在辨别参与休闲活动的预期结果的各个方面时，那些相关的模型也得到了不断的发展与完善。调查结果往往是与社会地位等变量相关的，但不再预先断定一切皆由社会因素所决定。这样就预设了一种近乎理性的休闲决定模式，似乎通过研究中所使用的一些量级，休闲的参与者就可以知道选择不同的休闲可能带来什么样的回报。

这种存在模式的一个分支与社会模式中的一些方法一样是决定论的。它认为只要精确测出做决定的各种因素，就可以预知信息处理以及各种因素的分类整理过程，从而解释休闲。这一分支中稍为谨慎一些的做法认为，影响人们做决定的某些因素是无法测得的，其可预知性只能达到50%。但无论怎样，存在隐喻对于休闲研究的整体态度是一致的，即一切分析解释应当从个人出发。

人们的决定是因环境不同而不同，还是静止不变的？围绕这一问题的争论仍在继续。虽然做决定的过程是大脑权衡各种选择之利弊的过程，但是，这一过程中的每一个因素却是取决于当时特定的情形的。而且，个人是在一个不断发展与积累的过程中采取行动的。虽然一些价值观念和认知系统在一段时间内会相对稳定，但人总是在不断学习新的东西。因此，对某一次决定过程中各个因素的研究只会形成适用于这种情况下的态度框架，换一种情况，则会得出不同的结果。这一存在隐喻的分支承认：每一个行为者都不是存在于真空中，而是置身于个人与环境的相互关系中。虽然存在隐喻更关注进行信息处理的行为者，但在其解释性模式中还是包括了社会环境因素。

从第三章可以更清晰地看出，现有的存在隐喻的方法在考虑休闲选择及其意义时具有很大的片面性。科学分析仅仅局限于那些用标准方法可以测出的要素。理性的或信息处理式的"做出决定"的模式并未全面地考察休闲或其他所有可能的因素。

分析层面

社会隐喻与存在隐喻之间最明显的差别在于其分析面不同。社会模式分析人的整体或群体。总体分析（aggregate analysis）以收入水平、年龄、教育水平等指数划分各个统计群体，这些群体中的人并无真正的人际交往或社会关系。然而，选出的这些指数却被认为是影响人们行为的共同因素。就休闲而言，人们的收入和教育水平的高低是和其外出旅行及听音乐会的频率成正比的。因此，总体分析以每个人的不同特点为基础，形成一个个"统计组群"（statistical groups），其前提假设是：这些指数能够在一定程度上反映出决定人们行为的个人经历、经济来源及价值观念。

群体分析（group analysis）则选取真实的、有着共同经历或参与同一社会组织的一群人，并分析他们的行为特点或态度倾向。分析的单位是至少在某一方面具备共性的一群人，无论他们是否有过真正的直接交往。这种分析的重点是个体态度、群体内部的或群体本身的行为。就休闲而言，这种分析方法可以用来研究一场体育比赛、一次鸡尾酒会或一个攀岩小组的情况。

而存在方法则把个体当作分析的单位。当然，各种社会因素会被考虑在内，但分析考察的对象都是个人的行为与态度。基于相同的个体特征，也许会产生群体活动，许多具备相同特征的个体也可能会因此形成一个统计组群，但存在模式所关注的是相互之间可以进行比较的个体行为者，而不是群体或总体本身。

在一些研究中，分析层面发生了混淆。研究者使用复杂的统计程序把各种不同的指数组合在一起，结果使整体框架变得模糊不清，各种项目与关系绞成了一团乱麻。这样的分析很少能够提供一种有益的解释性理论。

对于这一切，可取的态度应该是，承认多种隐喻并存，承认它们各有自身的优势——尤其在研究复杂现象时更是如此。与其对各派的理论隐喻争论不休，何不去找出人们的所做所思？问题是，这么一来又得不出真正的理论或有益的解释。我们只有先搞清研究的前提、研究的背景或取向，才有可能去评价研究的结果。正如单看照片上的一轮红日悬在地平线上，我们无法得知这是日出还是日落一样，只有知道了是早是晚，是在东方还是在西方，才可能对之进行判断。研究亦然，如果不知该包括什么问题，该朝哪个方向走，就根本不可能知道该研究些什么。[11]

三、休闲社会学的研究与方法

为什么男性比女性更爱运动？在一些旅游区，如何解释当地贫困人口与西方富有的旅游者之间的关系？为什么中产阶级及受教育程度高的人比其他人群更多地使用艺术设施和户外娱乐场所？在多大程度上人们能够自由地选择休闲活动和度假地，在多大程度上他们的选择受到经济、社会及商业的限制？哪些人参与了在本地进行休闲和旅游投资的决定，哪些人被排除在外？为什么有些社会群体参与休闲活动被其他人视为不正常或反社会，这是如何产生的？休闲与旅游领域的社会学研究试图回答这些问题。

可以肯定的是，社会学家在休闲研究领域做出的贡献最大，而在具体的旅游研究领域就要逊色些。虽然两个领域研究的内容有所重叠，下面将对此分别进行讨论。休闲社会学分为三个部分：第一，传统经验性的问卷调查及定量模型；第二，非量化理论；第三，批判性传统。

休闲社会学一：社会问卷调查及定量模型

大部分似乎与社会学相关的早期休闲业研究和一些目前所做的研究，实际上并不是由该领域的训练有素的社会学家进行的，这一点在许多重要的针对休闲参与的问卷调查中得以证实，这些调查真实地提供了大量有关参与类型的基本信息。所以大多数似乎与社会学相关的研究应更恰当地称为社会研究，因为这部分研究经常带有一些实用的性质，缺少许多受过正规训练的社会学家想看到的理论框架。

社会学关注如何解释或理解社会行为，特别是群体和各阶层人们的行为，20世纪60年代起，早期的对休闲参与的调查基本是描述性的，用伊莱亚斯（N. Elias）的话来说，目的是"发现"。然而一些早期的成果立刻引来了关于公共政策的争论，如果运动参与水平很低，是不是应该采取一些措施？如果某些运动参与者主要是富有阶层，是不是也应努力为不太富有的阶层提供方便？考虑到迅速增长的人口，人们应为将来做好打算。

问卷调查有助于政策的制定，这些问卷表明，在休闲活动的某些方面全社会显示出共同的特征（如以家庭为主的休闲的重要性），而在其他方面（如艺术与运动休闲）社区中不同的人群出现较大的不同，这些不同之处与诸如家庭地位、年龄、性别、受教育水平和民族等社会特性有关。尽管最近有评论家认为在休闲研究中人们忽略了这些方面，实际上早在 30 年代的美国和 60 年代的英国，它们就已经成为早期研究的中心。因此，研究人员认为，如果人们能够清晰地区分这些关系并使其在一段时期内保持稳定，就有可能发现一些休闲活动的模型，这些模型能够用于预测不同社会群体的参与模式，从而预测整个社会的参与模式。

其研究方法是应用统计原理进行定量分析，关注的焦点为预测参与者人数和次数，主要涉及构建人类活动的数学模型，用回归方程式来表达休闲参与水平与年龄、性别和收入等变量之间的关系，这种研究可以被认为是社会学中传统功能学派的一部分，该学派从系统结构及其各种交互因素的功能的角度来研究社会系统中的因素。因包含在公共政策过程之内，即研究的设计应有助于公共部门为其所提供的休闲活动，如运动、户外娱乐和艺术活动等制定计划，研究同样具有规范性。大多数美国早期的著名研究都是以这种结构－功能－规范方式进行的，其中有很大一部分属于定量或模型化研究。而在英国，这种高度定量的研究方式并不盛行，如斯坦利·帕克早期关于工作与休闲关系的研究主要基于经验，并没有明确的定量研究，没有涉及定量模型的构建。

这种模型／预测方法最终为许多社会学家所拒绝，主要因为它本身运行不畅。在美国，如约翰·凯利所指出的，这些模型不奏效，虽然在英国取得了更大的成功。但最近社会学评论家主要关注的是该方法缺乏社会学的理论框架，它太重时效性，在一些情况下无法回答关键的问题。

休闲社会学二：解释原因

社会学家从方法论的角度对"问卷调查及定量模型"的方法提出质疑，他们对定量模型的构建和预测不感兴趣，而是相信需要有更多的社会学理论，不仅应有定量依据还应有定性的研究，他们不仅想知道人们在业余时间做些什么，而且要了解原因、类型及缺乏休闲对他们意味着什么。这些更为实用且兼收并蓄的方法在休闲研究中一直存在，但过去一直被定量化倾向所遮盖。它们在 20 世纪七八十年代成为主流，后又被下面即将讨论的批判性方法遮住了锋芒，但它们在休闲研究领域仍不失为一种重要方法。

在英国，布里顿·罗娜和罗伯特·拉波波特认为目前的研究趋势是采用更为定性及阐释性的研究方法，而在美国，约翰·凯利持同一观点。在《休闲与家庭生活》

（*Leisure and the Family Life Cycle*）一书中，两位拉波波特（R. Rapoport and R. N. Rapoport）提出了这一新的倾向，该书是基于仅对三十个人进行的深度采访写成的，书中报道了关于个人感情与动机的详细个案研究。实际上他们的研究过于注重个人，因而与社会心理学的研究产生了重叠。

美国的研究者也探索过一些其他领域的方法，包括用存在主义的方法来研究休闲、效益法和休闲限制。约翰·凯利的存在主义方法和符号交互法在个人、社会、社区与职业关系、承诺和纽带的环境中把休闲传统得以继续。效益法寻求区分、评估和量化个体和社团从休闲活动获得的满意度，并以此为契机，计划和提供休闲服务以使效益最大化。限制方法的研究中心是那些限制个体获得休闲利益的社会、身体、心理和经济因素。从经验角度来说，这些研究基于小规模的社会问卷调查，经常包含心理学研究特征。

……

休闲社会学三：批判性的方法

20世纪80年代，传统的研究开始受到来自批判的新马克思主义的观点的抨击，典型的作品是约翰·克拉克和查斯·克里彻的《鬼推磨：资本主义英国的休闲》，该作品一方面依赖于广泛的、基于历史的社会分析，另一方面又深深信赖文化学研究领域的人种学的研究成果。它对一小群边缘化个体，如青年团体中的成员、少数民族和年轻工薪阶层的母亲进行了深度调查。尽管在某种意义上当时新马克思主义思想的经验根基比较浅，但它在知识分子中比在早期的理论家中更为盛行。

新马克思主义的研究方法把代理机构／组织的争论引入休闲研究领域。问题是在多大程度上个体是自由的经济人，在生活中自由行使选择的权利，包括休闲选择的问题，在很多情况下这种选择受资本家及政治经济的限制和操纵，并且超出了个体控制范围。对社会中相对弱势的群体进行经验性研究的目的是展示这些群体是如何受剥削并被系统边缘化的，但这一群体自身有着寻求"反抗"的趋势，从而证明了新马克思主义关于社会严重分化的论点。

批判的方法对国家（政府及相关机构）在当今社会中所起的角色提出质疑，传统的休闲研究反映了这样一个观点，国家为了人们的需要而提供休闲服务，它是民主需求的一种反映，正如上述的传统规范一样应得到支持和帮助。另一种观点认为，国家只不过是资本主义系统的工具，通过提供这些非营利性但又是文明社会所必需的服务来为它保全一种可接受的"人类面子"。所以研究把中心放在批判地解释这个系统的"矛盾"上。这一争论导致了休闲研究领域国家及公共政策研究的增加。研究涉及对政策制定者的访谈、对政府政策和立法的分析和对个别城市政策制定的个案研究。

20世纪80年代，具有女权主义思想的社会学家对现存的休闲研究进行了批评。

他们注意到目前大多数经验主义的研究是把男人作为样本，焦点集中在诸如职业和工作／休闲的关系上，忽视了女性的日常经历和她们的传统责任，即照看孩子及进行无报酬的家庭劳动。另外，人们认为，当今的研究人员想当然地认为休闲的选择是自由的，因而忽视了社会中的权力关系，这种关系限制和否定了某些群体的选择范围，特别是女性的选择范围。多数（但并非全部）经验性研究成果证明了女权主义的贡献，这些研究从本质上而言属于定性研究，主要探索休闲对女性的意义及休闲经历对女性的影响。

近几年，在休闲社会学中，持后现代主义和后结构主义思想的人提出用批判的眼光来看待休闲研究。现代西方的文明可追溯到 17 世纪，但是科学、理性及人类进步的观点取代了传统、宗教占主导地位的价值观。后现代派认为，西方社会（及世界其他大部分地方）正在进入一个新时期，价值变得不再确定，进步的现代观点不再发挥作用，现代经济基础和当今文化基础正在被短暂的、移动迅速的电子通信媒体和其生产的文化"产品"所主宰。尽管人们仍喜欢把"后现代"一词用于对趣味赛跑、攀岩和社会史等的研究中，但上述变化意味着休闲社会学的中心转向了极其流行的文化形式，如电视和迪士尼。这些倾向使得休闲社会学在某些方面更为接近人文学科的方法。在人文学科的研究中，文本或文化手工制品取代人成为了经验的中心，文化批评和解释学（文本的解释）是使用的研究技巧。与此相关的经验主义研究涉及定性研究，这些研究包括访谈、观察、对文本的分析等。

最近，有人主张休闲社会学采用后结构主义观点，放弃结构主义理论——无论它们是功能学派的、批判学派的还是新马克思主义学派或女权主义学派的——后结构主义寻求把重心放在人类生存的微观水平及个人和群体通过交互活动创造社会环境及权利关系的方法上。

由于篇幅限制，我们无法讨论休闲社会学中其他的一些研究成果，这些成果包括罗伯特·斯特宾斯的"严肃休闲"的观点、伊莱亚斯及邓宁提出的"图案社会学"的潜力、"游戏"作为研究及理论化中心和"生活方式"的概念。

在罗杰克所谓多范式竞争的框架内进行大范围的社会研究或社会学研究已成为当今休闲研究领域的特征，这也表明简短的休闲社会学历史达到了高潮，多范式竞争是用不同于传统的方式看待世界。此外，还有很多方法仍然被研究休闲的社会学家所应用，如定量研究方法（见美国版《休闲研究期刊》）、大型的问卷调查及各种定性研究方法及实验性方法等。[12]

四、存在主义社会学的休闲分析方法

（一）双重辩证法模式

本书依据的模式为双重辩证法

（1）在释义的旋梯（hermeneutic spiral）中，每一个隐喻都会受到质疑与修正，但它们不会被全然否定；而且每一个隐喻都会引出对另一个隐喻的分析。

（2）任何一种方法，既有应当被否定的一面，也有有助于理解的一面。因此，理论的创建应当被视为一个过程，而不是表明任何一种终极性的真理。

这种分析模式可以称作社会存在主义，因为它既包含承担风险的个人决定，又包含社会力量的现实性。

在回答"什么是休闲"这个问题时，我们放弃单一的线性参数，将从不同的层面进行探索。[13]

（二）两个理论建构前提

任何理论的创建都不可能"从零开始"，本书所进行的理论构建也不例外。对于如何更好地进行休闲研究及如何解释这一现象，本书有一些前提，下面将对其中较重要的前提在此加以简单的说明。

理论构建前提

这里的范式当属"实存论的亚里士多德主义"（essential Aristotelianism，原译为"基本的亚里士多德定义"——引者注）。它认为，理论必须建立在对休闲及其情境的识别与观察的基础上。另外，既然休闲是人的活动现象，那么分析中就必须包括人的生物性及社会性两方面。理论的形成应当与接受批判性分析的系统方法相一致，因此，我们应当用批判的态度来考察理论构建过程中的材料和方法——只有被证伪的理论才是有价值的，这一原则也适用于休闲理论的建构。这一建构的设计、框架、材料、整合方式以及整体的审美效果将——展现出来，并将经受任何反例及不同解释的检验。

关于休闲的前提

（1）休闲是复杂而非简单的概念和现象。

（2）休闲是存在过程的一部分，而非静止不变的观念或现象。

这些前提可以引出一种研究方法，为理论构建的过程提供某种方向。葛拉齐亚在他颇具影响力的休闲论著中提出，休闲是一种"存在状态"（state of being），是一种虽然短暂但却现实的个人存在状态。后文的分析基于这样一种信念，即休闲最好被理解为一种"成为状态"（state of becoming），也就是说，休闲并不仅仅是当前的现实，而是动态的；它包含许多面向未来的因素，而不仅仅是现存的形式、情境和意义。因此，应该通过其行为取向而不应以时空、形式或结果来对休闲加以界定。这样，任何一个过于静态的模式都应加入一些对人的存在及其情境的动态分析。至少在某种意义上，休闲既是"成为的状态"，也是"存在的状态"。[14]

注　释：

1　[加]埃德加·杰克逊编：《休闲与生活质量——休闲对社会、经济和文化发展的影响》，刘慧梅、刘晓杰译，钱炜校，杭州：浙江大学出版社，2006 年，第 291—294 页。

2　Fred Coalter, "Leisure Sciences and Leisure Studies: Different Concept, Same Crisis?" *Leisure Sciences*, 1997, 19 (4), p. 255.

3　[美]约翰·凯利著：《走向自由——休闲社会学新论》，赵冉译，季斌校译，昆明：云南人民出版社，2000 年，第 6 页。

4　Fred Coalter, "Leisure Sciences and Leisure Studies: Different Concept, Same Crisis?" p. 256.

5　Rabel J. Burdge, "The Evolution of Leisure and Recreation Research from Multidisciplinary to Interdisciplinary," In Edgar L. Jackson and Thomas L. Burton, eds., *Understanding Leisure and Recreation: Mapping the Past, Charting the Future*, State College, Pa.: Venture Pub., 1989, pp. 42-44.

6　[美]查尔斯·K. 布赖特比尔、托尼·A. 莫布莱著：《休闲教育的当代价值》，陈发兵、刘耳、蒋书婉译，北京：中国经济出版社，2009 年，第 93—94 页。

7　同上书，第 94—95 页。

8　[美]道格拉斯·克雷伯、戈登·沃克、罗杰·曼内尔著：《休闲社会心理学》，陈美爱译，杭州：浙江大学出版社，2014 年，第 249 页。

9　[加]埃德加·杰克逊编：《休闲与生活质量——休闲对社会、经济和文化发展的影响》，第 309—311 页。

10　[美]约翰·凯利著：《走向自然——休闲社会学新论》，第 7 页。

11　同上书，第 7—11 页。

12　[澳]A. J. 维尔著：《休闲与旅游研究方法》（第 3 版），聂小荣、丁丽军译，北京：中国人民大学出版社，2012 年，第 17—21 页。

13　[美]约翰·凯利著：《走向自由——休闲社会学新论》，第 1 页。

14　同上书，第 21—22 页。

第十二章

休闲研究现状思考

【简短引言】

　　休闲研究的现状、问题和前景究竟如何，一些西方休闲学者对此进行了认真的思考与探讨。有些学者持担忧的观点，认为休闲涉及的广泛领域和休闲研究的跨学科特征，既促进也制约了休闲研究的发展。许多领域需要发展休闲，它们从不同的视角审查休闲，从不同的学科介入休闲研究，形成了十分丰富的研究文献和多种多样的观点与方法，也因此出现了影响休闲研究深入发展的问题。这些问题主要表现为研究项目、机构、出版物、讨论会和多学科研究数量和范围的显著增加，而休闲研究的质量却没有与之相适应；休闲是生活中不可或缺的重要部分，但在休闲研究和教育上却未能得到应有的重视；与休闲相关的学科、文化和问题成为休闲研究的关注点，而普遍地忽视了休闲本身的研究；研究方法上依赖实证主义和经验主义，而使休闲研究基本停留在社会学和心理学的范围，甚至在概念理解上混淆两者的关系；将休闲作为独立领域进行连贯一致研究的理想面临着领域分散化、内容碎片化与方法多样化的现实，致使人们对建立连贯一致的休闲学理论体系方面所取得的进展感到失望。总之，休闲研究已经取得了很大的进步，实际和预期的进展之间存在明显的差距，休闲研究正处于十字路口，有的休闲学者指出，目前休闲研究实际上处于一种平静而深刻的危机状态。另有一些学者则相对乐观，认为休闲研究的多元化、多流派以及与其他相关领域和学科间的连接与重叠，可以被看作是休闲研究的基本特点和一种力量，而不是一种弱点，更不是一种危机，它可以为休闲研究提供一个丰富的具有挑战性的知识环境，这恰恰是许多别的领域和学科所没有的。

　　我们应该充分肯定西方休闲研究的成就与进步，但也的确必须思考：在这些成就与进步的基础上，面对存在的问题与矛盾，在与中国传统文化和现实状况结合的休闲研究上，在休闲学理论的建构上，我们应该和可能做些什么。

一、休闲研究现状的评估

（一）对休闲研究现状及特征的不同观点

　　我们认为休闲研究的实际状况与研究人员和学者认为的对话应然状态之间存在着显著的差异。首先，在过去的20年里，休闲研究在学术领域确立了一种强烈的合法性意识。在这段时间里，这一领域研究项目的数量，出版研究发现的专业媒体数量，为休闲研究的思想、方法和结果进行交换而存在的组织和论坛的数量显著增长。社会科学学科和跨学科、多学科以及从事休闲研究、致力于休闲研究的发展的专业领域的数量和范围也在不断增长。它也广撒网，调查一组不同的话题、问题和主题，从休闲本质的理论性解释到娱乐服务的供给和管理中的实际问题，从动机到满足，从家庭活动到旅游和旅行，从行为的社会心理决定因素到参与的障碍。

此外，休闲学者普遍认为，休闲研究的质量并没有完全与其数量相适应。人们对在发展连贯一致的理论体系方面所取得的进展感到失望，认为这一领域过于分散，并认为其在方法上的进步是过度保守，甚至死板的。简而言之，休闲研究已经取得了很大的进步，但它并没有像许多人认为的在 20 年甚至 10 年之前就已经做到的那样。实际和预期的发展速度之间存在差距。

尽管如此，一些变化的迹象让人乐观。第一，最先进的审查和对活跃的休闲学者的国际调查显示，休闲研究在不久的将来在必须解决的主要问题上达成了高度的共识。第二，似乎越来越多的人认可和接受对定量调查的替代研究方法的相关性和效用，例如人种学研究、现象学方法和其他定性方法。第三，有证据表明，概念化和理论发展不仅是未来研究的重点，而且实际上也正在被解决（正如本书中许多章节将会展示的那样）。因此，在结束的时候，我们更倾向于采用在对活跃的休闲学者调查中得到的一种回应，他们回答了一个问题，即在过去的 20 年中，休闲研究是否具有统一、连贯或分裂的特征，回答是"连贯——我今天感觉很乐观"[1]。

休闲研究文献中的部分近期成果就这个领域的现状提出了截然不同的看法。一种观点认为该领域处于一种"危机"状态，而另一种观点认为休闲研究过去是而且仍然是一项成功的叙事，并为进一步的发展提供了坚实的基础。

作为智识努力领域的休闲研究也许正面临着危机，这种想法并不是全新的。早在 1993 年，克里斯·罗杰克就说过："在休闲研究中，对后现代主义的回应为集体主义理论化制造了危机。"这个观点同《休闲科学》专题上的两篇文章出现的步调一致，许多人还应邀做了评论补充。最近，卡拉·艾奇森（Cara Aitchison）在《休闲研究》中发文提及休闲研究中的一种"危机"或"僵局"，指出尤其是不愿"接受在相关学科和主题领域中的新进理论进展"。

相比之下，肯·罗伯茨认为过去的休闲研究"一直是个成功的叙事。这绝不是一个失败的项目"。同样，在一篇题为《承认与赞赏休闲研究中的进步》的综述里，德赖弗（Driver）回顾了从 20 世纪 60 年代至今的休闲研究，并没有表现出任何危机意识的征兆。在 2000 年第一期《休闲研究期刊》——以"世纪之交：休闲研究的反思"为主题的特辑——总共 39 篇论文中，只有寥寥几篇表达了对北美休闲研究现状的严重担忧。杰克·凯利（Jack Kelly）便是其中之一，他认为研究的科学模型已经将北美的休闲研究引入了死胡同，出路在于让研究关注现实世界的问题并采用新的方法和理论框架。萨姆代尔甚至说："我对休闲研究的未来感到困惑。有时候它显得没那么让人忧心，但我大多数时候还是觉得困扰。"她认为北美的休闲研究是孤立的，在方法论上和理论上都是保守的，并认为作为该学科主要专业机构的国家娱乐和公园协会难逃其咎。苏珊·肖注意到了休闲研究在学术界的孤立处境，事实上，其他研究领域的作者们即使在面对休闲问题时，也未能引用休闲学研究。威特把他所看到的描述为在北美研究中普遍存在的质量匮乏和相关性缺失，并提出了一个以和从业者的对话与合作为主要基础的研究议程。

在对该领域的状况表示关切的各种成果中，可以辨认出某个确知的"危机"中多个相互关联的方面。第一，据信存在着某种"集体项目"或共同目的的缺失。第二，对研究领域"碎片化"为若干子领域的关注。上述两种发展被认为造成了休闲研究的"角色和地位丧失"。最后，人们认为这是一场"理论或智识危机"。[2]

"集体项目"的缺失

在雄心勃勃地回顾过去两百年的欧洲历史及其同休闲的相关性时，莫马斯所关注的是休闲研究"集体项目"的明显衰落。后者不仅关系到研究团体内部就学科的理论、方法和视野所达成的共识，而且关系到它和公共政策的关系。传统上，休闲研究"毫无问题地根植于一个国家人口参与公共文化的集体利益……"。在一些研究者看来，这是基于一种广泛的、社会民主的观点，认为休闲研究应当服务于公共部门"休闲服务"的需要，并从中获得研究和教育的地位与资源。由于西方政治的转型朝向以玛格丽特·撒切尔（Margaret Thatcher）和罗纳德·里根（Ronald Reagan）的政治经济措施为代表的新右翼，包括对公共部门的缩减和私有化，这一点也就遭到了削弱。而在该领域的其他研究者看来，集体项目的基础早已成了一种更左倾的或新马克思主义的视角，并在某种程度上同激进的女性主义结盟。在阶级划分和父权制的语境下，该传统的研究者们对当代社会的休闲提出了批判的分析。同社会批判理论的这个关联为休闲研究提供了具有特定智识合法性的激进的／批判的派别，然而在20世纪90年代，马克思主义在东西方阵营的崩溃、女性主义视角的碎片化以及明显非政治的后现代主义视角的兴起，又共同动摇了它。

但是，任何危机在这方面的程度和严重性都是有争议的。例如，苏珊·肖认为没有必要在休闲研究中努力重获某种共同的"项目"。她觉得学科的碎片化并没有什么问题，认为我们应当接受多样性，各种不同的方法总会形成一个"联盟"。另一个事实则是，大多数休闲研究者很可能在过去和现在都一直无保留地坚持政策世界的社会民主主义与改良主义观点，随着托尼·布莱尔（Tony Blair）和其他政治领袖的"第三条道路"政治的出现，这种视角也显示出了复苏的征兆。

碎片化

在一篇参照了跨欧洲休闲研究的调查评述中，莫马斯和他的合作者们还注意到研究学科转变为旅游、体育、媒介和消费等具体区域的碎片化过程，这就导致了休闲本身（或者在欧洲更常见的术语"自由时间"）不再是关注的焦点。在这一点上，他部分地得到了肯·罗伯茨的支持，后者虽然不赞成针对危机的全部观点，但似乎依然承认休闲研究受到了威胁，他说：

> ……从理论上说，在对体育运动员、游客、媒体等进行研究的时候，研究领域是贫困和缺乏权力的。社会没有被整齐地划分为体育运动员、旅游者、剧院观众等等，是同样的人在做所有的这些事情。

罗伯特·斯特宾斯最初认为把这些碎片聚集在休闲研究的大旗下是徒劳无益的，因为碎片化领域里的那些工作在休闲的保护伞下恐怕看不到任何好处，但后来他又主张休闲研究的多面手们**能够**为不同碎片化领域中的研究者们提供有益的理论框架。

尽管如此，却出现了这样一个问题：那幅隐含的肖像，关于某个连贯的、未被碎片化的过去，对于休闲研究来说是不是一幅精确的肖像。可以论证的是，碎片化始终是该领域的一项特征，这体现在包括以下几项在内的很多方面。

（1）在休闲研究的发展中，北美"休闲科学"同欧洲"休闲研究"之间的**跨大西洋分歧**在早期就显现了。

（2）早在 20 世纪 70 年代中期，随着定性方法对后来被认为占主导地位的定量方法展开攻击，部分地反映了跨大西洋分歧的**定性／定量划分**就已经出现了。事实上，可以认为定性方法在英国／欧洲的休闲研究传统中始终很强势，并且这两种方法在任何情况下都可以被看作是互补的。尽管如此，二者之间的争论仍在激烈地进行着，这尤其反映了在社会学同时进行的辩论中。

（3）休闲**经济学**虽然为社会心理学和社会学所掩盖，但它在休闲研究中一直是一个很强的存在，尽管就认识论和研究风格而言，它是一块相当独立的碎片。因此，尽管其方法论主要是实证主义的，经济学却总能置身于方法论的争辩之外。进一步说，其他休闲研究倾向于批判市场或者充其量只是对它宽容，经济学则不同，它包含了一种特定的意识形态立场，因而大体上接受了休闲在休闲服务供给中的作用，即使很多休闲经济学总是矛盾地涉及了非市场过程。

（4）**新马克思主义批判**自 20 世纪 70 年代中期开始出现，但直到 20 世纪 80 年代，随着约翰·克拉克和查斯·克里彻的《鬼推磨：资本主义英国的休闲》一书的出版才达到顶峰。如上所述，这就在休闲研究中更激进／批判的一派和更务实／改良的一派之间造成了分歧。

（5）休闲研究中的**女性主义批判**也始于 20 世纪 70 年代，随后在 80 年代和 90 年代加快了步伐，从改良主义到高度激进的派别，其形式非常多样。因而在过去多年的休闲研究中存在着庞大的女性主义碎片。

（6）近期，**后现代主义**在那些只是暂时地接受、承认它和休闲研究相关的人（如罗杰克）与那些拒绝它的人（如罗伯茨）之间造成了一种分歧。

（7）相关研究区域，诸如**体育、旅游**还有**艺术**，在智识上和制度上一直是独立存在的。尽管休闲研究在概念上涵盖了这些区域，却始终存在着同休闲研究几乎没有联系的、独立的专业和学术团体。最近，许多这类群体的知名度越来越高，其原因通常和休闲研究最开始崭露头角时一样。

因此，可以认为休闲研究在某种程度上一直是碎片化的。部分休闲碎片（例如体育、旅游）的制度成长在许多情况下威胁到了休闲研究的制度地位，但可以说，智识的碎片化程度并不比过去更甚。同样值得注意的是，碎片化并非休闲研究所独有的。经济学、社会学、法律、历史和其他学科都经历了各自的碎片化时期，并且随后通常还会经历被迫的再联合。[3]

杰克逊（Jackson）和伯顿（Burton）在 1989 年对休闲研究人员进行了调查，以确定在过去的 20 年中休闲领域是否具有统一性、连贯性或碎片化。他们将碎片化定义为"不同的，甚至是相互冲突的概念和方法论发展，术语不一致，主题脱节和知识上的不和谐"。超过 60% 的活跃研究人员表示，该领域的特点是碎片化。伯顿和杰克逊将调查结果解释为：由于其多元性，碎片化可能是有益的。碎片化表明很少有共性，例如在最基本的层次上没有共同的语言或存在概念冲突。另外，多元化表示能够解释休闲之类的原理 / 概念或理论不止一个。他们赞成后者。

此外，库恩强调科学领域的变化和碎片化。科学危机是规范性的，是范式周期可预测的一部分了发生范式转移。当由于缺乏有限的现有范式无法理解其无限形式的社会现实时，每门学科在面临危机感时都会面临重大转变。科学革命就是结果。

德赖弗指出，休闲研究中可能已经解决了简单的问题，而转向更困难的问题可能就是造成危机的原因。此外，库恩建议，普通科学或当前科学（我想补充一下休闲科学）只能证实并重申现实。桑德尔指出，"对传统范式的保守会在革命时期造成紧张"。如果研究人员坚持过去的幻想，就很难理解范式的转变。肖还指出，发生科学革命的不便之处可能是因为休闲是"多范式的，而不是单范式的"。休闲研究的前进道路当然还不清楚。[4]

莫马斯认为，直到 20 世纪 70 年代晚期，集体项目的观念和一个连贯的研究领域已经为欧洲休闲研究提供了作为独立研究方向和教育领域的特定地位。尽管大体上并未传达一种全面的危机感，德赖弗在进行学科概述时仍然暗示了对地位问题的某种关心，就政策和专业意义而言，他说：

> ……我们需要在专业内更全面、更广泛地承认，休闲对于社会福利的重要性不亚于任何其他社会服务，而且它还具有重大的经济意义……最重要的是，我们必须在我们的专业之外推广一种积极的形象，让人们都知道我们所取得的进展属于科学探究的应用区域，以及休闲所具有的重大社会效益，包括但不限

于它在经济上的巨大意义。

如今，休闲研究已经丧失了在20世纪70年代和80年代曾享有的一些地位和势头，部分是由于上述因素，部分是由于大学内部的企业化趋势。但这种变化也可以被看作是更广泛的现代／后现代转向的征候。迄今为止，许多人认为休闲研究是一个连贯的"项目"，这源于社会休闲日益增加的社会和经济重要性，还有在公共政策和规划以及服务供给方面，在相关的教育、培训及研究方面集体公共部门的响应。虽然这始终是一种有些夸张的观点，但休闲研究的确从过去那一点"山上的光亮"，变成了由不那么明亮的光线组成的一束不那么显眼的光，射向了不同的方向。[5]

可以证明，许多休闲理论家已经受到托马斯·库恩的《科学革命的结构》（*The Structure of Scientific Revolutions*）一书的过度影响。《科学革命的结构》描绘了这样一幅连贯的图画：某个范式在一个领域中占据着主导地位，又在一场斗争或"危机"之后被另一种范式取代（见表3）。我们可以在休闲研究学科的大量著作中发现这幅图画，在对休闲理论（通常是在社会学领域中）进行过一番批判性的历史回顾之后，便试图提出一套全新的或不同的理论来取代过去的全部理论。事实上，为这类作者所摒除或忽视的许多理论范式，在文献中继续存在并发展着。尤其是在像休闲研究这样的多学科和交叉学科领域中，新的范式并不总是取代现有的范式，而是为研究领域形成了新的分支。因此，我们似乎应该认为休闲研究包含了许多并存的传统或思想学派，而不是庞大且单一的研究领域。

表3 学科的发展：模型A：序列范式

范式1	危机时期	范式2	危机时期	范式3	危机时期	范式4
			→时间→			

表4 学科的发展：模型B：思想学派

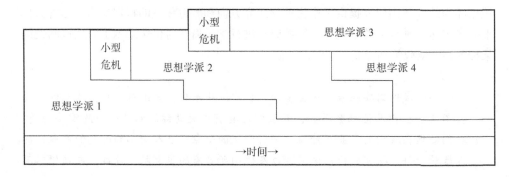

表 4 描绘了"多个学派"的视角。这表明各种不同的范式、传统或思想学派随时间的推移而起落。传统／学派之间在实践中的界限并不像图表所暗示的那样泾渭分明，有时各学派之间也存在着联系和"对话"。一些学派之间的关系常常得不到解决，而且在某些情况下是无法解决的。一些学派可能会经历其他学派没有经历的"危机"。一些学派在成长，另一些学派却在走下坡路或是没有什么改变。一些学派会互相补充，另一些学派会相互对立，还有一些对其他学派缺乏来往或了解。不同的学派还会根据它们主要关注休闲还是主要关注其他问题而变化。一个显著的特征就是不同的学派会涉及不同的非休闲研究领域，特别是不同的社会科学和应用学科。这影响了学派表面上的智识稳定性。例如，近年来，在社会学采纳和抛弃了各种范式之后，同社会学相关的思想学派经历了相当大的不稳定性，而同经济学相关的思想学派则稳定得多。

关于休闲研究中各思想学派的领域规范的完整评估已经超出了本文的范围，但是一份指示性的列表可能是这样的：

（1）**休闲科学模型**——受心理学影响；一些预测性研究（见《休闲研究期刊》和《休闲科学》的主要各期）；

（2）**规定性**——政策／规划／管理／收益／教育／社区；

（3）**经济学**；

（4）**社会批判理论**——新马克思主义；文化研究；消费理论；女权主义研究；后现代主义；一些历史学；

（5）**务实的社会研究**；

（6）**专门的**、重叠的各研究领域（例如运动、旅游、游戏、文化研究、时间使用）。

这些思想学派都有自己的历史和当前的进展状况。根据上文提到的一些美国观察家的评论，以上所列出的第一项，即休闲科学的传统，也许在同目标受众的关联和交流上正面临着特定的危机。"规定性"和"经济学"的传统没有显示出任何危机征兆，尽管政治和管理环境的连续变化提供了不断变化的研究挑战来源。社会批判理论是有明显的知识危机的领域，面临着后现代思想的逃避性和女性主义理论不断提出的挑战。属于"务实的社会研究"的传统研究者，尽管在 20 世纪 80 年代由于批判理论的兴起而面临着危机，但现在看上去却更加放松和自信。"专门的"领域有各自的发展历史，无疑都包含了平静的时期和危机的时期。[6]

"危机"的定义：这个"危机"是什么？

1997 年，《休闲科学》杂志在同一期上发表了两篇文章，第一次提出了休闲研究中的危机问题。两篇文章的作者分别是莫马斯和科尔特，他们都把这场危机归咎于后现代主义在学术界内部的推行。休闲研究及其基础，即科尔特所说的"解放政治"，在莫马斯看来"非常矛盾地把自己同后现代思潮联系在了一起"。实际上，早在 4 年前，也就是在 1993 年由拉夫堡大学主办的英国休闲研究协会第三次国际会议上，休闲研究领域中的许多资深人士公开评论了自己同他们所定义的"后现代张力"（简称"PMT"）之间的智识斗争。

就像社会科学中曾经的本体论和认识论发展一样，后现代主义很晚才进入了休闲研究，这比人文社科领域的大多数单一学科迎来所谓的"文化转向"要落后 5 到 10 年。在题为《处于十字路口的欧洲休闲研究？》的文章里，莫马斯问休闲研究为什么不愿接受后现代主义，以及后现代的休闲分析为什么仍然"由来自传统休闲研究领域之外的人所从事，并且停留在一个非常一般的分析水平上"。科尔特在题为《休闲科学与休闲研究：不同的概念，相同的危机？》的文章中比较了北美休闲科学和英国休闲研究各自的危机经验。通过说明后现代理论和主流的休闲研究社会政策话语之间明显的不相容，他在不经意间回答了莫马斯所提出的问题："后现代主义为休闲研究的集体主义理论化带来了危机，并导致大多数休闲研究学者不再有能力坚持其对解放政治的承诺"。

然而，本文并不打算称赞后现代主义或后结构主义。相反，它力图探索后结构主义理论如何能够并且确实为解放政治做出贡献，这同科尔特早先的断言相反。事后看来，我想要想重温和修订科尔特的批判，从而证明真正的危机不是后现代主义**本身**的到来，而是休闲研究不愿接受具有挑战性的理论发展——其中后现代主义是当前的**眼中钉**——再加上对女性主义持续和长期的抵制。同女性主义一样，后现代主义在两方面带来了挑战：它可以表现为一种复杂的认识论，它具有扰乱并取代既定理论话语的潜能。换句话说，后现代主义和女性主义对学科领域内的权力和知识编码、知识权力以及权力知识均构成了挑战。[7]

"危机"的话语：这场"危机"是如何经历的？

休闲地理学

休闲地理学是从社会和文化地理学当中发展起来的，它揭示了在休闲研究与地理的关系之中所包含的一种危机。休闲的学术研究得益于社会政策和结构主义理论，与之相对，近期的社会文化地理学已经接触了文化研究与后结构理论。比起有关休闲、体育、旅游和艺术的明确同一的政策和实践，这些地理学更关注文化、商业和消费。然而，在采取这种方法时，这些地理学有助于我们把休闲理解为一种有意义的社会与文化能指，值得在商业、日常和非正式的生产性文化消费语境中进行空间分析。

在过去的一个世纪里，休闲和旅游的地理学几乎是全方位地，从殖民地区和国家边界的空间制图转移到了权力的后结构和后殖民话语以及再现、身份和消费的空间性。同时，地理研究的范围和规模也缩小了，从区域和国家地理的宏观分析到日常空间、地点和景观的微观分析，例如街道和身体。尽管最近的许多地理学都为休闲和旅游研究的各个方面提供了说明，但它们从来没有被明确界定为休闲和旅游研究。矛盾的是，尽管地理学家们受到文化转向的鼓励，承认了休闲、文化和消费的场地，仍然只有一少部分学者参与了休闲研究同地理学之间的互动。

当我们目睹了学术界内部越来越多的学科界限倒塌，当社会文化地理学接触了一系列专注于把休闲和旅游场地当作关键的社会与文化能指的分析，地理同休闲研究之间的连接缺失似乎就尤其令人惊讶。例如，最近的研究有助于我们对休闲和旅游空间的理解，其所涵盖的范围从切近的身体空间到无形的赛博空间。除去对都市空间的关注，休闲的社会文化地理学还提出了表演空间、过渡空间和阈限空间等问题：对空间的诸定义是休闲和旅游研究话语的核心内容。定义明确的休闲方式和旅游场地已成为地理研究的基础，其中包括体育馆、酒吧、俱乐部、假日、主题公园、纪念碑、节日和游行等。

这些地理学表明，空间、地点和景观——包括休闲和旅游的景观——作为社会和文化包容/排斥的场地与视野，它们并非固定的，而是处在一种持续的过渡状态。这些空间性越界和转型为休闲研究的政策引导话语增添了复杂性。人文地理学过去"称赞"场所的现象学著作，还有结构主义休闲研究过去的解释未能充分认识有争议的空间本质，在阅读它们时，应当谨慎地强调机构与结构之间的相互关系。

当代社会文化地理学为后现代主义、后结构主义与后殖民主义的反基础主义运动提供了一个交汇点，它试图理解社会与文化现象及空间转型的差异和多样性。这样的分析对休闲研究的话语来说依然是边缘的，部分地理学家拒绝了"休闲"的概念，转而赞成"消费"和"日常生活"等术语，其中一个原因或许正是缺少了精细的后结构休闲批判。

相比之下，休闲研究学术和辩论是为一种由政策驱动的议程所塑造的，结构主义理论和社会主义意识形态在过去的 20 多年里支撑着它，这在一系列长期相互关联的主题中表现得很明显。从 20 世纪 80 年代的"全民体育"运动到 90 年代的"全民旅游"和"全民乡村"等倡议，休闲相关政策被认为在缓解社会不平等和经济不平等方面发挥了核心作用。因此，休闲研究一直得到了发展，它属于科尔特所界定的主导了休闲社会的机会平等话语。相比之下，专注于文化关系而非社会政策的社会文化地理学，在对差异化文化消费与文化资本的分析中接受了后结构理论，这属于锡布利（Sibley）在《排斥的地理学》（*Geographies of Exclusion*）中所论述的范围。

残疾与休闲

尽管残疾研究和休闲研究都已经凭自身实力成了公认的主题领域，它们之间却鲜有交流，并且无论休闲研究中的残疾研究还是残疾研究中的休闲研究，始终存在着同样显著的空白。因此，这第二个话语领域所包含的挑战就是要在休闲研究和残疾研究之间建立联系，以便政策制定者、福利服务提供者和学者能够在可靠的和批判的残疾休闲理论支撑下发展出复杂的残疾休闲政策与供给。

我本人近期进行的残疾和休闲的经验与理论研究工作，其语境化的背景就是休闲和社会排斥的霸权社会经济政策话语。在英国政策行动小组近期就体育和艺术的报告中，这一主导的结构主义话语得到了清晰的阐明，该报告是为了报道休闲在解决社会排斥时所发挥的作用而专门发布的。

社会排斥局（Social Exclusion Unit）成立于 1997 年，英国工党政府时隔 18 年以来首次执政，意图为整体问题提供整体的解决方案。然而，在强调诸如经济贫困等结构性不平等时，该机构未能对许多群体给予足够的承认，由于文化差异和态度障碍，他们对于主流社会依然是边缘化的。例如，在涉及残疾与社会排斥的报告中，耐特（Knight）和布伦特（Brent）声明："还有其他各种整体问题——其中无知和恐惧导致了偏见与歧视，并进一步导致了某种形式的社会排斥。"

通过反思我自己的研究结果和分析，不难发现学院派和实践者对残疾和休闲缺乏整合的理解，残疾研究基本上被排除在休闲研究之外，反之亦然。例如，残疾研究和供给议程似乎由那些社会和福利服务领域主导，它们被认为对于社会正义方案格外重要。在优先考虑需求时，人们依然很难证明休闲应当和医疗、住房、教育、社会服务或反歧视就业立法一样得到同等程度的关注。因此，残疾研究的头 20 年造就了在那些服务领域中被广泛引用的知识和研究成果体系。

休闲研究在残疾研究中的这个缺失，由残疾研究在休闲研究中的缺失得到了反映，因此，在有关社会排斥的固定的休闲研究话语中，残疾始终是边缘化的。

在发表于《残疾与社会》（Disability and Society）的一篇文章里，我指出了休闲研究最初的主题领域，连同其对"身体"的看法和先入之见，至少部分地解释了对残疾问题的研究何以缺席。我认为，休闲研究已经发展出一种可以被称为无标识的、非残疾的霸权话语，它令伤残人士、残疾人和有缺陷的人在很大程度上不可见。从工作社会学、体育和人体运动研究，以及城市规划与乡村娱乐等领域派生出来的休闲研究，不可避免地利用并进一步发展了受雇的身体、主动的身体及能动的身体的各自的话语。由于残疾的医学模式的主导地位，休闲研究在残疾或受损的身体可见的地方总是沉默。这一点在涉及把休闲定义为"活动"或"运动"时尤为显著，因为受伤的身体被认为是伤残的，需要由他人提供康复治疗训练及物理治疗，而这些治疗与训练也是对残疾身体所进行和使用的。例如，著名的北美残疾相关运动科学和疗养休闲娱乐领域显然是由医疗模式支撑的。

工作社会学、体育和人体运动研究以及城市规划与乡村娱乐，这三个学科领域尽管推动了 20 世纪 70 年代和 80 年代英国休闲研究的发展，却在无意中留下了一份致使残疾和残疾人被边缘化的休闲研究遗产。工作社会学确立了受雇的身体，体育和人体运动研究抬高了能动的身体和正统的审美身体的价值，城市规划和乡村娱乐则认可了主动的身体，即观看的身体和活动的身体。

举例来说，正如主动的休闲和体育往往预设了能动身体的实存，较被动的休闲和旅游也假定了一个既可活动又可观看的身体。实际上，活动与视觉在某种意义上都被视为参与旅游体验的先决条件，这是由休闲和旅游工业及休闲和旅游研究在传统上所建构的。强调通达场地的活动及观看风景的能力，这在许多休闲和旅游学者的研究中非常明显。例如，乌利专注于"旅游文化"和"旅游凝视"，表明了活动和观看对于旅游所具有的重要性。对于缺乏行动能力和/或有视觉障碍的群体来说，乌利把旅游当作"场地"和"观看"的二元论含义变得很成问题，因此，在确认和评估休闲与旅游对这些人的意义时，休闲和旅游文献依然非常贫乏。然而，从20世纪70年代至今，英国休闲学者对不平等和社会排斥的关注日益增加令残疾在休闲研究的议程中被边缘化，这种做法有违常理。此外，在近期的社会学、文化研究、性别研究及社会文化地理学中，有关身体的社会与文化理论工作明显日渐增多，而休闲研究似乎在很大程度上并没有认识到这一点。后结构理论在身体的话语中得到了最明显的采用和适应。因此，休闲研究缺乏对后结构理论的参与，这或许可以充分说明它为何同时还缺乏对身体话语的参与。

性别与休闲

第三个似乎遭遇过危机的休闲研究话语就是性别与休闲。休闲和旅游经常被称为"世界上增长最快的行业"或"世界上最大的企业"。全球资本主义和经济学的这些咒语主导了结构主义的学术话语，直到最近，深陷其中的休闲和旅游才开始被批评为世界上性别隔离最严重的服务部门或世界上性别角色最刻板的行业。比起受惠于经济学和结构主义理论的女性主义批评，更为边缘的，则是由后结构和后殖民女性主义理论支撑的研究，它们对休闲和旅游中两性关系的社会文化联系提出了批评。

对于由全球资本主义造成的休闲和旅游的物质不平等，这部分论文并不提供进一步的结构主义分析，而是试图采用后结构女性主义的方式进行讨论，这有可能为那个由当代休闲和旅游所显示的生产性消费的性别化过程带来更复杂的理论工作。这种讨论借鉴了在旅游和文化理论中的最新发展，而旅游和文化借此已经开始作为表述得到了探索，它们彼此还为旅游和文化的生产者与消费者的交互关系性所塑造或影响。

关于性别关系在休闲和旅游中的建构，在分析结构权力同文化权力之间的接合时，我一直关注在过去20年中经历了快速增长的四个学科领域，即休闲研究、旅游研究、性别研究和文化研究之间识别和发展的协同效应。除了少数例外，文化理论同休闲、旅游、性别理论之间的关联仍然是隐性的，没有相关文献中那样明确。通过休闲、旅游、性别和文化理论的融合，理论化的历程有利于发展一种更为复杂的综合性方法，借以分析当代休闲和旅游的文化关系与性别关系。这项研究旨在同批评对话，尤其是在旅游研究中，"大多数文献与实质性的理论基础相对分离"。

在这个研究领域里，我的首要目标是促进性别和文化理论同休闲和旅游理论在彼此的学科中的发展。因此，就性别研究而言，我的意图同上文所提到的有关地理学和残疾研究的那些意图相似。通过全部三个主题领域——地理学、残疾研究和性别研究——我一直试图在休闲研究同其他学科和主题领域之间建立关联，以此作为参与当代休闲关系复杂性的手段，而不是想要把休闲从它的社会、文化和空间背景中孤立出来并加以研究。在采取这样的整合式分析时，我发现后结构主义的方法强调权力的交互关系性和流动网络，并且在对性别权力关系的重新界定中专注于对"他者"进行文本的、发散的、精细的和表述性的建构，而这非常有用。这种参与所强调的是文化实践，而不仅仅是休闲和旅游场地与景点的生产、再现和消费。这些实践共同反映了一幅社会与文化关系相互交织的复杂画面，包括性别、空间和身体的关系。正是这些生产性消费的实践，塑造并重塑了性别－休闲关系的社会文化扭结，并为关于性别、休闲、旅游和文化理论的未来跨学科议程形成了有用的起点。[8]

"危机"的捍卫者："危机"的把关人是谁或在哪里？

相比科尔特和莫马斯，尽管我已经指出了这场危机的一些不同的原因，并在更重要的细节中展开了讨论，但是对于主题领域内部持续存在的危机感，我们似乎还有一种广泛的共识。对这一危机的后结构分析表明，它反映了戈尔（Gore）所说的一种不断发展的"为教学法而斗争"，即在学科领域内运作的结构、文化和过程都处于持续的权力斗争之中。在我自己的研究中，有一个方面检验了在休闲研究中"为教学法而斗争"，并分析了在学科领域中性别、权力和知识之间的关系。在本研究中，我对休闲研究中的三处"把关"场地进行了批评：学术和专业协会；教学、行政和管理结构与文化；研究出版物的进程。回顾过去几年里的这些研究成果，把关机制的这些结构和文化似乎的确助长了危机的产生：通过把注意力从有可能削弱其权力基础的问题上转移开来，又指向了所谓的由后现代主义造成的危机。我认为，这些把关人非但不能保证休闲研究的学科领域内部的质量和公正，反而要求确保霸权利益在知识编码过程中的中心地位，并以牺牲掉边缘性知识为代价。

在对性别和知识生产的激进女性主义批判中，斯彭德提醒我们"分析内在于知识编码中的权力基础和权力关系"的重要性。本文的范围不足以就那些对休闲研究施加影响的权力基础和权力关系展开全面探索，但我仍然希望引起对"把关"的以下三个方面的关注，它们阻碍了在休闲研究中对新理论观点的包容，并要求排除掉主题领域，即研究、教学、出版中的边缘性知识。这三个典型是英国休闲学者们特别关心的，尤其在本文写作期间，人们正在焦急地等待着 2001 年科研评估考核的结果，同休闲相关的院系目前正在接受针对教学和课程的学科评审，而在休闲研究协会的期刊《休闲研究》的编委会内部，长期激烈的争论也有了结果，从某种意义上讲似乎已经"落幕"。因此，我试图探索那些作用并影响了知识编码的"把关"结构，对于今天的我们来说，它们（研究、教学和出版）就是核心业务。

科研评估考核

最新的 2001 年科研评估考核文件迫使我们中的许多人审视自己从事休闲研究的方法。同样，当前针对服务、休闲、娱乐、体育和旅游的新一轮学科评审也提供了机会，让我们评价自己向学生们教授休闲研究的方法，他们通常更专注于休闲管理或者在休闲相关领域中某一具体部门或专业的发展。人们承认，在科研评估考核中得到评估的学科群与通过学科审查得到评价的学科群之间，存在着不匹配。科研评估考核提出了奇怪的设想，要求把休闲研究同有关体育的各学科"安排"在一起，并且和旅游研究分家，而后者通常进入了工商管理评估单元的范围，或者作为诸如社会学和地理学这些单一学科的一部分被提出。值得怀疑的是，对休闲的社会、文化、经济、政治和环境研究进行的评判，是否应该与体育运动的生理和生物力学一起放在一个评价部门里。在这个评价部门中，运动科学及其所必需的实证主义范式地位稳固且备受重视。实际上，体育相关学科的评估小组单元始终为自然科学、运动研究、实证主义范式及男性所主导。1992 年的小组成员全部由男性组成，1996 年有一名女性小组成员，而在 2001 年有两名女性。

在当前的科研评估考核群体中，休闲研究似乎很有可能继续充当体育研究的陪衬，同时因脱离旅游研究而削弱其学术影响力。在体育相关学科的评估单元中，社会科学与自然科学之间的不平等现象在 1996 年的最后一次科研评估考核的投票结果中得到了体现，在从 1 到 5 的等级评定中，只有那些受自然科学主导的院系得分在 3A 以上。休闲研究调查和教学集中分布在"新型"大学（英国原有的理工学院），相比之下，体育和运动科学的知名研究部门与各单一学科则集中分布在"老牌"大学内部。在英国的高等教育中，大学和理工学院这个"二元鸿沟"在 1992 年以后仍然存在，只是名字变了。这种区别无疑对新型大学内部的研究资源和发展具有负面影响，而与休闲相关的大部分教学和休闲研究协会的大多数成员都在那里。

研究期刊

在当前的全球学术氛围中，"出版或死亡"的咒语绝非言过其实。在北美、澳大利亚和新西兰，取得教职和获得晋升往往要求有在国际评审期刊上发表过成果的记录。在英国，科研评估考核要求个人发表文章，从而令他们的机构达到或维持令人尊敬的研究"评级"，这反过来会影响研究经费和研究生招生。出版，以及参与出版的把关机构，是塑造学术话语的最重要的因素之一。学术出版的权力和控制被交到了"把关人"手中，他们决定什么应该被当作社会知识。斯彭德认为把关人包括期刊编辑、评议人、审稿人以及出版商顾问，他们共同"设定了一个参数，当有人想要处在他们学科问题的中心，这个参数可以鼓励个人去工作"。对于这种把关，目前只有涉及知识社会学的有限研究，而在我自己的研究之前，还从没有过涉及休闲研究的。

学科评审

这里要探讨的最后的把关人或捍卫者是高等教育资助委员会质量保证机构的学科评审程序。针对服务、休闲、娱乐、体育和旅游的学科评审分组不像上文所提到的科研评估考核那样碎片化。在学科评审中，休闲似乎占据了体育科学和服务管理这两个端点之间的中间地带。然而，就像在科研评估考核中以运动为主的评估小组单元一样，学科评审分组的广泛性也会分散人们对构成休闲研究基础的社会科学学科的关注，并且有令主题领域脱离其智识根基的风险。此外，在休闲相关的教学中，对管理研究和"多学科"的强调也推动了主题领域内学科界限的崩溃。然而，在试图跨越学科之间的界限时，存在着一种危险，那就是智识上的严谨有可能被削弱。休闲研究所面临的挑战是发展出智识上严谨的研究和教学，足以同社会学和地理学等单一学科中正在发展的休闲相关研究和教学相媲美，其中一些已经在上文中以"文化"和"消费"为题进行了概述。[9]

替代"危机"：休闲研究如何克服它的"危机"？

但是，处在一个危机加剧、资源有限的环境中，休闲研究协会和休闲研究主题领域如何始终保持在休闲研究调查的最前列？我们如何才能确保同我们的基础学科之间相互充实的关联得到发展，随后新的理论偏离又不会被视为威胁性发展？在一个"整体思维"与共同工作的时代，让休闲研究同我们的基础学科之间的关联重新焕发活力的一种方法，就是恢复休闲研究协会过去和地理学、社会学及其他单一学科的学术协会共同承办的全天研讨会？也许休闲研究协会的年会可以支持更多并非身处休闲相关部门却从事休闲研究调查的发言人和代表？也许《休闲研究协会通讯》（*LSA Newsletter*）可以包括一些有关在我们的上级学科学术协会和会议中正在发生的"休闲"研究的定期报告，从而更新我们的成员信息？

在某种意义上，休闲研究协会现在必须前进，要向外看，要成长，假如它还想在 2001 年的学科评审和科研评估考核之后对休闲教学和研究产生任何影响。从 1998 年到 2001 年，协会在这期间已经失去了四分之一的成员，如果它继续以这个速度流失的话，到了 2006 年的下一次科研评估考核（如果还有另一次科研评估考核），休闲研究协会恐怕已经不存在了。与我们的母学科和同类学科领域间的合作伙伴关系和"联合思维"为我们提供了前进的道路。本文先前所确认的跨学科研究类型，为促进当前和未来的联合以及克服休闲研究的理论"危机"提供了路径；一场危机往往会损害那些积极的和包容的、个人的和职业的休闲历程的发展。[10]

（二）休闲及其研究的悖论

悖谬的是，人类行为中没有什么比游憩性休闲有更大的潜能，能让人们过上丰富的生活，也没有哪个方面像它一样不为人所理解和受到轻视。我们的社会和教育界对休闲的态度很矛盾。在美国这个非常看重生产的社会里，休闲与传统的工作伦理不大协调，它代表的更多是虚度光阴。休闲领域最需要协调、协同的行动，但现在是出现了众多与此领域有点相关的机构，其数目的增长之快，超出了这些机构能协调的范围，使它们难以团结一致地面对休闲的需要，甚至难以协调起来面对这一需要。[11]

欧洲的休闲研究领域如今所面临的境况多少有些矛盾。一方面，有关时间和消费、体育参与和媒体参与、购物和旅游以及文化和日常生活等问题的研究越来越多，研究体现了复杂程度的不断提高，并促进了出版物数量的不断扩大。然而另一方面，存在着一种失落感，甚至危机感。处在因关注人们的消遣活动而造成的混乱中，休闲的观念似乎已被偏离甚或完全遗忘了。休闲曾经被赋予一种独立的重要性、一种"剩余意义"，它正式建立起了一个超出各个组成部分之上的独立研究领域。而那种意义似乎已经丧失了一部分制度性、规范性和／或认知性力量。[12]

造成今日失落感的一个关键事实在于，为休闲观念赋予公共重要性的那些东西已经发生了变化。休闲似乎不再具有那种曾经与它相联的、不证自明的公共地位和重要性。休闲研究本身并非一个基础学科，而是一种深深嵌入社会和／或行为科学历史之中的基本建构模块，它需要一项能让它恢复生机的"使命"或正当性，一种公共的和／或认知性项目，足以将其（重新）统一为特定的研究和教育领域。[13]

直到20世纪70年代末和80年代初，批判性思维才最终进入欧洲休闲研究的领域。在60年代和70年代初，休闲研究同主流社会理论思考还没有太多关联；因此，在对一般社会理论的批判性反思中，它也只是占据了一个次要地位。到了70年代末和80年代初，批判性思维进入了休闲研究的领域，其影响力是三重的。第一个批判对象是休闲研究中使用的文化概念。人们就流行或亚文化实践的"积极"意义提出了更容易被接受的分析，既定的休闲教育方案基础也遭到了质疑。第二，占主导地位的客观主义研究方法遭到了批评，它执着于形式的、统计学的程序，不仅忽视了人们在自己的休闲活动中所寄托的意义，而且忽视了休闲本身的制度前提。第三，质疑由"后工业"或"自由时间社会"的观念所带来的非反思使用，及其对民主多元主义和自由选择的强调，并且反过来指出阶级和权力概念的持续重要性。

新马克思主义对休闲研究的影响，也许在任何地方都没有像在英国那样显著和富有成效。这必须首先归功于伯明翰当代文化研究中心（CCCS）的作用，这是由马克思主义历史学家理查德·霍加特（Richard Hoggart）于1964年前后建立的研究生研究中心。中心对工人阶级文化的"生活体验"（以及媒体在构建这些经历时的意识形态作用）的持续兴趣，显然同休闲问题密切相关。在1980年，英国社会学协会和休闲研究协会终于举办了联合研讨会，新一代休闲研究者在行动，他们渴望让批判性思维进入这个领域。"传统"休闲研究和批判性文化研究的代表们交换了意见。在随后的几年中，CCCS 的影响又为休闲主题带来了新事物，对人种学和制度研究产生了更大兴趣，并且越来越关注阶级、种族和性别问题（尽管后者不得不等待有关女性在文化研究中被忽视的女性主义批判）。

文化研究的重要性与日俱增（它本身就指向了葛兰西学派新马克思主义、法国的后结构主义、符号学和精神分析的混合），这标志着对战后美国社会理论的进一步远离，回归欧洲，回归"古典的"或"宏大的"社会思想。这代表了观念取向的转变，它也可以被追溯到休闲研究领域。休闲研究过去曾受制于来自美国的科学主义和功能主义的"弱"变体，后来又逐渐为吉登斯（Giddens）、布尔迪厄（Bourdieu）和埃利亚斯（Elias）的理念所影响。

对社会理论的批判性思考与重新关注最终成了休闲研究领域的一部分，它质疑实证主义和功能主义方法在过去的霸权，然而就在这时，经济和财政危机再次开始改变休闲研究调查的议程。最重要的是转向了更面向市场的休闲方式，这在整个欧洲很明显，它激发一种把休闲当作消费品的兴趣。这就导致对集体问题，如休闲参与和社会不平等的疏远，转向了公共受众、营销管理、消费和旅游等更多地方化问题。

此外，在 20 世纪 80 年代，后现代社会文化思潮也逐步进入了休闲研究领域，它强调地方，强调(理论和文化的)折中主义和组合，还强调选择与反思性。而且后现代思维还激发了对消费者文化的兴趣，走向了美学、意象、享乐、欲望、解构、身体、身份和风格等问题。

休闲研究非常矛盾地把自己同后现代思潮联系在了一起。当然，根据不同的立场，人们制造并维持了交叉连接（例如费瑟斯通、拉什和乌利以及罗杰克的著作）。但是总的来说，这些交叉连接来自休闲研究传统领域之外的人，并且停留在泛泛而谈的分析水平。

通过在新的形势下（休闲和消费可能性的进一步激增，休闲的商品化，全球经济和文化重组，福利国家的持久危机，地方和日常的后现代敏感性，劳动时间的弹性化）调解"旧的"关注（工作－休闲关系和休闲层级化问题），一些附属的研究领域出现了。于是人们可以在劳动关系持续弹性化的语境下思考对自由时间的变化规律和意义的研究。另外，还有待解答的是，阶级、性别、族裔和年龄的关系变化是如何能被追溯到后工业化、后现代社会中的休闲参与领域。而且，在都市更新过程中，休闲和文化的角色变化问题反映了对休闲研究的进一步关注（就包容和排斥的社会文化和空间关系的改变而言，还包括这种关注的可能后果）。最后，民族国家、地方政府和全球化文化产业之间的关系转型，导致了公共和私人休闲供给的结构变化问题。[14]

在某种程度上，所有这些局部的变化都增加了休闲研究领域的进一步多元化，同时也导致休闲研究同消费者与文化研究之间的界限愈发不稳定。用吉登斯的说法，我们可以谈到"去传统化"的后续阶段，或者"反思性"水平的进一步激进化。对国家人口参与公共文化的集体兴趣，曾经可以毫无疑问地为休闲研究提供基础，但那样的年代似乎一去不复返了。一个极端的例子就是波兰，由于狂热地转向货币政策，导致休闲研究部门的消失和休闲研究者团体的分裂。随之而来的是在休闲市场中（尤其涉及消费和旅游），顾问和推广机构职务的工作量增加。在西班牙，休闲研究领域深受制度和理论碎片化的困扰。然而，由于西班牙的福利制度相对年轻，在评估时这尚且被当成了一个发展问题而非衰退问题。在法国，休闲作为一个自主的研究领域，其地位似乎受到了威胁。在后现代社会的新"社会性"中，日常生活话题的竞争性急速增长非常重要，这是一个同法国后现代社会学密切相关的话题。在英国，休闲研究领域似乎正在设法应对后现代主义的主张，以及休闲体验、生活方式与消费在后工业、后福特制环境下的转变。比利时的休闲研究正在倒退回传统的学科和纯粹的营销管理中。还有荷兰，那里的休闲研究不得不面对其研究领域的离心多元化。

从某种意义上说，这种情形其实颇具讽刺意味。正当那些忙碌在休闲研究领域中的作者们发觉自己的研究领域面临着一定程度的碎片化或"蒸发"现象时，同休闲相关的各种话题（消费、文化、享乐、欲望、旅游、体育、时空）仿佛比以往任何时候都更受欢迎和关注了。[15]

（三）英国（休闲研究）和北美（休闲科学）的差异

值得注意的是，在北美早期有大量关于休闲的研究事实上主要研究人们的户外逗留，通常是露营，以及游览国家公园等自然景点。该学科在北美的权威期刊《休闲研究期刊》创办于1969年，最初的许多年里，其中的文章全部是关于以露营为主的户外娱乐。所以，北美的很多所谓娱乐研究其实也可以被当作以自然景点为主题的旅游研究。不过很少有人注意到这一点。

《休闲研究期刊》的另一个特点，就是强调具有传统、实证、定量、"科学"风格的研究，受心理学的影响极深，这在某种程度上等同于该领域在美国的第二份期刊《休闲科学》。与此形成鲜明对照的是总部在英国的期刊《休闲研究》，它具有更实用主义、受社会学影响及定性的风格，还有在魁北克出版的、强调社会理论的双语期刊《社会与休闲》（*Society and Leisure*）。研究风格上的这个"跨大西洋分歧"导致科尔特（Coalter）为定量的北美传统和来自欧洲的传统分别打上了"休闲科学"与"休闲研究"的标签。[16]

休闲研究的"危机"，是由它同社会学与社会政策等学科的密切关系以及相关的社会和理论势力共同导致的：它关于休闲的集体主义、福利主义和解放主义的分析受到了后现代主义的挑战（比起消费问题，社会和文化的再生产问题在这里被给予了更多重视）。休闲科学中的"危机"似乎反映了内部的诸势力：除去实证主义方法论的局限性，有关"无社会的休闲"的定量方法和分析也在不断遭受质疑，它们无法应对休闲的社会或社会性意义。例如，古德尔在评论休闲科学的诸方向时，认为"休闲研究已经变得越来越实证主义、操作主义和还原主义，从社会和政治的基础走向了心理学层面"。

在休闲科学中，追问的深度就事实而言或许是由凯利提出的，他是休闲科学团体内部一位声名显赫的学者，主张悬搁"自由和开放的意识形态，以便让研究真正进入休闲互动的实际语境"。更为根本的是，他甚至还指出："认为休闲有一套独特的意义……或者认为它是自由与内在意义的唯一所有者，这样的观念是一种危险的过度简化。"[17]

肯·罗伯茨认为不可能找到所谓的英国休闲理论。其实他还可以再补充一句：体现了休闲科学特征的某种主导的方法论范式同样并不存在。同休闲科学相比，英国的休闲研究似乎规模更小、专业化程度更低，并且更缺少方法论上的一致性。在某种程度上，这是因为英国的很多所谓休闲学者只有一只脚踏入了这个领域。很少有主流的休闲研究作者"以休闲为中心"，把自己的分析单纯地局限于对休闲的研究。分析和阐释往往来自更广泛的研究领域（例如文化研究、社会学、经济学、女性主义研究、政策分析），并反映了它们的（通常是结构性的）概念和理论关切。

这个问题反映在以下事实中：许多休闲研究其实受到了这样一种信念的驱使，即休闲产生自各种"非休闲"因素，包括经济的、社会的、文化的与政治的。结果，不平等就成了一个处于支配地位的话题，分析则专注于机会的结构性决定因素。比方说，亨利认为"在 20 世纪 80 年代末至 90 年代初，休闲研究领域的大部分研究工作由那样一种关切所主导，即追溯和 / 或解释由社会结构碎片化所带来的文化影响"。休闲研究的方向旨在把休闲视为这样一个场地，更广泛的社会、政治和文化关系与冲突在其中变得可见。一般来说，主要的承诺就是调查基于阶级、性别以及（少数情况下）族裔的划分。这反映了一些更普遍的关切，包括权力的区别分配和机会的不平等、公民身份的变更本质、工业化的效应、国家的角色以及后现代的状况，它们在休闲中得到了明证。

在休闲研究中，对休闲的关注通常并不是着眼于个人消费、自我表现和成就感等方面。相反，它是更广泛的经济、社会和文化不平等的**再生产**（或至少是反映）的一个场地。在特定形式的历史编纂学、新马克思主义、文化研究和各种女性主义的影响下，休闲被当作斗争、文化论辩、谈判和抵抗的场地加以分析。我们具有一种**休闲社会**的方法，而不单单是一种**社会休闲**的方法。我们并没有尝试去发展一门专业的休闲社会学（或心理学），而是已经具备了多种**休闲的社会学**。因为休闲所涉及的问题只不过是社会学的经典问题，几乎不需要专门化的"社会学"；事实上，对这种一致性的追求被认为是不受欢迎的、不可能的抑或"无关紧要的"。

比起对个人、个体心理学、利益及满意程度的关注，休闲研究的方向通往更广泛的社会聚集体，以及同权力不平等、霸权进程、集体身份、机会均等、社会公民身份相关的议题。在休闲社会方法中，分析和阐释倾向于提炼解释的结构形式。阶级、性别、种族和国家等范畴在文献中占据着支配地位并涉及"再生产派"理论，后者专注于资本主义的本质和剥削、霸权、父权制等进程。

同这些休闲的社会学相比较，在休闲政策分析中居于（即便通常是隐含的）支配地位的主题包括公共休闲设施和公民权利之间的关系，以及国家为保障这些权利所发挥的作用。关键不在于分析和称赞个体或群体的差异，而在于应对**不平等**的诸问题，并且不是在自由个人主义的视角下，而是在集体主义的福利视角下。[18]

相比休闲研究，休闲科学似乎更"以休闲为中心"。它一直专注于定义休闲（主要是从心理方面），说明各种动机、满意度和收益，并探索限制条件。当然，关于休闲收益的休闲科学著作的确有助于理解同休闲（或娱乐）参与相关的特定意义和动机，这在休闲研究文献当中并不存在。可是，休闲科学内部的批评家们已经指出，对个体满意度和收益的这种关注为我们带来了**无社会的休闲**，而最近的辩论则表明需要有以**社会休闲**概念为基础的更广泛的分析。[19]

休闲研究和休闲科学的视角是由不同的理论取向支撑的。克雷布（Craib）认为社会理论结合了三个不同的维度，而这些维度则由不同的理论家和学术团体给予了多样的强调。理论的**认知**元素专注于建立就特定方面对社会世界的认识，**情感**维度体现了理论家的经验和感受，而**规范性**维度则对世界应当如何做出假设。因为这三个维度出现在了一切理论化之中，所以我们可以将休闲研究与休闲科学之间的关系当作一个连续体，而非"不可通约的范式"。当然，休闲科学团体内部的许多作者采用了同休闲研究多方面密切相关的视角（如凯利、戈比、斯特宾斯和亨德森）。尽管如此，我们依然可以明确认为认知理论在休闲科学中占据了支配地位，规范性的理论化工作则是休闲研究的主导特征。

这反映在了两个地区的主要期刊当中。比方说，在北美的《休闲研究期刊》、《休闲科学》同英国的《休闲研究》之间，方法上的主要区别取决于方法论与政策影响之间的关系。前者首要的（如果不是唯一的）关注在于不断增加的方法论复杂性，文章的结论往往以对方法论缺陷进行反思的形式出现，方法的有效性和统计相关性的强度比结论的社会政策意义具有更高的优先级。例如，海明威（Hemingway）认为休闲科学中"经验主义研究方法"的一个主要特点是"减少对技术的探究"。相反，在《休闲研究》上发表的文章则大多在反思支配性的社会公民身份范式，它们所关注的通常是工作的战略性社会政策（或理论）意义，不考虑统计学上的明显证据。[20]

休闲研究和休闲科学，通过不同的途径，到达了一个十字路口。两者都没有令人满意地应对休闲意义的境遇本质，以及它们同更广泛的意义和身份来源之间的关系。在休闲科学中，承认意义的境遇本质上伴随着对休闲研究的二元论和本质主义方法的怀疑，以及对"休闲的边界"的质疑。例如，J. R. 凯利和 H. H. 凯利认为，尽管"休闲研究"（他们很可能指的是休闲科学）这个学科在休闲从根本上不同于生活的其他部分这一理念当中投入巨大，却很有可能"人们在休闲中所发现的全部或大部分意义……在生活的其他领域中也能发现"。在这一点上，贝拉（Bella）主张"重要的问题，必然离不开经由活动被提出的关系，无论活动是否可以被描述为'休闲'。……活动的意义在于经由活动被提出的关系，而非活动本身"。这些评论也可以被阐释为一种朝向社会休闲方法（如果不是休闲社会方法）的转变。例如，亨德森认为"休闲［科学］研究人员刚刚发现……性别、阶级、种族、残疾、性征……众多维度，它们能促进关于休闲行为的包容性理论"。另一些人则通过采用"反实证主义"方法论提出了更激进的解决方案，为了探索构成性规则，并理解交互主体性在休闲中的基础。尽管休闲研究在历史上曾集中于这些"众多维度"，现在却似乎愈发意识到需要承认并探索与一种后现代状况相关的所谓碎片化和多样性的意义。

虽然后现代主义分析的主张经常被认为是对休闲研究的威胁，但事实是，它们往往停留在断言的层面，缺乏对其假设的严格实证探索，这既是机遇也是挑战。休闲研究和休闲科学学者们所面临的挑战是探索人们的日常生活：活动的意义，以及支撑起活动并在活动中得到表达的诸关系。休闲研究人员可以探索日常生活在何种程度上被清空了意义，"奇观"在何种程度上取代了意义，感官也压倒了价值，以及休闲体验在何种程度上具有"无深度"的特征。现实性是否栖身于符号、编码和表象（广告、时尚、媒介），休闲／消费形式与物质（和集体）现实性的之间的关系被打破了吗？在一个碎片化、分散和排斥的时代，人们在何种程度上建立或维持了围绕着休闲的共同文化或社群？在这种变化的环境中，休闲的作用（还有，或许是最重要的，边界）又是什么？凯利认为，面对这样的挑战，休闲科学应该采取"方法论谦虚"的立场，理解本体论的问题或许更重要。这也暗示了有关休闲边界的问题（它一直隐含在休闲研究当中），休闲意义同其他意义和身份来源之间的关系。例如，J. R. 凯利和 H. H. 凯利质疑那些仅仅属于休闲的意义和满意度究竟在何种程度上才存在，罗伯茨则认为，对于年轻人而言，休闲并非扮演了"身份构建和维护的关键基础"。

无论是对于强调休闲分析之中的结构性和解放主义社会的休闲研究，还是强调无社会的休闲视角的休闲科学，这些质疑都提出了根本的问题。它们似乎指向了实证主义的边界，在休闲科学中要求弱化方法论的界限，而在休闲研究中则要求扩展业已流动的界限。在这种情况下，我们不应忽视互利合作的可能性。[21]

（四）学科以外对休闲研究领域的认可偏少

尽管学术研究已经进行数十年，专著和期刊上发表的论文也不断增加，但是学科以外对于休闲研究领域的认可和注意仍然相对偏少。其他学科的研究人员通常对休闲研究了解很少，休闲的新发现和新见解在大众媒体上也很少引起注意。很难找到证据说明休闲研究迄今为止对社会政策有重大影响。这是一个不幸的现象，不仅因为研究人员会看重并予以认可，而且因为休闲是整个世界文化生活的一个重大的组成部分：休闲行为、休闲价值和休闲实践对生活的所有方面和总体生活质量具有重要的影响。本论文旨在探讨休闲研究能通过何种方式引起社会更多的注意，以使休闲的知识能够在地区、国家和国际层面上更有效地促进社会政策和实践的改善。

对休闲研究缺乏关注可能有一些解释。虽然本学科内的研究人员已经越来越认识到休闲的重要意义，但学科外的人士仍往往将休闲视为不严肃的议题，仅仅同闲暇时间和非产出性时间有关。工作伦理在许多社会占主导地位，所以人们常常只着眼于经济的发展、增长和繁荣。这或许是导致休闲贬值的因素之一。此外，休闲与其他社会重点关心的领域，诸如，和平和正义、环境、教育、健康和保健等的联系或许在大多数人眼中并不明显。另有一种解释涉及休闲研究领域的内部机制。有人批评休闲研究人员往往只"与自己内部交流"，而与其他学科研究人员的交往和合作极少。虽然这种眼光向内的现象在其他学科同样存在，但对休闲领域来说尤其不利，因为，学科规模本来就相对较小，而且，研究的问题也不容易引起公众兴趣。

……

这是一种令人尴尬的局面：学术孤立，社会对休闲研究缺乏认识。解决这一问题的潜在方法是将更多力量集中到与其他学科研究人员的交流，和在公众讨论和政策辩论会上寻求更大的认可。这些策略将提供机会让人们更全面地了解休闲研究，了解休闲活动、体验、环境和结果之间的复杂关系。但是，我想指出，这种方式就其本身而言是不足的。此外，还需要将休闲的讨论纳入和整个社会存在有关的主要议题。譬如，休闲学者会问，我们是否指望人们生活在恐惧中，在极大心理压力情况下，或不能获得就业、医疗保健，或他们子女无法上学的情况下来关心"休闲"。鉴于存在这些重大问题，以及许多人生活的困难环境，我们能否提出给休闲和休闲研究更多关注的正当理由？如果回答是肯定的，那么我们需要进一步解释和论证为什么需要关注休闲。

大多数休闲研究学者会认为，理解休闲对所有生活环境下的人们都很重要。这种看法是基于研究人员对休闲在个人和社会生活中（正如本书许多篇章所详细阐明的）扮演的广泛和重要角色的了解。在休闲领域之外缺乏认可，可能是由于休闲研究人员无法将休闲与生活中其他主要问题联系起来，充分解释休闲研究的重要意义。重新组织问题可能让人们看到休闲对于个人、社区和社会的康乐更广泛的影响，看到它们之间的相关性。

从这个意义上说，重新组织问题意味着眼光更少向内，而是更多向外。在休闲研究领域内部，休闲被视为一种社会现象，迄今为止的相当一部分研究只着眼于休闲的机制，包括休闲意义、行为、制约和结果等。这类研究给人的印象往往是休闲是社会生活的某一单独和独特的领域。然而，人们越来越认识到休闲是生活其他方面的组成部分，而并非与它们分离。因而，将眼光向外能够把注意力集中到休闲和生活中其他问题的众多联系之上。换句话说，跳出"休闲框框"的思维，有助于揭示休闲的重要意义以及它与生活其他方面的相关性。

本论文的观点是，将休闲研究眼光转向外部能够探讨休闲与主导我们生活的主要社会、经济、政治和文化体制的众多关系。例如，我们可以研究休闲是否是，在多大程度上是一个能够帮助解释这些体制运作的相关因素？我们也能够探求休闲如何影响政治经济系统和社会文化系统，如何与这两个系统互动，又受到这两个系统的影响？休闲与基本人权和正义的关系如何？这些问题的解答需要研究休闲的正反两面，包括研究隶属于休闲和闲暇时间范畴的广泛活动和意义。根据这一思路重新组织问题将会获得新的见解和认识，巩固、扩大现有的知识和目前的研究。[22]

休闲研究学者们发现自己陷入了上述问题，[23]并研究了他们所认为的原因。他们认为原因之一在于未能成功地把我们所学到的关于休闲的东西传递给更宽泛的世界。萨姆代尔和凯利发现我们往往无法使更大的世界了解我们的理论和研究，无论那个世界来自其他学术和应用学科，抑或普通大众。在回顾了美国的两本主要休闲研究期刊之后，萨姆代尔和凯利得出下述结论：休闲研究专家们很少引用在休闲研究文献之外出版的有关休闲的文章。同时，这类外来文献的作者们也很少引用那两份期刊里的文章。此外，肖认为当我们试图对休闲研究以外的人讲话时，根本没人在听。其他人也有各种各样的观点，比如认为休闲研究中只有为数不多的理论，或者认为休闲研究在方法论上存在缺陷，或者认为典型的研究问题只是平庸的甚或无关紧要的。这些被认为是休闲研究难以带来跨学科影响力的进一步原因。

眼下我们还面临着智识上的隔离，真实且令人惋惜。不过，对于认为休闲研究在理论、方法论及研究问题等方面存在缺陷或不够吸引人的那些观点，我依然不敢苟同。第一，休闲研究中有许多理论。第二，这些指控能够也应该适用于大量其他社会科学。一门现代社会科学往往会吹嘘那些为了解释更大学科中的一点局部而被构建起来的许多小理论。但这样的科学极少提出包罗万象的理论，足以把他们自己研究中的大部分或全部同各种小理论的发展联系在一起（经济学或许是一个主要的例外）。

如果其他这些科学因为同样的理由而式微，那么它们也应该被外界忽视。然而，比方说，人类学、考古学和心理学在外部世界似乎享有相当的可信度，尽管其自身的理论和方法论差异着实恼人，在这些学科内部激起了相当程度的攻讦和困惑。此外，我们又有什么证据表明研究者、实践者和公众甚至听说过在休闲研究（或其他社会科学）当中的这些自我批评呢？简而言之，我们应当怀疑到底是不是这些理论和方法论的"弱点"令休闲研究在当前和未来举步维艰。[24]

（五）休闲学的发展受到限制

对休闲的结构功能性解释强调的是社会经济地位的变量和休闲的功能，而此功能又是与人们的经济参与活动及社会体系的维持活动密切相关的。而且，这种方法关注休闲对于那些和工作、家庭有关的主要社会建制的贡献，关注休闲整合社区组织的凝聚力。根据这种理论，休闲在实际的操作中通常被定义为建制化工作时间表以外的剩余时间。与此不同，解释性方法则强调行为主体的价值观及其行为取向。行为者是基于自己的历史和个人角色来进行有意义的选择，而非依据结构的决定性要素进行选择。冲突理论则把资本主义社会的休闲模式定义为社会控制的工具，休闲是强迫劳动力继续工作的必要手段，而不是出于劳动者的个人旨趣——休闲是为了更好地工作。……

任何肤浅的东拼西凑都无法构成一个休闲学的研究范式。不同方法的追随者即使在观察同一件事时也会看到不同的景象。从前面对休闲研究状况的分析可以看出，结构型的社会学模式充斥着想当然的预设，致使许多对这一学科的发展有重大意义的问题和方法都被忽略了。

限制休闲学发展的另一个原因可能是这一领域的范式还未完全成形。这一学科或研究领域还没有像其他学科那样，就其定义、给定观点及恰当的研究方法和手段达成共识。在这个初级阶段，达成共识可能还为时过早，各种隐喻之间存在矛盾也是在所难免的。在产生权威的理论范式之前，还有很多基本问题有待解决。[25]

从西方化观点的角度来看，休闲常常被视为与新教徒的工作伦理观念联系在一起——休闲是对辛苦劳动的一种奖励，也是必须保障的一种权利。虽然我们在解释所谓"西方"视角的含义时必须小心谨慎（因为它可能复杂和多面），但是显然西方的休闲标准正在影响全球。与此同时，人们意识到当生活的基本需求不尚未满足时（如在发展中国家）休闲所具有的价值可能有限，或者不被视为优先考虑的问题。[26]

二、休闲研究面临的挑战

（一）休闲研究需要解决的问题

研究休闲的学者面临很多挑战，从对非正常形式的定位、制定政策到决定环境保护、休闲和工作活动间的恰当平衡。我们应该以哪些标准来做出最终决定？我们面对选择时如何抉择？在这一章中，我们来解决休闲研究面临的核心问题，分为以下两个大类："学科性问题"和"解释性挑战"。前者需要解决这一学科是如何组织起来的基本问题，具体来说有事实／价值的差别问题、多重例证的复杂性问题以及专业独立性的问题。后者解决的问题通常与休闲形式和实践中的增权问题、公平分配和社会融合相关。

学科性问题

休闲研究作为一个学科，由视角不同和历来强调研究的学科间融合组成，其中最重要的是社会学、心理学、社会历史、人文地理学、经济学、商业研究、管理研究和环境研究。正因为如此，它难以避免陷入这些学科的方法论困境。尤其是，事实／价值的差别、多重例证的复杂性以及专业独立性的问题是有密切联系的。应当鼓励休闲学科的学者对这些问题持有自己的立场。

事实／价值的差别

科学是基于事实性的知识而进行判断的。但是因为社会科学和休闲研究的很多问题都是通过询唤和意识形态而建立起来的，价值判断的问题长期持续存在，并提出一系列的问题。举例来说，19 世纪 60 年代后在西欧和北美大行其道的理性娱乐运动发展出的一种基于强大的基督教教义版本的自赎哲学，被当作休闲实践的科学模型加以展示。尽管这一模型的很多元素经受住了时间的考验，最著名的是强调发展休闲爱好生涯中，身体锻炼、纪律和规划的价值，但是后来的批评家已揭露了其存在的性别、阶级和种族偏见。我们该如何处理休闲研究中事实和价值的差别？

在社会科学里，对这一问题有种答案具有较大影响力，它是由社会学家马克斯·韦伯（1949）提出来的。他认为社会科学家从来不能完全在工作中排除所有的价值偏见。毕竟，如果我们对询唤和意识形态理解正确的话，显然这些过程都是在无意识和下意识层面中进行的，导致很难被辨认出，更别说控制这些价值偏见了。韦伯提出如果社会学家不能排除价值偏见，他们至少可以努力追求"价值中立"的专业理想状态，明确他们的价值观以及价值观在他们科学工作中的位置。韦伯主张社会科学可以揭示有关社会和文化生活的事实。但是，在人类知识发展的目前阶段，它不能解决我们赖以生存的终极价值观的问题。这些价值观与我们内心深处关于社会、文化和经济活动中何为对、何为错的信仰有关。它们通常涉及一场不同道德价值定位间的斗争。举例来说，在休闲研究领域，科学也许揭示了一个健康社会项目的最佳组织方式。但是问题就在于为此而付出巨大代价，给健康和教育事业划拨更多的公共资金支持或增税，是不是最佳的选择？因为这有关道德恰当性、经济效率性和社会公平性问题的不同最终信条。新自由主义者与社会民主主义者、社会学家的看法就完全不一样。这反映了我们所生存的真实世界。从韦伯占有优势的观点来说，正确的行动过程就是在透明的政治价值观的基础上提出制定政策，要使这一过程经受公开讨论的民主式验证。

许多情况下，都推荐使用这一方法来处理休闲研究中的科学性疑问。这要求休闲学科的学生把他们的假设和提议看成是暂时的。提倡学生都培养一种自审自省的倾向，就是说经常要求自己把学习工作中的价值元素独立出来，只要有可能，就使其透明化。也促使学生通过实验手段和公开讨论来检验他们的工作。

现在，尽管这些条件看起来都值得予以支持，不言自明，但问题就出在细节上。举例来说，休闲学家公开宣称尊重临时性的教义原则，但学科中的竞争性立场之间的权力斗争经常会使他们在实践中抛弃这一原则。这就与多重例证的复杂性问题相关，我们将马上详细深入地回顾这一问题。同样的道理，很少有休闲的专业人士否认自审的重要性，但大多数人都认为，从一个限定清楚的价值立场中分析问题，并确保这一立场获胜，是他们的专业和道德责任。因此，马克思学派支持者很可能坚持从休闲方式中看问题，只有从阶级统治的受害者角度，才是唯一正当有理的科学立场，因为他们相信其他自称为"科学的"立场仅仅与统治秩序勾结起来，而女权主义很可能在理解"科学"的概念上有困难，认为其充满男权主义和其他标准化的假设，使性别和差异边缘化。

再来看检测的问题，要求各种假设和提议经受实验测试和公开讨论，这听起来非常好，但是这一要求遇到很明显的第一重障碍。首先，公共和私有基金并不支持对各种休闲理论的有效、全面的实验检测。私有基金是个选择，但是它通常与直接的商业结果相连，而很可能对所谓纯休闲研究的问题没有兴趣，其中最重要的问题包括：休闲的意义是什么？休闲和权力结构有何关系？从哪些学科的综合中诞生了休闲研究？这些基础学科如何使休闲理论和调研具有可行性，并对其进行限制约束？所有这些都是研究休闲的根本性问题，与研究者如何解析形式和实践，休闲活动的参与者如何调整自己来适应其中的活动、信条和价值观有关。但是这些都不会产生直接的商业成果，难以增加休闲活动研究的投资回报率。

正因为休闲调研中存在资金和其他资源匮乏的问题，广泛公开的讨论实际上无法进行，没有财政基础意味着其不具有可行性。因此，在休闲研究中我们所做的很多工作都有极大的推测性质。这并不是我们准备的研究的起点，但这是我们面对的现实实际情况。对于学习休闲的学生来说，相信并坚持推测本身具有价值，这点很重要。通过提出"如果……怎样？"这类棘手的问题，尽管这些问题没有立竿见影的解决办法或产生商业结果，我们可以把权力如何影响休闲形式和实践的问题与骗子的伎俩完全区别开来，思考其他解决之道。

社会学家、文化评论家和政治行动主义者霍尔（S. Hull）提出这些棘手的问题并不只限于社会理论上。在大众文化中，霍尔定义的"社会想象"层面上也对其进行了探究。社会想象引起了一系列形而上学的挑战，它有关我们认为是文化和休闲的存在的状态，以及用来在生活体验中实现这一状态的政治方面的种种考虑。它是出现在日常生活中的，并成为日常生活中的传说、故事和更美好生活形象的原料。

泰勒提出把社会想象和理论混为一谈是错误的。首先，理论是属于少数人的一种特权，而社会想象被大众广泛地分享。同样地，理论是用专业词汇进行表述的，这需要经过训练，外行通常是难以理解的。相反地，社会想象是用通俗用语表述和传播的，致力于探究人们对他们的社会和政治环境的想象方式。社会想象也许与社会理论沿同一方向发展。相反地，两者之间可能出现不同步现象。举例来说，基于"平等的参与者享受同样的利益"而建立的理想社会秩序是在 17 世纪诞生的国家性质和契约理论中由格劳秀斯（Grotius）和洛克（Locke）提出的。但是直到 20 世纪，这才成为流行用语。社会想象在政治上的重要性在于它引出了"使普遍做法成为可能的公众理解和广泛认同的合法感"。因此，法国和美国大革命起因于对君主制和殖民统治的不公正性的一种大众共识，并赋予了革命行为本身更大程度上的合法性。

休闲是一种重要的社会机制，通过会议、集会、游行、音乐活动、流行戏剧和运动，引发和传播社会想象。它是培育梦想美好未来的肥料。正因为如此，它是社会中各团体的普遍特点，但是它对于被排斥和边缘化人群具有特殊的意义。

多重例证的复杂性

科学团体与所有社会团体一样，都存在于资源不平等分配的条件下，某些社会阶层在设置讨论日程上拥有更大的权力，甚至可以在一些问题成为公开讨论的相关话题之前就将其否决。这是否意味着我们应该抛弃韦伯的建议？答案当然是"不"。大多数人都反对重视中立性。尽管如此，但是信奉中立性学说，把其当作科学活动的一个理想，可能产生的成果远比可能造成的损失大。因此，它使得科学家对于他们科学工作轨迹中的定位和具体发生背景问题敏感起来。它激励我们审查我们的观点看法中是否有偏袒，揭露无意识的偏见。也许最重要的是，它促使我们保卫公开讨论的权利，即使会提出与我们自己的价值观冲突的问题，但是这很难做到。有些言论被我们看作是有严重缺陷或自私自利的，而容忍这些言论的存在是很痛苦的事情。我们可能忍不住去阻止它们，但是这样做比起听完陈述论点后尝试通过理性的讨论来解决，结果要糟糕得多。

如果听任胁迫和恐惧大行其道的话，休闲研究就不会繁荣。正确的行动方针是鼓励公开讨论，当然也要批判那些基于某种原因而看起来站不住脚的立场观点。做到这点会遇到很多困难，其中包含构成整个领域的多样化、不同休闲观点之间的分歧和冲突。

休闲研究的多学科起源，以及同一学科不同立场的发展，加起来构成了多重例证的复杂性的条件。这就引发了有关科学调研行为和公开讨论性质的许多问题。有人把这些问题想成是类似 A 和 B 分析。把一个团队的科学家当成是一组 A。为了具有成为 A 的资格，每个 A 都要经过一个阶段的训练来达到认定合格的某一水平。认定以授予本科和硕士学历为形式，但是它也通过会议现场展示，进行调研和发表文章和书来得以提升。提供给 A 这组科学家统一的科学价值观和程序就是一个具有约束力的框架，或者叫范式。它之所以具有约束力，在于这些价值和程序的内在价值被所有 A 科学家所认可和接受。在一些情况下，这种认可在定义价值和假设时，展现出来的是无意识的"确信"。支持这些价值和程序的不仅是简单的专业实践，通常还包括整套系列的定式化行为模式，与穿衣服饰、说话演讲以及其他方面的特点相关，使得整队更加紧密地团结起来，严格遵循他们信奉的范例。

极少或者说没有哪种科学符合这一简单的范式主义。这是有充足原因的，所有的 A 组科学家也许都熟悉并精通他们所遵循的价值观和程序范例，这是可证实的事实，因为他们都通过了认证。但是一些 A 科学家相对更为聪明和熟练，反映在他们解释和调研中提出了其他 A 组科学家根本没想到的问题和挑战方面。除非我们做一个不可能的假设：一种范例是完全停滞、不向前发展的，否则 A 科学家就有责任去不断扩展知识。然后正如托马斯·库恩（Thomas S. Kuhn）所说的，影响深远的问题将不时地导致一场科学革命的发生。当哥白尼否认托勒密的理论，而提出行星（包括地球）绕着太阳运转；或达尔文在其发表的《人类的起源》一书中公布关于人类进化的理论；或当爱因斯坦提出相对论时，一场科学革命也就随之而来了。

达到同样结果的另外一种方式是，如果信奉 A 范例的一组科学家与遵循另外一套完全不同的价值观和程序的 B 组科学家有机会接触沟通了，就可能引发 A 这套价值观和程序陷入混乱和危机状态。当一场科学革命爆发时，各种范例被歪曲而陷入无序。一些科学家就会像把头埋在沙子里的鸵鸟一样，装作没有什么基本性的东西发生改变。其他一些人则对革命持保守态度，一方面接受了部分新观点，另一方面保留了旧范例的实质性特色。还有些人则成为科学革命的完全支持者，彻底抛弃了旧的范例。

科学其实就是这样运作的。我们能推断出在不断发生的科学革命之间，B 组科学家会去陈述宣扬与 A 组科学家观点相冲突的立场，因此，这些立场观点将被边缘化。科学不仅由理性争论的力量所操纵，也要通过政治来运作。出于政治方面的考虑休闲研究中的公开讨论当然会遭到反对。当参加一个会议时，马克思的追随者、女权主义者和后结构主义者都会进行相互交谈，看起来他们从内心都会轻视对方观点的声望。学习休闲的学生需要了解科学活动的政治层面的含义，在他人的工作中和他们遵循的范例中意识到这点。学生们需要培养进行分析的反射方式。

另外一个休闲研究所特有的范例问题是学科中盛行的良好自我形象。通常来说，休闲等同于一种固有的社会、经济和文化权利。确实，它常常上升为一场引人注目的道德大讨论。1998 年世界休闲大会上发表的有关休闲的《圣保罗宣言》，宣称"通过建立经济、政治和社会方面的平等、可持续政策确保人人都享有休闲的权利"，还有"人人都有赞美并分享多样化休闲的需求"。这样做，休闲活动和休闲专业人士就形成了一个良性循环，休闲的制度化也就代表着人道主义的胜利。这样的结果使批评性的观点遭到抑制。有些人试图通过调查休闲方式和实践如何促发自我伤害或危害他人来进一步加深对休闲的科学理解，他们就有被当作恶人的危险。

研究休闲的学生应当自问休闲学科的良好自我形象是否有充足的理由。难道我们就不能探究休闲形式和实践是如何促发自我伤害和危害他人的？我们还将继续单纯把休闲作为平等的社会和经济权益来研究和宣扬吗？或现在是时候让休闲形式和实践经受系统的成本－收益分析？作为休闲理论家，我们并不预先持批判的态度。休闲理论在增加赋权、公平分配和社会融合上具有建设性作用。但是我们也不该回避提出休闲方式和实践是否也可能给个人和社会造成功能紊乱的难题，即使是它会给整个学科中盛行的阳光自我形象罩上一层阴云。这些问题把我们带到下面的一个话题。

专业独立性

维持公开争论的环境氛围绝非易事。正如韦伯观察到的，人们在基本的价值观上存在分歧。这些异议是科学社会中存在的很多包容性和排他性版本的构成基础。但是如果它们一旦发展僵化为固执的教条主义和裙带主义，我们学科的生命力就会受到威胁。

值得安慰的是，上面提到的可能性问题是只以教学和调研都要经受国家审计，接受国家和私人混合资金的支持为背景的。休闲教学的老师和科研人员都应具有责任感。但是，尤其是在休闲理论的领域，他们工作中面临增权、分配的公平正义和社会融合问题，绝不应被商业利益、国家的审计目标、政治上层的命令或这一学科的良好自我形象所主导决定。当然，休闲专业人员与商业公司和国家共同合作是可取的，因为通过这种渠道，我们的思想就会进入并影响到社会和政治层面。但是这样做时，专业人员绝不能在专业独立性上进行妥协牺牲，而应有责任去批判性地检验休闲形式、实践做法和制度。

虽然很多休闲研究的专业人士并不喜欢这种说法，休闲理论家就是知识分子中的一部分。鲍曼提出知识分子阶层中分化出的两极：立法者和解释者。前者是为政治上层和商业组织制定战略和政策提供知识的。解释者更关心提出的资源分配、权力的合法性和道德公平正义这些难题。在实践中，休闲研究知识分子中的大多数人通常都是立法者和解释者的混合体。无论你是一名教授或公园巡视员，都可在工作中运用休闲理论，应该为制定合理的政策和战略而努力来丰富休闲方式和实践，同时也有职业责任去提出有关权力结构、它们的合法性以及休闲活动的价值这类难题。休闲中的专业工作包含道德层面的要求。确切地说，休闲专业人士的责任应是提高关心自我和他人的双重道德责任在休闲形式和实践中的重要性。为了达到这一目的，休闲专业人员有义务去描述和保护他们所担负的责任——参与公众讨论而不妥协自己的批判独立性或道德公正性。当盖尔纳（Gellner）提出认知的道德等同于自由地思考和表述观点，这在休闲研究中也许是一个被称为领域的问题，是在休闲学者面临的所有主要解释性问题背后的根本主题。因为这些问题通常对经济资源和声望分配的调节机制构成了挑战。很可能出现的情况是这一行动会把休闲专业人员带入与种种机制背后的既定利益的冲突中，无论它们指的是那些来操纵生产消费和好斗挑衅性行为的情绪系统双轴向循环的政治、经济和文化媒介机构，还是指它们所属的掠夺性社会阶层。[27]

（二）休闲研究要摆脱对实证方法的依赖

研究的证据是达成共识的基础。然而，"证据"植根于一套关于知识是怎样产生和理解的假设中。具体来说，证据涉及研究成果的确定，这些成果应该是可靠的、具有普遍性，并包含一定程度的确定性。在本次研讨会的讨论中，很明显在看待证据的方法上存在着很多不同的观点。

科学取向：储存证据

虽然休闲领域研究是相对比较年轻的，但是已经有相当数量的研究论述休闲的益处，包括身体健康、社会心理健康发展、进入老年后的认知功能、整体的生活质量、对环境的敏感度和作为减少青少年风险与危害的预防措施。不少研究通过严谨的方法获得了前后一致的发现。证据即取自对这些发现的评估，这样获得的结果常常出自不同的文化和社会群体。这一取向由研究证据的客观评估推动，为休闲的益处提供了支持。

社会构建主义或理解主义取向

研究人员在学术研究中查寻证据，是出于关注休闲对人的健康发展的影响。其结果，科学的、基于证据策略的焦点主要就放在成果上。在回顾成果的过程中，一些作者强调了认识构建休闲过程的重要性，这一构建是通过有意义的活动和互相协商实现的。这里，关心的重点从休闲能为人们做什么转移到个人怎样成功地应对，又怎样为自己创造有意义的休闲经历。虽然强调结果被方便地解释为提供证据，但是检验过程却能提供证据的基础，使人们认识成功的策略、障碍和互动机制。

重要的取向：证据支持谁的利益？

一个重要的模式首先假设知识或证据永远不可能中立，而是由潜在的利益、价值观和政治目标塑造。与以上休闲的二元性的本质的讨论一致，人们明确的关注休闲实践和活动可能为一些人带来利益，同时涉及成本、剥削、不平等并限制他人进入。坚持这一模式的人士一再质疑，这样的证据支持谁的立场，证据又怎样用来维持一整套做法，给一些人带来特权，同时却不利或剥削他人。权利是考察证据的中轴。在论文中，这导致对于下列问题的质疑——休闲的分配和准入的社会不平等、休闲商品化、其潜在的危害以及"休闲是否是一种应得的权利"所涉及的复杂现象等。后者与性别、年龄、社会经济地位、种族和发生国有关。

后现代主义、后结构主义和后殖民主义取向

后现代主义、后结构主义和后殖民主义取向在关键取向的重要假设方面有着众多共同点，尽管如此，它们还是提出了下列重大问题：关于作者和代表资格牵涉到的政治问题，在对休闲提出各种概念时西方观点占主导地位的问题，以及关于休闲活动的意义的各种说法（这些说法往往自相矛盾，引起争论）的问题。作为上述议题的一部分，本次研讨会中大家普遍表示认识到，虽然世界各地都有休闲体验，但在那些尚在为基本生计辛劳的发展中国家里，休闲不可能是优先目标。对证据的寻找基本上与这一认识取向相矛盾。证据的观念基于统一和确定的原则（即需要明确的结果，前后一致，某种程度的可预测性）。后现代主义取向则主张，凡有争议的社会体验均应具多元性、多视角和动态模式。因此，这里的目标不是为某一特定结果提供证据，而是确保边缘化群体有发言权和机会，论述和解释他们自己的体验，并决定自己偏爱的休闲体验。

所有这些模式都在这次研讨会发挥了作用。虽然它们在讨论中的存在使得取证过程难以达成共识，但是却扮演关键的角色，有助于维护复杂的休闲现象中的细微差别。[28]

对休闲研究性质的反思已成为休闲文献的共同之处，重新审视这些作者所提出的信息和担忧是有价值的。回顾近 20 年，哈珀（Harpe）认为，休闲的内在本质更适合于定性的方法而非经验主义的测量。在评论研究人员努力为休闲研究建立实证主义基础时，哈珀怀疑研究人员是否试图将现实与他们的方法相适应，而不是将他们的方法适用于现实。他的评论是对实证主义调查局限性的早期警告。

对休闲研究者顽强依赖实证主义的批评已经被评估过。和哈珀一样，这些作者认为，休闲更有趣方面对实证主义方法提供的工具没有反应。实证主义认识论被称为"不友好"的价值观，不适合评估人们生活的社会和文化维度。保持休闲研究与社会的相关性是另一个挑战。社会相关性需要的不仅仅是检验我们选择去追问的研究问题。批评人士声称，实证主义的调查形式使人们不可能看到社会秩序的更广泛的方面。传统实证主义加强而不是挑战现状，隐藏制度化的权力和冲突。休闲研究中最相关的问题可能会一直被隐藏，直到研究人员走出实证主义，采用能够揭示这些现象的复杂性的认识论视角。

佩德拉（Pedlar）1995 年在她对行动研究的讨论中阐述了一种定性调查的形式，该研究的参与者成为研究过程的合作者。行动研究不仅追求提高对研究人员的理解，而且还力求"让研究参与者更充分地了解和改善他们的个人或集体情况"。一些类型的行动研究让参与者确定应该探索研究问题的哪些维度；因此，即使是研究问题，也没有完全由研究者决定。这种形式的调查将研究置于政治背景下，目的是使研

参与者的生活有所不同。佩德拉认为，休闲研究职业的这一重要目标也应该成为休闲研究的目标。

目前正在进行的评论可能会让人觉得休闲研究仍然是自我反思的。然而，必须指出的是，这些担忧是由一群为数不多但直言不讳的学者提出的。这种批评与其说是对话，是对哲学前提和研究的局限性进行建设性的双面考察，不如说更像是一边倒的评论。海明威劝告休闲研究人员，尽管他们的母学科对实证主义的调查越来越不适应，但他们仍基本上不受这些挑战的困扰。凯利指责休闲研究者更喜欢传统的舒适，而不是自我反省的不适感。他说："休闲研究，由公共资助和理论胆怯所塑造，在很大程度上采用了常见的方法来研究传统问题。"根据海明威和凯利的说法，休闲研究人员"在以同样的方式不停地反复练习，而不是走向更令人兴奋的学术努力"。

因此，有趣的问题是，为什么实证主义调查面临的挑战越来越大，这一领域仍然保持相对不变？对实证主义的批判的可见性表明，休闲研究人员并没有意识到这些担忧，而休闲期刊的解释性研究的存在也证明了一些休闲研究领域的成员正在做出回应。但是，实证研究的持续流行和实证主义者对这些担忧的相对缺乏的反应表明，对休闲研究的认识论前提的广泛研究还没有开始。

许多因素都导致了休闲研究者们对实证主义的质疑所带来的集体不安。库恩指出，范式对变化具有抵抗性，对主导范式的批评常常被削弱和摒弃。正如批评家所暗示的那样，这个问题并不是简单地为休闲研究选择最好的方法工具。定量定性的辩论远非技术问题，而是挑战了许多人对科学本质和科学探究过程的信念。抗拒不是有意识的自私反应；这是正常科学的结果，也是对主导范式产生忠诚的过程。"效忠转移范式不能迫使……（那些）富有成效的事业承诺他们老传统……可能无限期地抵抗。"

此外，这是一种理解，即发现知识只是科学家众多目标中的一个。实证主义的批判对建立在实证主义传统上的人的工作和地位具有毁灭性的影响。休闲研究人员面临着任期的要求、外部资助的需要，以及对从业者的响应，他们在一个以分裂和竞争为特征的官僚机构中运作。布思（Booth）表示，奖学金"是一种保存权力的方式"。事实上，对实证研究的挑战威胁到了研究人员的特权地位，在他们那里，实证主义是成功的工具。许多人不愿（或可能无法）参与这场辩论，其根源就像从认识论的忠诚到实证主义一样，与广泛的社会研究背景有关。

这个讨论也提出了关于奖学金和研究之间的区别的问题。在北美，奖学金与实证调查的工具密切相关。本－戴维（Ben-David）提出，美国的研究生项目已经把科学研究变成了一种职业生涯，成为培养缺乏好奇心和想象力的有效技术人员的训练基地。很少有休闲研究人员不依赖实证主义方法，而有必要的技能和资源来进行学术研究。我们会问什么问题？我们将如何寻找答案？什么是值得知道的？我们对学术的整个取向都是由实证主义的意识形态所塑造的。这种对实证主义的批判提出了一个智力挑战，许多休闲研究人员根本没有准备好面对。

这次讨论的目的不是要迫使一个认识论超过另一个认识论。最直言不讳的评论者在他们对解释性探究的偏好上是清楚的，但也可能在适当的时候被其他的认识论推到一边。相反，如果它迫使每一位研究人员对驱动他或她的研究的本体论和认识论信念进行批判性的检查，并确定研究基于的价值，那么这场辩论将是很好的。这个领域不能回应这种批评；只有个人才有这种自我反省的能力。尽管我们每个人都应该自我反省，但我们最强烈的希望可能会出现在下一代的学者身上，在他们职业生涯的开始，对他们进行定性调查已经是一种选择。

检验架构起休闲研究的信念可能是当今休闲研究最重要的问题。这本书的每一章都对休闲研究的未来提出了疑问。我们对这些问题的个人和集体的反应将在很大程度上由指导我们思考的本体论和认识论信念形成。20 世纪为实证主义社会调查奠定了坚实的基础，但这些传统正在被质疑。这一辩论并不是简单地向前推进，而是为下一个千年发展新的休闲研究提供了可能，这将是相关的、响应性的，甚至可能是激进的。我们至少得试试。[29]

我们认为，碎片化和多元论之间存在着混淆。正如调查中（上述重现的）所定义的那样，碎片化意味着在该领域中缺乏任何共同性：缺乏共同语言、在最根本的层次上存在冲突的概念、在理解该领域的本质时不协调和不和谐。此外，多元主义反映了一种观点，即存在着不止一个能够解释休闲的多种表现形式的原理概念或理论。上面提到的情形似乎指的是多元化，而不是分裂。正如我们前面所说的，基于论证和实证观察，是许多领域和学科的概念与理论发展具有活力的标志。我们认为目前的休闲研究领域过于分散；但我们也相信，在这个领域里存在着各种各样的概念和理论。一切可能都是合法的，这取决于调查的目的。当涉及该领域未来发展的问题时，我们毫无疑问是多元主义者。[30]

（三）需要建立一套统一概念和规范

我已经提出了一种休闲的概念，即它本身（内在欲望）就是一种活动，希望这一概念可以用来指导关于这个主题的理论。如果确实如此，休闲研究人员可能会期望通过查阅与欲望相关的科学心理学文献来获利。在这一点上，人们可能会期望看到一种主要致力于伯顿所说的为休闲研究的"推动成熟过程中最重要的一步"的投入，即"建立一套这个领域的统一概念和规范"。

依据柏拉图对事物"最高阶层"的认可，以及亚里士多德的步伐，我理解了休闲的工具性和内在动机。而依据浪漫主义运动对个人天赋的信念的精神，人格的核心以一种自我表达的方式展开，除非被阻碍，我理解理想的休闲不仅仅是内在的动机驱动，而且是真实的，因此是自我表达的。如果一个人思考得更清楚，或者更清楚地被告知，那么他是不会被劝阻的——这种欲望会在逻辑和科学事实的批判下存活下来。

我已经提出，一个研究领域的科学地位最好被看作是一个标量问题，而不是孤注一掷。与布雷布鲁克（Braybrooke）的科学性相比，休闲理论家可以合理地宣称他们正在参与一个成熟的社会科学研究领域。[31]

（四）休闲学研究要敲开哲学的门

作为一门学科的休闲研究已经从社会学中兴起。尽管它也被大量的学科所研究，如心理学、社会心理学、地理学、经济学和政治学，它仍然与社会科学有着非常密切的关系。作为一门学科，休闲研究在过去 30 年迎来了她的时代，它的跨学科性已经被认定为关键因素。尽管强硬派（古典）社会学家认为休闲是一种在人类生活中屈从于工作的活动，但他们同时将休闲看作"一种方法，通过它，可以增强文化、政治、道德和精神的存在和不断完善、改良生活"。这一观点具有强烈的抗议性质，意在消除社会现实中关于工作的喧闹之声。

休闲研究可能已是一门成熟的学科，如果它的基本组成部分即休闲被忽视了，那么它的社会现实就永远不会被完全理解，但对其主题的研究似乎已陷入了广泛的社会研究领域中的一个特殊的领域。一些学者对休闲学作为一门学科的地位的评价并不那么含蓄，他们断然宣布休闲学处于危机状态。例如，莫马斯（Mommaas）早在 1997 年就指出，这一领域的研究已经不再与休闲或自由时间的概念有关。其中一种解释是，基于过时的社会学见解，正统的休闲科学范式不能适应所谓后现代时代诉求的休闲的理论和方法论的必然性。为了遏制这场危机，科尔特认为应该在休闲研究中更充分地解决"休闲意义的本质及其与更广泛的意义和身份来源的关系问题"。根据他的说法，无论是对休闲的规范理论方法还是认知理论方法，都无法克服休闲研究的僵局。休闲的本体论研究应该得到比以往更多的关注。亨德森提出了一种克服危机的四重方法。她建议，应研究处于持续变化状态的对象、观点和背景；对休闲研究的一种新认同，即应将休闲作为一种基本价值来研究；分析是什么让生命变得有意义，以产生"共同创造的知识"为目的，开展跨学科合作。布莱克肖提出，与休闲的正统社会学的解释学决裂，呼吁探索"流动的休闲"与休闲的个人意义之间的概念联系。实证主义分析并没有把个人意义（休闲活动或态度）考虑在内。他特别关注人们要在"流动的现代语境"中寻找意义和原真性。从这个意义上说，休闲可以看作是意义的促进者和个人自由的领域。这些学者正在敲开哲学的门。新的冲动似乎是需要的。

值得注意的是，虽然休闲在社会科学领域中明显地被许多学科所研究，但与人文学科科目下的一些学科，如历史学、人类学和区域研究，却只有一些很少的重叠。

特别是社会学中的诠释学转变，使一些社会学的思想倾向于哲学，甚至是宗教和精神。但是，从历史上看，在休闲研究领域从事哲学问题研究的收获颇少。[32]

三、休闲研究的发展策略

扩展到其他学科和实践中去

我认为，最明显的策略就是要解决萨姆代尔、凯利和肖所观察到的问题，就休闲如何与他们的核心兴趣发生关系，同其他学科及跨学科的同事们展开对话。这可以经由多种传播方式得到实现，包括出版物（专著、报告、期刊文章）、口头陈述（讲座、研讨会）、网站，还有录像演示。我们已经有了一些出版物的实例，如帕特森在《澳大利亚残障人士综述》（"Australian Disability Review"）中提出过残障人士的深度休闲，其可作为残障人士工作事业的替代选项；麦克奎里（McQuarrie）和杰克逊在《职业发展学刊》(Journal of Career Development) 中讨论了工作和休闲事业的相似之处；科夫曼（Coffman）在《社区音乐国际学报》(International Journal of Community Music) 中报道了社区乐团成员的休闲体验；斯特宾斯曾就深度休闲与旅游的关系为《旅游研究年鉴》(Annals of Tourism Research) 撰写过文章；还有许（Heo）和李（Lee）在《韩国放松疗法期刊》(Korean Therapeutic Recreation Journal) 上曾就资深奥运选手和大师赛参赛者的休闲体验进行过探讨。

我们需要更多这样的出版物，把休闲扩展到其他更多的学术和应用领域当中去，它在那里其实发挥着重要的影响。而且为了实现这一点，会议论文可能比出版物更容易安排，而研讨会、网站等类似的形式通常更难获得。在大多数情况下，前者要求来自会议或学术部门的邀请。现如今，建立网站对于外行人来说比以往任何时候都更容易，但是仍然需要考虑到日常维护和修正事务。此外，网站的作者（们）必须努力确保其目标读者确实会注意到它。这同样可能成为一项挑战。[33]……

在相容的既定学术单位中找到一个位置

加入一个以健康为核心的单位便是这类策略的典范。在一些大学里，这已经通过院系整合得到了实现，休闲研究或某个相当于它的单位同各种其他学术单位被设置在了一起，它们都对健康议题的一个或多个方面感兴趣。因此，加拿大滑铁卢大学的应用健康科学系由三个部分组成：娱乐和休闲研究、运动学，还有健康研究和老年学。在宾夕法尼亚州立大学，娱乐、公园和旅游管理系隶属于健康与人类发展学院，该学院还设有生物行为健康系、营养研究系、医院管理系及其他四个系。

同已经建成的商业或管理系合作对于这种策略而言甚至可能是更常见的例子。格里菲斯大学把它的旅游、休闲、酒店和运动管理系放在了格里菲斯商学院，跟它相并列的还有致力于会计、市场和公共政策等方向的其他科系。英国贝德福德大学商学院的旅游、休闲和体育管理系也同一系列类似的学术单位相并列。

在各个大学想方设法削减预算或节省开支的时候，身为某个强大的、受人尊敬的且广为人知的科系或学院的成员，这能够为休闲研究提供一些显著的保护色。但是为了让这种保护生效，当务之急是要让这些机构及其上级学院的院长或主任们理解休闲及其对个人和社会的价值，并且要达到我们在这个交叉学科内部所理解的深度水平。否则他们很可能会接受有关休闲的刻板陈腐观念，从而把任何代表了它的单位当作相对次要的。此外，萨姆代尔警告说，在经管系有一种以理论为代价来强调应用和商业企业的倾向，这可能会给休闲研究带来严重后果。

强调休闲的贡献

并不是所有的休闲研究单位都能按照上一节中所建议的方式结成同盟。甚至那些设法做到了这一点的机构也要考虑强调休闲对社群和社会的贡献，进而引起公众及其政治代表的共鸣。在此我要提出两种可行的策略。

利用当前的社会热点

一个策略是强调休闲在创造可持续的自然环境时的重要性。这并不是说在这个领域中的休闲总是站在圣徒们的一边，因为有些休闲明显对自然是有害的（例如偷猎、自行车越野、野餐和露营）。但是，通过指明环境友好型和不友好型活动、人们投入这些活动的动机以及活动赖以开展的社会语境，休闲研究能够为该领域的研究和政策做出贡献。休闲研究为当前席卷全球的可持续性争论提供了一项独特的要求。

在实施这一策略时，不要忘记，大多数休闲活动很少甚至没有对自然环境造成影响（这点本来就值得提倡），有些活动实际上有助于维持当地环境。有些时候这种帮助是直接的，例如我们看到志愿者们清除掉鳟鱼溪里的杂物从而改善了鱼群的栖息地，还有天文学爱好者们为降低城市光污染而抗议，这其实会让大型社区里的每个人都有机会看到天空中的奇异风景。另一些时候这种帮助是间接的。有多少人是因为受到描绘鸟类、花朵、动物和风景等自然现象的绘画和摄影作品的启迪，才变成了可持续环境的捍卫者？这其中一部分艺术作品是由专业人士创作的，另外一些则来自业余爱好者。又有多少人是因为爱好参与远足、乡间滑雪、划独木舟和观鸟等户外活动才成为环保卫士的？

突出积极的方面

第二个策略是强调生活的积极方面。休闲研究传达了一种独特的社会生活视角，我们应当充分利用它。实际上，我们是"快乐的科学"，这也体现在它同经济学之间的反差，后者曾被托马斯·卡莱尔（Thomas Carlyle）咒骂为"忧郁的科学"。在提到北美的休闲研究时，萨姆代尔曾这样说：

> 假如一种立场在我们的期刊中很少出现，又为外界的科学家们所忽视，那么就很难去论证它的"幸存"。然而，我所主张的观点却维持了那个意识形态目标，即通过更好地理解休闲来提升人们的生活品质。

社会科学学科不会这么做。尽管社会科学家们对娱乐和休闲的兴趣日益浓厚，但这些因素比起其他作为关注焦点的主题来说通常是次要的。

通过休闲来提升人们生活品质，一种方法就是指出休闲如何是积极的体验。据我所知，除了心理学和社会学，其他社会科学并没有积极性的概念。对于这一论断来说，休闲研究是个有趣的例外，因为它完全专注于积极活动。至于其他社会科学，无论怎样狭隘地以解决问题或单纯描述其主题为导向，很可能它们就积极现象也已经进行过研究。事实上，甚至连经济学也有积极的一面（例如，有关人们在休闲活动上金钱花费状况的讨论）。

每段历史都会经历消极性，抑或有待解决的困扰难题。相比之下，今天的一些问题，尤其是恐怖主义、种族灭绝、全球变暖和经济衰退，是极端棘手且消极的。然而，在世界上的许多地方，那里的居民并没有被这类担忧直接影响到（例如，在最近的恐怖袭击中，印度的其他地区，甚至孟买大区），日常的生活或多或少还在和往常一样继续。

在面对一种模糊不清但又无所不在的威胁时，我们要如何才能适应这种消极性呢？对这个问题的首要回答便是人们在生活中找到了他们要优先考虑的积极特征。这些特征令生活有价值。

通往积极性目标的道路很多。其中之一是要实现工作/休闲/义务的良好平衡。在这个公式中，义务指的是在我们必须要做的工作之外的那些活动，但在其中我们却得不到什么乐趣。拿撒勒（Nazareth）（2007）写道"Y一代"，即在1977年至1999年之间出生的人，将比之前的任何一代（"X一代"，"婴儿潮一代"）更接近那样一种大众理想，即工作/休闲的适当平衡，随之而来的是更加积极的生存。

在某种程度上，这个平衡取决于第二条路径，即发现一种或更多"成长事业"。我用这个标签表示一个人对连续、积极、自我发展及自我实现的感觉随着长期从事特定类型的工作和休闲不断展开。令人满意的工作和休闲——往往能最大程度地表达个人天赋与性格的活动——经常存在于专业领域、咨询职业、特定技术行业和某些小型企业中。在休闲中，对满意的体验既存在于业余的、爱好的活动中，也存在于熟练的、懂行的义务工作中。

另外一条通向积极性的路径是有吸引力的人际关系。同亲密的朋友、家人、配偶或同居伴侣之间的温暖关系可以显著提升日常生活中的个人幸福感。同样的道理也适用于第四条路径：顺利地参与到社区中会增加积极性。实现这一点的两个主要途径是志愿者工作与各种集体休闲（例如，参加团体运动，在社区交响乐团表演，参加缝纫俱乐部）。

所有这些通往积极性的路径都或多或少地依赖于休闲，这也是我们的第五条路径。甚至令人满意的工作本质上就是休闲；这种情况的确存在，有些人就是靠这种活动过活的。不仅如此，积极的人际关系在很大程度上建立和保持在休闲的基础上。遗憾的是，休闲并非总是带来积极性。上述各种休闲已经被描述为"深度的"。它们区别于那些被定性为"随意的"活动。后者——包括玩耍、娱乐、感官愉悦、放松及社交聊天——对诸如缓解压力、建立个人关系或单纯要求改变节奏是最有帮助的。这些都是生活中的积极过程。尽管如此，人们也可能会过度放松休闲，以至它令人麻木从而变成消极的，这明显地体现在"生活如此枯燥，我所能做的只是离开无聊的工作回家去看电视"这种随处可见的抱怨中。[34]

注　释：

1　Edgar L. Jackson and Thomas L. Burton, eds., Understanding Leisure and Recreation: Mapping the Past, Charting the Future, State College, Pa.: Venture Pub., 1989, pp. 22-23.

2　Veal, "Leisure Studies at the Millennium: Intellectual Crisis or Mature Complacency?" in Lawrence and Parker, eds., Leisure Studies: Trends in Theory and Research, LSA Publication, 2002, 77, pp. 41-50.

3　Ibid.

4　Karla A. Henderson, "Leisure Studies in the 21st Century: The Sky Is Falling?", Leisure Sciences, 2010, 32 (4).

5　Veal, "Leisure Studies at the Millennium: Intellectual Crisis or Mature Complacency?".

6　Ibid.

7　Cara Aitchison, "Leisure Studies: Discourses of Knowledge, Power and Theoretical 'Crisis', " in Lawrence and Parker, eds., Leisure Studies: Trends in Theory and Research.

8　Ibid.

9　Ibid.

10　Ibid.

11　［美］查尔斯·K. 布赖特比尔，托尼·A. 莫布莱著：《休闲教育的当代价值》，陈发兵、刘耳、蒋书婉译，北京：中国经济出版社，2009 年，第 95—96 页。

12　Hans Mommaas, "European Leisure Studies at the Crossroads? A History of Leisure Research in Europe", in Leisure Sciences,1997,19 (4).

13　Ibid.

14　Ibid.

15　Ibid.

16　Veal, "Leisure Studies at the Millennium: Intellectual Crisis or Mature Complacency?".

17　Fred Coalter, "Leisure Sciences and Leisure Studies: Different Concept, Same Crisis?" Leisure Sciences, 1997, 19 (4).

18　Ibid.

19　Ibid.

20　Ibid.

21　Ibid.

22　[加]埃德加·杰克逊编:《休闲与生活质量——休闲对社会、经济和文化发展的影响》,刘慧梅、刘晓杰译,钱炜校,杭州:浙江大学出版社,2006年,第59—61页。

23　指政府对公共休闲服务财政支持的削减;休闲受到成见的困扰,在公众的刻板印象中,休闲纯粹是享乐的、随意的,从而使它的核心论题遭到了极大的轻视;同时,一些人从主题公园、旅游景点、运动赛事、流行音乐会这类活动中赚了大钱,这类休闲形式的商品化促使人们相信全部休闲根本不需要政府或其他来源的任何财政支持。——编者注

24　Robert A. Stebbins, "Leisure Studies: The Road Ahead", World Leisure Journal, 2011, 53 (1).

25　[美]约翰·凯利著:《走向自由——休闲社会学新论》,赵冉译,季斌校译,昆明:云南人民出版社,2000年,第5—6页。

26　[加]埃德加·杰克逊编:《休闲与生活质量——休闲对社会、经济和文化发展的影响》,第299页。

27　[英]罗杰克著:《休闲理论原理与实践》,张凌云译,北京:中国旅游出版社,2010年版,第161—169页。(对照 Chris Rojek, Leisure theory, Principles and Practice, Hampshire, UK: Palgrave Macmillan, 2005, pp.188-196. 译文有修改)

28　[加]埃德加·杰克逊编:《休闲与生活质量——休闲对社会、经济和文化发展的影响》,第299—301页。

29　Samdahl, "Epistemological and Methodological Issues in Leisure Research," in Edgar L. Jackson and Thomas L. Burton, eds., Leisure Studies Prospects for the Twenty-first Century, State College, Pa.: Venture Pub, 1999, pp. 129-130.

30　Edgar L. Jackson and Thomas L. Burton, "Charting the Future," in Edgar L. Jackson and Thomas L. Burton, eds., Understanding Leisure and Recreation: Mapping the Past, Charting the Future.

31　Cooper, "Some Philosophical Aspects of Leisure Theory," in Edgar L. Jackson and Thomas L. Burton, eds., Understanding Leisure and Recreation: Mapping the Past, Charting the Future, p. 66.

32　Johan Bouwer and Marco van Leeuwen, Philosophy of Leisure: Foundations of the Good Life, London: Routledge, 2017, pp.1-2.

33　Robert A. Stebbins, "Leisure Studies: The Road Ahead".

34　Ibid., pp.3-10.

第十三章

未来休闲发展展望

【简短引言】

　　近几十年来，全球化、信息技术和新能源的发展使世界发生了极其巨大的变化，建立在互联网和新能源相结合基础上的新的工业革命，也正在使经济发展方式发生根本的转变，美国著名未来预测学家杰里米·里夫金（Jeremy Rifkin）称之为"第三次工业革命"，即一种新经济模式；在这种新经济模式下，人类依赖于整个有机体，与其他形式的生命有力地交织在一起，形成共生共存、彼此合作的复杂关系。这将是一个以合作、网络和行业专家、技术劳动力为特征的时代，必将给社会发展和包括休闲在内的人类生活带来重大变化。面对当今世界正在发生和将要发生的变化，以美国知名休闲学者杰弗瑞·戈比为代表的一些休闲学者在20世纪与21世纪之交，对未来的休闲发展提出了基于现实又富有想象力的预测与展望：人类对自身与自然关系的态度，很大程度上决定了未来休闲的发展和质量；休闲与环境质量间的关系将更加密切。对"进步"的看法从着眼于物质生活水平的提高转向生活质量的提高，使人们更重视休闲与健康的关系。全球化的发展、人口的增长、城市的扩大、环境的优化、信息技术的发展、工作时间的减少、工作模式的变化、生活方式的转变，以及人类自身的不断改造，将从各方面影响未来的休闲。未来休闲将更多地用来满足在人们的生活中占核心地位的兴趣爱好。未来休闲教育应为以休闲为中心的生活做准备，目标是培养有崇高价值观的、有能力实现完满人生的人。未来的休闲社群将会进一步取代传统的工作社群和邻居社群。未来休闲服务将是信息利用服务，其趋势是个性化、定制化，休闲服务的要求将更高。未来休闲研究的挑战是形成普适性概念和坚持本土休闲模式的关系；21世纪给社会的各个方面带来了深刻的变化，包括许多新的休闲世界，所以未来的休闲研究应该抓住休闲的新领域、新特征、新内涵。

　　上述这些预测与展望，虽然主要是基于北美休闲的现实、面向北美休闲的未来，但应该说具有较普遍的意义。

一、未来休闲发展取决于人类自身的意识模式

　　各种趋势的发展途径将取决于即将到来的就人类意识而展开的战争。应该指出的是，这个世界的问题在很大程度上源于人类对自身的错误认识。换句话说，我们的自我意识是错误的。里夫金、卡普拉等人指出，存在着两种人类意识模式。一种意识模式把现实世界看作存在于三维时空中的分立物体。在这种意识中，时间是一条直线。而人类被认为具有某种合理性，能够发展出满足其需要的技术。根据格罗

夫的观点，具有这样一种意识的人"很自然地养成以自我为中心的，具有竞争性的，追求外在目标的生活方式"。

他们总是不能从普通日常生活中获得满足，常常对自己的内心世界感到陌生。如果一个人被这种意识模式所支配，不管多少财富、权力和名望都不能使他们满足。他们常常沉浸在一种空虚、无用甚至荒谬的自我感觉中，无论多少外在的成功也不能将之驱散。

另一种认识世界的方式可以称为精神性的、整体性的，或超越个人的。其基本观点是，现实应被看作是宇宙万物之间的相互关系，而所有的事物都是宇宙意识的一部分。人类是这个宇宙系统的一部分，而无论是人还是更大的系统，都不能通过科学得到完整的认识。

人类这种基本的认识差异导致了不同的世界观，也影响着我们对未来世界的期望。从不同的人类意识出发，建筑师可以把一个房子设计成一个堡垒，也可以设计成一个与大自然融为一体的建筑物。精神病医生可能把一位有精神疾病的人看作一个"疯狂"了的人，也可能把他看作一个对疯狂的环境，或者疯狂的世界做出相应反应的有机体。一个农业工人可能把大自然仅仅看作一种资源，可以借助化肥、机械和技术对它进行剥削，掠夺更多的粮食供应；也可能把自然看作一个复杂的关系链，这样，在生产食品的同时必须尽可能地减少对它的改变。[1]

未来的世界和未来的休闲在很大程度上取决于以上哪一种思维占据上风。一个人工控制越来越强的环境和一个贴近自然的环境，二者的休闲质量会有着根本的不同。与一个永远追求经济增长的社会相比，在一个非增长型经济的社会中，休闲娱乐行为更少商业化色彩。[2]

二、未来休闲的可能变化与状态

（一）休闲研究集中关注的问题

研讨会论文总体反映了研究人员所集中关注的问题，包括所选择的社会结构、过程和价值观，但同时也显示他们对于其他社会结构、过程和价值观的强调的不足。

社会结构（机构和群体）

社会结构主要关注的是家庭、社区、教育、经济、社会政治体制。然而，休闲和艺术、大众传媒和军事之间有着重要的联系，所以同样值得关注。与此类似的是，诸如土著人、青年和老年人口等社会群体受到了强调，但相对而言，对于其他年龄段的人、不同职业群体和一些少数民族和宗教群体则缺乏重视。鉴于已经有了这样的假定，即未来的工作和休闲将会更定制化和随机化，后面这些社会群体似乎值得休闲研究的重视。

此外，有人建议应该把休闲作为一种社会存在加以考虑，并关注相对独特的休闲群体结构，如志愿休闲团体，其特点为成员间的横向联系，并具有独特休闲生活方式的亚文化。

社会过程（宏观和微观）

研讨会论文重点关注在微观层面上其他社会关系构建的过程，如认同形成和人际关系；在宏观层面上则更关注商品化、经济发展和全球化。然而，也应该同样关注微观层面上的其他社会构成，诸如社会控制、社会歧视、文化适应和社会化；关注宏观层面上的工业化、移民和现代化；关注微观和宏观层面上的各种社会冲突过程。

此外，有关休闲本身、旅游业和志愿行为的社会过程也应该更好地加以探讨。

价值观（积极与消极）

大多数论文对休闲的积极价值的影响和效果都有显著关注。例如对于幸福老年、认知功能、健康、生活质量和福祉等均有较详细的论述。但正如上文提及的那样，除了对于烟草和吸烟的关注之外，对于休闲的消极面并没有深入分析。因而，我们再次提出的"休闲的阴暗面"也值得关注，尤其是诸如滥用药物、环境破坏、赌博、色情、卖淫、性旅游和体育暴力等消极的休闲形式。

或许休闲研究最遭忽视的实质议题是可能被称为"虚拟休闲"，即与使用电脑和互联网有关的休闲形式，包括积极和消极的形式。一方面，存在许多积极的通过电脑的休闲参与，比如通过聊天室和网上约会建立的社会纽带、借助数字成像的手艺和嗜好、雕刻和集邮等。另一方面，通过互联网也有一些消极形式的休闲参与，比如，儿童色情和网上赌博。[3]

（二）休闲研究正在出现的趋势和方向

除了直接研究主流趋势之外，我们观察到不止一篇论文和一次讨论对至少三个正在出现的重要趋势和研究方向给予重点注意，但还是照旧典型地没有获得应有的重视。

全球化和商品化

虽然全球化和商品化这两个词仅出现在一篇研讨会论文的标题里，但这些概念在整个会议当中一直被提到，而且在一些论文中被直接或间接地谈及。因此我们提议在未来的研究中有必要明确关注全球化和与之相关的过程，包括商品化。

但考虑到全球化本身的特性有问题，应该提出四点值得注意的事。前两点由罗伯森（Robertson）在 1990 年发表的论文中提出，但它们似乎对于当今的休闲研究同样适应。

第一，应当认识到"虽然对（该）议题的兴趣正在迅速增长，但大多数人对这一议题的表达都显得非常空泛，'全球化'很有可能变成学术上的'游戏区'——一种相当大的危险，这一议题会成为表达剩余的社会理论兴趣、理解上的放任或是表现世界意识形态偏好的一个场所"。

第二，"对全球现象的现代讨论大多都由诠释者负责进行。他们在'文化研究'这一大题目下，除了老调重弹，不时引用'晚期资本主义'和 / 或'跨国公司'明显存在"之类的词汇以外，对于全球的复杂性和结构随机性这一问题极少注意。

第三，对于全球化这一概念的理解大相径庭。该词最宽泛和最自由的含义指全球性文化、结构和代理者之间的互相联系。而该概念最狭义和激进的含义是指西方化，或更具体地指美国化，或更轻蔑地指可乐殖民化或麦当劳化。

第四，重要的是要认识到就一般休闲活动，尤其是传统游戏和现代体育而言，全球化并非单向的，全球化的初始过程较为古老，在休闲世界里存在众多形式的全球化。例如，就体育而言，英国人将他们的体育形式于 19 世纪后半叶传播到整个英联邦，但反过来各种形式的武术在 20 世纪从东方散布到西方；体育全球化的形式包含经济上、政治上和文化上的——且不说全球性移民、全球性旅游、全球性奴隶化和全球性恐怖主义都有其体育形式。

文明社会和社会资本

数篇研讨会论文在探讨休闲和家庭、社区和青年成长的关系或者聚焦休闲与人权、社会正义和社会平等的关系时，含蓄地将注意力放在休闲与文明社会和社会资本的关系上。这些考虑反映了施威夫特（Swift）的观点，即"文明社会暗示志愿主义、慈善、社区组织和基层活动。它似乎提倡群体、代表性、公民参与和提供服务"。

文明社会是一个社会的文化部分，介于市场的经济部分和国家的政治部分之间。它建筑在调介性结构的基础之上，如家庭、教会和社区等人们共有的机构。这些机构为人们提供环境，成立自愿性协会或实行自治。反过来，这些志愿团体——包括休闲团体——提供社会资本，即"个人之间的连接——社会网络和值得信赖的标准以及它们带来的结果"。

……

混杂现象和多文化认同

研讨会的数篇文章提及文化和 / 或社会认同，一些提出了个人的多种身份这一问题。这类复合型认同主要来自全球化，并极大地影响世界不同国家中文明社会的性质。

简言之，世界秩序中一大现象是全球性移民和移民方式的多样化。它导致了不同程度的非领土化和混杂现象，又反过来造成广泛的身份混杂现象和双重社会认同[4]。非领土化强调全球移民的文化方面，强调文化乃是本地的，但同时也是跨越本地的，正如劳森（Lawson）2001年的著作中所表达的："它强调人们迁移时携带文化，即使移入国可能会推崇其他价值观、标准和实践。"国际旅行的相对便捷、大众传媒的全球化以及互联网和电子邮件的方便实用，使成千上万移民能同时身处两种相距遥远的不同的文化背景之中。劳森进一步声称，全球化加非领土化等于混杂化。混杂化的过程往往是公开明示的——尤其在美国——通过归化获得双重社会认同，如亚裔美国人、美籍华人、美籍日本人和美籍韩国人。

更具有意义的是，混杂化一般对于文明社会具有潜在的重要影响，尤其对于通过参与休闲产生社会资本更是如此。一些国家面临着怎样对待移民的问题，他们基本上来自一个民族，说同一种语言，又/或同属一个宗教团体……

就语言而言，下列事实对美国相当触目惊心：（1）从20世纪80到90年代，在美国讲西班牙语的人数增长50%；（2）同样的10年里，在美国的中国人增加98%（今天，大约有240万说中文的人生活在美国）；（3）从20世纪80到90年代，讲韩语的人数增加了127%。

鉴于上述数据和例子，不难想象全球性移民对教会、家庭、社区和文明社会的其他调介性结构所带来的影响，以及对公众参与休闲的影响。总之，在休闲和文明社会的背景下，混杂化和多社会 - 文化认同给刚毕业的研究生和成熟的学者都提供了一座值得研究的议题金矿[5]。

（三）旅游式的休闲得到新的发展

技术的发展创造出一类产品，这类产品使那些"游牧贵族"（nomad elite）能够与任何一个特定的地方联系起来，不管那是一个国家还是一个邻居。

例如，娱乐和休闲活动将致力于实现理想的旅行；而电视节目已经能够带我们走遍世界，超越了时空，跨越了现实与幻想。不仅如此，它还允许我们在漫游世界时根本无须离开家中舒适的扶椅。我们可以方便地从一个频道调到另一个频道，通过电视媒介来享受旅游生活。生活在这些电子图像之中，我们间接地，但安全地游历世界。因此，电视节目是一种对人类有特殊益处的产品，在未来的一段时期，人们对它依然有极大的需求。

与此同时，人们真正动身出游的愿望也使旅游业得到了前所未有的发展。作为一种重要的经济产业，旅游业带动欧洲及太平洋地区的旅馆、运输、港口、机场、铁路和高速公路的持续增长，甚至危险地区风景秀丽的外围也是如此。这些便利设施使得旅行者享受到家庭一般的舒适。就像电视观众静静地待在家中依然能体验到旅游一样，旅游者在旅行时也时刻笼罩着一种在家的感觉。[6]

（四）休闲的中心地位将会加强

在下一个 10 年中，我们将会更多地将休闲用来满足在个人生活中占核心地位的兴趣爱好，而更少把休闲当作工作后的消遣和恢复。随着这一潮流的发展，人们将不能仅仅凭一个人在干什么就确定这个人是在工作还是在休息。休闲与工作的区别仅仅在于个人对这件事的态度以及这件事对个人的意义。社会学家奇克和伯奇指出，工作和休闲之间的差别并不是一个概念性的差别。他们认为：

> 任何人都清楚地知道自己什么时候在工作，什么时候不在工作。人们的社会生活可以有多种层面，既有亲密的小圈子——包括亲戚、朋友、同龄伙伴，也有范围更大的社交圈子，这些社交圈子常常与不断产生的社会迷信，诸如宗教、体育和政治有某种关系。而工作则与社会生活有着组织结构上的根本差异。在工作中，参与是强制性的，工作只需要一个完整的人中极为狭小的一个片段，工作中的合作伙伴也不能由自己选择，只能被工作指派。工作中各类事项的时间安排和先后顺序常常不能由工作者本人决定，而是取决于季节、工具、机器、材料或者工作组织。最后，工作总是有实实在在的成果。简而言之，工作和非工作间的关键区别并不在于概念的不同，也不在于所涉及的具体活动和具体人员不同。二者之间的根本差异，其实更在于，它们所涉及的社会组织形式不同。

所以，在把某活动 A 的社会组织形式解清楚之前，我们不能判断这个活动是工作还是休闲。尽管有很多学者预测，工作与休闲之间的界限在不久的将来会再次消失，我们还是有可能根据活动的组织方式和参与者把工作和休闲区分开来。不过到那时，尽管我们仍然能分出何为工作、何为休闲，工作的首要地位也将会遭到消解。

许多未来学家都认为，在未来的经济中，只有极少部分人口从事"生产"。在某些社会的经济结构中，农业人口占一半以上，而在现代工业社会，农业人口占全体劳动力的比例不到 2%。物质产品制造业对劳动力的需求也在缩减，这一领域的工人不久将降到 10% 以下。同样的情况也会发生在信息经济社会，随着计算机容量的增大，人工智能的发展，通信能力的提高，对劳动力的需求将受到影响。现在，很多被替换下岗的工人并不是被其他工人所取代，而是被机器人和计算机所取代。毫无疑问，我们还在各个领域努力"创造"工作机会，但所有经济部门对工人需求的减少毋庸置疑地将我们推到这样一个问题面前：生活是否一定要以职业为中心才能建立起来。在某种程度上，对于这样一个问题，我们的第一答案是延长退休后的生命，延长在高校就读的时间，推迟就业；校园生活既是对工作的准备，也是一种休闲亚文化的代表。自然，这个问题在近期内肯定不能得到满意的回答。非工作的时间必须在人的一生中占更大的比例，其必要性与教育和工作相当。用于有薪劳动的时间比例将减少，用于学习的时间总量将增加，把生活的中心转移到休闲上去，这个可能是存在的。[7]

（五）休闲与环境质量间的关系将更加密切

　　未来的休闲也许很难与标准化的活动组合结为一体，相比之下，它与清静以及环境质量之间的关系将变得更为密切。将来，休闲在富人和穷人眼中的含义也将越发不同。如果"休闲"被效率所左右，那么它将与工作没有任何区别。即将来临的高速运转的后现代社会将面临普遍的大规模的变化，此时休闲将进一步与自然环境（如果"自然环境"这个概念还有意义的话）相联系，并关系到人们能否拥有清静的生活，即一种节奏逐渐慢下来的不断开放的生活。这种变化一部分只是表明了所有发达国家和某些发展中国家的人口已经老化，还有一部分则必定与不断加快的都市化有关。

　　世界的都市化进程仍在继续，因此人们必须反复地重新思考并确定与自然环境保持联系的方式。建筑师、城市规划人员和公共管理人员尤其需要想方设法地通过实行"分区"规划来增进人与自然的联系：让孩子们在上学路上步行穿过一片树林；把人的发展对自然环境的入侵缩小到最低限度；提高人们对生态系统及其运作的认识；生活想象力通过其他方式发挥创造力，重新设想人们的创造力是一个关键的变量，它决定了我们是否能找到最佳途径来改变休闲生活，使它与地球上的其他各种变化相协调。

　　在此过程中，公园和其他自然景区将扮演重要的角色，这不仅因为它们对环境有着重要的影响，还因为它们是自然界的象征。把公园和人们的日常生活融为一体是一个持久性的挑战，公园将逐渐成为人类环境规划的一种手段。[8]

（六）休闲的标准化和集中化将会消失

　　随着美国工业化进程的发展，从服饰到正规教育，从饮食到娱乐，人们方方面面的生活都已经变得更加标准化了。随着技术的工业应用，标准化造就了大众生产、大众消费、大众传媒、大众休闲以及大众教育。工作领域的标准化导致了其他生活领域的标准化。同理，工作的集中化也导致了其他生活领域的集中化。巨型保龄球中心、欧洲的包办旅游、电视剧，及其他形形色色的休闲方式，都反映出了标准化和集中化。

　　如今我们已经开始了托夫勒所说的"第三次浪潮"。第一次浪潮基本上是农业文明，各种行业相互之间的依赖性不高。第二次浪潮与机器的标准化和集中化是同步的。时至今日，随着第三次浪潮的到来，生活的许多层面上都出现了显著的分散化、个人化发展趋势。

在行政管理方面，人们希望采取社区管理的方式。目前，全美各地都在强烈抗议，反对那种由联邦政府统一征税、集中管理、统一进行社会规划的传统管理形式。从前集中化的官僚机构，如今也在逐渐形成一种"灵活管理体系"，在不同的情况下，主管的个人和小组也有所不同。有些人开始怀着自足和自立的愿望，种植一小片地，重学手工技艺，并努力建立与大规模公共设施相独立的能源系统。

根据彼得（Peter）的观点，企业的管理也将发生巨大的变化。一个机构内部的管理层次会减少。灵活性、责任心和适应能力将变得非常重要。员工将越来越被看作企业最有价值的资源。个人素质将比今天得到更多的重视，并将以国际水平作为参照。

考虑到整个社会的地方主义势力的增长，加罗（Garreau）还认为，生活在北美的人会感到自己似乎生活在九个不同的国家。每个国家都有自己的首府，拥有独立的权力网络、势力范围和特殊的经济模式。每个国家都会赢得其公民的忠诚。各个国家的边界很少与政治界限相匹配。这九个国家只有少数几个是盟友，更多的是竞争对手。

所有这些取消集中化、避免标准化的尝试，都是托夫勒所说的"后标准化意识"的表现。这种思维方式会影响到人们对于商品的消费，因为消费者的生活方式对于他决定买什么不买什么有着非常重要的作用。每种产品都必须与消费者所用的其他产品和服务相"匹配"（fit in）。这会导致越来越多的专营性零售店和精品店的出现。

后标准化意识也从分散化资源中获取越来越多的信息。所谓"大众传媒"将会迅速解体，针对特定群体的新闻简报和杂志、电子邮件、影印文字材料、家用电脑、袖珍录音带、录像带、家庭微型办公室（home box office）（以及其他的网络服务设备）和其他新型通信方式的广泛应用，使得人们的信息传播途径日趋分散化，休闲方式日趋个性化。

分散化和减轻的标准化必将在很多方面重新塑造我们的休闲行为方式。预测这种冲击是比较困难的，不过在下面列举出的现象中，应该有一些是将要出现的：

（1）工作和休闲的共同节奏将被打破，这就意味着不同人的休闲活动会在不同的时间段里进行。那些安排休闲活动的组织机构，对于所安排活动项目的时间和时间长度将有更大的灵活性。

（2）人们中流行文化趣味的共同之处会越来越少。人们对于看哪些电视节目、怎样看、是否看这样的问题，都将表现出很大的差异。我们的娱乐场所、娱乐方式，我们喜欢的流行艺术形式、喜欢读的书、喜欢看的比赛，也将表现出越来越多的个人差异。社会上越来越强烈的"帮派主义"（tribalism）倾向恰恰说明，人们对于那些全社区性的活动项目，越来越没有兴趣了。

（3）政府将越来越难以决定究竟应该提供怎样的娱乐或休闲活动，所以越来越需要提供贴近基层民众的休闲方法。在国家的不同地区，或者是在同一地区的不同社群之间，对于公园、操场或游泳池的作用也将有不同的看法。

（4）目前这种由商业部门以"经销权"（franchise）的方式提供娱乐服务的做法将要改变，要使每个商业"单位"（unit）都能更加贴切地满足某一地区的娱乐兴趣和生活品位。仅仅在某个城镇设立"标准"模式的墙球健身中心是不够的。在旅行和旅游业方面，未来学家卡恩（Herman Kahn）曾预言，旅游顾问的角色将越来越重要，他们将不仅仅是运输业的销售员。而且，这些旅行顾问将把原先的包办旅游方案设计得更为个性化，以适应不同消费者的需要。

总而言之，分散化和削弱的标准化将对休闲产生影响。随着这一进程的日渐深化，人们的休闲观念和休闲行为将越来越缺少共识。人们的休闲活动表达方式将越来越体现出一个人的个性，以及所从属的社会群体所拥有的价值观念和生活方式。[9]

（七）休闲将具有更多的教育和宗教作用

人类在 21 世纪还能继续存在于这个星球上吗？很多伟大的思想家也不能肯定。福勒（Buckminster Fuller）曾指出，我们是否能生存下去，取决于在未来的国际事务中，武力和强权是否会继续占据压倒一切的地位：

> 唯有在所有人的生存问题都得到了解决，所有人都能得到充分的生活资料供应的前提下，人类才有可能在 21 世纪在我们的地球上继续存活下去。唯有在上述前提之下，每一个人才能在所在地行使称职的宇宙问题调解员（universe problem solvers）的职能。这才是造物主造人的本意。唯有在阿伯拉罕·林肯（Abraham Lincoln）所倡导的那种"权利"（right）完全战胜了"强权"（might），人类在 21 世纪才有可能在我们的星球上继续存活下去……

由于世界上各个国家的相互依赖日益增强，任何国家独立于其他国家的生存都变得越来越难了。换句话说，你的生活与那些居住在巴西、中国或法国的人们的生活，将有着越来越多的联系。巴基斯坦或海地所发生的事件也将会越来越直接地影响到你的生活。由于人与人之间的相互依赖日益增强，任何地区的人都不应该继续停留在愚昧落后的状态，这一点将变得更为重要。由于人们彼此之间相互伤害的能力日渐增强，教育层次最低的人群对教育层次较高人群的伤害能力也会逐渐增大。正像自梅尔维尔（Melville）和霍桑（Hawthorne）以来的许多美国文学作品所警示的那样，如果人类想生存下去，那么，随着我们知识水平的不断提高，我们的道德水准也必须有相应的提高。在西方社会里，我们逐渐形成了一种信念，提高道德水准的最佳途径就是接受更多的教育。这一点在东方社会里也得到了越来越多的认可。

如果我们上述前提能够成立，休闲将受到来自两个方面的影响。首先，从教育的角度利用休闲将受到更多的重视。在非工作时间里，各类正规的以及非正规的"持续教育"将受到更多人的青睐。这类教育活动可以通过多种媒介进行，可以利用电视和印刷品，可以通过旅行或到异国生活，可以通过正规的课堂教学，讲座、展览、组织小型的讨论班，等等。

人与人之间所能施加的影响越来越强，这也将使休闲受到制约。在西方社会里还有一个基本的问题没有得到答案，那就是，如果允许个人在休闲的时候尽情地做他想要做的事，这是否将危及人类作为群体的生存。答案似乎是这样的，只有当每个人都能对他人有更多的关心，才能坚持个人的自由民主权利高于群体权利的理念。如萨特说，当我们行动的时候，我们必须是为着整个人类的利益而行动。因此，我们将更多地表现出我们对生态的理解。比如，从前可以以自由或快乐的名义，乘摩托车或沙漠越野车穿过沙漠，从而对沙漠的动植物栖息地造成了实际的破坏，今后，这样的事情将越来越少。在休闲中大量消耗地球上的不可再生资源，也将越来越找不到辩解的借口。这要通过教育向人们讲明其中的道理。[10]

（八）对休闲服务的要求更高

受教育水平较高的人对休闲服务的要求也较多。他们会对感兴趣的活动或设施提出很多的问题，希望索取更多的信息，并且当更愿意去试探或尝试新事物，将学习融入旅游等多种休闲活动当中。

受过良好教育的人在休闲活动方面并不看重男女间的界限，他们更愿意去锻炼，去阅读，去旅行。公民教育水平的提高意味着他们对休闲服务提供者的要求更多，更无法接受二流的服务。

学院和大学的改革或缩减面临着一个重要的问题，这就是目前的校园究竟能在多大程度上变为一个集学习、休闲于一体，并能够迎合游客需要的基础设施。同时，它们还要履行大学教育职能、举办研讨会、推广高雅文化并满足人们其他形式的娱乐需求。[11]

（九）老年人的休闲主要为了社交而不是竞赛

想要去勾画出人口老龄化对人们的休闲方式造成的影响是极为困难的。因为目前正要步入老年阶段的这一代人，同已经属于老年群体的上一代人之间，存在着太多的差异。目前这一代老年人的生活经历，同若干年后的那一代老人也将截然不同。

这种代际效应意味着，现在的老年人同将来的老年人是不同的，所以在估计老年群体会有怎样的娱乐和休闲变化的时候，需要格外小心。比如，现在的青年人参加过很多集体性的体育项目，而老一代人却极少有这种经历；年轻一代没有经历过大萧条时期，同他们的前辈们相比，他们很少会觉得自己追求享乐的心态是有罪的。此外，这一代人接受过更良好的教育，身体也比上一代人更加健康。

尽管我们承认未来社会中的老年公民同如今的老人是有差异的，但我们仍然可以做一点前瞻。最大的预测是，将对老年人群的娱乐休闲进行"反哺"（retro-fit）。目前的公共娱乐和公园机构都一味地迎合青少年。很多公园都有为年轻人专门设计的娱乐设施，却很少有专为老年人准备的器具。在很多情况下，人们在设计娱乐休闲项目的时候，都会不自觉地满足年轻人的需要。而在今后，随着人口年龄结构的老化，很多人参与休闲活动时所抱的心态可能是社交而不是竞赛，是为了表达自我而不是把自我当作工具。[12]

（十）人们将更加重视休闲与健康之间的关系

一个老年人有着更高的正式教育水平的社会，一个基本的环境问题得到更多的重视、保健支出迅速膨胀的社会，在 20 世纪 90 年代将具有更多的健康意识。今后，在公立学校、在工作场所，在那些协助个体满足特殊需要的机构中，都会更加注重专门的休闲技能训练。政府在处理吸毒问题时，也将更多地利用教育，而不是刑事处罚。

涉及娱乐、公园和休闲服务的机构，也将从更宽泛的意义上提供服务。为了营造一种休闲的氛围，必须涉及一系列问题。其中包括噪音的控制。噪音的控制将使人体验到更多的宁静。在价值标准中，安静将在全社会获得更高的优先地位。安静给健康带来的巨大益处也会得到更普遍的认可。休闲将被看作缓解心理压力的解毒剂。由于心理压力被认作是形形色色疾病的祸首，休闲将越来越成为人生的理想状态。[13]

（十一）政府将以新的动机和组织方式参与休闲

今后，各级政府在与休闲有关的事务上会投入更多的精力。里根内阁和布什内阁努力减少联邦政府对休闲事务的干预，而克林顿内阁则关心其自身的"政府复兴"。事实上，不论建立何种模式的可持续社会结构，都免不了要涉及如何去发展和推动某些形式的休闲活动，所以未来的政府内阁必然会在休闲事务中投入更多的精力，提供更为合理的休闲娱乐方式，取代一次性产品的大量消费。

政府还将出于经济上的考虑加大休闲的参与力度。随着旅行和旅游业在整个经济体系中的重要性越来越强；随着一个城市的经济繁荣越来越直接地同休闲行为联系在一起；随着专为残疾人提供产品的商家越来越多地关注到如何满足这一群体在休闲方面的特殊需求；随着社区经济的繁荣越来越取决于社区是否能为全体工人提供一个满意的休闲环境，政府会更多地从经济发展的角度，而不是从追求某种意识形态的角度，重新介入休闲。不论是左派还是右派都将把引导休闲产业作为繁荣国家经济的一种重要手段。

政府将加强在娱乐休闲事务中的职能作用，不过参与的动机和以往有所不同，组织形式上也会有所改变。娱乐、公园和休闲服务将减少对"市场"方法的重视，而更多地采取"基于利益"的管理，各个娱乐区域和设施将根据能否获得某些收益的角度进行安排，比如，哪些休闲娱乐项目能更好地缓解人们的心理压力，或能有效地抑制心血管系统疾病的发生。对这些休闲服务的评价也在于它们在多大程度上实现了这些收益。而政府职能部门也将在新的结构配置下运作，扶植非营利性休闲企业，同市场部门联合，把某些服务项目"承包"给有特殊专业化能力的机构。[14]

（十二）休闲消费将得到限制

在上述列举的一系列未来休闲发展趋势中，实际上还有最关键的一点没有提及，就是目前全社会所盛行的消费型休闲模式将会有彻底的改变。由于环境污染越来越危及人类的生存，必须对休闲的消费模式进行限制。尽管在目前，美国人还不情愿改变自己的消费心态，不过人们已经逐渐认识到，自从工业革命以来，人类的生活方式已经对生存环境造成了破坏性的影响。生存环境的恶化不但是因为人们无节制地生产和消费物质产品，也是因为人类自身的再生产泛滥。自基督诞生以后，世界人口总数的第一次翻番历经了 1700 年。而自此以后人口总数又翻了三次，历经的时间一次比一次短。目前世界上有 55 亿人口，如果以目前的生育速度发展下去，在40 多年之后全世界人口将再度翻番。目前，人类的"生物量"（biomass）是 3 亿吨，这一数字恐怕比其他任何物种都要高。鉴于人口爆炸如今已成为贫困和妇女地位低下的主要根源，所以，降低生育率将会对这些问题产生最直接的影响。[15]

在环境污染问题上，休闲同样在起着推波助澜的作用。大型喷气式客机在节假日里满载游客从纽约飞往夏威夷，同时也将成吨的碳化物尾气排放到大气中。我国生产力中有相当部分生产的是与休闲娱乐有关的商品，购物也是人们热衷的休闲方式。我们应该通过对消费税的征收，进行减少消费的休闲教育，并结合其他能够结合的力量把我们的生活方式转到一种可持续发展的模式上来。[16]

三、影响未来休闲的可能因素

（一）人们对进步的看法将发生变化

"进步"本身的看法也处在变化之中。传统意义上的进步往往意味着物质生活水平的不断提高。时至今日，物质财富高速积累的时代已经接近尾声。进步将越来越意味着不断地提高生活质量，从各个方面改造人类自身，这样人类才有可能继续生存下去，而且以一种更为健康的方式生存下去。几百年来，人类一直在致力于改造世界，而在即将到来的下一个世纪中，人类将会更多地致力于改造自身。[17]

（二）人类自身的改造与变化

人类将成为变化的对象而不是变化的工具。即将到来的这一轮进步与其说会改变人类的行为举止和生活方式，不如说会改变人类自身。这种变化将导致某种全新的秩序，如果企图压制这些新想法，使其服膺于旧有的观念模式，只能把事情搞得一团糟。

人类将通过几个重要的途径被重新塑造。其中最重要的有基因选择、智力增强和寿命延长。就延长寿命这个问题而言，有多种关于衰老的解释；也有几种看起来能有效延长人类寿命的方法，其中之一便是节食。尽管广泛应用于人类的实验尚未进行，但在实验室的动物实验表明，那些减少食量的动物与对照组相比，衰老的迹象较少，寿命也更长。另一种看来可行的途径是基因选择，科学家们将找出那些长寿动物的相关基因片断，通过药物疗法或基因移植延长人类的寿命。还有一种基因方法建立在我们对人类基因组成的充分了解上，对于延长寿命也表现出很好的前景。

寿命的延长并不必然导致人口增长……

这种变化将对休闲有重大影响。人们将有更长年限参加更多的休闲活动，也有可能在某一项活动中达到更高的专业化水平。想象一下，如果你有80年的时间培养钢琴演奏技巧，或是深入了解"美国内战"，那该是怎样的结果。还有些人将点更长的休闲"菜单"，他们将尝试各种不同风格的生活，体验另一种方式的自由。

犯罪也将减少，城区变得更加安全，更适合于各种休闲娱乐活动。因为大多数犯罪行为出自15到25岁之间的男性。随着这一年龄段的男性占人口的比例越来越小，犯罪的活动可望减少。

智力的提高也将改变生活的所有方面，包括我们的休闲利用方式。既然"可测量的人类智力差别有50%到70%是由遗传造成的"，那么，我们不久将能得到的组成人类基因的蓝图就意味着，我们可以通过基因控制来提高人类的智力。感谢人类基因组工程，它最终将使人类完全了解人类染色体中的核酸排列顺序，人类将能方方面面地对新生儿进行设计。父母可以从图书馆或者其他来源为自己的孩子选择一套完整的基因，也可以以他们自己的 DNA 为框架，设计自己的孩子。

尽管这个过程将面对巨大的争议，但在父母看来，这种方法的优点实在是太大了，他们很难抵御这种诱惑。而且，一旦有些父母采取行动，那些没有从基因上提高自己孩子天赋的父母将使孩子的一生处于不利地位。

对人类后代的设计将在不同方面影响到人类的休闲。音乐、运动、艺术及其他形式的休闲天才将比比皆是。休闲的教育性利用将增加，而那些低智力的休闲形式如职业格斗将越来越失去市场。电视节目将与高智力观念的欣赏口味相适应，其他形式的大众传媒也将做类似调整。或许，休闲将更加接近古雅典人的理想。[18]

（三）人口爆炸

人口爆炸当然会对各种类型的休闲服务产生影响。这些影响将具体表现为各项改革措施的实施。从推行"野外娱乐"到限制物资高消费的休闲方式，它们所涉及的范围将非常的广泛。假如世界上以购物为乐的人再多出一倍，他们的消费就将对环境造成额外的压力。假如计划游览大峡谷的人再多出一倍，那么就得把大峡谷建为一个城市，以便为游客提供食宿。我们在有生之年可以看到，在所有国家中，人口爆炸都将超越其他因素，成为重新定义休闲及休闲服务的决定性因素。[19]

人口爆炸造成的另一个显而易见的问题便是娱乐场所的拥挤。让我们任意选定一个娱乐场所——滑雪场、操场、专为轮椅篮球队开设的体育馆——然后将参与人数加倍。这种人数增长所导致的拥挤状况要求管理部门对该项活动进行更多的组织，他们必须降低有关活动的质量。这一变化还将提高私人空间的需求量，并在其他许多方面左右人们的活动经历。有经济基础的人可能通过新的途径付更多的钱来避开人群，享受个人空间。在自然中独处可能需要更大的开支，结果只有那些经济基础不错的人才能享有这种亲身经历。

人口增长还可能意味着休闲将不再是积极的参与，而是越来越接近于消遣（entertainment）以及对各种休闲服务的"演示"（interpretation），对世界上那些生活拮据的人而言，情况更是如此。大多数积极的休闲活动都要涉及旅游，它们都要求参与者购买特殊器材并支付其他种种消费，相比之下，电视转播带来的消遣和其他消极的休闲则比较便宜。许多人无法积极地参与休闲，而是被抛向电脑－电视型的消遣方式，被抛向毒品以及其他的消极活动。很多娱乐场所的入场人数将受到控制，以免大量涌入的人群挤坏设施。作为补偿，未能入场的人将看到"演示"出来的娱乐场所，它通过利用高科技展示手段，如虚拟现实和博物馆式的场景演示，来替代人们的亲身经历。在娱乐场所亲身游历的能力将受到越来越严格的限制。[20]

伴随着人口爆炸还将出现许多其他问题。其中之一便是要提醒人们，世界人口的成倍增长将导致野生动植物栖息地的锐减。那些对环境解析（environmental interpretation）、自然中心（nature centers）、户外娱乐、森林娱乐和其他相关活动感兴趣的人尤其要认识到这一变化。如果人们在规划环境解析活动时不考虑控制人口这一中心问题以及人们必须采取的相应措施，无视人口剧增与动物栖息地减少之间的关系，那么该项活动充其量只是一种自我慰藉性的娱乐。[21]

（四）环境变化

环境变化，尤其是温室效应，将不断地对户外娱乐、旅游和其他的休闲活动进行重塑，赋予它们新的活动形式。完全暴露在烈日之下的户外娱乐将变得非常危险，在接近中午的这段时间内尤其如此。因此，在进行户外娱乐时，人们的着装、活动方式和活动场所都将发生改变。[22]

（五）城市扩大

由于城市规划变得越来越重要，对人们的休闲利用（如艺术、文化、体育、戏剧、博物馆、图书馆、公园、自然保护区、野餐、社交活动和其他消遣）进行规划也将逐渐成为一个关键性问题。这就是说，休闲服务在日常生活中的地位不会削弱，相反将变得更加重要。[23]

（六）能源变化

上述的能源转化过程对休闲的潜在影响很难预测（其他变化也不例外）。从美学的角度上看，如果空气更加清新，树木不再被砍作木柴，机动车和大货车不再制造大量的噪音和尾气，环境不再因为人类的能源消费而发生大的变动，那么社会休闲活动的质量将在这种环境下得到很大的提高。但是，能源转化同时还会给休闲业带来某些问题。例如，休闲服务组织是否会投入主要精力，设计将休闲与工作结合为一体的自行车训练活动，它们在使用太阳能和风能发电的"能源农场"（energy farm）时是否会占用目前的娱乐场所和公园用地。[24]

（七）电脑通信发展

电脑通信变化迅速，它将以人们闻所未闻的方式改变着社会休闲生活。我们很难预料日新月异的电脑技术将如何重塑休闲生活，但是我们至少可以看出，它正在使电视发生快速的变化。看电视是人们最耗时的休闲方式，因此，电视的变化对休闲必然有着不可估量的影响。

在商业休闲服务行业中，电脑通信所带来的变化很可能是最具根本性的，当然，这还要看顾客对它们的反应如何。以游乐宫为例，环球影视公司制片场的金空梦幻旅行就是由活动的人物和火、冰、人工香气等特技效果组成的一个人造世界。向虚拟现实迈进的高科技效果甚至在舞台设计中也得到了运用。例如，在放映一段骑马的片子时，观众坐在一个封闭区的座位上，在水力推动下弹跳摇摆，在距他们 20 英尺远处的大银幕上正在放映与这种身体运动相吻合的影像。这种骑术效果很可能便是虚拟现实的前身。对政府和私有非营利性的休闲组织而言，电脑通信还为它们向顾客或潜在顾客提供上门服务并与他们进行持续性对话提供了可能。[25]

此外还存在一个更大的问题，这就是休闲作为一个生活领域究竟将由技术还是由自然来支配。以电脑为基础的技术被看作是一个必要（或不必要）的恶势力，这种情况下，休闲可能会成为人们逃往自然环境的一个途径。对人类而言，处理这一问题的窍门便是通过某些途径将新技术与休闲巧妙地结合起来，同时保证有机会欣赏和接触环境中其他的生命类型。在自然环境中，我们无疑只是一个组成部分。[26]

（八）遗传革命影响

遗传革命有潜力改变多种形式的休闲活动，尤其是那些"严肃的"或"专业的"休闲活动，它们需要参与者具有相当的技术和智慧。人们可以通过对孩子（或未来的父母们）进行基因筛选，找出未来的奥林匹克体操之星、国际象棋冠军或桂冠诗人，也可以通过更多的遗传控制进一步加强参与严肃休闲活动的那一部分人所具备的能力。这意味着许多与体育或其他休闲形式有关的竞赛将产生"自然组"和"遗传提高组"两种规格，这就像当前的某些举重比赛自称是"无兴奋剂"比赛一样。

此外，遗传控制对人类创造力的影响尚有待观察。如果它真能发挥作用的话，那么今天人们眼中独特的艺术表现力将很快变得非常大众化。

遗传控制还可能对疗养产生相当大的影响，因为遗传切片和其他遗传技术可以改变那些有可能染上像多发性硬化这种慢性疾病的人的遗传构成。遗传革命还将在许多方面改变残疾人的数目和特征。[27]

（九）汽车发展

在北美和其他现代国家里，除了像看电视这种家庭休闲之外，几乎所有的休闲活动都从跨入车内开始：人们开车把自行车载到某个地方开始骑车运动，开车到某地散步，开车去戏院、博物馆或画廊参观。因此，汽车的任何变动都将直接改变人们对休闲的利用。在美国，人们对汽油价格存在一种抵触情绪。联邦政府虽然在很大程度上为驾车旅行提供了津贴，但公众仍然不满意。只有生产出一种极为节省燃料的车，才可以使穷人也能更加轻易地享受到多种休闲活动（他们当中大部分人拥有一辆汽车）。这会在许多受欢迎的休闲场所附近造成严重的堵车，甚至使游客无法入内。目前节油汽车可以出入某些娱乐场所，但是有讽刺意味的是，其不断加强的节油性能将导致过度拥挤并最终迫使这些场所禁止此类车辆的通行。[28]

（十）战争的可能影响

低强度战争对休闲有着众多的潜在影响。首先，旅游景点将直接受到影响，因为这种低强度战争将驱散游客，冲突的结果会导致巨大的旅游业损失，黎巴嫩便是一个典型的例子。面对飞机上装有炸弹的威胁，许多潜在的旅客行为已经开始产生了急剧的转变。例如，在英国这个以旅游业为主的国家，仅一次商业航班的爆炸就导致整个夏天的游客减少了一半。

一旦人们对恐怖主义行动产生惧怕心理，所有形式的休闲活动，从足球比赛到博物馆参观，都将极度受挫。在这种畏惧心理的影响下，人们随意出入娱乐区域或场所的行为将成为历史。金属探测仪和个人搜查会变得更为常见。户外所有形式的休闲活动都将面临恐怖主义袭击的威胁。基于安全检查的缘故，旅行的时间也会变得更长。

城市长期特殊娱乐项目的规划者，尤其是备受媒体关注的人，将在越来越大的程度上面临着安全问题。他们将不得不与保安人员合作，因为那些人懂得恐怖主义分子企图制造爆炸事件时所采用的技术，并能够在发生炸弹引爆、绑架或劫机等突发事件时制定出紧急行动方案。[29]

（十一）居民健康状况的影响

和其他发展趋势一样，现代国家居民健康状况的不断恶化对休闲服务有着巨大的潜在影响。首先，许多休闲服务将更加直接地将自己重新定义为健康服务。其次，为健康不佳和有身体障碍的人提供合适的休闲活动将变得越来越重要。疗养性娱乐将成为需求量更大的服务，该行业的服务人员将与以前从未交往过的存在某些健康障碍的人打交道（例如过敏症患者）。

改善环境是解决众多健康问题的长远方法，在近期内缓解这一问题则将涉及休闲的利用以及如何使休闲发挥更为重要的作用。[30]

（十二）压力的减轻与限制

在未来的几十年中，休闲最重要的功能大概将是减轻压力。这意味着人们将有机会放慢生活节奏，享受独处的乐趣，尽可能地接近自然并拥有一份安静。要制造这些机会，人们就需要在某些方面为增加群体自由而限制个人自由。一个人若驾驶一辆摩托车便会打扰沿途上千人的生活，但是目前个人仍有买车的"自由"。任何一个"发展者"都会使社会生活变得更加忙碌，例如航空业为满足自身的需要便可以无视在飞机轰鸣声下生活的那部分人的需要。在不久的将来，上述情况将发生变化，人们将限制个人自由以换取集体利益。

限制压力还意味着限制对自然区域的娱乐利用。自然区也许仅仅允许人们散步，划船活动中使用的船只也将仅限于帆船、木桨船、木舟或独木舟，很可能人们在户外娱乐中使用的那些制造噪音和污染的交通工具也将受到某种程度的限制。[31]

（十三）工作时间的减少

工作时间的减少，将会逐渐把休闲变成社交活动和经济福利的中心，这就意味着休闲将得到人们更多的理解，人们会进一步认识到个人幸福、家庭稳定、群体观念、健康、环境、经济等都与休闲密切相关。总之，休闲应该得到更全面的理解。如果有关休闲问题的多学科研究，集中关注人们对休闲的取向、态度行为、花费，以及残疾人和特殊人群如少数民族给休闲带来的许多其他问题，那么人们就能够更好地理解休闲。

生活琐事也会占用不少本该用于工作的时间，这意味着我们应该反思我们安排日常生活的方式是否合理，在什么时间由什么人来干什么事，应该立一个规矩。而那些对我们的工作、休闲、旅行、购物、教育孩子以及生活的其他方面有影响的老规矩，则应该改一改。[32]

（十四）工作模式的变化

工作模式出现了一种新的发展趋势，并且这种趋势在将来会变得更加重要。这种趋势即人们所提到的"24 小时社会"，也就是商业和服务业连续 24 小时营业。有的地方已经变成了"24-7 社会"，也就是一周 7 天、一天 24 小时永不休息。最初这种需求是由某些工业行业带动的，这些工业行业可以连续 24 小时工作，可以说依赖计算机技术的工业行业引领了这次变革。计算机是不需要休息的，一旦企业花很多经费投资于一项技术，就没有任何理由不让它 24 小时工作。毕竟传统的一天工作 8 小时意味着机器设备将有三分之二的时间处于休息状态。新行业的出现，意味着需要有新的工作时间安排，以适应新的需求。例如，21 世纪初，英国就业率增长最快的行业是呼叫中心。当然，人们与这样的公司打交道往往不是在白天，因此很多呼叫中心都是在傍晚或是周末工作。这就需要它们的员工在别人休息的时候进行工作。[33]

计算机技术影响休闲的另一个重要方面是，随着计算机运算速度加快，相应地人们的工作节奏也在加快。计算机和现代通信技术意味着商业世界永不停息。办公室可以和世界任何地方的另一个办公室在任何时候完成交易业务，这种业务的完成可以是通过传真、电子邮件或是移动电话。通信速度的加快也提出了新的要求，就是要求人们工作的节奏更快，这样实际上就增加了人们的工作量。目前没有任何迹象表明这一进程将会减缓；事实上，更可能的情况是这些变化将会加速。最近，明特尔（Mintel）的研究表明，51%的成年人认为他们的闲暇时间比5年前更少了，44%的人认为他们愿意在休闲上花费更多的钱。对于社会上一部分重要人群来说，休闲增加只是一种虚幻，而所谓的"休闲被掠夺一族"或"时间贫穷、金钱富余"的群体可能正在增加。

　　随着计算机技术把更多的休闲体验和虚拟真实带到家庭中，以家庭为中心的休闲活动也得到了新发展。现在人们到历史事件发生地旅行，其动机主要是为了感受那种气氛，但是随着虚拟现实技术的发展，人们在家里也能感受到这种气氛。随着包括视频电话通信技术的革新，人们不用离开家便能更有效地和朋友交流。事实上，这种发展也将会造就一个极为懒惰的民族。

　　没有时间也意味着短假期将会越来越多。这不仅仅是因为人们闲暇时间的缩短，同时也因为人们想逃离家庭和工作环境，或是摆脱任何与工作有关的杂务。除了短假期的增多以外，旅游的另一个增长点是所谓的新兴旅游，即人们远离一些旅游中心寻求不同的旅游体验。喜马拉雅山徒步旅游、加利福尼亚海滩观鲸旅游、珊瑚礁探险、南极野生动物考察等，就是一些比较奇异的旅游方式；而英国乡村的假日小屋或是法国度假别墅旅游，就是一些可进入性高、花费少的旅游方式。关键问题是旅游应该遵循可持续发展的观点，即旅游应该与环境和社区相融合。

　　所有的这些讨论都说明一个问题，即在将来以社区和家庭为基础的休闲方式将得到较快发展，人们求新求异的渴望同样也会刺激其他活动方式的出现。很显然，一些新的旅游方式出现就是这种趋势的一个证明。但是，探险旅游和极限运动是属于另一种形式的发展。

　　休闲的商业化发展在本书的很多章节都已经讨论过，最新的趋势表明这种发展在未来几年仍将持续。可自由支配收入的持续增长意味着有更多的钱可用于休闲活动，多个行业也都在努力地适应这一状况。一个很明显的事实就是，休闲花费已经成为家庭花费中的最重要项目。有预测指出，在未来的几十年中休闲消费将占到家庭消费的50%以上。

　　如果上述讨论的各种发展趋势是正确的话，作为一种越来越商业化的休闲业也将不可避免地要适应"时间贫穷、金钱富有"的状况。很显然人们将会以一种效率更高的方式来支配他们的休闲花费。如上所述，休闲业将对休闲活动进行重新组合，以迎合那些想在一个地方实现多种体验的消费者。休闲业中一些大的经营商进行横向联合，使得消费者的这种需求得以满足。目前这样的娱乐中心已经出现，即在休闲活动方面，该中心包括多功能电影院、保龄球馆、商店、外卖快餐、酒吧和俱乐部；在旅游方面，包括带酒吧的宾馆、饭店、体育中心和购物中心等。

马丁和梅森认为，将来当地政府应该重点考虑三个主要方面。一方面，政府应确保社区群众能够获得他们所需要的休闲和服务设施。马丁和梅森设想了一个社区休闲中心，它配备了先进的通信手段，能够把重要事件、表演和其他真实休闲体验的现场转播到社区，同时也配备了学习、健身、社区活动、体育运动、娱乐活动等设施。第二方面，他们建议当地政府与其他供应商结成更紧密的合作关系。最后一方面，建议政府在鼓励个人和其他组织从事休闲活动等方面发挥更重要的作用，这同时也是提高生活质量和缓解社会矛盾的一个重要途径。[34]

（十五）生活方式的转变

休闲领域在不久的将来所要发生的所有变化都将与我们对这个问题的认识有关，那就是，我们延续多年的生活方式并不是可持续发展的。北美的消费模式不但不能复制到世界其他地方，也不能在北美继续下去，否则，我们的空气、水、土地和野生动物就会遭到根本的破坏。休闲并不意味着大规模的消费。我们在本书中讨论过，大量调查表明，最满意的休闲利用方式与大量消费并没有什么联系。而且，也不意味着要破坏生态。在下一个 10 年，我们越来越不能根据一个人是否喜欢来判断某一个休闲行为是否正当。在不远的将来，休闲可能要接受税收、教育和休闲政策的改造。休闲政策将会鼓励那些在不对个人和环境造成严重伤害的情况下可反复进行的活动。一个可持续的社会并不一定是一个一成不变的社会，相反，它应该是一个能够保护其适应能力和变化能力的社会，它对自然的世界也只有极小的伤害。而这个自然的世界，我们必须在其中生存，在其中腐烂。[35]

影响未来休闲的五大因素，包括：

● 人口老龄化；
● 城市化带来的人口密度加大；
● 工作和工人性质的变化，比如更多的非正式工作；
● 科技变化；
● 气候变化和不确定性。

可以在不同程度上找到上述每一因素对于休闲可能产生影响的证据。

最可预见的因素是人口老龄化现象。到 2040 年工作年龄人口比例将下降到目前的一半。虽然变化的比例会有所不同，但是大多数国家包括许多发展中国家都会受到影响。这意味着：（1）劳动力短缺；（2）工资成本的上涨；（3）面临着延长上班时间的压力；（4）休闲和工作的平衡问题；（5）工作年龄人口在国际范围内的流动增加；（6）对老年人的服务包括休闲服务的需求增长。

总结

休闲是发达经济的重要组成部分，占了多达四分之一的消费支出；然而，现有关于休闲在经济发展各个阶段的重要性的信息仍十分缺乏。

休闲，特别是在诸如体育、娱乐和对烟草、酒精的消费方面，乃是经济中遭受商品化和全球化过程影响的行业，既有正面效应，也有负面效应。

在自然环境下享受休闲十分有助于提高人们的生活质量；虽然增加的娱乐需求会给自然环境带来压力，但也能促进在资金和政治方面对环保的支持。[36]

四、全球化对休闲的影响

（一）全球化促进休闲的多样化

休闲是表现国家认同的基础，在全球化的时代，更是承认差异和多样化的基础。

各种休闲方式受到广泛欢迎，因此产生了商机。商业和休闲方式的包装及市场营销之间的关系至关重要。

在全球市场下来定位休闲方式越来越具有挑战性，因为社会、文化和自然角度的是非观念更是广为人知。休闲的定位以积极的市民为基础。跨国公司和政府都应更多地考虑到这点。

发达国家与发展中国家在休闲方式上采用的不同营销策略反映了在全球市场中休闲服务提供者有着不同的重点。

休闲方式日益取代了工作的位置，成为生活的中心兴趣。

休闲活动的多样化是社会经济发展的一个特征。跨国休闲产业既利用了这种多样化，也促进了多样化的发展。[37]

（二）导向休闲形式的全球化

从历史角度来看，各类休闲形式中存在一种明显的趋势，将产生使用价值——享乐并与他人共同快乐——的玩乐形式转变成交换价值，从而为管理使用权或控制生产的群体创造利润。

这种看法是全球化的一个方面。它指明了一种趋势，即各国将在经济、文化和技术等方面更趋融合。如果采用一种模式时，将全球视为"一个世界"，不重视各国的经济、文化和技术差异，这是错误的。国家身份和全球融合相互影响，情况颇为复杂。然而，在一个紧密联系的世界里，信息信手拈来，国际投资不断扩张，旅行随处可见，风险无处不在，国际事务受到国家战略和国家行为的影响。[38]

（三）休闲环境将受到严重损害

汽车污染与全球变暖

汽车污染和全球变暖可以被称为有关休闲实践行业中存在风险的例子，其影响也是全球性的。为寻求愉悦而驾车的现象普遍存在，因此，本质上说，汽车是一种休闲资源。此外，人们从家或单位前往休闲和娱乐场所，汽车也必不可少。在西方发达国家，人们普遍将内燃汽车当作日常生活的一部分，企业和消费者都极力反对生产更环保的排放系统，因为这会增加交通成本。既要降低成本，又要减少排放，两全其美何其困难。不管汽车作为休闲资源和交通方式给人们提供何种愉悦和方便，它都会对全球环境构成严重威胁。这个问题迟早需要解决。这就需要在全球经济中对汽车重新定位。遗憾的是，现有的证据告诉我们，只有到环境恶化变得非常严重以后，重新定位才有可能。[39]

烟草：全球重新定位之案例

许多给个人幸福和环境安宁造成威胁的休闲产业都已进行过重新定位。烟草行业的例子尤其给人以启发，使人们了解企业如何面对医疗和消费者的压力做出反馈，重新在全球市场中定位自己的商品。……目前，一些西方主要的跨国公司在非洲、东南亚、拉美和东欧集中运用多种相辅相成的广告和品牌战略，使消费者相信，吸烟意味着个人成熟、文化修养、减肥、西式独立，是一种酷味十足的休闲。简言之，吸烟被塑造成一种有文化吸引力的行为。全球范围内，健康风险正从健康教育和消费者知识非常先进的地区，转移到健康教育和消费者知识非常薄弱的地区。[40]

被动吸烟

目前在西方，对吸烟来说，这种自由主义原则已不再合理。20 世纪 90 年代以及新世纪的医学研究和公共健康政策确立了被动吸烟、疾病和过早死亡之间的因果关系。研究人员和医疗工作者花费好长时间才证明了这一点。早在 20 世纪 70 年代，被动吸烟、可预防疾病和过早死亡之间的因果关系就已经被提出。但是，当时证据尚不够有效。随着 20 世纪 80 年代的到来，被动吸烟造成健康危害的许多研究得以公布。到 20 世纪 90 年代，医疗和公共卫生界认为，已经不再是吸烟者拿自己的生命做赌注，而是吸烟者要对被动吸烟造成的危害负责：不吸烟的伴侣、子女、同事、顾客和其他社会成员均因吸烟者的习惯而受到危害。

"互相容忍"的吸烟时代已经一去不复返。现在，大家已经普遍认为，吸烟者的行为会损害别人的利益，会给别人带来本可避免的疾病及过早死亡。与此同时，还研究了吸烟诱发的疾病的公共开支，包括住院治疗和休假时间。这使大众深深意识到，吸烟有害健康。也正是出于这个原因，公共卫生方面的专业人士和政府机构现在鼓励公众不要吸烟，相关法律也在倡议，在诸如工作场所、餐馆、咖啡馆和酒吧等公共场所禁烟。

......

我认为，我们有必要进一步洞察，烟草公司向新兴和发展中国家兜售这种信息——吸烟对人有益时，其商业策略和市场行为何在。因为这些策略和行为的真正目的在于：消除并模糊医学界和反烟运动团体的影响（即认为吸烟能引起疾病和过早死亡），将吸烟重新定义为积极、让人感觉良好的行为，似乎吸烟所赋予的文化内涵超越其对身体的危害。他们对吸烟者与他人的健康问题轻描淡写，强调将吸烟与个性、自由、权力和成就联系在一起的文化内涵。[41]

（四）强迫性休闲会大幅增加

当面对资产拥有量不同的群体的休闲时，我们同时需要希望和克制。唐纳德·迈克尔（Donald Michael）预言将会出现四种有闲阶层：

（1）失业者。这包括教育水平低的人、被自动控制取代的服务业从业人员，以及受过良好训练但被取代的白领职员。这些群体的特征是有不安全感和无用感、较低的游憩文化认知程度，还有对改善自己利用休闲的方式没多少兴趣。

（2）打零工的低薪雇员。这包括许多从薪酬较高的职位上退换下来的人，其中许多人是做兼职的。如果这些人找不到第二份工作，问题将更为突出，因为他们没有钱也没有动力和知识去从休闲中获得快乐。这可能会导致严重的社会问题，包括人际交往的失败甚至是家庭关系的恶化。

（3）工时较短的高薪雇员。休闲为这些人提供了最好的机会。这个群体包括专业化的、半专业化的和高技能的雇员，他们享有非常高的休闲文化素养。

（4）工时很长的高薪雇员。主要是高层主管和专业人员。他们可能对未来休闲文化的认知度非常高，但是他们的闲暇时间却相对较短。这类人在未来可能不会比现在有更多的闲暇时间，因为他们要超负荷地工作。

在并非很遥远的未来，那些曾将工作等同于安全感的人可能需要努力适应休闲，这又是一个问题。这个问题可能会比现在更为突出。大概可以确定的是，未来强迫性休闲将会大幅度增长，而且并非仅存在于各种失业者中。

发挥人的各种潜力最主要的困难之一是我们在很大程度上把工作伦理带入了休闲领域。戈比与帕克指出，即使在闲暇时间里，人们仍感到有压力，使他们无从实

现自己的潜能。这就是为何多数人都感到自己没有休闲。[42]

（五）休闲社群进一步取代传统的邻居群体

郊区、社区、志愿组织在追求一个或更多的目标的过程中，成为越来越重要的休闲机构。其日益增长的重要性的部分原因是家庭和邻居功能的下降。当家庭不再能为成员提供以往父权家庭所能带来的装备、保护、安全的时候，人们就会通过互利的社会组织或友好的安排，找到另一种表达方式。当邻居再也不能组成一个"大家庭"的时候，社交的兴趣必须在其他类型的社会组织中找寻一个新的出口。因此，在室外与家人一起进行的活动以及邻里的非正式社交活动将由室外具有相同品位和兴趣的人们组织的活动所取代。

一般现代生活的复杂性要求非正式活动的标准化也倾向于进一步的组织性生活。当一个人的朋友，也是他日常接触的邻居时，这就没有必要去形成一个"聚会俱乐部"，但在现代生活条件下一些组织的存在是必需的。会议时间的协议、会员政策、相应的秘书工作让分散各处的成员得以了解团体事务等，在现代城市和郊区社会中这已成为必需。

针对学习休闲的目的，自愿组织可分为三类。一些（例如，合唱社、桥牌俱乐部或诗歌俱乐部）通常与休闲机构相联系，因为他们的活动本身就是目的，并为自己的目的而参与活动。与这种"休闲"组织相反的是商会、工会以及大多数其他职业、经济和政治团体。这些构成收益活动的组织成员之间的工作关系会比休闲组织成员之间的关系更密切。不论他们从活动中获得的内在满足感如何，都可以加入这样的组织，以确保经济利益、政治利益、公民进步等等。某种意义上，这些组织的活动本身并不是目的，而是达到目的的手段，因此可以被称为工具。另外，像兄弟会这样的组织在某些方面是"休闲"和"工具"群体的结合。他们的吸引力不仅在于商业和经济利益，还在于他们提供的陪伴和其他非经济的满意度。[43]

五、信息化时代的休闲

（一）互联网改变了人们的生活方式

信息和通信技术的使用，特别是互联网和社交媒体，已经成为 21 世纪最重要的休闲活动之一。一开始作为一种允许交换军事信息和共享科学数据的媒介的互联网，自 20 世纪 90 年代中期以来，由于商业用途和娱乐媒体的广泛使用而改变了我们利用休闲时间的方式。除了消费各种各样的娱乐材料，我们还利用互联网来访问新闻媒体，以及访问以研究为目的的科学信息。互联网不仅仅是获取信息的存储库，更重要的是，它已经成为社会互动、创造性表达和实验的一个极其重要的领域。互联网和社交媒体使人们能够以数量上和质量上都不同于传统的社会互动可能性的方式，包括面对面会见、寄信或使用电话进行互动。并且，越来越多的移动技术使我们可以随时随地地做所有这些事情。[44]

（二）虚拟化改变社会交往和休闲行为

我们可以说虚拟化的兴起代表了休闲行为、文化消费和社会互动的转变。我们的问题是：这些无形的、虚拟的互动形式——已经成为非常普遍的休闲方式——是如何更普遍地改变社会交往和休闲行为的？由互联网和社交媒体的使用引起的社会动力的革新，是在技术——信息和通信技术——发展的背景下促生的。科技的使用会影响人类的自然功能的观点并不新鲜——这是哲学人类学的一个分支技术哲学中反复出现的主题，涉及技术如何影响和改变人们的方式，有时是基本的方式。

……

根据格伦（Gehlen）所说，工具和技术的使用象征着人类的本质。也就是说，他把人的本质定义为一种"缺乏生物"，一种能力和力量不足的生物：缺乏一些其他动物所拥有的力量、速度或敏锐的感觉，我们利用科技来弥补我们的不足。在一些欧陆哲学家的眼中，比如海德格尔，现代的客观科学和技术都是世界的概念化的表达，这就带来了一方面的自然事物和另一方面的工具和其他的技术制品之间的基本本体论区别。此外，把世界理解为事物、物体、原材料的集合的观点，使得对这个世界的使用成为可能。这可能意味着，为了资源开发世界，通过建设城市、工厂和道路来改变风景，但这也意味着客观地看待世界，把它与人类观察者相分离。然后，有个这样的比喻，一个人可以从现实本身的魔爪中把知识从现实中分离出来，如果有必要的话也可以用武力来解决——这是客观的观察和实验的结果，而独立的科学家们就可以在经验主义的模式下进行科学研究，这是由启蒙学者弗朗西斯·培根所提出的研究模式。

……尽管培根确实设计了现代科学方法论的概要，其中包含了对世界的机械论，但事实证明，他并没有真正支持人类与自然的分离，尽管他在那一系列的批评中被指责做了这样的事。如果说有人应该被指责，那么笛卡尔应该对此负责，他将人类的灵魂或思想与余下的自然部分区别开来，他认为那是机械的，没有灵魂的。如果这是真的，那么看来至少有一些欧洲大陆的对"培根主义观点"的批评是建立在稻草人（a strawman）论点（即讽刺性地攻击对手的观点，而不是针对他实际上说的什么）之上的。然而，尽管在经典欧陆哲学对培根观点的批判的主要叙述中存在这一逻辑上的荒谬，但这种对人类使用科技的分析的核心见解仍然是有意义的。使用科技确实有影响人类能力和行为的可能性，并且在某种程度上，这种进步确实包含一个抽象和客观化的过程。

使用工具和技术可以对人类能力的发展或进化产生深远的影响，例如，可以让使用者发掘新的物理、认知和 / 或社会能力，这种观点是进化心理学的核心观点。例如，瓦森（Vaesen）、巴尔科（Barkow）、米塞（Mithen）、戴维森（Davidson）、罗克伯格－哈尔顿（Rochberg-Halton）以及加登福斯（Gardenfors）都对抽象思维能力赋予特殊的意义，而抽象思维能力表现语言的运用和工具的使用（除了其他方面）。在这些理论中，语言和符号式思维创造了对自我和环境的认知，使原始人类能够区分这两者。工具使我们的祖先使用这种抽象思维来弥补缺陷成为可能，并且使他们对环境施加某种程度的控制成为可能，比如建造更安全的住所，制造武器来杀死更大的猎物，以及在更严酷的环境下穿衣生存。瓦森认为人类工具的使用水平和广度是我们人类物种的特征，即使是与例如黑猩猩表现出的令人印象深刻的，但最终更有限的工具使用相比。

在这样的革新进程中，工具的使用改变了我们的认知能力。即使是现在，我们仍然可以看到大脑中这些变化的某些（假设的）相关性，因为工具的使用会改变神经活动：工具使用者所触及范围（即所谓人际空间）内的对象的神经活动，与在这范围外的对象的相关活动是明显不同的。若向受试者提供一个工具——比如一根棍子，则会因为这个工具扩展了范围而将改变人际空间的轮廓。这被认为是"重新呈现"在工具使用者大脑中的空间和空间的关系被重新修改。此外，当对象被呈现时，工具使用者的经典神经元会显示出特殊的激活模式。

基于这些以及许多从考古学、人类学、心理学、神经系统科学等领域得来的观点，总体上认为，机械工具、机器、发动机的发明和使用极大地提高了人类的能力。物理上，相比以前，我们可以旅行得更快更远，建造更大的建筑等等。理论上，科学创造了价值，促进了经验，如奇克森特米哈伊和罗克伯格－哈尔顿所说的，使用一种工具或科技的一部分，即使像最简单的如乌克丽丽，也不仅是开发了行为的物理可能性，而且支持了不同价值的归属：

（乌克丽丽）使演奏者能够用音乐表达的方式使用他的技术，在重温过去的快乐时也可以获得当下的快乐，同时也可以将快乐分享给那些他喜欢的人。在这个案例中，乌克丽丽就是一个多方面经验的催化剂：它不仅是制造声音的乐器，也是产生多种快乐情绪的工具。在演奏的时候，演奏者再次体验了过去，并且将他的意识与周围的人连在一起。

20 世纪电脑的发展是一项重大的技术进步，它可以说不是物理上的而是认知和社会能力上的补充，并且利用了互联网的定义性功能之一：无论是在社交关系（连接人）还是在信息方面（通过开放和合并数据库提供对大数据的访问），连接潜力都非常巨大。信息和通信技术的哲学，作为科技哲学的变体，正在试着理解这些发展的影响。根据迪克斯特豪斯（Dijksterhuis）的"机械化"进展的推断，我们可以说电视、互联网、社交媒体正在促进"信息化"甚至"虚拟化"的发展。这意味着在经过由于工具和技术的使用所带来的长期的认知和社交变革后，我们进入虚拟时代后将会发生些什么……

最令人震惊的后现代主义现象之一是，当今互联网和社交媒体的使用，是以一种无处不在的、非常频繁和高度干扰的刺激形式。当然，很多批评者认为：与之前提到的一些欧陆哲学家的反培根的观点一致，我们使用互联网和社交媒体的方法和强度，正在威胁着我们远离"适当的"具体的情境。这是真的吗？在流动的现代性中，当我们在网上寻找的那部分休闲变成了虚拟的、（很大程度上）无形的的时候，会发生什么呢？[45]

互联网和社交媒体已经改变并且在持续改变着我们与他人交往的方式、我们消费娱乐的方式、我们形成自己观点的方式。这个虚拟化过程转换着通常被具象化交互输入所控制的核心心理过程。我们将要讨论三个转化的例子：（1）在线社交互动；（2）非实体媒体所有权和版权的概念；（3）缺乏实体互动的惩罚概念。

虚拟化 vs 具象化 1：社交互动的在线流动性

互联网和社交媒体极大地拓展了我们与全世界的人即时社交的能力——现在我们可以轻松自在地联系到某个离我们很远的人，这在之前是从来没有想过的。这就意味着，在重要的意义上，社交媒体对我们称为后现代性／流动的现代性的特性——"流动的交互"来说，是一个强有力的催化剂。

正如我们已经提到的，线上社交流动性——许多不同类型的群体和个人的交互性，以及与这些群体内部和群体之间的关系相关联的各种互动风格和脚本——的潜力可能是巨大的。

相应地，心理流动性也可能相当深刻。正如克尔（Kerr）等说过的：

> 新媒体……允许和鼓励用户尝试使用其他的身份。在电脑游戏和网络聊天室等中可以证明这一点——很高兴能把自己的身份抛之脑后，换上别的身份。

这个流动性可以是偶然的，类似于在真实生活中人们如何在不同的社交环境中（比如，与朋友在一起或去拜访祖母）展现不同的行为。然而，线上环境的多样性，以及一个人可以从一个环境切换到下一个的快速性，都比现实生活中的要高。比如，一个人可以在几分钟内切换几个不同场景，从同朋友进行有关个人话题的愉快聊天，到给同事发送一份与工作相关的正式邮件，再到在一个与爱好相关的论坛中的紧张舌战。

心理的流动性也可以是有意为之的，比如为了进行积极的"印象管理"。这将包括有意识地选择发布在社交媒体上的信息和照片，通过这一功能，使用者可以向"关注者"展示自己希望被看到的样子。这点很重要，因为我们对自己的认知中的很重要的一部分来自他人的反馈。我们说的和做的、肢体语言和面部表情，这些成了他人形成对我们的看法的输入信息。线上，这是一种自我选择的"印象管理"的呈现，不是现实中可塑性很差的人们面对面相遇时他人看到或回应的一个人的真实外貌和难以控制的表情。考虑到所有这些因素，从一个时刻到下一个时刻，或者从一个讨论场景到下一个讨论场景，一个人所表达的观点、经历和分类可能会有很大的不同。

关于人们在线上体验到的社会－心理的流动性有两个观点：一个是悲观的，另一个是更乐观的。

悲观的观点与大多数在线互动的非实体性特征有关。在第四章和本章前面的部分，我们认为，包括基本的情感协调在内的实体的参与性意义构建过程，对于个人身份的发展和持续构建尤为重要。我们在线上进行的互动大多缺乏我们本能依靠的来理解对方所说和所做的那种实体性暗示（肢体语言、面部表情、声音变化）。克罗斯（Kross）等人认为，通过社交网站脸书（Facebook）体现的社交贫乏性，可以解释他们的研究结果，即在特定时期内脸书的频繁使用是体验到的幸福感和生活满意度低的很好预测指标。此外，在第四章中，我们赋予了叙事在身份建构中的重要作用：故事为我们的理论－心智能力提供了信息，我们从经验的叙述顺序中获得自我的意义。现在，线上社会－心理的流动性使得我们可以探索不是一个而是多个平行的故事情节，这些故事情节与我们在各种网络中扮演的不同角色有关。这样，个体身份叙事中的内在连贯性就变得非常脆弱，并可能造成潜在的心理伤害。

乐观的观点与我们在第二章讨论过的休闲方面有关：游戏作为一种诠释学的练习。鉴于上面提到的那些原因，通过利用网络的流动性来进行社会的和心理的体验的潜力是可能存在风险的，但如果是明智的探索，它也可能是有益的。互联网为孩子们了解世界是如何运作的，以及其他人对特定行为的反应提供了几乎无限的资源，特别是在探索不同的社会场景和（玩笑地）假设不同的身份的时候。这表明，关于在线休闲技能——能够将互联网和社交媒体用为一种健康的休闲追求——的观点也应该包括一个教育学的概念，比如数字读写能力。数字读写能力不仅仅是一种实用技能（能够在网上找到你需要的东西）和安全技能（避免网站的有害内容），而且至关重要的，是一种决定着人们在网上找到的东西的科学的、道德的、艺术的价值的能力。在网络休闲的社会－心理流动性方面，能够知道自己的体验的诠释学价值，对于孩子和他们的父母优化在线休闲，同时尽量减少了其负面影响方面是极其重要的。

虚拟 vs 具象化 2: 所有权的在线流动性

　　与互联网有关的主要道德问题之一是非法下载和分享有版权的资料——音乐、电影、书籍、图片和观点。哈普林（Helprin）认为，特别是后现代（或流动性很强的现代）的专业社交互动形式，如在线协作学习、众包和其他非个体的工作方式，已经使熟悉这些方法的人无视个人财产和个人成就。在他看来，这可以解释物权法与互联网的高度冲突：在许多互联网用户的眼中，合作努力的成果（例如电影或大多数音乐）不属于任何个人或实体，这意味着每个人都有权拥有或自由使用它。这样的原理可以扩展到任何可以被数字化和共享的东西——产品已经存在并且已经可以下载了，而且无须付费就可以进行交易，这也不会产生任何影响。这种行为（在写作的时候，仍然可以看到）所导致的付费用户的严重减少，使得像唱片公司这样的内容公司很难根据这一现实找到可行的商业模式。

　　当这种现象出现在 21 世纪初的时候，这并不是一个全新的发展，尽管互联网允许它发生的规模，确实证明它是一个真正的游戏规则改变者。重金属亚文化中的录音带交易在 20 世纪 80 年代受到了唱片公司的正式抨击，但往往得到艺术家的支持，因为这种做法使他们的作品得到了官方的唱片发行人无法轻易得到的机会。知名度和需求的提高等同于演唱会要求的增加，而这正是艺术家经常赚钱的地方。虽然在 20 世纪 80 年代，录音带交易是一个相对较小的问题，但互联网已在音乐行业特别是艺术家需要的商业模式上实现了根本性的转变。主要的变化是主要收入来源的产品组合的要素发生了彻底改变：不再是过去实体的 CD 和 DVD 的销售，现在大多数钱都是通过流媒体内容或实时事件赚得的，这种形式提供了无法（很容易地）在家里复制的功能（精心制作的舞台表演、有可能与艺术家见面、3D 电影展示，以及大型多通道音响系统等）。

　　除了造成这个问题外，社交媒体还创造了部分解决方案：社交媒体的使用为艺术家、作家、音乐家和电影制作人提供了大量机会，让他们可以摆脱中介（如唱片公司），直接与潜在的观众建立联系。然后，观众可以购买现场演出的门票，这就是今天的音乐家收入的很大一部分。在这里，我们看到技术的发展如何促进消费者寻求新的、更有利的（例如更便宜的）方式去获得他们想要的内容，以及内容的生产者如何想办法跟上消费趋势。

　　显然，版权侵犯对内容生产者来说是一个真正的问题，特别是那些仍然使用几十年前的商业模式的人。然而，在媒体分享方面，互联网也有很多积极的可能性。也就是说，在线连接可以成为另一个主要现象的催化剂：与知识产权有关的思想、文本、图像、视频文件和媒体的（合作）生产、回收和重组。人们轻松地获取所有这些歌曲、电影、文本和观点，然后进行重做、重组和修改，并用很简单的方式（即再一次通过网站和社交媒体）去分享这些自制产品，创造一个适当的生态系统。

在这个生态系统中，一个业余爱好者的社会出现了——人们通过现有媒体创造出新的媒体，他们对此充满激情。博尔斯特（Bolster）和格鲁辛（Grusin）称之为补救（remediation）。显然，这种补救性内容的质量不一定总是很高，但是尝试的自由和与观众的联系的可能性，确实为真正有才能的人提供了一个潜在的培育环境来他们的手艺。此外，旧材料的修复绝不是一种新现象，因为艺术家已经对其他人的作品进行了几个世纪的解读和重新解释，但是互联网促进这种行为发生的规模确实是惊人的。有趣的是，这是互联网使娱乐在休闲中变得如此重要的方式。

作为这一节的结论，我们可以说，财产的概念，以及相关的产权或版权，在虚拟环境中被彻底改变。与所有者或版权所有者的互动，以及一个人可以拥有的实际媒体（人们不再在实体店购买实体物品，比如一张 CD，但可能免费下载一个文件）的无实体特性，促生了不同的所有权概念。然而，积极的潜质是补救，人们对免费下载的材料的敬畏度的减弱很可能是出现创造性社区——将一些材料重新加工成可能是新的和令人兴奋的东西——的先决条件。

虚拟和具象化 3：社区和犯罪的在线流动性

社会媒体的特殊性质在犯罪和惩罚方面有着深远的影响。社会媒体的使用创造了一些可能性，如上面所讨论的补救，但也包括众包——动员一个网络来解决需要更多人力、资源和／或才能的问题，而不是用直接可用的资源。

然而，这种现象有一种更阴暗的变体，有时被称为"犯罪现场"——利用互联网和社交媒体网络的连通性来实现非法目标。一个有趣的都市传说讲述了一个有关在线广告网站 Graigslist 的事。这个网站要求求职者装扮上黄色的安全帽，蓝色的衬衫、手套和靴子，在预先安排好的地点和时间聚集，以便获得一份有诱人工资的建筑工作机会。当有一笔钱在那个地点和时间被抢劫时，任何对行凶者的描述——黄色安全帽、蓝色衬衫等等——都是无用的，因为许多人都符合这种描述。此外，社交媒体在许多人的生活中的重要性，以及我们重视信息的程度，使一个恐怖分子甚至不需要组织一次真正的攻击就能引起一场他所希望的那种混乱：仅仅威胁要实施恐怖主义行为，就足以造成预定目标（公共场所、建筑或公司）的正常运作严重中断。像这样的更温和一些的形式甚至成为一些人的休闲方式，他们利用社交媒体来创建快闪暴走族，通常还会在网上发布后续的（有时是破坏性的或混乱的）动态。

做这些事的人显然觉得自己可以逃脱惩罚，或者觉得这样做很有趣。互联网和社交媒体的自由度很高，我们认为在线互动的无实体化特征是其主要原因：原始的社会控制机制——惩罚，身体暴力威胁——倾向于在极端情况下限制人们的实体互动，但这些是线上所缺乏的。如果某人做了某种被认为是不可接受的事，那么与大多数"现实生活"中可以进行直接互动的情况相比，人们被强制执行可接受的行为的可能性相当有限。如果生活在世界另一端的某人侮辱了你，你除了采取类似侮辱性的方式做出回应，或者呼吁论坛的版主禁止这种侮辱行为之外，你无能为力。苏勒尔（Suler）称这种有时令人震惊的残酷现象，从道德上讲是不受约束的在线互动的"有毒的禁忌"；有些人认为自己可以采取严厉的反社会方式行事，这与在线互动提供的相对匿名性和隐蔽性有关。

这种"有毒的禁忌"的极端表现是深层网络的非法部分，这是一个容器概念，表示那些隐藏于普通互联网搜索引擎中的网络。大多数深层网络都是合法的——公司内部网、订阅网站、隐藏在付费墙后面的数据库等等，但深层网络也有更阴暗的角落。"暗网"表示所有这些网站和网络都可以找到非法材料和服务，其中包括儿童色情、毒品贩子、合同杀手、恐怖分子团伙以及其他人类无政府主义、黑暗和不正常倾向的表达。这些现象之所以能够存在，正是因为他们利用了互联网的自由，而这种自由同样是这些现象在道德上表现得很复杂的原因：很明显，大多数人都会认同儿童色情和杀手之类的是非法的，但是，如果想要消除这些过度行为，其代价就是基本的在线自由需要被限制，于是与此相关的讨论就变得更加复杂和有争议性了。

网络自由对许多人来说非常重要。从某种意义上讲，互联网就像一个缺乏有组织的警察队伍的社会。尽管一些国家／地区拥有更为积极的政府控制和网络犯罪部门的存在，但互联网已成为一种超越国家立法和安全工作的全球现象。只需在法律不太严格的地方提供这些服务，那么就存在许多通过社交媒体分享在某一特定国家可能是非法的观点、想法和文件的技术上的可能性。即使用户从事不良活动（发火、恶语相向、在线诽谤）甚至非法活动，被抓住并追究责任的风险也低于"现实生活"中的风险。

由此产生的自由感使人们有可能在他们的网上行为中实现自己的"自我规范"：当涉及需要使用的道德规则时，科技和由此产生的交互系统是不确定的，所以人们会开始寻找他们认为合适的，或者可以接受的，或者他们认为他们可以侥幸逃脱的。然而，道德状况并不像看起来那么可怕，因为，正如在任何复杂的动态系统中呈现的那样，我们确实看到了自我调节过程的出现。

在通过社交媒体进行非犯罪的社交互动的情况下，或者通过博客表达意见的过程中，答复、反馈和"喜欢"的不断来回暗示已经提出了一种控制机制，至少在潜在的意义上是道德实用主义的（即专注于使尽可能多的人实现良好或可接受的状况）。即使在没有具体的社会互动的情况下，我们也可以看到群体内道德规范的共同创造。在这种动态中，印象管理的重要性再次变得显而易见：特定用户将需要使其行为与他所重视的网络中存在的任何道德准则保持一致，并希望成为或多或少受到尊重的成员。[46]

（三）互联网加强了个人自由的流动性

互联网为布莱克肖所说的现代休闲的特征——流动性，提供了一个重要的领域：通过社交网站、论坛和电子邮件，我们的社交空间的轮廓几乎在不断更新——这就相当于社会流动性。这些不断变化的网络不断地重新定义着一个人的社会角色，同时其中大量的信息和相反的观点，也影响着一个人的身份：视个人的观点、想法和定义属性而定的资源和社会压力都取决于心理的流动性。[47]

我们可以说，互联网和社交媒体是布莱克肖提出的流动性的真实例子，他将流动性放在他的关于当前休闲行为分析的中心。然而，与流动性隐含的暗示正好相反的是，这种流动性并不一定意味着不稳定或缺乏结构。线上社交网络的流动性有两个方面：一方面，建立新的联系，探索新的社会角色和互动形式，这是非常容易的。在流动性隐喻中，我们可以说，水在可以流动的地方流动，很难用任何确定的形状来固定。另一方面，有趣的是，无论地域或文化的距离有多大，互联网和社会媒体代表的连通性的可能性也可以加强联系。在流动性隐喻中，我们可以说如果一条河已经形成，它就可以深入地貌中，并成为河流沿岸不同个人或社区之间的有力生命线。互联网和社交媒体进行的相对无实体性质的交互性，促进了所需的流动性——在线社交联系的动态性、创意性、流动性、游戏性、休闲性等特性，为跨文化交流开辟了新的可能性。[48]

六、未来女性休闲的变化

（一）未来女性休闲的微观变化

社会对休闲的看法的改变，将会影响到每个人的休闲，包括女性的休闲。我们希望在近期的未来，休闲不会被简单地定义为工作的反义词，而是能以其内在价值及对人类共同生活的价值而得到肯定。如果人们从事任何活动都是根据活动本身的价值而无须将其划分为工作与休闲的话，那么将会出现一个对生活质量的新的定义。人们采用这样一种"价值伦理"原则，会对人们的生活观产生深远的影响。将关注的焦点放在一项活动本身的价值上，则从事此项活动将是出于个人发展的需要及社会责任，而不是为了在工作上获得一种地位或展示自己学习的能力。人们从事休闲活动是要从日常程序化的生活中得到休整，作为建立自我同一性的一种手段，作为与自己接近的社会圈子及更广阔的社会做贡献的一个途径。

在未来，人们会对娱乐与休闲的多方面价值有更多的认识，这些价值包括个人的发展，休息放松，社会交往，巩固家庭关系，使自己在社交、身体及情感方面都有健康的发展，户外活动，锻炼健康的体魄等。休闲也会被看作社会地位的一个标志，因为一个人可以展示自己对休闲的拥有。在理想的未来，人们将更看重"生活质量"而不是活动的数量、时间的多少，或拥有物质的数量。我们希望，无论男性还是女性都将能在休闲中追求"高峰体验"，寻求美的感受，成就个人的目标，改善个人和公共环境，得到他人的肯定，等等。在理想的近期与远期未来的休闲领域中，人们将越来越重视生活质量、自我实现、创造性活动及个人主义与人本主义观念。此外，人们将把休闲视作个人的、以自我为中心的，而社会将对每个人的个性予以尊重。

未来女性在生活其他领域寻求平衡的同时，可能仍需努力缩小休闲领域存在的差距。我们希望女性的生活将有多种选择，使她们能够在休闲领域有更灵活更易调适的选择。将来随着女性的休闲需要在个人及社会层次上的价值都得到承认和重视，人们会越来越重视这些需要的满足。在分析女性的休闲需要时，最理想的是能将不同的女性在种族、阶级婚姻状况上的差异考虑在内。但研究的核心应是"女性的共同世界"及其跟休闲成就与差距的关系，以及生活方式各不相同的女性在争取平等的休闲机会时所追寻的意义。

女性可用于休闲的时间将因人而异。例如，随着有工作的女性，尤其是从事白领职业的女性的增加，以及更多的以女性为户主家庭的出现，女性可能会发现她们的时间比以前任何时候都更受限制。随着女性休闲观念的改变和她们认识到自己有休闲的权利，女性将会更加重视休闲，并有意识地利用自由时间来从事有意义的休闲活动。此外，通过男女分担家务及照顾老人和孩子的责任，新的家庭形式的形成，以及新型的工时制，有的女性将会拥有更多的自由时间。

感觉到自由、有内在的驱动和对活动的享受仍将是未来女性自觉或不自觉地追求休闲的动力。女性会继续追求培养归属感的交往性的休闲，而认为这样的交往有很高的价值；但她们也会追求独立自主、自觉的休闲。基于女性有休闲的权利的观念，社会将使女性有从事休闲活动的时间与空间。但这种观念的演变将是缓慢的。随着性别角色的改变，交往性和自主性的女性休闲将被赋予新的意义。

像过去一样，女性可能会继续因为自己的角色所带的责任而将工作与休闲结合。有些休闲学者认为，理想的未来是工作与休闲间的界限将变得模糊，不再是明确的一分为二了。一切有意义的活动，不仅是休闲，而且如传统的有酬和无酬工作，都将被认为是有价值的。另有一些学者则认为，必须对工作有较明确的界定，休闲才能存在，定义休闲与非休闲的界限就是看一项活动有否是工作的成分。要解决这个分歧，还需要进一步的研究，但有可能这里的分歧只在于不同的学者对概念有不同的定义，而非他们要用这些概念来描绘不同的未来生活。

随着女性社会地位的提高，休闲的空间在近期未来和远期未来可能都会有所扩大。尽管新的休闲场所与空间会对女性开放，但是家可能仍将是休闲的主要场所。然而，随着家庭规模变小；女性将不再把家庭的消遣等同于自己个人的消遣。女性会以家外休闲活动来替代由于离婚等家庭变故而失去的伙伴关系、感情支持及正常的交往，或替代由于年龄的增长而失去的家庭成员之间的互相支持。随着女性被传统的家庭角色与责任占用的时间的减少，也随着这些角色与责任在女性一生中为她们规定的生活意义的减弱，休闲的作用在广义的家庭内外都将具有越来越多的重要性和意义。

尽管女性从事某些传统的典型的男性休闲活动还会受到社会的一些非难，但将来典型与非典型的消遣活动都会对女性开放。只有通过女性参加的组织和利用专为女性设计的消遣设备，女性才有更多机会培养自己的技能，从而更愿意参加休闲活动，这样，她们获得满意的休闲体验的可能性就增加了。有的女性将会在体育运动等典型的休闲活动中获得很高的技能，并非常投入地要在自己从事的休闲活动中表现出色。由于文化程度与对休闲的参与有较强的相关性，随着女性文化程度的提高，她们将会更多地利用休闲的机会。此外，由于消遣是一种积累性的活动，她们参加其中一种活动会使她们还想参加其他一些活动。

收入水平是影响人们参与休闲与消遣活动的另一个因素。当人们还得为生计操很多心时，就不会有多少额外的收入用于消遣。由于女性获得与男性同等报酬的过程会很漫长，在近期未来大多数女性将不会有大量由她们自己支配的收入来用于消遣活动。随着世界各地的女性获得足够多的收入，从理论上说她们将会有更多的机会从事各种休闲活动。

女性主义由于强调自由选择和消除强加的性别角色，将可以作为一个很好的框架，为未来的女性休闲提供一个很好的背景。当女性不再受到社会习俗、强加的性别角色及价值的贬低与压迫时，她们的休闲将更能为社会所接受，更容易获得，对她们也更有意义。同样，随着女性能更好地把握自己的休闲生活，她们将被赋权，能够对影响自己生活方方面面的传统的性别角色及限制提出质疑。[49]

（二）未来女性休闲的宏观变化

未来女性休闲的宏观变化对于未来女性的休闲的影响，必须既从微观层次又从宏观层次加以讨论，因为宏观与微观层次的力量是作为一个整体作用于女性生活的。宏观领域的变化包括政府、休闲服务业及其他机构的体制性角色的转变。现在很多国家都在走向私有化，这一趋势可能意味着政府在女性生活中的作用会减少，从而使某些方面的变革在未来会更难实现。

大多数政府在过去都很少会采取直接面向女性休闲的措施，将来的情况可能也还将如此。各国政府通过了一些法律，要让女性获得更多的资源和平等的机会。尽管大多数这样的法律并非直接针对休闲领域，但对女性的休闲还是产生了影响。

几乎在社会中发生的任何变化都对女性休闲有某种影响，这在未来也还会如此。将来联合国的《人权宣言》在很多国家都会具有更突出的地位，从而使女性在休闲领域取得更多的进展。当然，进步很可能将是缓慢的。一些影响深远的问题，如对女性的暴力，将会继续影响女性的休闲，不仅各国，而且国际社会都将致力于解决这些问题。如果要促进全球范围的变革，发达国家的女性在决定研究日程及未来的研究方向时，应把发展中国家女性的需要也考虑进去。

未来的休闲服务提供者最好不仅仅是为女性设计多种休闲活动。换言之，提供者不应只考虑活动项目，也应考虑人的体验。对消遣活动项目的规划将不仅是对女性想要什么做出反应，而且要仔细研究她们内心深处的需要。社会将鼓励为多种家庭结构、由不同年龄和性别的人组成的群体以及老年人设计的消遣项目，也将鼓励促进文化同一性的项目设计。有工作的单亲在时间和经济能力上都很有限，从而需要特别加以关注，而休闲服务的提供者将会尽力满足单亲及其家庭的需要。消遣活动项目在一定程度上还将为女性提供她们负担得起的照看孩子与老人的服务，不过这种服务可能不会广泛存在。然而，休闲与消遣服务的提供者将会努力从"性别中性"的方法走向"性别包容性"的方法。[50]

（三）未来休闲的女性化

休闲将在不久的将来被妇女重塑。年轻一代的女性不仅在经济上同男子取得了平等的地位，她们还意识到这样一个问题：自己以及男性应该做出怎样的改变才能更有益于社会。在 20 世纪 90 年代，女性将塑造出崭新的休闲面貌。他们不是简单地要求男性所拥有的东西，做男性所做的事情，而是要建立起一套全新的休闲图景，其中包括休闲活动究竟应该发挥怎样的作用，完美的休闲模式应当具备哪些因素。这种变化并非是一蹴而就的，甚至很可能是在人们根本觉察不到的情况下悄悄进行的。慢慢地，女性融入原先由男人垄断的休闲世界之中，在不知不觉中参加了对休闲模式的塑造，并逐渐得到与男性同等的重视。随着事物的发展，商业部门会更直接地向妇女们出售休闲产品，提供休闲服务。而公共服务部门也将会把娱乐场所、公园设施改造得更加符合女性的需求和愿望。[51]

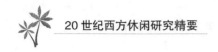

七、未来的休闲教育

（一）未来休闲教育的目标

未来的重点应该放在哪？关于这个问题如果说有一点线索的话，那应该是放在各大宗教千百年来一直都试图要说的：完满亦即有内在满足感的人生，是关心他人的人生。[52]

说到底休闲教育要围绕的中心必须是个人和个人能为自己做什么的问题。未来向我们提出的挑战，是要培养出有能力实现完满人生的人，培养出比我们现在多数人都准备得好的人。他的最重要的素质应是有意志、正直、有追求、有能力、有崇高的价值观。

这是进行休闲教育的理由。个人得有能力进行选择，有机会投入迄今为止多数人都忽视或无缘接触的多种活动中，包括教和学，给予和服务，探索人类行为和科学，计划和建设，通过艺术、文字和多种身体活动来丰富自己的生活，等等。休闲教育不必回答那个永远困惑着人类的问题——孤独是始于我们说"你好"还是说"再见"之时，但它确实要求我们使出全身的解数来帮助个人进行自助。

当社会从以劳动为中心转向以休闲为中心的生活方式时，人类将感觉到不适、灰心、被各种新的紧张情绪所折磨。跟别的成瘾现象一样，在这个过程中会出现一些戒毒症状。强迫感、罪恶感和不安情绪将变得更为明显。没有精神准备的人无论如何都摆脱不了在人生中寻寻觅觅和不知所措的命运。[53]

（二）对未来学校休闲教育的期待

未来的学校必须帮助学生培养其审美能力，开发其兴趣，养成其价值观，并强化其技能，使其可以超越只有工作的世界，而享受完满的人生。这些技能包括有助于身体发育、运动的技能，肌肉协调能力和有助于安全和生存的技能，其中包括让年轻人富于表达能力、掌握社交礼仪的技能，以及鼓励他们用自己的双手去创造的技能。这些知识帮助人们认识自己的世界，感受生活的全部，也让人们更贴近自然。这些都将成为学校教育的主流。

此外，还应加上学习创造和欣赏音乐的需要，通过书写、言谈和文字来表达的需要，使阅读名著成为日常生活的一部分。这项工作的艰巨可想而知。

对未来学校真正的考验，将是它在多大程度上能帮助学生不仅为以工作为中心的生存做准备，而且为以休闲为中心的生活——我们最终必须将自己的智慧和情感投入这样的生活——做准备。教育的进步将不仅仅是以在某一指定时间内教完事先安排好的正规知识的数量作为衡量标准。[54]

未来的学校

如果说今天的学校与过去小小的红色校舍和在这些校舍中进行的活动大相径庭的话，那么未来的学校及其所提供的教育与现在的学校将差得更远，以至于过去50年中，学校发生的变革看起来会像是一个永久的束缚。我们可以期待些什么？教育体系必须转向为以休闲为中心的社会服务，我们应该期待它是什么样的？下面我们将探讨一些可能性。

让阳光和空气进来

学校环境将变得更不正式。学校的建筑、设备及其氛围的设计都会反映学习的非正式性。所有的东西都将是可移动、可变更的，桌椅和隔墙如此，思想也是如此。学校将鼓励对一切事物——包括从避孕到政治和宗教意识形态——进行自由、公开的讨论。学校本身将被设计成全年向所有年龄段的人开放的社区。

学校将提供各种咨询，内容不仅包括事业、专业和职业，还包括休闲行为、业余活动和公共志愿服务等。

学校教育的重点将放在学生的自主学习而不是教师的讲授上。个人的智慧、灵性和创新性将比记忆力、顺从和集体认同感（包括民族主义）更受重视。

学生更多是与自己竞争，而不是与同学竞争。学校将鼓励他们从容面对人生，让时间为他们所用，而非恐吓他们。学校给学生的指导将根据个人的兴趣、需求和能力，而不是根据既定的标准或是升学周期来进行。这是可以实现的，因为除职业的教育者之外，还可由包括合格的退休人员（他们往往准备充分、熟悉情况、愿意服务社会）在内的志愿者来充实教师队伍。

在金鱼缸[55]中学习

这种学习更多是靠学生自己，教学程序（包括考勤）将比现在灵活得多。真实的生活场景将通过现代化的、巧妙的大众传媒引入课堂。学生将无须猜想俄国学生对一个给定的社会问题会做出何种反应，因为他们可以直接进行对话——可以看到他们，听到他们的声音，向他们提问，对他们的看法表示同意或反对。课堂将像一个百货大楼的橱窗一样，没有多少秘密。教育的成效将以开明的公众意见作为评价。

学校将不再孤立于社区的其他部分，不再和其他的机构隔离开来。学校、家庭和宗教机构与那些致力于解决休闲问题和利用休闲机遇的机构之间的合作将更为紧密。

在传统的教育中，孩子学习是为了进入下一个年级，高中生主要是为进入大学做准备，而大学低年级学生是为进入大学高年级做准备。未来的教育将摆脱这种套路。教育将不再需要分门别类，其重点将不再是让学生逐级提升学习能力，而是让他们学习如何过完满的生活。

自律、自励和自我探索将在某种程度上取代外加的控制、教学激励和其他手段。

在高度评价保持和加强个性这一理念的同时，我们将增加而非减少对集体合作和"天下一家"观念的关注。

这一切听起来像是 20 世纪 30 年代那种没有获得成功的"进步主义"学校。从某些方面来说，二者确有相似之处，如果这判断是说我们主张学校要适应当今这个不断发生剧烈变化的时代的话。在这样一个时代，课程设置不应只局限于教学生读、写、算和让他们学习古典著作，但也不能取消或忽视这些科目。可以肯定的是，在休闲教育将占据重要地位的未来教育中，需要顾及更广泛的需要和兴趣。诚然，让我们增加科学、艺术和人文知识的受教育经历必不可少，但同样也需要帮助我们解决焦虑、孤独、无聊、人权、自动化和人类和平相处等问题的知识。也许我们对方法的重视应有所减少，而对内容的重视则应该增加；对思想和哲学以及问题的"所以然"要非常重视，但也同样要重视"是什么"和"如何做"。未来的学校将更为宽松，而这种宽松是在更明智、更积极的影响下形成的。自由和自愿选择是休闲的主要支柱。对年轻人的教育必须让他们学会自己做选择，也让他们有能力做出正确选择。对他们过度的保护并非真正的保护。教育领域的规划如果不听取接受教育者的声音，将不大可能会是有效的，也不大可能会有长久的生命力……

为了优雅生活的教育

所谓的"花边"教育一直都受到猛烈的攻击。批评者认为对某些学科应该开绿灯，而对不重要的学科则应取缔。有很多人认为学校应该集中精力帮助学生在一个计算机化的未来社会中谋生，因为那时求职竞争将白热化。教育的目的是什么？是让我们成为更专业化的生产者吗？但提高生产效率的目的不就是要让人类过上更美好的生活吗？难道更美好的生活就是一家人拥有两辆车、三台电视，一周吃六次煎里脊小牛排吗？如果一个人空有聪明的大脑和价值 20 万美元的房产，却生活在精神崩溃的边缘，那又有什么值得推崇的呢？部分地通过体育锻炼而获得一个健康的体魄在道德上有什么错吗？在一个因每天都发生大量车祸而大失面子的国家学习如何安全驾驶能说不重要吗？长寿与在社会中生活并非一回事。难道教育年轻人，让他们能言善辩和体现优雅的社交礼仪也有错吗？现代社会的大部分产品是用机器生产出来的，但难道因此就不需要帮助年轻人学习用自己的双手进行制作了吗？读历史小说难道就不如浏览资产负债表重要吗？剧院、音乐厅、体育馆、野营地和游泳池难道没有计算机实验室重要吗？在学校教育中学习和记忆各科的内容当然很重要，但对于培育受良好教育的人过完满的生活来说，这些绝非其出发点，也绝非其目标。科学、艺术、音乐、文学、历史、地理、数学、交谈、人类生态学和体育都有助于休闲教育。问题的答案与其说是改革教育的内容，毋宁说是重视教育为完满人生服务的价值和潜能。每个孩子都应按其能力的特点，学习如何工作和休闲。

使学生适应休闲

……

不是所有学生都会将空闲时间用于自己身心的发展，投入能丰富其生命的事情中去，并同时适应休闲，为休闲做准备。这些学生当然享受不到上面说的这一切了。但我们相信，如果给年轻人提供机会和有效的指导，他们大多数都会想做正确的事，也能够做到。这并不是说学校在休闲教育中的角色将弱化，责任将减轻。相反，学校的角色将被强化，责任也将加重。这种方式是为休闲提供了更大的灵活度和更明智的调节，而不是减轻学校的责任。

对休闲教育现在有不少批评的声音：当前在高中和大学阶段的学生人数爆满[56]，教学设施紧张，申请教育经费竞争激烈，怎么还能说搞休闲教育是正当的？又如何支付得起搞休闲教育所需的大量费用？对此，我们可以做这样的辩解：如果按照休闲教育的计划执行，学校空间不足的压力将会减少。但有一种更好的答复：既然我们在国防上投入数十亿美元，为人类登上月球也投入了数十亿美元后，多数美国人仍能过着相当奢华的生活，那么我们就有能力支付为丰富人生而做的任何事情。教育不仅是学习的过程，也是一种调节和成熟。

培养均衡发展的人

过去的教育高度重视为工作做准备，而休闲教育则必须更注重平衡。……任何一位教育工作者都无权夺走学生拥有多种选择和平衡的权利。综合性、广泛性、平衡感和多样性都是优质生活的特性。

学校在休闲教育上可以做的事很多：（1）改变州立学校的规章，以加速学校提供休闲教育机会的进程，使休闲教育不光面向学生，也面向全社会；（2）学校可以发展休闲教育的物质资源，其土地、设施和设备可以以全社会的休闲教育为目标来进行规划、设计和使用；（3）学校可以为以休闲为中心的社会培养咨询专家、领导者和教师等人才；（4）在非职业性兴趣爱好的问题上，学校可以作为咨询和指导单位。[57]

大学在培训教师和学校管理人员时，可以使他们更多地思考休闲教育，并给休闲教育以合适的地位。应该这样看待教师的职业：（1）它将更直接地承担起传授如何利用闲暇时间而非仅是进行职业培训的责任，休闲教育是教师首要的而非次要的责任；（2）休闲教育的范围与总的教育的范围一样的广；（3）学校作为一种文化机构是与其为之服务的社会习惯、价值观和行为相联系的；（4）检验一所学校真正的标准，是看它有多大能力帮助学生不仅为以工作为中心的社会生存，而且为以休闲为中心的生活做好准备。[58]

八、未来的休闲服务

（一）未来休闲服务的基本要求

1. 所有休闲服务机构必须变得越来越快捷

因为大众文化已告终结，也因为社会变化越来越快，在公共场所、私人空间、非营利企业以及市场等诸方面提供商品或服务的机构正面临着空前的挑战。在大众化社会里，与大众化生产一道，提供"大众化休闲"是十分恰当的。这一过程将导致大众服务机构的解体，并转化为各种各样的活动、计划和服务，以适应顾客们千差万别的要求。一个反应快捷的组织，总是能够与他们的顾客保持持久的联系，并能及时处理顾客们不断变化的需要和需求。

此外，快捷还意味着：（1）专业知识、创新精神和决定权在这个机构中被尽可能地分散下放；（2）由于原先刻板的、逐级审批的和条块分割的组织结构被一种全新的、可源源不断地为机构提供最终财富的信息、技术和知识的畅达渠道所替代，因而决策过程被大大地加速了；（3）对多样的、协调的、高度灵活的组织机构的支持；（4）领导带头、崇尚创新和相互信任替代了原来的命令与控制式的组织模式。

2. 所有的休闲服务业必须经常与他们的竞争对手协作

在提供休闲服务时，竞争对手间互利互惠地进行合作的情况已经比相互倾轧的情况逐渐多了起来。在运动鞋公司的支持下，孩子们可以在市政娱乐和园林管理局举办的课程中学习如何打网球，然后到县俱乐部学习高级课程，再到美国网球协会举办的联赛中打球，最终可以在国家联赛中接受训练成为一支青年网球队。当地博物馆可以和画廊及植物园共同展示待售的油画作品，以集资的方式开设培养当地艺术家的课程。滑冰场可以与州立园林管理处签订一个长期租用公共土地的协议，然后再转手把其中部分土地租给当地的餐馆。在休闲服务业中这样的联合体可以发展到成千上万个。最重要的是想象力、信息交流和想要成功的愿望。

3. 所有的休闲服务业都应弄清楚自己的长处，有所为，有所不为

在维修房屋、照顾老年人，或是教人们学习艺术、制造手工艺品等诸多方面，一种行业不可能面面俱到。绝大多数休闲服务业机构，都不能应对"休闲"或"娱乐"的所有方面。那么应该怎么办呢？他们必须弄清楚自己的优势，对其他的可以"求外援"。管理者应该涉足团队运动吗？在管理团队运动方面有什么特长吗？旅游点应自己培训救生员吗？养老院应培训自己的志愿人员吗？美国林业服务机构的雇员应兼做"翻译"吗？努力去做你不擅长的事正是劣势所在，认清哪些是一个机构做不好或不能做的事，然后有针对性地"求外援"，这一点是极其重要的。

4. 重新认识"国营休闲"，树立讲效益的管理思想

5. 休闲服务业必须企业化

6. 成功的休闲服务在于恰如其分地对待顾客，而不是绝对的一视同仁

在一个机制健全的组织中，决策人的诚实可信和深谋远虑是至关重要的品质。那些在这个组织中的从业人员，不再简单地为顾客提供一个单一的选择。他们应不断地致力于圆满解决顾客或客户所提出的所有问题。因此，信任是第一重要的，而且是竞争力的重要因素，"产品和服务已经从一个终极目标，变成一种与客户建立紧密的、长期的、互惠互利的关系而采取的一种途径"。

7. 成功的休闲管理应根据顾客的需求定制服务项目、信息和产品

灵活管理的一个重要的品质是具有根据顾客的需要而定制产品和服务的能力。每个顾客或客户能被恰如其分地对待。在休闲服务中，因为每个人的活动和经历都极为不同，而且他们参与的动机和满意度也相去甚远，因此不同规格的定制服务至关重要。可是，定制服务在很大范围内还没有开展，因此我们可以看到，有时尽管有一些为 65 岁或 65 岁以上的老年人所设计的特殊计划的出台，但对这个日益庞大的年龄段人群中的客户的不同需求却往往视而不见。此外，每个城市娱乐服务机构和大型商城都向社区内的居民寄送相同的小册子，但他们似乎更应该送一些有针对性的小册子，以便更能针对不同家庭的特殊构成、一些有业务联系的老主顾的特殊兴趣点，以及客户们周边邻里情况和其他更多的个人信息来提供服务。

8. 成功的休闲机构将对价格、时间和活动场地进行周密的思考

快捷应变的另一个重要方面应包括以下这些观念：一项服务的价格不应固定不变，而应根据其给顾客带来的益处加以调整；应尽量减少耗费顾客的时间；某项特定的服务或产品能充当联系客户的舞台，以便与老客户相互沟通，并更多地提供其他服务信息和为产品维修牵线搭桥。[59]

（二）未来休闲服务的趋势是定制化的

在一天、一周、一年及一生中，工作和休闲时段的个性化或定制化潜力与日俱增。

工作时间的定制可以提高很多国家中个人和家庭富有意义的休闲潜力。这些个人和家庭在种族、生活安排、经济前景和价值观方面正变得越来越多样化。

快速增长的人口和城市化都日益要求日常生活安排的定制化。

空余时间分布在更长的时间段里，它为利用休闲活动提供了各种机会，有利于促进个人的成长与发展。[60]

工作和空余时间的混合和定制化

历史上，经济的发展决定了空余时间、娱乐或休闲的含义、数量及利用。经济的发展同样也决定了日常生活和生活轨道的顺序。从狩猎到园艺，到农业，到商业，到早期和后期的工业化，到服务经济，到知识／经验经济，也许最终会到创新经济，

在此过程中，休闲已经被重新定义而且将继续被重新定义。

今天多种力量正在重新安排工作和娱乐之间关系的顺序。在一天或一周中，工作和空余时间不再单独存在，而是混合在一起。也许可以归纳为，现代国家的居民平均每周的空余时间从 30 小时到超过 40 小时不等。

有人说这种趋势标志着"休闲"的终结，甚至是工作与休闲区别的终结。也许更确切地说，对大多数人而言，休闲贯穿在工作及其他必须做的事情的时间之内，而不是和它们分离开来。在某些情况下，这意味着"休闲"时间是由小块时间组成的。这种时间对于许多休闲活动来说可用性非常有限。比如在美国，一周中超过一半的空余小时数来自工作日，并不是来自周末，而且每次是一到两个小时的时段。正因为这一情况，每周的休闲会更多地和工作融合在一起，而且更定制化。[61]

从对产品需求定制化到对时间安排需求的定制化的转变

物质商品生产过程正经历着一场革命。公司被迫对不断增长的个人化需求做出回应，使企业进一步以顾客为中心。这种由顾客驱动的定制化生产形成了对许多社会机构能力的诸多期望，从公立学校到超市无一例外。他们都得和自己服务的对象实行定制化的互动。

一个总部设在瑞典的市场营销集团这样描述休闲和旅游：

● 大规模定制化；

● 人们寻求他们所能想象而别人没有的经验（在很大程度上满足每个人异想天开的怪念头）；

● 顾客习惯于定制购买（咖啡、电脑、牛仔裤，等等）；

● 服务提供者需要在客户满意度和收益度之间寻求平衡；

● 这样的大规模定制化将很明显地要求对顾客了解更多。[62]

随着世界人口的老龄化，老龄化的新理论帮助人们懂得为什么时间利用需要更加定制化。可塑性这个概念现在用于解释人们处于不同背景和出现干预时表现出来的柔韧性格。每个人拥有潜力，做出积极或消极的改变。他们的行为帮助他们决定如何改变。好比玩桥牌或填字游戏可能会提高老年人的智力，我们的行为继续使我们的发展定型。

正在进入老年的人们可能会越来越注意选择，从他们丰富的休闲活动项目中挑选那些最具潜力的活动，使自己的生活更有意义、更快乐，也更成功。他们会从休闲活动中选择那些能带来最大乐趣的形式。进入老年，体力衰退，他们承认这些变化带来的限制。而他们的选择则是在某些活动的参与形式方面做出调整。

随着每个国家人口的老龄化，人们将可能更多地在中年时期补偿自己，然后在年老的时候更多地挑选自己做什么以及和谁一起做。补偿和选择都意味着休闲和旅游经历的定制化。在一个人口老龄化的社会，人们怎样游泳，怎样登机，或者怎样从餐厅菜单上选择主菜都将有极大的差异。人们多久去一次海滩，去海滩季节的选择，以及什么时候去，跟谁去，也都可能有更多的选择。[63]

变化的技术

众多技术的指数式增长可能有助于定制化时间的安排，原因有二：

● 技术中几乎所有的变化都指向提高搜集、储存、利用和评价信息的能力；

● 个人有途径接近、接受和适应新技术的速率在越来越小的地理范围内变化。

大多数技术形式改进的指数式增长率为定制化时间安排提供了日益巩固的基础，因为：

● 向差异性更好的生物学模型发展；

● 日益实时运作；

● 它变得越来越小却能够回应更多信息。

但是，人们对这种技术的反应速度可能因地而异，甚至在某一地区内部也大不相同。这是由于某一区域内老年人的比例较高，他们通常不那么快（或根本没有）采用新技术，并且也由于该地区的教育水平存在差异或移民率较高。

分散化教育

时间表正同样被快速发展的基于互联网的教育定制化。越来越多的学习者将不再遵循综合大学（或公立学校教室）的产业化节奏，听到铃声就从一个教室奔向另一个教室（遵循中世纪修道院的传统）。相反，他们的大部分学习将在个人电脑和手机上完成，遵循的是定制化学习时间表。

有两种趋势可能形成这种分散化学习。一个趋势是知识经济下的员工培训正变成一个重大任务。员工培训增长速度要比学术培训快 100 到 10000 倍，私营培训部门不久将超过公立部门，成为负责学习的主要机构。超过一半的公共培训在未来 5年将可能由宽带传输。

第二个趋势是新兴世界不满 21 岁的一半人口有受教育的需要。这些年轻人中可以用传统方式接受大学教育的比例是微小的。

与日俱增的关怀照顾责任

休闲和旅游定制化的形成可能也是因为老年人所需的不可预知的关怀照顾。比如在美国，2290 万家庭中大约有 4440 万美国人为 18 岁或更大年纪者提供无偿照顾。这意味着 1/5 美国人要照看一个成人——整个人口的 21%……

女性比男性可能更会因这种趋势而受更大的影响，因为女性，尤其年纪大的女性更可能照顾他人："照顾一个柔弱的亲戚严重影响了上了年纪的人的社会生活。照顾他人者极度易于与社会隔离和消沉。"

全球变暖和其他极端天气情况

也许将使时间利用更加随机化和定制化的最重要趋势是地球上的环境以前所未有的方式改变着。这样的改变包括动物和植物以人类历史上未知的速率和幅度大量灭绝。指数式增长的消耗和与日俱增的人口结合意味着地球已经失去了再生产的能力，除非减少全球消耗，或增加全球生产，或两者兼而有之。环境变化将使各地休闲行为定制化。很多海滩消失了，"旅游季节"改变并定制了，极端天气情况取消或干扰了更多计划活动，对日光浴有了正反态度，而环境恶化将使一些休闲环境不再适合居住或者被更加严格管制。虽然天气和气候一直都会使人类行动变得"随机"，但更严重的天气和更快速变化的气候也许会提高这个"随机性"程度。[64]

（三）未来休闲服务将成为信息利用服务

目前，休闲正在经历一个更新的过程。然而，对休闲服务颇感兴趣的人由于身在其中反而"不识庐山真面目"，甚至觉察不到这变化，或许这些变化是无法被人直接观察（或领悟）到的。它要求休闲服务界的专业人士更多地了解目前发生在环境、经济、社会、工业技术应用以及价值观领域内的诸多变化，例如人们普遍认为，北美的"古典"音乐指的就是欧洲音乐。然而事实上北美社会正在变化之中，它的人口增长大多数来自移民；而新移民中几乎没有欧洲人；此外，在未来 50 年中，欧洲人口很可能仅占世界人口的 7% 多一点。如果我们对这些变化有了个清楚的认识，那么就可以预见，北美大众心目中的"古典"音乐将变得更加多样化。

本书的主要前提是：在即将到来的新世界中，休闲将不断地演变为人类生活的中心内容；此外，"休闲"服务的提供也不能仅仅依靠休闲服务者良好的意愿或以往的休闲服务模式，萧伯纳（Bernard Shaw）曾将这种传统的、单纯的意愿比喻为"地狱之路"。今天的休闲服务将逐渐成为信息利用的服务（information-using services）。用艾略特（T. S. Eliot）的话来说，这些服务的命运将取决于它们从数据中获取信息、从信息中获取知识、从知识中获取智慧的能力。[65]

九、未来休闲研究的挑战

显然，休闲是自相矛盾的混合的结构，并且在全球化、主流社会、泛土著运动和联盟以及当地传统和语言的复兴之间，是流动的不稳定的。欧洲－北美休闲、新兴的全球化休闲形式和土著休闲是土著人民生活、健康和世界的重要组成部分。要穿越压迫和殖民化的力量以及获得代理的机会并不容易，并且充满挑战，需要土著和非土著人民的共同努力，也需要双方学术研究者相互磋商。

在加拿大，有相当一部分原住民居住在城市区域，他们所创造的本土身份和文化模式既是现代化和全球化的，同时也是地方化的。他们有的严格遵循传统实践，有的适应现代社会，有的实现文化适应，也有的在这些选择中寻找不同形式。这一切大大增加了原住民的多样化。他们努力挑战"扎根于土地的传统、正宗印第安人"的陈旧形象，置身于非原住民的期望之中（即要求他们只关心原住民问题和传统），却试图在非本土结构中寻找自己的地位，发展另一种政治声音，例如本土仪式、谈话圈、嘻哈乐、西部体育、富有表情的艺术以及旅游等。与此同时，他们也尊重自己的职责，保护传统知识与实践。本土居民正在积极寻找传统知识、实践和现代技术之间的联系，然而，在这个领域应用于休闲的研究少之又少。

　　未来的一个主要挑战将会是形成新的休闲概念，使之适用于各个历史时期、各种传统习惯和不同文化差异。要使这一努力获得成功，必须进行多性状对比，它不偏向某种特殊的世界观（如欧洲－北美对休闲的理解）；它愿意跟第三元素进行对比，并可以被理论化、被批判，它也乐意拥抱修正的过程。此外，尚须发展和修正新的研究模式。这一模式应该关注多学科知识、理论与研究，接受本土人士关于合作和所有权的批评和建议。为了能更清楚地思考这种差异，本土学者提出必须开展本土人士对现有欧洲－北美学术的批判，本土和非本土学者也都要实现学术非殖民化。克丘亚族学者格朗德（Grande）2004年提出：

　　　　尽管理论上没有天生的治疗、解放或革命性内容，但将教育的理论经验与自我恢复和社会转型的过程联系起来，则是我们作为教育工作者的主要责任之一。[66]

注　释：

1　[美]杰弗瑞·戈比著：《你生命中的休闲》，康筝译，田松校译，昆明：云南人民出版社，2000年，第392—393页。
2　同上书，第393页。
3　[加]埃德加·杰克逊编：《休闲与生活质量——休闲对社会、经济和文化发展的影响》，刘慧梅、刘晓杰译，钱炜校，杭州：浙江大学出版社，2006年，第306—307页。
4　"双重社会认同"即"双重文化认同"，原文为"hyphenated social identities"，即本节小标题中的"多文化认同"（multi-cultural identities），亦即后面提到的"如亚裔美国人、美籍华人、美籍日本人和美籍韩国人（等）"。
5　[加]埃德加·杰克逊编：《休闲与生活质量——休闲对社会、经济和文化发展的影响》，第307—309页。
6　[美]杰弗瑞·戈比著：《你生命中的休闲》，第390—391页。
7　同上书，第393—395页。
8　[美]杰弗瑞·戈比著：《21世纪的休闲与休闲服务》，张春波、陈定家、刘风华译，马惠娣校译，昆明：云南人民出版社，2000年，第73页。
9　[美]杰弗瑞·戈比著：《你生命中的休闲》，第395—398页。
10　同上书，第398—399页。
11　[美]杰弗瑞·戈比著：《21世纪的休闲与休闲服务》，第118页。

12 ［美］杰弗瑞·戈比著：《你生命中的休闲》，第 399—400 页。

13 同上书，第 400 页。

14 同上书，第 401 页。

15 同上书，第 402—403 页。

16 同上书，第 404 页。

17 同上书，第 387 页。

18 同上书，第 388—389 页。

19 ［美］杰弗瑞·戈比著：《21 世纪的休闲与休闲服务》，第 23 页。

20 同上书，第 24—25 页。

21 同上书，第 26 页。

22 同上书，第 33 页。

23 同上书，第 36 页。

24 同上书，第 41 页。

25 同上书，第 59 页。

26 同上书，第 61 页。

27 同上书，第 63 页。

28 同上书，第 66 页。

29 同上书，第 68 页。

30 同上书，第 149 页。

31 同上书，第 157 页。

32 同上书，第 162 页。

33 ［英］克里斯·布尔、杰恩·胡思、迈克·韦德著：《休闲研究引论》，田里、董建新等译，昆明：云南大学出版社，2006 年，第 260 页。

34 同上书，第 262—265 页。

35 ［美］杰弗瑞·戈比著：《你生命中的休闲》，第 404 页。

36 ［加］埃德加·杰克逊编：《休闲与生活质量——休闲对社会、经济和文化发展的影响》，第 9 页。

37 同上书，第 20 页。

38 同上书，第 217 页。

39 同上书，第 218 页。

40 同上书，第 219 页。

41 同上书，第 224 页—225 页。

42 ［美］查尔斯·K. 布赖特比尔、托尼·A. 莫布莱著：《休闲教育的当代价值》，陈发兵、刘耳、蒋书婉译，北京：中国经济出版社，2009 年，第 41—42 页。

43 George A. Lundberg, Mirra Komarovsky and Mary Alice Mcinerny, *Leisure: A Suburban Study,* New York: Agathon Press INC., 1969, pp. 126-127.

44 Johan Bouwer and Marco van Leeuwen, *Philosophy of Leisure: Foundations of the Good Life*, London: Routledge, 2017, p. 133.

45 Ibid., pp. 135-139.

46 Ibid., pp. 141-146.

47 Ibid., p. 147.

48 Ibid., p. 150.

49 ［美］卡拉·亨德森等著：《女性休闲——女性主义视角》，刘耳等译，昆明：云南人民出版社，2000 年，第 312—315 页。

50 同上书，第 315—316 页。

51 ［美］杰弗瑞·戈比著：《你生命中的休闲》，第 400 页。

52 ［美］查尔斯·K. 布赖特比尔、托尼·A. 莫布莱著：《休闲教育的当代价值》，第 114 页。

53　同上书，第 121—122 页。

54　同上书，第 126—127 页。

55　金鱼缸（goldfish bowl）：比喻无法避人耳目之处，在这里是用来强调未来的学校应增加对学生和公众的透明度，并通过加强信息流通来促进教育。——译者注

56　美国二战后于 1947 年—1961 年出现人口生育高峰，布赖特比尔写此书时正值 20 世纪 60 年代中期，即战后生育高峰初期出生的人已开始进入高中和大学的时候。——译者注

57　［美］查尔斯·K.布赖特比尔、托尼·A.莫布莱著：《休闲教育的当代价值》，第 127—131 页。

58　同上书，第 133 页。

59　［美］杰弗瑞·戈比著：《21 世纪的休闲与休闲服务》，第 209—216 页。

60　［加］埃德加·杰克逊编：《休闲与生活质量——休闲对社会、经济和文化发展的影响》，第 19 页。

61　同上书，第 201—202 页。

62　同上书，第 207 页。

63　同上书，第 210 页。

64　同上书，第 212—214 页。

65　［美］杰弗瑞·戈比著：《21 世纪的休闲与休闲服务》，第 2 页。

66　［加］埃德加·杰克逊编：《休闲与生活质量——休闲对社会、经济和文化发展的影响》，第 294—295 页。